OVTE ISRAEL.

I

SVIS LE SEIGNE

N DIEV, QVI T'AY

RE DE LA TERRE

EGIPTE DE LA MAIS

SERVITVDE. TV

AVRAS POINT D'AV

TRES DIEVX DEVANT

MA FACE. TV NE TE

FERAS POINT D'IDOLE

NI D'IMAGE TAILLEE

NY AVCVNE FIGVRE

POVR LES ADORER.

II

TV NE PRANDRAS PO

LE NOM DV SEIGNE

TON DIEV EN VAIN. CA

LE SEIGNEVR TON DI

EV NE TIENDRA PO

INT POVR INNOCENT

CELVY QVI AVRA PRIS

LE NOM DV SEIGNE

SON DIEV EN VAIN.

III

SOVVIENS-TOY DE

SANCTIFIER LE IOV

DV SABATH.

IV

HONORE TON PERE ET

TA MERE, AFIN QVE TV

SOIS HVREVX, ET QVE

TV VIVES LOG-TEM

SVR LA TERRE.

V

TV NE TVERAS POINT

VI

TV NE COMMETTRAS

POINT FONICATION

VII

TV NE DEROBERAS

POINT.

VIII

TV NE DIRAS POINT

FAVX TESMOIGNAG

CONTRE TON PROCH

AIN

IX

TV NE DESIRERAS

POINT LA FEMME DE

TON PROCHAIN.

X

TV NE DESIRERAS

POINT SA MAISON, NY

SON SERVITEVR, NY

SA SERVANTE, NY S

BOEVE, NY SON A

NY AVTRE

LVY APP

聖文學

모세 평전評傳

모세의 생애에 대한 역사적 사회학적 영성학적 접근

모세평전

지은이 엄원식
초판발행 2024년 6월 4일

펴낸이 배용하
책임편집 배용하
교열교정 홍준표

등록 제364-2008-000013호
펴낸 곳 도서출판 대장간
www.daejanggan.org
등록한 곳 충청남도 논산시 가야곡면 매죽헌로1176번길 8-54
편집부 전화 (041) 742-1424
영업부 전화 (041) 742-1424 · 전송 0303 0959-1424
ISBN 978-89-7071-683-1 03230

분류 구약 | 성문학| 평전 | 전기

값 40,000원

聖文學

모세 평전評傳

모세의 생애에 대한 역사적 사회학적 영성학적 접근

부록 : 다윗의 전기傳記에 대한 분석적 비판

講論 嚴 元 植

Sacred Literature

Mosaic Critical Biography

The Historical Sociological and Spiritualistic Approach to the Life of Moses

Appendix : An Analytic Criticism on the King David's Biography

Ohm Won Shick

서문

훌륭한 제자들을 만난 덕에

만일 우리가 모세를 비판적으로 분석하고 평가하면 신성모독 불경죄가 되는가?

그는 참으로 대단한 인물이었다. 모세는 유대교와 기독교 그리고 이슬람교를 비롯하여 그 밖의 수많은 종파sects를 낳은 '모사이즘'Mosaism, 모세의 종교의 창시자였다. 그러나 그가 교조教祖로 불리지 않은 것은 그가 개인숭배를 극도로 싫어했었기 때문에 후대의 사가들이 그의 입장을 고려해 준 결과였다.

모세가 애굽에서 활동하던 시기는 애굽 역사상 가장 심한 혼란과 격동의 시기였다. 전통적인 다신교 사회가 붕괴하고 유일신교로의 개혁이 시도되던 때로 정치, 종교, 사회의 변화에 새로운 여명을 예고하던 창조적인 시대였다.

필자가 졸저拙著를 완성한 것은 짧게 말하면 코로나 팬데믹 기간 2년 동안이요, 길게 말하면 60여 년 만에 이루어진 것이다. 일찍이 불초학인不肖學人은 비학천재非學淺才의 몸으로 대학 학부 3학년 재학시절에 '창세기 연구' - 천지창조를 중심으로 - 라는 표제로 쓴 한 편의 '에세이'가 '대학학보'1962에 실린 적이 있다.

필자는 그 글에서 "성서에서 가장 오래된 천지창조 기사는 창세기1:1-2:24가 아니라, 구약 시가 문서 중의 시편 104편과 욥기 일부분이다. 욥기의 창조 기사의 신화는 고대 근동 세계 셈족의 공통 유산이었으며, 시편 104편은 애굽의 파라오 아멘호텝 IV 세의 '해의 노래'Hymn to Aton에서 영향을 받은 것이다. 당대의 애굽사회는 다신교 사회였고, 고급 관직은 제사직이었는데, 아케나톤은 제사직에 대항하여 '아톤'을 섬기기로 하고, 그때 지은 노래가 '아톤 찬미가'였다"고 하였다. 아케나톤의 Atonism은 Amarna 혁명을 시도하였고, 그것은 모세의 Mosaism의 모판이 되었으며, 그 혁명의 실패는 모세의 Yahwism 혁명의 도화선이자 불씨가 되었다.

필자가 그때 그러한 에세이를 쓴 것은 정말 우연이었을 뿐, 결코 특별한 지식이나 어떤 재능에 의한 결과는 아니었다. 모세는 인간과 하나님신 사이의 경계선을 분명히 했다. 따라서 필자는 모세를 가능한 한 인간적일 측면에서만 바라보고 싶었다. 그를 신격화하는 것은 그의 평전을 쓰는 데 방해가 된다.

그러므로 필자는 처음부터 끝까지 '이 사람을 보라'에 초점을 맞추었고, 편견에 사로잡히지 않으려고 애썼다. 그리하여 필자는 더 개방적으로 되기 위하여 많은 학자와 성서학자들, 신학자들, 그리고 특히 무신론자들의 주장에 귀를 기울였다. 필자는 모세의 생애에 대하여 한 편의 서사시를 쓰고 싶었다. 그리고 책의 갈피마다

한 포기의 모를 심는 농부의 마음으로 생명의 씨앗을 뿌리고 싶었다. 그러나 필자가 졸작을 써 놓고 보니, 이것은 논문도 아니고, 그렇다고 소설도 아니었다. 성서 본문을 너무 많이 인용하여 설교처럼 되어버렸고, 학자들의 주장과 학설을 너무 많이 남발하여 문학도 창작도 아니었다. 이것이 나의 한계상황이었다.

필자가 고작 발견한 것은 빛이신 하나님을 '해'라고 한다면, 모세는 그 빛을 받아 광채를 발하는 '반사체'에 불과하였고, 내가 파악했다는 것은 모세는 흘러가는 세월의 강물 위에 비친 '달그림자 피사체'에 불과하였다. 저 하늘 높이 구름 속에 가려져 있는 모세의 영성과 아래로 티끌세상 산천계곡의 안개 속에 잠겨 있는 그의 인성을 발각시켜 보려던 나의 욕망과 오만은 바벨탑이 되어버리고 말았다.

그러나 내 심혼心魂의 내면적 동기가 발가벗겨진 이상창 9:21 필자는 절대 절망하지 않는다. 하나님께서는 예로부터 "인간들의 계획이란 항상 어리석고 악하다.창 6:5; 8:21는 것을 아시고, 인간의 허물과 부족도 선용하신다"라는 사실에 우리는 피난처를 찾기 때문이다. 이것이 하나님의 구원사이며, 십자가의 도리이고, 하나님의 역사 편집의 방법이시다.창 45:5; 50:20-21 나는 그것을 믿고 살아왔다.

필자는 졸저가 일으킬 반응에 대한 환상은 없다. 소수의 독자나마 본서를 통하여 모세를 더 잘 이해할 수 있게 되었다면 내가 애쓴 보람으로 삼겠다. 끝으로 책으로 빛을 보게 된 것은 전적으로 김차웅 선교사, 김명수 목사, 홍준표 목사의 수고 덕분이다. 난잡한 원고를 잘 정리하여 입력해 준 데 대하여 감사함을 표현할 언어를 찾을 수 없다. 정말 깊이 감사를 드린다.

끝으로 본서를 제작해 주신 도서출판 대장간 배용하 사장님께 사례의 말씀을 드립니다.

2024년 2월

엄 원 식

모세 평전 초록抄錄

500년 전쟁도 3시간짜리 영화면 족하다.

성서 전체는 모세에 대하여 말하고 있다. 오경 안에서만도 모세란 이름은 600번 이상 나오고 있다. 이렇게 성서 전체는 모세로 인하여 살아있고, 그의 업적으로 말미암아 전개되어 나간다.

오경 속 모세의 일대기는 역사적 회상과 교훈적 목적을 위해, 다양한 태고의 전승들을 모사이즘Mosaism, 모세의 종교을 중심으로 '패치 웍'Patch Work 하여 역사화 문학화 신학화 시킨 것이다.

그 전승들은 신화와 사화史話, saga와 민담民譚과 전설에서 선별된 것들이었다. 따라서 모세오경 속 모세의 전기를 왕국기에 나오는 다윗의 전기와 같은 역사적 문서로 전환 시킬 수는 없다.본서의 부록: 다윗의 전기를 필히 참조할 것 이러한 모세의 전승들은 제의와 신학과 정치의 영역에서 계속 확대되어갔고, 그 과정에서 새로운 생명과 보편성을 부여해 왔다.

모세의 독특한 지위를 부각하려는 역사적 추론推論은 히브리 사화에 나타나 있다.

"그 후에는 이스라엘에 모세와 같은 예언자가 일어나지 못하였나니, 모세는 여호와께서 얼굴과 얼굴을 맞대고 사귀던 자요, 여호와께서 그를 애굽 땅에 보내사 파라오와 그의 모든 신하와 그의 온 땅에 모든 이적과 기사와 모든 큰 권능과 위엄을 행하게 하시매 온 이스라엘의 목전에서 그것을 행한 자이더라." 신 34:10-12

이러한 추리推理와는 전혀 다른 역사적 경험은 우리의 사색의 족쇄를 풀어준다.

"네가 내 얼굴을 보지 못하리니, 나를 보고 살 자가 없음이니라. … 내 영광이 지나갈 때 내가 너를 그 반석 틈에 두고 내가 지나도록 내 손으로 너를 덮었다가 손을 거두리니, 네가 내 등을 볼 것이요, 얼굴은 보지 못 하리라." 출 33:20-23

이러한 의인적 표현擬人的 表現들과 '데오로구메나' theologoumena 즉 개인적 신학적 단언과 개념들은 야훼 자신을 나타내 보이시는 하나님을 표상하기 위한 표현들로서 기초신학의 결실이었다.

이러한 것들이 이스라엘 역사의 기초와 뼈대가 되었는데, 속어로 표현하면 모세는 애굽 왕실에서 자란 뻐꾸기 새끼였다. 그는 "때가 차매" 행 7:30, 사분오열된 노예 무리를 이끌고 애굽을 탈출하여 광야로 나와서, 사막의 흩어진 종족들을 함께 묶어 하나의 민족을 형성하였다.

그의 빼어난 '신-인' 간의 중재 역할은 이스라엘로 하여금 하나님의 백성이 되게 하였다. 그가 히브리 민족의 해방자와 구원자가 되기 위해서는 젊은 날의 의협심과 좌절, 도피 그리고 새로운 소명의 긴 과정을 거쳐야만 하였다.

그는 그 과정에서 참으로 신과 인간의 경계선을 넘나들었다. 그리하여 그의 생애는 신화와 전설로 점철되어 있다.

“내가 그들의 고통을 보았고, 그 부르짖음을 들었고, 그 근심을 알고 내려왔다.” 출 3:7-8

“나는 입이 뻣뻣하고 혀가 둔한 자니이다.”, “누가 사람의 입을 지었느냐? 말 잘하는 네 형 아론이 있지 아니하냐? 너는 그에게 하나님신처럼 되리라!” 출 4:10-16

이것들은 신화의 극치이다.

“내가 너로 큰 나라가 되게 하리라!” 출 32:10

“이제 그들의 죄를 사하시옵소서! 그렇지 아니하시면 원컨대 주께서 기록하신 책에서 내 이름을 지워버려 주옵소서!” 출 32:32

“이 사람 모세는 그 온유함이 지면의 모든 사람보다 승하더라.” 민 12:3

이것들은 전설의 절정이다. 하나님께서는 모세를 마치 농부가 한 마리의 소를 기르듯이 양육하셨다. 농부가 그의 소를 민속 투우대회에서 천하장사로 만들기 위하여 매일 무거운 짐을 끌고 험한 곳을 찾아다니듯이 모세를 훈련 시키셨다. 모세 생애의 설화說話에 의하면 하나님께서는 그를 절벽 위의 독수리 새끼같이, 들판의 굶주린 들개같이, 길가의 풀 섶의 뱀같이 그리고 산천을 배회하는 들 나귀같이 거칠게 훈련 시키셨다.

120년 모세의 생애를 주마간산 격으로 한 문단으로 요약한다면:

“모세 당시의 히브리 민족은 내우외환內憂外患, 누란지위累卵之危, 백척간두

百尺竿頭, 건곤일침乾坤一針, 오합지졸烏合之卒, 마이동풍馬耳東風이었고, 모세의 생애와 삶은 고립무원孤立無援, 오매불망寤寐不忘, 수구초심首丘初心, 산전수전山戰水戰, 풍찬노숙風餐露宿, 진인사대천명盡人事待天命, 고군분투孤軍奮鬪, 전력투구全力投球, 각골난망刻骨難忘, 결초보은結草報恩이며, 모세의 소명과 사역은 첩첩산중疊疊山中, 진퇴유곡進退維谷, 천신만고千辛萬苦, 칠전팔기七顚八起, 권토중래捲土重來, 대기만성大器晩成, 사필귀정事必歸正이었다."

이런 낱말들은 모세의 생애를 축약하여 표현하는데 안성맞춤의 용어들이다. 히브리 민족의 40년 광야 유랑 설화들을 한 편의 서사시로 표현하면:

"400여 년의 세월을 거슬러 올라간 아득한 추억 속의 옛 땅을 찾아,
노예들의 입에서 입으로 전해져 온 희미한 회상 속 조상들의 땅을 향하여,
노예들은 자유와 해방의 기대를 안고 애굽을 탈출해 나왔다.
그들은 전설 속의 그 땅을 향하여 남부여대男負女戴하고 광야로 나왔다.
가도 가도 끝이 없는 모래벌판 사막 길들, 시내 광야, 진 광야, 바란 광야, 신 광야 그리고 수르 광야!
수십 년을 떠돌던 사통팔달 유랑길들!
3년 가뭄 딛고 서면 7년 흉년 밀려오고,
'마라'의 쓰디쓴 옹달샘 물, 생명수로 감격했고,
새벽마다 맺히던 길섶의 풀잎 끝의 곤충의 분비물은 하늘이 내린 만나였다.
애굽의 고기 가마솥이 그리워 울고불고하던 무리, 더위 먹고 떨어진 철새 떼 구워 먹고 공동묘지로 직행했다.

그것이 그들의 희망의 끝이요, 세상의 마지막이었다.

모든 환상과 상상력이 고갈되고 희망은 사라지고
바위 언덕과 절벽뿐인 시내산 비탈길들!
굽이굽이 휘어 넘던 그 언덕 호르산 고갯길들!
넘고 돌아 제자리에 떠돌았던 그 멀고 험한 비스가산 벼랑길들!
당아새 피 토하듯 울어대던 그 한 많은 느보산 산마루!!
벼락 맞아 죽은 가지들, 천둥소리에 놀라 깨어난 새싹들!
북풍한설 비바람에 쓰러지고 눈보라에 얼어붙고 시름 속에 흔들리고 찬 서리에 낙엽 져도 그 남은 가지 하늘을 우러러 귀한 열매 열렸더니, 어느덧 여호수아 갈렙 아름드리 거목 되어 우람한 가지로 뻗었구나!
그제 새벽 먼동 틀 때 떠나온 황혼 길!
어제 종일 아픈 다리 무거운 발걸음 재촉하여 오른 느보산 등정길!
오늘은 벌써 저녁노을에 서녘 하늘이 붉었구나!"

이것이 모세의 인생 여정의 마지막이었다.

'모세의 승천기'昇天記, Assumption of Moses에는 분명히 모세가 승천했다고 기록하여 놓았다.10:12

목차

제3편 : 모세 전기傳記의 부산물, 새 하늘과 새 땅

제1편 : 모세의 전기傳記에 대한 전 이해前 理解

제1장 • 오경과 모세

1. 무신론자들의 평전

보통 인간 모세

천재 조각가 미켈란젤로Michelangelo는 두 돌비를 가슴에 품고 있는 모세를 이마에 두 개의 뿔이 난 괴상怪狀의 노익장한 모습으로 조각해 놓았다. 그러나 모세는 그런 괴별스런 인물은 아니었고, 어떤 신비한 힘을 가진 비범한 인물도 아니었다. 그는 보통 사람이었다.

천재 화가 렘브란트Rembrandt는 그 돌비를 깨뜨리는 모세를 분노 조절을 못 하는 노쇠하고 초췌한 모습으로 그려놓았다.

일반적으로 오늘날의 교회가 붙들고 있는 모세의 인간상은 선입견으로 만들어낸 허상虛像에 전통적인 권위로 분칠하고 교리로 제단 한 옷을 입히고 신앙으로 채색한 그늘 속의 순간들을 포착한 모습이다. 그리하여 모세는 서서히 '금관의 우상'이 되어갔다. '토라오경에 들어있는 모세'는 모세에 대한 역사적 서술이 아니라 모세가 누구인지에 대한 훗날의 신앙적 해설이다. 따라서 우리는 그에게 덮어씌운 편견의 그늘을 제거하여 그 진상眞像을 파악하는 작업에 임해야 한다. 모세는 신비롭고 특이한 인물이라기보다는 경건한 야훼 신앙인으로서 이스라엘 신앙공동체를 형성하는데 혁명적으로 투신한 사람이었다.

그렇다! 모세는 민족 수난 절정기의 특수한 시대의 역정歷程에 편승한 과객過客이었을 뿐이다. 상황이 그를 영걸로 만들었다. 그 과정에서 그의 신앙적 경건은 결코, 내세來世로 타계화他界化하지 않았고 그의 사회적 혁명은 종교의 제도화에 머무르지 않았다. 그의 신앙과 혁명은 인격과 삶 속에 통전 되어 있어, 그의 전 생애를 통하여 필생의 과업으로 경건의 사회적 실현과 혁명의 신앙적 승화를 구현하였다.

따라서 우리는 그에게 덧입혀진 편견과 고정관념의 허물을 벗겨내기 위해, 우선 일차적으로 건전한 지성知性의 척도에서 비교적 자유로운 비판 정신의 소유자들인 무신론 학자들의 모세에 대한 부정적인 이해와 논리 위에서 접근을 시도해 보려 한다.

무신론자들의 이론과 주장을 살펴보면, 무신론이란 신神을 부정하는 이론적이고 실천적인 여러 정신자세를 일컫는다. 신을 부정한다는 것은 세계를 초월한 인격적 존재로서의 신은 존재하지 않는다고 확신하고 단정하는 것이다.

무신론자는 신을 부정하는 자만이 아니라 그들의 생활 속에서 지속해 신의 부재를 주장하는 자들도 가리킨다. 따라서 종교 무관심론이나 불가지론, 그리고 반신론을 비롯하여 소위 자연주의, 현세주의 그리고 세속주의를 포함한다.

불가지론자不可知論者들은 신神이란 존재는 있을 수도 없고, 있다고 해도 알 수가 없으며, 안다고 해도 사람들이 접할 수가 없다고 한다.

유대인으로서 무신론자인 에리히 프롬Erich Fromm은 그의 저서 『너희도 신처럼 되리라』 *You shall be as Gods*, 1966에서 고백하기를 "나는 구약성서를 하나님의 말씀으로 보지 않는다. 그 이유는 내가 유신론자가 아니기 때문이기도 하지만, 역사적 고찰을 통해 구약성서는 서로 다른 시대에 살았던 각기 다른 부류의 사람들이 쓴 책이라는 사실이 밝혀졌기 때문이다. 하지만 구약성서는 수천 년 동안 그 타당성을 유지해 온 규범과 원리를 표현해 놓은 대단한 책이다. 그리고 지금도 여전히 타당하며 장차 실현해야 할 일종의 비전을 선언한 책이다"라고 했다.[1]

오늘날 일반적으로 학자들의 가장 신뢰받고 있는 '오경 주해' 가운데 하나인 *The Interpreter's Bible*은 우리에게 준엄한 발언을 하고 있다.

> 성서라는 경전에서 글자 그대로 사실이란 주장은 거짓 신들의 신당에 놓인 우상과 같이 사람들을 속이는 것이다.[2]

이 말은 표현은 부드럽지만, 내용은 의미심장하다. 성서의 신앙을 견지한다는 명목으로 무조건 성서의 문자에 매이는 것은 하나님을 우상숭배 하듯 하는 것이다. 그런 비이성적 태도는 신앙도 학문도 아니다. 그것은 진리의 영이신 하나님을 거짓 신들과 동일하게 보는 행위로서 성직자들이 교회를 우상의 전당으로 만들어 놓고, 아수라의 가면을 쓰고 앉아서 악신의 종노릇 하면서 신도들의 눈과 귀를 속이며 도적 떼의 소굴을 만들고 있다는 말이다.

F. 베이컨 Francis Bacon, 1561-1626은 인간의 편견과 고정관념에서 나온 '우상'으로서 '종족의 우상', '동굴의 우상', '시장의 우상', 그리고 '극장의 우상'의 타파를 역설했다. '우상偶像, idol'이란 그리스어로 거짓된 형상들false forms을 뜻하며, '신학적 무신론자들'이 만들어 낸 하나님이며, 그들이 하는 일이란 '금송아지gold calf를 기르는 작업'일 뿐이다.

그는 "우상이란 우리의 마음에 자리 잡은 권위와 상징들로서, 실제 생활에서 참된 지식을 인식하지 못하고 선입견과 편견에서 나온 산물이다. 인간의 지각에서 내재하고 있는 우상을 제거하지 않으면 참된 지식을 얻을 수 없을 뿐만 아니라 인류의 진보도 할 수 없다"고 했다.

백성이 아론에게 이르되 우리를 위하여 인도할 신을 만들라! 아론이 그들에게 "그렇다면, 너희 아내와 자녀의 귀에서 금고리를 코에서 은고리를 빼어 내게로 가져오라!" 모든 백성이 그 귀에서 금고리를 코에서 은고리를 빼어 가져오매 아론이 그들의 손에서 받아 부어서, 은으로 새겨 단을 만들고, 금으로 송아지를 새겨 단 위에 세워 놓고 말하되, "이스라엘아. 이는 너희를 애굽 땅에서 이끌어낸 너희의 신이로라!" 하는지라. 아론이 보고 그 앞에 제단을 쌓고, 공포하여 이르되 "내일은 야훼의 명절이니라" 하니, 이튿날 그들이 일찍이 일어나 번제와 화목제를 드리고, 백성이 앉아서 먹고 마시며, 일어나서 뛰놀더라. 야훼께서 모세에게 "너는 내려가라! 내 백성이 부패하였도다!" 출 32:1-7

모세는 시내산 위에 올라가 40일간 금식기도 하면서 하나님과 더불어 '죽느냐 사느냐?'의 영적 싸움을 벌이고 있는데, 산 아래의 아론과 백성은 금송아지를 만들어 놓고, "이것이 너희를 애굽에서 이끌어낸 신이라"고 하면서 제사하고 앉아서 먹고 마시며, 일어나서 춤추며 뛰놀았다.

우리는 어떤 일이 너무도 분하고 억울할 때 '불 질러 버린다!', '때려 부순다!', '가루로 만든다!', '갈아 마신다!'고 한다. 모세는 이 네 가지를 한꺼번에 다 해 버렸다.

모세는 그들이 만든 송아지를 가져다가 불살라 부수어 가루를 만들어 물에 뿌려 이스라엘 자손에게 마시게 하니라. 출32:20

에리히 프롬은 사회심리학과 정신분석학의 관점에서 구약성서의 새로운 가치 읽기를 시도했다. 그는 절대다수가 돈이라는 우상에 빠져 있는 오늘의 현대인들에게 인간의 자유의지와 우상숭배와의 투쟁이라는 새로운 과제를 던진다. 구약성서는 끊임없는 우상숭배와의 투쟁을 그린 드라마이며 인류 역사는 우상숭배의 역사라고 단언한다.

2. 오경의 저작자 논란

모세가 오경을 낳았는가, 오경이 모세를 낳았는가?

오경 속의 모세나 복음서 속의 예수에 관한 이야기는 오늘날 우리들의 개인 전기와 다르다. 그것들은 야훼 하나님에 대한 신앙 안에서 공적으로 선포한 말씀이었기 때문이다. 인간은 자유로이 신을 긍정할 수도 있고, 또 부정할 수도 있다. 그러나 인간의 참된 위대함은 신을 긍정하는 데 있다.

전통적으로 많은 사람이 모세가 오경을 썼다고 믿어 왔다. 그러나 오늘날 다수의 학자는 모세는 역사적으로 여러 번 있었던 출애굽 사건들 가운데 어느 한 번의 지도자로서 단순했던 모세의 전승이 세월이 흘러가면서 점차 확대되고 미화되어 오늘의 오경 속의 모세가 되었다고 생각한다.

이스라엘 민족의 역사 초기에 애굽에서 살았던 모세란 인물이 있었다는 것은 의심할 수 없다.[3] 그러나 우리가 모세의 생애를 탐구하기엔 '핸디캡'이 있다. 모세는 너무나 태고적 사람이고 문명의 초기 단계에 살았기 때문에 전승구전이나 서전의 전달이 에스라, 느헤미야나 예수 그리스도나 소크라테스보다는 덜 정확하게 채택되었다. 그리고 그는 이스라엘의 신앙 체계를 통해서만 알려지고 있다는 사실이다.

모세는 늦어도 1250 B.C. 이전에 살았다. 오경에 쓰여진 모세에 관한 이야기는 모세 이후 많은 세월이 흐른 후에야 편찬된 것이다. 이들 전승이 문서화 된 것은 모세 당대로부터 4, 5세기 후에 된 것으로 그때까지 구비口碑, Oral tradition로 전승되어 온 것이다.[4] 따라서 모세의 직접적이고 회고적인 기록은 적다. 그러므로 모세에 관한 이야기는 어디까지가 역사적인 사실인지 알 사람은 없다.[5] 따라서 우리는 모세에 관한 이야기를 다윗의 기사와 같은 역사적 문서로 전환 시킬 수는 없다.

그리고 '모세'란 인물이 우리에게 설혹 알려진 경우가 있다고 하더라도 지극히 제한적이고 단편적일 수밖에 없다. 게다가 '신앙'이란 이름으로 우리에게 자유를 제한해 왔기 때문에, 그로 인해 우리에게는 일방적이고 편향된 시각이 형성되고 고착화 되었다. 우리는 '믿음'이란 규격 속에 이성과 지성을 억눌러 왔기 때문에 모세에 대한 매우 적은 지식을 그나마 굴절된 시각으로 볼 수밖에 없었다. 그리고 때로는 모세에 대한 탐구마저 타부라는 인상을 갖게 되었다.

지금 우리는 잠정적으로 오경에 기술된 모세의 생애를 신학적 현대 사상인 '성서 고등비평학'의 입장에서 접근해 보고자 한다.

우리가 성서에서 모세에 대하여 얻을 수 있는 최초의 지식은 오경 가운에서 J 자료C. 850 B.C.와 E 자료C. 750 B.C.이다. 따라서 우리의 모든 자료가 상대적으로 후기 시대의 것이란 사실에 의하여 모세의 생애를 취급하기에는 불리한 조건에 있다. 그리고 그는 이스라엘 신앙의 체계를 통해서만 우리에게 알려져 있다는 사실이다.[6] 이러한 연대 추정은 혹자들에 의하여 신학적 무신론 사상이라고 지탄받고 있는 '그라프-벨하우젠' Graf-Wellhausen의 문서가설에 의존한 것이다,

오경은 모세의 저작이 아니라고 처음으로 폭로한 사람은 신학자들이 아니라 철학자와 의학자였다. 소위 고등비평학의 비조라 할 수 있는 네덜란드의 철학자

'스피노자'Spinosa, Baruch de, 1632-77는 유대인 무신론자로서 '신학정치론'Tractatus Theologico Politicus이라는 유명한 논문을 썼다. 그는 그 논문의 결론으로서 모세오경의 저자는 모세가 아니라 "모세보다 훨씬 후대에 살았던 어떤 이"라는 것은 한낮의 태양보다 더 자명한 사실이라고 주장했다.[7] 스피노자의 뒤를 이어 파리대학의 의학 교수인 '장 아스트룩'Jean Astruc, 1753은「모세가 창세기를 기록할 때 참고한 듯한 자료」"원초적 회상록에 대한 가설"란 논문을 발표했다.[8] 이것은 오경의 비판사에 결정적인 공헌을 했다. 그는 이 논문에 대한 핍박을 피하기 위해 '빌 길라니'Bill Ghillany라는 익명으로 발표했다. 그 후 성서학자들은 문서가설들을 우후죽순처럼 쏟아냈다.

3. 오경 문서들의 연대와 특성

오경 구성의 문헌들은 흔히 문서Document 혹은 전승Tradition 또는 자료층Stratum이라고 부르는데, 그것들은 연대와 특성을 달리하고 있다.

J (Jehovah, Yehwist) - BC. 9세기

J 혹은 야훼Yahweh 문서의 저자는 당시의 고대 근동세계에 잘 알려진 이방 민족의 신화, 전설, 시詩, 노래들을 하나님의 위대한 구원사역의 역사 속으로 끌어들여서 집대성한 최초의 저자였다. 그 시대는 대략 다윗이나 솔로몬 시대였을 것이다.

E (Elohist)- BC. 8세기

E 또는 엘로힘Elohim 문서는 북 왕국 이스라엘이 외부의 적들로부터 위협을 받고 있을 때 북부 부족들 사이에 전하여 내려온 전승을 사용했을 것이다. E 문서는

모세를 강조했다. 때는 기원전 700년경이다.

D (Deuteronomy) - BC. 7세기

D 문서는 종교적 관습을 개혁하는 데 그 목적이 있었다. D 문서가 편집되었을 때 J. E. P. 문서는 그때까지도 하나의 문서로 통일되지 않았었다. 신명기는 기원전 7세기에 기록되었는데, 신명기 저자는 아모스, 호세아, 이사야, 미가 같은 8세기 예언자들로부터 고무적인 영향을 받아 썼을 것이다. 그들은 므낫세 왕의 통치 기간 중에 기록하여, 그 악한 왕의 탄압적이고 잔인한 통치하에서 그 책을 안전상 성전 안에 숨겨두게 되었는데, 그것은 잊혀진 채 요시아 왕이 성전 수리를 진행 시키는 중에 '신명기 법전'이 빛을 보게 되었다. 요시아의 종교개혁이 기원전 621년이기 때문에 D 문서가 J와 E 문서의 연대를 측정하는 초석이 되었다.

P (Priestly Code) - BC. 5세기

P 문서는 '제사문서'이다. P 문서 기자는 구약성서의 마지막 편집자이다. P 문서의 언어는 사가의 언어라기보다는 재판관의 언어와 같은 성격을 띠고 있다. 이들에 의하면 모세의 '소명 기사' 하나에만도 그 속에는 J. E. D. P. 그리고 R의 증보 등 후기의 여러 문헌을 섞어서 하나의 이야기를 편집한 것이라고 한다. 출 2:23b-4:17, 20b, 27-31; 6:2-7:7

이 외에도 L Lay Source, 세속 자료, N Nomadic Source, 유목민 자료, K Kenite Source, 겐족 자료, S South Edom, 남방 자료, R Redakteur Editor, 편집자 증보 등이 있다.

이러한 자료층들을 연대순으로 대충 정리하면 J-N-E-D-P가 된다. 그리고 오경에는 이러한 자료층에 속하지 않은 다른 자료들이 들어있다. 이것은 그것들과는 독립적으로 삽입된 것이다. 전승의 과정에서 많이 수정되었음에도 불구하고 그 본래의 특성을 보존하고 있어서 구별할 수 있다.[9] 이러한 주장들은 일반적으로 학계에 널리 인정되고 있다.

이리하여 19세기 정통주의 성서연구들의 주된 목적은 성서의 원형적 고문서들을 재건하는 데 있었다. 그들은 현재의 오경은 다종다양多種多樣한 개개의 원형적 고문서들을 요약 편집한 것이라고 믿고 있다.[10] 그들에 의하면 오경의 편찬자들은 '고대의 이야기'들을 다시 이용했고, 자신들의 시대의 필요성에 걸맞는 설교를 하기 위해 새롭게 각색했다. 따라서 많은 부분이 버려지기도 했고, 분실되기도 했다. 각각의 이야기와 문구들이 새로 고쳐 씌여지면서 유지되어왔고, 여기에는 인간적인 이유가 있었다고 보인다. 따라서 성서를 연구할 때에는 연대, 기원, 역사적 근거 등을 따지기보다는 왜 그런 이야기들이 말해지고, 왜 그런 이야기들이 기록되었는가를 살펴보는 것이 훨씬 더 중요한 것이다.[11]

폰 라드G. von Rad는 "모세오경은 고대 이스라엘의 전승 자료들의 종합이라고 했다. 오경에는 모세의 이름이 약 600번 정도596번 나오는데 출애굽기에만 273번, 민수기에도 215번 나온다. 모세의 이름이 이렇게 여러 번 나오는 것은 모세가 본문을 전혀 쓰지 않았고 제3 자가 썼다는 것을 나타낸다고 했다. 그는 성서의 독자들이 모세의 역사적 활동의 중심지를 시내산이었을 것이라고 생각하는 모세관은 시내산에서의 율법 수여에서 중보자로서의 모세의 역할을 그의 활동의 결정적 요소로 생각한 '신명기 역사서'를 그 궁극적 원천으로 하고 있기 때문이다. 오경의 설화들은 원래 독립적이었던 일련의 주제들을 점진적으로 편집한 것이었기 때문에 이 주제들의 대부분에서 모세가 골고루 등장하는 것은 원래의 것이 아니라 후대의 가필에 의한 것임이 틀림없다. 모세의 인물됨은 오경 설화와 그 밖의 다른 곳들에서 훨씬 더 구체적이고 특별한 상황들을 배경으로 나타낸다. 만일 사건들의 경과에 따라 모세의 여러 상像들이 서로 다른 전승 복합체들의 신앙 고백적인 배열에서 생긴 것이 사실이라면 모세와 그의 기능의 역사성에 대한 물음은 이 전승들의 덩어리 중 어느 것, 즉 어떤 개체 전승 중에 모세의 인물됨이 뿌리 박고 있는가?"라고 하였다.[12]

마르틴 노트Martin Noth는 출애굽 전승과 시내산 전승의 배후에는 역사적 핵이 존재한다. 그러나 그 두 전승은 서로 다른 두 집단이 이 사건들을 경험한 후 각각 별도의 이야기들을 전달했을 것으로 보고 있다. 오경에 나오는 각 사건이 언제 일어났는가에 대해서도 학자들 간에 합의점은 없다.

W. F. 올브라이트 William F. Albright와 M. 노트는 수 세기 동안 구전 전승과 문서 전승을 거치면서 본래의 이야기에 다양한 이야기들이 첨가되어 층을 이루게 되었다고 했다. 노트에 의하면 애굽에서 가나안에 이르기까지의 이스라엘 백성의 노정을 전하고 있는 오경의 이야기들은 모세를 주인공으로 하여 서로 다른 전승들을 짜 맞춘 편집자의 작품이라고 했다.[13]

노트는 오경 전승의 대부분에는 원래 모세라는 인물에 속해 있지 않았다는 것이다. 더불어 모세의 무덤 전승만은 틀림없이 모세라는 실제 인물에 관련된 것이라는 결론에 도달했다. 이리하여 모세는 느보산 전승의 주인공으로 모압의 어떤 영웅이었을 것이라고 하였다.[14]

노트에 의하면, '모압의 느보산'이라는 아주 구체적인 지역이 위치해 있던 모세의 무덤에 관한 전승신 34:6을 가장 중요한 구체적인 사실로 본다. 모세는 역사적으로 중부 팔레스타인 부족들이 이 땅을 점령할 준비를 하던 단계의 인물이다. 따라서 모세의 구체적인 역할과 의미에 관한 더 자세한 것들은 그가 이스라엘 전체와 관련된 인물로 확대되는 과정에서 상실되었을 것이기 때문에 그것에 대하여 어떤 확실

한 것을 말하기는 불가능하다고 했다.[15]

H. 그레스만H. Gressmann에 의하면 "이스라엘 백성들의 애굽 체류에서 시작하여 요단강 동부지역에 도착하는데 이르기까지의 거의 모든 설화에서 성서 독자들은 모세를 만나게 된다. 그는 신에 의해 부름받은 자이고, 이스라엘을 애굽에서 인도해 냈으며, 신의 계시를 중재했고 그곳으로부터 온갖 위험을 거쳐 그 민족을 모압 땅 초원지대에 이르기까지 지휘했다. 만일 모세를 주목하지 않으면 문서자료들에 의해 제공된 설화들의 연관성은 일련의 거의 연관성 없는 설화들로 분산될 것이다. 모세에 관한 여러 상像들이 아주 복합적인 성격을 보여주고 있기 때문에 개체 자료 문헌들이 모세의 직책에 관해 아주 상이한 파악들을 주장하고 있을 뿐만 아니라, 그것 중에 들어있는 개체 설화들은 아주 독립적이고 종종 서로 무관한 모세 전승들을 포함하고 있다"고 했다.[16]

에드문드 리치Edmund Leach에 의하면 "현재와 같은 형태를 갖춘 성서는 다양한 종류의 고문서들이 하나의 책으로 편찬된 문서 복합체이고, 고문서들의 출처도 서로 다르다. 최종 편찬의 결과로 생겨난 이 문서 복합체는 하나의 총체적으로 '성스러운 영적 이야기'이지 결코 역사책일 수는 없다"고 하였다.[17]

애굽 학자 마호멧 오스만Mahomet Osman은 애굽의 아마르나 혁명의 주군 아케나톤이 바로 모세라고 하였다. 아케나톤이 죽지 않고 광야로 나가서 Aton 신앙을 신봉하던 노예와 노동자들 하층민들을 이끌고 나가 그들의 지도자가 되었다고 한다.[18]

지그문트 프로이드Sigmund Freud는 "모세는 아케나톤의 궁중관리였으며, 아케나톤의 새로운 신앙Atonism과 평등사상에 크게 영향을 받아 아톤신앙을 지지했다. 모세의 출애굽은 아케나톤의 죽음과 직접적으로 밀접한 관련이 있다. 그는 애굽의 고급 관리나 왕자 혹은 사제일 수도 있다. 그는 Atonism의 열렬한 숭배자로서 아케나톤의 사후 일신교의 붕괴를 막기 위해 애굽에서 종노릇 하던 셈족을 이끌고 광야로 나가, 새로운 나라를 건설했다"고 한다.[19]

프로이드는 그가 죽던 해에 완성된 '모세와 유일신교' 1939에서 그는 집단의 최초의 아버지를 죽인 그 범죄에 대한 인식이 종족의 무의식 오디푸스 콤플렉스 안에 남아있으며, 이것이 이스라엘 민족에게 늘 붙어 다니면서 지속적인 죄책감을 유발시켰는데, 이것이 이스라엘 민족의 유일신론의 뿌리라고 주장한다.[20] 그는 모세는 유대인이 아니라 애굽인이었고, 유대교의 일신론은 애굽으로부터 나왔는데, 특히 순수한 일신론을 신앙 체계로 세우고자 했던 아케나톤의 통치기간에 나왔다는 것이다. 기원전 1375년에 즉위한 이 젊은 파라오는 오직 한 신윤리적이고 우주적이며 관대한 아톤 Aton만을 섬기도록 강요했다고 했다.

모세는 파라오의 공주 중 한 아들 아마 비합법적인 아들이었고, 애굽에서 파라오 후의 기간동안 살았다. 그의 출신 성분으로 인해 그는 중요한 인물이었고, 아마 한 지역의 통치자로 있으면서 이스라엘 사람들과 접촉하게 되었다고 본다. 열정적인 종교개혁가로서 아케나톤은 당시 대중적인 종교를 모두 추방했으나 그의 죽음 이후에 그가 이루고자 했던 혁명에 대한 반혁명이 일어났다.

모세는 아케나톤의 지지자였으나 반혁명 때문에 그가 신앙한 종교의 형태를 공개적으로 실천할 수가 없었다. 따라서 그는 이스라엘 백성들을 애굽에서 풀어주고, 아케나톤의 일신론적 종교로 그들을 훈련시키고자 결심했다. 그는 이것을 실천했고, 얼마 후에 정확한 기간은 알 수 없지만 이스라엘인들은 이 엄격하고도 고도로 영적인 종교를 참을 수 없어 결국 봉기하여 이것을 강요하던 그를 죽였다. 최소한 두 세대가 지나간 후에 이스라엘 사람들은 다른 지도자를 뽑았고, 그에게 모세라는 이름을 주었는데, 이 두 번째 모세가 바로 이스라엘 사람들에게 '야훼 종교'를 가져다준 자라는 것이다.

그러나 애굽인이었던 처음 모세의 가르침은 이스라엘의 종족 무의식 안에서 잠재적인 힘을 갖고 있었고, 이것이 일신론을 형성하는 데 큰 역할을 했으며, 수백 년 후의 사람들과 예언자들에게까지 영향을 주었다고 했다.[21]

독일 시인 쉴러Schiller는 모세는 애굽에서 유일신론monotheism을 주장한 소수의 학자 중 하나였다고 한다.[22]

따라서 폰 라드에 의하면 오경의 기사에서 그 원자료들이 가진 기본 메시지를 전달하려는 의도보다도 자료를 사용한 기자 또는 편집자J, E, JE 등가 어떤 신학적 입장에서 자료들을 해석했으며, 그 해석이 이스라엘의 전체 역사해석구조에서 어떤 위치를 가지고 있는가를 밝히는 것이 중요하다고 하였다.[23]

이러한 문서들은 구전으로 전승된 것이 서전書傳으로 바뀌는 과정에서 사실 자체가 잘못 전달되어 틀린 부분도 있고, 다소 과장된 부분도 적지 않을 것이다. 사실 지명이나 인명의 착오도 있을 수 있다. 그러나 대체로 전통적으로 신뢰해온 귀중한 자료들이 망라되어 있어 모세의 생애를 연구하는 데는 절대적으로 중요하다 하겠다.

따라서 고대의 전승들을 언어적으로 정확하게 번역하여 제공되었는지, 그리고 실제로 확실하게 보존되었는지, 그리고 그것이 구비에서 서전으로 옮겨 갈 때 원래 표현하려고 했던 것에 관한 희미한 추측이나마 어느 구절에서 찾아볼 수 있는지를 제시하는 것이 중요한 과제가 될 수도 있다. 그러나 이러한 작업은 추수가 끝난 황막한 들판에서, 길고도 어두운 엄동이 지난 후에 지난해의 잔여 이삭들을 줍는 과정과 비슷하여 매우 힘든 일이기도 하다.

하여튼 결과적으로 현대신학의 고등비평학은 성서를 토막토막 난도질하여 놓았다. 따라서 전통적 입장은 그들의 학문적 업적은 성서의 권위를 훼손하고 성서의 영감성과 역사성을 부인하는 무신론자들이라는 비난을 받아 왔다.

4. 오경 연구의 방법론

> 보통 사람의 최대 결점은 자신이 다른 사람보다 낫다고 생각하는 것이다.
>
> Benjamin Franklin

우리는 오늘날 성서고고학과 고대 근동문학이 발달하여 이러한 주장에 맞서, 이를 반증하는 자료들을 많이 구축하여 온 그 반대자들의 목소리에도 귀를 기울여야 한다.

오늘의 오경 연구는 U. 카수토Umberto Cassuto와 G. L. 아쳐Gleason L. Archer Jr. 그리고 R. K. 헤리슨Roland K. Harrison, E. J. 영Edward J. Young, K. A. 키첸K. A. Kitchen, I. M. 키카와다.Isaac M. Kikawada와 A. 퀸Arthur Quinn 등의 의견에도 귀를 기울여야 한다.

특히 오경 연구에 코페르니쿠스적 혁명을 일으킨 Y. 카프만Yehezkel Kaufmann과 오경을 산산조각낸 J. 벨하우젠Julins Wellhausen의 주장에 관한 비교연구도 필요하다고 하겠다.[24] 이들은 문체의 차이점은 고대근동 문학의 특징이라는 사실을 밝혀 주었다.

위의 학자들은 오경의 주제 문제와 문체와 용어의 내적 다양성은 여러 사람의 혼합적 저작의 주장 없이도 합법적으로 설명될 수 있다고 주장한다.[25] 그들은 여러 비평가의 이와 같은 방법론 가운데 나타나는 약점을 매우 적절하게 지적했으며 문체의 차이점들은 대부분의 고대 근동문학의 특징이라는 사실을 밝혀 준다.

그 하나의 예로서 고대 근동문학인 애굽 관리인 우니Uni, B.C. 2400의 비문은 유창하게 전개되는 설화J. E. ?와 요약된 설명P ?과 승리의 찬양H ?과 자주 반복되는 두 개의 후렴구 R1, R2.로 기록되어 있다. 그러나 사실상 그 비문에서 각각 다른 문서가 나타난다는 의문점은 존재하지 않는다.

이와 동등한 또 다른 자료는 우라루투Urarutu 왕의 비문에서 발견되었다. 거기에는 '할디 신'god haldi의 공포를 위한 고정 법칙P ?과 왕의 공포를 위한 3중重 공식K1, K2, K3과 설화N ?와 그리고 우라루투 군대의 통계와 또는 그들의 약탈품의 통계가 기록되어 있다. 이 비문은 '선사先史의 기록이나 또는 경쟁하는 원저자는 포함하고 있지 않으며 그 문체가 1세기 동안 지속 되어 왔기 때문에 그것이 하나의 문서라는 데에는 의문점이 존재하지 않는다'고 했다.[26]

따라서 오늘날 보수주의 학자들 가운데는 스피노자가 제시한, 에스라가 구약 전체 또는 오경을 썼다는 가설을 거부한다. 그들은 벨하우젠의 가설 P문서가 바벨론 유수 후에 작성되었다는 주장을 거부한다. 그들은 오경은 거기에 기술된 사건들이 발생한 지 얼마 지나지 않아 쓴 것으로, 오경이 이야기하는 사건들은 전부 역사적으로 사실이라고 주장하면서, 선지자들이 수백 년 전에 기록한 성서 이야기들을 정확하게 되풀이해 말했다는 것이 그것의 부인할 수 없는 증거라고 한다.[27]

그러나 그들은 그 이야기들이 후대 예언자들과 동시대에 쓰였을 수도 있다는 것을 그들은 생각조차 하지 못했다. 그들은 아직도 성서의 문자적 이해를 고수하면서 과학에 대해서는 조금도 양보하지 않는 근본주의 또는 경건주의 학자들로 여전히 존재하고 있다. 그들은 성서를 초과학이라고 주장한다.

이렇게 저명한 학자들이 서로 대립하고 다투고 있는 상황에서 우리에게는 더 연구해야 할 분야가 있다고 생각한다.

이것은 본론에서 약간 동이 뜬 삽화 같은 얘기지만, 유대교의 성서해석과 이해에 있어 서로 다른 유명한 두 학파가 있다. 힐렐Hillel 학파는 인도주의적이고 진보적이며, 자유주의적이었다. 반면에 삼마이Shammai 학파는 엄격하고, 근본적이며 보수적이었다. 그러나 그 두 학파의 주장들은 모두 옳고 타당했다.

불교의 수행 방법에 있어 선禪과 교敎가 맞서고 있다. 깨우치는 방법에 있어서 '돈오頓悟'와 '점수漸修'가 있다. 사상의 내용으로 보면 선종에서 '돈오'는 일정한 차례에 따르지 않고, 한꺼번에 해탈을 얻는 방법이요, 교종에서 '점수'는 원칙적으로 차례를 밟아 점차로 해탈케 하는 가르침이다. 수행의 과정으로 말하면 '돈오'는 수행하는 절차와 경과하는 시간에 관계없이 속히 대도大道를 깨닫는 것이요, '점수'는 얕은 데서 점차로 깊은 데로 수행해나가는 것이다. 이러한 선종과 교종의 주장은 모두 옳다.

자연과학에서 빛의 전달은 입자설도 파동설도 옳다. 세상사에는 직선만 있는 것이 아니다. 곡선도 있고, 요철도 있다.

> 하나님께서 행하시는 일을 보라! 하나님께서 굽게 하신 것을 누가 능히 곧게 하겠느냐? 형통한 날에는 기뻐하고 곤고한 날에는 되돌아보아라. 이 두 가지를 하나님이 병행케 하사 사람이 장래 일을 능히 헤아려 알지 못하게 하셨느니라. 전 7:13-14

모세의 생애에 대한 토라오경의 서술敍述 자체가 그렇다. 매우 오락가락하고 있다. 같은 사건을 두고도 때로는 긍정으로, 때로는 부정의 눈길을 보이고 있다.

전승의 출처와 시기가 다르고, 가치관이나 평가의 기준이 다른 것은 계보에 얽힌 탓이기 때문이다.

조선왕조 500여 년을 통틀어 가장 뛰어난 재상으로 꼽히는 황희黃喜, 1363-1452는 성품이 강직, 청렴하고 사리에 밝고 정사에 능했으며, 때로는 자기의 소신을 굽히지 않아 왕과 대신들의 미움을 받기도 했다.

한번은 황희 정승이 퇴궐하여 집에 있는데 계집종甲이 찾아와 정승에게 사내종을 욕하면서 자기의 옳음을 역설했다. 황희는 "네 말이 옳다"고 했다. 조금 후에 사내종乙이 와서 계집종의 부당함을 고소하고 자기의 의를 주장했다. 황희는 그때도 "네 말이 옳다"고 했다. 그것을 듣고 있던 부인丙이 "대감은 갑도 옳다. 을도 옳다고 하시니 도대체 그렇다면 누가 옳습니까?"라고 했다. 그때 대감은 "부인의 말도 옳소!" 하였다.

이 일화는 분명치 않은 흐리멍덩한 삶을 칭찬한 것이 아니라마 5:37 어떤 상황에서도 흑백논리에 빠져서는 안 된다는 것을 말한 것이다. 제3의 길도 있다는 말이다.

오경에 나타난 모세의 생애를 체계적이고 종합적으로 이해하려면, 보수적이 아니면 진보적이라는 양단논법식의 사고에서 벗어나서 다양하게 분석하고 비판함으로써 흑백논리에서 탈피해야 한다.

그러려면 자연히 계시나 영감만을 내세우는 획일적, 일원적 사고방식에서 전환하여 다원적, 다층적 사고방식을 갖고 역사적, 사회학적 문학적 그리고 영성학적으로 접근해야 한다. 이러한 복합적 접근은 자기만이 절대적 진리라고 생각하는 개인이나 집단의 주의와 주장에 포로가 되어서는 안 된다. 알밤의 진수를 맛보려면 3중의 껍질을 벗겨내야 한다.

우리는 성경 이해에 있어서 소위 현대주의Modernism 즉 자유주의Liberalism 학자들의 자유로운 입장을 존중한다. 그러나 그들의 소위 성서고등비평학Biblical Higher Criticism은 신뢰하지 않는다. 그들은 성서를 토막 내고 조각내어 분석함으로 그 본문의 배경과 정황을 밝히는 데는 상당한 성과를 거두었다. 그러나 성서 본문을 전체적, 통합적으로 보는 데는 실패했다. 그들은 다른 본문들은 자료가 다르기 때문이라는 주장으로 모순을 회피한다.

우리는 성서를 글자 그대로 믿고 있고 또 특히 성서의 기적들을 좋아한다. 지금도 저녁노을만 붉어도 혹시 주님 다시 오는 것이 아닌가 하여 가슴이 두근거린다. 그러나 저자는 아직도 입신경入神境에 들어가지는 못했다.

미국과 유럽에서는 복음주의Evangelism로, 그리고 아시아에서는 보수주의Conservatism로 알려진 소위 성서에 대한 근본주의Fundamentalism 또는 경건주의Pietism의 이해를 한국의 교회는 받아들인다. 따라서 저자는 성서의 말씀은 하나님의 절대적 진리라고 간주한다.

따라서 우리는 모세의 생애에 관한 제3의 연구 방법은 있는가 모색해 보고자 한다.

5. 오경의 완성과 그 결과

오경에는 전체적으로 통일성과 영감성이 나타나 있다. 그것은 '진리의 영'이신 '야훼의 영'이 오경 편찬자들의 능력을 자발적으로 활용케 하여, 그것을 향상하고, 필요한 방향으로 향하게 하여, 하나님의 정하신 뜻을 부족함이 없게 표현되게 하였다. 이러한 작업을 가리켜 우리는 영감이라고 부른다.

노드롭 프레이Northrop Frye는 놀라운 결론을 내렸다.

성서가 어떤 의미에서든 영감靈感 – 신성한 또는 세속적인 영감 – 에 의한 것이라고 간주한다면, 그 편집과 교정의 과정도 또한 영감에 의한 것으로 생각하지 않으면 안 된다.[28]

성서고등비평higher criticism이란 순수한 문예비평a purely literary criticism이다. 이 순수한 문예비평의 관점에서 바라보면 성서는 오전誤傳, coruptions, 주석註釋, glosses, 교정校訂, redactions, 삽입insertions, 합성conflations, 혼돈misplacings, 오해misunderstandings 등, 이 요소들을 명백하게 하는 것이 분석적 비평가the analytic critic이지만, 그러나 성서는 그런 요소들의 스크랩북scrapbook은 아니라, 예형론적인 통일체the typological unity인 것이다. 이 통일체를 쌓아 올리는 것을 도와주기 위해서 원래 이 모든 요소가 의도 되었던 것이다.[29]

오경 전체는 그 구성이 통일성을 나타내며, 그 조직이 전체적으로 하나로 연결되어 있으며, 다만 모세에게 나타난 야훼의 계시의 진보적 본질에 기인하는 중복과 재설명이 희귀하게 나타날 뿐이다. 심지어 비평가들까지도 오경의 통일성을 인정한다.

오경은 분명히 한 사람의 저자에 의해서 같은 시대에 기록된 것은 아니다. 그러나 그것들은 같은 원리와 같은 개념으로 지배받으며 또한 같은 배경과 같은 표현 형태를 가진다. 오경의 통일성의 불변의 근거는 용어나 문체의 동일성에 있는 것이 아니라 질質의 동일성에 있다. 오경의 저자들은 뛰어난 문학적 은사를 받은 사람들이었으며, 또한 천재의 모든 특징 즉 변화성, 다양성, 선택의 풍부함, 광범위한 문학적 개성, 숙련된 기술로 기록하는 모든 분야의 원고 기록 등의 특징들을 소유한 사람들이었다. 따라서 성서 전부가 하나님의 영감을 받아 계시 된 책으로 진리를 가르치고 잘못을 책망하고 허물을 고쳐주고, 사물을 바로잡고, 의로 징계하고 올바르게 사는 훈련을 시키는데 유익한 책이다.

> 모든 성경은 하나님의 감동으로 된 것으로 교훈과 책망과 바르게 함과 의로 교육하기에 유익하니 딤후 3:16

이렇게 하여 모세오경의 정경화 작업이 이루어졌다. 그러나 이러한 정경화 작업은 이제 예기치 못한 하나의 상황을 발생케 하였다. 그것은 정경화 과정에서 채택되지 못한 구전들과 서전들은 모두 배척 내지 폐기 처분에 이르렀고, 따라서 다른 전승들은 또 다른 성서를 낳을 수 없게 만들었다.

옛 전승들을 전할 때 입으로 표현한 말은 더 자유로웠고, 그래서 생각도 자유로웠다. 이렇게 말과 생각, 둘 다 자유롭게 사용한 자들이 예언자들이었다. 그들의 말과 생각은 신의 영감을 받은 것으로 믿었다. 그러나 신탁이 문서로 만들어지자 자유의 범위가 사라지고, 굳어져서 고정화되었다. 액체 상태의 신탁들이 고체화되면서 수정체와 같이 굳어지고, 항상 똑같은 내구성을 지니게 되었다. 살아서 성장하는 물체가 죽어서 항상 그대로 머물러 있는 문자로 대치되었다.

오경의 완성은 새로운 사고와 다양한 성령의 감동에 제한을 두게 했고, 따라서 통제된 하나님의 말씀이 대세를 이루게 되었다. 그러나 성서를 과거에 하나님의 계시로 써진, 닫힌 하나님의 말씀으로만 취급해서는 안 된다. 성서는 지금도, 현재도 계속 쓰이고 있는 '열린 성령의 말씀의 책'이 되어야 한다.

그러나 말이 문서로 만들어지자 사고에 족쇄를 채운 결과를 가져왔다.

이제부터는 문자로 기록된 성서라는 글을 노예적으로 해석함으로써 독자적으로 성서라는 책을 쓰는 저자가 될 수 없게 되었다. 그들은 기록된 성서의 해석자나 주석자에게 자리를 내어주어야 했다. 그리고 그들은 이제 '탈무드' Talmud라는 그 '율법의 해설집'을 쓰는 고된 작업에 스스로 순응하게 되었다.[30]

이제는 경전을 해석하고 가르치는 서기관이 예언자의 자리를 빼앗았으며, 그때부터 이스라엘은 책에 갇힌 민족이 되었다.

6. 모세의 역할(롤 모델)

역사적으로 모세는 어떤 인물인가?

야훼께서 이스라엘 자손에게 '한 선지자를 보내시니, 그가 그들에게 이르되 야훼께서 이같이 말씀하시기를 '이스라엘의 하나님, 내가 너희를 애굽에서 인도하여 내며, 너희를 종이 되었던 집에서 나오게 하여, 애굽 사람의 손과 그리고 가나안 땅의 너희를 학대하는 모든 자의 손에서 너희를 건져내고, 그들을 너희 앞에서 쫓아내고, 그 땅을 너희에게 주었으며' 나는 너희의 하나님이니, ... 너희가 거주하는 아모리 사람의 신들을 두려워하지 말라. 삿 6:8-10

이 본문에서 '한 선지자'란 모세를 가리킨다. 본문은 사사기 편집자의 삽입구이다. 본문은 애굽에서의 구원과 가나안 위정자들의 압박에서의 구원을 언급하고 있다.

이스라엘 백성의 출애굽과 가나안 정착에 대하여 학자들의 견해는 대체로 다음 3가지로 제안되고 있다. 이것들은 모두 가설들로서 모세의 지도자로서의 롤 모델 role model을 보여준다.[31]

첫째로 역사적인 모세는 과연 불세출의 전사인가? 무적의 영웅인가?

모세는 오경 본문에 기록된 그대로, 애굽을 탈출해 온 노예들을 이끌고 전광석화같이 시나이 광야를 가로질러 요르단 동편을 거쳐 북쪽으로 이동하고 요르단강 동쪽에서 서쪽으로 건너 공격을 개시하였다. 모세는 불패의 전쟁 영웅으로서 여호수아를 후계자로 지명하여 그의 지휘 아래 열두 부족이 연합하여 가나안을 침입하고 정착했다는 무력정복설The Conquest Model의 주인공이다. 대표적인 학자는 근본주의 성서학자인 Y. 카프만Yehezkel kaufman이다.

둘째로 역사적인 모세는 종교적인 평화의 사도인가? 야훼 신앙의 독실한 사제인가?

다른 한편, 모세는 애굽에서 탈출한 노예들과 아피루'apiru들과의 연속성이 강조되는 인물로서 야훼 신앙을 기반으로 한 평화적 이주설Immigration Model로서 과업을 실천했다. 그는 처음에는 유목민들이 가나안 땅의 농부들과 상호협정을 통해 계절적 이동을 하다가 나중에는 거주민이 없는 땅에 정착함으로써 장기간에 걸쳐서 반유목 생활로 들어갔다. 이것이 '평화적 이주설'이다. 대표적인 학자로는 알트 Albreche Alt와 노트Martin Noth이다.

셋째로 역사적인 모세는 불타는 사회혁명가인가? 아니면 농민의 선구자였는가?

또 다른 이론은 사회혁명설Revolt Model이다. 모세가 출애굽 한 지 반세기가 지난 후에는 가나안 땅은 하비루의 반란과 혁명에 휩싸이게 됐다. 사막에서 온 침략자들 즉 유목민들의 핵심 집단 즉 출애굽 노예들은 가나안 토착민과 합작으로 투쟁을 벌여나갔다. 이것을 '가나안 사회혁명' 또는 '농민혁명'이라고 칭한다. 대표적인 학자로는 멘델홀George E. Mendelhall과 롤란드 드 보Roland de Vaux 및 고트발트Norman K. Gottwald 등이다.

그러나 오경에 사용된 이러한 일련의 자료들은 각각의 사건들을 서로 다른 관점에서 기록한 것으로 간주 되고 있으며 그리고 개략적이기 때문에 '모세'라는 인물에 대하여 큰 윤곽만 그릴 수 있을 뿐이다. 따라서 오경에 기록된 모세의 전기 즉 프로필Profile은 '모세의 사진'이 아니고 다만 몽타주montage일 뿐이며, 기껏해야 초상화로서 수정과 보완이 있었고, 스테인드글라스stained glass로서 상징과 의미일 뿐이다. 그러므로 모세를 영적으로 이해하는 데는 개인 간의 차이가 있을 수 있으며 고정된 틀이 있을 수는 없다.

이상의 상술한 바를 한마디로 표현하면 : 오경의 숙련된 기술자가 '조각보a wrapping covering of cloth by fragments'를 제작한 것과 같다. 제작자들이 어떤 넓거나 얇은 물건들에서 떼어낸 자료들이나 갈라져 나온 것들로서, 그것들은 원래 서로 따로 떨어져 있었던 물건들인데, 제작자가 보褓라고 하는 목적을 위해 짜 맞춘patch work 것으로서, 그 자료들은 색깔도 서로 다르고 크기와 질과 용도도 서로 다르고 출처도 습득자도 시기도 서로 다르지만, 오직 한 가지 용도와 목적을 위해 동원되었다. 오경은 숙련된 기술자가 '구슬 목걸이'a necklace를 제작한 것과 같다. 서로 다른 지역과 시기에 습득한 구슬로서 크기도, 색깔도, 용도도, 질도 다른 것들을 하나의 구슬꿰미로 연결하여 멋있는 목걸이를 제작한 예술가와 같다고 하겠다.

이상의 3가지 모델 가운데 역사적 모세는 과연 어떤 유형에 속하는가? 아니면 모세는 그 모든 것을 내포한 종합적인 인물인가?

◆ '사회혁명설'은 이념적 무신론자인 카를 마르크스Karl Marx의 유물론과 공산주의 혁명이론과 철학적 무신론자인 니체Friedrich Nietsche의 초인주의에 사상적 기반을 두고 있고,

◆ '평화적 이주설'은 '과학적 무신론자'인 다윈Charle Darwin의 진화론과 적자생존에 사상적 기반을 두고 있으며,

◆ '무력정복설'은 사탄의 속임수인 영혼불멸신앙을 진실인 것처럼 위장한 심령과학을 비롯한 강신술에 기대고 있다.

우리는 과연 모세는 카를 마르크스가 사상적 은사로 찾은 사회혁명가였거나 니체가 말한 초인으로서의 농민의 선구자였는지도 모른다. 우리는 모세가 다윈의 진화론과 적자생존의 법칙에 통달했던 승려카힌, kāhin였거나 평화의 사도였는지도 알 수 없다. 그리고 우리는 모세가 강신술사였거나 야훼의 영에 사로잡힌 능력의 전사이며 무적의 영웅이었을지도 모른다. 아니면 모세는 이런 모든 능력을 겸비한 영웅이었는지도 모른다. 다만 확실한 것은 오경의 편찬자들이 모세란 역사적 인물에 각기 다른 전승들을 종합하고 윤색하여 분장시켰고 여기에 지역 신화와 전설들이 부역한 것으로 보인다.

결과적으로 성서의 설화들은 역사적 뼈대와 여기에 살을 붙인 허구를 구분해 내기는 결코 쉬운 일이 아니다. 픽션fiction과 논픽션non-fiction의 경계선을 찾기는 어렵다. 성서의 설화들은 여러 세대에 걸쳐 다양한 사람들의 입을 거치면서 그들의 염원과 꿈으로 채색되었기 마련이었다.

출애굽과 광야 유랑에서 우리가 만나게 되는 모세는 옛 애굽 공주의 아들도, 황태자도 아니었고, 다만 미디안 땅에서 오랜 세월을 양치기 목자로 보낸 늙고 초췌한

노인에 불과하였다.

오늘날 우리가 오경에서 만나는 모세는 다윗 왕실의 사가들의 손으로 대지도자로 각색된 모습일 뿐이다.

우리가 모세의 역사성을 입증할 수 있는 근거는 오경을 비롯한 성서의 기록과 사가들의 기술을 통하여 접할 수 있다. 그러나 성서에도, 사가의 기록에도 없는 부분은 필자의 추론과 상상력에 의존할 수밖에 없다. 따라서 '모세 평전'은 사실과 허구의 결합인 팩션faction이며, 전기의 재구성인 셈이다. 따라서 '모세 평전'은 실화소설이나 실록 소설의 장르를 벗어날 수 없다.

그러므로 본서는 신학 연구논문의 형식을 취하고 있으나 실상은 하나의 문학작품으로 일종의 명상집에 가깝다. 그래서 설교도 아니며 처음부터 끝까지 중언부언하고 있는 신학강론이다.

제2장 • 우주세상의 신비와 수수께끼

1. 우주(세상)의 조화와 질서, 그리고 생명의 기원

어디서 온 것인가?

지금은 하나님과 우주와 인간의 상호관계와 그 생성과 성장과 유지에 대하여 생각해 보는 시간이다.

우주는 언제, 어떻게 생겨났으며, 우주 만물은 어떻게 조화롭게 운행되며, 자연계의 운행은 규율에 따른 건지, 그렇다면 이러한 규율은 도대체 무엇인지, 그리고 이 규율의 목적과 표현방식은 무엇인지, 또한 이 규율의 배후에는 어떤 존재가 있는지, 인류는 무엇을 통해 그가 있음을 아는지, 그 존재는 어떤 방식으로 인류에게 역사하는지, 인간은 결국 어디서 와서 어디로 가는지, 인간 영혼의 유무 관계와 육체와의 관계, 그리고 인간이 죽은 후에 영혼은 어디로 돌아가는지 등등 철학자들과 과학자들이 해답을 얻고자 애써 온 것들이다.

이 우주 즉 세상에는 '원인 없는 결과'란 있을 수 없으며, 세상은 항상 최선의 상태에 있다. 모든 사물은 현재 있는 상태 그대로이며, 절대로 달리 존재할 수 없다.

'우주'宇宙, universe란 지구를 포함한 물질과 에너지 그리고 공간space에 관한 모든 질서의 세계이다. 우주에는 '조화와 질서'가 있다. 그리하여 옛 그리스인들은 '코스모스'κόσμος라고 불렀다. 따라서 신약성서에는 코스모스란 말을 180번 이상 사용했다. '코스모스'란 '세상'world이란 의미로서 인간 존재와 창조의 균형 잡힌 구조를 의미한다. 보스턴의 어느 한 과학자는 이런 의미에서 '하나님은 우주 내의 조화의 총화'God as the totality of harmony in the Universe라고 술회했다.[32]

우리 인간의 눈에 보이지는 않지만, 알 수 있으니: 이 우주세상에는 여러 가지 종류의 힘이 존재한다. 탄성과 중력, 전기력과 자기력. 그리고 핵력interaction은 어디서 온 것들이며 힘과 열과 빛으로 변하는 에너지는 그 누구의 조화인가? 아직도 물리학자들은 고민하고 있다.

과학자들이 자연의 신비를 풀기 위해 끝없는 도전을 하고 있지만, 과거와 미래의 우주에 관하여서는 여전히 풀리지 않고 있는 의문이 많다. 생명의 기원에 대하여 최초의 지구 대기에도 있는 수소, 메탄, 암모니아와 수증기는 진공 용기에 넣고 천둥, 번개와 같은 효과를 내는 전기를 가해 단백질 구성의 단위체인 아미노산이란 유기체를 처음 얻어낸 것이 고작이지만, 이 유기물이 어떻게 생명체로 연결되는지 아직도 여전히 수수께끼이다.

우주의 생명은 사람 안에 살아있고, 그것은 모든 자연계에 하나의 큰 생명으로 연결되어 있다. 그리고 그 생명은 시작도 끝도 없이 과거, 현재, 미래라는 시간의 흐름 속에 연결되어 있다. 따라서 내가 죽어도 결코 소멸한 것이 아니고, 연결되어 끊임없이 흘러간다. 이처럼 자연과학의 최첨단에 서 있는 물리학 분야조차도 물질의 근원이나 우주의 실체에 대해서는 절대적 진리에 이르지 못하고 있다. 다만 다양한 가설이 있을 뿐이다. 반론의 여지가 없는 진리는 종교의 영역에 속한다. 우주의 기원에 대하여 과학자들은 약 100억~200억 년 전에 대폭발로 우주가 탄생했다고 믿고 있다.

우주는 밀도와 압력이 매우 높은 초기 상태로부터 나이가 들면서 팽창함에 따라

물질은 온도가 내려가고, 서로 뭉쳐서 별과 행성行星이 형성되었다.

그림1 「태초에」
그래픽으로 표현한 우주의 팽창과 행성들의 진로(궤도)

기원전 5세기 이전에 히브리인들은 우주는 138억 년 전부터 생겼으며, 지구는 46억 년의 역사가 있다고 했다. 그들은 이것을 어떻게 알 수 있었을까? 그것은 창조주 하나님의 계시에 의한 것이라는 말 외에는 답이 없다.

오늘날 자연과학계에서는 우주의 시작에서 지구와 생명의 탄생, 광물과 생물의 공진화共振化, 어떤 하나의 진동체가 있을 때 다른 것이 이 진동에 따라 진동을 일으키는 현상, 그리고 인간 의식의 출현에 이르기까지 유장한 역사의 메커니즘mechanism, 機轉을 전자와 양성자 및 광자, 이 3요소의 무한한 상호작용의 산물로 보고 있다.[33]

이러한 과학자들의 주장은 이미 오래전 그의 사후에, 그가 저술한 책들이 '새 교회New Church'라고 불리는 오늘날의 한 종파를 낳은 에마누엘 스베덴보리Emanuel Swedenborg, 1688-1772의 견해와 같다. 그는 철학자요 과학자이며, 신비주의자요, 신학자였다. 그는 태양의 성운에서 나와 생성된 지구와 지구의 계절 및 기후의 변화 그리고 광물에서 시작하여 식물을 통해 인간에 이르기까지의 창조 과정을 탐구하여 '자연과 사물의 원리'Principia Rerum Naturalium라는 책을 썼다. 그는 물질은 무한히 나눌 수 있는 입자로 구성되어 있고, 이들은 끊임없이 소용돌이 운동을 하며 그 안에는 더 작은 입자들이 있어 운동하고 있다고 하였다. 이러한 이론은 핵과 그 주변을 도는 전자로 표현되는 현대의 원자 개념과 비슷하다.

그가 태양계 행성들의 형성에 대해 내놓은 가설은 칸트, 라플라스의 성운이론星雲理論: 태양과 행성들이 같은 하나의 성운에서 유래한다는 이론의 전조가 되었다.[34]

스베덴보리는 '하나님에 대한 경배와 사랑'De cultu et Dei, 1734이라는 저서에서 '인간의 영혼은 지성과 힘이 겸비된 작은 세계로서 피조된 우주는 이러한 지성과 힘을 통해서 자신의 창조주께 찬미를 드린다'고 했다.[35]

세기의 과학자들 즉, 갈릴레오, 뉴턴, 플랑크, 아인슈타인 등 내로라하는 과학자들이 과연 '신비한 우주'에서 무엇을 발견했는가? 그들은 겨우 '파스칼의 명상'에 기초하여 "무한한 공간의 영원한 침묵이 나를 두렵게 한다"고 고백했을 뿐이다.

우주의 시초에는 '영靈'의 움직임이 있었다.

태초에 소리가 있었다.

어둠 속에 우주가 돌아가는 소리!

그 안에 생명이 있었으니,

곧 세상의 빛이라.

빛이 증거하기를
우주의 근원에는 영이 존재하고 있어
생명과 경이를 낳았다. 창 1:1-2, 요 1:1-4, 1요 1:1-2

영성이 밝은 '엘리바스'는 모든 인간이 잠든 시간, 만물이 고요할 때, 그의 귓가에 은은히 들려오는 소리를 들었다. 그 가만히 들려오는 음성을 듣고 몸서리치는 공포가 그를 엄습하였고, 그 두려움과 함께 몸에는 진동이 일어나고 그의 온몸의 뼈마디들은 모두 흔들렸다고 했다. 그때, 그 영이 그의 얼굴을 스치면서 그 앞에서 지나가는데 그 몸에는 소름이 끼치고 온몸의 털들이 주뼛해졌다고 했다. 그 영이 그의 눈앞에 우뚝 서 있는데도 그는 그 형상을 알아볼 수가 없었다고 했다.

어떤 말씀이 내게 가만히 이르고, 그 가느다란 소리가 내 귀에 들렸나니,
사람들이 깊이 잠들 즈음 내가 그 밤에 본 환상으로 말미암아 생각이 번거로울 때
두려움과 떨림이 내게 이르러서 모든 뼈마디가 흔들렸느니라.
그때 영이 내 앞으로 지나매 내 몸에 털이 주뼛하였느니라.
그 영이 서 있는데, 나는 그 형상을 알아보지 못하여도 오직 한 형상이
내 눈앞에 있었느니라. 그때 내가 조용한 중에 한 목소리를 들으니 욥 4:12-16

엘리바스는 하나님의 가르침을 받기 전에 마음이 아찔하고 몸이 떨렸다고 했다. 그는 고요 속에서 몸이 마구 떨리면서 밖으로는 신령神靈과 서로 맞닿는 기운이 몸을 감싸고, 안으로는 신기神奇한 말씀에 의한 가르침이 있었다고 했다.

창세로부터 그의 '보이지 아니한 것들' 곧 그의 영원하신 능력과 신성이 그의 만드신 만물에 분명히 보여 알게 되나니, 그러므로 저희가 핑계치 못할지니라. 롬 1:20

만물이 그에 의하여 창조되었나니 하늘과 땅의 '보이는 것들'과 '보이지 않는 것들'이 다 그로 말미암아 창조되었느니라. 천사들이나 영적인 존재들이나 정사들이나 권세들과 만물이 다 그로 말미암아 창조되었느니라. 그는 만물보다 앞서 계시고 만물은 그로 말미암아 존속하느니라. 골 1:16-17

그렇다면 그는 도대체 누구인가?

어떤 이는 '그'를 '우연'이라고 한다. 우주는 '우연히' 나타나게 되었다. 우연이 우주를 창조했다. 불가지론자들의 주장이라.

어떤 이는 '그'를 '대자연의 법칙'이라고 한다, 자연과학자들의 주장이다.

어떤 이는 '그'를 '절대 타자' 즉 초자연의 세력이라고 한다. 철학자들의 주장이다.

어떤 이는 '그'를 '알지 못하는 신' 즉 '영'이라고 한다. 종교가들의 주장이라.

그리고 어떤 이는 '그'를 매일 만나는 '친아버지' 같은 분이라고 한다.

그리스도인들의 고백이다.

그를 어떻게 생각하느냐에 따라 인간의 운명이 결정된다.

인류사회와 가없이 넓은 우주의 변화무쌍한 현상들 배후에는 모든 사물을 초월한 심오한 주재자가 있으며, 이는 인간의 유한한 이성으로서는 도저히 인식할 수 없는 사실을 확신하게 한다. 인간은 다만 종교적 신앙과 믿음을 통해서만 이 주재자와의 합일과 일치와 통일에 도달할 수 있다. 그 하나님은 '영원한 자존자' 自存者, ἐγώ εἰμι ὁ ὤν, Ego eimi ho on로서 천지 만물과 인간을 창조하고 보존해 왔다.

신화의 세월이 흐르고 흘러 자연과 인간이 친숙한 사이가 되어가자 전설의 주인공들은 영성의 움직임을 깨달아왔다.

> 하나님은 한 분이시니, 곧 만유의 아버지시라.
> 만유 위에 계시고, 만유를 통일하시고, 만유 가운데 계시도다. 엡 4:6

영인 마음에는 영이신 하나님이 비추신다. 그리고 육신에 자리잡고 있는 마음이 둘이 없듯이, 우주의 마음은 하나뿐이다. 우주가 아무리 넓다고 해도 하나님은 두 분이 되시는 것이 아니며, 단 한 분뿐이시다. 우주의 마음은 단 하나 뿐으로서, 그는 실로 살아있다.

2. 우주(세상)의 이중구조

보이는 세계와 보이지 않는 세계

'우주' 세상는 이중구조로 되어 있다. 그것은 '보이는 세계' visible world와 '보이지 않는 세계' invisible world이다. 다시 말하면 그것은 '표층구조' surface structure와 '심층구조' deep structure이다. '보이는 세계'는 '보이지 않는 세계'에 의하여 창조되었고, 나타났으며, 또 나타나고 있다. 그것은 보이지 않는 정신에 의하여 행동이 나타나는 것과 같다. 다시 말하면 '정신세계'와 '물질세계' 즉 '영의 세계'와 '육의 세계'이고, '영성의 세계'와 '현상reality의 세계'이다.

'영靈이신 하나님'요 4:24께서 자기의 형상대로 사람을 지으셨다.창 1:26-27는 점에서 인간은 영적 존재로서 동물과는 다르지만시 8:4-5, 역시 자연의 제약을 받는 존재이다. 따라서 인간은 자연계물질계와 정신계영성계라는 동시에 두 세계에 소속되어 있으며, 그 두 세계는 유일하신 하나님의 피조물이므로 인간은 육체와 영으로 갈라놓을 수 없는 하나의 통일체이다.

신학적으로 무신론 사상과 유신론 사상은 철학적으로 유물론과 관념론에서 온 것이고, 이것은 '보이는 세계'와 '보이지 않는 세계'에 속한다.

철학적 유물론의 토대를 이루고 있는 것은 '물질'존재, 자연은 영원하고, 무한하며, 근원적이다. 그리고 정신사고, 의식은 그로부터 파생된 것이라고 한다.

철학적 관념론에 속한 모든 학설은 '정신사고, 의식은 영원하고, 무한하며, 근원적이다. 그리고 물질존재. 자연은 그로부터 파생된 것이라고 한다.[36]

'보이는 세계'는 '역사와 현상, 자연과 존재의 세계'이고 '보이지 않는 세계'는 '신화와 전설, 영성과 믿음의 세계'이다. 보이는 세계는 지성知性, intellect으로 인식認識하지만 보이지 않는 세계는 감성感性, sensibility으로 인식한다.

우주 산책에 나선 우주인들에게 물어보라! 정말 우리가 우주의 블랙홀black hole 내부를 걷는다면 어떤 경험을 하게 될까? 우리가 블랙홀의 경계인 '사건의 지평선'을 무작정 블랙홀 안쪽으로 걷는다면 어떤 시공간이 펼쳐질까? 이론물리학에서는 블랙홀 내부에서 시간은 공간으로, 공간은 시간으로 변한다고 한다. 그렇다면 현실세계와 반전된 시공간의 세계는 과연 어떤 공간일까?[37]

블랙홀 공간에서 우주인은 생각이 바뀔 것이다. 하나님은 이 순간도 살아계시고, 자기를 찾고 계실 것이다. "아담아 네가 지금 어디 있느냐?"고 부르고 계시는 분이시라는 사실을 깊이 인식하게 될 것이다.

단언컨대, 그때 그곳의 우주인들이 하나님을 어떻게 형상화하려고 한다면 그들은 우주 천체의 가스로부터 우주인들이 산책하는 한계선을 넘어 '그 어딘가' out there의 우주공간 안에 계실 '보이지 않는 명예 대통령' a kind of invisible honorary President쯤으로 생각했던 바로 그 하나님이 우주를 직접 통치하고 있음을 발견하고 고백하게 될 것이다.[38]

> 할렐루야 그의 성소에서 하나님을 찬양하며 그의 권능의 궁창에서 그를 찬양할지어다. 시 150:1

이 말은

> "찬양하라!
> 수억 광년의 반경을 가진 창공의 성소에 계시는 하나님을 찬양하라!
> 별들과 그것들 사이의 공간에 있는 하나님을 찬양하라!
> 은하수와 그것들 사이의 공간에 있는 야훼를 찬양하라!
> 원자들과 그것들 사이의 공간에 있는 야훼를 찬양하라"

는 것이다.

그러니 거룩하시며 숨어계신 분을, 그리고 그분이 창조한 세계를 찬양하지 않을 수 있겠는가? 인간은 고난 가운데서도 기뻐해야 한다. 창조는 모든 창조가 위엄과

그림2　「우주의 이중구조」
인간의 팔과 다리를 펼쳐서 만든 정사각형과 원, 인간의 키와 양팔의 간격은 정사각형을 이룬다. 정사각형은 고정된 입체의 물질세계를, 그리고 원은 영적이고 영원한 세계를 상징한다. 인간은 이들 두 세계 사이에 다리를 놓는다.
(레오나르도 다 빈치)

목적으로 충만해 있고 하나님의 뜻으로 이루어져 있다. 하나님이 창조한 세계가 헛되다고 한다면 인간의 모든 선행도, 경건도, 예배도 헛된 것이다. 인간의 우울은 찬송으로 몰아내야 한다. 인간의 우울은 하나님께 대한 모독이다.[39] 우울은 행복하다고 느끼기 시작하면 줄어든다.

헬라 철학 스토아stoa학파에 의하면 행복은 우주를 지배하는 원리, 즉 로고스

λόγος에 따라 생활하는 데서 얻어진다고 했다. 또 행복과 최고선은 우리의 이성에 따르는 행동으로부터 얻어지고, 이 이성은 신神의 질서이면서 또 신 그 자체이기도 하다. 로고스는 그러므로 신이고, 자연이며, 인간이 따라야 하는 원리이기도 한 것이다.

제3장 • 보이는 세계: 애굽의 상황

1. 모세 시대의 역사적 상황

너희가 저녁에 하늘이 붉으면 날이 좋겠다 하고, 아침에 하늘이 붉고 흐리면 오늘은 날이 궂겠다 하리니, 너희가 날씨천기는 분별할 줄 알면서 시대의 표적은 분별할 수 없느냐?마 16:2-3

일반적으로 고대 애굽은 기원전 1375년에서 1300년까지를 '아마르나Amarna 시대'라고 부르는데, 바로 이 시대가 모세의 생존기였다.

이 시대 애굽의 연대표를 보면 아래와 같다.[40]

<table>
<tr><td rowspan="2">제18왕조</td><td>BC. 1600-1500

1500-1400</td><td>Ahmose (c.1570 1546)-
Hyksos 축출
Thutmose Ⅲ(c.1490-1435)</td><td>팔레스틴
애굽 지배</td></tr>
<tr><td>1400-1300</td><td>Amenhotep Ⅲ(c1406-1370)
Amenhotep Ⅳ(c1370-1353)</td><td>아마르나 시대</td></tr>
<tr><td>제19왕조</td><td>BC. 1300-1200</td><td>Seti Ⅰ (c. 1308-1290)
Rameses Ⅱ (c. 1290-1224)</td><td>출애굽 시대</td></tr>
</table>

위의 연대표에 의하면 모세의 생애는 아마르나 시대와 겹치고 출애굽 사건은 람세스Ⅱ가 통치하던 시대와도 겹치고 있다.

Amarna 이전 시대에는 애굽의 국력이 최대한으로 신장 되어, 아시아, 아프리카에 걸쳐 넓은 지역이 애굽의 영토가 되었다. 이것은 끊임없는 정복 전쟁의 결과였다. 전쟁을 통하여 영토를 확장하고 전리품을 획득하고, 전쟁포로들을 끌고 와 노예로 활용하였다. 예를 들면 Thutmoses Ⅲ세BC, 1490-1436는 시리아원정은 감행하여 아시아 포로 9만 명이나 끌고 왔는데, 그들 가운데는 'Apiru'도 3,600여 명이나 있었다. 그들은 생존 유지를 위해 농사꾼이나 노동자나 군인으로 종사하면서 싼 노동력을 제공하고 있었다.[41] 이들 '아피루'는 델타 신전에서 봉사하는 종이나 노예로 쓰기도 하고, 채석장에서 강제노동에 부역하는 노동자로 일했다. 이들은 애굽 사회의 갈등 요인이 되어 있었다.

> 새 왕이 일어나 애굽을 다스리더니, 그가 백성에게 이르되, 자! 두렵건데, 그들이 더 늘어나게 되면 전쟁이 일어날 때 그들이 우리의 대적과 합하여 우리와 싸우고. 이 땅에서 나갈까 하노라 하고 감독들을 세워 그들에게 무거운 짐을 지우고 괴롭게 하며 국고성 비돔과 라암셋을 건축게 하고 학대가 심하더라.출 1:8-12

람세스 Ⅱ세Rameses Ⅱ. B.C. 1290-1224는 국토재건사업에 '아피루'를 징용하였고, 그들은 '라암셋 성'을 건축하는 작업에 그 노예들을 강제 동원하였다. 따라서 출애굽 시대는 고대 애굽 제19대 왕조의 역사적 상황과 일치한다. 이 시대의 고된 노동력은 주로 이들 아피루Apiru가 제공하고 있었다.[42]

오늘날 세계의 불가사의不可思義 가운데 첫째로 손꼽히는 것은 애굽에 있는 기제의 피라미드다. 이 피라미드는 기원전 2,600년 경에 만든 것으로 3개의 피라미드가 나란히 놓여있는데, 첫째 쿠푸 왕, 둘째 카프라 왕, 셋째 멘카우레 왕이다. 이들은 피라미드 모양의 거대한 무덤을 만들었는데, 이러한 모양은 구름 사이로 비치는 태양광선을 본뜬 것으로 파라오의 영혼은 피라미드를 통해 하늘에 있는 태양신을 만나라 올라간다고 믿었다.

첫 번째 쿠푸 왕의 피라미드는 높이 146.5m, 밑변길이 230.33m

두 번째 카프라 왕의 피라미드는 높이 143.5m 밑변길이 215m

세 번째 멘카우레 왕의 피라미드는 높이 65m 밑변길이 102.2-104.6m이다.

거대한 피라미드를 만들 때 노예들과 노동자들이 채석장에서 돌을 끌어올리고 자르는데 도구로는 단단한 돌연장뿐이었다. 돌덩이를 옮길 때는 나무 썰매를 이용했고, 이 나무 썰매는 통나무 위를 미끄러지게 했고, 그다음에 경사로를 올라가게 했다. 왕의 피라미드를 쌓는데 230만 개의 돌을 사용했고, 돌 하나의 무게는 2.5ton이었으며, 이 돌을 10만 명의 노예들이 20년 동안 쌓아 올렸다고 한다.

이런 현상을 보면, 이 시대의 상부 계층이 차지한 독점적 질서를 해체 재구성하는 작업이 될 수밖에 없었다. 그 독점적 질서 속에 강제로 편입된 노예계급과 서민들의 고통과 슬픔과 수모는 서둘러 극복하지 않으면 머잖아 나라가 뿌리째 흔들릴 수도 있다고 판단한 영도자가 있었으니 그가 곧 아멘호텝 Ⅳ세였다.

2. 고대 애굽의 종교적 상황

사람들이 모든 광장에서 울고, 모든 거리에서 '오호라! 오호라!' 하는도다. 농부들이 들판에서 애곡하며, 울음꾼이 불려 와서 시장에서 울리라. 모든 포도

원에서도 울리니 이는 내가 너희 가운데 지나갈 것 임이니라. 암 5:16-17

애굽 종교의 가장 오래된 형태는 지역적 '노움 수호신'들local nome patron deities에 대한 숭배였다. 지역 신은 동물들양, 염소, 고양이, 개구리, 악어 등과 호루스Horus였다. 기원전 4000년경에 태양신으로 변경되었다. 2700년경에 아텐Aten, Ra으로, 그것이 그 이전까지는 지역 신 '아몬'Amon이 만신전의 우두머리로 부상했다.

많은 신성神性들은 우주의 현상과 관련되었다. 만신전의 개별 신들 사이에는 신학적이고도 신화론적 연관 관계를 창출하였다. 3신관triads과 9명의 신神으로 구성된 집단적 신개념神槪念은 사제들의 순수한 신학적 사색으로 조장된 것이었다.

애굽종교의 역할은 이 나라의 최고 통치자인 파라오pharaoh의 신격화에 이르러 거대해졌다. 죽은 자의 영혼에 대한 최후의 심판 사상은 중왕국 시대에 발생하였다. 노예 소유주들과 사제들은 노예화된 대중을 사후의 벌로서 위협하는 한편, 그들은 내세에 보상받을 수 있다는 식으로 위로하려고 노력하였다.

태양신 아몬은 아침에는 젊은 신 카페르Kaper로 출발하여 한낮에는 천정天頂에서 충분히 성숙한 레Re로 나타나고, 저녁에는 늙은 아툼Atum으로 서쪽 하늘에 도착한다. Amon은 '매'fakon의 신이 되기도 하고, 또 호루스Horus 신이 되는가 하면, 다시 'Anon-Re'나 'Atum-Re-Har-Akhti'와 같이 혼합되기도 한다. 이러한 혼잡한 신화들은 백성들의 삶을 더욱 암담하게 했다. 애굽의 복잡하고 불공정한 사회구조의 현상은 이러한 자기모순에 빠져 있는 혼잡한 신화들에 기인했다. 신화가 사회부조리 현상을 야기惹起하는 바탕이 되었다.

사제들은 그것을 뒷받침하기 위하여 허탄한 신화와 끝없는 신들의 족보를 만들어 냈다. 그들은 사회의 구조 악은 신들 간의 세력다툼의 결과로 설명하면서, 사회의 부조리를 신들의 실수로 떠넘겼다. 그들은 이 세상 너머, 저세상을 동경하는 신비주의에 얽매여 있었다. 그들은 영적인 세계에만 관심을 기울였다. 그들은 영혼불멸과 사후의 심판에만 관심을 기울였다. 그들은 내일의 세계, 사후의 세계, 가상의 세계에만 관심을 기울였다.

'Amon'은 너무나 거룩하고 엄격하고 위대하여 세상과는 동떨어진 신이었다. 너무나 위대한 나머지 초월적인 신은 인간의 삶에는 무관한 신이었다. Amon은 이러한 파라오들의 '종노릇'에 만족하고 있는 신이었다. 사제들은 백성들을 무지와 암흑 속에 몰아넣고, 위협하여, 그들의 '살아있는 생각들'을 질식시켰다. 고대 애굽의 종교문서인 '주문들'과 '죽은 자의 책'死者의 書, Book of the Dead 등에 보면, 그들의 종교는 사회적 양심을 마비시키고 도덕심을 잃게 하였다. 아무리 나쁜 사람이라도 마술이나 허황한 종교의식에 거액을 드리면 그들의 영혼은 미래를 보장한다고 가르쳤다. 그리하여 사제들은 전례 없는 물질적 풍요를 구가했다.

고대 애굽은 전통적으로 파라오들은 스스로 태양신 '라'Ra의 화신이라거나 그의 아들을 자처했다. 애굽 정치조직의 정체성과 불변적 성격은 그들의 전제정치와 왕권의 찬양과 결부되어 있었다.

백성들은 이런 탐관오리들과 바리새적인 사제들을 이리나 늑대보다 더 무서워하게 되었다. 사제들은 왕실 권력에 영합하여 탐욕의 종이 되었고, 온 나라는 사기꾼들의 복마전이 되었으며 신전은 파계승들의 굿판이 되어갔다. 국가의 법률은 백성을 괴롭히는 '덫'이 되었고, 종교적 계율은 백성을 노예화하는 '올가미'가 되어갔다. 사원은 강도들의 '아지트'가 되었고, 신전은 '도둑의 소굴'이 되었다. 그리하여 애굽의 종교는 백성들의 실생활과는 동떨어진 형식에 치우치고, 백성들을 착취하는 지배층의 논리로만 이용되면서, 기존의 질서가 무너져가기 시작했다.

3. 아마르나 시대의 애굽 사회적 상황

내가 불을 땅에 던지러 왔노니, 이 불이 이미 붙었으면 내가 무엇을 원하리요?눅 12:49

드고아의 목자 아모스는 2년 후에 지진이 일어날 것을 알았다. 그는 "혁명이 일어날 것이다. 그 징조를, 그 이상 현상을 내가 보았다"고 했다. 모세 시대에는 애굽 땅에 혁명의 기운이 돌고 있었다.

아마르나 시대의 애굽 사회는 계층사회였다. 상부계층은 4대 그룹 사이에 권력투쟁으로 4파전이 치열하여 아마르나 혁명의 요인 중 하나가 되었고, 하부계층은 노예들이 자주 유혈 충돌을 일으켜 사회 갈등의 요인이 되었다. 이때의 애굽은 내부적으로 권력투쟁이 벌어져 파라오와 세속관료 그리고 군 지휘관 및 사제들 간에 권력 장악을 위한 4파전이 치열했었다.

애굽 사회를 축약하면 상부 계층은 무한한 자유를 누렸고 하부계층은 고된 노동과 극한 가난과 궁핍에 시달리고 있었다. 어느 공동체나 마찬가지로 정신적 자유의 확보와 물질의 정의로운 분배 없이는 행복과 안녕을 유지할 수 없다. 사제들과 귀족을 사이에도 내분이 일어나 정치적 혼란이 나타나고 있었다.

이때의 수도 '테베'Thebes는 여러 개의 궁전과 웅장한 신전들을 가진 큰 도시였고, 사원들은 부와 권력의 상징이었다. 강언덕 위에는 귀족들과 부호들의 저택이 즐비했으나 강둑 너머에는 가난한 서민들의 진흙 움막이 짐승의 우리처럼 옹기종기 달라붙어 있었다.

노동자들과 농민들의 삶은 매우 어려웠다. 애굽은 천혜의 나라였다. 해마다 6월

중순부터 10월 하순까지 홍수철이 되어 나일강이 범람하여 강 유역은 비옥한 옥토를 만들어주어 풍년을 구가했다. 그러나 국가의 관리들이 치수를 잘못하여 가옥과 창고가 침수되어 곡식이 썩고 싹이 났다. 홍수가 나면 모든 저지대는 저주의 땅으로 변해갔다. 씨앗으로 쓸 곡물이 반점이 생겨 종자로 쓸 수 없게 되었다. 그러면 관리들은 보관해 놓은 쓸만한 씨앗을 큰 값으로 되팔았다. 농민들은 벌레 먹은 곡식을 갚기 위해 아끼던 가축들의 가죽을 벗겨서 팔아서 갚아야 했다. 농민들은 제방 사업과 경지정리 작업에 동원되어 혹사당했으나 양식이 없어 진흙탕 속에 자라나는 물풀의 뿌리를 캐어 먹고, 들판에서 메뚜기와 딱정벌레와 개구리를 잡아먹고 연명하였다. 인간의 삶이란 것이 짐승들의 삶보다 더 나을 것이 없었다, 인간이 물건 취급을 당하고 있었다.

이런 농민들의 고단한 삶에는 국가 관리들의 행위가 한 요인이 되었다. 애굽의 고전문학 "능변能辯 농민의 항의"The Protects of the Eloquent Peasant라는 작품은 고대 애굽 사회의 부패상을 잘 보여주고 있다.

그 내용은 애굽 소금땅에 기근이 들어 그 땅에 살던 가난하고 힘없는 한 농민이 자기의 나귀에 여러 가지 짐을 싣고 양식을 구하려 애굽으로 내려갔는데, 청지기장의 부하가 '강둑 위의 소로길'에 한편에는 옷자락은 펼쳐놓고, 반대편에는 나귀가 밭에 곡식을 뜯어 먹을 수밖에 없는 형편으로 만들어 놓고, 배상을 요구하는 부정을 저지르고 있었다. 이것은 백성이 잘못을 피할 수 없게 만들어 놓고 재물을 빼앗은 탐관오리의 문제를 보여준다.[43]

여인들의 삶은 더욱 처절하였다. 그녀들은 국경 경비대로 끌려간 뒤 소식이 없는 남편들과 원양어선이나 외양 상선을 타고 해외로 나간 남편들, 그리고 국가 공사판에 동원되어 간 후 생사가 불분명한 노예 남편들 등 숱한 불행한 남편들을 가졌던 여인들이 혼자서 아이를 출산하여 양육할 수 없다고 판단되거나 불륜이나 간음이나 매춘을 당한 여인들이 자신들의 증거를 없애기 위하여 자식들을 강에 가져다 버렸다.

이러한 시대 상황을 반영한 것 중 하나가 '아기 모세 이야기'이다.출 2:5-6

이렇게 백성들의 삶은 하루하루가 힘에 겨운데도 부자들은 대부업으로 부를 축적하면서 저택에서 연락을 즐겼다. 그들은 넓은 정원을 갖고 있었는데 정원에는 새장을 달아 놓고, 공작을 비롯한 기러기와 각종 새를 길렀으며, 연못을 파고 오리와 악어와 물고기를 길렀다. 독사와 원숭이와 영양과 개를 애완동물로 기르며 부르주아의 삶을 누리고 있었다. 그들은 사원에는 막대한 재화를 바치면서도 가난한 사람들은 안중에도 없었다.

4. 모세의 자각

모세는 당대의 애굽 현상에서 정치적으로, 사회적으로, 그리고 종교적으로 인간의 삶에 혼란을 가중시키고 있는 것은 백성들에게 무엇을 해야 한다고 강요하는 강제에 있음을 보았다. 이러한 강제는 인간의 자연적 본성에 위배 된다고 보았다. 인간은 자연의 일부로서 자신들의 고유한 본성에 따라 자유스럽게 지낼 때 가장 행복하며, 그때 비로서 참된 질서가 회복된다고 보았다. 종교도 예외가 아니어서 그 어떤 교리나 율법도 인간에게 강제하는 것이 되어서는 안 된다. 자유와 신은 그것들보다 더 중하다고 판단하고 있었다. 그러므로 그 어떤 교리와 율법도 강제성을 띠게 되면 우상이 된다. 언제나 신을 위한 신전, 신을 위한 성직은 우상으로 변한다. 그것들은 인간을 위한 신전, 인간을 위한 제사직, 인간을 위한 교리, 인간을 위한 규례와 율법이 되어야 한다.

모세는 당대의 애굽 사회를 지배하던 '신성神聖'적 세계를 인간 중심의 '세속'적 세계로 변환시켜야 한다고 깨닫게 되었고 그것은 아케나톤의 아마르나 개혁에서 얻은 소산이었다. 아마르나 종교개혁은 고대 애굽에 전통적으로 누적되어온 모순이 폭발한 역사적 사건이었다. 이 혁명은 정치적 혼란과 사회의 동요가 격심했던 때에 그것을 수습하기 위한 고육책이었다. 아마르나 개혁은 국가적으로 혼란을 일으켰으나 반면으로는 사회를 정화하고 종교를 본연으로 돌아오게 하였고, 사제들의 폐해를 타파하여 새로운 사회체제로 넘어가게 한 중요한 원동력으로 작용하였다. 그래서 우리는 그 개혁을 혁명이라고 부른다.

아케나톤의 일신교는 태양을 모든 생명의 원천으로 보고 온갖 생명이 이에 매여 달렸다고 추앙하는 것이었다. 그러나 훗날의 모세의 신에 관한 생각은 그 당시엔 원시적으로 이해되긴 했지만, 그때만 해도 한층 더 근본적인 결과로 아케나톤의 신태양 역시 그의 하나님이 창조하였으리라는 것을 암시하고 있다. 따라서 여기에는 불행한 그의 동족들과는 달라 애굽의 호화롭고 개명한 궁궐에서 자라난 모세의 신앙과 그보다 조금 앞서 애굽의 부패한 종교를 개혁하려던 아케나톤Akhenaton의 개혁 운동과는 그 어떤 연관성이 있음을 암시하고 있다.[44]

당대의 서민들과 노예들의 불행한 삶에 늘 가슴 아파했던 모세는 그 시대가 지녔던 모순과 부조리에 괴로워하였고, 폐쇄된 궁정과 사원의 학문과 전통종교의 우상화된 빛바랜 진리에 저항하고 일어난 아마르나 개혁에 동조하게 되었다.

결과적으로 권력자의 눈치나 살피면서 그 시대의 명망이나 낚으려는 방관자로 살아갈 수는 없었다. 그는 아케나톤의 신앙과 개혁 정신을 수용하고 여과시켜 새로운 신앙을 재창조하게 되었다. 그는 파라오를 비롯한 지배계층과 끊임없는 투쟁과 때로는 타협으로 마침내 이스라엘이라는 야훼 신앙공동체를 창설하게 되었다.

제4장 • 보이지 않는 세계: 신화와 영성의 세계

I. 신화와 전설의 세계

1. 신화와 전설이란?

옛사람들은 신화의 세계관世界觀 속에서 살았다. 그러므로 인류 역사의 여명기에는 신화와 역사가 분리되지 않고 신화와 전설 속에 역사가 있었다. 따라서 이러한 신화군神話群에는 전설과 설화narrative와 사화saga가 한 덩어리가 되어 전해지고 있는 것이 보통이다.

고대 제국의 왕들은 국가적인 사업의 필요와 사회구조의 부조화를 설명하기 위하여 다양한 신화와 신들의 끝없는 족보를 만들어 내었다. 그리하여 백성들은 신화는 모두 허구적이고 속이는 것으로 보았고, 종교적 실재도 제대로 표현하지 못하는 거짓된 것으로 생각하게 되었다. 따라서 사도 바울은 신화는 위험스럽거나 이질적인 교훈의 한 형태로 보고, 이단의 한 형태로까지 간주하여 배격해야 한다고 본 것이 분명하다. 딤전 1:4, 4:7

현대인들도 신화myth와 전설legend이라고 하면 허위와 허구를 연상하고, 거짓말 또는 꾸며낸 이야기로 간주하고 폐기해 버렸다. 그러나 우리가 성서에 나오는 설화들을 신화나 전설이라고 하면 설화 속에 신에 대한 요소가 있다는 말이며, 그것은 저세상이나 천상이 아닌 이 지상에서 벌어지고 있는 상황을 말하고 있는 것이다. 우리가 성서에서 '신화'라고 하면 신이 인간처럼 이 지상에서 활동하고 있다는 말이며, '전설'이라고 하면 사람이 이 세상에서 마치 신처럼 행동하고 있었다는 뜻이다. 이것이 본서에서 신화와 전설에 대한 용어의 정의定義, definition이다.

현대의 종교사가들은 신화란 말은 이 세상의 개념으로 저세상의 사실들을 말하는 문학의 한 형태로 이해하고, 신화란 개방적이고 직접적인 방법이 아니라 숨겨지거나 감춰진 것을 간접적인 언어의 방법으로 진실을 표현하는 데 전문용어로 사용하고 있다.[45]

그런데 신화와 전설은 신에 관한 이야기가 아니라 인간에 관한 이야기이다. 비록 신적 세계관을 전제로 하는 설화라고 할지라도 그 이야기를 자세히 살펴보면 그것은 신에 관한 이야기가 아니라 인간을 위한, 인간에 대한, 인간의 이야기라는 것을 알게 된다. 신화는 고대의 인간들에게는 그들은 누구이며, 온당한 삶의 방식은 어떤 것인가를 이야기해 주었다. 신화는 도덕성과 통치 방식과 민족 정체성의 토대였으며, 이 점은 지금도 마찬가지이다.

2. 창세 신화와 낙원 설화

우주 창조와 인류 발생에 대한 창조 신화와 낙원 설화는
민족의 형성과 국가의 창건을 위한 서론적인 설명이다

1) 창세 신화

어느 민족이나 그 문화의 근원을 찾아 올라가면 모두 신화에 도달한다. 그 신화의 시작과 중심은 '우주론'이다. 우주의 신비를 풀어보려고 한 노력의 산물이 '창세

신화'이다.

성서의 창세 신화에 의하면

> 태초에 하나님이 천지를 창조하시니라. 땅이 혼돈하고 공허하며 흑암이 깊음 위에 있고 하나님의 영이 수면 위에 운행하시니라. 하나님이 이르시되 "빛이 있으라" 하시니 빛이 있었고…창 1:1-3

창세기의 천지창조의 기사1:11-2:4a는 유대계 제사문서The priestly code에 속한다. 제사문서란 '예배 기도문'과 같은 것이다. 역사문서가 아니다. 창세기는 빛과 어둠의 싸움으로 묘사되어 있다. 태초에는 바다가 있었다. 창조는 바다에 육지가 드러나는 것이 그 시작이다. 세상은 하나님의 열 마디의 말씀으로 창조되었다.

애굽의 창세 신화에 의하면 태양신 '라'Ra가 존재하기 전에 그의 아버지인 '물의 심연'이 있었다. '라'는 물의 심연에서 나타났다.[46] 최초의 창조신은 '프타'Ptah, 지역신이며, 프타는 호루스, 토쓰, 그리고 여러 신으로 대체 되었고, 헬리오폴리스의 사제들은 세상 창조는 태양신 '라'아텐로 간주하였다. '라'는 그의 아버지인 원초적 '혼돈'인 '눈'Nun에게서 태어났다. '라'가 사람과 동물을 창조하였다. 태양신화에는 부계사회의 이데올로기의 산물임에도 불구하고 모계사회의 관념이 반영되어 있다. 애굽의 만신전에는 삼3 신관triads이 있고 구9 신관이 있다. 테베의 삼신관은 '아몬', '무트'mut, '코스'이고 멤피스의 3신관은 프타, 그의 부인인 세크멘트, 그리고 그의 아들이다.[47]

고대 힌두교의 경전 '리그-베다 송가'Hymns from the Rig-Veda에는 세상의 시초에 대하여 태초에는 어둠이 어둠을 감추었으니, 이 모든 것이 아무런 표정도 없는 물로 있었다. 공허에 싸여 있던 생명체. 그 유일자가 열의 힘을 통해 태어났도다![48]

그리스의 창세 신화 에우리노메와 오피온에는

> 태초에 혼돈과 어둠이 있었다. 혼돈은 모든 요소가 형체 없이 뒤섞여 있는 광활한 바다였다. 이 바다에서 위대한 만물의 여신 에우리노메가 떠올랐다.[49]

중국의 창세 신화에는 옛날 세상에는 혼돈밖에 없었다. 혼돈은 이름 그대로 거대한 혼돈의 화신이었다. 북해의 제왕 숙儵은 혼돈이 보고, 듣고, 먹고 말하고, 숨 쉬고, 냄새 맡고, 번식하고, 배설하는 데 꼭 필요한 7가지 기관이 없는 불완전한 존재였다. 그리하여 홀과 숙은 번개를 내려 7일 동안 하루에 하나씩 혼돈에게 7가지 기관을 뚫어 주었다. 이 과정에서 혼돈은 결국 죽고 말았다. 그 뒤를 이어 우주가 탄생했다. 홀과 숙이라는 이름이 합치면 '번개'를 뜻하는 '숙홀'이라는 말이 된다. 창조는 번개가 혼돈을 뚫고 지나갈 때 시작되었다.[50]

또 다른 신화에 의하면, 천지天地가 개벽하기 전의 우주는 흡사 달걀 속 같아서 칠흑 같은 어둠과 혼돈이 범벅이 된 상태였다. 창조의 신 반고盤古가 우주를 품고 부화시켜 껍질을 깨뜨리면서 맑은 공기는 하늘로 올라가고 혼탁한 물체는 아래로 처져 하늘과 땅이 갈라지게 되었다.

페니키아 신화인 '산쿠니아톤'Sanchuniathon의 전설에 의하면 만물All의 시작은 '어두운 공기의 움직임'이었고, '어둡고 혼탁한 혼돈'이었다. 만물과 영의 연합에 의하여 끈끈한 물질이 형성되었고, 이것으로부터 모든 창조의 씨와 우주가 발전하였다.

캄캄한 밤의 여신 '콜피아'κολπια의 아내 '보후'Baau, '공허', bohu는 '바람의 울림'

에 의해 '토후'Tohu, '혼돈'와 결합하여 죽어야 할 운명을 지닌 두 사람 '아이온'과 '프로토고노스'를 출생시켰다.[51]

바벨론의 창조 서사시 '에누마 엘리쉬'의 표현에 의하면 세상 창조는 번개의 신, '마르둑' Marduk과 원초적인 바다인 혼돈의 신, '티아맛'Tiamat과의 투쟁사이다. 마르둑이 바다에 대해 거둔 승리와 그의 왕위 탈환을 축하하는 것이 그 제의이다.

말씀으로 창조된 우주

세상이 말씀으로 창조되었다는 것은 고대 근동 세계의 신화들의 공통된 사상이었다.

구약성서의 창세기에는 세상은 하나님의 열 마디 말씀으로 창조되었다고 한다.창 1:1-2:4

신약성서도 같은 사상은 표현하고 있다.

> 태초에 말씀이 계시니라.요 1:1
>
> 태초부터 있는 생명의 말씀에 관하여.... | 요 1:1

바빌로니아와 애굽의 신화도 말에 의한 창조를 주장하고 있다.

바빌론의 '아키투'Akitu축제 그 신화에는 마르둑의 '말에 의한 창조행위'가 나타나 있다.Tafel. 4:20ff

말에 의한 창조는 애굽의 신화인 '멤피스 신학'에도 나타난다. 만유萬有의 신 '프타'Ptah가 심장과 혀 즉 그의 말로 창조했다. 이는 기원전 3천년대 전반에 나온 문서들이다.

2) 낙원 설화

(1) 메소포타미아의 이난나 신화

옛날 수메르Sumer에는 '이난나'Inanna라는 처녀가 살고 있었다. 그녀는 어느 날 유프라테스강에 떠내려오던 후르프나무 가지를 주워서 자기 집 동산정원에 심어 놓았다. 그 가지는 크게 자랐고 그 나무 꼭대기 정수리에는 '임두구드' 새가 알을 품고 새끼를 쳤다. 그 나무 중간 허리에는 '릴리스'Lilith가 집을 짓고 살았다. 그리고 그 나무뿌리 부근에는 뱀이 똬리를 틀고 있었다. 이리하여 항상 웃고 기뻐하던 처녀 이난나는 많이 슬퍼하며 울고 있었다. 그러한 사정을 알게 된 오빠가 도끼를 들고 와서 뱀을 내리쳤다. 따라서 뱀은 죽었고 임두구드 새는 새끼를 데리고 산으로 올라가 버렸고 릴리스는 보금자리를 빼앗기고 광야로 멀리 도망해 버렸다.

그런 딱한 사정을 알게 된 동네 사람들이 나무를 베고 등걸을 잘라 이난나의 의자와 침상을 만들어주고, 뿌리는 캐서 '푸쿠'를 만들고 정수리는 잘라내어 '메쿠'를 만들었다. 푸쿠는 '북drum'이고 메쿠는 멕, 즉 '북채'stick이다. '에렉'Erek 사람들은 매일 둥둥 북을 치면서 축제를 벌였다.

이것은 신화이고, 처녀 이난나는 여신이고, 오빠 영웅은 길가메시이고, 후루프나무는 인생의 꿈나무이고, 도끼를 들고 뱀을 살해한 행위는 혁명적이다. 그리하여 마침내 삶을 잔치로, 축제로 만들었다. 이 모든 것은 상징이고 비유이다.

'이난나 신화'의 후속편이 전하는 바로는 '에렉 사람들'은 매일 광기에 찬 북푸쿠을 쳐서 젊은이들을 전쟁에 소집하고 여인들은 축제를 벌이면서 그 소란스러운 아우성 속에서 북과 북채메쿠를 모두 지하 세계지옥에 빠뜨리고 말았다.[52]

이난나 신화는 낙원에 대한 여러 본문 가운데 하나이다. 수메르-아카드 문학에는 다양한 낙원 설화들이 있다. 이러한 신화의 양식은 다니엘서4:10-14에 원용되어 있다.

성서의 예언자들은 묵시문학에서 신화의 사용을 자유롭게 활용하고 있다.

> 나의 머릿속으로 받은 환상은 이러하니라. 내가 본즉 땅의 중앙에 한 나무가 있고, 높이가 높더니, 그 나무가 자라서 견고하여지고, 그 높이가 하늘에 닿았으니 그 잎사귀는 아름답고 그 열매는 많아서 짐승들이 그 그늘에 있으며, 공중에 나는 새는 그 가지에 깃들이고, 육체를 가진 모든 것이 거기에서 먹을 것을 얻더라. 한 거룩한 자가 하늘에서 내려와서 소리 질러 이르기를 '그 나무를 베고, 그 가지를 자르고. 그 잎사귀를 떨고 그 열매를 헤치는 짐승들은 그 아래에서 떠나게 하고 새들은 그 가지에서 쫓아내라.' 단 4:10-14

이것은 느부갓네살 왕의 운명을 예고한 신화이다.

(2) 구약성서의 에덴동산 설화

후대의 히브리 전승에는 이난나 동산의 '후루프 나무'에 거하던 '릴리스' Lilith를 '에덴동산의 생명나무' 근처에 거하면서 아담과 하와를 유혹한 야행성 악마로 지목했다.

에덴의 동쪽 '시냇가의 생명수와 생명나무' 주위에는 '신의 비밀'을 알고 있는 '뱀 신령' 정령, serpent-numen이 살고 있었다. 그 뱀은 아담-하와에게 "동산 중앙의 (생명나무) '지혜의 나무' 열매를 따 먹으면 너도 하나님처럼 눈이 밝아질 수 있다." 고 속삭였다. 그리하여 에덴동산의 정원지기 아담과 하와는 하나님처럼 되려고 끊임없이 노력했다. 그러나 그것이 뱀의 속임수일 뿐 인간이 결코 신이 될 수는 없었다. 도리어 인간의 눈이 밝아져 '하나님처럼' 되려고 하던 부질없는 노력을 포기하고 에덴을 탈출해 나왔다. 역설적으로 그것은 뱀이 가르쳐준 열매를 따 먹고 깨달은 총명과 지혜였다.

에덴에서 탈출하던 그 혁명적인 순간에 하나님께서는 인간에게 '만물의 영장'의 자리를 부여했다.창 1:28 이제 아담과 하와는 낙원에서 탈출함으로써 정말 '인간'이 되었다. 신화의 세계에서 탈출해 왔다. 그는 이제부터 평생 땀을 흘리면서 땅에 돋는 가시덤불과 엉겅퀴와 찔레와 더불어 싸우면서 그 소산을 먹고 살 것이다. 그리고 인간은 마지막에는 흙으로 돌아가야 한다.창 3:16-19 이것이 '인간'이다. 에덴동산 설화는 인간의 '인간화 과정'이며 그 첫 출발이다.

그런데 문제는 아직도 남아있다. 뱀이 인간을 속인 목적은 무엇인가? 우리는 그 이유를 모르고 있다. 성스러운 이야기로서 성서는 설화 형식을 띠고 있지만, 설화적 의미 그 이상의 신학적 의미들을 내포하고 있다.[53] 이러한 견해를 가지고 있는 주장자의 내면에는 '우주에는 목적이 없으며, 신神도 존재하지 않는다'는 냉엄한 사실을 인정함으로써 비로서 인류는 스스로 미래를 개척할 예지와 용기를 가질 수 있다고 주장한다. 그들은 그러한 입장에서 기성의 교회와 신학을 철저히 공격하고 있으며, 이것이 현대신학 사상계의 커다란 문제를 던지고 있다.

히브리 신화에덴동산의 선악과와 그리스 신화제우스가 보낸 재액의 상자를 연 여인의 조상 판도라 Pandora에 의하면 "인류의 역사는 불복종 행위 때문에 시작되었다. 에덴동산에서 살던 아담과 하와는 자연의 한 부분이었고, 그들은 자연과 조화를 이루었으며, 그것을 뛰어넘지 않았다. 그들은 인간인 동시에 아직 인간이 아니기도 했다. 이 모든 것이 그들이 신의 명령에 불복종하는 순간 변형되었다. 대지와 어머니에게 매여있던 결합을 깨뜨림으로써, 즉 탯줄을 끊어버림으로써 인간은 인간 이전pre-human의 상태에서 벗어나 독립과 자유를 향한 첫발을 내디딜 수 있게 되었다. 불복종의 행위는 아담과 하와에게 자유를 가져다주었으며 그들의 눈을 밝게 해주었다. 원죄는 인간을 타락시킨 것이 아니라 인간을 자유롭게 했다. 그것이 바로 역사의 시작이었다. 이제부터 인간은 자신의 힘으로 살아가야 하고 또 완전한 인간이 되는 것을 배우기 위하여 에덴을 떠나야 했다."[54]

(3) 중국의 낙원 설화

한자에 남은 낙원 설화의 잔영殘影

옛날 중국인들은 갑골문자로 거북의 등이나 물소의 견갑골에 신탁神託, 주역: 신의 계시을 새겼는데, 전설에 의하면 기원전 3000년경에 황제 복희伏羲가 처음으로 역易의 팔괘八卦를 그렸고, 2700년경에 사관史官 창힐이 이를 기초로 한자를 만들었다는 상형문자에는 옛 신화와 전설의 흔적을 찾아볼 수 있다.

에덴동산(창 2:8)

園동산원, 에덴동산 낙원 = 口울타리 + 土흙 + 口입, 사람 +衣 어진 두 사람

인간 창조(창 2:7)와 범죄(창 2:25)

元시작, 근원 = 二 두 + 人사람

造지을 조, 창조 = 기丶생기 + 土흙 + 口입 + 辶걷다

裸벗을 라, 벗다 = 衣옷 + 果실과 + 田밭, 동산 + 木나무

義옳을 의 = 手손 + 戈창 + 我나 + 羊양

犧희생 희 = 牛소 + 羊양 + 秀흠없는 + 戈찌르다

魂넋 혼 = 鬼귀신 + 云보이지 않다

婪(탐할 람)남 = 林두 나무 + 女여자

始비로서 시, 죄의 시작 = 女여자 + 厶남 모르게 + 口입, 먹다

鬼귀신 귀 = 丶활동 + 田에덴동산 + 儿사람의 모습 + 厶은밀히

魔마귀 마 = 丶활동 + 田에덴동산 + 儿사람 + 鬼귀신 + 厂덮개 + 林두 나무

橭나무이름 고 = 木나무 + 古옛 + 辛혹독한 고생

辜허물 고 = 古옛 + 辛혹독한 고생

苦楚고초 = 苦 - 十열 손가락 + 口입 -> 古옛 + 艸풀, 잡초 => 苦괴로울 고

楚 - 林두 나무 + 疋조각, 열매 -> 楚쓰라릴 초

노아 홍수(창 7:13, 벧전 3:20)

船배 선 = 舟방주 주 + 八여덟 + 口식구

榮영화 영 = 火火빛을 발하는 두 사람, 아담 하와 + 冖울타리 + 木나무

福복 복 = 示하나님 + 一첫째 + 口사람 + 田밭, 동산

靈신령 령, 무당 령 = 雨비 + 口口口많은 소리 령 + 巫무당, 工장인 공 + 人사람

우주에는 영들의 소리로 가득 차 있다. 이것이 바로 '천도복성天道福聲'으로 하늘로부터 오는 복된 소식이다. 이외에도 수많은 한자의 예들이 있다.[55]

동산 한 가운데 있는 열매 '선악과'善惡果, 창 2:15는 서양인들은 사과로, 동양인들은 복숭아로 생각해 왔다. 서양인들의 그 금단의 열매 사과라는 유혹적인 과일은 '붉은색'을 띠고 있어 보기 좋고, 먹음직스럽고, 탐스럽다. 그리하여 라틴어에서는

'사과'와 '악'은 같은 단어 'malum'에서 왔다. 그러나 동양인들의 '천도복숭아'는 연분홍빛으로 '상기된 여인의 얼굴빛'을 상징하며, 남녀 사이에 얽힌 색정적인 일을 도색桃色이라고 한다.

서양인들에게 사과는 선악이라는 관념을, 그리고 동양인들에게 복숭아는 장수壽라는 욕망을 부여했다.[56]

(4) 아담아! 너는 지금 어디 있느냐?

우상이 된 신은 죽었다

그러나 아직도 의문은 남아있다. 뱀은 왜 인간을 속이려고 했는가? 하나님이 인간에게 주려던 특권을 뱀이 빼앗아 버린 동기는 무엇인가? 낙원 설화는 아무 대답을 제공해주지 않는다. 뱀은 하나님이 주신 그 귀한 은사를 그토록 악한 목적에 사용한 이유가 무엇인가?

노스틱γνῶσις 문헌에 의하면 "최초에 자웅동체雌雄同體인 '에로스'"Ελεος가 빛과 어둠 사이에 나타나자 천사와 인간 사이에 교접이 이루어져 처음으로 관능적 쾌락이 지상에 싹이 트게 되었다. 그리하여 남자와 여자가 태어나 결혼하고 자식을 낳고 죽게 되었다. 낙원에는 각종 나무와 생명나무와 지식나무도 있었다. 그리고 그 나무들에는 영적인 권세들과 천사들의 씨앗을 그들 속에 씨앗으로 간직하게 되었다. 그런데 악마들은 인간이 그 열매를 따 먹고 권세자들과 천사들을 비난하도록 어리석은 인간의 영혼을 농락하였다."[57]

낙원 설화에 대한 정답은 없다. 인간은 뱀에게 오도되어 자신에게 예정되어 있던 영원성을 상실하게 되었다. 인간에게 지혜를 가르쳐준 자는 뱀이다. 하나님은 영생을 불허했다. 그리하여 뱀을 섬기는 자들도 있다. 그들은 '데미우르고스'demiurgos, Demiurge, plato 철학에서의 창조주를 섬기므로 우리는 그들을 '오파이트파'Ophiolater라고 부른다. 에덴에서 탈출해 온 인간은 하나님의 얼굴을 피하고자 숨었다.창 3:8-10 뱀은 오늘도 묻고 있다. "아담아, 너는 지금 어디 있느냐? 동산에는 아직도 그 노인이 살아 계시더냐?"

여기서 이야기가 약간 뒤바뀐 감이 있지만, '신은 죽었다'라는 주장으로 20세기 유럽 지식인의 슬로건을 만든 니체Friedrich Nietzsche는 철학적 무신론자로서 우리에게 초인주의超人主義를 소개했다. 그의 기본사상인 '영원회귀'의 원리이다. '영원회귀'란 서로 다른 삶이 무한히 반복됨을 뜻하는 것이 아니라 삶의 매 순간과 모든 순간이 조금도 바뀌지 않은 채 무한히 되풀이되는 것을 뜻한다.

니체는 '영원회귀'를 받아들일 수 있는 사람이야말로 초인일 것이고, 초인과 보통 사람의 거리는 인간과 원숭이 사이의 거리보다 더 멀다고 했다. 이러한 니체와 그의 후예들은 성서의 전통적인 신앙에 큰 영향을 끼쳤다. 그들을 우리는 '사신死神 신학자'라고 부른다.

그 대표적인 학자로는 '알타이저'Thomas J. J. Altizer, 'W. 해밀턴'William Hamilton, '가브리엘 바하니안'Gabriel Vahanian, 'K. 하멜론'Kenneth Hamilton, '반 부렌'Van Buren, '오글트리'Thomas W. Ogletree 그리고 'V. 메에타'Ved Mehta 등이다.

알타이저와 윌리암 해밀턴의 공저 『전위신학과 신의 죽음』*Radical Theology and the Death of God*은 '오늘의 신의 죽음 신학'을 이해할 수 있는 가장 좋은 입문서이다. 해밀턴은 '신의 죽음'이라는 말을, '현대인들은 신을 부재한다거나 신에 대해서 말하기가 어렵다는 기분에 억눌려 있다는 의미로 받아들인 것이지, 신이 존재하지 않는다거나 신이 우리의 인식을 완전히 초월하여 있다는 의미로 받아들인 것은 아니다'라고 하였다.

알타이저는 '신의 죽음'이란 그의 '그리스도교 무신론의 복음서'The Gospel of Christian Atheism와 중복된 내용이다. 알타이저는 '떼이야르 드 샤르댕'Teilhard de chardin이 세계와의 참된 접촉을 시도한 점에 대해서 경의를 표하는 한편, 그의 기도와 명상은 필연적으로 우주 자체의 움직임과 분리되어 존재할 수 없는 신적神的인 '중심'에로 향해 있음을 알아냈다.[58] 알타이저의 '그리스도교 무신론의 복음서'는 세계의 발전에 대한 헤겔Hegel의 '정신현상학'Phenomenology of Spirit에 거의 의존하고 있다.[59]

바하니안의 저서1961 『다른 신은 없다』*No Other God*에서 '신의 죽음'은 신앙의 규범적인 것을 만드는 것은 새로운 우상숭배에 빠지는 결과가 된다. 그는 그리스도교를 정화시킨다는 이름으로 자신을 세속주의에 반대하는 위치에 놓는다.[60]

바하니안은 『신의 죽음과 현대문학』에서 어떤 신학이나 교단이나, 교파나, 교회당이나, 교직자나, 예배 의식이나 어떤 공헌자를 우상화해서는 안 된다. 그것은 그들의 신성성을 뜻하는 것으로써 문화적, 사회적 제도들을 다른 제도 즉 그리스도교의 교리의 강압적인 권위에 종속시키는 것이다. 전자는 가톨릭반드시 로마 가톨릭만은 아님이 당한 유혹이며, 후자는 개신교가 직면하고 있는 유혹이다.

이들 양자가 함께 당한 이 유혹은 본래의 그리스도교적 우상 타파 운동의 전통에 치명적으로 되는 종교적 절대주의의 유혹이다. 요컨대 성서적 우상 파괴는 잠재적인 혹은 드러난 자기 신성화를 표적으로 삼고 있으며, 인간의 가장 교활하고 타락한 우상 즉 인간 자신을 표적으로 삼고 있다고 하였다.

K. 해밀턴은 『하늘을 거슬려: 반反초자연주의에 대한 연구』*Revolt Against Heaven: AnEnguiry into Anti-Supernaturalism*와 『신은 죽었다!』*Godis Dead*를 썼는데 그는 슐라

이어마허Schleiermacher 이래 프로테스탄트 신학의 다양한 초超자연주의에 대한 개요를 보여준다.

해밀턴은 본회퍼초자연주의자와 틸리히내재주의자를 한 팀이 되게 하려는 '로빈슨'J. A. T. Robinson의 노력에 대해서 비판적이며, '반 브렌' 역시 본회퍼를 믿지 않으며, 마침내는 본회퍼도 '자유단순주의'Liberal Reductionalism학파의 위치로 뒤떨어지게 되었다고 주장한다.[61]

오글트리는 『신의 죽음 논쟁』*The Death of God Controversy*을, 그리고 베드 메타Ved Mehta는 '『새로운 신학자』*The New Theologian*을 각각 썼다.

'신의 죽음'의 신학이 어떤 약점을 가지고 있든 간에 그것은 무시할 수 없는 이 시대의 하나의 사조思潮이며 도전이다. 우리는 현대교회의 목회가 현대인들에게 어떻게 해야만 자유의 메시지를 전할 수 있는지 고민해 보아야 할 것이다. 그리고 우리의 역사 안에서 신의 현존은 어떻게 발견할 수 있는지 고민해 보아야 할 것이다.

그들은 오늘도 우리에게 묻고 있다.

> 아담아. 네가 지금 어디에 있느냐? 동산에는 아직도 그 노인이 살아계시더냐?

우리는 오랫동안 '그 흰 수염을 가다듬고 앉아계신 아버지상像을 가지신 하나님'께 기도하면서, '그 흰옷 입고 황금으로 꾸민 보좌에 앉아계신 자비로우신 하나님'께서 언젠가는 '이 누추한 곳'에 있는 나를 구해주실 것을 믿어 왔다. 우리는 지금 '비록 그 하얀 수염을 가다듬고 있는 하늘에 앉아계신 하나님'은 죽었지만, 적어도 '인간의 형상 가운데 있는 하나님'과 또 '현대 종교의 중심 과제 가운데 현존하

신 하나님'은 살아계시고 '인간의 정서와 심정에 관여하시는 하나님'은 살아 계신다.[62]

물론 니체만이 홀로 광야에서 외친 소리는 아니었다. 니체 이전에도 '쇠렌 키르케고어'Søren Kierkegaard은 경고하기를 '기독교와 세상이 친구가 되는 그날에는 기독교는 끝장을 다 본 것이다'고 하였고, 디트리히 본회퍼Dietrich Bonhoeffer는 '우리는 전혀 종교가 없는 한 시대를 향하여 전진하고 있다'고 했다.

3. 신화와 전설의 중심은?

신인神人의 등장과 헬라 철학

성서 신화의 포커스는 구약은 '인간 같은 신'에, 신약은 '신 같으신 인간'에 맞추어져 있다. 구약의 묵시문학 다니엘서에는 '옛적부터 항상 계신 이' 또는 '태고인'the Ancient이고, '지극히 높으신 이'the holy ones of the Most High이시다.

> 내가 보니 왕좌가 놓이고 '옛적부터 항상 계신 이'가 좌정하셨는데, 그의 옷은 희기가 눈 같고, 그의 머리털은 깨끗한 양털 같고, 그의 보좌는 불꽃이요, 그의 바퀴는 타오르는 불이며, 불이 강처럼 흘러 그의 앞에서 나오며 그를 섬기는 자는 천천千千이요, 그 앞에서 모셔 선 자는 만만萬萬이며, 심판을 베푸는데 책들이 펴 놓였더라. 단 7:9-10

신약의 묵시문학 요한계시록에는 '인자 같은 이'like a man이시다.

촛대 사이에 '인자 같은 이'가 발에 끌리는 옷을 입고, 가슴에 금띠를 띠고 그의 머리와 털의 희기가 흰 양털 같고 눈 같으며, 그의 눈은 불꽃 같고, 그의 발은 풀무 불에 단련된 빛난 주석 같고, 그의 음성은 많은 물소리와 같으며 그의 오른손에는 일곱 별이 있고, 그의 입에서 좌우에 날 선 검이 나오고 그 얼굴은 해가 힘있게 비치는 것 같더라. 계 1:13-16

이런 신화와 전설의 종국에 나타나실 분은 유대인은 '초인적인 메시야 מָשִׁיחַ', 헬라인은 '도성인신하신 로고스' λόγος , 한국인은 '미륵' 같은 인물이었다. 유대교의 '아담 카드 모니' Adam Qad moni, 하늘 사람, ανθρωπος ουρανιος, 조로아스터교의 '샤오시안트' shaosiant, 시리아의 '바르 에나스' bar enas בר אנש 등이 또한 그런 분이다.

성서의 '태고인', '인자 같은 이', 그리고 '지극히 높으신 이' 등은 모두 이 그룹에 속한다.

그대는 '옛적부터 계신 이', '인자 같은 이'를 알고 있는가?

'나는 다른 사람에 비하면 짐승이라. 내게는 사람의 총명이 없느니라. 나는 지혜를 배우지 못하였고 그 거룩하신 분을 아는 지식이 없거니와' [너는] 하늘에 올라갔다가 내려온 자가 누구인지? 바람을 그 장중에 모으는 자가 누구인지? 물을 옷에 싼 자가 누구인지? 땅의 모든 끝을 정한 자가 누구인지? 그의 이름이 무엇인지? 그의 아들의 이름이 무엇인지 너는 아느냐? 너는 그의 말씀에 더하지 말라. 그가 너를 책망하시겠고 너는 거짓말 하는 자가 될까 두려우니라. 잠 30:2-6

> 사람이 비록 존귀한 데 거하나 깨달음이 없으면 멸망할 짐승과 같도다.시 49:20

신화와 전설을 갖지 못한 인간은 금수와 다를 바 없다.

1) 로고스 '도성인신'이란?

신약성서의 초대 그리스도교는 하나 더 신비한 차원을 그 신앙에 덧붙였는데, "무한히 먼 것은 무한히 가깝다"고 하는 것이다. 그것은 바로 기원후 26년경 예루살렘에서 처형된 바 있는 '예수라고 하는 유대인 목수의 인격 가운데 하나님이 오셨다'고 하는 교설敎說, doctrine이다.[63] 이러한 교설은 정의를 내리기에도, 또는 변호하기에도 쉬운 신앙은 아니었다. 그래서 초대교회는 그 자체가 이단에서 모면해 보려고 투쟁하면서, 이미 마련되어 있는 가까운 곳에 있었던 '지적 무기' 즉 그리스의 형이상학적 용어에 의지하였다. 이러한 성서적 신앙과 헬라적 이성 사이의 결연은 중세에 절정을 이루었다.[64]

신약성서의 사도행전에는. 그리스도교 역사에서. 중요한 역할을 하는 헬라파 유대인들이 나타난다.

> 그때에 제자가 더 많아졌으니 헬라파 유대인들이 매일의 구제에 빠지므로 히브리파 사람들을 원망하매 열두 사도가 모든 제자들을 불러 이르되 우리가 하나님의 말씀을 제쳐놓고 접대를 일삼는 것이 마땅치 아니하니...행 6:1-2

이 본문은 히브리인들과 헬라파 유대인들의 만남을 통해 오늘날의 기독교가 탄생하게 됐다는 의미를 부여하고 있다.

"십자가에 처형된 나사렛 '예수가 바로 야훼 하나님'이었다"는 주장은 히브리인들에게는 용서할 수 없는 이단 사상으로 취급되었다. 따라서 초대 그리스도인들은 이단으로 몰려 큰 어려움을 겪고 있었다. 심지어 사도 바울까지도 곤욕을 치르게 되었다.

> 우리가 보니 이 사람은 염병이라 천하의 퍼진 유대인을 다 소요케 하는 자요. 나사렛 이단의 괴수라. 행 24:5
>
> 그러나 이것을 당신께 고하리이다. 나는 저희가 이단이라고 하는 도道를 좇아 조상의 하나님을 섬기고 율법과 및 선지자들의 글에 기록된 것을 다 믿으며 행 24:14

초대교회 시대에는 정치적으로는 로마가 지배하고 있었으나 사상적으로 헬라가 지배하고 있었다. 그리스도교는 유대교의 한 종파로서 몰락해가고 있는 위기의 상황에서 헬라철학에서 진수를 발견하고, 거기에서 피난처를 찾았다. 그것이 바로 그리스도의 '로고스 사상'이었다. 따라서 초대 그리스도교는 히브리인의 유대 신앙과 헬라파 유대인의 그리스 철학의 결합으로 탄생한 것이다. 사도행전 6장의 본문은 그 시작을 극적으로 예찬한 것이다. 헬라파 유대인의 등장은 예수의 사망 이후 몇 년 동안 가장 결정적인 사건으로 여겨진다.

그때까지 예루살렘에 모인 첫 그리스도인 공동체의 구성원들은 무엇을 하고 있었을까? 그들은 설교를 했을까? 복음을 전하고 있었을까? 백성들에게 회개를 외치고 있었을까? 아니다. 사도행전의 첫 다섯 장에 나타난 예수의 제자들은 아무것도 하지 않은 듯한 인상을 준다. 분명히 그들은 아무것도 하지 않았다. 그들은 다만 베드로의 권위 아래에서 계속 기도하고, 조난한 뗏목 위에서 하늘을 향하여 도움만을 기다리는 사람들처럼 종말만 기다리고 있었다.

헬라파 유대인들은 이러한 형세관망주의를 붕괴시키고 공동체 내부의 감추어진 문제들에 짓눌린 신도들의 자발적인 은둔생활을 무너뜨렸다.

사도행전은 히브리인과 헬라파 유대인의 화해와 화합을 걱정하여 그들을 한 지체로 소개하고 있다. 예루살렘의 모인 그들은 만장일치를 보였고 한마음인 듯했다. 그러나 이것은 역사의 현실이기보다는 저자의 신앙적 바람이었다.

초대 그리스도교회 시대에는 애굽의 종교, 헬레니즘, 유대교, 페르시아의 종교 등이 혼합되어 고대 근동 세계에 널리 퍼져 있었다. 신약성서의 종교적 메시지는 초기 그리스도교회의 종교적 이데올로기와 분리해 생각할 수 없다. 2세기에 그리스도는 곧 '로고스'였다. '그리스도-로고스'의 탄생은 새로운 시대의 시작을 알리는 것이었다.[65] 현대의 신학자들은 그노시스파를 이단 유대교와 고대 근동의 여러 종교 사상이 혼합되어 생겨난 것이라고 기술한다.[66]

신약의 사신使信은

> 태초에 말씀이 계시니라. 이 말씀이 하나님과 함께 계셨으니, 이 말씀은 곧 하나님이시라. 말씀이 육신이 되어 우리 가운데 거하시매 우리가 그의 영광을 보니 아버지의 독생자의 영광이요 은혜와 진리가 충만하더라. 요1:1, 14

신약성서에는 이리하여 그리스 철학의 '로고스'λογos 개념을 도입하였다. 즉 '도성인신'道成人身, incarnation의 개념이 도입된 것이다. 즉 '말씀이 육신 되심'의 교리이다. '도道'라는 것은 로고스인데 '말씀'the Word이란 뜻으로, 구약성서에는 히브리어로 '다발'דבר인데 '말'과 '행동'이라는 상극적 개념이 한 능동적 개념으로 융합되어 있다. 즉 '로고스'란 하나님의 말씀이 '그리스도'가 되었다는 것이다. 이처럼 구약은 '하나님의 말씀'을 그리스도에게 관련된 것으로 묘사하였다.마 15:6, 요 5:39, 67

이렇게 신약의 사신Message은 신화적 명사들로 표현되어 있다. 그것의 재료들은 히브리 묵시문학의 신화들과 구속救贖에 대한 헬라의 '그노시스 신화'들로부터 안출되었다. 이러한 견해는 인간의 삶과 자연과 역사의 진로에 '초월적 세력들'사단, 마귀, 천사, 하나님이 영향을 준다. 신약성서는 역사를 초자연적 세력들의 전쟁터로 보며 그것의 복음 또한 신화적 표현들로 나타냈다.

> 율법은 모세로 말미암아 주어진 것이요, 은혜와 진리는 예수 그리스도로 말미암아 온 것이다.요 1:17

이처럼 모세와 예수의 전기에는 신화와 전설의 옷이 덧입혀져 있다.

모세의 시내산 위의 십계명 반포 광경에서:

> 모세가 그 증거의 두 돌판을 손에 들고 시내산에서 내려오니, 그 산에서 내려올 때 모세는 자기가 야훼와 말하였으므로 말미암아 얼굴 피부에 광채가 나도 깨닫지 못하였더라,출 34:29-35

예수의 변모산 위의 광경에서:

예수께서 베드로와 요한과 야고보를 데리고 기도하려 산에 올라가사, 기도하실 때에 용모가 변하고 그 옷이 희어져 광채가 나더라. 문득 두 사람이 예수와 함께 말하니 이는 모세와 엘리야라. 영광 중에 나타나서 장차 예수께서 예루살렘에서 별세하실 것을 말할 새눅 9:28-31

이러한 현상은 제자들의 인식 능력이 혼미한 상태 혹은 신비경험 가운데 있었다. 이 변화 설화에는 신인합일의 신비주의가 스며들고 있다. 구름이 덮였다는 것은 하나님의 출현을 상징화한 구약적인 배경을 가진 것이다.출 40:34-35, 왕상 8:10

구약성서의 아브라함, 요셉, 모세의 이야기 그리고 신약성서의 예수 이야기 등에는 고대 근동 세계 신화들의 도식이 전반에 걸쳐 반영되어 있다.

애굽 신화에서 '오시리스'Osiris 신은 동생인 '셋'Set 신의 손에 죽는다. 오시리스 누이며 아내인 '이시스'Isis 여신은 조각난 오시리스의 시체를 수습한다. 그리고 처녀인 체로 오시리스의 아이를 잉태한다. 이시스에게서 태어난 아이가 '호루스'Horus이다. 오시리스의 부활이다.[68]

바빌로니아의 '이스타르'Ishtar와 '탐무즈'Tamuz 신화는 죽음에서 부활하는 상징으로 농경 봄 축제의 의례 가운데 나타나는 핵심 이야기이다. 이러한 신화들은 고대 근동 세계에 널리 퍼져 있었고, 성서 이야기들은 이런 신화들의 구조적 변형이다.

2) 신화와 전설의 새 이해

오늘날의 인간들은 과학의 세계관 속에서 살아가고 있다. 따라서 오늘날의 인간들은 성서 속의 설화와 사화들을 허무맹랑한 신화와 황당한 전설, 내지는 허구적인 미신으로 생각하며 폐기해 버리려고 하는 경향이 있다. 이러한 정황은 19세기에 자연과학이 발달하고 실증주의 철학이 출현하여 인류가 실용적이고 합리적인 태도를 지니게 되었고, 현대 사회가 고도로 과학화되어, 신화와 전설은 비과학적이라고 생각하여 외면하며 살아가고 있기 때문이다.

3) 오늘날의 신

과거에는 예수 그리스도가 신앙의 대상이었다. 한때는 카를 마르크스가 신이 되었고, 공산주의가 종교가 되었다. 그러나 지금은 컴퓨터가 우상이 되어가고 있다.

성서 속의 설화와 사화들은 때때로 신화와 전설의 언어로 옷을 입고 있다. 그러므로 본문의 진상을 파악하기 위해서는 그것의 껍질을 벗겨내는 것이 중요하다. 성서 속의 신화와 전설의 가치는 본문의 문자적 의미보다는 그것이 담고 있는 진리의 내용을 찾아내는 데 있다. 따라서 신화와 전설은 기계적으로 번역하거나 임의대로 의역하면 안 된다. 그것들이 말하고자 하는 의도와 품고 있는 뜻을 살려야 한다. 같은 신화와 전설의 비교를 통해서 메마른 뼈대에 옷을 입혀주는 정도로 관념이나 연상을 회복시키려고 해야 한다. 때때로 암시나 실마리를 잡기 위해서 유사한 설화로부터 상실된 부분을 회복시키려 노력해야 한다.

신문이나 라디오나 TV도 없이 살아온 인류는 자신들의 세계에서 일어나는 길고 긴 역사 속의 사건과 사고들을 오늘날까지 전하여 주는 방법으로 신화와 전설을 이용했다. 기록으로 남지 못하고 신화와 전설로 전해져 오다가 고대의 토판문서나 기념비에도 들어가고, 성서에도 들어가서 오늘까지 보존되어 우리에게 전달되었다.[69]

그러나 생각해 보라!

4천 년 또는 5천 년도 더 된 옛이야기를 각색해서 이야기한다는 것은 쉬운 일이 아니다. 고대 언어는 정확하게 번역한다는 어려움 말고도, 여러 이야기가 구성된 때의 배경을 복원해야 한다는 과제가 따른다. 3, 4천 년이라는 기간은 긴 세월이며, 그 사이에 배경이나 분위기의 태반은 망각의 저편으로 사라지고 다만 옛날이야기의 일부 단어만이 우리에게 전해졌으니, 그것을 아무리 정확하게 번역한다고 하더라도 그 내용의 부분만을 전달하는데 지나지 않는 것이다. 세월이 흐름과 함께 제의나 풍습 자체는 폐기되었음에도, 신화는 자력으로 살아남아 시인이나 예언자나 화가들이 마음대로 파낼 수 있는 민간 전승의 보고가 되었다. 그러나 그것의 원시적 유형은 아직도 사라지지 않고 남아있다.[70]

성서와 교회의 모든 교훈은 신화적이어서 현대의 과학적 세계관을 가진 사람들에게는 믿어지지 않는다. 따라서 현대인은 복음의 진수를 둘러싼 신화적 구조를 벗기고 '케리그마'κηρυγμα를 찾아내는 일에 착수해야 한다.[71] 성서 전체가 신화적 역사mytho-history의 성격을 갖고 있다. 따라서 성서적 진리는 신화적 진리이다. 성서가 신화란 말은 현재의 사회적 행위를 정당화시키는 목적으로 사용되는 과거의 사건들에 대한 성스러운 이야기라는 의미로 사용한다.[72]

이 설화에 대하여 벨하우젠J. Wellhausen과 불트만R. K. Bultman 등은 본래 이것은 예수의 부활 설화를 지상 생애에 대한 전승에 투영投影시킨 것이라고 본다. 예수와 제자들은 산에 있었고, 구름이 덮이고, 두 하늘의 사람모세와 엘리야이 나타났다는 등 똑같은 하나의 전승이 두 개로 발전하게 된 흔적을 엿볼 수 있게 한다. 이 설화에는 심리학적 요소와 또 신화적 요소가 개재되어 있음을 부인할 수 없다. 환상을 보고, 소리를 듣는 일들이 졸다가 깨어 난후의 일이라고 볼 때 이것은 베드로와 그의 동료

그림 3 「오늘날의 신」

들의 심중에 있는 '신화적 요소의 작용'을 간과할 수 없게 한다고 하였다.[73]

불트만Von Rudolf K. Bultmann, 1884-1976은 그의 저서 『역사의 종말론*History of Eschatology*』에서 '신약성서의 메시지는 매우 많은 부분이 신화적인 설화로 전해지고 있으며, 객관적인 역사를 기록하고 있지는 않다. 그러나 이러한 신화적인 설화를 버리거나 배격하려는 것은 아니다. 신약성서를 현대인들이 이해할 수 있도록 해석하고자 하는 것이다. 다시 말하면 성서의 내용에 대해서 개개인이 스스로 결단을 내리게 하는 방법론이다. 이 결단은 다름 아닌 신앙을 뜻하며, 신앙은 자기 결단에 의한 신의 은총 속에서 신의 말씀에 대한 복종을 뜻한다'고 했다.[74]

4. 신화와 전설의 살아있는 힘

개인과 국가를 위하여

시대가 바뀌고 상황이 변하면서 그 신화와 전설의 의미는 재해석 되어야 하고, 그럼에도 불구하고 끊임없이 그것들을 암송하면 혼돈은 질서를 잡게 되고, 신화와 전설은 사건화되어 새역사가 창조된다. 대부분 국가의 창건과 민족 형성에는 신화와 전설이 동원된다.

우리나라에도 삼국사기와 삼국유사에는 시조 신화, 건국 신화로 단군신화를 비롯하여 고구려의 주몽 신화, 신라의 혁거세 신화, 석탈해 신화, 김알지 신화 그리고 가야의 수로왕 신화 등이 있다. 태봉에는 궁예 신화, 후백제는 견훤 신화 등이 있었으나 두 인물이 세운 나라가 일찍 망하면서 곧 전설화되었다.

> 전통문화 속에서 살고 있는 사람에게는 신화와 역사가 따로 존재하지 않는다. 신화가 현실적으로 문제가 되는 유일한 역사이기 때문이다. 우리가 일생 행하는 모든 일은 전통문화에서 비추어 보면 신화 속에 일어났던 일들을 단순히 재연하는 것에 지나지 않는다. 전통문화가 요구하는 의식이나 제의들은 옛날 신화시대, 바로 '그 시간 속으로'라틴어로는 in illo tempore 돌아가는 행위이다.[75]

옛 신화와 전설은 오늘날에도 현실과 실제로서 역사役事하고 있다. 그 실례 가운데 하나가 이스라엘의 탄생이다. 이스라엘의 역사학자가 텔아비브 국립대학 교수인 '숄로모 산드'Shlomo sand는 공언하기를 "19세기 말 유대 지도자들은 당시 유럽 민족국가들의 탄생을 보면서 유대인 종족-민족주의를 조각하기 시작했다. 그들은 조상들의 신화와 전설에 찰스 다윈의 진화론과 카를 마르크스의 공산주의 이론을 적절하게 배합하여 이스라엘 나라를 탄생시켰다. 그들은 수천 년 동안 12부족지파의 자손들이 약속의 땅 가나안으로 돌아와 이스라엘 나라를 건설한 것이 하나님의 뜻이라고 여겼다"고 했다.[76]

그는 '국가와 민족' 즉 이스라엘 국가와 마찬가지로 오늘날의 유대인 민족은 신화에 이끌려 핍박을 견디고, 옛 고향을 되찾은 발명품이라고 했다.

오늘날의 이스라엘 건국의 기초는 '키부츠'Kibbutz와 '모샤브'moshav이다.

키부츠는 이스라엘의 집단 거주지로 대부분이 농업에 종사하지만 때로는 공업 분야에서도 일한다. 재산은 모두가 공유하는데, 주민들의 의식주와 복지, 의료 활동 등에 쓰이고, 남은 재산은 키부츠에 재투자된다. 성인들은 개인 숙소에서 생활하지만, 어린이들은 대개 집단 양육된다. 요리와 식사도 공동으로 한다.

1948년 이스라엘이 건국된 후, 키부츠는 개인적인 생활과 사적인 소유에 더 많은 자유를 주는 방향으로 운영되고 있다. 일반적으로 국가기금으로부터 임차한 땅에 세워진 키부츠는 주 1회 구성원 모두가 모인 가운데 전체 회의를 개최하여 정책을 결정하고 행정 요원을 선출한다. 최초의 키부츠는 1909년 팔레스타인의 '데가니아'에 세워졌다. 현재 이스라엘에는 200개 이상의 키부츠에 10만 이상의 주민이 거주하고 있다. 초기의 키부츠는 점차 큰 규모로 발전했다. 유대인의 새로운 거주지로 개척하고 이스라엘 사회와 정치경제에 많이 이바지했다.

그런데 키부츠 공동체를 잘 살펴보면, 초기 그리스도교 공동체나 공산주의 사회체제와 비슷한 부분을 발견할 수 있다. '카를 마르크스'는 그의 '자본론'1867에서 "자본주의 사회에서는 노동자의 빈곤과 노동자와 자본가 사이의 대립은 피할 수 없다. 그 해결책은 바로 노동자들이 사적 소유의 폐절廢絶:폐하여 없애거나 사라짐, 생산한계를 변혁하면 가능할 것이다. 착취 관계를 끝내는 것은 경제적 조건이 성숙한 다음에야 가능할 것이다."고 했다. 마르크스는 "공산주의는 사유재산과 인간의 자기 소외의 적극적인 제거이며, 그렇기에 인간을 통한, 인간을 위한 진정한 인간성의 회복이 중요하다"고 했다.[77]

모샤브는 이스라엘의 자연 소농들이 모인 공동농장으로 소박한 사회주의 이념을 갖고 개인의 이익을 사회적 번영을 위한 공동의 원칙으로 바꾸기 위하여 만든 공동체로서 키부츠와 같다. 황무지 사막에 오렌지 나무가 무성하고, 빠른 경제성장을 이루게 되었으며, 그곳 공동체들의 청춘남녀들은 건강한 젊은이의 본보기가 되었다.

키부츠와 모샤브는 카를 마르크스의 사회주의 및 공산주의 사상의 산물이다. 사회주의란 민주주의에 대립하는 용어이며 공산주의란 자본주의에 대립하는 용어이다.

카를 마르크스는 노동이 인간의 자기실현 즉 개별적인 인간의 육체적 정신적 힘의 표현이며, 이 진정한 행위의 과정에서 인간은 스스로 발전시키고 자기답게 된다고 보았다. 바꿔 말하면, 마르크스는 인간이 노동을 통한 생산 속에서 자기실현을 추구하는 창조적 존재라고 파악한 것이다. 그러나 그는 사유재산제와 노동의 분화가 발달하면서 노동은 인간 힘의 표현으로서의 성격을 잃고, 노동과 노동에 의한 생산품은 인간으로부터 분리된 존재가 되며, 이로써 인간은 노동으로부터 소외되어 인간과 자연의 관계는 비인간적이 된다고 보았다. 특히 그는 노동으로부터 인간의 소외가 모든 가치의 전도를 가져와서 인간은 그의 신실한 도덕적 가치보다 돈을 삶의 최고의 목표로 설정하고 있다고 지적하였다. 결국 마르크스는 사유재산의 강제적 폐기를 통해 인간과 노동의 재결합을 가져올 수 있고, 그로써 인간은 자유롭고 창조적인 존재로서 인간의 본질로 복귀할 수 있다고 보았다.[78]

5. 하나님 앞에 단독자로 선 초인의 삶

불안한 삶과 기도하는 인생

신의 능력은 기적과 경이를 방출하는 샘이라면 신화는 도르래요, 낭송은 두레박줄이다. 입으로 낭송하면서 부지런히 손을 놀려 솟아나는 경이를 길어 올리는 것이 신앙인의 책무다. 두레박질을 멈추면 샘은 솟아오르기를 멈추고 말라버리게 된다. 시지프의 신화처럼 쉼 없이 계속 두레박질을 해야 하는 것이 고달픈 인간의 운명이다.

무신론자 '니체'F. Nietzsche는 '차라투스트라'Zarathustra 입을 빌려 이렇게 말했다:[79]

> 인간이란 짐승과 초인 사이에 걸쳐 놓은 하나의 줄이다. 심연 위에 걸쳐 놓은 하나의 밧줄이다. 그 위를 뛰어넘는 것은 위험하며, 그 위를 지나가는 것도 위험하다. 또 뒤돌아보는 것도 위험하지만, 떨며 멈추어 있는 것은 더욱 위험하다. 인간의 위험이란 그저 하나의 과정이지 결코, 하나의 목적은 아니라는 점이다. …… 보라, 나는 번개의 예언자이며, 구름으로부터 떨어지는 무거운 빗방울이다. 그리고 이 번개를 우리는 초인이라고 부른다.[80]

실존주의 철학자 키에르케고르S. A. Kierkegaard, 1813-1855는 불안과 죽음의 문제를 극복하고, 참된 실존을 회복하기 위해서 '신 앞에 선 단독자單獨者'로서 인간의 주체적 결단을 강조하였다.[81]

> 신앙은 영원한 존재神가 일시적인 인간 존재예수로 세상에 나타났다는 역설에 바탕을 두고 있다. 이것은 우리의 이해의 한계를 뛰어넘는 기적이며, 우리로서는 오로지 하늘로부터 내려진 은총으로 받아들일 수밖에 없는 것이다. 그런데 바로 이런 기적에 대한 신앙이 티끌만치의 감동도 없이 이루어지고 있다. 세례침례 증서만 있으면 바로 크리스천이라는 생각은 기독교의 진지한 신앙을 천박한 놀이로 바꾸어 놓았다. 그는 "인간은 자기 자신을 속이지 말고, 신을 진실로 두려워하면서 자기의 삶을 선택하고 결단하는 주체적인 존재가 되어야 한다. 즉 모두 '신 앞에 홀로 선 단독자'가 되어야 한다. 떼거리무리는 진리가 아니다"고 하였다.[82]

키에르케고르는 그의 『철학적 단편』1844에서 신앙의 대상으로서 예수 그리스도에 대하여 "영원한 신이 이 세상에서 인간으로 살았다는 것은 인간의 이성으로는 이해할 수 없는 배리背理이며 역설이다. 이성은 그것에 대하여 분노하지 않을 수 없다. 그리고 이성이 분노하는 곳, 바로 그곳에서 신앙이 시작된다"고 하였다.[83]

결론적으로 말하면, 신화에는 인류가 소망해온 꿈과 기대가 담겨 있다. 따라서 신화는 우주를 지배하는 인간의 활동을 유효하게 만드는 데 도움을 준다. 인간이 신화에 사로잡히면 그의 생은 역경에서도 기적과 경이를 이룬다. 그러면 세월이 흘러가면서 과장되고 미화되어 전설로 남게 된다. 신화에 대한 신심을 심으면 전설을 잉태하고 거둔다.

Ⅱ. 영성과 믿음의 세계

'영성 세계'란 자연과 역사와 과학의 영역에서 벗어난 것으로 본다.
원초적이고 궁극적이며, 더 영원함에 기댄 것으로서
인간의 감정과 생활과 종교를 총괄적으로 일컫는 말이다

1. 영성이란?

'영성'靈性, spirituality이란 말은 물질성materiality이나 관능성Sensuality과는 반대되는 개념으로, 그것은 정신적이고 심적이며 종교적이고 영적인 것으로서 거룩함이나 신성함神聖, Holiness, Sanctity과 통하는 개념이다.

여기서 '영성 또는 신성'이란 특정 종교의 경계를 넘어서는 보편적 개념이다. '영성'이란 '어둠 속에 타고 있는 불꽃'이다. 인간의 영혼은 '어둠 속에 갇힌 불꽃'이다. 인간은 갇혀 있는 내면의 불꽃을 해방함으로써 자기의 구원을 완성한다. 여러 종교에서 신성神性에 이르기 위해서는 먼저 속성俗性을 버려야 한다. 성스러움과 저속함은 서로 배타적이다. 정신의 세계는 영원하고, '지금 여기의 세계'는 헛되다고 한다.

인간은 짙은 어둠 속에서도 깜박이는 불꽃을 볼 수 있다. 거룩하신 분의 빛줄기가 모든 것의 한복판에 있기 때문이다. 숨어있는 광휘를 찾아내고 껍질 속에 갇혀 있는 거룩한 알맹이를 드러내는 것이 인간에게 주어진 사명이다. 이것은 범신론과는 다르다. 세계와 하나님, 물질과 정신은 전적으로 분리된 실체이다. 비록 물질세계를 이루고 있는 본질 또는 영혼이 영적이라고 해도 세

계는 여전히 물질적인 것으로 남아있고, 하나님과는 질적으로 구분된다.[84]

우리 인간은 '진정한 나我' 즉 자기 내면에 있는 '순수한 영혼의 불꽃' 바로 그 신성神性을 해방해 위로 올라가 하나님의 영에 합류하게 된다는 사실을 깨달아야 한다. 여기에 인간 생의 의미와 목적이 있다.

> 다만 인간은 고난을 위하여 태어났나니, 불티불꽃가 위로 날아오르는 것과 같으니라. 욥 5:7
>
> 불꽃이 단에서부터 하늘로 올라가는 동시에, 야훼의 사자가 단 불꽃 가운데로 좇아 올라간지라. 삿 13:20
>
> 악인의 빛은 꺼지고 그 불꽃은 빛나지 않을 것이요 욥 18:3

그리스도적 영성이란 인간의 몸 안에 전체 우주가 숨을 쉬고 있음을 느끼고 사람의 생명을 아끼고 사랑하는 것이다. 영성의 3대 요소는 하나님과의 영적인 교통, 사람과의 자유하고 사랑하는 관계 그리고 자연과의 유기적 관계이다.

인간의 영적 생명은 창조주 하나님이 모든 인간의 마음 밭에 심어주신 '하나님의 형상'이라는 씨앗을 움트게 하여 큰 나무처럼 성숙시켜야 할 과제이다. '항아리를 비우고 씨앗을 움트게' 해야 한다. 이것이 영성 훈련의 첫걸음이다.

> 우리가 〔영성을〕 말하거니와 사람의 지혜가 가르친 말로 아니하고, 오직 성령께서 가르치신 것으로 하니, 영적인 일은 영적인 것으로 분별하느니라. 육에 속한 사람은 하나님 성령의 일들을 받지 아니하나니, 이는 그것들이 그에

게는 어리석게 보임이요 또 그것을 알 수도 없나니, 그러한 일은 영적으로 분별 되기 때문이다. 신령한 자가 모든 것을 판단하나 자기는 아무에게도 판단받지 아니하느니라. 고전 2:13-15

여기서 '육에 속한 사람'이란 '자연적인 인간'을 말함이며, 오직 감각을 쓰는 사람이요. '영에 속한 사람'이란 감각에 매여있지 않고 그 다스림을 받지 않는 사람을 말한다. 그러므로 감각 안에 받아들인 초자연적 현상을 가지고 과감히 사귀려 든다든지, 이를 허용한다든지 하는 일은 실로 무엄하기 짝이 없는 노릇이다.

영성의 활동에 대한 믿음은 가능한 것과 불가능한 것, 우리가 할 수 있는 것과 없는 것을 구별해 주는 절대적인 명령이라 할 수 있다. 그 믿음은 인간의 모든 행동, 모든 사고, 모든 경험을 만들어 낸다. 영성에 대한 믿음은 신화가 살아 활동할 수 있는 분위기를 만들어 낸다. 결과적으로 영성에 대한 믿음 체계가 운명을 만들어 내고 변화시킨다. 영성에 대한 믿음은 역사를 통틀어서 모든 위대한 성공 뒤에 숨어있는 보이지 않는 힘이다. 따라서 영성에 대한 믿음은 인간의 꿈을 현실로 바꾸는 촉매이다.

옛날의 모세는 정령이나 신령들이 시간과 장소를 초월하여 존재하여 현상세계에서 활동하고 있다고 믿은 듯하다. 그 대표적인 것 중 하나가 '할례의식'이었다.

모세가 길을 가다가 숙소에 있을 때 야훼께서 [갑자기] 그를 만나서 죽이려 하신 지라. 십보라가 돌칼을 가져다가 그 아들의 표피를 베어 그 발에 갖다 대며 이르되, 당신은 참으로 피 남편a bridegroom of blood to me이라 하니 야훼께서 그를 놓아 주시니라. 출 4:24-26

이 짧은 '신화'에는 성인 할례와 혼인 첫날 밤에 관계된 습관에서 나온 것으로 '영靈'의 활동이 나타나 있다. '왜 하나님께서 [갑자기] 모세를 죽이려 하셨는가?' 정말 하나님이실까? 정령이나 악령이 아닐까? 이것은 돌로 칼을 만들어 할례를 행하던 고대 석기시대의 미신 속에 거주하던 악령이 아닐까 하는 의문이 든다. 하나님이 정말로 그렇게 변덕스러우실까? 야훼 신앙은 고대 세계의 원시적 미신의 늪 속에서 자라왔다. 그들에게는 환상과 현실의 경계가 뚜렷하지 않았으며, 인간과 영이 한데 어우러져 사는 세계를 동경해왔다. 그리하여 신화의 세계에서 전설처럼 살아갔다.

광야 유랑기인 민수기 11장 16-30절에는 '하나님의 자유로운 영'에 대한 설화에서 마치 모세가 자기에게 임한 '하나님의 영'을 다른 사람들에게도 나눠 줄 수 있는 것같이 기술하고 있다. 백성의 지도자가 될 만한 70인의 장로들을 모아 회막에 둘러서게 하고 모세의 중보를 통해서 그들에게 '하나님의 영'이 임하여 예언하였다. 그런데 회막에 나가지 않고 진중에 머물고 있던 엘닷과 메닷에게도 영이 임하여 예언하였다. 이러한 예언적 열광熱狂 또는 흥분은 고대 근동 세계 샘족 종교의 상례적인 형태였다.

그런데 한 소년이 달려와서 모세에게 고하였다. 그러자 '택한 자 중 한 사람 곧 어려서부터 모세의 시종 노릇을 하던 여호수아'가 그러한 불법적인 일을 금할 것인가를 모세에게 물었다. 그는 모세에게 '하나님의 영'의 활동에 대한 모세의 통제를 요청하였다. 민 11:27-28

이 기사에서 우리는 '영이 임의로 분다'는 구약의 확신을 볼 수 있다.

> 모세가 그들에게 이르되 ... 야훼께서는 그의 영을 그의 모든 백성에게 주사 다 선지자 되게 하시기를 원하노라. 민 11:29

그 후에 내가 내 영을 만민에게 부어 주리니, 너희 자녀들이 장래 일을 말할 것이며, 너희 늙은이는 꿈을 꾸며, 너희 젊은이는 이상을 볼 것이며, 그때에 내가 또 내 영을 남종과 여종에게 부어줄 것이며, 내가 이적을 하늘과 땅에 베풀리니 곧 피와 불과 연기 기둥이라. 욜 2:28-30

오순절 날이 이미 이르매 그들이 다 같이 한곳에 모였더니, 홀연히 하늘로부터 급하고 강한 바람 같은 소리가 있어 그들이 앉은 온 집에 가득하매, 마치 불의 혀처럼 갈라지는 것들이 그들에게 보여 각 사람 위에 하나씩 임하더니, 그들이 다 성령의 충만함을 받고 성령의 말하게 하심을 따라 다른 언어들로 말하기를 시작하니라. 행 2:1-4

민수기 22-24장에는 '발람의 신탁' 이야기가 나온다. 발람은 이스라엘 사람이 아니고, 북방 수리아의 마리Mari 가까운 유프라테스 상류 브돌민22:5에서 왔다. 그는 점쟁이였는데, 브올산 꼭대기에서 "눈을 들어 광야를 바라보는데, '하나님의 영'이 그의 위에 내렸다"민 24:1 그는 자기가 '전능자의 이상을 보는 자'라고 하였다. 그가 바라본 이스라엘의 장막은 얼마나 아름다운지 '벌어진 골짜기' 같으며, '강가의 동산' 같고, '야훼가 심은 나무' 같다고 했다.24:5-6 전에는 그의 영감의 형태가 꿈이나 천사였지만 이제는 자연에 더 가깝다. 그것은 이스라엘의 예언 운동과 영성 이해가 일찍부터 고대 근동 세계의 그것들과 관계가 있었음을 보여준다.

인간이 에덴동산에서 탈출해서 나오는 순간에 하나님으로부터 '만물의 영장'의 자리를 이양받았다. 그 순간부터 인간은 세상 만물을 통제할 수 있는 권한을 하나님으로부터 위임받았다. 그러나 그 순간부터 인간은 자만해져서 하나님을 뒷방 늙은이 취급을 하게 되었고, 하나님은 세상만사에 아무런 권한도 없고, 실권도 없고, 이름뿐인 '명예 대통령' 쯤으로 생각하게 되었고, 하나님은 저 들판의 곡식이나 지키는 '허수네 아비' 정도로 인식하게 되었다. 오늘도 인간은 하나님이 지으신 우주를 산책하면서, 그들의 사유는 '블랙홀'을 걷고 있다.

'우주'에는 신성神性 즉 신비한 '영'의 힘으로 가득 차 있다. 그러한 개념에서 좀 더 발전한 것이 '신령'numen의 개념이다. 이러한 신령을 '정령'精靈' 이라고 부른다. 이러한 신령은 초자연적 초인간적 '산 생명체'로서 우주의 구석구석 모든 부분에 가득 차 있다. 이러한 상황은 생물뿐만 아니라 무생물에도 스며들어 있다. 따라서 산 생명체로 가득 차 있다.[85] 이러한 영성 세계는 초인격적이며 초超지성적이고 도덕적인 것에 속한다,

영성은 '신령한 힘'으로 우주와 삼라만상이 움직이며, 자라고, 꽃이 피고, 열매를 맺기도 한다. 만물의 존재와 그 움직임은 신성의 자기표현이며 그의 처소이자 그 활동의 증거이다.

> 내가 어찌하면 하나님을 발견하고 그의 처소로 나아갈까? 그가 그 큰 권능을 가지시고 나로 더불어 다투실까? 아니라 도리어 내 말을 들으시리라. 욥 23:3.6
>
> 백성은 멀리 섰고 모세는 하나님이 계신 암흑 속으로 가까이 가니라. 출 20:21

모세는 야훼 하나님의 영에 사로잡혀 영성과 믿음의 세계에서 그의 노년기를 보냈다.

성서는 하나님께서는 '에덴동산에서 아담과 동행'하시고, '시내산에서는 모세와 친히 대화'함으로써 거의 인간과 똑같은 분노와 기쁨을 표시하셨다고 기록하고

있다.

> 모세는 시내산 가시나무 떨기에 관한 글에서 주는 아브라함의 하나님이요, 이삭의 하나님이요, 야곱의 하나님이라고 칭하였나니, 하나님은 죽은 자의 하나님이 아니라 산 자의 하나님이시라. 하나님에게는 모든 사람이 살아있느니라. 눅 20:37-38

에마누엘 스베덴보리Emanuel Swedenborg는 '성서의 내적의미Arcana Cœletsia'에서 창세기 1장은 인간의 새로운 창조, 즉 중생을, 그리고 특히 '가장 오래된 교회'를 주제로 다루고 있다. 그리고 이것은 단 한 음절까지라도 다 영적인 그 어떤 것을 나타내고, 의미하고 내포하는 방식으로 쓰여진 것이라고 하였다.

창세기 11장까지는 엄격히 상징적으로 쓰여진 것이며, 영적 진리들을 자연계의 비유들로 표현하는 방식으로 쓰여진 완전한 비유적 언어로 된 '고대의 한 이야기'The Oldest Stories in the Ancient World에서 유래된 것으로서 모세에 의한 것이라고 단언했다.

아브라함으로부터 시작되는 이 말씀은 역사적 표현양식을 취하고 있으나 실제로는 하나님의 뜻에 따라 쓰여진 것으로서, 애굽에 의해 상징되는 자연과 자아의 굴레에서 벗어나 점차로 자유로운 천상의 왕국을 향해 발전해간 인간의 영적 생활을 묘사한 한 편의 드라마로 구성된 것이다.

따라서 모세의 인도로 출애굽 한 이스라엘 백성의 40여 년간의 광야 유랑기간에 그들이 받은 시험과 투쟁은 육체를 입고 오신 주님의 시험과의 싸움을 예표로 나타낸 것이다. 주님은 이러한 시험과의 싸움을 통해서 자기 때가 차고, 모든 예언이 응하였

으므로 지옥의 권세를 정복하고 인간에게 영적인 자유를 주셨다고 하였다.[86]

'새 교회'의 교리는 주 예수 그리스도는 동정녀에게서 태어난 한 인간 속에 성육신화 된 '야훼'임을 알 수 있다. 그분은 지상에서의 시험과 수난의 투쟁들 속에서 지옥에 대해 승리를 거둠으로써 인류를 위협하는 악의 압제에서 인간을 해방했고 천국에 이르는 길을 열어 놓았다. 이것이 구속이라고 하였다.[87]

2. 에덴동산의 영성

에덴 낙원의 신성은 창세기와 이사야서와 에스겔서 그리고 요한계시록 등에 기술되어 있다.

> 야훼 하나님이 동방의 에덴에 동산을 창설하시고, 그 지으신 사람을 거기 두시고 그 땅을 경작하며 지키게 하셨다. 창 2:15
> 강이 에덴에서 흘러나와 동산을 적시고, 거기서부터 갈라져 네 근원이 되었으니, 첫째 강의 이름은 비손이라 금이 있는 하윌라 온 땅을 둘렀으며, 그 땅의 금은 순금이요, 둘째 강의 이름은 기혼이라. 그곳에는 호마노도 있으며, 셋째 강의 이름은 힛데겔이라 앗수르 동쪽으로 흐르고 넷째 강을 유브라데더라. 창 2.:10-14

그 땅은 단풍 든 가을의 산야처럼 보석이 열리는 산이다. 그 땅의 돌들은 모두 보석이다.

옛적 하나님의 동산 에덴에는 각종 보석 곧 홍보석과 황보석 금강석과 황옥과 홍마노와 창옥과 청보석과 남보석과 홍옥과 황금으로 단장하였음이여! 너를 위하여 소고와 비파가 준비되었도다. 겔 28:13

그 땅에는 생명나무와 지혜의 나무, 의의 나무와 치유의 나무, 사랑의 나무도 있었다.

야훼 하나님이 그 땅에 보기에 좋고 먹기에 좋은 각종 나무가 나게 하시니 그 동산에는 생명 나무와 지혜의 나무를 비롯하여 씨 맺는 풀과 나무를 그 종류대로 내셨다. 창 1:24.29

그곳에는 영생나무와 선악을 알게 하는 지식의 나무도 있었고 창 2:17, 3:22

그곳에는 의의 나무와 사랑의 나무와 치유의 나무도 있어 그 열매를 따 먹을 수도 있었다.

에덴동산의 생명수와 생명나무 주위에는 신의 비밀을 알고 있는 신령한 뱀-뉴맨serpent - numen. 신령, 정령이 살고 있었다. 샘-뉴맨Spring-numen과 성스러운 나무聖樹 사이의 관계는 실제로 아주 같거나 아주 가까운 관계에 있었다. 왜냐하면 솟아오르는 물과 그 근처에 함께 자라는 나무는 같은 신적 근원으로부터 그들의 생명을 빨아들였기 때문이었다. 그리하여 자연히 샘-뉴맨이 나무 속으로 옮겨갔고, 그 뉴맨은 그 근처에 살며 샘물을 먹는 짐승들에게도 들어갔고, 따라서 그들은 신령하게 되었다.

3. 가나안 땅의 영성

가나안 땅에는 '바마' bamah, בָּמָה, '높은 곳'이란 뜻라는 성소들이 많이 있었고, 그들 성소에는 신비스러운 기운이 가득하였다. 가나안의 강과 산, 돌과 나무와 풀과 새와 짐승, 그리고 사람과 창공, 흙에도 신성이 풍부하였다.

구약성서에서는 이러한 모든 사실을 '가나안의 바알들'이라는 개념으로 한 덩어리로 묶고 있다.[88] 그러나 그러한 초자연적 존재들은 '신령들' numina로서 원래 신도 아니니, 그것들은 '주어진 일정한 물체'에 존재하는 '실제로 독립된 정체' a separated identity도 아닌 것으로서, 신들과는 다르다. 그 차이점은 신들은 예배자들과 같이 '개성'을 갖고 있으나 이들 신령 정령들에게는 그런 개성이 없다는 것이다.

그러나 이러한 신령들이 내재하고 있는 사물을 하늘, 땅, 강과 산, 풀과 나무, 바위와 샘, 새와 짐승 또는 사람은 모두 신령하고 성스럽다. 그리고 그들은 자신들이 거하는 경내의 땅에는 비옥과 다산을 가져오거나 또 그 반대의 결과를 가져다주기도 한다. 그리고 인간을 유익하게 하거나 혹은 두려움을 주는 어떤 형태의 정령의 역할을 하고 있다고 보았다.

1) 거룩한 샘과 강

언제나 샘과 강은 신비스럽다. 자연의 샘泉과 우물井과 강江과 시냇물川은 거룩한 것으로 여겨졌었다. 샘은 물의 원천으로서뿐만 아니라 '신 현현'의 장소로서 중요했다. 창 16:7, 24:42,[89] 물은 살아있고, 병을 치료하고 또 예언한다. 이런 물이 솟아나는 샘으로는 브엘라헤로이, 엘림, 엡도아, 이스르엘 등이 그 대표적인 것들이다.

거룩한 샘물의 영성은 '살아있는 실제' a living being이다. 이러한 생수의 은혜는 인간이 자신의 생존을 신령에 절대적으로 의존할 때만 가능하였다. 사물의 세계에서 '영성'이란 말은 흔히 '뉴맨' 또는 '신령' 혹은 '정령'이라고도 부른다. 어떤 샘이나 우물의 뉴먼은 '바알'baal, 남男소유주이거나 바알라트baalat, 여女소유주 이었다. 바알라트가 샘의 이름 가운데 한 요소지만 바알은 샘의 이름의 한 요소였다.[90] 이러한 샘 신령spring-numen은 강이나 샘에 거하면서 신탁神託의 능력을 갖춘 것으로 믿었다. 허다한 경우에 이 신탁은 점치는예언하는 기술에 숙련된 점쟁이현인, 예언가에 의해 해설되었다. 이러한 샘-신탁Spring-oracle은 지명 '엔 미스팟'을 설명함으로써 상상해 볼 수 있다.

이러한 '샘-성소'는 고대인들이 범죄자를 찾아내어 처벌하기 위해 마술이나 혹은 주문으로 신령을 불러냈거나 범죄자는 부정하므로 성스러운 물에 가까이 접근하는 것이 지극히 위험할 것이라는 옛 그들의 환상에 일치하는 생각을 갖고, 따라서 그 물로서 죄인을 판별하도록 하는 의식을 집행했다. 이러한 샘-뉴맨샘 바알의 존재는 어떤 특정한 법적인 위치와 정치적인 행동의 재가를 얻기 위해 종종 찾아뵈어졌다. 구약성서에서 보면 브엘세바의 거룩한 우물 앞에는 어떤 계약을 원하는 무리가 일정한 형태의 서약을 하는 의식 집행의 광경은 보여주고 있다.

브엘세바에는 히브리인들이 가나안에 들어오기 오래전에 이미 '영원하신 신el-olam'의 성소와 그 제의가 있었다.[91] 이스라엘 조상들은 그들의 '조상의 신'과 '영원하신 신' 개념을 통합하여 '영생하신 신'으로 이해했다. 이곳에서 아비멜렉과 이삭이 맹세하면서 이르기를 "우리와 너 사이에 맹세를 세워 나와 계약을 맺으리라" 고 했다.창28:28-33 브엘세바 성소에는 7개의 우물이 있었다. '브엘'은 '샘'이라는 뜻이며, '세바'는 '7'이며 또 '맹세'란 뜻이다.

구약성서에 의하면 아도니아와 솔로몬 양측은 동시에 두 개의 각기 다른 거룩한 샘에서 의식을 행했다.왕상 1장 아도니야는 '엔-로겔'의 샘 곁에 있는 '소헬렛 돌' 곁에서 양과 소와 살찐 송아지를 잡아서 왕으로서 즉위하는 절차상의 제외와 축하연을 베풀었다. 한편 제사장 사독을 저수지인 실로암 못물의 근원이 된 '기혼' 샘터에서 솔로몬에게 대관식을 거행하였다.[92]

그리고 이러한 거룩한 샘에서 흘러내리는 개울은 '나할리-엘Nahali-el'처럼 성스러운 물로서 치유와 성화의 은혜를 베풀어 주는 것으로 믿었다. 'Nahali-el'은 '신의 개울'이란 뜻이며, 민수기 21:19에 나오는 지명이다. 이런 '신의 개울'은 영성이 풍부하다.

나아만 장군은 요단강에 가서 목욕하라는 명령은 들었을 때, 그는 요단강이 히브리인들의 병을 낫게 하는 중요한 강이듯이 아바나Abana와 바르발pharpar 두 강이 시리아에서 거룩한 강이라고 생각하고 다메섹의 강이 이스라엘의 강보다 더 좋다는 확신 때문에 분개했다.[93]

이러한 샘에서 흐르는 성스러운 물에서 목욕하는 행위는 병에 항거할 뿐만 아니라 병으로부터 고침을 받는다고 믿었음이 확실하다.왕하 5:14, 겔 47:19, 요15:1 등 씻음과 정결은 샘-제의에서 중요한 부분을 차지하였고 살아있는 물생수에 의해 이루어졌다.[94]

2) 거룩한 나무와 돌

지상의 거룩한 성소로서 또 거룩한 나무聖樹와 거룩한 돌聖石이 있었다. 샘-뉴맨과 성스러운 나무는 같은 신적 근원으로부터 생명을 빨아들였기 때문에 자연히 신성이 옮겨간 것이다. 그 샘물을 먹는 짐승들에게도 들어갔고, 그 짐승이 거하는 곳은 성스럽게 생각되었다.

뱀-신령serpent numen은 거룩한 돌 가까이 살았다. '에벤하졸Eben-ha-Zoheleth'은 '소헬렛'의 돌로서 '뱀의 돌'이란 뜻이다.왕상 1:9

하갈이 '살아계셔서 감찰하시는 신'the Living God of Seeing을 뵈온 곳은 '브엘라 헤로이' 로서 '영양의 악골샘the well of the antelopes jaw bone'이란 뜻이며, 그 샘에는 영양의 뉴맨이 사는 것으로 전해져 온 것이다. 이러한 거룩한 샘 주위에 있는 신성한 나무는 세월이 흐름에 따라 다른 곳에 있는 큰 나무들까지도 그 계열에 끌어들였다.

고대 가나안에는 웬만한 산꼭대기에 성소들이 있었고, 그곳에는 거룩한 나무가 있었다. 그 나무는 살아서도 죽어서도 능력을 나타냈다. 모든 가나안의 성소들high places에는 성스러운 나무들이 서 있었다. 특별히 상수리나무, 종려나무, 뽕나무, 아카시아, 석류나무에셀나무, 가시덤불은 성스럽게 대우받았다.

신神 성소의 성소, 지성소, 거룩성의 거룩성, 영성의 요지는 '의의 나무숲'이다. 모두 신성한 나무들로서, 즉 나무-신령tree numen 혹은 tree-spirits들로 아세라 목상을 만들었다. 거의 대부분의 맛세바massebah와 아세라asherahs는 신성시되는 나무 아래나 근처에 서 있었다. 아비멜렉으로 하여금 대관식을 거행한 세겜의 돌기둥은 바로 상수리나무 아래에 세웠던 것이다.사 9:6, 수 24:26 아비멜렉이 기드온의 서자로서 왕이 될 수 없는 신분에서 이 상수리나무 아래서 돌기둥과 더불어 기드온이 서약을 했다는 것은 그 돌 제단의 능력과 권위를 암시해 준다. 모세가 시내산에서 쌓은 원시 야훼 제단은 "다듬은 돌로 쌓지 말라. 내가 정釘으로 그것을 쪼면 부정하게 된다"출 20:25고 한 것은 내재한 영을 다치게 한다는 것이다. 영성은 인공의 물건이나 건물에는 존재하지 않는다.

세겜이 북부 부족연맹이스라엘의 수도중심도시가 된 것은 그곳 유명한 '나무 성소'가 있었기 때문이었다. 즉 '엘론-모레Elon-Moreh'창 12:6, 신 11:30와 '엘론-므오느님 Elon-Meonemim'삿 9:37의 두 종류의 상수리나무가 있었기 때문이었다.

'엘론-모레'는 '모레-상수리나무'란 말로서 그 뜻이 '선생-상수리나무'를 의미하는 바와 같이 이 나무는 신탁을 보여주는 신비한 능력을 가졌다고 믿었다.

'엘-므오느님'은 '점쟁이 상무리나무', '예언자 상수리나무'란 뜻으로서 '므오느님'의 어원은 아랍어에서 온 것으로 곤충의 소리나 바람에 불리는 나뭇잎 소리를 가리켰다. 따라서 거기에 요소는 곤충의 행동태나 바람에 나부끼는 나뭇잎 소리로서 내방자들에게 신탁의 임무를 감당하였다.

구약성서에 의하면 아브라함창 12:6ff, 18:14, 21:33ff, 드보라삿 4:4ff, 기드온삿 6:11ff, 사울삼상 22:6 등은 모두 이 신탁의 승려로서 그 직무를 수행하였다.[95] 모세의 지팡이는 바로 이 역할을 감당하였다.

성스러운 나무에 찾아와 신탁을 묻는 자들이 뽕나무 잎이 만드는 '뽕나무 꼭대기의 그 행진 하는 소리'삼하 5:24는 적을 치라는 신의 명령으로 해석함과 같이, 가부可否 간의 신의 의지와 감정을 알아차릴 수 있었다. 이런 경우 신탁은 일반적으로 '예'가 아니면 '아니요'였다. 히브리인들이 뽕나무 꼭대기에서 신의 걸음걸이 소리를 들은 것처럼, 헬라인들은 '도토리나 상수리나무 잎의 소리로 제우스 신의 행차를 알아차렸다.

이러한 거룩한 나무의 잔해도 능력이 충만했으니, 곧 허다한 아세라 목상과 나무 막대기Stick와 나무 장대pole는 그것이 분명히 생물학적으로는 죽어 있으나 그 능력은 감소 되지 않았다. 예루살렘 성전의 지성소 안 법궤 옆에 안치되었던 모세의 광야 구리뱀 장대와 아론의 싹난지팡이민 17:23ff는 성스럽게 여겨졌다.

도끼날을 물 위로 떠오르게 한 엘리사의 지팡이장대. 왕하 6:5-6도 성스러웠다. 엘리사는 마술의 지팡이를 들고 가는 게하시에게 정신 통일에 대하여 언급하고 있다. "지팡이를 들고... 사람을 만나도 인사하지 말고 네게 인사할지라도 대답하지도 말고 이 지팡이를 그 아이의 얼굴에 놓으라"왕하 18 이 침묵의 명령은 시간의 허비를 막기 위함이 아니라 예언자로부터 받은 능력을 발산시킬 위험을 막기 위함이었다. 이 침묵의 필요성의 많은 실례實例가 구약 종교의 관습에 관한 기술에서 보여주고 있다.[96]

고대 히브리인들의 신비적인 해석은 하나님은 '우주의 마술사'라는 개념에 근거해 있다. 여러 마법서들이 가지각색의 다양한 비결들을 제한하고 있기는 하지만, 그것들 속에 공통적인 기능 한 가지가 감추어져 있다. 즉 마법서에서 제안하는 실현 과정의 복잡성을 통해서 수련 중인 마법사들의 집중력과 결단력을 키운다는 것이다. 기회를 얻기 위해서는 노력해야 하고, 고통을 감수해야 하고, 끈기를 가져야 한다는 것이다. 그리고 이것이 마술이 갖는 힘의 중요한 요소, 즉 의지력이라는 것이다. 게하시는 이것이 부족했다.

거룩한 나무와 그 가지로 만든 지팡이와 막대기는 신탁을 구하는 자들에게 어떤 전조를 주는 것으로 생각했다. 모세의 지팡이, 아론의 지팡이, 엘리사의 지팡이, 호세아의 막대기가 여기에 속한다.

> 내 백성이 나무는 향하여 묻고, 그 막대기는 저희에게 고하나니, 이 산꼭대기에서 제사 드리며 신에게 분향하되 참나무, 버드나무, 상수리나무 아래에서 하니.... 호 4:12

라고 한 것은 그들이 나무 점을 행하여 신탁을 구했다는 흔적이다. 이 거룩한 나무는 가나안에서 '데라빔' 겔 21:26, 호 3:41, 삿 18:14과 제비 뽑는 기구 길吉한 Thummim과 흉凶한 Urim로서 거룩한 나무로 만든 점치는 기구였다.

다윗이 블레셋과 싸울 때, 하나님께서 다윗에게 일러주셨다.

르바임 골짜기로 올라가지 말고, 뽕나무 수풀 맞은편에 숨어 있다가 뽕나무 꼭대기에서 걸음 소리가 들리거든 곧 공격하라. 그 때에 야훼가 너보다 앞서 나아가서 블래셋 군대를 치리라 하신지라. 삼하 5:22-25

요나단의 화살은 사울을 피해 다니던 다윗에게 이르기를 :

너는 에셀 바위 곁에 숨어 있다가 내가 과녁을 쏠 때 화살이 네 윗편에 떨어지면 화살을 갖고 집으로 돌아오고 네 앞쪽에 떨어지면 계속 도망치거라. 삼상 20:19-23

바빌로니아에서는 화살 점을 행하였고, 이러한 화살 점은 아랍인들에게 크게 유행하였다. 그 흔적들이 많이 남아 있다.

바벨론 왕이 갈래 길 곧 두 길 어귀에 서서 점을 쳐서 화살들을 흔들어 우상에게 묻고... 겔 21:21

이런 것들은 모두 살아있어 그들의 목표를 이룬다.

모세가 평생 집고 다닌 지팡이를 비롯하여 아론과 엘리사와 호세아의 지팡이는 보통 지팡이가 아니었다. 그것들은 생물학적으로는 죽어 있었으나 영적으로는 큰 능력을 나타냈다. 그것은 거룩한 나무의 잔해로 만들었기 때문이었다.

마술의 지팡이와 마술의 검, 마술의 거울 또는 제비 뽑는 기구 등 필요한 도움을 원하는 물건들을 사용할 때마다 축성祝聖해야 한다. 즉 말과 동작으로 최면을 걸어

주어야 한다.

그곳 성소의 동산에는 쓴 것을 달게 하는 '감미목'甘味木이 있었다. 모세는 수르 광야에서 마라Marah, 쓴맛이란 뜻라는 쓴 샘물이 있었는데 그것을 달게 해 주었다.

> 마라에 이르렀더니 그곳 물이 써서 마시지 못하겠으므로 나무 한 가지를 샘에 던지니 물이 달게 되었더라. 출 15:22-26

그곳에는 사랑을 전해주는 풀이 있었다. 그 이름은 '합환채'合歡菜, Mandrake, woman-rake라고 부르는 것으로써 히브리어로 '두다이' דּוּדַי 라고 하는 식물이다.

창세기 30장에 5번, 아가서에 한 번7:13 언급되었다. 합환채는 최음제로도 사용되는데, 토마토 비슷한 열매를 맺는데 '사랑의 열매'라고도 한다. 그 뿌리는 인삼 같고 그것을 뽑을 때는 무의 뽑는 소리 같아서 '아기가 우는 소리'가 난다고 한다.

라헬과 레아의 대화에 의하면 합환채는 미약媚藥으로서의 효력이 있다고 한다. 이렇게 그의 영성은 소문이 나 있었다.

> 밀 거둘 때 르우벤이 나가서 들에서 합환채를 얻어 그의 어머니 레아에게 드렸더니 라헬이 레아에게 이르되, '그 합환채를 내게 달라', '네가 내 남편을 빼앗더니 합환채도 빼앗고자 하느냐?', '그러면 오늘 밤에 남편이 언니와 동침하리라' 저물 때에 야곱이 들에서 오매 레아가 그를 영접하여 이르되, 내가 합환채로 당신을 샀노라. 그 밤에 야곱이 그와 동침하였더라. 창 30:14-16

이것은 서양의 '사랑 사과Love-Apple'와 비슷하다. 인간은 어떤 때가 가장 행복한가? '연인의 이빨 자국이 있는 사과를 먹을 때 가장 행복하다'고 한다. 왜냐하면 상대방의 사랑이 전달되기 때문이다.

3) 거룩한 산과 언덕

높은 산과 언덕은 신령스러운 기운이 감돌고 있다. 가나안의 시내산은 바벨론의 월신月神인 신shin의 이름에서 왔으며 모압의 느보산신 34:1은 바벨론의 지혜의 신, 느보Nebo의 이름에서 왔다. 에덴동산! 에덴의 산聖山과 언덕聖丘은 성스러운 곳이었다. 시나이산의 야훼 하나님은 화산 바알처럼 묘사되어 있다.

> 아침에 우뢰와 번개와 빽빽한 구름이 산 위에 있고 ... 모든 백성이 다 떨더라. 그들이 산기슭에 섰더니, 시내산에 연기가 자욱하니 야훼께서 불 가운데 거기 강림하심이라. 그 연기가 옹기점 연기 같이 떠오르고 온 산이 크게 진동하며....출 20:23

이처럼 '산악의 신' 야훼는 호렙에 있었으며왕상 20:23 이 산은 모세가 하나님의 첫 계시를 받은 곳이었고 뒤이어 이스라엘인들이 그의 율법으로 가르침을 받은 곳이었다. 엘리야가 야훼가 그 땅을 버렸다고 생각했을 때 하나님을 뵈려고 하나님 앞으로 돌아온 곳이었다.

폭발하는 화산의 불꽃과 연기 속에 강림하며 불기둥과 연기 기둥으로 상징되는 야훼는 불타는 가시덤불로 나타나신 분이었다. 아람 사람들은 히브리인들의 신을 '산의 신'이라고 믿었다.왕상20:23 그래서 전쟁하여도 산에서는 이길 수 없다고 생각하였다.

그리심산과 에발산은 히브리 역사의 지평에서 또 다른 중요한 역할을 한 산들인데 축복하고 저주하는 바알의 주거지로 간주했다. 신 11:29-30, 27:12-13, 수 8:33-34 영과의 의사소통 방법은 축복은 진리의 영에게 기원하듯이, 저주는 악령에게 협박이나 다름없는 주문을 외우는 것이었다.

이러한 영성의 세계에 대한 믿음과 확신은 인간들의 두뇌 신경에 명령을 내려 체내의 생화학적 변화까지도 만들어 낸다. 따라서 질병의 치유에 효과를 나타내게 된다. 인간 몸의 면역체계에 믿음은 직접적인 영향을 끼친다. 영성세계에 대한 믿음은 현재와 미래의 모든 가능성을 확장하거나 파괴할 수도 있는 힘을 갖고 있다.

4. 진리의 영과 거짓의 영

신령numen의 개념에서 좀 더 진전된 것이 혼soul과 영spirit의 개념이라. 어떤 특별한 인간은 영매의 역할을 한다. 사울 왕은 '엔돌'에 있는 신접한 여인을 찾아갔다.

> 왕이 말하였다. '두려워 말라! 무엇이 보이는지 말만 하여라.' 그 여자는 '지하에서 유령이 올라오는 것이 보입니다'라고 대답하였다. 사울이 다시 그 여자에게 '어떤 모습이냐?' 하고 묻자 '도포를 입은 노인이 올라옵니다' 하고 대답하였다. 이 말에 사울은 그가 사무엘인 줄 알고 얼굴을 땅에 대고 절을 하였다. 사울왕은 무당을 통하여 죽은 사무엘의 혼령을 만났다. 삼상 28:13--14

이러한 설화는 사울왕이 자신의 성공과 몰락에서 영매인 엔돌의 무당을 통해서 죽은 사무엘의 혼령을 불러올려서 대화를 나눈다는 '심령 신앙'에 의존한 것이다.

사람과 사람이 만날 때에도 단순한 조우가 아니라 어떤 경우에는 그의 살아있는 생령生靈과 만난다고 보았다.

> 왕은 '그 말을 한 사람이 어떻게 차린 사람이더냐?' 고 물었다. 그들은 대답하였다. '가죽띠로 아랫도리를 가리고 몸에는 털옷을 걸친 사람이었습니다.' 이 말을 듣고 왕은 '틀림없이 디셉 사람 엘리야다!' 하면서 아하시야 왕은 엘리야의 생령을 만난 것이다. 왕하 1: 7-8

인간은 눈에 보이는 육체인 몸과 더불어 보이지 않는 '마음과 정신'을 갖고 있다. 정말 '넋'이란 있건 없건 간에 우리는 예부터 그것을 '영' 또는 '혼'이라고 불러왔다. 우리는 본인에게만 보이는 살아있는 사람의 넋은 '생령'生靈, wraith이라 하고 죽은 사람의 넋은 '혼령'魂靈, departed soul, ghost of dead이라 한다. 이런 넋이 가끔 나타나면 '망령'亡靈, a departed spirit이라 하고 저승에도 못 가고 이승에만 떠돌면 '유령'幽靈, a spirit of the dead이라 부른다. 이런 넋과 유사한 것이 자연과 사물에도 있다. 그 넋의 거처가 강산이나 산천일 때는 '신령'神靈, a divinity이라 부르고, 물건이나 사물일 때는 '정령'精靈, numen, numina이라고 부른다.

유다 왕 여호사밧과 동맹한 이스라엘 왕 아합은 "내가 길르앗 라못으로 가서 아람 왕과 싸우랴 말랴?" 400여 명의 어용 예언자들은 한결같이 "하나님께서 그 성을 왕의 손에 붙이셨나이다"고 했다. "올라가서 싸우소서!" 하나님이 그들에게 거짓말하는 영을 그들의 입에 넣으셨기 때문이었다.왕상 22:2-6

그때 예언자 미가야는 "왕과 저 예언자들은 전부 거짓말하는 영, 악령에 사로잡혀 있습니다."고 했다. 어용 예언자의 대표 시드기야가 미가야의 뺨을 치면서 "네가 하나님의 영을 보았느냐? 야훼의 영이 언제 나를 떠나서, 어느 길로 너에게로 가서,

무슨 말씀을 하시더냐?"고 힐난했다.

다윗 왕이 인구조사 한 것을 사무엘서는 '야훼의 감동을 받아서' 삼하 24:17라고 했으나 역대기는 '사탄의 격동을 받아서' 대상 21:15라고 했다. 그 인구조사는 모병을 위한 것이었다. 하나님께서는 이런 계산을 하는 다윗에 큰 반감을 갖고 계셨다. 다윗이 이런 생각을 갖게 한 것이 하나님이신지, 사탄인지 우리는 모른다. 그 결과는 비참한 재난이었다.

욥과 코헬렛은 영과 혼을 이렇게 설명했다.

> '생물의 혼'과 '인생들의 영'이 다 그의 손에 있느니라. 욥 12:10
>
> '인생의 혼'은 위로 올라가고 '짐승의 혼'은 땅으로 내려가는 줄을 누가 알랴? 전 3:21
>
> 그는 '사람의 혼'으로 구덩이에 빠지지 않게 하시며 그의 생명으로 칼에 멸망치 않게 하시느니라. 욥 33:18

'대지大地'를 쓴 미국 여류 소설가 펄 벅Pearl Buck, 1892-1973은 '북경에서 온 편지'에서 이렇게 썼다.[97]

그녀는 중국에서 성장한 미국 선교사 부모에게서 태어난 선교사 존 벅과 결혼했다. 존 벅은 혼혈인으로서 북경대학 총장을 역임했다. 남편은 중국이 공산화되자 북경 대학을 지키기 위해 남아 있고 부인 혼자 중국에서 탈출해 미국으로 돌아왔다. 펄 벅 여사가 어느 날 밤에 남편이 철조망을 뚫고 북경 대학에서 탈출하다가 총에 맞아 죽는 꿈을 꾸고 놀라 잠에서 깨었다. 나중에 홍콩을 거쳐 탈출해 온 북경대학 동료 교수들에 의하면 바로 그날 그 시각에 남편이 캠퍼스에서 탈출하다가 총에 맞아 죽었다는 소식을 들었다.

수십 년간 같이 살아온 부부인데 죽는 순간엔들 무심할 수 있겠는가? 이렇게 인간의 넓은 국경도, 세월도 넘는다. 모진 인생, 험한 세월을 함께해 온 도플갱어 부부인데 어찌 감이 없을 수 있겠는가?

어느 날 밤 나는 꿈속에서 내 어머니를 뵙고 항상 너무 무겁던 내 마음이 한결 가벼워졌다. 꿈에 뵌 어머니의 혼이 생시와는 달리 대단히 가볍고 민첩해 보였기 때문이었다. 생전에 연로하신 내 어머니는 눈이 어두워 몸이 매우 둔했었다. 내가 얼마나 마음이 힘들고 무거웠었는지!

이스라엘의 눈이 나이로 말미암아 어두워서 보지 못하더라. 창 48:10

아, 내 어머니!

평생 못 입고, 못 잡수신 어머니!

평생 자식들밖에 모르셨던 어머니!

평생 우리 형제들 때문에 고생만 하셨던 어머니!

아무리 불러봐도 이승과 저승의 거리가 너무 멀어 대답이 들리지 않습니다.

하나님!, 이놈은 용서받지 못할 죄를 지었습니다. 살아생전 불효했던 죄가 저 산악보다 큽니다. 이놈은 미련해서 어머니가 천년만년 사실 줄로 알았습니다.

하나님! 어머니가 돌아가실 때 나의 세상은 이미 다 무너졌습니다. 그 후에는 나의 모든 기쁨은 사라졌습니다. 나는 생의 의미를 잃었습니다.

사랑하는 자들아, 영을 다 믿지 말고 오직 영들이 하나님께 속하였나 분별하

> 라. 많은 거짓 선지자가 세상에 나왔음이라. 그들은 세상에 속한고로 세상에 속한 말을 하매 세상이 그들의 말을 듣느니라. 우리는 하나님께 속하였으니 하나님을 아는 자는 우리의 말을 듣고 하나님께 속하지 아니한 자는 우리의 말을 듣지 아니하나니 '진리의 영'과 '미혹의 영'을 이로써 아느니라. I요 4:1, 5-6

엘리사는 엘리야의 '혁명의 넋'에, '엘리야의 생령'에 사로잡혀 평생 끌려다녔다. 호렙산 모세의 동굴에 숨어 있던 엘리야는 혁명의 넋에 사로잡혔다.

> 야훼께서 지나가시는데 크고 강한 바람이 산을 가르고 바위를 부수나 바람 가운데에 야훼께서 계시지 아니하고, 바람 후에 지진이 있으나 지진 가운데에도 야훼께서 계시지 아니하며, 또 지진 후에 불이 있으나 불 가운데에도 야훼께서 계시지 아니하더니, 불 후에 세미한 소리가 있는지라…
> 엘리야야, 네가 어찌하여 여기 있느냐? 야훼께서 그에게 이르시되 너는 광야를 통하며 다메섹에 가서 하사엘에게 기름을 부어 아람의 왕이 되게 하고, 예후를 기름 부어 이스라엘 왕이 되게 하고, 엘리사에게 기름을 부어 너를 대신하여 예언자가 되게 하라. 하사엘의 칼을 피하는 자는 예후가 죽일 것이요, 예후의 칼을 피하는 자는 엘리사가 죽이리라. 왕상 19:11-18

엘리야가 길갈에서 벧엘로, 벧엘에서 여리고로, 여리고에서 요단으로 갈 때마다

> 너는 여기 있으라" 하면 엘리사가 이르되 "야훼의 살아계심과 당신의 영혼이 살아있음을 두고 맹세하노니, 내가 당신을 두고 떠나지 아니하겠나이다" 고

했다. 왕하 2:2, 4, 6

유대 분봉왕 헤롯은 평생 자신이 목을 벤 '세례침례 요한의 혼령'에 시달렸다. 그는 늘 심히 당황하고 불안해 했다. 눅 9:7-9

모세는 평생 '시누헤의 망명 망령'에, 그리고 '이드르미의 권토중래 유령'에 시달렸고, '아케나톤의 혁명 생령'에 사로잡혀 있었다. 물론 이러한 '령'이나 '혼'은 과학적인 분석의 대상으로 삼을 수는 없다. 오늘날 인간의 영혼에는 눈가리개가 덮씌여져 있어 옛 시대 인간들의 시적인 상상력이 고갈되어 가고 있다.

영혼the Soul을 잃어버리는 가장 확실한 방법은 정신the spirit을 무시하는 것이다. 참다운 생은 물질이 아니라 정신으로 획득해야 한다.[98]

> 사람의 영혼은 '위에서 내려온 하나님의 한 부분'이다. 그런데 인간들은 자신들을 '아래에서 올라온 모든 것', '진흙으로 이루어진 모든 것'이라고 생각한다. 인간은 마땅히 자기 자신을 그 '꼭대기가 하늘에 닿아있는, 땅 위에 놓여진 층계'라고 생각해야 한다. 인간은 "위에 있는 세계"에서 일어나는 일에 영향을 미칠 수 있는 힘이 그에게 있다.[99]

그리하여 인간은 옛 루스의 야곱처럼 꿈을 통하여 '하늘에 닿아있는 사닥다리'를 오를 수도 있고창 28:10-17, 사도 바울처럼 '셋째 하늘3층천'에까지 올라갈 수도 있다. 고후 12:2 이러한 사실들은 인간 속에 현존하는 '거룩한 영성神'을 드러내어 보여준다. 인간 내부의 그 어떤 것도 - 손, 발의 움직임도 - 거룩하신 분의 힘을 담는 그릇으로, 또는 전달 매체로 사용되지 않는 부분이 없다. '거룩하신 분'이 계시지 않는 곳이란 없다. 그 조물주와 피조물 사이를 이어주는 '매듭'을 잡은 자인 '짜딕'은 큰 능력을 축복으로 받아 거룩하신 분의 영역에서 신비스런 통일을 이루는 기적을 행할 수 있다.[100]

우리가 사람됨의 의미를 파악하기 위하여 종種보다는 한 개인을 분석하게 되는 것이 사실이지만, 그러나 사회와의 상호연관성을 무시한 인간 분석은 사람됨의 핵심을 놓치게 마련이다. 사람이 사람이기 때문에 더불어 사는 것이 아니라 더불어 살기 때문에 사람인 것이다. 모세의 생애도 도플갱어들과의 인간관계에서 형성된 것이다.[101]

5. 진리를 향한 열정

신화 세계의 상상력과 영성 세계의 믿음은 계속 자라고 성장해야 한다. 그러나 유대인의 신학적 상상력이 '탈무드'에 의하여 거의 완전히 고갈되어 갔다.

성서의 정경화 작업과 탈무드Talmud의 편찬은 합리주의에 기반하여 신학적 상상력을 말살하였다. 본질적으로 하나님의 말씀은 살아있어, 생수처럼 항상 흘러넘쳐야 한다. 그것은 시계나 저울의 '추錘'와 같이 항상 흔들리게 되어있다. 성서는 나침반羅針盤과 같다. 그것은 한 방향을 가리키기 위해 항상 흔들리고 있다. 성서는 하나님, 예수 그리스도를 향하여 항상 그 방향만을 가리켜야 한다. 하나님의 말씀은 상황에 따라 새 모습으로 해답은 주어야 한다.

사람이 짐승과 다른 것은 그가 자신의 내적 우주를 무한히 전개 시켜 나갈 능력을 지니고 있다는 점이다. 인간의 정신은 우리가 알고 있는 그 어떤 존재보다 더 많은 가능성을 가지고 있다.[102] 따라서 인간은 감각에 매여있지 않고, 그의 지배와 다스림을 받지 않으며, 하나님의 뜻을 올바르게 깨닫고 받아들이는 것이 중요하다. 우리의 영성 세계는 신비한 초월적 경험과 능력을 나타내는 신의 현존에 관심을 두고, 하나님과의 깊은 관계, 성령 임재의 회복에까지 확장해 나가야 한다.

물질육체로서 인간은 유한하다. 그러나 정신과 인격 및 영성으로서의 인간은 신비와 경이다. 그 인격, 정신, 영으로서의 인간은 다함이 없는 존재이다.[103] 인간은 육체적 성장에는 한계가 있다. 그러나 정신적, 영적, 인격적, 심리적 성숙에는 무한한 가능성이 있다. 예수 그리스도의 "그러므로 하늘에 계신 너희 아버지의 온전하심과 같이 너희로 온전하라"마 5:48는 말씀은 바로 그것이다.

구약성서에 나타난 '히브리 영성'이란 이러한 영성 세계에서 야훼 하나님을 중심 한 삶, 곧 그의 영의 활동 안에서 살아가는 훈련, 그 공동체를 통한 야훼 하나님의 구원 사역에 동참하는 삶을 말한다. "항아리를 비우고 씨앗을 움트게 하라." 이것이 영성훈련의 첫걸음이다. 인간의 영적 생명은 창조주 하나님이 인간의 마음 밭에 심어 놓으신 '하나님의 형상'을 움트게 하고, 자라게 하며, 성숙시켜야 할 과제를 갖고 있다.창 1:27-28

카발라Cabalah 신학자 '이스라엘 벤 엘리에제르 바알 셈 토브'Israel ben Eliezer Baal Shem Tobh or Toy Besht, C. 1700-1760는 오늘날의 하시딤Hasidim 운동의 창설자이며, 그 당시 이적을 행하며 병자를 취급하는 자로서 명성을 날렸는데 극히 경건한 인격에다가 신비주의적인 자였다.[104] 그의 교훈은 탈무드Talmud의 완고하기 짝이 없는 합리주의에 반하여 발전하였으며 하나님께 유쾌한 마음으로 경배를 드리며 기도에 있어서 정서적인 면을 고취 시키고 무아의 경지에서 하나님과의 교통을 주장하였다.

그는 유대인의 종교적 견해를 바꾸어 놓았다. 즉 고대에는 예루살렘의 성소가 종교의 거룩한 중심지가 되어 그곳으로부터 속죄와 축복이 전 세계로 퍼져나간다고 생각했다. 그러나 성소가 파괴된 지금은 의로운 설교자요 스승인 '짜딕'Zaddik이 새로운 성소로 등장했다. 그는 한 인간이 거룩하신 하나님의 거처가 될 수 있다고 믿었다. 그는 인간 내부의 그 어떤 부분은 하나님의 능력을 담는 그릇으로, 또는 전달 매체로 사용될 수 있다는 사실을 깨달았다. 그리하여 그는 하나님이 계시지 않는 곳이란 없으며, 조물주이신 하나님과 피조물 사이를 이어주는 매듭을 잡은 자인 '짜딕들'은 큰 능력을 축복으로 받아 하나님의 영역에서 신비스러운 통일을 이루어 경이를 행할 수 있다고 가르쳤다.

영성 신학에는 두 개의 초점을 갖고 있는데, 그것은 수덕ascetical 신학과 신비mystical 신학이다. 전자는 일반 기독교인들의 영성 훈련을 다루고, 후자는 초월적 경험의 능력을 소유한 어떤 사람에게 나타나는 하나님의 현존의 은사에 관심을 둔다.[105]

영성 신학자이며 카발리스트인 '아브라함 요수아 헤셀'Abraharm Joshua Heschel은 "누가 사람이냐?"Who is man?라는 명제를 냈다.

변모산에서는 신비의 세계에서 노닐던 예수가 현실의 세계에서는 고통과 고뇌에 빠져있다. 이것이 지상에서의 인간의 모습이다.

> 그 때에 모세와 엘리야가 예수와 더불어 말하는 것이 그들에게 보이거늘마 17:3
>
> 예수께서 이르시되, 내 마음이 심히 고민하여 죽게 되었으니막 14:34

기독교 영성은 그리스도의 삶의 구현이다. 즉 예수 그리스도와의 개인적이며 생

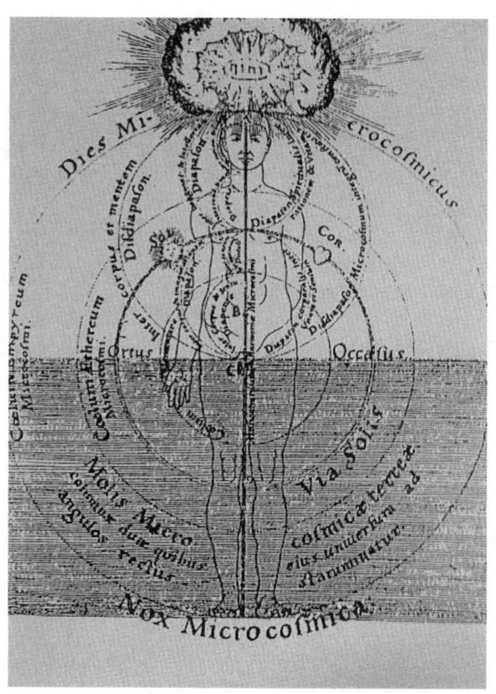

그림 4　「인체의 조화」

사람 몸의 신체적 조화 : 고대의 신비가들에 의하면 우주의 모든 현상은 인간의 몸에 그들의 닮은 짝들을 갖고 있다. 인간의 몸에서 낮은 몸의 상반신이며 밤은 하반신이다. 해는 심장(가슴)으로 표현된다. 이처럼 하늘 위의 조화가 인간 몸의 조화에 그대로 반영되어 있다.(Robert Fludd의 diagram에서)

명력 있는 교제를 통하여 자신과 이웃과 사회, 그리고 우주와의 생명력 있는 사랑의 관계성을 말한다.

> 하늘에 계신 너희 아버지의 온전하신 같이 너희도 온전하라. 마 5:48.

인간은 하나님의 사랑 안에서 자라 간다.

달빛은 스스로 발하는 빛이 아니라 지구 저편에서 비쳐오는 햇빛을 받아서 반사하는 빛에 지나지 않는다. 마찬가지로 내게 선하게 보이는 어떤 것이 있다면 그것은 내가 선해서가 아니라 절대자의 아가페 사랑이 내게서 반사되어 나온 것이다. 내게서 나오는 선한 빛이 비칠 수 있는 것이 조금이라도 있다면 그것은 하나님의 사랑의 빛이라는 사실을 고백한다.

그리스도인으로서의 '충만한 영성'이란 성령의 능력을 의지하여 사는 삶에서만 가능하다. 인간으로서는 할 수 없으며, 하나님 안에서만 가능한 것이고 그것은 그리스도를 따라 살아가는 것으로서 족하다.

복음 전도자 빌리 그래함Billy Graham은 고백하고 증언했다.

> 나는 내 개인의 경험을 통해서 하나님이 계심을 안다. 나는 내가 그를 알고 있음을 알고 있다. 나는 하나님과 함께 이야기하고 나는 그와 함께 걸어 다닌다. 하나님은 나의 매일 상황에서 함께 활동하신다.[106]

인간은 영성 세계의 아마추어 무선사이다. 하나님과 더불어 교신하려면 영성 세계의 사용 주파수와 출력이 맞아야 한다.

제2편 : 모세의 전기에 대한 분석分析과 비평批評

모세의 생애에는 두 가지 '인간상人間像'이 겹치고 있다. 그의 생애의 전반기에는 '미래지향적인 모습'이, 그리고 후반기에는 '과거지향적인 모습'이 그것이다. 모세의 소년시절과 청년시절은 흔히 많은 사람이 갖기 쉬운 미래에 대한 '공포와 불안'이 아니라 '도전과 모험'에 대한 강한 집념을 가졌었다. 그리고 그의 장년시절과 노년시절은 흔히 많은 사람이 갖기 쉬운 과거에 대한 '후회와 원망'이 아니라 옛 선조들의 삶을 닮아가려고 작심하고, 그 조상들이 살았던 옛 터전을 찾아가는, 아득한 옛날에 대한 '동경과 사모'하는 삶을 말한다.

제5장 • 모세의 출생과 그의 유년시절

인간 생生의 씨줄과 날줄로서 우연과 필연

모세의 출생과 입양에는 양극兩極이 존재한다. 그것의 하나는 우연偶然이며, 다른 하나는 필연必然이다. 우주의 근원에는 우연이 존재한다. 자연계에는 우연이 지배하고 있는 것 같이 보이지만, 거기에는 이전부터 각 영역領域 대에서, 그 우연 속에 자기를 연결하고 있는 내적 필연성과 합법칙성合法則性이 들어있다. 이러한 합리적, 인과적, 기계적 그리고 고정된 법칙을 우리는 필연이라고 부른다.

모세의 유년시절에 누이 미리암은 '필연의 연출자'演出者로 그리고 공주 양모는 '우연의 주연'主演으로 등장하고 있다.

1. 동궁(東宮)으로 거듭난 버려진 아기

모세의 출생과 입양은 비밀에 싸여 있다. 그는 민족 수난의 절정기에 태어났다. 그는 히브리인들이 오랜 노예 생활로 선조들의 유목 신화와 목자들의 전설에 대한 기억과 상상력이 거의 고갈되어 갈 무렵에 태어났다. 모세의 출생과 양육설화는 고대 각 민족들의 개국신화와 시조탄생 설화의 성격을 띠고 있다. 이런 경우 설화는 초자연적 요소를 지니고 있기는 하지만, 그래도 역사의 영역보다는 신화와 전설의 영역에 속하는 것으로 여겨도 무리가 없을 만큼, 그 특징들을 드러내고 있다.

따라서 학자들은 보이지 않는 신의 손에 의하여 구출된 아기의 생명과 불운한 환경에서 출생하여, 상당한 호운을 만나게 된 입양은 대부분의 경우 설화자의 창작에 의한 장식품으로 보아야 옳을 것이라고 한다.

이러한 영웅설화들은 근동 세계의 각 종족에게도 있었다. 그 가운데 몇 개만 예를 든다면:

- 서남아시아의 인도에는 '쿤티 공주의 전설' The legend of Kunti 이 있다. 쿤티 공주는 버들가지로 바구니를 엮어 예쁜 아들을 담아 '아스바 강물'에 띄워 놓았다. 마침내 바구니는 갠지스강으로 흘러들어가 '수타족'의 남자에게 구출되어 그 종족의 강한 궁수弓手가 되었는데, 그의 이름은 '카르나'였다.

- 히말라야 산악에는 '트라크한' Trakhan의 전설이 있다. 그는 어릴 때 나무 상자에 감금되어 강물 속으로 던져졌다. 그는 우여곡절을 겪은 끝에 마침내 길리트 왕국의 왕이 되었다.

- 메소포타미아에는 아카드의 왕 '사르곤Sargon의 전설'이 있다. 사르곤BC. 1850은 아르메니아Armenia 산골짜기의 어떤 여승의 아들로 태어나, 그의 어머니가 갈대 상자에 담아 유프라테스 강에 띄었더니, 동산지기정원사 아키Akki가 구출하여 자기의 아들로 입양하여 길렀더니, 여신 이스타르Ishtar가 사랑하여 아카드Accad의 초대 왕으로 삼았다고 한다. 그가 바로 '사르곤 1세' Sargon Ⅰ이다.

• 애굽에는 '모세의 이야기'가 있다. 그들은 한결같이 불운하게 태어나서 버림을 받고, 흘러가는 강물에 던져지고 극적으로 구출되었다. 그 배후에는 모두 '신들의 손길'이 있었다.

이것은 인류의 공통된 영성이었다.

애굽의 오시리스 신화는 고대 근동 세계에 널리 퍼져 있었고, 모세 이야기는 오시리스-이시스-호루스 신화의 구조적 변형을 시킨 것이다.[107]

이러한 아카드의 왕 사르곤의 생애는 모세 전기의 원형原型, proto type이자 전형典型, archetype이 되었다. 사르곤을 낳은 어머니는 여승이라고 했는데 모세도 성직 계급인 레위 부모에게서 태어났다.출 2:1 그리고 모세를 구한 애굽 공주 데르무디스 Thermuthis의 역할은 동산지기 gardener, 정원사 '아키' Aqqi가 하고 있다.

그리하여 오늘날 세계의 유수의 성서주석들은 모세의 출생과 입양 과정을 기술하면서 한결같이 '사르곤의 전설'을 언급하고 있다.

그 예를 몇 개만 든다면:

Martin Noth, *International Biblical Commentary*

John F. Durham, *World Biblical Commnentary*.

J. Coert Rylaarsdam Exegesis, J. Edgar Park Exposition T*he Interpreter's Bible*

John H. Walton, Victor H. Matthews & Mark W. charls, *The Bible Background Commentary*

그 이유는 나변에 있는가?

학자들은 '모세의 일대기'는 '사르곤의 전설'의 기술방식을 따랐다고 본다. '모세의 출생 기사'는 샤르곤의 출생의 문학적 유형을 표준으로 한 것이며 다른 비슷한 영웅들의 설화들도 모세의 기사에 영향을 미쳤을 것으로 보고 있다.[108] 그들은 '사르곤의 전설'은 당시의 근동 세계뿐만 아니라 이스라엘 세계에도 잘 알려져 있었고, 모세의 출생 설화에도 영향을 주었을 것이라는 사실에 거의 의심의 여지가 없다고 하였다.[109]

"애굽 신화에서 오시리스의 처는 호루스의 처 이시스이고, 이시스 여신은 오시리스 신의 누이이다. 즉 호루스 신은 오시리스 신의 아들이고, 이시스 여신은 오시리스 신의 누이이며, 동시에 호루스 신의 아내이다. 따라서 호루스 신은 자기 아버지의 누이고모와 혼인한 것이다."

애굽 신화의 이러한 구조는 성서에 그대로 도입되고 있다. 모세의 어머니는 요게벳이고, 아버지는 아므람이다. 따라서 요게벳은 아므람의 아내이다. 그런데 동시에 요게벳은 아므람의 고모이기도 하다.[110]

> 아므람은 자기 고모 요게벳과 결혼하였으며, 그녀가 아론과 모세를 낳았으며, 아므람은 137세까지 살았다. 모세는 아론과 미리암의 이복형제이다. 출 6:20

이상과 같이 모세의 출생과 양육과정은 신화와 전설의 옷을 입고 있다. 모세는 버림을 받고 강물에 던져졌던 아기로서 동궁東宮, 황태자으로 다시 태어났다.

2. 호궁(虎窮)에서 자라는 모세와 이스라엘

> 옛적에 선지자들로부터 여러 부분과 여러 모양으로 우리 조상들에게 말씀하

신 하나님께서 여러 민족에게 여러 모양으로 말씀해 주셨다. 히 1:1~20

모세는 버려진 아기였다. 부모는 그를 포기했었다. 대부분의 영웅 탄생 설화의 주인공들은 부모의 버림을 받고 자기들의 신의 도움으로 구원을 받고, 극적으로 훌륭하게 성장하여 영걸이 된다.

내 부모는 나를 버렸으나 야훼는 나를 영접하시도다. 시 27:10
야훼께서 사람의 걸음을 정하시고 그의 길을 기뻐하시나니 그는 엎어지나 아주 엎드러지지 아니함은 야훼께서 그의 손으로 붙드심이라. 시 37:23-24

부모의 삶이 얼마나 곤고했으면 여인들이 자식을 낳으면 강에 갖다 버렸겠는가! 그의 부모는 사회의 가장 낮은 계층이었음이 분명하다.

네가 난 것을 말하건대 네가 날 때 네 배꼽 줄을 자르지 아니하였고, 너를 강보로 싸지도 아니하였나니, 아무도 너를 돌보아주거나 너를 불쌍히 여긴 자가 없었으므로 네가 나던 날에 네 몸은 천하게 여겨져 들에 버려졌느니라.
내가 네 곁으로 지나갈 때 네가 피투성이가 되어 발짓하는 것을 보고, 네게 이르기를 '너는 피투성이라도 살아 있으라!' 다시 이르기를 '너는 피투성이라도 살아 있으라' 하고...
내가 너를 풀같이 자라게 하였더니, 너는 자라고 커서 사랑을 할 만한 때가 되었다. 너는 젖가슴이 부풀고 거웃도 자랐는데, 너는 여전히 벌거벗은 알몸이더라.

내가 네 곁을 지나며 보니 네 때가 사랑할만한 때라. 내 옷으로 너를 덮어 벌거벗은 것을 가리고 네게 언약하여 너는 내게 속하였느니라.

내가 물로 네 몸을 씻어주고 네게 기름을 바르고, 수 놓은 옷을 입히고, 물돼지 가죽신을 신기고, 가는 베로 두르고 모시로 덧 입히고, 패물로 채우고 팔고리를 손목에 끼우고 목걸이를 목에 걸고, 코 고리를 코에 달고, 귀고리를 귀에 달고, 화려한 왕관을 씌웠나니, 이와같이 네가 금, 은으로 장식하고, 가는 배와 모시와 수 놓은 것을 입으며, 또 고운 밀가루와 꽃과 기름을 먹음으로 극히 곱고 형통하여 왕후의 지위에 올랐느니라. 겔 16:4-13

이것은 히브리민족의 역사이자 모세 생애의 요약이다. 모세의 출생은 이스라엘의 탄생을 위해서 마치 썩어 넘어진 고목나무 그루터기에서 연약한 움이 튼 것과 같다. 모세와 이스라엘은 '호랑이 굴'虎窟에서 자랐다.

예언자 에스겔은 이렇게 불운했던 이스라엘의 민족적 역사를 회상했다.

그의 곁에 '지나가는 분'은 하나님이시다.

"네가 날 때에...."란 말은 '애굽에서 탈출해 나오던 때'요, "네가 사랑할 때"란 말은 '광야를 유랑하던 시절'이요, "네가 벌거벗은 알몸이라"는 말은 '광야 생활에서 먹을 것도, 마실 것도, 입을 것도 없었던 환경을 말한 것'이다. 그러나 하나님께서 거두어 주시고, 가나안 땅에 들어와서 훌륭한 나라가 되게 하셨다. "화려한 왕관을 씌워주었다"는 것은 영광스러운 왕국을 만들어 주었다는 말이다.

요세퍼스의 '유대 고대사'에 의하면,

그때의 애굽인들은 일하기보다는 무기력하고 점차 게을러졌으며, 다들 쾌락에 빠졌고, 특히 부의 획득만을 탐하던 시대에 모세가 태어났다. 애굽의 왕들은 히브리 노예들을 동원하여 제방과 수로를 만들고, 도성에 도로와 성벽을 쌓게 했다.[111]

모세는 애굽 사회가 '매너리즘'mannerism에 빠져 고대의 신선미와 제국으로서의 독창성과 활력을 잃고 타성에 젖어 침체의 늪에 빠져 있을 때 태어났다. 원래 히브리인들은 양치기 유목민들로서 들판의 간편한 생활에 익숙해 있었으나 애굽으로 이주한 이후로는 도시민들과 접촉하게 되었다. 그들은 들판에서의 농사와 공사판에서의 노동을 싫어했다. 그들은 가축을 버리고 고센 땅의 농토를 버리고, 도시로 몰려들었다. 그리하여 그들은 자신들의 조상들이 수백 년 동안 만족하면서 살아온 검소하고 간편한 천막생활을 버리게 되었다.

그들은 애굽의 대도시인 테베와 멤피스와 사이스 등의 궁전에서 호화롭게 생활하면서 환락을 즐기는 애굽인의 삶을 보았다. 그들은 그러한 삶을 몹시 부러워하게 되었다. 그들은 도시 외곽의 빈민굴에 살면서 상업에 종사하거나 일용직 노무자로 생활하였다. 그렇게 점차 애굽화되어 갔다. 애굽인들은 이들 이방 이주민과의 경쟁이 전연 불가능했다. 애굽인들은 그들을 자기들의 입에서 빵을 빼앗으러 온 사람들로 여기게 되었다. 이리하여 히브리인들과 애굽인을 사이에 나쁜 감정이 쌓이게 되었고, 드디어 '인종 말살 소동'으로 번지게 되었다.

그 때에 모세가 태어났는데, 하나님이 보시기에 아름다운지라. 그의 아비 집에서 석 달을 길리우더니, 버려진 후에 바로의 딸이 그를 데려다가 자기 아들

로 기르매... 행 7:20-21

당시의 애굽 공주는 '데르무디스' Thermuthis 한 사람뿐이었고,[112] 애굽의 전통은 세자는 서열 높은 공주의 남자 즉, 남편이나 아들이 되게 되어있었다. 공주는 아들이 없었으므로 모세가 파라오의 세자가 될 수밖에 없었다. 따라서 모세는 황태자가 된 것이었다.

혹자들은 "3개월이나 된 아기를 공주가 자기의 아들이라고 하면 왕궁의 사람들이 믿어 줄까?"고 의아해한다. 그러나 그러한 의문은 애굽의 왕궁 비사秘史를 모르기 때문에 생긴 것이다. 애굽을 비롯한 고대 근동 세계의 왕실에는 궁중 암투가 그치지 않았다. 그 주역들에는 종교 사제들의 행위가 큰 몫을 했었다.

이스라엘도 예외는 아니었다. 왕궁이란 신의 도움이 없이는 살아남을 수 없는 곳이다. 구약성서에는 대제사장 여호야다의 성전 벽감은 모반의 씨앗을 가꾸는 골방이었다.

여호사밧이 요아스를 왕자들이 죽임을 당하는 중에 몰래 빼내어 그와 그 유모를 침실에 숨겨 피하게 하고 대제사장 여호야다가 하나님의 전 벽감에 감춰놓고 6년을 몰래 길렀다. 요아스가 7살이 되었을 때 반혁명을 일으켜 아달라 여왕을 처단하고 요아스를 왕위에 복귀시켰다. 대하 22:11

때때로 너무나 큰 호운은 재앙이 되기도 했다.

사울왕은 아들 요나단에게 늘 이렇게 말했다.

이새의 아들 다윗이 살아있는 동안은 너와 네 나라가 안전치 못하다. 삼상 20:30-31

나중에 사울 왕이 딸 미갈을 발디에게 개가시킨 것도, 그리고 다윗이 미갈을 되돌려 달라고 요구한 것도 모두 왕권 계승 때문이었다. 삼상 18:20f, 19:12-17, 25:44, 삼하 3:13f,

사울왕이 다윗을 죽이려 한 것은 이스라엘의 왕위 계승권 때문이었다. 애굽의 전통적 관례의 영향이 큰 이스라엘에서는 왕위 계승권이 문제가 될 수밖에 없었다. 다윗의 아내 미갈은 사울 왕의 맏딸이며, 따라서 다윗에게는 왕위 계승권이 있었다.

고대 애굽의 왕궁에서는 왕자의 임신과 출산은 상당 기간 비밀에 붙이는 것이 관례였다. 고대 애굽은 '제정일치의 신정국가'라는 전통적인 믿음이 있었기 때문에 정치집단의 대소사는 항상 사제계급과 맞물려 있었다. 따라서 왕궁과 사원은 내일의 권력의 씨앗을 심으려고 끊임없이 음모와 계략이 꾸며지고 있었다. 그것은 언제나 감쪽같이 완벽했었다.

이것은 애굽 만의 특수한 사정이 아니다. 고대 근동세계가 다 그러했다. 애굽 뿐만 아니라 메소포타미아, 소아시아 팔레스타인 땅도 그러했다. 이스라엘도 마찬가지였다.

고대 애굽의 왕실과 사원에서는 '왕자나 세자'를 둘러싸고 온갖 음모와 흉계가 난무했다. 그리하여 궁중 암투의 희생양이 되어 비극적 최후를 맞는 일이 비일비재했다. 대신과 사제들의 비밀결탁 아래 산파가 유아의 생사를 좌우했다. 따라서 궁중과 사원은 '악령의 복마전'伏魔殿이었다. 미래의 권력을 심기 위해 '왕자 바꿔치기'와 '세자 형제 살해'가 오랜 세월에 걸쳐 감행되고 있었다. 사제들의 자식이 왕자로 둔갑하기도 하고, 세자의 생명을 보존하고 후한을 없앤다는 취지로 세자의 형제들을 없애버리는 '형제 살해'가 자행되고 있었다.

이렇게 궁중과 사원의 신전은 '흑마술'이 기능을 부리는 죄악의 소굴巢窟이었다. 신전은 마귀와 마물이 숨어 있는 전당이었다. 사원은 원하면 도둑과 악한들이 '떼거지'로 숨어 살기에 안성맞춤이었다. 그곳은 세상에서 가장 못된 일을 꾀하는 사회악의 온갖 온상이자 본거지아지트였다. 따라서 그곳은 인간의 운명이 바뀌고 뒤집어지는 요지경이었다. 모세는 이러한 '호랑이 굴'虎窟에서 자랐다.

제6장 • 신화와 우연의 세계

1. '우연' 이란 무엇인가?

신화의 세계에서는 인간의 운명은 우연이 지배한다

인간의 운명은 우연에 저항하면 끌려가고, 우연에 순응하면 업혀 간다.Lucius A. Seneca

'우연'偶然, Chance이란 사람의 힘으로는 어떻게 할 수 없는 것으로서 흔히 운運, fortune 또는 기회라고도 한다. 일찍이 고대 그리스의 철학자 '피어스'C. S. Peirce는 '우연주의'tychism를 설파했다.

우연은 우주 내에서 작용하는 한 객관적인 실재實在이다. 따라서 우연의 소멸은 진화의 정지를 의미한다

'그리스 신화'에서 우연 즉 그 '신神, 티케'Tyche는 운명의 여신인 로마신화의 '포투나'Fortuna에 상당한 신이다. 고대 그리스의 철학자 데모크리토스Democritos는 원자론에서 "이미 있었던 것, 현재 있는 것, 장차 있게 되는 것, 그 일체의 것은 영원의 옛날부터 필연의 결정인 '아난케'ananke에 의해서 결정되어 있다"고 했다. 세계의

발생과 생성生成은 결국 '우연'에 귀착하게 된다는 것이 '우연론'Casualism이다.

찰스 다윈은 '진화론'evolutionary theory을 발표하여 생명과학의 기초를 놓았다. 그는 "모든 생물은 공동조상에서 유래 되었지만 생물들의 계보가 세대에 따라 변하면서 계속 분리하기 때문에 생물계에 다양성이 생긴다. 생물의 진화에는 어떤 목표나 의도가 있었던 것은 아니며, 어쩌다가 우연히 그 생물이 생겨났으며, 그것이 필요하거나 크게 장애가 되지 않아 그대로 유지되었을 뿐이다. 생명체의 기원인 단세포 생물은 단백질과 지방과 물을 원료로 하여 '저절로' 그리고 '우연히' 합성되었다"고 했다.

멘델리즘Mendelism에서 돌연변이설mutation theory은 무방향적으로 우연히 일어나게 된다는 것이다.[113]

자연은 '무無'에서 새로운 것을 만들어 내는 대신 기존의 것을 활용하고 변화시킨다. 그러나 진화는 '우연'을 새로운 것을 위한 출발점으로 이용한다.

우주의 근원에는 '우연'이 있다. 만물의 작용과 형성에는 우연이 불가결의 역할을 연출한다. 세상만사가 고정된 기계적인 원리와 법칙에 의해서만 이루어지는 것은 아니다. 그리고 만유가 보편적이며 필연성을 지닌 것도 아니다.

> 발이 빠르다고 달음박질에 우승하는 것도 아니며, 힘이 세다고 싸움에서 이기는 것도 아니고, 지혜가 있다고 먹을 것이 생기는 것은 아니고, 슬기롭다고 돈을 모으는 것도 아니며, 아는 것이 많다고 총애를 받는 것도 아니니, 이는 때와 기회와 우연은 그들 모두에게 임함이니라. 전 9:11

속설에 '아무리 재주가 많다고 해도 노력하는 자를 이길 수 없고, 아무리 노력한다고 해도 운이 좋은 자를 이길 수 없다'라는 말이 있다. 해 아래 세상의 때와 기회와 우연과 운은 하나님이 지배하신다, 믿음이 없는 자들만이 '운'이라고 말한다. '운'은 운명을 만든다.

모든 질서와 규칙을 초월하여 우리에게 일어나는 것들을 우리는 '기적'이라 부른다. 인간의 지혜와 현대과학으로도 도저히 예측할 수 없으며 그것을 논리적으로도 설명할 수 없을 때 우리는 그것을 '우연과 경이'라고 부른다.

우주의 근원에는 우연이 존재한다. 신화의 세계에 불가능이란 없다. 지구 생명의 시작에서부터 컴퓨터의 개발까지, 인류의 발생에서 개개인의 인격의 발달까지 우연이 영향을 미친다. 우연을 통해서만 세상에 새로운 것이 등장한다.

N. 마키아벨리는 군주론君主論에서 '우연이 행동의 절반 이상을 지배하고 그 나머지는 우리가 다룬다'고 주장했다.

모세의 출생은 우연이고, 그가 노예의 자식으로 태어나서 파라오의 황태자세자로 입양된 것도 우연이었다.

2. 하나님의 가명(假名)으로서 우연

'신화의 세계'에 우연은 없다

> '우연'이란 신이 자신의 이름으로 서명하기 싫을 때 사용하는 신의 가명이다. 아타톨 프랑스, 114

'우연'이란 하나님의 다른 이름이다. 우연은 하나님께서 자신의 이름을 감추고 싶을 때 사용하는 가명이다. 우연이란 말은 하나님에 대한 믿음이 없는 자들이 사용하는 자기변명이다. 하나님께서 자신의 이름으로 서명하기 싫으실 때 '우연'이라는 말을 사용하신다.

'우연'을 바라고 살아가는 것은 무신론자의 기도이자 소망이다. 믿음이 있는 자는 하나님의 뜻과 섭리가 이루어지기를 기도하면서 살아간다.

> 인간이 무심코 보기에는 우연 같지만, 모든 것은 하나님의 섭리 안에서 인도되어지는 것이다. 왕상 22:24–40, 시 64:7

'믿음'을 통해서 바라보면 세상에 우연이나 기적은 없다. 하나님의 손의 움직임이며 섭리이고 계획이다. 하나님은 '주사위 놀이'를 하지 않으신다.

공주 데르무디스Thermuthis가 나일강 변에 막 들어서고 있을 때, 바로 그 시각에 아기 모세가 울고 있는 '갈대 바구니'가 떠내려오고 있었다. 바구니와 공주는 딱 마주쳤다. 어떻게 그런 일이 가능할까요? 누이 미리암이 아기를 '갈대 바구니'에 담아 강가로 나가고 있는데 바로 그때 하나님께서는 공주가 강으로 목욕하러 나가도록 급히 서두르고 있었다. 갑과 을은 제각기 우연이라고 생각하지만 기실 그것은 우연이 아니라 필연이며 흔히 말하는바 '운명'이란 것이다. 그러나 인간의 운명에 우연은 없다.

아기 모세와 공주 데르무디스가 마주친 것은 희박한 일이지만, 이것은 하나님께서 이스라엘의 '출애굽을 위하여 준비하심', '야훼 이레'창 22:14였다. 모세의 부모는 아기를 나일강에 버렸다. 최선을 다했으나 모든 것이 불가능했을 때 아기의 생명을 운명에 맡겼다. 그런데 우리는 사태가 진전되면서 그 운명이 바로 하나님이심을 알게 된다. 그들은 운명에 맡긴 것이 아니라 결과적으로 하나님께 맡긴 것이다.

불신不信이라는 이름의 적敵은 매우 자연스럽게 "그런 일은 있을 수 없는 일이야! 어떻게 하다가 보니까 그렇게 된 것일 뿐이지! 참 기막힌 우연의 일치도 다 있군!" 할 것이다.

그들은 '우연'은 없다고 하면서 우연히 우연을 주장하고 있다. 신화는 '우연히' 작동한다. 신화를 심으면 전설이 탄생한다.

인간은 하나님의 섭리가 이루어지기를 기도하면서 살아가야 한다.

3. 역사의 우연과 하나님의 손

신화의 세계에는 불가능이란 없다

> 전능자가 누구기에 우리가 섬기며 우리가 그에게 기도한들 무슨 이익을 얻으랴? 욥 21:15

세상사에는 인간이 할 수 있는 일이 있고, 하나님만이 하실 수 있는 일이 따로 있다. 그때는 하나님의 뜻을 따라야 한다. 우연의 원리도 있고 기적의 법칙도 있다. 다만 우리가 그것을 모르고 있을 뿐이다.

내가 계획한다고 모두 이루어지는 것은 아니다. 또 내가 세운 계획대로 다 이루어진다고 다 내게 유익한 것도 아니다. 오직 하나님의 뜻만이 완전하고 유익한 것이다. 그러므로 우리는 항상 내 생각보다 하나님의 뜻을 내 마음에 품고 살아가야 한다. 인간의 영혼은 하나님 안에서 거처를 발견할 수 있다. 시 90:1 그러므로 인간은 믿음 안에서 '우연과 기적'을 바라고 살아갔던 옛 선조들의 삶의 방식을 따라가야 한다.

그러므로 인간의 운명에는 우연이라는 것이 있고, 그것은 결국 하나님의 보이지 않는 손의 움직임이었다. 하나님은 우연처럼 접근하시고, 우연 속에서 역사하신다. 우연이라고 가볍게 여기지 말라.

영어의 'chance'라는 단어는 '우연'을 뜻하는 동시에 '기회' 또는 '행운'이라는 뜻도 갖고 있다. 가장 좋은 기회도 우리가 그것을 깨닫지 못하면 아무 가치가 없다.

물론 기존의 지식과 목표도 중요하다. 기회는 무無에서 탄생하지 않는다. 우리가 추구하는 것을 바탕으로 예기치 않은 것이 떠오르는 것이다. 따라서 예기치 않은 것을 창조적으로 대하기 위해서는 체계적으로 생각하고 행동하는 동시에 늘 이런 태도의 한계를 의식해야 한다. 우연은 우리가 가지고 있는 정보 간의 새로운 연결을 보여주고, 틈새를 채우면서 우리를 도울 수 있다.[115]

'우연이 우연의 때에, 우연한 경로로, 우연한 방법으로, 하나님의 뜻을 이룬다.' 역사에 우연은 있다.

적군 아람의 군사들이 철군을 서두를 무렵, 아합왕은 전쟁이 끝나가는 줄로 생각하고 있을 바로 그때 뜻하지 않게 생각지도 못했던 화살이 하나 날아와 왕을 명중시켰다. 그 화살은 타겟, 목표가 정해져 있지 않은 '눈먼 화살'이었다. 아합왕은 이웃 나라, 남의 나라의 전쟁에 원조 나갔다가 우연히 죽게 되었다.

> 병거의 지휘관들이 그가 이스라엘 왕이 아님을 보고 쫓기를 그치고 돌이켰더라. 한 병사가 무심코 활을 당겨 이스라엘 왕의 갑옷의 솔기를 맞힌지라. 저녁때에 이르러 죽었는데 상처의 피가 흘러 병거 바닥에 고였더라. 왕상 22:33-35

한 병사가 갑자기 목표도 정하지 않고 그냥 마구 쏘아댄 화살 하나가 아합왕의 갑옷 가슴 막이의 이음 부분에 꽂히자 왕은 그의 병거를 몰고 있는 병사에게 '내가 다쳤다. 병거를 돌려 여기서 빠져나가자!' 고 했다. 병거 바닥에는 왕의 상처에서 흐르는 피가 흥건하였다. 저녁때에 왕은 숨을 거두었다. 이렇게 아합왕은 정말 갑자기 우연히 죽고 말았다.

'우연'은 하나님의 뜻섭리을 이룬다. 시위를 떠난 화살은 하나님의 뜻이 아니면 사람을 상하게 할 수 없다. 참새 한 마리도 하나님의 허락 없이는 땅에 떨어지지 않는다. 하나님이 지배하시는 세계에서 '우연'이란 존재하지 않는다. 우연은 하나님의 뜻을 이루는 방법이다.

사람이 제비를 뽑으나 일의 작정은 야훼께 있느니라. 잠 16:33

우연이란 없다. 우연이란 인간의 무지를 감추기 위해 사용되는 용어이다. 우리가 세심히 살펴보면 아주 혼미한 환경 속에서도 법칙과 질서와 목적을 발견한다. 아주 사소한 사건도 어떤 결과를 만들어 낼지 말할 수 있는 사람은 아무도 없다. 하나님은 우리가 알게 모르게 우연을 통하여 일하신다.

우주에는 우연이 존재한다. 그 우연이 불가결의 역할을 한다. 우연은 없어서는 안 될 역할을 한다. 세상의 모든 것이 고정된 기계적인 법칙에 의하여 보편적인 필연성을 지니고 있는 것은 아니다. 우연은 하나님을 모르는 자의 자기변명이다.

아합왕을 죽인 화살은 우연이 아니었다.

하나님이 그들을 쏘시리니, 그들이 갑자기 화살에 상하리로다. 시 64:7

.... 화살이 네 뒷쪽에 있으면 야훼께서 너를 무사케 한 것이요, 화살이 네 앞쪽에 있으면 너는 길은 가라! 야훼께서 너를 보내셨음이라. 삼상 20:21-22

우연은 하나님의 다른 이름이다. 우연은 믿음이 없는 자에게만 나타나는 하나님의 익명이다. 아이들에겐 동화가 필요하듯이 어른들에게도 신화가 필요하다. 신화를 모르고 살아가는 인간에게는 전설이 없다. 짐승에게는 꿈이 없다. "dog는 dog-star하늘의 별자리를 생각지 못한다"

'하나님의 강한 손'출 6:1이 역사의 활을 움직이시고 기록하신다.

그 손가락은 바벨론의 벨사살 왕궁의 벽에 나타나서 '메네 메네 데겔 우바르신'이라는 글자를 쓰신 역사를 움직이시는 하나님의 보이지 않는 손이다. 단 5:24-25

밤에 환상이 바울에게 보이니, 마케도냐 사람 하나가 서서 그에게 청하여 이르되 마케도냐로 건너와서 우리를 도우라 하거늘 바울이 그 환상을 보았을 때 우리가 곧 마케도냐로 떠나기로 힘쓰니, 이는 하나님이 저 사람들에게 복음을 전하라고 우리는 부르신 줄로 인정함이라. 행 16:9-10

그 마케도냐의 '흰옷 입은 사람의 손짓'은 바로 '하나님의 손짓'이었다.

4. 우연의 기적과 경이

우리가 성서에서 만나는 최초의 난관은 '우연과 기적과 경이'이다. 우리가 기적을 이해하는데 있어서 그 '정의'가 중요하다. 한 시대나 혹은 한 사회에서 기적이 될 수 있는 것은 다른 환경에서는 하나의 평범한 일이 될 수도 있다. 심지어 1세기 전의 사람들은 방 안에 앉아서 수천 리 밖에서 벌어지고 있는 운동경기나 영화나 사건들을 볼 수 있는 것을 하나의 기적으로 생각했을 것이며, 바이킹Viking은 오늘의 핵 잠수함을, 로마의 마부는 인공위성을 타고 우주여행 하는 것을, 히포크라테스Hippocrates나 갈렌Galen은 현대의 마취사나 외과 의사가 허파나 신장을 추출하는 것을 기적으로 간주했을 것이다.

오늘날은 기적의 홍수 속에서 살고 있어서 오히려 기적이 일반화되었다. 기적을 인간의 불가능한 것들이라고 한다면 그 정의는 부당하다. 가능과 불가능은 항상 그가 처한 환경에 따라 변한다. 우리가 성서의 기적을 이해하려고 한다면 그 기적이 일어났던 당대의 정신과 풍토를 먼저 이해해야만 한다.

성서 시대에는 오늘날과는 완전히 다른 기적에 대한 태도가 있었다. 현대인은 기적에 대하여 의심쩍은 생각을 한다. 현대인은 스스로 생각하기를 우주에는 기적은 일어나지 않는다는 것에 대해서 분명히 말할 수 있는 지식을 갖고 있다고 생각한다. 현대인에게 기적이란 그가 기대하는 최후의 일이 기적일 뿐이다. 그러나 반면에 고대에는 기적적인 것들에 대해 항상 떠들썩했고, 그것들을 기적으로 보았고, 기적들을 기대했고, 그 결과로 분명히 기적적인 사건들이 일어났다. 말을 바꾸면 그때에는 기적이 오히려 일반적인 것이었다.

우리는 그것을 '미신'이라고 부를 수도 있고, 그것을 '원시종교'라고도 할 수 있고, 그것을 어린아이 같은 신앙이라고 부를 수도 있을 것이다. 이성주의, 합리주의가 '경이'驚異를 죽였다. 경이가 죽었을 때 놀라운 일이 일어나는 것은 끝난다. 만일 우리가 '기적은 일어나지 않는다'는 고집을 포기한다면 우리는 분명 더 많은 기적을 보게 되고, 기적은 다시 일어나기 시작할 것이다.

'우연'偶然, contingecy, 그것은 하나의 '극'極이며, 또 다른 하나의 극은 '필연'必然,

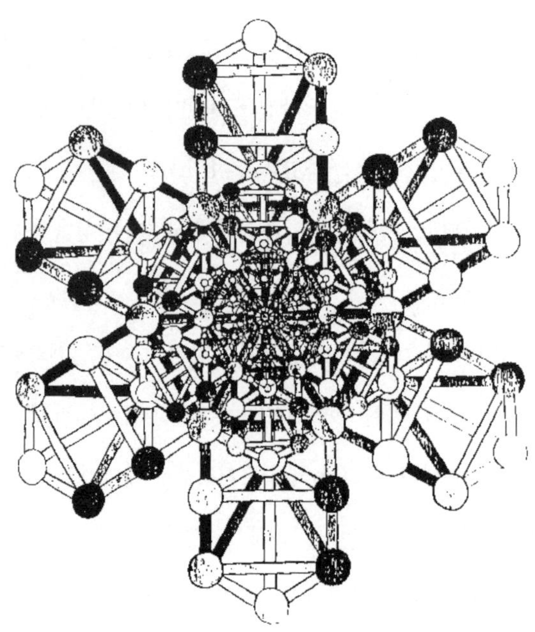

그림5　「우연과 필연」
현대의 신비가들은 Cabala에 의하여 강한 영향을 받아왔다. George S. Jones는 'Frater Achad'란 마술적인 이름을 갖고 있었는데 그는 카발라의 신학체계(the Cabalistic Tree of Life)를 광대무변하고 질서 정연한 우주적 눈송이로 재배열하여 놓았다. 그것은 완전한 성전의 평면도로 사용되어 지기를 바랐던 우주에 대한 하나님의 해부구조도이다. 이 그림은 Steffi Grant에 의하여 제작되었다.

certainty이라고 부른다. 자연계세상에는 우연이 지배하고 있는 것같이 보이지만, 이전부터 각자의 영역 내에서, 그 우연 속에 자기를 연결하고 있는 내적 필연성과 합법칙성이 들어있다. 우연의 반복은 필연이 된다.

기적은 우연히 일어나는 것이 아니며, 또한 이 세상 만물의 질서를 유지하는 법칙을 파괴하는 것도 아니다. '우연'이란 객관적으로도 존재하고, 이런 의미에서의 우연은 원인을 알 수 없는 것이 아니며, 원인이 없는 것이 아니며, 거기에는 필연적인 법칙이 있다.

그리하여 우연은 우연히 또 다른 우연과 만나며, 필연은 필연적으로 반드시 또 다른 필연을 낳는다. 그리고 우연은 필연을 만나게 되고 필연은 다시 우연을 만나기도 한다. 따라서 이 세상과 세월은 우연과 필연의 씨줄과 날줄로 짜진 피륙과 같다.

이 세상에 우연은 없고 모든 것이 기계적이고 산술적이라면 인간은 살아갈 수 없다. 우연은 종종 약자의 편에 서서 우연이 아니면 불가능했을 기회를 약자에게 허락한다. '숨어계신 하나님'은 믿음이 없는 자에게 자신의 이름을 나타내시기를 싫어하신다. 그래서 가명을, 익명을 사용하신다. 우연은 종종 약한 자의 편에서 싸워줌으로써 약한 자들에게 우연이 아니면 불가능했을 기회를 허락한다.[116]

5. 인간의 운명과 우연

'운명'이란 무엇인가? '우연'이 '운명'을 지배한다

공주와 아기 모세는 서로 뜻하지 않은 지점에서 서로 딱 마주친 것을 우리는 '우연'이라고 부르고 있다. 그러나 사실은 공주는 공주대로, 아기 모세는 아이 모세대로 그날, 그 시각, 그 자리에 꼭 가야만 하는 일이 있었다기보다는 가지 않으면 안 될 사정이 있었다. 이것을 가리켜 우리는 운명이라고 부른다. 운명이란 우연이 아니라 필연이었다.

심리학자 카를 구스타프 융Carl Gustav Jung은 양자이론연구로 노벨상을 받았던 볼프강 파울리Wolfgang Pauli의 '동시성의 원리'라는 이론에 근거하여 영혼의 상태나 사물의 세계에도 서로 연결되어 있고 영향을 미칠 수 있음을 입증했다.[117]

'우연의 하나님', '운명의 신'은 안전과 모험, 길흉을 아기 모세의 운명에 시험하였다. 하나님께서는 불안한 부모의 품에서 아기를 빼앗아 그 누구도 손댈 수 없는 왕궁으로 인도하여 보살피도록 하였으며, 한편 호랑이처럼 훌륭하게 기르기 위해 호랑이 굴과 같은 왕궁으로 집어넣은 것이다. 모세가 궁중에 입양된 것은 사지로 들어간 것이나 마찬가지였다. 다만 모세만이 그것을 모르고 있었을 뿐이었다.

우리 인간의 생에 우연은 없다. 아니, 우연은 있다. 우연이 있어야 한다. 그것은 필연이다. 강에 버려진 아기 모세는 극적으로 공주의 아들로 입양되었다.

애굽의 왕궁이란 '세자 바꿔치기'와 '형제 살해'가 자행되고 있는 것은 공공연한 비밀인데, 그가 죽임을 당하지 않고 살아남은 것은 하나님의 특별한 가호하심이 있었기 때문이다.

인생은 끝없는 벼랑의 가장자리를 걸어가는 것이 그의 삶이고 생이었다. 모세는 항상 위태위태하고 조마조마한 생을 살았다. 그러나 엄마 공주는 어머니로서 아들 모세를 지켜주어야 할 책임과 의무를 다했다. 엄마는 수개월이 더 지난 후에야 비로소 자신이 낳았다는 아들을 세상에 공개했다.

하나님은 내 운명의 조력자를 내가 살아갈 길에 보내주셨다. 그래서 생의 고비마다 위기를 넘기게 하셨다. 하나님은 우리를 혼자 걸어가게 하지 않으신다. 항상 동행하신다. 사 30:20

자기 집의 '도어 록door lock'은 집 주인만이 열 수 있다. 집 '현관의 키'는 도적이 열지 못한다. 자신이 갖고 있다는 것이다. 인간의 생에는 기회가 왔어도 준비가 되어있지 않으면 사라진다. '우연'은 적극적으로 노력해서 기회를 만들려고 해야 한다. 그러므로 옛날부터 인간의 운명은 '자업자득. 자승자박, 사필귀정'이라는 말이 생겼다.

인간은 자기가 지은 일의 과보를 자신이 받는다. 자신이 한 말이나 행동이 자신을 옮아맨다. 그것을 자기최면이니 자성예언이니 한다. 하늘은 스스로 돕는 자를 돕는다는 말도 있고, 인간은 스스로 자기의 운명을 조작한다고도 한다.

보통, 인간은 어떤 운명을 만나기 전에 벌써 스스로 그것을 만들고 있다. 아기 모세의 역할은 그의 부모가 하고 있었다.

우연과 기회는 준비된 자에게만 찾아온다. 모세의 출생 기사를 살펴보자.

죽어야 할 아기를 3개월간 숨겨서 매우 아름답고 탐스러운 상태까지 기른 부모들, 갈대로 바구니를 만들고, 역청과 송진을 발라서 물이 새지 않도록 한 그의 부모들, 오랫동안 파라오의 공주가 나일강으로 목욕하러 나오는 날의 시일과 장소와 시각을 자세히 관찰한 그의 누이 미리암, 아기를 바구니에 담아 강가로 나가 갈대숲에 놓아두고 멀찍이 서서 공주의 동태를 살피면서 망을 보고 있는 누이 미리암, "내가 아기에게 젖을 빨리게 히브리 여인 가운데 유모를 하나 구하여 데려와 드리겠다"는 누이 미리암, 그들의 머릿속에는 아기가 살아날 확률과 가능성을 계산하면서 모든 것을 의도적으로 맞추었을 것이다. 그들은 아기를 살리기 위해 모든 지혜와 수단을 동원했다. 이렇게 생각한다면 지나친 상상일까?

과학에서의 우연은 갑자기 이루어진 것이 아니다. '현상'은 여러 번 관찰하고 실험해 온 데서 얻은 결과이다. 준비된 자에게만 은혜가 된다. 아인슈타인Albert Einstein, 물리학자, 1879-1955은 '가장 멋진 경험은 신비로움과의 만남'이라며, "그것이 바로 진정한 예술이고 학문의 근원"이라고 했다. 레오나르도 다빈치Leonardo di ser Piero da Vinci, 1452-1519는 '우연'이 작품을 위한 영감으로 활용되었다고 했다. 확신이 너무 강하면 새로운 아이디어가 배태되지 않는다. 새로운 길을 가기 위해서는 우연이 필요하다.[118]

어떤 것은 일반적인 사람이 보면 '우연'이지만 하나님의 입장에서 보면 우연이라는 것은 없다. Nothing with God is accidental.

신의 어휘 속에는 우연이라는 말은 찾아볼 수 없다. Accident is not to be found in the divine vocabulary.

이 세상에 살고 있는 모든 인간은 어떤 행동을 하여 저 위의 세계에 영향을 끼칠 수 있다. 무엇보다 중요한 것은 우리가 세속적인 일을 해나가면서 혹은 사소한 이야기들을 나누면서 하나님께 접촉하는 것이 가능하다.[119] 하나님이 밝히신 영혼의 빛은 인간 내면 깊은 생각과 감정, 동기를 탐사하여 보여준다. 잠 20:27, 요 3:20 하나님의 영은 때로는 우연처럼 접근한다. 그리고 우연 속에서 활동하신다.

요세퍼스의 '유대 고대사'에 의하면, "궁중에서 공주가 아기 모세를 안고 지나가면, 지나가던 사람들이 걸음을 멈추고 아기를 들여다보면서 그의 준수함을 칭찬했다고 한다. 아기 모세는 나이에 비해서 놀라운 정도로 키가 컸고, 그의 용모와 준수하여 지나가던 사람들은 한참 그를 쳐다보는 일이 빈번하였다. 한번은 공주가 아기 모세를 왕의 팔에 안겨 주자 왕은 왕관을 아기의 머리에 씌어 주었다. 그러나 아기는 그것을 벗어 던져 버렸다. 그것을 본 서기관들이 불길한 징조라고 소동을 벌였다. 왕이 공주를 사랑하여 그냥 없었던 일로 무마되었다."고 했다.[120] 이렇게 모세는 파라오의 총애를 받았다. 아기의 운명이 왕의 말 한마디에 천당과 지옥을 왕래하였다.

우리는 운명과 운명적인 것에 어떻게 대항해야 할까?

마키아벨리Niccol Machiavelli, 1469-1527의 『군주론』君主論에 나오는 한 구절로 결론을 대신한다.

> 운명은 저항력이 없을 때만 큰 힘을 발휘하고, 제방이나 축대를 잘 쌓아 놓으면 넘치는 강물을 막을 수 있는 것처럼 운명도 저항력을 쌓으면 충분히 대응할 수 있다. 운명의 신은 여성이기 때문에 부드러운 것보다는 오히려 맹렬하게 대응하는 것이 더 좋다. 운명은 젊은 사람들의 친구이다.[121]

심령이 연약한 자는 운명에 저항하면 끌려가고, 운명에 순응하면 업혀 간다. 영혼이 강하고 담대해야 한다.

모세의 미래지향적인 삶과 생애

제7장 • 소년 시절의 모세와 시누헤

네가 이제부터 내게 부르짖기를 나의 아버지여, 아버지는 나의 소시少時의 애호자愛護者시니 렘 3:4

어린 시절의 모세는 꿈의 소년이었다. 꿈은 미래의 희망이며, 희망이란 눈을 뜨고 꾸는 꿈이다. 꿈을 꾸고자 하는 자는 항상 깨어있어야 한다.
꿈은 미래의 상황과 조건을 변화시키는 힘이 있다. 모세는 자신의 미래에 대하여 호기심과 열정으로 차 있었다. 그는 소심한 소년이 갖기 쉬운 앞날에 대한 '불안과 공포' 같은 소극적이고 부정적인 염려를 갖지 않았고, 오히려 흔히 귀족의 자녀들이 갖기 쉬운 '모험과 도전' 같은 적극적이고 긍정적인 확신을 갖고 자랐다.
소년 모세는 일찍이 시누헤로부터 '야 땅'과 '야훼'에 대한 꿈과 환상을 상속받았었다.

1. 전설에 사로잡힌 소년

우리가 구약성서에서 모세의 어린 시절과 젊은 날에 대한 정보를 얻으려고 하면 난관이 있다. 오경은 모세의 청소년 시절에 대해 아무런 언급도 하지 않고 있기 때문이다. 신약성서의 사도행전에서 '기자 누가'는 모세의 청소년 시절을 간략하게나마 언급하고 있다.

모세는 버려진 후에 바로의 딸이 그를 데려다가 자기 아들로 기르매 모세가 애굽 사람의 학술을 다 배워 그 말과 행사가 능하더라. 행 7:21-22

유대 역사가 요세퍼스Flavius Josephus의 『유대 고대사』*Antiguitates Judaicae*, 93에 의하면 :

"모세는 나이에 비해 성숙해서 판단력이 뛰어났으며, 평균 나이 기준을 훨씬 넘었다. 그가 가르침을 받을 때는 보통의 나이 또래들보다 훨씬 이해력이 빨랐고, 성인이 되면 더욱 위대한 인물이 될 것을 약속이나 하듯이 보였다"고 하였다.[122]

소년 시절의 모세는 어리광을 부리면서 방만한 행동을 할 만한 상황이 아니었다. 모세는 어린 시절부터 전형적인 애굽 왕실의 세자교육을 양모로부터 받아 그 영향으로 전통적인 귀족 의식 속에서 자랐다. 그것은 그의 성격 형성에 많은 영향을 끼쳐 어떤 상황에서도 불굴의 집념을 일으켜 그를 지탱시켜 주었다. 어린이들에게 있어서 시범示範을 보이는 것이 제일 훌륭한 학습 방법이다. 어린이는 말로 교훈을 받기 이전에 유아들은 관찰로서 학습한다. 유아들의 가치 관념은 그의 부모가 무엇을 가장 가치 있는 것으로 여기는 가를 관찰하고 거기에서 알아차리게 된다. 그 부모는 하나님의 역할을 하는 것이다.

모세의 생모는 성직자로서출 2:1 어린 시절의 모세에게 어느 정도까지 종교적 영향을 끼칠 수 있었는지는 미지수이다. 다만 그녀의 이름 속에 '야'Yo 요소를 내포하고 있어서 역할을 기대본다.[123]

히브리인들은 자녀들이 말을 배우기 시작할 무렵부터 'Bed Side Story'로 신화와 전설을 낭송해 주면서 자신들의 우월성과 정통성을 일깨워 주고, 사화와 설화를 통하여 조상의 사상과 감정, 삶의 지혜와 신앙을 길러주었다.

모세가 어려서부터 똑똑하고 영리했던 것은 사실인 것 같다. 그러나 그가 후에 훌륭한 인물이 된 것은 그의 타고난 유전자DNA에 의한 것이라기보다는 왕실교육의 훌륭함과 양모의 강도 높은 훈련에 힘입은 바가 크다 할 것이다.

모세의 영성 교육은 소년 시절부터 본격적으로 시행되어졌다. 모세는 소년 시절부터 궁궐과 사원학교에서 제공하는 각종 소양 교육과 종교학습 및 군사교련에서 지혜와 슬기를 길렀다. 이 모든 것이 영성 교육의 바탕이 되었다. 일반적으로 아동기兒童期는 비교적 정서적으로는 안정이 되는 시기이고 사회성이나 지성이 크게 신장되는 시기이다. 그들의 학습능력은 부모나 우인의 관계에서 크게 좌우된다.

사춘기思春期는 사회생활에 미숙하지만, 욕구 달성에 직접적인 태도를 취하기 쉽고, 새롭고 이상한 것을 좋아하며 모험심이 왕성하고 행동력이 풍부하며 자기주장을 하기 쉽다. 이 시기의 자립 의욕은 부모나 가정으로부터 자기를 해방해 보려는 경향으로 나타난다. 이러한 소년 시절은 좋은 친구들과 훌륭한 스승들이 필요하고 좋은 책을 읽음으로써 꿈을 기르는 데 도움이 되기도 하는 시기이다.

모세는 이런 중요한 연령기에 각종 전설에서 유래한 감동적인 작품을 쉽게 접근하게 되었다. 당대의 귀족의 자녀들과 상류층 청소년들은 애굽의 고전문학을 즐겨 읽었었다. 따라서 당연히 모세라고 예외일 수는 없었다. 예를 들면, 구약 창세기의 설화인 야곱의 자식들이 "애굽 양식 구하러 간 이야기"는 히브리인의 "눌변訥辯 양치기 이야기"로서 '애굽의 능변能辯 농부 이야기' 전설의 반면교사로서 발생한 이야기이다. '요셉과 보디발의 아내' 이야기는 애굽의 '두 형제 이야기' 전설이 그 원형이었으며, 영성의 깨어남은 '웬 아몬의 페니키아 여행기' 전설이 그 기초였고, 망명자의 전설적인 영웅 설화는 '시누헤의 이야기' 등이었다.

이런 고전문학들은 소년들의 탐구욕을 불러일으켰으며, 그들은 그것들을 섭취하여 자신들의 사상과 인생관을 형성하는 데에 자양분으로 삼았다. 특히 '시누헤 이야기' The Story of Sinuhe는 '전형적인 민족주의' a good example of Egyptian nationalism를 나타낸 것으로서 이 작품은 교육적 목적a diactic purpose을 지니고 있어 특히 청소년들에게 애독이 요청되고 있었다.[124]

2. 애국자 '시누헤'

'시누헤'는 기원전 20세기경에 정치적 종교적 발전을 전개한 고대 애굽의 전설적인 민족적 영웅이었다. 그는 애굽의 중왕조의 왕 '아멘-엠-헤트' I 세 BC. 1938-1766의 하렘harem의 고위 관리였다. 그는 장군 세소스트리스Sesostris와 함께 리비아 원정에 나섰다가 출정 도중에 애굽 궁중에 정변이 일어났다는 정보를 입수하고, 세소스트리스는 비밀리에 귀국하여 무력으로 반란을 진압하고 정권을 장악하여 왕이 되었다. 이런 정변을 알게 된 시누헤는 큰 충격을 받고, 시민투쟁으로 무력 정변을 막으려고 시도했으나 중도에 역모자들과 배신자들이 생겨 국외로 망명을 결심하게 되었다. 그는 자신이 찾아갈 새 땅을 찾아 나섰다. 시누헤는 생명의 위협을 느끼고 애굽 남방 땅으로 도망치려고 배에 올랐으나 나일강을 건너는 도중에 배가 바람에 밀려 북쪽으로 흘러가서 결국에는 팔레스틴 땅으로 들어가게 되었다.[125]

이처럼 때때로 인간의 운명은 자신의 선택이나 의도와는 달리 엉뚱한 방향으로 전개될 수도 있다. '운명'이란 어떤 환경이나 상황에 적응하고 길드는 것이다.

미디안 광야사막으로, 황야로 도피한 시누헤는 그곳에서 가뭄과 한발이 겹쳐 엄청난 고생을 했다. 그는 오랜 유랑 끝에 가나안을 거쳐 시리아 남부에서 한 베두인 족장의 호의로 그의 맏딸과 결혼하여 장인의 양과 염소를 돌보는 목자가 되었다. 그리고 크게 성공한 후 고국을 그리워하여 마침내 애굽으로 돌아온다. 이러한 '시누헤 이야기'는 모세의 생애에 평생 마력처럼 달라붙어 그 마음이 세뇌당했다. 모세는 시누해 이야기를 읽어가면서 그 속에 놀랍게도 자기 자신이 들어 있음을 알게 되었고, 마침내는 그를 자신과 동일시하기에 이르렀다. '시누헤의 고백과 증언'은 그의 상상력을 자극하고, 심화시켜 점차 현실과 실제처럼 느껴지기 시작했다. 이렇게 하여 모세 안에는 새 이스라엘이 자라고 있었다. 그러나 그것을 눈치채는 사람은 없었다. 모세 자신도 모르고 있었기 때문이었다.

성서는 이 상황과는 가장 유사한 구절에서 이렇게 말하고 있다

> 그의 행위를 모세에게, 그 행사를 이스라엘 자손에게 알리셨도다. 시 103:7

모세는 단순히 이스라엘의 탄생을 도와준 것이 아니라 모세 안에서 이스라엘이 태어나 자라고 있었다.[126] 소년 모세는 시누헤의 전승을 통하여 가나안 생활을 간접으로 경험하였고, 그 땅의 사물과 자연에 대한 전반적인 지식을 얻게 되었다.

'시누헤 이야기'는 일리아드Iliad와 오딧세이Odyssey에 맞먹는 작품으로 호머Homer, BC, 800년경 이전 시대의 문학적 특징을 지닌 것으로써, 모세의 생애에 큰 영감으로 작용했다. 모세에게 심어준 '야'Ya'a 땅과 그 땅의 주인 '야'Yah 혹은 Yahweh 신에 대한 환상은 역사적 필연이자 하나님의 준비하심이었다. 그리하며 결과적으로 그 땅은 이스라엘의 성지Holy Land가 되었다.[127]

비록 단편적이고 극히 일부분이기는 하지만, '구약성서 배경주석'은 '모세의 미

디안 도주' 출 2:15 항목에서 '시누헤의 전기'를 삽입하였다.

"애굽에서 유명한 이야기 중 하나인 '시누헤 이야기'의 주인공 시누헤는 주전 2000년대 초기에 의거를 시도했다가 새로운 파라오로부터 냉대를 받아 두려워하여 가나안을 거쳐 시리아로 도망갔다. 거기서 그는 베두인 추장의 딸과 결혼하여 강력한 지도자가 되었다."[128]

브리태니커는 더 자세하게 설명하고 있다:

시누헤는 그 후에 더욱 높은 지위로 올라갔고, 그의 아들은 성년으로 자라서 그 땅의 통치자가 되었다. 시누헤는 이웃 유목민 침입자들을 격퇴하여 도시 국가의 국경을 넓히고 지도적 전술가가 되었다. 그는 부귀를 누리면서 애굽에서 오가는 사신들은 잘 접대해 보냈다. 그는 '수구초심首丘初心'으로, 그리움을 이기지 못해 수십 년 만에 마침내 새 파라오의 사면을 받고 백성들의 환영을 받으며 금의환향하게 되었다.[129]

시누헤는 모세보다 5, 6세기 전에 살았던 역사적 실존 인물이었다. 시누헤는 모세에게 반면교사가 되었고, 타산지석이 되었다. 모세의 생애와 시누헤 사이에는 강한 '라포르'가 형성되어 있었다. 모세는 또래의 다른 소년들과는 서로 종류가 다른 별을 타고 태어났다는 신념을 갖고 자라나게 되었다.

나의 아버지여! 아버지는 나의 소시少時적의 애호자시오니 렘 3:4, 개역 당대의 애굽 상류층 자녀들은 고전문학인 '시누헤 이야기'를 애독하였으며 모세도 예외일 수는 없었다. 이러한 '시누헤 이야기'는 고대 애굽에서 생업 상 거주 이전이 자유롭지 못해 자기가 태어난 고장에서 살다가 죽을 수밖에 없었던 사람들, 즉 한 지역에서만 붙박여 살아갈 수밖에 없었던 당대의 사람들에게는 큰 감동을 주었고, 옮겨가면서 사는 '이동하는 삶'에 대한 '유목 본능'을 일깨워 주고, 그것을 갈망하지만 그렇지 못한 대부분 사람에게 '대리만족'을 시켜주었다.[130]

모세는 귀족 자녀들이 수업하는 정규교육에서 '프타호텝의 교훈'The Instruction of Ptah-hotep과 '아멘-엠-오페트의 교훈'The Instruction of Amen-em-Opet 등을 학습했다. 이런 것들은 '명심보감'처럼 짧은 경구를 나열해 놓은 격언이나 속담과 같은 것들이었다.

오페트의 교훈에서

"신이 주는 가난은 창고의 부귀보다 낫다." 6:35-26

"인간을 사랑한다고 하는 사람의 칭찬이 창고의 풍성함보다 낫다. 마음이 가쁠 때의 빵이 슬플 때의 부귀보다 낫다." 13:18-21

그런데 주목을 끄는 것은 세월이 흘러갈수록 모세의 생애는 시누헤의 일생을 닮아가는 것이었다. 예를 들면 비밀에 싸인 출생과 성장 과정, 젊은 날의 모험과 의협심, 큰 좌절과 망명도피, 유랑생활, 그리고 머슴살이와 로맨스, 그리고 결혼, 장인의 가축을 돌보는 목자로서의 삶과 금의환향 등 서로 겹치는 생이었다.

이러한 현상을 정신분석학에서는 '전이'displasement 또는 '반영'echo이라고 하는데, 어떤 대상을 향했던 감정이 다른 대상으로 옮아가는 심리이다. 오랜 기간 함께 교제한 사람과 종종 닮아가는 이유 가운데 하나는 상대방이 습관적으로 사용하는 말을 따라 하다가 감정까지 닮아버렸기 때문이다.

3. 시누헤가 심어준 꿈과 환상

소년 모세는 시누헤가 심어준 꿈과 환상의 포로가 되었다

1) 젖과 꿀이 흐르는 약속의 땅 '야'(Ya'a)

아브라함 링컨에게 가장 큰 영향을 준 책은 '엉클 톰스 케빈'이라는 소설이었다. 만일 그가 소년 시절에 이 책을 읽지 않았더라면 '흑인 노예해방'에 대한 꿈을 꾸지 못했을 것이라는 얘기가 있다. 소년 모세에게서 '시누헤 이야기'라는 책을 읽지 못했으면 '야' 땅과 '야' 신에 대한 꿈과 환상을 갖지 못했을 것이다.

모세가 광야에 대한 환상에서 벗어날 수 없었던 것은 소년 시절의 '시누헤'에 의한 영향이 컸다고 하겠다. 모세는 '시누헤 이야기'를 읽을 때마다 가슴이 크게 설레었다. 그것이 그에게 새로운 동기부여의 계기가 되었다.

내 연인은 광야에서 산다오! 광야로 나갑시다!
그곳에서 우리 처음 느꼈던 사랑을 이제껏 품어왔던
신뢰를 다시 한번 불태웁시다.
세상이 그대를 유혹해도, 고난이 그대를 송두리째
흔들어도 우리를 기다리는 그분을 만날 수 있다면
우리는 봄비에 젖은 새싹처럼 싱싱하게 살아날 것입니다.

우리 광야로 나갑시다![131], 루시앵 레뇨 Rucien Regnault

그리하여 가나안 땅 '황야'는 모세의 마음의 고향이 되었고, 그 땅의 '야' 신은 '영성 세계의 씨앗'이 되었다. '시누헤 이야기'는 모세에게 가나안과 광야 사막에서의 삶에 대한 환상을 길러주었다.

애굽에서 탈출해 온 시누헤는 오랜 유랑 끝에 시리아 남부가나안에 정착하여 양과 염소를 기르는 목자가 되었다. 그 땅의 왕추장은 시누헤에게 자기의 나이 많은 맏딸과 결혼시켜 주었다. 그는 나중에 유목민의 전문가가 되어 군대를 거느리고 전투에 나가 성공하였다. 이것은 모세의 가나안 여정의 승리와 성공담과 유사하다.[132]

'그 땅'은 토마스 모어에 의하면 '유토피아'에 해당하는 곳이었다. '그 땅'은 홍길동에 의하여 건국되었다는 '율도국'과 같은 곳이었다. '그 땅'은 야훼 하나님이 이스라엘 열조에게 약속한 가나안 땅의 특성과 일맥상통하는 곳이었다.신 8:7-9 그 땅은 호머의 서사시 '일리아드'에 의하면 '피난처'가 될 수 있는 곳이다.[133]

'야' 땅은 자손들에게는 약속의 땅이었다. 시누헤가 살았던 그 땅은 참 좋은 땅이었다. 그의 증언에 의하면:

> 그 땅에는 무화과와 포도나무와 올리브나무가 자라며, 각종 실과와 꿀이 많고, 올리브 기름도 풍부했다. 그 땅에는 물이 흔하고 보리와 밀이 잘 자라고 가축도 많았다.[134]

시누헤는 그 땅의 군주 레테누Retenu로 부터 그 땅을 자기 자손들에게 물려주어도 된다는 허락을 받은 약속의 땅이었다.

> 나는 '야' Ya'a에 머물며, 내 재산을 자식들에게 물려주도록 허락받았다. 나의 큰아들이 나 대신 부족의 책임을 맡게 되었다. 나의 모든 재산, 종들, 가족, 모든 좋은 나무의 과일들을 다 큰아들에게 넘겨주었다.[135]

그 땅은 수 세기 후에 이스라엘 민족의 성지가 되었다. 시누헤가 증언한 땅은 하나님께서 모세에게 약속한 땅과 동일하다.

> 야훼께서 너를 아름다운 땅에 이르게 하시나니, 그곳은 골짜기든지, 산지든지, 시내와 분천과 샘이 흐르고, 밀과 보리의 소산지요, 포도와 무화과와 석류와 감람나무와 꿀의 소산지라. 네가 먹을 것에 모자람이 없고, 네게 아무 부족함이 없는 땅이며 그 땅의 돌은 철이요, 산에서는 동을 캘 것이라. 네가 먹어서 배부르고, 네 하나님 야훼께서 옥토를 네게 주셨으므로 말미암아 '그'를 찬송하리라. 신8:7-10

애굽에서 나와 광야를 유랑하는 이스라엘 백성들이 모세와 하나님을 향한 불평과 원망은 당장 먹고 마실 물도, 그리고 미래를 위하여 개간하여 씨를 뿌려 가꿀만한 경작할 땅이 없다는 것이었다.

> 그들이 모세에게 이르러, 어찌하여 당신이 우리에게 이렇게 하느냐? 애굽에는 매장지가 없어서 당신이 우리를 이끌어내어 이 광야에서 죽게 하느냐? 출14:11

지혜의 마지막 결론은 이렇다.

자유도, 생명도 날마다 싸워 얻어야 하는 자만이 그것을 누릴 자격이 있는 것이라.

위험에 둘러싸여 아이, 어른, 노인 모두가 값진 나날을 보낼 것이니,

그 순간을 향해 나는 말할 수 있으리!

'머물러라. 너 그렇게 아름답구나!' 요한 볼프강 폰 괴테의 '파우스트'에서

2) '야' 땅의 주인 신(神) '야'(Yah, Yahweh)

그 땅에는 '카비리히브리족'이 살고 있었으며, 그 땅은 '야'Ya'a'라고 부르기 좋은 땅이며, 따라서 그렇게 불리워지고 있었다. 그리고 그들의 신은 '예후' 혹은 '야훼'라고 불리워지고 있었다."136 '예후' 혹은 '야후'란 "그가 누구냐?" 혹은 " '야'가 그분이라"는 뜻이다.

'야'는 'Yah' 혹은 'iah'라고 불리워지는 신의 이름으로써 'Hallelu-Yah'의 '야'와 'Eli-jah'의 '야'이신 '하나님 야훼'이시라.

'야'와 '케뎀kenites'은 한 단어처럼 사용되는 합성용어이다. '시누헤 이야기'에서 '케뎀'은 '야'의 땅으로 불리워지고 있다.

"나는 비블로스를 떠나 케뎀에 도착하여 반년을 그곳에서 보샜다."30

"그곳은 '야아'ya-a라고 불리워지기에 좋은 땅이니…"84

"이제 대주제께서 메키를 케뎀에서 .. 올라오도록 명령하여 주십시오."220

"너는 외국을 많이 돌아다녔고, 케뎀에서 레테뉴까지 봤도다."182

"나는 '야아'에 하루를 머물면서"236

학자들은 '야훼 신앙'의 기원에 대하여 늘 제일 먼저 거론되고 언급되는 것이 '야훼'의 '겐족'kenite 가설이다. 그 이유는 어디에 있는가?

'시누에의 이야기' 본문에는 항상 단일 용어처럼 'Ya'a and Qedem'은 묶이어 나오고 있는데, 이것은 Yahweh and Kenites를 연상시킨다. 이것은 Mosaic Yahwism과 Kenite Yahwism의 상관관계를 상기시키고 있기 때문이다.

3) 감탄사로서 '야!'(Ya'a, iah)

인간 최초의 언어는 감탄사이다, '야!'는 놀라거나 반가울 때 '이야!'iah라고 소리친다. '우가릿어'의 'y, ya', '아람어'의 'ya', 영어의 'oh!'이다. 시누헤가 고백한 '야'는 원시적 정령 숭배numinosum: njuimin, pl, numina에서 '신령, 수호신, 근원력, 창조력, 정령을 부르는 소리'이다. 그것은 기원이나 찬양이나 감탄의 소리이다. 그것은 기도할 때의 '할렐루야나 아멘'과 같은 것이다. 사람이 힘겹게 산정에 오를 때나, 막강한 대적을 공격할 때, 그리고 탐스런 사냥감을 사냥할 때 '이야!'라고 소리친다. '야!'와 '야호!' 및 '이야'iah 같은 함성은 정령numen, numina의 도움을 요청하는 정신적 술법이다.

'야'Ya'a 혹은 iah는 신을 호명하거나 신에게 청원할 때 '자기 힘'노력 + 'α'= '기적'을 가져오기 위해 '신의 방정식'을 활성화하기 위해 기합氣合을 넣는 행위이다. 기도할 때 '아멘'은 청원에 인을 치는 것이다. '야'라는 확언은 군사적 행동이나 예술 창작에 감정이입感情移入을 하여 자신과 대상과의 합일을 이룬다.

셈어의 '야'Ya는 '그'er라는 말이며, 신을 가리키는 타부적인 말로서, 고대인들이 신에 대한 감탄적인 부르짖음, 즉 뉴맨적인 원시적인 발성음numinoser urlaut이었다.[137]

'야훼' 즉 하나님 그분의 정확한 이름의 발음은 아무도 모른다. 그 이름을 알거나 부르면 죽는다. 그리하여 그냥 나의 주님. "아도나이"라고 불러 왔다. 모든 '원어 성경'에도 '야훼'에는 그 발음이 '아도나이'이다 그분의 이름은 오랫동안 지금까지 발음하지 않고 지내왔기 때문이다. 그분은 그 누구도 '보지 못하며, 볼 수도 없으며, 보이지도 않는다.' 그분은 많은 사람들에게는 '알지 못한 신'이며, '알 수 없는 신이시다.' 그분은 '야훼' 야휘, 야흐, 야호, '예후' 등등 모두 가능하다. 히브리어는 원래 모음이 없다. 자음으로만 'ㅇ ㅎ'라고 써 왔기 때문이다.[138]

욥은 탄식했다:

> 오늘도 내게는 반항하는 마음과 근심이 있나니,
> 내가 받는 재앙이 탄식보다 무거움이라.
> 내가 어찌하면 하나님을 발견하고 그의 처소에 나아가랴! 욥23:1-2
> 내가 앞으로 가도 그가 아니 계시고, 뒤도 가도 보이지 아니하며 그가 왼쪽에서 일하시나 내가 만날 수 없고 그가 오른쪽으로 돌아가시나 뵐 수가 없구나! 욥 23:8-9

4) 하나님의 이름으로서 엘(El)과 야(Yah)

'엘'이란 '이스라엘'이라고 할 때의 '엘'이며 '야'란 '유다'라고 할 때의 '끝 음', '야'-iah이다. '엘EL 신'은 고대 가나안의 신들 가운데 최고의 신으로 알려져 왔다. 이 '엘'이라는 단어는 서북 셈어 가운데 히브리어와 우가릿어에서 신을 지칭하는 말이다. '엘 신'은 아마도 기원전 30세기 후반과 20세기 전반에 걸쳐 가나안 땅에서는 다른 신들에 비해 상대적으로 걸출하게 뛰어난 신이 된 것 같다.

'엘' 요소를 내포한 지명들은 의심할 수 없는 가나안 사람들의 것으로서 히브리인들의 진입 이전부터 사용해 왔음에 틀림없으며, '엘' 요소를 내포한 인명들은 일반적으로 군주적이며 유일신적인 의미를 지닌 것으로써 '나는 엘이니 너의 아버지의 하나님이다' 창 46:3 한 것에서 그 증거를 보여준다. 이 '엘'은 가나안 지역에 따라 다른 이름으로도 불렸으니, 곧 벧엘의 엘-벧엘, 세겜의 엘-엘로힘, 살렘의 엘-엘레욘, 브엘세바의 엘-사다이, 엘-올람 등이 그 예이다.[139] 그러한 여러 부족의 신이 합하여 '엘로힘'이 되었다.

'야Yah' 신은 '야, 여, 요' 등으로 불렸으며, 유사 이전부터 신의 이름으로서, 모세의 어머니 '요게벳'의 이름 가운데 한 요소라는 것으로도 알 수 있다.

'Yah'는 아모리인Amorites과 가나안인Cananites 사이에 잘 알려진 신이었다. 그 흔적의 잔존이, 이사야서의 'Yah-Yahweh'를 비롯하여 Yo-kebeth의 'Yo', 'Halle-lu-Yah'의 'Yah' 등에 고유명사의 한 요소로 남아 있다.[140]

또 다른 이론은 야훼는 모세 이전부터 호렙 곧 시내산에 계셨고, 이 야훼 이름은 미디안족의 분파인 겐족kenites이 숭배하던 신으로서 그 제사장은 이드로였다는 주장이다.

'Yah Yahweh'

" '야훼의 영' יהוה רוּחַ (사 11:2)" 이
고.명. (루아흐) 명,여,단,연

" '야 야훼' יהוה בְּיָהּ כִּי־ "로 되다
고명 고명 (카베야흐)
접, 전, 고명

하나님의 영 = 야 야훼 רוּחַ = יָהּ
보명 고명

모세에게 나타나신 하나님은 자신의 이름을 '야훼'라고 했다. 야훼יהוה는 히브리어 동사 הָיָה be, become와 הָוָה to breathe에서 온 것으로서 '존재, 생존being, he who is or will be'의 의미로 '계신 이' 또는 '계실 이'이다.출 3:14 따라서 '야훼'란 '세상에 있는 것을 모두 있게 만드신 이to become'이며 그 모든 것을 '있게 하신 이to be'이다.

> 우리 조상들에게 말씀하신 하나님께서, 옛적에는 선지자들에게 여러 부분과 여러 모양으로 말씀하셨다. 히 1:1-2

성서 시에 나오는 하나님의 이름은 '야Yah'출 15:29 19:16; 왕하 1:3; 시 68:10; 104:35; 105:45; 106:1; 48; 등이고 '야후Yahu'왕상 17:1, 16, 18, 22, 24; 등이다.

이스라엘Isra-el,יִשְׂרָאֵל은 "엘의 백성" 또는 "엘이여, 다스리소서!"라는 뜻이며, 유다Jud-ah,יְהוּדָה는 "야를 찬양하라"는 뜻이다.

'유다 연맹'과 '이스라엘 연맹'이 합하여 통일 왕국이 되었으며 그리하여 '야훼 하나님' 즉 '야훼-엘로힘Yahweh-Elohim'이 되었다. 따라서 원래의 신명神名으로 '야훼' 사용자는 유다 왕국의 백성이고, '엘로힘' 사용자는 이스라엘 왕국 백성이었다.[141]

4. '야' 땅은 어디에 있는가?

기원후 4세기경에 중국 진나라 晋나라의 전원시인 도연명이 무릉도원武陵桃源이란 작품을 썼다. 이것을 '도화원기桃花源記'라고 부른다.

무릉 땅에 한 어부가 살았다. 어느 날 그는 시냇물을 따라가다가 길을 잃어 복사꽃이 만발한 숲에 이른다. 그 숲이 끝나는 곳에 산이 있는데, 그 산 입구에 사람이 들어갈 만한 구멍이 있어 들어가 보니 이게 웬일인가? 별천지가 새롭게 나타나는 게 아닌가? 거기도 사람이 살고 있었는데, 그들의 부모가 5. 6백 년 전에 있었던 '진秦 나라의 난리를 피해 이곳에 왔고 그 뒤로 외부와 떨어져 살고 있다는 것이다. 그곳은 별천지였다. 이 도원 안에 사는 이들은 모두 늙지도 않고 죽지도 않고 수백 년을 살고 있다니, 그 어부는 말없이 돌아왔다. 그 뒤 다시 그곳을 찾으려 했으나 결국 찾지 못했다.

16세기 초에 토마스 모어Thomas More는 『유토피아』라는 작품을 내었다.

'유토피아'utopia, 인간이 생각할 수 있는 최선의 상태를 갖춘 완전한 사회란 공상으로 그린 이상적 사회로서 그리스어의 부정사 οὐ no, not와 명사 τόπος장소의 합성어이다. 그러므로 '유토피아'란 '어디에도 존재하지 않는 곳'이란 뜻이다. 모어는 영국의 사회적 공황 속에서 유토피아 사상을 길렀다. 정치, 경제, 문화, 교육, 가정 등 모든 분야의 모순을 적나라하게 지적하는 것으로부터 출발하여 사회 전반에 걸쳐 신랄한 비평과 개혁을 가한 후에 진, 선, 미의 극치가 지상에 이룩된 '이상향 유토피아'를 보여주었다.

여기에는 무식과 무지와 어둠이 없으니 부정과 부패가 없다. 질병과 기근이 없고 또한 전쟁이 없으니 군대가 없다. 중세重稅가 없고 수탈이 없으니 탐관오리가 없다. 빈부의 차가 없으니 거지와 실업자가 없다. 이러한 모든 것이 없는 곳이니 필요한 모든 것이 있는 곳이다.

그 섬 '이상향 유토피아'에는 사랑과 자유와 평등이 있고 동정과 협조가 있는 곳이다. 그 섬 '유토피아'에는 모든 것이 참되며 아름답고 풍성할 뿐이다. 그러나 이러한 '유토피아'도 자연 지리적인 호조건 때문이 아니고, 다만 그 섬의 사회와 정치의 제도가 옳고 그곳 주민들의 근면성과 성실성 때문에 이루어진 것이다. 모어 자신도 그런 곳이 아직 이 땅 위에는 없다는 것을 알기 때문에 가상적으로 '유토피아'라고 이름한 것이다.

그러나 영원히 없는 것은 결코 아니다. 그와는 반대로 미래의 인간 사회는 '유토피아'로 지향할 것을 힘있게 역설하고 그 실현 가능성을 확신하면서 1535년 7월에 헨리Henry 8세가 세워 놓은 교수대에 올라가기를 서슴지 않았다. 자신이 길러온 이상의 제물이 되어 토마스 모어가 단두대의 이슬로 사라진 지 490여 년, 그러나 아직도 이 지상에는 '이상향'이 실현된 곳은 없다.

그런데 도연명陶淵明이 제시한 '무릉도원'은 '난리를 피한 곳이고, 오래 사는 곳'이다. 반면에 토마스 모어가 쓴 '유토피아'는 '제도와 풍습이 이상적인 사회'이다. 전자는 '도피해서 오래 사는 곳'이요. 후자는 '개척해서 이상적으로 사는 곳'이다.

에릭 프롬Erich Fromm은 "인간은 자기를 노예화하고 마비시키는 환상을 극복하지 않으면 안 된다. 즉 환상이 필요하지 않은 세계를 만들기 위하여 자기 안팎의 현실에 눈뜨지 않으면 안 된다. 환상의 연쇄가 깨어질 때야 비로소 자유와 독립을 얻을 수 있다"고 했다.[142]

'에덴동산'은 이상향의 상징이다. 그러나 이 에덴동산에도 찔레와 가시덤불과 엉겅퀴가 있었다.창 3:18 동산지기 아담과 하와는 평생 수고하여야 그 소산을 먹을 수 있었다. 그는 흙으로 돌아갈 때까지 얼굴에 땀을 흘려야 밭의 푸성귀라도 먹을 것을 얻을 수 있었다.창 3:17-18 하나님이 그들을 동산에 둔 것은 농사하기 위함이었다. 그들은 그 땅을 경작하며 지켜야만 했다.창 2:15 그들은 게으름을 피우다가 하나님으로부터 그 동산에서 쫓겨난 후에도 땅을 갈고 농사를 지어야 했다.창 3:23 에덴동산은 '땅을 갈 사람이 없으면, 비도, 초목도, 채소도 낼 필요가 없었다.창 2:4-5 땅을 정복하고 모든 생물나무, 풀, 새, 고기 등을 다스리라고 한 것은 돌보고 가꾸고 길들이라는 말이다. 많은 짐승을 길들여 돌보자면 아담, 하와가 얼마나 바쁘게 살았겠는가?

아담과 하와가 에덴동산에서 쫓겨난 것은 일하기 싫어하다가 쫓겨났다. 그들은 이 동산 안에서도, 밖에서도 농사해야 했고 일해야 했다.

> 야훼 하나님이 에덴동산에서 그를 내어 보내어 그의 근원이 된 땅을 갈게 하시니라. 창3:23

안식일에 병자를 고쳐주신 것에 대해 무리가 비난하자, 예수께서

> 그들에게 이르시되 내 아버지께서 이제까지 일하시니 나도 일한다. 요5:17

고 하셨다.

인간이 닮아야 할 하나님의 형상이란 안식일에도 일하시는 하나님을 본받으라는 것이다. 낙원이란 인간이 스스로 일해서 만들어 나가야 한다. '이난나'의 동산은 자기가 심고 가꾸어야 한다. 놀면서 먹고 살 수 있는 에덴동산은 애초부터 없었다. 평원에서의 농경은 인간의 노력의 성과가 자연이 주는 혜택으로 나타난다. 따라서 이곳에서 일하는 것은 기쁨이며, 즐거움의 원천이 된다.

그러나 초원이나 사막의 자연은 인간에게는 두렵고 무서운 존재이며, 인간이 자연을 정복하느냐 아니면 자연에 정복당하느냐 하는 이자택일二者擇一을 강요받는다. 때로는 노동이 강요가 되고 가혹하여 도리어 괴롭게 느껴진다. 창 1:28

세상에는 전쟁이 있지 아니하냐? 그날이 품꾼의 날과 같지 아니하냐?욥 7:1

그에게 눈을 돌이켜 그로 쉬게 하사 품꾼과 같이 그날을 마치게 하소서!욥 14:6

천국은 마치 품꾼을 얻어 포도원에 들여보내려고 이른 아침에 나간 집 주인과 같으니마 20:1

1) 가나안은 낙토인가?

모세는 현실과 그의 이상과의 차이에서 상심하고 고민했다

기원전 14세기경에 애굽 관리들은 팔레스타인Palestine 땅을 '키나니' 혹은 '키나히'라고 불렀다.

애굽은 천혜의 자연환경을 갖춘 땅이었다. 그러나 가나안은 젖과 꿀이 흐르는 땅으로서의 '이상적인 낙토'는 아니었다. 그 땅 가나안의 실상은 풀 한 포기 나무 한 그루도 저절로 자라지 못하는 땅이었다. 인간들이 심고 물을 주고 가꾸어야만 나무도, 풀도, 곡식도 자라는 땅이었다. 인간이 돌보지 않으면 금방 황무지로 변하는 땅이었다. 원래부터 시리아Syria와 팔레스타인 지역은 강수량이 극히 적은 데다, 산지에는 비가 와도 배수가 너무 빨라 이롭지 못했다. 평지에는 비가 와도 물을 저장할 수 없는 토양이었다.

이 지역의 기후와 지형 조건은 불확실한 강우 사정과 더불어 언제나 이 지역 주민들의 정신생활에 중대한 도전이 되어왔다. 이 지역은 지중해 기후와 식물, 그리고 토양이 서로 섬세하게 조화를 이루고 있었다. 그 조화가 깨어지면 쉽사리 폐허로 변해갔다.[143]

따라서 휴경제도가 필요했다. 그 땅은 빨리 황폐해지고, 빨리 회복되기도 했다. 삼림을 벌채하고, 지표의 식물을 걷어내는 일은 토양의 침식을 초래했다. 양과 염소를 과도하게 목축하여 풀을 뜯어 먹고 풀의 뿌리까지 파먹으면 재생이 어려웠다. 그 땅은 인간이 노력하면 그만큼 지력의 회복이 빨랐다. 그러나 인간이 노력을 기울이지 않으면 금방 불모의 땅으로 변했다.

놀면서 먹고 사는 유토피아는 어디에도 없다. 편안하고 나태한 낙원은 존재하지 않는다. 새로 개발한 땅에서 찔레와 엉겅퀴와 가시덤불과 싸워야 하고, 새로 간척한 땅에서는 방파제 밖의 거센 파도와 싸워 지켜내야 한다. 고군분투하는 자만이 소중한 유토피아를 누릴 자격이 있다.

애굽에서 나와 광야를 유랑하는 이스라엘 백성들의 모세와 하나님을 향한 불평과 원망은 당장 먹고 마실 물도 없고 미래를 위하여 개간하여 씨를 뿌려 가꿀만한 경작할 땅이 없다는 것이었다.

> 그들이 모세에게 이르러, 어찌하여 당신이 우리에게 이렇게 하느냐? 애굽에는 매장지가 없어서 당신이 우리를 이끌어내어 이 광야에서 죽게 하느냐?출 14:11

그들은 끊임없이 원망과 후회를 했다!

> 우리 형제들이 애굽에서 죽은 때에 우리도 죽었더라면 더 좋을 뻔하였도다.출 16:3

젖과 꿀이 흐르는 땅에 대한 하나님의 약속은 그냥 이루어지지 않는다. 네가 부지런히, 발이 닳도록, 발바닥이 부풀도록 쫓아다녀야 한다.수 3:15, 14:9 속담에 "일찍 일어나는 새가 벌레를 잡는다." "부지런한 벌이 꿀을 얻는다"는 말이 있다.

> 누구든지 음식을 값없이 먹지 말고 오직 수고하고 애써 주야로 일하라. 누구든지 일하기 싫어하거든 먹지도 말게 하라!살후 3:8, 10

낙원은 가꾸어야만 한다.

> 여러 동산과 과원을 만들고, 그 가운데 각종 과목을 심었으며, 나를 위하여 수목을 기르는 삼림에 물을 주기 위하여 못을 팠으며, 전 2:5-6

낙원의 동산은 과실나무를 심고 거름을 주고 물을 주고, 못을 파고 스스로 낙토를 만들어나가야 한다.

2) '야' 땅(낙토)의 실상(實狀)

인간은 낙원에서 금단의 열매를 따 먹는 순간부터 추방되어 실낙원The Lost Paradise에서 살게 되었다.

> 너는 네 평생에 수고하여야 그 소산을 먹으리라. 땅이 네게 가시덤불과 엉겅퀴를 낼 것이라. 네가 먹을 것은 밭의 채소인즉 네가 흙으로 돌아갈 때까지 얼굴에 땀을 흘려야 먹을 것을 얻으리니 창 3:17c-19a

인간은 부지런하고 정직하면 틀림없이 안전하게 생활할 수 있을 것으로 믿었고, 황야에서 이상촌락을 건설할 수 있다고 확신하고 믿음으로 가난과 궁핍을 극복하려고 노력하였다. 그러나 현실은 호구지책도 불가능한 상황에 봉착했다.

그들은 뱀이 준 지혜로 낙원을 세웠으나 하나님을 쫓아냈다. 그들은 얼마 동안은 만사가 하나님 없이도 잘 되어 가는 것 같았으나, 이제 비로소 그들은 그들이 만든 낙원이라는 것이 화산火山의 꼭대기에 세워져 있음을 깨닫게 되었고, 인간은 자신들의 손으로 세운 낙원이 거대한 죽음의 수용소로 바뀌었음을 알게 되었다.[144]

> 국가가 지상 지옥이 된 것은 항상 국가를 지상천국으로 만들려고 했기 때문이다. 휠더린Hoelderlin

10세기 중엽에는 카를 마르크스와 엥겔스가, 1919-23년에는 레닌이 세계대변혁, 즉 '하나님의 나라'가 가까이 왔다고 믿었다. 대환상의 결과로 생긴 현상은 종교이든 정치이든 그 일어난 영역에 상관없이 매우 같았다.[145]

이것은 공산주의 국가들이 보여주고 있는 실증이다. 레닌과 스탈린은 약속했다. 모택동과 김일성도 약속했다.

> 사회 전체가 노동의 평등과 급여의 평등이 달성되는 사무실, 하나의 공장이 될 것이다. 레닌 V. I. Lenin, 1917

그러나 결과는 정반대였다.

유일한 고용주가 국가인 나라에서는 반대한다는 것은 천천히 굶주려 죽는다는 의미이다. 일하지 않는 자는 먹지 말라는 과거의 원칙은 새로운 원칙으로 대체될 것이다. '복종하지 않는 자는 먹지 말라'고…. 트로츠키 L. Trotsky, 1937

트로츠키Leon Trotsky는 환상적인 신앙과 이성적인 신앙 사이에서 망설이던 가장 극적이며 또한 비극적인 인물이었다. 그는 스탈린의 소비에트연방이 결코 사회주의 희망의 성취가 아님을 분명히 보았다. 그러나 그는 죽는 날까지 그의 희망이 완전히 좌절됐다는 것을 시인할 수가 없었다. 그는 소비에트연방이 타락한 노동자 국가이긴 하지만 노동자의 국가임은 틀림없다고 보고, 이것을 방어하는 것이 제2차세계대전에서의 공산주의자들의 의무라고 했다. 그 후 15년 후에 트로츠키는 암살당했다. 암살을 명한 사람은 자기가 묘사한 엉터리 사회주의를 건설하기 위해 혁명 시대의 마지막 잔재마저 쓸어버리지 않을 수 없었다.[146]

모든 권력은 부패한다. 절대권력은 절대적으로 부패한다. 액터 경

인간은 자신들이 만든 '지상낙원'the Earthly Paradise에서 쫓겨 추방될 것이며, 그것은 곧바로 인간의 자유와 생명을 사라지게 할 것이다. 과학과 기술이 이룩한 현란한 성취에 넋을 빼앗긴 인간은 자신이 이 땅의 주인이라고 확신하게 되었을 뿐만 아니라, 심지어 자신의 요구와 이익이 옳고 그름을 가리는 최후의 기준이라고 확신하기에 이르렀다.

오늘날 인류는 근대성의 진위가 의심되는 시대가 되었다. 20세기 초 사람들은 인습과 주술이 가득 찬 중세를 벗어나 르네상스를 거쳐 과학기술의 발달이 절정에

이르렀다. 신화와 종교가 지배하던 시대를 지나 이성이 지배하는 근대사회는 인간을 만물의 영장의 지위에 올려놓았고 인간은 완전한 이성을 가진 존재라고 믿게 되었다. 그러나 오늘날은 그것들에 대하여 회의를 불러왔다. 오늘날은 전쟁과 환경파괴와 기아와 전염병 등으로 '디스토피아'의 유령이 나타나고 있다. 오늘날의 과학기술은 산업을 만들었고, 산업은 기후 위기를 만들었다. 오늘의 문명은 인간이 자신들의 뼛골이 부서지게 일해서 건설한 것이라는 교만한 생각은 드디어 우리 손으로 만든 것을 '우리의 하나님'이라고 부르게 될 것이다. 오늘의 승리는 내 뿔로 거두었다고 자만하는 순간 하나님은 우리 곁을 떠나셨다.

지구촌은 바야흐로 파멸의 위기에 직면해 있다. 생명체들이 전멸할 순간이 다가오고 있다. 생명체의 지속 가능한 삶을 위해 불편을 감수하면서도 개발에 앞서 지구촌 생태계를 보전하려는 노력을 해나가야 한다. 인간은 자연의 청지기이다.

> 그러나 네가 마음에 이르기를 '내 능력과 내 손의 힘으로 내가 이 재물을 얻었다' 말할 것이다. 신8:17
>
> 모든 불의를 제거하시고 선한 바를 받으소서! 우리가 우리 손으로 만든 수송아지를 우리의 신이라 하던 것을 대신하여 입술의 열매를 드렸나이다. 내가 그들의 반역을 고치고 기쁘게 그들을 사랑하리니, 나의 진노가 그에게서 떠났음이니라. 호14:2-4

'이난나 신화'의 에렉 주민들은 전쟁놀이로 영일寧日이 없었다. 그러다가 북과 북채를 지하 세계에 빠뜨렸다. 가나안 땅은 에덴의 동편도, 불타의 서방정토도 아니었다. 호머 일리아드의 '피난처'나 홍길동의 '율도국'도, 정감록의 '십승지'도 아니었다.

애굽 탈출은 인간다운 삶을 찾는 새로운 출발이지만, 새 땅은 개척의 삶을 위한 속박의 시작일 수도 있다. 인간이 노력을 기울이면 황무지도 옥토沃土로 바꿀 수 있다. 지금까지 자신을 지배하고 있는 삶의 방식. 사고와 관행들을 혁파하고 심지어는 지금까지 활용해 왔던 성공 수단까지도 파괴해야 한다. 자신이 가진 것보다 훨씬 여유롭고 넉넉하게 사는 방법은 인간을 어둠 속으로 끌고 들어가려고 하는 물귀신들을 쫓아내는 것이다.

운명을 건 노예들의 애굽 탈출은 종국에는 선택받은 자들만이 살아남은 치열한 광야 여정에서 '가나안'이라는 새 땅은 황홀한 미래로 보일 수도 있었다. 그러나 약속과 희망은 감정의 영역이고 가능과 거래는 실천의 영역이었다. 냉정하고 정확히 이상과 현실을 혼동하지 않는 현명함을 지녀야 약속의 땅에 도달할 수 있었다.

3) 인류의 영원한 본향

새 하늘과 새 땅을 찾아서

모세로 하여금 가나안 공격의 동기를 만들어 준 것은 '젖과 꿀이 흐르는 땅'이라는 정탐꾼들의 보고報告였다. 민 13:23-28 그러나 막상 가나안 땅은 메마른 불모지였다. 그것은 예나 지금이나 마찬가지다. 예언자 이사야의 증언에 의하면 그 땅은 "광야요 사막이며, 메마른 땅"이었다.

광야와 메마른 땅이 기뻐하며, 사막이 장미백합화같이 피어 즐거워하며 사 35:1

야훼 하나님께서는 왜 자기 백성은 불모지로 몰아넣었을까?

고대 근동의 셈 종족들the Semites은 태고의 낙원에 대한 그리움 같은 일종의 향수를 공통으로 갖고 있었다. 아득한 옛날! 인류는 모두 신들처럼 죽지 않고 영원히 살고 싶어 하여 왔다. 그들의 전승들에 의하면 "인간은 어떻게 하여야만 신들의 반열에 들어갈 수 있을까? 영원히 살 수 있는 낙토는 어디에나 있는가?" 늘 끊임없이 물어 왔다.

에덴동산의 상실 기억은 우트나피시팀의 낙토 상실의 기억과 같은 것이다. 고대 히브리인들의 의식 속에는 황금시대는 근동의 여느 다른 종족들과 마찬가지로 아득한 태고의 과거에 놓여 있었다. 따라서 과거가 점차 미래로 이상화되고 투영되게 되었다.

칼 부데Karl Budde에 의하면 태고의 이상적 유목 생활은 바로 우리가 미래에 도래하기를 갈구하는 복낙원인 '신세계'New World라는 것이다.

그 영원한 '내 고향 남쪽 나라'는 '에덴의 동쪽'이요, 그곳은 '딜문'Dilmun과 같은 늘 푸른 초원이고, 아미타불Buddha Amitabha의 서방정토西方淨土, Pure-land이고 '이난나Innana의 정원'이며, 길가메쉬의 '마슈산'Mt. Mashu이며, 보석산의 '금강봉'이다. 인도 신화의 '수미산'須彌山이고, 수메르의 '묘고산'妙高山이고 '묘광산'妙光山이다. 그곳은 삼나무 동산ceder-mountain에 있던 '일니니'Irnini의 '백향목 숲'이다.

그 '피안의 세계 같은'as island other world 곳은 우트나피시팀utnapisitim이 살던 신비와 환상의 섬이요 '새 예루살렘'으로서 묵시문학에서 '종말론적 낙원'Eschatological Paradise과 같은 뜻이다. 그곳은 신성의 세계로서 새 하늘과 새 땅이다. 인류의 보편적인 회상에 의하면 해 뜨는 동녘으로 한없이 계속 가면 그곳에는 각종 수목이 우거진 동산이 나오고 시원한 샘과 풍부한 강이 흐르고, 은금으로 지천을 이루었는데, 엉겅퀴와 찔레로 가시 울타리가 둘러쳐져 있고, 해로운 것들의 침입이 없는 지극히 안락한 곳이다. 그곳에는 눈물이 없고 질병이 없고, 죽음이 없고, 고통과 가난이 없는 곳이다. 그곳에는 인간이 필요로 하고 그리워하는 것은 무엇이든지 다 있는 곳으로 무상의 기쁨만이 있는 곳이다. 그리고 그곳에는 복되게 죽은 자들이 최후로 갈 수 있는 곳으로 동경과 소망이 담겨진 곳이었다.

모세의 가나안 땅에 대한 꿈과 환상은 시누헤와 함께 만든 작품이었다. 시누헤의 고백과 증언이 그의 꿈의 뒷받침이 되었고 희망을 주었기 때문이다. 그의 꿈과 환상은 씨앗이 자라듯 그것이 실현되는 데는 세월이 걸린다. 싹을 틔우고 성장시키는 데는 어려움이 많지만 좌절하지 않고 극복해 나가야 한다.

여호수아가 그들 에브라임과 므낫세 부족에게 이르되 네가 큰 민족이 되므로 에브라임 산지가 네게 너무 좁을진대 브리스 족속과 르바임 족속의 땅 삼림에 올라가서 스스로 개척하라 하리라.

> 여호수아가 다시 이르되 그 산지도 네 것이 되리라. 가나안 족속이 비록 철병거를 가졌고 강할지라도 네가 능히 그들을 쫓아내리라 하였더라. 수 17:15,18

새 땅을 개척하라! 산지도 네 것이 되리니, 비록 삼림이라도 개척하라! 그 끝까지 네 것이 되리라.

제8장 • 모세의 청년 시절과 아케나톤

젊은 시절의 모세는 한때 혁명의 열정에 불타고 있었다. 그것은 주군 파라오 아케나톤의 생령에게 세뇌당한 것이었다. 그가 일으킨 아마르나 혁명은 '종교적 신앙과 사회적 개혁'이 서로 맞물려 있었다. 그의 미래는 이미 청년의 때에 결정되어 있었다. 그것은 거의 운명적이었다. 그의 혁명적 미래는 황야의 독수리의 삶이 그 모델이었다

1. 청년 모세와 아케나톤

청년이여! 네 어린 때를 즐거워하며, 네 청년의 날들을 마음에 기뻐하여, 마음에 원하는 길들과 네 눈이 보는 대로 쫓아 행하라! 그러나 하나님이 이 모든 일로 말미암아 너를 심판하실 줄 알라. 전 11:9, 12:1

옛 풍설에 의하면 맑고 쨍쨍한 좋은 날씨에 '이무기'는 승천할 수 없다고 한다. 그가 승천하려면 구름이 끼고 비가 내려야 한다. 이 기회를 만나지 못하면 제아무리 뛰어난 재주를 갖고 있더라도 별수 없다. 본인의 의지와 노력도 중요하지만, 더욱 중요한 것은 절호의 기회이다. 기회가 와야 연못에 갇힌 '이무기'가 비로소 하늘로 날아올라 용이 될 수 있다고 한다. 그런데 그런 기회는 항상 길한 모습으로만 오는 것이 아니라 때로는 아주 흉한 모습으로 다가온다는 것이다.

일반적으로 20대의 청년기는 성인으로서 사회적으로 독립한 한 개인으로 취급된다. 일반적으로 가정에서의 독립과 사회 생활에서의 적응, 그리고 결혼생활 등이 대두되는 시기이다. 이 시기에 자기의 이상과 현실과의 조화를 고려하여 진로를 결정하게 된다. 정신적 각성기며 사상 고정의 시기이기도 하다. 청년기는 개인적, 또는 세계관적인 관념군이 강하게 지배하며, 확신하고 능동적으로 행동하는 시기이다.

오경은 모세가 파라오의 궁정에서 보낸 세월에 대해서는 아무것도 전해주지 않고 있다. 그러나 그가 이룩한 나중의 업적을 살펴보면 소년 시절부터 받은 학습을 통해 종교, 세속, 군사 문제에 관해 다양한 지식을 소유했을 것임은 부인할 수 없다. 당시의 애굽은 가나안팔레스타인과 시리아 남부를 지배했고, 고대 근동 지방의 다른 민족들과도 접촉했으므로, 모세는 고대 근동 지방의 생활에 대한 전반적인 지식을 갖고 있었음에 틀림없다.

2. 양모(養母), 데르무디스 공주의 위대한 모성애

청년기의 모세에게는 몇 번의 생애의 전환점 momentum이 있었다.

첫 번째의 전환점은 그의 성년 의식 무렵이었다. 고대 애굽에는 성년이 되면 할례를 베풀고 성년 의식을 행한다. 애굽에는 전통적으로 성년 의식을 베풀기 전에 '가문의 비밀'을 전수해주는 관습이 있었다. 만일 부모가 성년 의식을 베풀기 전에 자식에게 가문의 비밀을 숨기면 신의 저주와 재앙을 불러오고, 그 가정에는 큰 불운이 임한다는 전통적인 믿음이 있었다.

어머니 공주는 성년 의식을 행할 모세에게 그가 모르는 가문의 비밀이 있게 된다면 그의 영혼에 사형私刑을 가하게 될 뿐만 아니라, 본인 공주에게는 씻을 수 없는 범죄를 하게 되는 것이라고 믿고 있었다. "소를 잃고 땅을 치느니, 그 전에 외양간을 고치는 게 나은 법, 내 사랑하는 아들이 성년식에서 거짓 선서를 하게 할 수는 없다"고 했다.

그리하여 어느 날 공주는 왕궁의 '아가방' 천장에 매달려 있는 '갈대 상자'에 대하여 모세에게 자세히 일러 주었다. 그때 모세는 자신이 기억하지 못했고 기억할 수도 없었던 비극적인 역사를 알게 된 것이다. 그때까지 모세는 어쩌다가 자기가 어릴 때 자랐던 '아가방'에 들어갈 때마다 그 방 천장에 매달려 있는 '갈대 상자'를 보고 '저것은 무엇이냐?' 물어본 적은 한 번도 없었다.

모세는 그 '갈대 바구니'의 내력을 듣는 순간 큰 충격을 받았다. 그때는 마치 번개가 자기 머리를 치고 지나가는 기분이 들었다. 그는 마치 벼락 맞은 기분이었다. 그는 갑자기 세상 끝의 절벽에 서 있는 기분이었다. 그는 아연실색했다. 이것이 그의 청년 시절에 맞이한 '청년기의 첫 번째 전환점'이었다. 이리하여, 모세는 성년 의식을 통하여 자신의 정체성을 발견했다.

모세는 자기 생애의 비밀을 풀었다. 그는 자기 외모가 애굽인과 같지 않고 가나안인 같은 것의 해답을 찾았다 "그렇다면 나는 누구인가?" 그는 자신의 정체성에 혼란이 왔다. 그는 잠시 흔들렸다. 그는 '괴물의 뱃속' 같은 시일을 보냈다. 그는 강물에 던져진 비극을 다시 경험했다. 모세는 이제 애굽인으로 머무느냐 그렇지 않으면 아시아인으로서 이 나라를 떠나야 하는 기로에 서게 되었다. 그는 자아와 그것을 정직하게 표현할 수 있는 언어 찾기에 골몰했다. 출생과 입양 시의 슬픈 비밀을 알게 된 후 그는 고심했다. 그리하여 마침내 그는 타협하려 들었다. 그는 어쩔 수 없이 애굽을 자신의 고국으로, 이스라엘을 조국으로 눈뜨기 시작했다. 위기는 기회이다. 그러나 모세는 고국과 조국 사이에서 곤혹과 열등감으로 갈등하고 있을 때마다 어머니 공주는 그의 장래에 대하여 꿈을 키워주려고 애를 쓰고 있었다. 모세는 자신에 대한 어머니의 신뢰가 안타까울 정도임을 느끼고 그녀가 실망하게 하지 않으려고 부단히 노력했다.

모세는 다짐했다. 전통적인 애굽 귀족들의 위선과 허세를 벗어던지고 용자로 거듭나기로 작심했다. 그는 파라오에게, 효자와 충신이 됨으로써 불운의 절벽과 불안한 처지를 떨쳐버리기로 했다. 속설에 '개종한 사람보다 더 열렬하고 더 공격적인 신앙심을 보여주는 사람은 없다'고 한다. 모세는 그렇게 하여 생의 큰 위기를 극복했다.

3. 대(對) 에티오피아전(戰)에 출정

청년 모세의 두 번째 생의 전환점은 에티오피아의 전쟁에 출전하게 된 것이었다. 그것은 참으로 무모한 결정이었다. 그것은 강아지가 범 무서운 줄 모르고 달려드는 격이었다. 그는 지금까지 전투의 경험이 없었다. 그러나 주위로부터 특별한 신뢰를 얻어야 했던 그에게는 그것이 바로 절체절명의 순간이었다. 영웅은 때를 잘 만나야 한다. 시대가 영웅을 낳는다. 불운이 전화위복의 기회가 되었다.

애굽의 파라오가 종교개혁에 심혈을 기울이느라고 국방에 소홀히 하는 사이에, 에티오피아가 기회라고 생각하고 작전을 개시했다. 요세퍼스의 '유대 고대사'에 의하면 에티오피아는 오래전 애굽에 빼앗긴 영토를 되찾겠다면서 침입해 들어왔다. 애굽과 에티오피아 간에 국지전이 벌어졌다. 애굽은 매우 곤혹스러운 처지에 빠졌다. 애굽은 전쟁을 치를 준비가 되어있지 않았다. 애굽은 아마르나 종교개혁을 하는 중이었기 때문이었다.

그때 어머니 공주가 모세에게 권유했다:

만일 네가 결코 가져본 적 없는 것을 얻으려면 네가 결코 해본 적 없는 일을 해야 한다.

어머니 공주는 모세가 이 기회에 그의 용기와 지혜를 실험하고 학습해 보기를 조언했다. 모세는 때를 놓치지 않았다. 그는 큰 기대를 안고 있는 어머니 공주를 기쁘게 해 줄 요량으로 과감하게 나섰다. 공주는 대견하게 여겼다. 전투에 실전경험이 없기는 모세도 군병들도 마찬가지였다.

이것이 모세가 청년기에 맞이한 두 번째 생의 전환점이 되었다. 모세는 이 출정을 통하여 자기 속에 있는 잠재 능력을 일깨우게 되었다. 모세는 이미 애굽군 총사령관의 전투 장교의 복장을 하고서 저만큼 높은 곳에 서서 두 팔을 번쩍 쳐들고 온몸에 힘을 부과하여 산하가 진동하듯 출동의 필요성을 역설하였다. 그는 일찍이 익힌 군사학과 사관의 임무를 재담으로 엮어 모병을 역설했다. 그는 전투의 위험을 미사여구로 포장하여 격문을 작성하여 전쟁 선포를 하고 선동에 나섰다. 그는 나무와 소와 말과 〔같은〕 백성들을 앞에 세워 놓고 출전의 열변을 토했다. 백성들은 지금 그가 무엇을 말하고 있는지 이해할 수 없었지만, 아무튼 그가 고통받고 있는 이 나라 애굽을 위하여 몸을 바치겠다고 절규하고 있는 것만은 분명했다. 그는 이것을 기화로 애굽 군대의 야전사령관 '원수'元帥로 임명받아 전선으로 떠나게 되었다. 어머니 공주는 그를 깊게 포옹하면서 눈물을 흘렸다.

4. 개선과 전리품

모세는 그 에티오피아 대전에서 극적인 승리를 거두고 돌아왔다. 그런데 그 승리의 과정에는 한 편의 소설 같은 미담이 전해지고 있다. 모세는 평소에 난관과 시련에 부딪히면 고배를 두려워하지 않고 응전과 도전을 하는 감투 정신이 있었다. 그는 늘 '천국은 침노하는 자의 것'이라는 옛 격언마 11:12을 알고 있었다.

1) 첫사랑의 화신, 공주 '달비스'(Tharbis)

모세의 감투 정신은 대對 에티오피아 전투에서 용기와 지혜를 발휘했다. 그는 먼저 에티오피아 군사들이 호위 점령하고 있던 성읍 '소바'Soba 도성을 공격하기로 하였다. 그 성에는 에티오피아 황제의 공주 '달비스'Tharbis가 전란을 피하여 기거하고 있던 대피소 성읍이었다. 그곳은 왕의 친위대가 공주를 옹위하고 있던 난공불락의 도성이었는데, 모세는 그곳을 공격의 주목표로 정했다. 그것은 전쟁의 정곡을 찌르는 기발한 착상이었다. 그의 예상은 적중했다. '달비스' 공주는 적의 젊은 사령관 모세의 용기와 지혜에 감탄하여 마음을 빼앗겼다. 밀고 당기는 전투가 계속되자 뜬눈으로 밤을 보낸 그녀는 드디어 꿈속에서 그리던 '백마 탄 왕자'가 나타났다고 생각하고, 그날 밤 빗발치는 화살의 불길을 뚫고 어둠 속을 틈 타서 애굽 진영로 달려왔다.

전투 중에 여인의 실루엣을 감지한 모세는 전투를 잠시 중단시키고, 그녀를 맞이했다. 자색 면사포를 벗기고 보니 그녀는 미모의 흑인 여성이었다. 그녀의 눈은 마치 대성한 화가가 그리다가 만 듯한 눈이었다. 그리고 그녀의 눈은 신비한 환상을 담고 있는 것처럼 보였다. 모세는 가슴이 설레었다. 그녀의 입은 아름다운 의지를 갖추고 있는 듯이 보였다. 그녀의 입은 음식은 먹거나 말을 하기 위한 것이 아니라 몸속에 있는 무한한 '미'아름다움를 잠가놓고 있는 자물쇠처럼 보였다. 모세의 가슴은 요란하게 파동을 쳤다. 그는 달비스의 사랑에 항복했다. 공주의 전향을 듣게 된 에디오피아 왕은 부득이 공주가 모세의 아내가 된다는 조건으로 그 도성을 포기하고 애굽에 넘겨주기로 약속했다. 이렇게 하여 세기의 위대한 사랑은 운명적으로 결정이 되고 전쟁은 애굽의 승리로 막을 내렸다.[147]

모세는 전투에서는 승리했으나 사랑에는 항복했다. 그는 왕의 요구 조건에 승복하고 그 도성을 획득하게 되었다.[148] 치열한 전장에서도 사랑은 싹이 트고 꽃이 핀다. 용기와 지혜만 있으면 격전지에서도 미인을 얻는다. 공주 달비스는 모세의 감투 정신에 대한 신의 보상이었다.

황제의 친위병으로 철옹성 같던 '소바'성을 '사랑의 혁명'으로 무너뜨린 모세는 갑자기 전쟁영웅으로 칭송되었다. 그리하여 백성의 환호를 받게 되었고 뜻밖의 전리품까지 챙기게 되었다. 모세는 전쟁을 통하여 놀라운 진리를 발견했다. 그것은 "모든 답은 문제 속에 들어 있다"는 속담을 신뢰하게 되었다. 그는 무엇이나 포기하지 말고 집요하게 노력하면 난관 속에서도 해답의 실마리를 발견할 수 있다는 것이었다. 그는 탁상공론보다 현장에서 철저히 고민하면 해결 방법은 찾을 수 있다는 것이었다.

모세와 달비스 공주와의 관계를 성서에서 찾는다면 스바여왕왕상 10:1-13, 대하 9:1-12 처럼 역사의 전설이 되었다. 역사가 요세푸스는 스바여왕은 에디오피아와 연관시켰다.[149] 이리하여 모세는 소바성을 무혈입성했다. 이것은 마치 헤브론에서 유다의 왕이 되었던 다윗이 여부스족의 도성 예루살렘을 피 한방울 흘리지 않고 점령한 것과 같다.

구약성서에는 '소바성의 달비스 공주' 설화와 비슷한 얘기가 있다. 사랑의 화신 달비스 공주는 영락없는 다윗의 '아비가일'Abigail의 모형이었다. 사울 왕을 피하여 광야를 떠돌던 다윗은 자신이 도와준 적이 있었던 갈멜의 부호 '나발'의 집을 찾아가 도움을 요청했다. 나발의 집은 때마침 양털 깎기 축제를 벌이고 있다는 소식을 듣고 다윗은 자기 부하들을 보내어 광야에서 굶주리며 고생하고 있는 자신에게 도움을 달라고 요청했다. 그러나 나발은 한마디로 거절했다. 다윗은 다음날 자신의 호의를 무시하고 모욕한 나발을 징계하려고 200여 명의 부하를 이끌고 갈멜로 쳐들어갔다. 예쁘고 슬기로운 여인, 나발의 재치 있는 아내 아비가일은 '고기와 과일과 포도주를 나귀에 싣고 와서' 다윗을 만났다. 남편의 용서를 구하고 불량배들의 마음을 풀어주었다. 이리하여 다윗은 그녀의 간청은 받아들이고 퇴각했다.

> 아비가일이 나귀를 타고 산 호젓한 곳에 따라 내려가더니 다윗과 그 사람에게로 내려오는 그들과 마주치니라. 삼상 25:20
>
> 다윗의 전령들이 갈멜에 가서 아비가일에게 이르러 다윗이 당신을 아내로 삼고자 하여 우리를 당신께 보내더이다 하니... 삼상 25:40

며칠 후 나발은 심장마비로 죽고, 아비가일은 산속을 떠나 산적 떼의 두목인 다윗과 함께 먼저 떠나갔다. 그녀가 바로 다윗의 총애했던 아내 아비가일이다.

흔히 '운명의 도전자에게 주는 격언'이 있다.

> 용자勇者가 아니고서는 미녀美女를 차지하지 못한다.[150]

모세는 이 격언을 실증했다. 다윗이 블레셋과의 전투에서 골리앗을 죽이고 돌아올 때 온 백성의 환호를 받은 것처럼 모세는 대 에티오피아 전쟁에서 개선하고 돌아올 때 백성들의 큰 환영을 받았다. 이렇게 하여 모세는 '세자'世子의 자리를 확고히 하게 되었다. 이처럼 모세는 매사를 열심히 하였고 항상 솔선수범했다. 그는 전쟁을 하나의 예배와 축제로, 하나님께 대한 봉헌과 잔치로, 하나의 예술과 도락道樂으로 만들었다. 이것이 청년기를 맞이한 모세의 청년기 생의 두 번째 전환점이 되었다.

고대 근동 세계에는 "너의 상처를 별로 바꾸라!" Turn your Scar into a Star라는 격언이 있다. 모세는 바로 그런 사람이었다. 그는 지난날의 상처가 지금의 그를 더 단단하게 만들어 준 사실을, 그리고 그 상처가 남긴 흉터가 지금은 오히려 자랑스러운 훈장이 되었음을 알게 되었다. 그는 '죽음을 넘어서는 역사적 삶은 자기희생에서 비롯된다'는 것을 알게 되었다. 그는 자신의 한계와 상처를 자기희생을 통해 새로운 자신을 창조하는 기회임을 깨닫게 되었다.

에티오피아 대전에서 개선한 모세는 블레셋과의 전쟁에서 귀향한 다윗처럼 백성의 큰 환호와 헹가래를 받았다.

모세와 달비스는 사랑하는 날들을 보냈다. 사랑이 깊어져 갈수록 달비스는 더 아름다워졌다. 모세는 이처럼 순진한 여자의 사랑이 있으리라고 생각지 못했다. 그러나 하나님의 섭리는 그들의 사랑을 그냥 오래 두지 않았다. 오래되지 않아 모세는 애굽을 탈출하여 달아나야 하는 비극이 다가오고 있었기 때문이었다. 그들의 재회는 먼 훗날의 일이 되었다.

많은 세월이 흐른 후에 헤어졌던 달비스와의 다시 만남에서 그들은 서로 대범해졌다. 그러나 그들의 옛정이 다시 살아나는 것 같았다. 그러나 이제 그들은 너무 늙었고, 주변으로부터 비판받았다. 그때마다 모세는 그녀의 머리를 천천히 쓰다듬어 주었다.

2) 참사랑의 화신, 달비스 공주

모세 사화는 너무나 태곳적 전승이기 때문에 그와 관련된 인물들의 이름도 지역과 종족에 따라 다르게 불렸다. 예를 들면, 모세의 장인 '이드로'Jethero의 이름출 3:1, 4:18, 18:1-2, E.이 출애굽기 2:18[J]에는 '르우엘'Reuel, 그리고 민수기 10:29[J]에는 '호밥'Hobab 으로 불리고 있었듯이 유대교 전승에서 모세의 양모 애굽 공주의 이름이 '데르무디스'Thermuthis 혹은 '달무드'분명히 달비스가 와전된 듯하다, 그리고 '메리스'Merris라고도 불렸고, 유대 학자들은 'בתיתי' 라고도 불렀다. 그리고 모세의 사랑하던 에티오피아구스 공주는 '달비스'Tharbis, 혹은 '미로에'메로에 Meroe라고도 불렸다. Targum of Jonathan

> 예루살렘 여자들아, 내가 비록 검으나 아름다우니, 게달의 장막 같을지라도
> 솔로몬의 휘장과도 같구나! 아 1:5

양치기 술남미 처녀는 피부는 검을지라도 그의 용모는 세상에서 가장 아름다운 미모였다. 솔로몬의 연인이었던 그녀는 예루살렘 후궁의 수많은 여인 가운데 가장 탁월했다. 그녀는 '흑진주' 같으니 게달의 검은 장막처럼 우뚝했다. 그녀는 솔로몬 궁전의 휘장 같고, 파라오의 준마같이 탁월하였다.

세상에서 가장 아름다운 여인은 저녁 만찬장에 자색 옷을 입고 나온 에티오피아 처녀이다. 필자는 일찍 미국 유학 시절에 국제 로터리클럽에서 외국 유학생 초청 만찬장에서 에티오피아의 미녀 유학생의 그 탁월함을 목격한 적이 있다. 에티오피아 흑인 미녀의 압도적인 아름다움은 글로 표현할 수 없다. 인간이 아니라 흑진주로 만든 공예품 같았다.

나중에 다시 객담이 되겠지만 여기서 한마디하고 넘어가는 것은 'Targum of

Jonathan'에 의하면 '구스 여인'이란 바로 모세가 그토록 사랑했던 '달비스' 공주이기 때문이다.[151] '구스'Cush란 애굽의 수에네Syene 남쪽 지방으로, 애굽어로는 '코스'Kos이며, 바벨론 어로는 '쿠수'kusu이며, 앗수르어로는 '쿠수'kusu이다. 오늘날에는 '에티오피아'이다. '구스 여인'Cushite Woman은 모세의 부인첫째?, 민 12:1으로서[152] 이 구스 여인 때문에 모세는 여동생 미리암과 형 아론으로부터 비난받았다.

달비스는 피부는 검으나 '사랑의 결정체'였다. 그녀는 때로는 '베아뜨리체'처럼 고상하고 깨끗하게 모세 앞에 다가왔고, 때로는 채털리 부인처럼 열정적이고 육감적으로 모세를 호기심으로 이끌어 주었다.[153] 모세는 달비스라는 대지 위에서 본능적 욕구라는 회오리와 관념의 안개 속에서 헤맸지만, 그것들은 모세가 어린아이에서 어른으로 이끌어 주었다. 결국 모세는 그녀에게서 인간의 사랑이란 또 무엇인지를 배웠다.

모세의 미디안 광야 40여 년 망명의 삶은 '십보라'의 형체를 빌려 애굽에서 떨어뜨리고 온 달비스에 대한 상상 속에서 그 첫사랑의 여성을 그리고 있었던 것이었다. 그것이 현실적인 애모의 정이었다. 모든 학문에 통달했던 모세와 그 아내 양치기 십보라의 결혼은 꿈에서 현실로 끌어내 주었다. 모세의 생애는 '참사랑'이란 머릿속으로 그려내는 관념이 아니라 살과 피가 통하는 현실이라는 교훈을 준다. 이것은 아주 소중한 첫사랑이자 마지막이었다.

'구스 여인'은 유대 역사가 요세푸스Ant. II, x, 2가 이야기하고 있는 '미로에'Meroe 공주이다. 그녀와의 사랑은 모세에게는 고통과 역경을 견디게 하는 버팀목이 된 하나님이 일찍이 마련하신 선물이었다.창 22:14 먼 훗날, 모세가 미다언 황야의 목자의 삶과 더 훗날 광야의 긴 여로에서 심신이 피곤하여 쓰러질 때마다 소바soba성의 전투에서, 쏟아지는 화살의 불비를 맞으면서 면사포를 쓰고 달려 나온 묘령妙齡의 아가씨가 모세에게는 영원한 하나님의 사랑의 화신으로 변신하여 달려온 그 환상 속에서 모세는 위로받고 험한 생을 견디게 했다. 모세는 그녀를 끔찍이 아끼고 사랑했다.

오경 편찬자들이 숨겨온 여인은 몇 갈래의 전승을 남겼다. 그래서 역사가들은 때로는 '미로에'로, 때로는 '달비스'로, 때로는 '구스 여인'으로 전해지고 있다. 우리는 그 여인이 '3명 1인'인지, '3인 3명'인지 확언할 수는 없다. 하여튼 또 다른 전승에 의하면 모세는 그 지루하고 따분한 길고 긴 광야 여정에서 다시 달비스를 동반하게 되고, 드디어 그녀에게서 따뜻하고 친절한 애정을 느끼고 삶의 즐거움을 알게 되었다. 그는 이렇게 환희의 황야의 삶을 살아가게 되었다. 오경의 편찬자들은 성서의 기사 속에서 은연중 뭇 인간들의 사랑의 위선과 비애를 묘사하는 동시에 삶에 찌든 고된 생활 속에서도 삶의 티끌 속에 파묻혀 버린 '사랑'의 원래 의미를 회복하려 했다. 그러나 모세의 솔직한 사랑 표현으로 인해 오랫동안 세인의 손가락질을 받았으며, 그녀는 마침내 오경의 숨겨놓은 여인이 되었다.

> 모세는 미디안 여인 십보라와 결혼하여 아들 둘을 낳고 오랫동안 살았다.출 18:3-4

이렇게 역사를 소재로 하여 전설을 만들어 낸 옛사람들의 풍부한 상상력이 재미있고 멋지다. 애굽과 에티오피아의 대전은 사랑으로 전쟁을 끊고 평화를 되찾으려는 옛사람들의 예술적이고, 문학적인 슬기로움이 엿보인다.

5. 아마르나 혁명의 '아방 가르드'(Avant-garde)로서 모세

청년기의 모세가 세 번째 만난 그의 청년기 생의 전환점은 세계 역사의 선각자였던 당시의 파라오 '아멘호텝 IV' Amen-hotep IV. Aknenaton을 만난 것이었다. 모세는 그가 일으킨 혁명의 '아방 가르드'avant garde 즉 전위대였다. 아케나톤은 전통 종교의 '세속화' 世俗化, secularization의 비조鼻祖요 태두泰斗였다. 아케나톤의 아버지 '아멘호텝 3세'는 '티이'Tiy라고 불리던 평민 출신의 여자와 결혼하였다. 따라서 그는 평민 출신으로 파라오가 되었다.154

아케나톤은 병약한 아버지를 대신하여 12년간 공동섭정을 하였다. 그는 기원전 1375년에 정식으로 즉위하였다. 그는 누이였던 '네페르티'Nefert-iti와 결혼하여 6명의 딸을 가졌다. 아케나톤은 늘 평민의 풍모를 지니고 있었다. 그는 용모가 좀 모자랐고 왜소했으며, 허약한 체질에, 야위고, 어깨는 좁고 기울어졌으며, 엉덩이와 배는 불룩하고 컸다. 그러나 그의 성격은 강직하였으며, 상대방을 압도했다. 그의 눈은 항상 이 세상 밖의 아득히 먼 곳에 있는 별을 바라보고 있었다.

아케나톤은 애굽에서 고대로부터 내려온 전통 종교를 개혁하려고 시도했고, 그것이 급진적이었고, 종교에서 비롯되었으나 마침내 정치, 사회, 문화에 크게 영향을 끼쳐 오늘날에는 '아마르나 혁명'이라고 부른다. 그리고 그것은 오늘날의 용어로는 족히 '세속화'라고 칭할 수 있는 수준이었다. 그의 종교 세속화 작업은 첫째로 태양신 '아멘'Amen의 유일신 운동이었다. 그는 '지팡이는 한 개만이'를 외쳤다.

> 해 아래에 새것이 없나니, 무엇을 가리켜 이르기를 보라! 이것이새것이라 할 것이 있으랴! 우리 있기 오래전 세대들에도 이미 있었느니라. 전1:9-10

파라오 아멘호텝 4세Amen-hotep IV Ikhenaton, BC, 1377-1360는 새로운 신을 소개

한 것이 아니라 예로부터 그들이 알고 있었던 태양신 '라'Ra에 대하여 새로운 지평을 열어나갔다. 일찍이 아케나톤을 교육했던 헬리오폴리스의 제관들은 유일신 성격의 신관을 갖고 있었는데 그 신의 이름을 아톤Aton이라고 했다.[155] 따라서 아케나톤의 신앙은 헬리오폴리스 신학의 소산이었다.

아케나톤의 혁명정신은 그의 '유일신 신앙'monotheism에서 나왔다.[156] 아케나톤의 유일신 사상은 그의 독창적인 것이 아니라 그 씨앗은 일찍부터 싹트고 있었던 애굽의 헬리오폴리스Helliopolis 신학의 텃밭에서 채취한 것이었다. 그것은 헬리오폴리스 사제들의 신앙과 가르침의 소산이었다. 아케나톤은 옛 사제들의 신앙 유산 중 일부를 채택하여 활성화한 것이었다.

헬리오폴리스의 사제들은 '지팡이는 한 개만이' 즉 'One/Alone God'을 가르쳐 왔었다. 그리하여 당시의 아케나톤은 이미 '유일신론적 제의'唯一神論的 祭儀를 행하고 있었다. 혁명정신은 그의 '유일신 신앙'에서 나왔다. 이러한 주장과 제의는 애굽 전통 종교의 측면에서 볼 때는 과히 혁명적이자 새 진리이며 새 신학이었다. 고대의 다신교 사회에서 그는 이미 이교화 내지 이단화의 길에 들어선 것이었다.

아케나톤은 과거 전통 종교의 폐해를 알고 있었다. 그는 지금까지의 애굽의 신들은 너무나 위대한 나머지 백성들과 거리감을 느끼게 된 현상을 타파하려고 노력했다. 특히 그는 거대한 신전 속에 '숨겨진 신', '갇혀 있는 신'인 아몬Amon을 거부하고, 옥외로 나와서 자연 그대로의 태양을 예배토록 하였다. 아톤 신은 '그에 대한 찬미'에서 밝혀주는 바와 같이 생명을 주고, 생명을 이어 가게 하는 태양의 힘이었다. 따라서 그 신은 어둡고 캄캄한 동굴 속의 신전에서 신상으로 모실 것이 아니라 태양은 따뜻하게 비치는 탁 트인 곳에서 받들어 모셔야 한다고 했다.

이리하여 그는 신전에 갇힌 신을 해방했다. 이것은 빛의 해방이고, 진리의 해방이었다. 이것이 바로 '마아트'Ma'at이고 진리이었다.

무슨 종교의 계율에 '무엇을 하지 말라!' 또는 '무엇을 하라!'고 하는 것이 그렇게 많은가? 아톤은 섬기는 데는 신전 밖으로 나가서 풀밭에 누워서 따뜻한 햇빛을 주신 신께 감사하기만 하면 되는 것이다. 그것은 전통 종교의 혁신적인 개혁이고 대단한 세속화 작업이었다. 아톤은 '아툼'Atum처럼 창조신 가운데 하나로 원래는 헬리오 폴리스의 지역신이었다. 아톤 신화는 태양신 '레'Re의 신화와 합하여 소멸하였으나 아케나톤이 큰 뜻을 품고 다시 소생시켜 나갔다.

헬리오폴리스의 사제들은 세계의 창조를 그들의 태양신Ra, Aton의 것으로 간주하였다. 그들의 우주 창세신화에 의하면 '라' 자신은 아비인 '원초적 혼돈'인 '눈'Num에게서 태어났다. 그는 '아홉 신들'을 탄생시켰다. 그리고 사람과 동물을 창조하였다. 태양은 자연현상의 신화적 인격화 작업에 있어 가장 중요했다. 아톤Aton은 고대 애굽에서 짧은 기간에 '국가종교'로 숭배되었다. 파라오 아케나톤BC, 1353-1336. 재위이 18년 동안 통치하는 동안 섬긴 '태양신'으로서, 유일신이며 그는 사람이 만질 수 없는 존재임을 들어 그가 위대한 신임을 재천명하였다. 그는 테베 사람들의 '아몬 레' 사제권에 반대하여 '아케타텐Akhetaten 성' 지금의 '텔 엘 아마르나'을 아톤 숭배의 중심지로 건설하였다.

둘째로 아케나톤은 신앙으로 미래를 개척할 수 있다고 믿었다.

아케나톤은 "위기에 처한 나라를 구해야 한다"는 명제로 제국 내의 정치적인 문제들보다 오직 종교적인 문제에만 천착했다. 그는 평생 종교적 환상에 빠져 신화의 세계에서 살았다. 그는 통치자로서 자질과 능력은 뛰어났으나 종교적인 면에 헌신했다. 그는 Aton 신앙의 우월성을 주장한 신앙가였다. 그는 Amon 신의 사제들이 장악하고 있던 수도 '테베'를 버리고 사막으로 나가기로 했다. 그리하여 마침내 역사에 길이 남을 하나의 전설을 낳았다.

그는 신화적 고사가 암시하는 '이상'理想을 실천하기 위해 짐승들도 생존이 버거운 나일강 동쪽 190마일 남방 320km의 황막한 사막 끝 언덕오늘날의 Tell el-Amarna 부근에 '세계 최초의 계획도시'를 건설했다. '상전벽해'를 이루었다. 그는 황야의 사막에 '꿈의 도시, 신앙촌, 천국의 도성, 환상의 세계'를 건설한 놀라운 왕이었다. 그는 그곳을 'Akhetaton'태양의 지평선이란 뜻이라 명명하고 새 수도로 삼았다. 종교적 환상의 결과였다.

그는 Aton 신 외에는 Amon 신을 비롯하여 전통적인 모든 신들의 존재를 부정하고 그 숭배를 금지했다. 그는 Amon의 사제들을 모두 해임하고 Aton의 사제들을 새로 임명하고 수도를 테베에서 아케타톤으로 옮겼다. 이렇게 하여 단순하고 소박하며 자유롭고 평화로운 마을 공동체를 실현 했다. 이것은 신화가 잉태한 상징 세계의 이상형으로서, 현세주의적 삶과 종교적 신앙의 화해를 하나의 규범적 체계로 실현한 결과였다.

반 평민 출신으로 파라오가 된 아케나톤은 기득권층의 저항을 두려워하지 않고 과감하게 격파해 나갔다. 그는 부자와 귀족의 씨가 따로 있나? 누구나 성실하고 재능을 살려 나간다면 왕후장상王侯將相도 될 수 있는 것이다. 인간의 가치가 혈통이나 출신 지역이 결정해서는 안 된다. 평면도, 이주민도, 귀화인도 스스로 행복을 누리면서 살 수 있는 나라가 되어야 한다고 주장했다. 그는 인간은 태어난 환경이나 신분과는 상관없이 귀족이든 거지든, 모두가 평등하다는 주제로 혁명을 시도했다. 그는 신분제뿐만 아니라 형벌 제도를 시정했다. 힘없고 가난한 서민의 고통을 목격하고 부조리한 상류층의 풍습과 이로 인한 사회적 폐습을 시정하려고 했다.

아케나톤의 종교개혁은 실제로 정치적 변동이어서 개혁 자체는 거의 혁명에 가까웠다.[157] 그의 혜안의 창의성과 종교적 실험정신은 정치적 사회적 혁명에서 상당히 높은 완성도를 선보였다. 그것은 종교와 신성의 거대한 세속화 작업이었다. 아케나톤은 대제국 애굽의 해외 영토 안에 세 곳의 중요 성지를 마련하였다. 아시아의 영토인 시리아와 아프리카의 영지인 누비아에 제2 제3의 지역을 지정하여 성역으로 선포하고 '환상의 도시, 이상촌理想村, Paradise, 천국의 도성'을 계획하고 건설하였다. 물론 중심되는 본부는 애굽의 '아케타톤' 이었다. 이 세 곳의 도성은 혁명의 아성이요 '아지트'agit가 되었다. 그는 이들 성지에 성곽을 쌓고, 궁전을 건설하고 노천 양식의 신전을 건축하였다. 이들 천국의 도성들은 영적인 신앙의 힘을 한곳에 쏟아부어 만든 '찬란한 미래에' 대한 환상의 도성이었다. 이들 도성에는 영혼을 사랑하는 자는 누구나 와서 살 수 있는 순수한 이타적인 마을이었다.

셋째로 아케나톤은 노래찬미로 혁명을 선도했다.

인간은 자신의 소원하는 바가 노래가 되어야 한다. 그러면 그런 고민과 절망의 나날을 보낸 세월 속에서도 언젠가는 하나의 가능성을 발견하게 된다. 인간의 생은 끝없는 노력의 연속이다. 절실하게 그리고 간절히 구하고 찾아야 한다. 희구한 바는 준비가 되어있어야 기회가 온다. 그리고 용기가 있어야 행운이 온다.

일부 학자들의 주장에 따르면 아케나톤 자신도 신으로 간주 되었기 때문에 유일신교가 아니었고, 히브인들의 유일신교인 야훼 종교의 진정한 선구도 아니었다고 한다. 백성들은 다신론 사회에서 유일신 운동은 너무 어렵게 이해되었다. 아톤에게 바치는 이 찬송의 형식과 내용은 구약 시편 104편, "내 영혼아, 야훼를 찬미하여라"와 비교되어왔다. 아톤 찬미가는 시편 104편을 낳았다. 아톤 찬미가는 다음 장에서 논하게 될 것이다.

제9장 • 아멘호텝 IV와 아톤 찬미가

혁명의 결기를 다지는 선진적인 가사로 구성된 민중의 노래

1. 아톤 찬미가

예로부터 노래에는 어떤 주술과 마력이 담겨 있다. 노래는 사람을 변하게 한다. 파라오 아케나톤은 '아톤'Aton, 해을 찬양하는 노래로 혁명의 씨앗을 뿌린 과인man of unusal ability이며 초인superman 이었다. 노래는 병들고 어긋난 인간의 본성을 바르게 고쳐주는 힘이 있다. 태양의 은혜를 찬양하는 '해의 노래'the Hymn to Aton는 인간의 병든 육체와 정신까지도 고쳐주는 '혁명가요'였다.

'아톤 찬미가'는 현존 문서로서 그의 묘지에서 여러 판본으로 보관되어온 기도서이며 찬미가로서 '아마르나 혁명'Amarna Revalution의 '도깨비 방망이'가 되고 '미다스의 손'Midas touch이 되어갔다.[158] 이리하여 찬미가는 인간들이 생의 권태에서 벗어나게 하고, 인간적 한계를 뛰어넘는 초인의 경지로 이끌었다. 노래를 암송하는 인간들은 그 마음에 변화가 일어나 아침마다 동녘이 밝아올 때는 태양은 향하여 이렇게 소리쳤다.

모든 사람은 죽은 자들처럼 잠에 빠져있었도다.

이제 우리 다 같이 팔을 들어 찬송하니,

새는 날고, 물고기는 뛰고,
식물은 피어나고, 노동은 시작되는 도다.
아톤은 모태 속에 아들을, 남자 속에는 씨를 창조하며
모든 생명이 태어나게 하시는도다.
그는 인종과 그들의 본성과 언어와 피부 색깔을 구분해 왔으며
만물의 필요를 채워 주시는도다.
아톤은 애굽에는 나일강을, 외국에는 하늘의 나일강을 두어 비를 만들었도다.
그는 하루에도 시시각각 눈에 보이는 장소에 따라 수백 가지의 형상을 지니
시지만,
그는 언제나 같으시다.
"너 위대한 태양이여!
만일 네가 햇살을 비추지 않았던들
우리가 행복이란 것을 알았겠는가!
우리가 자신들의 우둔함을 깨닫고,
가난한 사람들이 다시 풍요로워질 때까지
우리는 그들을 도와주고 나누어 주고 싶도다!
마치 그대가 저녁이면 바닷속에 가라앉았다가
아침에는 다시 빛을 가져다주는 것과도 같이!
낮 동안에 아톤은 자기 아들 아케나톤과
그의 아내 네페르티를 위해 모든 것을 번성케 하신다."

이렇게 '아톤 찬미가'는 태양신의 특성과 속성을 잘 나타내어 보여주고 있다.[159]

우리 인간은 어느 곳에 가서 살게 되더라도 저 밝은 태양은 우리의 삶을 광명의 세계로 이끌어 준다.

첫째로 아톤은 아름다움의 본체이시다.

'아톤 찬미가'는 125절의 긴 '시'인데, 그것의 처음과 나중 즉 시작과 마지막 부분은 '아톤의 아름다움'과 '그를 신앙하는 자의 아름다움'을 찬양하고 있다. 그 시의 서두에는 '새벽 동녘 하늘의 일출'의 아름다움을 찬양한다.

저 하늘의 수평선 위에 나타난 님은
살아있는 아톤, 곧 생명의 시작되신 그대로다.
그대가 땅의 지평선 위에 떠 오를 때
온 세상은 그대의 아름다움으로 가득 차도다.
그대의 아름다움과 위대함은 높이 떠서 온 땅을 비취나니
님이 만드신 햇살은 땅끝까지 퍼지나이다. 찬미가 1-6

붉게 솟아오르는 아침 해, 아톤은 미의 근본이며 모든 아름다움의 본체이다. 아톤이 뜨면 세상의 모든 아름다움은 나타나고, 그가 지면 세상의 모든 아름다움은 사라진다. 인간이 진정으로 아름다움을 탐구해 나간다면 궁극적으로는 신, 아톤을 만나게 된다. 이는 신 존재의 증명에서 미적 논증에 속한다. 이러한 표현은 창세기 천지창조의 기술과 유사하다.

태초에 어둠과 흑암 속에 잠겨 있던 세상은 '빛이 있으라!' 하시매 빛이 있었

고 그 빛이 하나님이 보시기에 좋았더라.창 1:2-5,

아톤 찬미가의 말미에는 '붉게 물든 저녁 황혼의 황홀한 일몰'을 찬양하고 있다. 그리고 그를 '섬기는 자의 아름다움'을 칭송한다.

인간이란 '님'을 통해서만 살아갈 수 있기에
모든 눈은 그대의 아름다움을 바라보나이다.
그대가 서편에 지시면 모든 일을 제쳐놓아야 하나이다.
'라'Ra의 아들 아케나톤은 진리로 살고 있으며
그의 왕비 네페르티Nefert-it는 영원토록 젊음을 유지하나이다. 찬미가 111-113, 122-1232

"아톤께서 만드신 저녁 황혼의 아름다움을 비길 데 없다. 왕비 '네페르티'를 보라! 그녀의 영원한 젊음을! 그녀는 건강과 미의 상징이라. 아톤께서 모든 생명체에 '건강과 아름다움'을 주신다. 왕비 '네페르티'는 꽃다운 나이를 이미 지났지만, 저는 여전히 젊고 건강하며 아름다움을 간직하고 있다. 저에게는 젊음의 활기가 넘치고, 생명이 충만하여 이렇듯 아름답고 어여쁘다!" 인간은 하나님과 우주의 축소형 복사품이다.

그녀는 미모에 명석한 두뇌를 갖고 강한 신념과 의지로 아케나톤의 '아마르나 혁명'을 적극적으로 뒷받침하는 것이다.

아톤 찬미가의 서두는 Aton의 아름다움에 대한 찬양으로 시작하고 말미에는 Aton을 사랑하는 자의 아름다움에 대한 칭송으로 끝마치고 있다.

기원전 1366년경에 만든 조각품으로 Tell-el-Amarna에서 출토된 높이 48cm의 석회암에 채색된 왕비 '네페르티'의 흉상胸像은 세련된 사실 묘사로 애굽의 조각품 중에 최고의 걸작 중 하나로 역사상 유례가 없는 아름다운 모습을 담고 있다.

그것은 서베를린 국립 미술관에 소장되어 있다. 절세의 미인으로 외모가 출중했던 그녀는 남편 아케나톤의 생존 시에는 지각과 미모로 아마르나 혁명에 큰 도움을 주었으나, 왕이 피살된 후 왕비는 '미혹의 영'에 사로잡혀 아름다운 미모가 도리어 큰 어려움을 초래하였다. 그녀는 나르시시즘narcissism 즉 무절제한 삶의 늪에 빠져서 사치와 향락으로 세월을 보냈다. 그녀는 사랑과 권력에 눈이 먼 요부가 되어 추문과 음란으로 국정을 위기에 빠뜨렸다. 그녀는 점차 궁중의 암투와 당파의 소용돌이 속에서 요화妖化로 변모해 갔다. 그녀는 원래 경국지색이었다. 아마르나 혁명의 실패는 예술에도 큰 영향을 미쳤다.

아마르나 예술의 표현에 의하면 그녀는 초기에는 몇몇 조각상에 미인으로 나타났으나 후기에는 '아마르나 예술기법'에 따라서 보기 흉한 마녀로 그려지기 시작했다. '미의 여신'이 영원에서 현실로 내려와 왕이 아내에게 입맞춤하는 모습이나 식탁에 앉아 고기를 뜯은 모습으로 나타났다. 이리하여 전통주의자들의 비웃음을 자아냈다. 이러한 네페르티 초상의 우아하며 연약한 모습은 영원히 계속될 듯한 견고함을 보여주기보다는 미묘하고 덧없다는 인상을 주었다.

> 고운 것도 거짓되고 아름다운 것도 헛되나 오직 야훼를 경배하는 여자가 칭찬은 받으리라. 잠 31:30

그녀는 임금이 혹하여 나라가 기울어져도 모를 만큼 뛰어난 미모였다!

아케나톤 왕은 네페르티가 영원히 그 미모를 그대로 갖고 있기를 원했을 것이다. 그러나 그것이 허망한 갈망임을 그녀도 알았을 것이다. 자신도 언젠가는 한 줌 흙으로 돌아가고 차가운 조각상만이 남게 될 것이라고! 결국, 사랑이란 그녀에게는 무상함에 저항하는 유일한 삶의 방식이었다. 이렇게 하여 한 시대를 풍미했던 아름다움은 세상에서 사라져 갔다.

둘째로 아톤은 모든 생명의 근원이며 그 본체이시다.

'아톤'은 영원하고 완전하여 궁극적인 존재이다, 아톤을 신으로서 지성예지 속에만 존재하는 것이 아니라 실재적으로 존재한다. 아톤에 의하여 모든 생명체가 살아나고, 그가 사라지면 모든 생명체도 사라진다. 생명체가 살아있다는 것은 아톤이 살아있다는 증거이다. 아톤은 만물의 아버지이자 어머니이다. 신 존재의 증명에서 이것을 본체론적 논증이라고 한다.

하나님이 이르시되, '물들은 생물을 번성케 하라! 땅 위 하늘의 궁창에는 새가 날으라' 하시고, 큰 바다짐승들과 물에서 반성하여 움직이는 모든 생물을 그 종류대로 창조하시니 하나님이 보시기에 좋았더라. 하나님이 그들에게 복을 주시며 이르시니 '생육하고 번성하여 여러 바닷물에 충만하라. 새들은 땅에 번성하라' 하시니라. 창 1:20-22

'아톤 찬미가'에 의하면 : 태양은 생의 출발이자 삶의 원천이다.

먼 동틀 때, 그대 수평선 위에 떠오르시면

햇살을 발하사 어둠을 몰아내고
나무와 풀들도 무성하게 되며
새들은 그들의 보금자리에서 날아가며
그들은 날개를 펴서 님의 카ka를 찬양하는도다.
바다의 배들은 북쪽으로, 또는 남쪽으로 향하고
강의 물고기는 님의 면전에서 뛰노나이다. 찬미가 21-22, 31-33. 37. 39

동녘 하늘에서 아침 해가 떠오를 때는 지난밤 사납던 파도도 잠자고 태풍도 멎은 바다는 그지없이 아름답다. 멀리 안개에 가렸던 육지가 어렴풋이 보인다.

하나님이 이르시되, '땅은 풀과 씨 맺는 채소와 열매 맺은 나무를 내라' 하시니 하나님이 보시기에 좋았더라. 창 1:11-12

태양이 수평선 위에 떠 오르면 온 세상 만물이 다 팔을 벌려 찬양하며 환영하고 있다.

Aton은 여인들 속에 씨를 창조하신 분,
님은 남자 안에 유액을 만드셨도다.
그의 어미의 태 안에 아들을 간직하신 분,
그가 갓난아기가 우는 것을 달래시며 보살피시는 도다.
Aton께서 자궁 속의 아이를 돌봐주시고
그가 지으신 것을 보존키 위해 숨을 주시는도다.
아기가 자궁에서 내려올 때
님께서 그의 입을 완전히 열어주시고

필요한 것을 공급해 주시는도다. 찬미가 41-50

내가 주께 감사하옴은 나를 지으심이 신묘막측神妙莫測 하심이라. 주의 행사가 기이함을 내 영혼이 잘 아나이다. 시139:14

조물주는 우리 인간의 몸 구석구석에까지 세심한 주의를 기울여 만들었다. 뼈, 피부, 신경 및 기타의 모든 기관이 서로 조화할 수 있도록 생명이 있는 하나의 정교한 기계와 같이 작용할 수 있도록 만들었다. 그러나 단세포가 어떻게 전체를 구성하는가? 그리고 마지막으로 한 가지를 더 추가했다. 그것은 '사랑'이었다. 인간은 수정된 후 9개월 이후에는 완전한 인간으로 태어난다. 단순한 단백질 덩어리인 공 모양이 2, 4, 8, ……개로 분열하여 뼈, 신경, 피를 만들고, 눈과 귀와 손톱, 피부를 만들어 낸다. 무엇이 이러한 분화 발달을 촉진하는지 전체적인 분화의 메커니즘을 설명하지 못하고 있다.

인간은 Aton의 사랑으로 분화된다.

'신묘막측'神妙莫測 = fearfully and wonderfully made.

무시무시하게 경이적으로 오묘하게 지으셨도다

두렵고 놀랍고

애굽의 창조 신화는 '신의 용두질'masturbation. 수음, 자위에 의해서 세계를 창조하는 이야기로 시작된다. 이것은 확실히 '신으로부터'de Deo의 창조 과정을 상징하기에는 충분히 논리적인 방법이다.[160] Aton께서 모태자궁 안의 태아가 뛰놀게 하시고, 부친의 고난 속에서 '생명의 씨앗' 또는 '남자의 정액'을 만드셔서 인간의 번식도 보살피신다. '아톤 찬미가'는 음란하지 않고, 어렵지 않고, 난폭하지 않게 부모님의 사랑과 은혜를 가르치고 있다. 그것은 고대 애굽의 과학적 사고이다.

여자의 자궁은 남자의 정자를 받아 아이를 키우기만 하는 장소가 아니다. 자궁은 어머니의 사랑을 키우는 곳이다. 자궁이 있어 여자의 사랑은 남자의 사랑보다 넉넉하고 풍요롭다. 자궁은 생명과 사랑의 원천이다.

마리의 예언 본문에도 마리 왕은 신의 넓적다리 사이, 즉 사타구니, 황소의 고환 속에서 자랐다.[161] 이것은 순화된 표현이다.

구약성서의 창조 이야기는 '혐오감을 불러일으키는 그로테스크grotesgue한 야만적인 신화의 내용은 점차 윤리적인 감정이 높아짐에 따라 정화 되어갔고 도덕적인 방법으로 순화되었다.[162]

'갓난아기'는 병아리보다도 더 연약하다. Aton께서는 그런 아기는 누가 가르쳐주지 않아도, 아기가 스스로 입을 열어 무서운 힘으로 젖을 빨아 먹고 자라게 하신다.

달걀 속에는 병아리가 껍질 안에서 삐약거리는 것도
님께서 그의 생명을 유지하기 위해 숨을 주셨기 때문이다.
님께서 그에게 껍질을 깰 힘을 주시면
기한이 찰 때 삐악 소리 지르면서 나오며
두 다리로 걸어서 나오는도다. 찬미가 51-55

달걀은 생명체이다. 살아있는 생명의 씨앗이라. 날수가 차면 거기에서 병아리가 기어 나온다. 껍질을 깰 수 있는 힘은 누가 주셨는가? 그 연약한 것이 삐약거리는 소리는 어떻게 내며, 어떻게 그 연약한 다리로 걸어 나오는가? 병아리가 삐약거리는 소리는 세상의 암흑을 깨뜨리고 나오는 '고고한 소리'이다. 타조의 알은 얼마나 단단하고 딱딱한가? 어미 타조가 품어주지도 않고 그냥 흙 속에 파묻어 놓으면, 날이 차고 때가 되면 스스로 깨고 병아리 타조가 나온다. 그것은 누구의 힘에 의한 것인가? 모두 하나님 혹은 아톤의 은혜가 아닌가?

> 타조는 즐거이 날개를 치나 학의 깃털과 같겠느냐?
> 그것이 알을 땅에 낳아 놓고는 흙에서 더워지게 하고,
> 발에 밟히는 것에 아랑곳하지 않고, 들짐승들이 깨뜨리는 것 걱정은 하지 않고,
> 제 새끼가 아닌 듯이 쪼아대고,
> 낳느라고 고생한 일이 허사가 되는 것쯤은 염두에도 없다.
> 이렇게 타조에게서 지혜를 빼앗은 이는 하나님이시라.
> 하나님은 애당초 타조에게 슬기를 나누어 주지 않았다.
> 그러나 그것이 몸을 떨쳐 뛰어갈 때는
> 말과 그 위에 탄 자를 우습게 여기느니라. 욥 39:13-18

병아리는 21일 만에, 타조는 40일에, 사람은 280일 만에 출생한다. 타조駝鳥, ostrich는 초식동물이지만 약간의 육식도 한다. 타조는 날지 못한다. 그러나 그 알은 현생 조류 가운데 가장 크다. 평균 시속 65km로 달린다. 오랫동안 물 없이 지낼 수 있다. 흰색 알을 15-16개 정도 낳는다, 새끼는 1개월가량 자라면 달리는 성조를 따라잡을 수 있다.

거북이의 알을 생각해 보라!

우리에게 우리의 날 계수함을 가르치사 지혜로운 마음을 얻게 하소서! 우리의 일생 동안을 즐겁고 기쁘게 하소서! 시 90:12, 14

하나님이 창조한 세상은 자연과 초자연이 조화롭게 융합되어 있다. 오늘날의 인간은 자연과 초자연을 괴리시켜 버렸다. 원래 자연계의 질서natural order와 영적인 질서spiritual order가 서로 교합하고 있었다.

태초부터 Aton이 계시니라. 아톤이 하나님과 함께 계셨고, 아톤은 하나님의 지으신 바라! 하나님이 그 안에 생명은 주셨다. 이 아톤이 나와 함께 있었고, 이 생명은 사람들에게 빛이다. 빛이 어둠에 비치되 어둠이 깨닫지 못하더라. 요 1:1-5, 번안

셋째로 아톤께서는 모든 인간을 똑같이 사랑하고 돌보신다.

아마르나 시대의 애굽 사회는 맹목적 국수주의, 광신적 애국주의, 자민족 중심주의, 그리고 배타적 애국주의가 판치는 쇼비니즘chauvinism이 횡행하던 시대였다. 그들은 자민족을 절대화하고 이방인들을 멸시하던 어두운 시절이었다. 인간은 짐승도, 물건도 아니다. 그런데 '아톤 찬미가'의 사상은 '만민평등사상'이 싹트던 시절이었다.

시리아와 누비아, 그리고 애굽 땅,
님께서 모든 사람을 그 정한 자리에 두시고
　그들에게 필요한 것을 제공해 주십니다.

모든 사람에서 그가 먹을 양식을 주시며

　　그의 사는 날 수를 계수計數하십니다.

그들의 언어는 방언에 따라 다양하며

　　그들의 모습은 각기 다르도다,

님께서 외국 사람들을 구별하시는 것 같이

　　사람들의 피부는 특이하나이다. 찬미가 64-71

아톤께서는 특히 모든 인간을 사랑하신다. 그는 흑인과 백인을 구별하지 않고, 종과 주인을 차별하지 않는다. 그는 가난한 자와 부한 자를 다르게 생각하지 않고 외국인과 이민자, 노동자와 노예들을 긍휼히 여기신다. 그는 자기를 의지하는 자들에게는 편견과 무지에서 벗어나 그의 영혼이 자유를 누리게 하신다. 언어와 방언이 다르다고, 피부색이 다르고 모양이 다르다고 차별하지 말라68-71 노예나 자유인이나, 종이나 주인이나 다 같이 똑같은 Aton의 자녀로서 생존은 허락받았다. Aton께서는 모든 인간이 자기 땅에서 밭을 갈고 쟁기질하고, 씨를 뿌리고 가축을 돌볼 수 있기를 원하신다. 그러므로 그 누구도 양식이 없어서 밤새도록 남의 맷돌은 돌리는 일은 없어야 한다.79-88

멀리 떨어져 있는 모든 다른 나라 사람들도 그들에게 생명을 허락해 주시는 도다. 찬미가 79

Aton님이 서편 지평선 너머로 지면

땅은 죽음처럼 어두워집니다.

사람들은 머리를 덮고 방 안에서 잠을 자며

모든 사자는 그 굴속에서 기어 나오며,

쏘아대는 모든 기는 벌레들도 나옵니다. 찬미가 11-13, 17-18

아케나톤의 아마르나 교육은 '인간 생명의 존엄성'sanctity of human life과 '인간 삶의 존엄성'sanctity of human living을 가르친 선구자였다. 노동자들은 '일터'를 얻기도 어려웠지만, 일자리를 지키기도 더 어려웠다. 그들은 열심과 무관하게 일터를 빼앗길 수도 있었다. 노동자들과 노예들은 밤에도 봉사를 쉽게 할 수 있도록, 취침 시간에도 즉각 활동할 수 있는 작업복을 입고 잠을 잤다. 일터를 구하기도 쉽지 않았지만, 쉽게 잃을 수도 있었다. 그들은 매일 매일 소모품에 불과했고, 혹시 새 일터를 얻으려면 이전보다 더 힘든 노역장勞役場들뿐이었다. 그리하여 그들은 항상 노심초사하였고 전전긍긍했다.

역사의 선각자 아케나톤은 노동자와 농민들도, 외국인과 이주자들과 귀화인들도, 노예와 천민들도 저녁이면 편히 잠을 자며 쉴 수 있어야 한다고 했다. 아케나톤은 그들에게 '저녁이 있는 삶'을 주기를 원했다. '아톤 찬미가'는 종교적 환상이자 혁명의 씨앗이 되었다.

모세는 그의 본질적인 주장 '삶과 생명의 존엄성신성함'에 대하여 큰 감화를 받았다. 영성 생활의 가장 높은 봉우리는 인간 삶의 터전이며 일상적인 행위로도 오를 수 있다. 종교는 특별한 행사를 위해 존재하는 것이 아니다. 부정과 불의와 불공평이 비난받는 것은 법이 깨어졌기 때문이 아니라 인간이 상처를 입었기 때문이다.

넷째로 아톤에게는 웅장한 신전이 필요치 않다.

아톤을 경배하기 위하여 신전을 짓겠다면서 석회암 동굴을 파거나 웅장한 대리석 석조건물을 짓는 것은 무익하다. 아톤을 위한 것이라면 '노천露天광장'이면 충분하다.

아톤 님은 아름답고 위대하다.
온 땅 위에 높이 떠 광채를 발하고 계신다.
님의 햇살은 님이 만드신 땅끝까지 퍼지신다. 찬미가 5-6

온 우주가 그의 집인데, 신전이 무슨 필요가 있는가? 저 먼 하늘 위에 높이 떠 있는 '자유로우신 님'을 무슨 수로 땅 위에 지어놓은 신전 속에 감금하려고 하는가? 왜, 저 중천에 높이 떠서 끊임없이 달리고 있는 '저 님'을 신전 안으로 끌어들이려고 하는가? 다 소용없고 부질없는 것이다. 끊임없이 움직이시는 아톤님을 아무도 막을 수 없다.

아톤님께서는 내 마음에 계시며
당신의 아들 네페르- 케페루-데와-엔-데 외에는 당신을 아는 이가 없나이다. 님께서는 그에게 당신의 계획과 능력을 전해주셨나이다. 찬미가 102-105

우리 안에 아톤님이 계시는데 신전이 왜 필요한가? 우리 몸이 아톤의 집이고, 아톤이 우리의 집인데, 또 무슨 신전이 필요한가? 크고 화려한 신전을 위해 얼마나 많은 백성이 땀과 눈물을 흘려야 하는가? 도덕적으로도 부당하다! 그에게는 신전은 감옥이다. 아톤은 따뜻하게 탁 트인 곳에서 감사하면 되는 것이다.

님께서 높이 떠 오르시기 위하여 먼 하늘을 만드시고
그곳에서 님께서 만드신 모든 것을 내려 보십니다. 찬미가 92-94

아침마다 동산에 떠오르시는 님은 만면에 웃음을 짓고, 두 팔을 벌리면서 환영하는데, 우리는 그냥 감사와 찬양으로 맞이하면 된다. 웅장하고 화려한 신전이 무슨 소용이 있는가? 아톤을 위해서라면 밝은 옥외로 나가서 감사와 찬양으로 경배하면 충분하다.

수도 "아케타톤Akhetaton 성안에서 가장 훌륭한 건물은 언제나 햇볕을 쬘 수 있게, 그리고 하늘을 우러러볼 수 있게 지은 '야외극장' 같은 '노천광장' 즉 완전 노천식의 '본당 신전'이었다." 이것이 아톤의 대사원이었다.[163]

해는 그의 신방에서 나오는 신랑과 같고, 그의 길을 달리고 있는 용사와 같아서 하늘 이 끝에서 나와서 하늘 저 끝까지 운행함이여, 그 뜨거움을 피할 자, 그의 열기에 벗어날 자가 없도다. 시 19:5-6

신랑을 맞이하는 신부처럼 아톤을 온몸으로 받아들이고 감사하며 기뻐하라. 그러면 되는 것이다. 인간 양심의 소리는 신의 음성이다. 도덕적 요청에 따라 신은 존재한다는 '신의 존재의 증명에 대한 도덕론적 논증이다. 신전이 있으므로 존재하는 신은 신이 아니다. 그들은 모두 가짜 신이다. 가짜 신들은 모두 신방에서 추방되어야 한다.

다섯째로 Aton 신은 유일하신 분이시다.

자연계는 인과관계에 의하여 존재한다. 원인 없는 결과는 없다. 제1 원인과 원동자를 찾아 나간다면 신에게 도달한다. 종국적으로 그 신은 혼자이며 유일하신 분이시다. 그분이 바로 Aton이다. 이것은 신 존재에 대한 '우주론적 논증'이다. Aton 신은 이중적이다. '한 분이시며 홀로 계신다.' 이것을 우리는 "One, Alone" 하신 분이라고 한다. 아톤은 '하나이며 홀로이신 신', 'alone, one god'이시다. 단 한 분이시며 유일하시고 홀로 계신다.

> 님께서 만드신 것이 얼마나 다양한지요.
>
> 일일이 다 헤아릴 수 없나이다.
>
> 유일하신 신이시여! 당신 같은 분은 없습니다. 찬미가 56-58
>
> 님께서 높이 떠오르기 위해 먼 하늘은 만드셨고,
>
> 그곳에서 당신께서 만드신 모든 것을 내려다보시나이다.
>
> 님께서는 홀로 계시며 유일하신 분이시다
>
> 살아계신 해의 모습으로 떠오르십니다.
>
> 나타나시며, 비추시며, 후퇴하시며, 또 접근하시나이다.
>
> 당신의 모습을 수많은 형태로 보여주시나이다.
>
> 도시와 동네와 들판과 길과 강과
>
> 모든 눈이 당신을 대낮에 이 땅 위에 비추는 Aton으로 바라봅니다. 찬미가 93-101

Atonism은 모든 애굽종교처럼 현저히 '이중적 본질dualistic nature'을 갖고 있다. 그것은 한편은 단일성이고 다른 한편은 다수성을 갖고 있다.monotheism 유일신교,

henotheism 단일신교. politheism 다신론, 164

여섯째로 Aton께서는 만물을 기르시고 풍성케 하신다.

모두 멀리 떨어져 있는 다른 나라 사람들도

님께서 그들에게 생명을 허락해 주신다.

님께서는 하늘에도 나일강을 두시어

그것이 크고 푸른 바다와 같이

산 위에 내려와 물결치게 함으로써

그들 동네의 들판을 촉촉이 적셔 주나이다.

영원하신 주님이시여, 님의 계획이 얼마나 효과적인가?

임께서는 하늘에 있는 나일강을 외국 사람들과 들판에서

두 발로 걷는 짐승들을 위해 마련하셨도다.

그리고 지하에서 흐르는 참 나일강은 애굽을 위해 마련하셨도다. 찬미가 79-87

님의 햇살은 모두 초장에서 젖을 빨게 하시며

님이 떠오르면 그들은 생생하게 살아납니다.

님께서 만드신 모든 것을 기르기 위해 계절을 만드셨도다.

겨울은 그들을 차갑게 하고, 여름에는 당신의 뜨거운 맛을 보게 하나이다. 찬미가 88-92

님께서는 내 마음에 계시며

당신의 아들 나 외에는 당신을 아는 이가 없습니다.
님께서는 당신의 아들을 위해 땅을 지으셨고,
모든 초장을 젖으로 적시시며
도시와 동네와 들판과 산과 강과 길을 일으키십니다.
님께서는 하늘에 나일강을 주시어
그것들이 크고 푸른 바다같이 물결치게 하도다. 찬미가 102-103, 116-117, 80-99

야훼 하나님이 하늘과 땅을 만드셨던 날에 땅에 비를 내리지 아니하셨고 땅을 갈 사람도 없었으므로 들에는 초목이 아직 없었고, 밭에는 채소가 나지 아니하였으며, 안개만 땅에서 올라와 온 지면을 적셨더라. 창 2:4-6

땅에 비를 내리시고, 풀과 나무와 곡식과 채소가 나게 하는 것은 모두 사람을 위한 것이며 농사짓도록 하기 위함이었다.

야훼 하나님이 그 사람은 이끌어 에덴동산에 두어 그것을 경작하며 지키게 하시고. 창 2:15
야훼 하나님이 에덴동산에서 그를 내보내어 그의 근원이 된 땅을 갈게 하시니라. 창 3:23

에덴동산 안에서도 밖에서도 인간은 농사일을 하게 했다.

아톤의 속성은 사랑이시다. 아톤 신의 세상 창조와 통치의 목적은 '생육하고 번성하는 것'으로서 궁극적으로는 사랑이시다. 아톤이 지배하고 있는 세상에 모든 유기체에는 '내면적 합목적성' 內面的 合目的性이 있다.

> 하나님이 그 해를 악인과 선인에게 비취게 하시며, 비를 의로운 자와 불의한 자에게 내리우심이니라. 마 5:45

일곱째는 '아톤 찬미가'의 결어이다.

> 인간은 당신에 의해서만 살 수 있도다.
> 님께서 질 때까지 모든 눈들은 당신의 아름다움을 바라보나이다.
> 님께서 서편에 지면 모든 일을 제쳐 놓아야 하도다.
> 님께서 다시 뜨시면 모든 것이 왕을 위해 번창하나이다.
> 님께서 땅을 창설하셨고
> 당신의 아들을 위해 그것들을 일으키셨도다.
> 당신의 아들은 당신의 몸에서 나왔습니다. 찬미가 111-118

인간은 Aton을 통해서만 살아갈 수 있고, 모든 생명체가 그러하다. 그래서 종일 태양의 아름다움만 쳐다보다가, 해가 지면 모든 것을 접어놓고 해가 뜨면 만물은 소생한다. 그 모든 것은 인간을 위한 것이니 인간은 그의 자녀들로서 그의 몸에서 태어났다.

2. 성서와 아톤 찬미가의 비교

구약 시편 104편과의 비교

시편 104편의 주제는 '세상 창조에 나타난 야훼의 영광과 지혜'이다. '아톤 찬미가'의 주제도 같다. 시편 104편의 내용은 '아톤 찬미가'와 매우 비슷하다. '아톤 찬미가'는 만물을 돋보는 태양신 'Aton'을 찬양하고 있다. 시편 104편의 기자는 아톤 찬미가에서 태양의 모티프를 사용하기로 하여 유사한 내용으로 표현하게 되었다.

시편 104편은 창세기 1장의 '창조설화'가 아직 문학적 형식을 갖추기 전에 이스라엘인들 사이에 알려져 있었던 '창조신화'인 것 같다. 아케나톤B.C. 1380-1362의 작으로 알려진 '아톤 찬미가'가 베니스 상인들을 통해 팔레스타인에 들어올 수 있었다. P 문서의 편집인 것 같다.[165]

시편 104편이 창세기의 천지창조와 얼마나 닮았는지, 그리고 아톤 찬미가와는 얼마나 비슷한지 살펴보자.

〈내 영혼아 야훼를 송축하라.〉

야훼 나의 하나님이여! 주는 심히 위대하시며
존귀와 권위로 옷을 입으셨나이다.
주께서 옷을 입음같이 빛을 입으시며
하늘을 휘장같이 치시며
물에 자기 누각의 들보를 얹으시고
구름으로 자기 수레를 삼으시고
바람 날개로 다니시며
바람으로 자기 사신으로 삼으시고
불꽃으로 자기 사역자를 삼으시며
땅의 기초를 놓으사 영원히 흔들리지 않게 하셨나이다.

옷으로 덮음같이 주께서 땅을 깊은 바다로 덮어시매
물이 산들 위로 솟아올랐으나
주께서 꾸짖으시니 물도 도망하며
주의 우렛소리로 말미암아 빨리 가며
주께서 그들을 위하여 정하여 주신 곳으로 흘러갔고
산은 오르고 골짜기는 내려갔나이다.
주께서 물의 경계를 정하여 넘치지 못하게 하시며
다시 돌아와 땅을 덮지 못하게 하셨나이다.
야훼께서 샘을 골짜기에 솟아나게 하시고
산 사이에 흐르게 하사
각종 들 짐승에게 마시게 하시니,
들 나귀들도 해갈하며 공중의 새들은 그 가에서 깃들이며
나뭇가지 사이에서 지저귀는도다.
그가 누각에서부터 산에 물을 부어주시니
주께서 하시는 일의 결실이 땅을 만족시켜 주는도다.
그가 가축을 위한 풀과 사람을 위한 채소를 자라게 하시며,
땅에서 먹을 것이 나게 하시어
사람의 마음을 기쁘게 하는 포도주와
사람의 얼굴을 윤택케 하는 기름과
사람의 마음을 힘있게 하는 양식을 주셨도다.
야훼께서 나무를 심고 가꾸셔서
새들이 그 속에 깃들이고, 학들이 잣나무로 집을 삼게 하는도다.

높은 산들은 산양을 위함이여, 바위는 너구리의 피난처로다.

야훼께서 달로 절기를 정하심이여, 해는 그 지는 때를 알도다.

주께서 흑암을 지어 밤이 되게 하시니

삼림 속의 모든 짐승이 기어나오나이다.

젊은 사자들은 먹이를 쫓아 부르짖으며 하나님께 구하다가

해가 돋으면 물러가서 그들의 굴속에 눕고

사람은 나와서 일하며 저녁까지 수고하는도다.

야훼여, 주께서 하신 일이 어찌 그리 많은지요.

주께서 지혜로 그들을 다 지으셨으니,

그 지으신 것들이 땅에 가득하나이다.

또 크고 넓은 바다가 있고,

그 속에는 크고 작은 생물들이 무수하나이다.

그곳에는 배들이 다니며 주께서 지으신 리워야단이 그 속에서 노나이다.시 104:1-29

이상과 같이 시편 104편은 아톤 찬미가와 그 내용과 표현이 서로 유사하지만, 다른 점은 아톤 찬미가는 아톤태양을 만물의 원동력이자 그 중심 즉 모든 생명의 원동력으로 보지만 시편 104편에서는 태양은 하나님의 피조물 중 하나일 뿐이다.

사도들의 설교와 비교

'아톤 찬미가'의 사상은 초대교회 사도들의 설교와 유사하다. 사도행전 7:1-60에는 스테반의 설교가 있었고 17:16-34에는 아덴에서의 바울의 설교가 있다.

바울의 설교 본문은 마치 '아톤 찬미가'의 요약문이나 축소판처럼 보이기도 한다. 바울 사도는 당시 Alexandria를 통하여 유입된 Helliopolis 신학과 Hellenism에 정통해 있었다. 당시의 '아덴'은 헬라 문화의 중심지였고, '아레오바고 공원'은 스토아학파Stoic와 에피쿠로스학파Epicurus의 철학자들이 모여 '신 존재의 증명'에 대하여 토론한 곳이다. 사도 바울의 설교는 고대 셈족의 원초적 종교로부터 거슬러 올라가 범신론으로부터 시작하여 천지의 창조주이신 하나님을 증거한 후 끝에 가서 부활하신 그리스도와 그의 심판은 간단히 언급했다. 그리스인들이 만신전에 신위를 마련해 놓은 그 '알지 못하는 신'이 바로 '보이지 않는 하나님'이시다 라고 했다.

바울은 "하나님께서는 모든 인류를 한 혈통으로 만드셨고, 우리는 모두 그의 자녀들이다. 애굽인도, 누비아인도, 페니키아인도, 시리아인도, 지중해인도 모두 한 조상에게서 나왔다. 그 하나님은 인간이 만든 신전에 계시지 않고, 어떤 부족함도 없으시다. 그분은 우리 가까이 계셔서 우리는 그분 안에서 살아가고 있다. 그러므로 우리는 쉽게 하나님을 만날 수 있다"고 주장했다.

> 하나님은 이 세상과 그 안에 있는 모든 것을 만드신 분이시라. 그분은 하늘과 땅은 지으신 주인이시므로 사람이 만든 신전에는 계시지 않으신다. 그분은 사람이 손으로 채워드려야 할 만큼 부족한 것이라곤 없으시다. 그분은 모든 사람의 생명과 호흡을 주장하신다. 그분은 한 조상에게서 모든 인류를 내시어 땅 위에서 살게 하시고, 시간과 영토를 정해 주셨다. 그분은 누구에게나 가까이 계시고, 인간은 그분 안에서 숨 쉬고 움직이고 살아가게 하셨다. 인종과 혈통의 차이를 두지 않으셨다. 우리는 모두 그분의 자녀이다.

이는 사람으로 혹,혹시, 우연히 하나님신을 더듬어 찾아 발견하게 하려 함이라. 그는 우리 각 사람에게서 멀리 계시지 아니하도다.행 17:27

'혹或'은 '혹시或時'의 준말 – '우연히', '어떤 기회by any chance'에, '만일if', '뜻하지 않게'

하나님을 더듬어 찾기만 하면 아주 '우연히' 쉽게 그분을 발견할 수 있게 되고 만나게 된다.

초대교회 최초의 순교자 스테반 집사의 설교에 의하면, 스테반은 모세의 목회와 아론의 목회를 비교하면서 광야교회와 솔로몬의 성전을 비교했다. 모세의 목회 즉 광야교회는 '생명의 도'가 활동하는 목회이다. 광야교회는 산 말씀이 있었으나, 아론의 목회는 금송아지 기르는 목회라고 했다.행 7:38-41

"솔로몬이 그를 위하여 집을 지었느니라. 그러나 지극히 높으신 이는 손으로 지은 곳에 계시지 아니하시며, 주께서 이르시되 하늘은 나의 보좌요 땅은 나의 발등상이니 너희가 나를 위하여 무슨 집을 짓겠으며 나의 안식한 장소가 어디냐! 이 모든 것이 다 내 손으로 지은 것이 아니냐?" 하시니라. 행 7:47–50

스테반은 아브라함으로부터 시작된 이스라엘의 역사는 솔로몬의 성전 건축으로 끝났다고 보았다. 이제부터는 하나님의 역사가 아니요, 인간의 역사일 뿐이다. 그는 솔로몬의 성전은 '몰록의 신당'과 '레판의 별 우상'이 되었다고 탄식했다.행 7:43 그러나 모세의 광야교회는 '산 말씀, 살아있는 말씀, 생명의 도'가 있었다고 했다. 광야교회는 장막 성전으로 '움직이는 성전', '역동적인 교회'였다. '태양이 끊임없이 움직이듯이' 생명의 교회는 정체되어 있으면 죽었다.

태양에 대한 현대인의 생각

일몰과 일출은 지상에서 가장 웅장한 쇼 중의 하나이다. 지는 해는 기온과 대기의 영향으로 생겨난 극적인 갖가지 모양의 구름과 색조들로 인간에게 전혀 다른 세계를 맛보게 해 준다. 우리가 잠시만이라도 지는 태양의 빛 속에서 자연의 모습을 바라보고 있노라면 우리가 안고 있는 문제들은 아주 사소한 것에 불과해 보인다. 일몰은 하루의 마감과 또 다른 날의 시작을 나타낸다. 하던 일을 잠시 멈추고 태양을 바라보라!

아침 기상과 함께 동이 트기 몇 분 전 밖으로 나가 새벽이 오는 모습을 보고 새들의 노랫소리도 들어보라! 희망이 차오른다. 힘차게 떠오르는 아침 해는 희망의 상징이다.

'아톤'해은 생명의 근원이며 본체이다. 수많은 현인도 우리가 우리의 영혼과 접촉하는 데는 태양이 지대한 역할을 한다는 사실을 밝혀주었다. 우리 인간의 신체가 음식으로부터 섭취한 비타민과 무기질의 효능을 극대화하기 위해서는 반드시 햇빛이 필요하다. 하지만 불행하게도 오늘날 우리는 시간 대부분을 인공적인 빛 속에서 지낸다. 자신의 정신과 마음을 밝게 해 줄 수 있는 간단한 방법 중 한 가지는 자신을 햇빛에 드러내는 일이다. 할 수만 있다면 이른 아침이나 늦은 오후를 이용해 반 시간 정도라도 자신을 태양 앞에 완전하게 드러내도록 해보라! 겨울철에는 최소한의 일광욕이라도 할 수 있도록 가능하면 창가에 앉도록 해보라. 매일 태양 앞에 자신을 드러내도록 하라. 적어도 보름 뒤에는 그대 자신의 내적인 인식이 얼마나 확장

되었는지를 스스로 깨닫게 되리라.

3. 아케나톤의 반전평화사상

애굽 후궁의 '하렘 사상'에서 야훼 전쟁의 '헤렘 사상'으로

끝없는 전쟁과 난리의 소문으로

애굽을 비롯한 고대 근동 세계의 모든 나라들은 농번기에는 농사에 종사하지만, 농사철이 지난 농한기에는 어김없이 해마다 전쟁에 나섰다. 전쟁의 목적은 전리품을 얻기 위한 것이었다. 왕을 비롯하여 모든 백성이 총동원되었기 때문에 노동자와 농민들과 노예들은 큰 어려움을 겪었다.

> 난리와 난리의 소문이, 전쟁과 전쟁의 소문이 나나니, 소문에 소문이 들리겠으나 아직 세상 끝은 아니니라. 마 24:6, 막 13:7, 눅 21:9
>
> 만물의 피곤함은 사람이 말로 다 할 수 없나니, 눈은 보아도 족함이 없고 귀는 들어온 차지 아니하도다. 전 1:8
>
> 피조물이 다 이제까지 함께 탄식하며 고통은 겪고 있는 것을 우리가 아느니라. 롬 8:22

수메르 전설에 의하면 "에렉 사람들은 전쟁을 위한 모병의 북소리를 밤낮으로 울리면서 소동을 벌이는 통에 신들이 잠을 잘 수가 없어 지상에 홍수를 내려보내 인간들은 쓸어버리기로 작정했다"고 한다.

세상은 전쟁과 난리의 소문으로 바람 잘 날이 없었다. 국경지대의 전선에는 비명횡사한 전사들의 원혼들이 구천을 헤매며 떠돌고 있어 세상은 늘 어수선했다.

> 라마에서 슬퍼하며 통곡하는 소리가 들린다. 라헬이 자식을 잃고 그 눈앞에 자식이 없어졌으니, 위로하는 말이 귀에 들어오지 않는다. 렘 31:15
> 그들의 원혼들이 산성에서, 성문에서, 들판과 시장과 거리와 광장에서 울부짖고 있다. 암 5: 16

아케나톤의 꿈속에는 국경지대의 시나이 사막에는 언제나 구름 기둥과 불기둥으로 전운이 감돌고 있었다.

> 슬프고 아프다. 내 마음속이 아프고, 내 마음이 답답하여 잠잠할 수 없으니, 이는 나의 심령이 나팔 소리와 전쟁의 경보를 들음이로다. 렘 4:19

아케나톤은 실토했다

나는 하렘Harem의 여인들에게서 아무런 기쁨도 얻지 못했다. 나는 내 청춘을 전사로서 흘려보냈다. 나는 평생을 화살과 창검의 위험 속에서 아슬아슬하게 살아왔다. 전쟁은 가장 큰 악이다. 오랜 세월의 전투에 내 몸은 시들었고 내 심장은 돌처럼 굳어졌다. "지금 애굽의 신들은 오로지 애굽에만 관심을 쏟고 있다. 우리의 신은 애굽 뿐만 아니라 가나안인, 페니키아인, 시리아인 누비아인들의 신이기도 하다. 그러므로 온 세상이 평화로워야 한다.

화 있을진저! 피의 성이여! 그 안에는 거짓이 가득하고

포악이 가득하며, 탈취가 떠나지 아니하는 도다.

휙휙 하는 채찍 소리, 윙윙하는 병거 바퀴 소리.

뛰는 말, 달리는 병거, 충돌하는 기병. 번쩍이는 칼, 번개 같은 창, 죽임을 당한 자의 떼,

주검의 큰 무더기, 무수한 시체여!

사람이 그 시체에 걸려 넘어지니. 나 3:1-3

아케나톤의 궁전에는 항상 흩날리는 화살의 굉음이 윙윙거렸고, 가옥들이 불타는 냄새가 콧속을 파고들었다. 전차들의 바퀴 소리가 밤낮으로 침실의 지축을 흔들어 댔다.

'하렘'의 평안과 야훼 전쟁의 '헤렘 사상'

새벽부터 양과 염소와 나귀를 몰고 산을 오르는 목자들의 삶과 왕궁의 별실에서 잠 못 이루고 번민하는 궁녀들의 불면의 밤과 가족들과 석별하고 전선으로 떠나는 병사들의 삶은 그 형태와 내용만 다를 뿐 인간으로서 감정은 동일하다.

세상에서 시기와 질투, 경쟁과 갈등이 가장 심한 곳이 후궁실이다. 그 안에서 평화를 누리는 방법은 파라오에게만 충성하는 것이었다. 고대 애굽의 하렘חֵרֶם은 왕궁에서 임금에게만 바쳐진 '궁녀들의 방'이다. 모세의 하렘חֵרֶם은 하나님께 바쳐진 것, 즉 금기를 뜻한다. '야훼의 전쟁'은 하나의 예배 행위로서 인간을 정화 시키는 의식이었다.

'하렘과 헤렘'은 같은 히브리어 어근과 어원에서 왔다. 헤렘은 모든 전리품은 야

훼 하나님께 드리고 인간은 손을 대서는 안 된다는 것이었다. 결과적으로 그것은 인간의 탐욕을 근본적으로 없애는 처방법이었다. 따라서 신명기에서는 '네가 나가서 적군과 싸울 때'에 혹은 '전쟁에 나갔다가' 하지 않고, . '원수를 치려 싸움터에 나갔다가'라고 했다.신 21:10 이것은 전쟁은 인간 내부의 적과의 싸움을 뜻한다. 그 싸움은 당신이 자기 자신으로부터 '앞으로 나아갈 때' 즉 당신 자신을 위해 남겨 둘 때 비로소 싸울 수 있는 싸움이라는 뜻이었다.[166]

아케나톤은 "자 이제! 우리에게는 결단이 필요하다. 우리가 결단을 내리는 순간, 그때부터 아톤은 움직이기 시작한다. 전쟁해도 자신들에게 돌아갈 이익이 없다면 누가 계속 싸우려고 하겠는가? 나는 평화로운 세상에서 가장 큰 행복을 누린다. 나라도, 왕실도, 백성도 풍요가 행복을 보장해 주지는 않는다. 오늘날 식민지 시리아를 통하여 들어온 부가 애굽의 심장을 갉아 먹고 있다. 애굽은 지금보다 더 소박하고 진실하게 살아야 한다. 인간은 결핍과 부족에서 작은 것에서도 행복을 느낀다. 그것이 우리가 가야 할 길이다. 부를 탐하면 불만도 커진다"고 했다.

아케나톤은 거의 평민 수준의 검소한 생활을 했다. 아케나톤은 "병사들을 풀어주어 고국으로 돌아가게 하라. 오늘날 애굽이 시리아를 상실하는 것은 아톤의 뜻이다. 전쟁이 일어나면 시리아인도 죽고, 아무르족도 죽고, 카비리족도 죽지만, 이집트인도 죽는다. 전쟁의 참화를 잊으면 안 된다. 먼저 애굽에 평화가 이루어지면 그것이 모든 땅으로 퍼져나갈 것이다. 이것이 오늘날의 시대정신이다. 악을 악으로 다스리면 더 큰 악이 생겨난다. 선으로 다스리면 악은 점차 줄어든다"고 했다.

모세는 승리한 전쟁에서는 항상 '헤렘Herem'을 실시했다. '헤렘'은 전쟁으로 얻은 전리품은 모든 것을 완전히 소각해버리는 것이었다. 전리품에 대한 인간의 탐욕을 근원적으로 차단하기 위해 정복한 도성은 통째로 불태워버렸다. 이렇게 야훼의 전쟁은 근본적으로 방어전이었고, 공격전은 아니었다.

야훼전쟁은 하나의 제의 즉 예배 행위였다. 따라서 모든 전리품은 번제물로 하나님께 드려야 한다. '전쟁의 소산'은 하나님께 바치고 자신은 뒤에 남겨 두어야 한다. 하나님의 전쟁은 인간을 정화시키는 방법이었다. 전쟁의 종국은 헤렘이다. 모세의 '전리품 불태우기'는 전쟁의 욕망을 뿌리 뽑는 작업이었다. 모세는 헤렘을 통하여 하나님의 뜻에 대한 깊은 신비를 발굴해낸 역사상 첫 인물이었다.[167] 모세는 아케나톤의 반전사상에서 배웠다.

하나님께서는 특별한 사건들을 통해 자기를 나타내신다. 이 사건들은 시간과 공간의 차원 밑에서 자연과 역사에 유기적으로 연관되어 있다.[168] 그러므로 모세에게 나타난 '하나님의 계시'를 파악하려면 당대의 역사적 및 사회적 현상에 눈을 돌려야 한다. 우리는 사회적 실존 인물로서 모세의 인격과 대화를 나누어야 한다. 그렇게 하면 하나님의 은혜에 더하여 궁극적으로, 적극적으로 그리고 창조적으로 그의 실존과 만나게 된다. 우리는 마음의 문을 열고 '악' 속에 갇혀 있는 '선'을 해방해야 한다. 심지어 전쟁을 주장하는 모든 주전론자도 '그저 좋은 뜻으로 전쟁해야 한다'고 속삭인다. 나쁜 목적으로 전쟁을 일으키겠다고 주장하는 자는 하나도 없다. 이것은 '모든 악에도 선의 씨앗은 품고 있다'는 반증이다.

전쟁은 가장 큰 '악'이다. 악으로부터 떠나가는 방법은 거룩하신 분에게 자신을 흡수시키는 것이다. 다시 말하면 선을 행하는 것이다. 선한 것에 자기를 몰입시킴으로써 자연히 악에서 떠나게 된다.

악을 버리고 선을 행하며 평화를 찾아 따를지어다! 시 34:14

제10장 • 아케나톤의 아마르나 혁명과 모세

혁명이 일어나면 법원의 모든 법률 문서는 길거리에 내팽개쳐진다.

Admonitions of an Egyptian Saga

1. 세례(침례) 요한보다 먼저 온 엘리야의 혁명

침례자 요한 때부터 지금까지 하늘나라는 폭행당해 왔다. 그리고 폭행을 쓰는 사람들이 하늘나라를 빼앗으려고 한다. .... 너희가 그 예언을 받아들인다면 다시 오기로 된 엘리야가 바로 그 요한 임을 알 것이라. 들을 귀가 있는 사람은 알아들어라. 이 세대를 무엇에 비길 수 있으랴? 마치 장터에서 아이들이 편 갈라 앉아 서로 소리 지르며 '우리가 피리를 불어도 너희는 춤추지 않았고, 우리가 곡을 하여도 가슴을 치지 않았다' 하며 노는 것과 같구나! 마 11:12-17 공동역

고대 애굽에는 기원전 3천 년경부터 혁명의 참담함을 알리는 현인의 경고가 전해지고 있었다.[169] 혁명은 사회의 기본도덕과 종교적 신조가 타락한 뒤에 일어날 수 있다. 따라서 예로부터 위정자들은 혁명과 싸우고 사회변화를 억누르는 방법을 찾는데 골몰해 왔다.

'혁명'이란 일반적으로는 정치권력의 근본적 변혁을 중심으로 한 사회의 대변동을 의미한다. 원래 국가나 왕은 신神의 뜻을 지상에 실현하기 위한 도구로 간주되었다. 그런데 천명이 그쳐져서 왕통이 바뀌는 것을 혁명이라고 한다. 그러나 어쩌다가 일어나는 혁명을 통해 대중사회의 관료와 사제들의 탐욕과 위선과 천박함이 만천하에 드러나곤 했다. 혁명이 실패하고 그 세가 기울어지면, 민중은 혁명 세력에 온갖 혹평과 비방과 저주를 쏟아냈다. 거리는 불타고 법원은 촌천살인村鐵殺人의 경구로 조롱의 대상이 된다. 그리고 법전은 불타고, 위대했던 역사는 오직 기억으로만 남는다.

아마르나 혁명의 동기와 원인

고대애굽은 여러 세대에 걸쳐 아멘Amen = Amon의 사제들이 세상을 지배하고 있었다. 아멘호텝 4세Amenhotep Ⅳ가 통치할 무렵에는 고급 관료 그룹이 '파라오'를 오로지 상징적 존재로만 만들어 놓고, 자기들이 왕을 대신하여 모든 권한을 행사하면서 방대한 제국을 정치적으로 끌어나갔다. 따라서 왕은 사실상 그들 문고리 신하의 관리 속에 갇혀 있는 처지가 되었다.

아멘호텝 4세는 원래의 애굽 왕들의 권위를 되찾기 위해 정치와 종교 세력에 대하여 일대 개혁을 시도하였다. 지배계층인 사제들은 사원운영과 신전 건축으로 막대한 재화가 필요하였고, 아몬 신을 빙자하여 국가의 부를 낭비하고 백성을 수탈하였다. 그는 사회개혁만으로는 불가능함을 깨닫게 되었다. 이런 암울한 현실에서, 아멘호텝 4세는 고뇌 끝에 자신의 이름부터 아케나톤Akhenaton으로 개명하였다. 그는 개혁할 수 없는 사회는 종교혁명을 통해 가능하리라고 생각했다. 국가의 주신主神은 '아몬'에서 아예 '아톤'으로 바꾸고, 여러 가지 개혁은 단행하였다.[170]

2. 신들의 인간화와 종교의 세속화

아케나톤은 태양신 라Ra에 대하여 새로운 지평을 열어나갔다. 그는 천상의 신비로운 세계가 아니라 땅 위의 현실의 세상에 관심을 기울였다. 신들의 무관심 속에 애굽에는 가난한 자들과 창녀들과 노예들은 급속도로 늘어만 갔다. 이러한 현상은 'Amarna 혁명'의 촉진제가 되었다. 너무 엄격하고 거룩한 신에 대한 개념은 인간화 작업을 방해한다.

아케나톤은 더 인간적인, 인간을 닮은, 인간과 소통하는 태양신 '아톤'을 주장했다. 그는 세상과는 동떨어지고 인간의 삶에 무관심한 신들은 '가짜 신'이라고 했다. 아케나톤은 더욱 따뜻하고, 더 세심하고, 더 세속적인 신, 인간을 보살펴주는 신을 위한 작업을 추진했다. 그것을 우리는 '종교의 세속화"라고 부른다. 아케나톤의 이러한 작업은 정치, 종교, 예술 분야까지 파급되었다. 이것을 우리는 '아마르나 혁명' 이라고 부른다.

이데올로기로서 절대화된 세속주의는 위험한 것이지만 인간의 존엄성과 자유를 위한 노력으로서의 세속화는 매우 귀중한 것이다. 따라서 세속주의란 말이 종교에 질적인 변화를 일으켰다. 이러한 아케나톤의 애굽 신들의 인간화 시도와 전통 종교의 세속화 작업은 '아마르나 혁명'의 신호탄이 되었다.

아케나톤은 역설했다.

> "인간이 만든 신은 신이 아니다, 아몬은 사제들에게 시중드는 종에 불과하다. 신전 속에 갇혀 사제들의 종노릇에 만족하고 있는 신을 숭배할 필요는 없다. 지금까지 신전 안에서 잠들어 있는 신은 '가짜 신'이다. 이러한 '거짓 신'은 쫓아내야 한다. 아몬 신을 추방하면 공포도, 불안도, 미움도 사라질 것

이다.

저 불운한 사람들, 그들은 소젖을 짜지만 마시지 못하고, 과수원에서 일하지만, 과일을 먹지 못하며, 밀밭에서 일하지만, 여전히 굶주린다. 그들에게는 머리를 가려줄 지붕도 없다. 굶주리고 목마르고 헐벗은 저들에게 눈물을 닦아 주라.

수도 테베Theber에 있는 사원의 정원들은 공원으로 만들고, 사원의 땅은 땅이 없는 농민들에게 나누어 주어 경작하게 해야 한다. 신전의 연못들은 공동 목욕장으로 만들어 가난한 사람들이 사용하게 해야 하며, 그 누구도 남의 땅을 갈거나 남의 맷돌은 돌리는 일이 없게 해야 한다. 추수가 끝난 남의 밭에 가서 채소나 곡식은 구하는 불운한 일이 없게 해야 한다. 그러기 위해서는 개혁이 요구된다."

그의 연설은 청중들의 가슴을 뛰게 됐다.

아케나톤의 이러한 혁명정신의 고취는 사원의 젊은 학도들과 부둣가의 짐꾼들과 들판의 농부들과 공사판의 노동자와 노예들과 국경지대의 경비병들과 거리의 거지들과 길가는 행인들에까지 열렬한 지지를 받게 되었다. 이리하여 수많은 청년과 지식인들이 각기 다른 목적과 뜻을 가지고 혁명 대열에 가담해 왔다. 희대의 혁명아, 아케나톤 파라오! 그의 신념은 혁명 가도를 성공적으로 달려갔다. 불굴의 신앙 같은 그의 신념은 그의 잠재의식에 계속 자기 암시를 더 해 줌으로써 강화해 나갔다. 이러한 신념이 없었다면 혁명은 시작도, 추진도 못 했을 것이었다. 그의 산악 같은 신념은 놀라운 힘을 발휘하여 많은 사람의 마음을 흔들어 놓았다.

희세의 혁명아, 파라오 아케나톤!

그는 타오르는 소망을 갖고 자신의 환상을 향해 개척자가 되어 나갔다. 그의 방향은 옳았고, 시간이 갈수록 성공이 눈앞에 다가오고 있었다. 그의 자신감은 더욱 견고해졌다. 그의 인내력은 운명을 바꾸어 나가고 있었다. 모든 백성이 그의 최후의 승리를 기대하고 있었다. 그가 일반 백성들과 달리 가장 눈길을 끈 것은 '가상현실'virtual Reality'의 풍부한 소유자란 것이었다. 그는 때때로 가상의 세계로 들어가 가상의 창문은 통해 보았던 세계를 현상세계에 실현해 보고 있는 것이었다. 그것이 아마르나 혁명이었다.

3. 혁명의 환상에서 환멸로

그러나 그러한 혁명화의 여정은 '가보지 못한 길'이며, '불확실한 미래'였기에 '미혹의 영들'이 어둠을 틈타고 더욱 기승을 부렸다. 온 백성이 '신경 강박증'을 앓고 있었다. 그리하여 '집단 발작'이 일어났다. 그들은 철저하게 편을 갈라 아톤파Atonists와 아몬파Amonists로 나누어져서 이길 수만 있다면 나라가 부서지는 것은 개의치 않았다. 온 세상이 혁명의 환상幻想에 불타오르는 동안에 나라는 두 동강이 났다.

이젠 그들에게 옳거나 그른 것이 따로 없었다. 그들은 당동벌이黨同伐異했다. 당파가 다르면 옳고 그름을 떠나서 무조건 배격했다. 자기편이면 무조건 옹호하고 상대편이면 거부되었다. 이리하여 친구끼리 다투고, 가족이 서로 등을 지고, 부모와 자식이 갈라서고, 남편과 아내가 나뉘어지고, 형제가 서로 싸우고 주인과 종이 원수가 되어 갔다. 미 7:6; 막 13:12; 마 10:35; 눅 12:53 이리하여 초 갈등 사회가 되어 모든 것이 엉망진창이 되어갔다. 그들에게 이제 어떤 공정이나 양심이나 윤리 도덕이나 이성이나 상식을 기대해서는 안 된다. 그들에겐 오직 이겨야만 한다는 승리욕뿐이었다. 그들에겐 이제, 생존을 위해 어느 것이 자기에게 이익이 되느냐는 생각밖엔 없었다.

아케나톤이 정치적인 면을 소홀히 하고 종교적인 면에 치중하고 있는 동안 몇 가지 부작용이 생겼다. 모든 사회 변혁은 누군가에게는 고통을 준다. 더 좋은 질서를 이루기 위한 개혁일지라도 그 영향을 받는 구성원들에게 얼마의 고통을 주게 마련이다. 아마르나 혁명의 일련의 과제들이 너무 무리하게, 그리고 너무 성급하게 추진된 데 대한 견제 여론이 본격화되었다. 드디어 아몬의 사제들이 반격을 시도하여 아마르나 혁명을 '이단들의 반동'이라는 용어로 표현하여 일반화시키고, 그 성과들을 격화시켜 업적을 모호하게 만들었다.

공공연히 협잡꾼들이 들어서서 사태를 엉뚱한 방향으로 몰고 갔다. 고위 관료들과 변설가들이 정의와 불의, 선과 악, 진실과 거짓, 도덕과 패륜, 양심과 제도의 경계선을 무너뜨려 희미하게 만들면서, 지금까지 신뢰해온 가치관들이 하루아침에 무너져 버리고 '위선의 영'들이 부리는 흑마술이 백성을 무력감에 빠지게 했다. 덩달아 부화뇌동附和雷同하는 무리가 들끓어 사회질서가 무너지고, 혼란이 가중되자 약탈과 폭력이 난무했다. 그리하여 온 나라가 아나키즘anarchism 상태에 빠졌다. 이리하여 혁명의 뒤끝은 허망했다.

모든 언어가 부패하고 타락해 갔다. 같은 말은 쓰면서도 그 뜻은 서로 달랐다. 백성은 귀가 병들고 눈이 멀어져갔다. 몽매한 백성은 관제 바보들이 되어갔다. 호사가들과 변설가들이 들어서서 고귀했던 혁명의 이상을 계속 왜곡시켜 나갔다. 세상은 빛은 잃었다. 어둠 속에서 헤매게 되었다.

아케나톤의 아마르나 혁명은 지나친 이상세계의 설정으로 현실적 아무런 의미가 없다는 많은 비판을 받았다. 사막의 이상 촌락은 공상에 불과하며 현실성과 역사성이 부족하다는 비난을 받아왔다. 과연 그럴까? 그렇지 않다. 그러한 도성의 개발은 아마르나 시대의 애굽 사회상과 밀접한 관련이 있는 착상이었다. 왕족과 귀족들과 사제들이 농민들의 토지를 멋대로 수용하여 가난하고 굶주린 빈민이 많아져서 범죄가 심했던 당시의 사회에 대한 비판을 간접적으로 내포하고 있었다. 즉 아케나톤이 시작한 혁명이란 현실에 대한 비판의식과 현실 개조의 정신을 가지고 그려낸 신앙의 세계였다.

인간에게 '이상理想의 꽃'이 없으면 남는 것은 '쓸쓸한 사막'이다. 유토피아 낙원을 장식하는 온갖 꽃들과 과실들은 '이상'을 가꾼 결과물이다. '이상'이야말로 무한한 가치를 품고 있다. 인간에게는 크든, 작든 간에 '이상'이 있음으로써 용감하고 굳세게 살아갈 수 있는 것이다.

4. 혁명의 타락과 부패

아케나톤의 재위 18년 동안 계속된 혁명의 전반기에는 아톤의 지지자들이 우세했으나 후반기에는 민심 이탈을 이용한 아몬의 지지자들이 전세를 반전시켜 나갔다. 혁명의 와중에 불신과 증오가 창궐하여 세상은 점점 더 어두워만 갔다, '진리의 영'과 '미혹의 영'을 분간할 수 없을 정도로 서로 뒤엉켜 각축전을 벌이고 있었다. 혁명의 혼란은 기회주의자들과 야심 분자들과 음모자들에게 편승할 기회를 제공해 주었다. 혁명은 엎치락뒤치락하다가 모든 것이 뒤죽박죽되어갔다, 양민들이 숨을 죽이고 있는 동안 불량배들과 어중이떠중이들이 더 야단법석을 떨었다. 낮과 밤이 바뀌면서 그때마다 악행이 활개를 쳤다.

아케나톤은 난생처음, 미친 듯이 날뛰는 군중들을 자기 눈으로 똑똑히 보았다. 자신이 섬기는 신으로 인해 피를 흘리는 광경을 연일 목도 했다. 그는 그런 광경은 결코 머릿속에서 지우지 못했다. 그의 사랑에 증오심의 독이 퍼지고, 그런 광기는 더욱 심해져 갔다. 성난 백성들의 함성에 성벽이 무너지고, 바위가 부서지는 굉음이 들렸다. 여러 날이 그러했다.

그 혼란의 와중에 '선동정치가demagogue들'이 '사실과는 반대되는 선동적인 선전'dema을 퍼뜨려서 밑도 끝도 없는 인신공격과 중상모략이 난무하고, '공작과 흑색선전matador'이 난무하여 무차별적으로 비방하고 유포했다. '비이성'이 기승을 부려 위정자들은 부당하게 법을 집행하였다. 그들은 법을 자의적으로 해석하여 반대자들을 모두 범법자로 만들어나갔다. 이렇게 세상은 아몬파Amonists와 아톤파Atonists로 양분되어 대립과 충돌, 그리고 끝없는 분규에 휩쓸렸다. 아무래도 한쪽이 끝을 봐야 난세가 끝날 것 같았다. 아톤의 지지자들은 사면초가四面楚歌 속에 빠졌다. 이렇게 되어 큰 뜻을 품고 일으켰던 아마르나 개혁은 기득권을 지키려는 아몬의 수구세력의 저항으로 거의 실패로 돌아가고 있었다. 회의주의와 냉소주의가 널리 퍼지고 있었다. 서로 엎치락뒤치락하는 끝에 드디어 한쪽 백성들은 '이젠 우리가 이겼다'고 환호하기 시작했다. 그들은 이제 드러내놓고 승리를 자축했다. 유언비어가 범람했다.

모든 인간은 때때로 반항아의 기질을 보여주고 있다. 만일 그러한 성향이 조절되지 않은 채 방임된다면 그 공동체는 팽창을 위하여 스스로 자기 공동체를 파멸시키고 말 것이다.

5. 혁명의 좌절과 실패

아케나톤은 종교개혁에 골몰하는 동안 국방은 상대적으로 등한시했다. 융성했던 국운이 기울어지기 시작했다. 아프리카 아시아에 있던 영토들이 독립을 선언했다. 국경선의 병사들이 출동하여 치안 유지란 명목으로 비상사태를 선포했다. 장군들이 전차를 동원하여 질서를 확립하려고 했다. 국경선의 장군들이 정예 부대를 앞세워 거꾸러지면서 돌격했다. 벼락같이 성벽에 들이닥쳐 화살막이를 벌려 놓았다. 강들의 수문들이 열리고 왕궁이 녹아내리며, 대궐은 아수라장이 되었다.

> 그 용사들의 방패는 붉고, 그 무사들의 옷도 붉으며, 그 항오를 벌리는 날에 병거의 쇠가 번쩍이고, 노송나무 창이 요동하는도다. 그 병거들은 미친듯이 거리를 달리며, 대로에서 이리저리 빨리 달리니 그 모양이 횃불 같고 빠르기가 번개 같도다. 그가 그의 존귀한 자들은 생각 하나니, 그들이 엎드려질 듯이 달려서 급히 성에 이르려 막을 것을 준비하도다. 강들의 수문이 열리고 왕궁이 소멸하며, 정한 대로 왕후가 벌거벗은 몸으로 끌려가니, 그 모든 시녀가 가슴은 치며 비둘기같이 슬피우는도다. 나훔 2:3-7
>
> 화 있을진저! 피의 성이여, 그 안에는 거짓이 가득하고 포악이 가득하며 탈취가 떠나지 아니하는도다. 충돌하는 기병, 번쩍이는 칼, 번개 같은 창, 죽임을 당한 자의 떼, 주검의 큰 무더기, 무수한 시체여! 사람이 그 시체에 걸려 넘어지니… 나훔 3:1-3

혁명의 뒤끝은 처참했다. 백성들은 종교개혁과 혁명이 지나치다고 불평하면서 옛 질서로 돌아가기를 바랐다. 이러한 정치적 격변기에는 무력을 장악한 자가 승자가 된다. 이렇게 하여 아케나톤은 피살되고, 그의 왕위는 그의 양자사위인 투탕카멘 Tutang Kamon, BC, 1364-1352, Tut-ahkhAmon에게로 넘어갔다. 혁명 세력은 역모자와 반역자와 이단으로 지목되어 색출 당하고 처형되기 시작했다. 이렇게 하여 아마르나 혁명은 실패로 그 막을 내렸다. 혁명의 실패는 나라와 민족을 부끄럽게 만들었다. 특히 모세에게는 더욱 그러했다. 힘없는 왕으로 등극한 투탕카멘은 18세에 죽었다.

그 훌륭한 혁명이 이렇게 허망하게 끝났다는 사실에 너무도 안타깝다. 그리 길지 못한 혁명이었지만 참으로 아름다운 혁명이었다. 그 실패한 혁명은 오랜 세월이 흐른 후에 발생한 모세의 야훼혁명에 타산지석이 되었다.

6. 모세의 격물치지(格物致知)

모세는 청년 시절의 인생에 있어서 가장 소중한 세 가지를 배웠다. 그것은 양모養母 데르무디스로부터 모성의 위대함과 에티오피아 공주 달비스로부터 여인의 사랑의 위대함, 그리고 파라오 아케나톤으로부터 유일신 신앙의 위대함을 배웠다. 인간은 모성과 여인의 사랑과 유일신 신앙만 있으면 무슨 일이든지 성취할 수 있음을 깨닫게 되었다.

모세로 하여금 이스라엘의 건국자요 세기의 위대한 영웅으로 만든 원동력은 결국 이러한 모성과 여인의 사랑과 유일신 신앙의 힘에 있다. 아울러 그는 종교의 세속화가 시급함을 느꼈었다. 그의 이러한 사상은 아마르나 개혁이 실패와 생활의 경험에서 나온 고귀한 것이었다.

아케나톤의 일신교는 태양을 모든 생명의 원천으로 보고 온갖 생명이 이에 매여 달렸다고 주창하는 것이었다. 그러나 훗날 모세의 신에 관한 생각은 그 당시엔 원시적으로 이해되긴 했지만, 그때만 해도 한층 더 근본적인 결과로 아케나톤의 신태양 역시 그의 하나님이 창조했으리라는 것을 암시하고 있다. 따라서 여기에는 불행한 그의 동족들과는 달리 애굽의 호화롭고 개명한 궁궐에서 자라난 모세의 신앙과 그보다 조금 앞서 애굽의 부패한 종교를 개혁하려던 아케나톤의 개혁 운동과는 그 어

떤 연관성이 있음을 암시하고 있다.[171]

모세는 아마르나 종교 개혁 운동을 통하여 아케나톤의 독창적인 영성 세계에 눈을 떠가기 시작하였다. 모세는 물론, 고대 히브리인들도 아케나톤의 일신교적 성격을 띈 종교개혁에 대한 기억을 생생하게 간직하고 있었음이 분명하다. 모세 역시 유일신의 개념을 처음 제시했던 아케나톤의 철학을 잘 숙지하고 있었을 것이다. 물론 모세의 업적은 이런 일신교 선배들의 업적보다 훨씬 더 정교하고 독창적이었다.[172]

모세는 아케나톤의 혁명 축제에서 생명력으로 약동하는 신앙의 힘을 보았고, 그가 꿈도 꾸지 못했던 신세계를 보는 듯했다. 그는 혁명의 시대적인 요청에 심취되어 갔다. 모세가 이러한 아멘호텝 4세의 치세에 청년기를 보내게 된 것은 천재일우千載一隅의 기회였다. 그것은 천년의 긴 세월 동안에 한 번 얻을 수 있을까 말까 한 기회였으며 좀처럼 얻기 어려운 기적이었다.

모세는 아마르나 혁명에 가담하면서 참으로 많은 것을 깨닫게 되었다. 그는 끊임없이 보고, 배우고, 느끼는 혼돈을 거치면서 사회의 이면을 바로 볼 수 있는 눈이 열렸다. 그리고 막연하던 생각들이 질서를 잡으며 삶과 세상에 대한 종교적 이해도 깊어져 갔다. 그러나 혁명의 실패를 통하여 종교가 백성에 미치는 영향과 해악을 스스로 깨닫게 되었다.

평생 진지한 삶을 사는 지혜를 배우고자 했던 청년 모세의 개인적 삶이 갑작스럽게 시대의 이념적 대립이 빚은 갈등의 광장으로 끌려 나오게 되었다. 그는 종교적 전통과 혁신은 격돌이 벌어진 시대의 거센 대결의 격랑과 맞물려 돌아간다는 사실을 깨닫게 되었다. 모세는 인간의 선한 의지가 반드시 선한 결과를 낳지는 못한다는 세상사의 비극적 이치를, 그리고 또한 인간의 선한 의도대로 된다고 하여도 그 결과가 꼭 좋을 것이라고 확언할 수 없다는 '아이러니'도 실감했다. 젊고 순결한 애국청

녀의 눈에 비친 귀족과 부호들의 탐욕과 쾌락주의에서 가난한 서민들과 노예들의 고통이 뿌리내리고, 모략과 선동으로 창의적이고 자율적인 신앙이 짓밟힘을 보았다.

그럼에도 불구하고 모세는 삶의 의욕이 약한 빈자들과 천민들, 노예들을 위해서는 인내심을 갖고 선한 영향력을 계속 공급해주어야 한다는 사실도 깨닫게 되었다. 그들을 위해서는 많이 기다려주고, 때로는 속아주고, 참아야 한다는 것도 배우게 되었다. 그러나 그것이 그렇게 쉬운 것은 아니었다. 모세는 이 혁명의 용광로 속에서 그 패배의 풀무 불 속에서 이렇게 거듭났다. 그는 실패 속에서 연륜과 경험을 쌓았고, 지혜와 용기를 실험했다. 그 결과는 혁명에는 인간의 지혜와 힘만으로는 불가능하다는 것을 깨닫게 되었다.

하나님은 모세에게 준비를, 대단한 "야훼 이레"를 만드셨다. 아케나톤은 군주로서, 혁명의 지존으로서 불타오르고 있을 때 모세는 그의 심복이며 전우며 동지가 되어있었다. 모세는 나름대로 그의 혁명정신에 심취하면서 자부심을 품고 있었고, 아케나톤의 권세와 유명세를 함께 누렸다. 모세는 아마르나 혁명의 전 과정을 봤다. 그는 좀 우쭐거렸다. 에티오피아 대전에서 승리하고 돌아온 모세는 아마르나 혁명의 전위대前衛隊로 활동했다.

모세는 자기도 Akhenaton처럼 '대단한 사람, 상당한 사람, 그 어떤 어엿한 사람, 아무개라는 훌륭한 사람, 정말 잘난 사람'이라 생각하고 있었다. 그는 자기도 아케나톤처럼 '탁월한 인물', 'Some-body'라고 생각했다. 따라서 자신도 그 어떤 중요한 일, 그 어떤 대단한 일, 상당한 몫'을, 즉 'something'을 할 것이라 생각했다. 그것은 큰 착각이었다.

그가 고센 땅을 방문하고 동족의 비참한 현실에 눈을 뜨게 된 시기가 바로 이 무렵이었다. 그는 매를 맞으면서 노동하는 동족을 보고 그의 몸에서는 본능적으로 숨어 있던 폭력성이 그대로 나타났다. 그의 눈은 표범처럼 뜨거운 피를 보고야 마는 듯이 무섭게 번쩍거렸다. 갑자기 그에게는 초자연의 무서운 힘이 그의 팔과 다리에 올라왔다. 그는 미친 사람처럼 되었다. 그의 머리에는 번갯불이 번쩍거렸다.

> 그가 한번은 자기 형제들에게 나가서 그들이 고되게 노동하는 것을 본지라 좌우를 살펴 사람이 없음을 보고 그 애굽 사람을 쳐 죽여 모래 속에 감추니라.출 2:11-12

이것은 그의 혁명정신의 발로였다. 그의 의협심義俠心이 법이나 도덕보다 주먹이 앞서나갔다. 끔찍한 일이 벌어졌다. 순간적이었다. 그는 절망과 고통 중에 급류에 떠내려가는 동족에 대한 분노 끝에 실수한 것이었다.

> 나이 40이 되매 그 형제 이스라엘 자손을 돌볼 생각이 나더니, 한 사람의 원통한 일 당함을 보고 보호하여 압제 받는 자를 위하여 원수를 갚아 애굽 사람을 쳐 죽이니라. 그는 그의 형제들이 하나님께서 자기의 손을 통하여 구원해 주시는 것을 깨달으리라고 생각하였으나 그들이 깨닫지 못하였더라.행 7:23-25

이때의 경험은 그에게 평생 지울 수 없는 트라우마로 남아 있었다. 모세가 깨달은 것은 자기 동족은 자유와 해방에 대한 꿈을 잃은 지 오래되었고, 그들과의 소통은 불가능하다는 것을 깨달았다. 그들의 마음은 쇠요 돌이 되어있었다. 아무도 그를 아는 체하지도 않았다. 모두 그를 피해 갔다. 세상은 자기가 상상했던 것보다 더 부정하였다. 모세는 그 후에도 궁금해지면 이따금 몇 번 고센 땅을 몰래 방문한 적이 있었다. 그러나 그때마다 그는 견딜 수 없는 절망감에 숨이 막힐 것 같은 경험을 했을 뿐이었다.

모세는 당대의 애굽 현상에서 정치적으로, 사회적으로, 그리고 종교적으로 인간의 삶에 혼란을 가중하고 있는 것은 백성들에게 무엇을 해야 한다고 강요하는 강제에 있음을 보았다. 이러한 강제는 인간의 자연적 본성에 위배 된다고 보았다. 인간은 자연 일부로서 자신들의 고유한 본성에 따라 자유스럽게 지낼 때 가장 행복하며, 그때 비로소 참된 질서가 회복된다고 보았다. 종교도 예외가 아니어서 그 어떤 교리나 율법도 인간에게 강제하는 것이 되어서는 안 된다. 자유와 신은 그것들보다 더 중하다고 판단하고 있었다. 그러므로 그 어떤 교리와 율법도 강제성을 띠게 되면 우상이 된다. 언제나 신을 위한 신전, 신을 위한 성직은 우상으로 변한다. 그것들은 인간을 위한 신전, 인간을 위한 제사직, 인간을 위한 교리, 인간을 위한 규례와 율법이 되어야 한다.

모세는 당대의 애굽 사회를 지배하던 '신성神聖'적 세계를 인간 중심의 '세속적 세계로 변환시켜야 한다고 깨닫게 되었고 그것은 아케나톤의 아마르나 개혁에서 얻은 소산이었다. 아마르나 종교개혁은 고대 애굽에 전통적으로 누적되어온 모순이 폭발한 역사적 사건이었다. 이 혁명은 정치적 혼란과 사회의 동요가 격심했던 때에 그것을 수습하기 위한 고육책이었다. 아마르나 개혁은 국가적으로 혼란을 초래했으나 반면으로는 사회를 정화하고 종교를 본연으로 돌아오게 하였고, 사제들의 폐해를 타파하여 새로운 사회체제로 넘어가게 한 중요한 원동력으로 작용하였다. 그래서 우리는 그 개혁을 혁명이라고 부른다.

당대의 서민들과 노예들의 불행한 삶에 늘 가슴 아파했던 모세는 그 시대가 지녔던 모순과 부조리에 괴로워하였고, 폐쇄된 궁정과 사원의 학문과 전통 종교의 우상화된 빛바랜 진리에 저항하고 일어난 아마르나 개혁에 동조하게 되었다.

결과적으로 권력자의 눈치나 살피면서 그 시대의 명망이나 낚으려는 방관자로 살아갈 수는 없었다. 그는 아케나톤의 신앙과 개혁 정신을 수용하고 여과시켜 새로운 신앙을 재창조하게 되었다. 그는 파라오를 비롯한 지배계층과 끊임없는 투쟁과 때로는 타협으로 마침내 이스라엘이라는 야훼 신앙공동체를 창설하게 되었다.

"혁명의 성공은 하늘에 달려있다"

이러한 현실은 모세에게 실패한 혁명의 정신적 종교적 가치를 판단해 보는 계기가 되었다. 인간의 생이란 자신의 의지에 따라 행동하는 것 같지만, 사실은 신이 정한 어떤 목적을 향해 무의식적으로 움직이고 있다. 그 '무의식'이 바로 신의 역할이고 섭리하는 것을 어렴풋이나마 깨닫게 되었다. 이리하며 아마르나 혁명은 그의 나중의 야훼 혁명의 전초전이자 연병장의 구실을 하게 되었다. 그의 경험은 하나님의 새로운 구원사업과 역사 발전 도정에 디딤돌들이 되었다.

처절한 실패로 끝났음에도 불구하고 모세가 아마르나 혁명을 통하여 얻게 된 중요한 것 중 하나는 다름 아닌 "자존심을 가진 인간상"man of self respecret이었다. 그것은 가장 현실적인 요청이었다. 이것은 노예들이 갖고 있던 자기 조소와 자포자기와는 절대 상극이었다. 그것은 잃어버린 고유 유목민의 전통 종교와 사상에서 유래한 것이었다. 모든 것을 잃었어도 조용히 내일을 기다린다. 이러한 인간상은 결코 배타적이 아니다.

아케나톤의 아톤 신앙과 아마르나 혁명에 대하여 다양한 가설과 이론을 추론할 수도 있겠지만, 그 혁명의 밑바닥에는 정치적 종교적인 부분 외에, 그것은 근본적으로 토지를 소유하지 못했던 노동자 그리고 노예들. 이주민, 귀화인 및 외국인들의 생존권 문제이며, 각종 난민이 땅을 얻기 위한 고육지책苦肉之策임을 일찍부터 깨닫고 있었다.

아마르나 혁명 실패의 가장 큰 피해자는 아피루 출신들인 농민과 노동자와 노예들과 천민들이었다. 그들에게는 이제 모든 기대와 바람이 수포가 되었다. 갈등과 모순의 미로를 헤매던 그들은 신변의 위협을 느끼고 부득이 애굽 탈출을 선택하게 되었다. 모세는 애굽의 절대적인 신성 군주의 권력과 제도에서 탈출했다. 그리하여 전통에서 벗어났다.

> 주 야훼의 말씀이니라. 내가 질투와 맹렬한 노여움으로 말하거니와 그날에 큰 지진혁명이 이스라엘 땅애굽 땅에 일어나서, 바다의 고기들과 공중의 새들과 들의 짐승들과 땅에 기는 모든 벌레와 지면에 있는 모든 사람이 내 앞에서 떨 것이며, 모든 산이 무너지며, 절벽이 떨어지며, 모든 성벽이 땅에 무너지리라. 겔 38:18-20
>
> 무너지는 산은 반드시 흩어지고, 바위는 그 자리에서 옮겨가고, 물은 돌은 닳게 하고, 넘치는 물은 땅의 티끌을 쓸어 버린다. 이처럼 주께서 사람의 희망은 끊으시리라. 그들의 아들들이 존귀하게 되어도 그가 알지 못하며 그들이 비천하게 되어도 깨닫지 못하더라. 다만 그의 살이 아프고 그의 영혼이 애곡할 뿐이니라. 욥 14:18-25

모세가 애굽에서 경험한 모든 실패와 좌절은 나중에 한 차원 높은 삶을 살아가게 된 야훼혁명의 주도자로서의 그의 삶을 있게 한 지혜의 기반이 되었다. 그 참담했던 실패가 이런 놀라운 순간으로 그를 인도해 주리라고는 아무도 예측하지 못했었다. 그가 애굽과 미디안 땅에서 배우고 깨달은 것은 종교와 인간의 삶에 대한 매우 기본적이고 단순한 것들이었지만 그것들은 후에 광야 유랑생활 중에 백성을 인도하는 데 절대적인 필요 조건들이 되어 강력한 효과를 발휘하게 되었다.

모세는 세상 물정을 모르고 살아왔다. 그러나 아마르나 혁명이 실패를 통하여, 세상은 악하고 재주도 없는 사람들이 갖은 꾀를 다 써서 득세하여 활개를 치느라고 착하고 정직하며 능력 있는 사람은 오히려 힘을 쓰지 못한다는 사실을 실감했다. 모세는 세상은 좋은 생각으로 일한다고 꼭 좋은 일만 생기는 것은 아니라는 것을 깨달게 되었다.

혁명의 실패는 그 후에 전개된 모세의 인생사에 뼈아픈 흔적을 남겼다. 그러나 그는 아마르나 혁명의 실패를 통하여 인간의 선한 의도가 반드시 좋은 결과를 담보하지는 않는다는 사회학자 맥스 베버Max Weber, 1964의 현실감 있는 이론도, 악화가 양화를 구축한다는 그레샴의 법칙Gresham's Laweh 청년기에 이미 깨닫게 되었다.

모세는 실력 있는 사람이 높은 지위에 오르거나 책임 있는 직책을 맡는 것도 아니며, 착하고 성실한 사람이 잘사는 것도, 꼭 성공하는 것도 아니라는 것을 깨닫게 되었다. 이러한 세상에서 되지도 않을 일을 서두르고 다니는 것처럼 피곤한 삶도 없다는 사실을 깨닫게 되었다.

그러나 그는 거대한 파멸의 수레바퀴가 요란한 소리를 내면서 자신을 향해 돌진해 오고 있었다는 사실을 모르고 있었다.

7. 지팡이는 한 개만이(One / alone God)

모세의 야훼신앙Yahwism의 싹은 아케나톤의 실패한 아마르나 혁명 즉 아톤 신앙Atomism의 잿더미 속에서 찾은 것이었다. 현대적으로 표현하면 실패한 애굽 종교의 실험실에서 얻은 과학적 결과물이었다.

현대 유일신에 퍽 가까운 애굽의 태양신 아텐Aten이 있었다. 이 신은 바로 아멘호텝 IV가 여러 신을 섬기는 그의 백성에게 강제로 소개한 이른바 유일신으로 "이 신 외에는 다른 신은 없다"고 한 것이었다. 그러나 파라오의 이단들이 그의 죽음과 함께 소멸되자, 참 유일신의 메시지가 애굽의 작은 이웃인 이스라엘로부터 전해졌다. 그것은 갑자기 나타난 계시는 아니었다. 어떤 학자들은 '야훼 신'이 본래 한 종족신이었다고 생각한다. 즉 히브리 족속이 예배하면서 다른 백성들이 섬기는 여러 이방 신들 더 우월한 한 신이라고 생각했다는 것이다.

심지어 어떤 이는 모세가 야훼를 인류의 유일한 하나님으로, 어떤 이는 모든 피조물의 최고의 주主로 이해했었는지 어떤지를 문제시하기도 했다. 이스라엘 신앙의 탈출출애굽 후에도 히브리인들은 그 신앙을 버리려 한 성서적 증거가 많다. 그래서 예언자들은 부단히 이방 사고를 믿으려고 하는 선민들은 힐책하는 것이었다.

이스라엘의 하나님은 후대의 경건한 유대인들이 감히 그의 거룩한 이름을 말하지도, 기록하지도 못하리만큼 그렇게 전적으로 인간의 이해를 초월해 계신 분이었다. 동시에 유대교는 하나님의 인격적 실재에 대한 특이한 의식을 가진 종교였다.

그것은 인간의 삶을 위하여 분명하고 항구적인 두 개의 목표를 갖고 있다.

첫째로, 사람들이 하나님에 대하여 선포된 지식을 얻어 하나님과 친밀한 관계에 들어가 그에게 충성된 봉사 속에서 참다운 자유를 얻게 하는 방법을 가르쳐 주려는 것이고,

둘째로, 각 사람이 최고의 행복을 발견하고 자아를 실현할 수 있도록 연합된 노력으로 사회질서를 발전시킴으로써, 그들의 이웃들과 더불어 좋은 관계로 살아가는 방법을 가르쳐주려는 것이었다.

그러한 종교적 및 사회적 원리들과 가치관들은 개인과 국가 경험을 위한 실험의 도가니the laboratory of personal and national experience에서 전적으로 시험은 거친 것들이었다. 이러한 개인과 국가의 이상은 이 용광로에서 시험에 통과하여 불순물이 제거된 것들이었다.[173]

모세가 아케나톤의 아마르나 혁명에서 얻은 사막 가운데 새로운 세계는 '칼 부데'Karl Budde가 그의 '신세계'New World'라는 논문에서 '구약성서의 유목민적 이상'Nomadic Ideal in the Old Testament 이라는 제목으로 논증한 것이었다.[174]

모세의 신앙과 사상 형성에는 그의 젊은 시절에 애굽의 전통문화와 아케나톤의 헬리오폴리스 신학이 커다란 영향을 끼쳤다. 특히 아마르나 혁명 기간에 노예에 대한 해방의식이 그의 마음속에 싹이 트고 있었다.

고대 히브리인들은 파라오 아케나톤의 일신교적 성격을 띤 종교개혁에 대한 기억을 생생하게 간직하고 있었음이 분명하다. 모세 역시 유일신의 개념을 처음 제시했던 아케나톤의 철학을 잘 숙지하고 있었을 것이다. 물론 모세의 업적은 이런 일신교 선배들의 업적보다 훨씬 더 정교하고 독창적이었다.[175]

아케나톤의 '유일신적'monotheistic인 '그의 한 분 신'his god alone은 '홀로이며 하

나이신 신神' 태양으로서 모세의 '오직 유일하신 하나님 야훼'The one / alone God Yahweh 개념과 상통한다.

> 야훼 하나님은 해태양요, 방패이시라. 시 84:11
>
> 우리 하나님 야훼는 오직 유일하신 야훼시니 신 6:4

결론적으로 말하면 히브리인이라는 종족적 이데올로기의 때 이른 꽃망울이 꽃으로 피어나기 시작한 것은 주전 13세기 애굽의 아마르나 혁명이라는 종교적 봄이 찾아왔을 때다. 비록 아토니즘Atonism이라는 잎사귀에 가려서 잘 보이지 않았으나 어쩌면 이때 애굽의 파라오와 결별을 고한 '야훼의 백성'이라는 종교의 새싹이 자라기 시작한 것으로 보인다. 결과적으로 모세의 야훼혁명은 아마르나 혁명의 기본 이념을 전파하는 데 큰 역할을 하였다.

8. 혁명의 도미노 현상

이스라엘의 탄생과 애굽의 정치, 사회상과는 불가분의 관계가 있다. 히브리인들의 애굽 탈출은 애굽의 전제군주제와 서로 무관한 것이 아니다. 모세의 야훼신앙운동Yahwism은 아케나톤의 아마르나 종교개혁의 실패에서 태동했다. 따라서 이스라엘의 출현은 애굽 사회 상황과 상호 연계적으로 종합적인 고찰이 필요하다.

모세와 여호수아의 야훼혁명은 애굽의 아마르나 종교혁명Atonism의 연쇄작용으로 발생한 것이다. 혁명과 개혁과 운동에는 도미노 현상domino-phenomenon이 있다. 그것들은 시공을 초월하고 국경과 세대를 넘나든다.

조선의 기미년 3.1운동1919은 러시아 혁명1915, 1917과 중국의 5.4 운동1919이 아니었다면 꿈을 꿀 수 없었을 것이다. 러시아 혁명1905, 1917은 그 여파로 독일과 헝가리 혁명, 그리고 폴란드의 독립과 동유럽 제국에서의 민족국가의 성립, 그리고 중국에서 일어났던 국권 회복 운동인 5.4 운동1919년을 불러왔고, 중국의 5.4 운동은 조선의 국권 회복 운동인 기미년 3 1 독립운동1919년을 일으키게 했다.

'이승만 정권'을 무너뜨린 한국의 4.19혁명1960년은 홍위병 난동을 일으킨 '모택동의 중국의 문화대혁명'1966년을 불러왔고, 그것은 다시 '티우 정권'을 무너뜨린 베트남의 멸망1975-76년 7월 2일을 가져왔고, 그것은 다시 '마르코스의 정권'을 추방한 필리핀의 혁명1980년 2월 25일을 가져왔다.

17세기 영국의 작가 존 밀턴John Milton은 사회가 자체적으로 잠재력을 깨달을 수 있도록 도와주는 것이 혁명의 소유한 능력이라고 믿었다. 밀턴에 의하면 혁명은 자유를 얻기 위한 수단이었다.

칸트는 혁명을 인류의 진보를 위한 힘이라고 생각했다. 헤겔은 혁명을 인간 운명의 완성으로 생각했고 혁명 지도자들은 개혁을 부추기고 실행하는 데 꼭 필요한 사람들이라고 생각했다. 이러한 헤겔의 이론은 카를 마르크스 사상의 토대가 되었다. 그것은 무신론과 유물론에서 공산주의 혁명정신을 고양 시켰다. 그러나 20세기의 공산혁명은 '아파라트'apparat: 정부나 당의 관료라는 새로운 계급을 만들어 냈다.

모세의 야훼 혁명은 아케나톤의 아마르나 혁명의 실패에서 왔다. 아마르나 혁명의 실패는 아피루 노예들의 애굽 탈출 사건을 불러왔고, 출애굽 사건은 약 반세기 후에 가나안 땅을 하비루 혁명의 소용돌이에 휩싸이게 했다. 히브리 노예들의 애굽 탈출 사건은 야훼신앙에 의한 애굽 파라오의 절대권력과 신성에 대한 거부였다. 따라서 이것을 '야훼 혁명'Yahweh Revolution이라고 부른다.

모세의 야훼 신앙은 출애굽 사건의 원동력이 되었고, 가나안 땅에는 '땅의 백성

עַם־הָאָרֶץ, 암 하알레츠'에 의한 개성이 꽃피는 시대가 되었다. 가나안 땅에는 세겜을 중심으로 모인 이스라엘 부족연맹, 헤브론을 중심으로 모인 유다 부족연맹, 두로와 시돈을 중심으로 모인 페니키아 도시연맹이 결성되었다.

이러한 부족연맹 시대에는

> 그때에는 이스라엘에 왕이 없으므로 사람이 각기 자기 소견에 옳은 대로 행하였더라. 삿 21:25

라는 것이 사사기의 총결론이었다. 야훼 혁명은 계속된다.

다윗과 솔로몬의 통일왕국은 전제군주의 철권정치 시대였다. 따라서 왕권을 감시하는 예언 운동이 등장하게 되었다. 분열 왕국은 민중백성이 건국의 구호가 되었고 반란과 혁명은 구호가 되었다. 유대왕 르호보암은 '백성을 크게 한 자' 혹은 '백성을 강하게 하소서!'가 국시였고, 이스라엘 왕 여로보암은 '백성의 편에서 싸우는 자' 혹은 '백성을 불어나게 하소서!'라는 것을 표방하였다. 이것들은 그들 이름의 뜻이기도 하다.

모세의 과거지향적인 삶과 생애

제11장 • 모세의 망명 생활과 그의 장년 시절

인간의 생生에 허송세월이란 없다. 땅에서 넘어진 자 결국 다시 땅을 집고 일어서야 한다. 모세는 미디안 황야에서 생활하는 동안 옛 선조들의 삶의 방식을 완전히 터득하게 되었고, 그러한 삶의 자연스러움과 자유스러움을 깊이 간파하게 되었다. 모세는 젊은 날의 실패한 혁명에서 잃어버린 혁명가의 정신을 성공한 혁명가 알라라크 왕 이드리미에게서 되살려냈다. 그는 혁명의 패기覇氣와 결기決起를 시내산 불타는 가시덤불에서 되찾았다.

1. 모세의 망명 생활

1. 모세의 애굽탈출

애굽을 등지고 떠나온 모세가 닿은 세상의 끝은 미디안 황야였다. 사방 어디를 둘러보아도 보이는 것은 모래와 바위뿐, 사람이 살기에는 너무도 척박한 땅이었다. 때로 폭풍우나 날 번개가 휘몰아치는 그 광야는 인간의 접근을 통제하고 있는 것 같았다.

그는 넓디넓은 황야를 건너는 동안 유랑자의 허무를 실감했다.

시누헤의 전철을 밟고

아마르나 혁명 전선의 선봉에 서서 아케나톤의 친위대로서 활동하면서 권력을 누렸던 모세는 그의 혁명이 파라오의 재위 12년 만에 막을 내리자 모세는 반역자와 이단으로, 국사범으로 낙인이 찍혀 탈출을 시도하였다. 혁명 실패의 격랑 속에서 갑자기 불운을 만난 비운의 황태자는 현상금 붙은 사나이가 되어 도피자의 신세로 전락했다. 생존의 벼랑 끝에 몰린 모세는 구사일생으로 애굽 땅을 벗어나 우여곡절 끝에 미디안 땅에 도착하기까지 풍찬노숙에 산전수전 수많은 어려움을 겪어야만 했다. 그 고생의 가장 극적인 표현이 모세가 시누헤의 전철을 밟았다는 것이다.

모세는 기원전 1960년경부터 전해져 온 저 유명한 '시누헤 이야기'에서 그가 고백하고 증언한 국경 장벽인 '통치자의 벽'을 몰래 통과했음이 틀림없다. 그 통치자의 벽은 동쪽 국경선에 세워진 일련의 요새이며, 그 요새가 있던 곳에 오늘날은 수에즈 운하가 건설되어 있다.[176]

애굽 탈출 시의 시누헤의 회상과 증언에 의하면 :

"내 가슴은 방망이질하듯 뛰었고, 두 팔은 기운 없이 늘어졌고, 온몸은 사시나무처럼 떨렸다. 나는 몰래 빠져나와 숨을 곳을 찾았다. 나는 길에서 좀 떨어진 두 개의 가시덤불 뒤에 숨어버렸다. 나는 남쪽을 향해서 떠났다. 그러나 수도에 도착할 계획은 없었다. 왜냐하면 그곳에는 지금쯤 내란이 일어나, 그가 있는 한 나는 살아남지 못하리라고 보았기 때문이다. 나는 사막에서 유랑하는 베두인들을 막기 위한 변경 지대의 국경 장벽인 '왕자의 성벽'이라는 곳을 넘었다.

나는 뽕나무 근처에 있을 '마아티 호수'Lake Ma'aty를 건너 스네프르 섬Snefru Island에 도착했다. 그리고 들판에서 하루를 보냈다. 나는 다음 날 아침 길을 가다가 사람 하나를 만났다. 그는 나를 두려워하였다. 저녁 시간이 가까이 되었을 때 나는 '황소도시'Ox-town에 도착했다. 거기서 나는 노가 없는 거룻배를 타고 서풍에 힘입어 강을 건넜다. 나는 붉은 산의 여신Mistress-of-the-Red-Mountain'이라는 채석장 동편을 지났다. 나는 다시 북쪽으로 향하여 무작정 걸었다.I gave free road too my feet going northward 그러나 나는 아시아인들을 방어하기 위해 만들어 놓은 국경 장벽인 '통치자의 벽'Wall-of-the-Ruler'에 까지 도달했다. 나는 성벽 위의 감시원이 나를 찾아낼까 무서워 숲속에 웅크리고 앉아 있었다.

나는 저녁 무렵에 다시 길을 떠나 날이 밝은 무렵에야 페텐에 도착했고, 드리어 케웨 섬에서 길을 멈추었다. 나는 너무나 목이 말라 그곳에 쓰러졌다. 나는 목이 탔고, 목구멍이 먼지와 같았다. 나는 '이렇게 죽음을 맛보는구나!'라고 중얼거렸다. 그때 나는 마음을 가다듬고 몸을 추슬렀다. 왜냐하면 나는 가축 우는 소리를 듣고, 아시아인을 힐끔 보았기 때문이다."

시누헤는 온갖 시련을 겪고 미디안 땅에 도착했다. 그는 증언했다.

"애굽에 와 본 일이 있는 그들의 추장이 나를 알아보았다. 그는 나에게 물을 주었고, 나를 위해 우유를 끓였다. 나는 그를 따라 그의 부족에게로 갔으며, 그들은 나에게 융숭한 대접을 베풀었다."177

모세는 이렇게 영락없이 시누헤의 전철을 밟았다.

> 모세는 그곳을 지나 남동쪽으로 방향을 잡고 광야를 통과했다. 불행하게도 성서는 모세가 미디안의 어느 지역에서 거주했는가를 자세히 밝히지는 않고 있다. 미디안 본토는 아카바만 동부지역이었다. 그러나 미디안 부족들 가운데 일부는 아라바 협곡사해 남부의 대협곡을 가로질러 시나이반도 동쪽 지역과 남부지역에 정착했다는 증거가 있다.[178]

그는 애굽에서 아마르나 혁명에 심취하여 헌신해오면서 기대와 자부심도 컸던 만큼 그 실패에 대한 좌절과 실망도 컸다. 그는 날개 꺾인 새가 되어 망연자실茫然自失했다. 그는 미디안 땅에서 생존 방법을 찾았으나 속수무책이었다. 그는 절망감과 패배감에 떠밀려 자포자기 상태에 빠졌다. 자신의 삶은 이보다 더 바닥일 수는 없다고 생각했다.

모세는 자기 존재의 한계와 불가능을 깨달았다. 그는 나락으로 떨어졌다. "나는 아무것도 아니다!"I am nothing 이것은 그의 겸손이나 도덕적 겸양이 아니었다. 마지막으로 자신의 한계를 인정한 가운데 나온 마지막 부정이었다. 모든 것이 허사요 무의미했다. "이제 나에게 남은 것은 아무것도 없다." 그는 이제 '무'이다. Somebody에서 Nobody가 되었다. 모세는 이제 잊힌 사람이 되었다. 모세는 이렇게 하루하루가 힘든 방랑자의 생을 이어 가고 있었다.

모든 인간의 생애는 요철凹凸이 있다. 장년기 모세에게는 몇 번의 변곡점point of inflexion이 있었다.

2. 장년 모세 생의 첫째 변곡점 : 이드로

첫 번째 변곡점은 미디아 겐족의 제사장 '이드로'Jethro를 만나게 된 것이었다.

어느 날 저녁 무렵, 해는 서산에 떨어지고, 모세는 긴 여정에 지치고 탈진해서 어느 동구 밖 우물 곁에 쓰러져 누워 있었다.

> 모세가 바로의 낯을 피하여 미디안 땅에 머물며 하루는 우물 곁에 앉았더라. 출 2:15

그런데 바로 그때, 일곱 명의 양치기 처녀들이 가축들에게 물을 먹이려고 다가왔다. 그런데 나중에 온 사나이들이 자기들의 양과 염소에게 물은 먹이려고 아가씨들을 내몰았다. 그 순간, 쓰러져 있던 이방객 모세는 부당하게 내몰리고 있는 목녀牧女들을 보고 반사적으로 벌떡 일어났다. 모세는 다시 한번 전사로서 용기와 힘을 발휘해 그 목동들은 공격해 물리쳐 버렸다.

> 그들이 그들의 아비에게 이를 때에 아비가 이르되 너희가 오늘은 어찌하며 이같이 속히 돌아왔느냐? 출 2:18
>
> 아비가 딸들에게 일렀다. '그 사람이 어디 있느냐? 그런 사람을 내버려 두고 오다니, 될 말이냐? 어서 모셔다가 음식을 대접해 드려라' 출 2:20

미디안 겐족Keniter의 제사장 이드로는 영안이 밝은 사람이었다. 모세는 오랜 광야 방랑으로 그의 행색은 남루했으나 그의 인격에는 고상함이 배어 있어 이드로는 쉽게 그를 알아보았다. 이드로는 모세에게는 귀족의 아우라aura가 있어 그가 범상한 인물이 아님을 직감하고 있었다. 그가 애굽 상류층 인물로 무슨 범죄를 하고 광야로 탈출해 온 것임을 눈치채고 있었다.

고대 근동 세계에는 특이한 격언이 있다. 그것은 "길손을 대접하는 것은 부지不知 중에 천사를 대접하는 것이다."

> 너는 네 떡음식을 물 위에 던져라. 여러 날 후에 도로 찾으리라. 일곱에게나 여덟에게 나눠 줄 지니라. 무슨 재앙이 땅에 임할는지 네가 알지 못함이니라. 전 1:1-2

잠언의 교훈이다.

> 인간 생의 여정에는 훈풍과 이슬비와 햇볕 같은 축복도 있지만, 때로는 폭풍우와 눈보라와 같은 시련도 닥쳐와서 쓰러지고 꺾여지기도 한다.
>
> 혹시 어디에 그런 불운한 사람이 있으면 눈을 딱 감고 도와주어라. 사람을 돕는 것이 가장 큰 투자이다. 신이 너에게 언젠가는 너에게 선행을 베풀 기회를 준 것이다. 좋은 일을 하고 기다리면 언젠가는 본전에 큰 이자까지 더하여 갚아 주리라. 생을 포트 폴리오하라. 인간에 대한 투자가 가장 큰 이익을 가져다준다.
>
> 혹시 어떤 사람이 큰 죄를 범한 죄인이라 할지라도. 그를 이해하고 용납하라! 다른 사람의 마음속에 있는 혼란에 대한 원인을 이해한다면 그대는 동정심이 더 깊어질 것이며, 남을 위하는 마음이 더 커질 것이다. 그리고 그 사람이 그러한 행동을 하게 된 것은 그 사람의 교육과 훈련 및 주위의 환경 때문이라

는 것을 이해하게 될 것이다.

그대는 그대가 주지 않은 것을 받지 못한다. 이것이 마음의 법칙이다. 사랑과 친절과 선의는 다른 사람의 마음속에 있는 얼음도 녹일 것이다. 그대가 주면 줄수록 그대에게 되돌아오는 축복은 더 클 것이다.

모세는 미디안 황야에서 참으로 좋은 조력자를 만났다. 그는 혼자 가기 힘든 길을 이드로라는 더없이 소중한 동행자를 만나게 된 것이다. 이리하여 모세는 이드로의 후의로 호구를 해결하게 되었고, 덤으로 영적인 훈련도 받게 되었으며, 새로운 미래가 열릴 때까지 견디어 낼 수 있게 되었다. 모세는 치열한 삶의 각축장에서 갑자기 초원의 목가적인 삶으로 돌아왔다.

모세는 이드로가 기대한 대로 그의 일터에서 가축을 열심히 돌봐준 대가로 딸 십보라의 사랑을 허락받고 결실을 얻었다. 그러나 모세에게는 망명객 신세로는 "이룰 수 없는 애굽에 두고 온 떠나온 사랑"에 대한 회상과 갈증에 어지러움을 느끼고 허물어져 양치기 처녀 십보라의 어깨에 고개를 묻고 그녀의 품에 안겼다.

모세가 도주하여 미디안 땅에서 나그네 되어, 거기서 아들 둘을 낳으니라.행 7:29

그의 망명 생활은 몸은 미디안 땅에 머물렀으나 그의 의식은 늘 애굽에 가 있었다. 그가 품고 있었던 이러한 모순은 결과적으로 한 차원 다른 경지로 드높였다.

미디안 전승에 의하면 모세는 40년간 그 땅에 거하면서 고요한 목자의 생활을 보냈다. 대초원에서의 양치기 생활은 매우 고독한 것이었고, 따라서 사색을 위한 풍부한 여유를 갖게 되었다.

백성들은 멀리서 있고 모세는 하나님이 계신 암흑 속으로 가까이 가니라.출 20:21

이삭이 저물 때에 들에 나가 묵상하다가 눈을 들어보매 약대들이 오더라. 창 24:63

모세의 미디안 망명 생활은 묵상과 기도의 세계에 파묻혀 살았다.

그는 일찍이 어머니에게서 들은 일들과 40년 동안 애굽에서 배운 학식의 소화를 위해, 명상의 시간을 갖는 한편, 그의 마음속에는 끊임없이 떠 오르는 한 가지가 있었으니, 그것은 애굽에 있는 자기 동족의 고통이었다. 그의 능동적인 본성이 부르짖었으니, 그것은 그들이 구출되어야 한다는 것이었다.출 2:23-3:22

이러한 모세는 자신의 과업을 의식함과 더불어 사막 부족들의 생활 방법과 음식과 식수의 원천을 해결하는 방법을 배웠다. 그리고 무엇보다 중요한 것은 그가 백성을 인도해 나와야 할 땅의 지세地勢를 잘 익혀두는 것이었다.[179] 그의 미디안 생활은 먼 훗날의 광야 여정에 소중한 경험이 되었다. 모세의 묵상 생활은 그의 향후 노년기의 고난과 시련을 짊어지고 가야 할 자기 모습을 찾을 수 있게 해 주었다.

가나안의 자연환경과 지세

팔레스타인Palestine 땅은 기원전 14세기경 애굽 관리들은 '키나니' 혹은 '카나히'라고 불렀고, 히브리 족장 시대에는 '가나안'이라고 불렀다. '아마르나 시대'의 가나안 땅은 46개의 성읍에 분봉왕들이 있었고, 그 왕들은 애굽 총독들의 지배 아래에 있었다.

팔레스타인의 지형은 애굽이나 메소포타미아와는 달리 그 지역을 통일시킬 만한 큰 강을 갖지 못하였다. 가나안의 지형은 산악과 평원과 사막과 고원지대로 이루어져 있어 자연환경이 통일을 방해하는 걸림돌이 되었다. 이러한 분리된 지역들은 독립성과 독창성을 고무하고, 분열심을 조장하여 전체주의에 반대하고 민주정신의 배양토로서 기능을 하였다. 험준한 산악지형은 전쟁을 위한 특성화된 지형으로 게릴라전에 적합하여 교육과 훈련이 없이도 누구나 전사로 나설 수 있는 자연환경이었다.

이러한 지형과 지세는 혁명정신을 고취시키고, 신들의 섭리에 의존하려는 삶의 태도로 이끌었다. 그리하며 그 땅 거민들은 애굽이나 메소포타미아의 백성들과 마찬가지로 이 세상에는 영원한 것도, 불변하는 것도 아니고, 세상은 신들에 의해서 창조된 것이며, 현존질서는 신들의 뜻의 소산이라고 생각하고 있었다.[180]

그들은 현세는 하나의 역사적 소산에 지나지 않으며, 신이 하고자 하는 상태로 정해진다고 믿었다. 다시 말하면 이 세상의 현존하는 질서는 인간들의 행위와 그에 대한 신의 반작용의 소산이라고 생각하고 있었다. 이러한 그들의 생활 태도는 정치적 및 사회적 변화혁명는 장차 신이 지시하는 대로 행하여진다고 믿는 데서 나온 것이었다.[181]

모세는 미디안 땅에서 토착민들의 삶의 양식과 함께 이러한 종교적 태도에도 깊이 접근하여 배우게 되었다. 그는 이드로의 가정과 주변의 베두인들을 통하여 그들의 간편하고 검소한 삶을 배우고 익히게 되었다. 그러는 동안 모세는 애굽 생활에서 겪은 끊임없던 긴장과 갈등과 경쟁의식도 사라진 지 오래되었다. 그는 애굽 왕실의 엄격했던 법도들도 잊어버렸다. 그리하여 폐허가 되었던 그의 마음 밭에도 작은 햇살이 스며들었다. 그의 생애 가운데 이처럼 평화와 만족감에 젖어본 적은 일찍이 없었다.

한편, 모세는 그동안 상당한 세월이 흘렀고 자신의 신분에 큰 변화가 있었으나 그가 애굽땅에서 주군과 의기투합하여 밤낮으로 뛰어다녔던 그 혁명의 열정과 환희를 잊을 수가 없었다. 그는 하루에도 몇 번씩 실패한 혁명에 대한 회한에 시달렸다. 그는 바쁜 목양 생활 가운데서도 때때로 깊은 상념想念에 잠겼다. 그는 완전히 과거에 침몰 되어 한없이 옛사람을 그리워하고 있었다. 그러나 많은 세월이 흐른 후에야 그것이 참으로 잘된 일임을 알게 되었다. 만약 그때 그가 애굽에 계속 그냥 머물게 되었다면 용케 죽지 않고 감옥에 들어가지 않았다 하더라도 그는 완전히 애굽인이 되어 버렸을 것이었다. 그는 지금은 가련한 망명객이 되어있었다.

모세는 때때로 자신의 정체성이 인식되지 않았다. 그는 애굽인도, 미디안인도 아니었고, 동족에게 거부당하고 떠나왔으니, 히브리인도 아니었다. 그는 완전히 정신적으로 아노미anomie 상태에 빠져있었다.

모세가 이드로를 만난 것은 그가 장년기에 맞이한 첫 번째 삶의 변곡점이었다. 그것은 하나님의 준비하심이었다. 모세가 미리안 땅에서 나그네가 되어, 이드로의 머슴 겸 사위로 살아가는 동안, 그의 영성 spirituality은 깨어나고 자라고 성숙해 갔다. 이드로의 가정은 제사장의 가문으로 그의 영성이 바르게 양육되는 훌륭한 요람이자 보육원이 되었다. 이러한 것으로 미루어 보아 인간은 그 어떤 절망적인 상황에서도 자신의 환경을 극복하고 위로 올라갈 수 있는 영성의 사다리를 마련할 수 있음을 알 수 있다.

피상적으로 보면 모세의 미디안 40여 년의 생은 귀중한 젊음과 시간의 낭비에 불과했다. 그러나 영적으로 보면, 모세는 이드로를 만남으로써 영성 세계에 눈이 뜨이기 시작하였고 '야훼 신앙'Yahwism의 싹이 트기 시작하였다. 이것이 바로 '야훼신앙의 기원'을 논할 때, 학자들의 머릿속에 가장 먼저 떠오르는 것이 야훼신앙의 "겐족The Kenites 기원가설"이다.

우리는 허다한 경우 원인을 알고 결과를 말하지만 때로는 결과를 보고 원인을 추론하는 귀납적 방법을 사용한다. 그때 얻게 된 결론은 '이드로와 이드리미' 연루이다. 이러한 사건들이 바로 모세의 장년기에 발생한 것이다.

3. 장년 생의 두 번째 변곡점: 이드리미

모세의 우연한 자기 발견

모세의 두 번째 장년기의 생의 변곡점은 자신보다 약 1세기 전에 오랜 망명 생활 끝에 국권을 회복한 영걸 '이드리미'Idrimi의 역사적 전설을 듣게 된 것이었다. 그것은 사화史話였다.

인간 생의 중년기는 일을 가장 많이 할 수 있는 장년기이다. 장년기는 사회적 책임이 증가하는 시기이다. 이런 시기에 실업이나 전직을 당한다면 절실한 문제가 된다. 장년기는 신체적으로 초로기에 들어선 갱년기 증상이 나타나는 시기이다. 우울증이나 정신 쇠약이나 공황장애가 일어날 수도 있다. 이러한 장년기의 특징은 '종교적 생명의 재건'Reconstruction of Religious New Life이다. 따라서 종교적 신앙이 재건되고 적극적으로, 구체적으로 체득하게 되는 시기이기도 하다.

모세는 잡다한 세상사의 좋고 나쁜 온갖 소식들로부터 완전히 단절된 상태에서 오랜 세월을 보내고 있었다. 그는 그 적막강산으로 유배되어온 버려진 인간임을 실감하고 있었다. 그는 철저하게 잊힌 인간이 되어있었다. 그가 할 수 있는 일이란 아무것은 없었다. 세월만 보내고 있다고 생각했던 바로 그 무렵이었다. 이러한 절박한 시기에 어떤 소문을 들었다. 하늘의 계시가 아닌가 할 만큼 감동적인 얘기를 어느 날 우연히 듣게 되었다. 그것은 팔레스타인 땅에 널리 유포되어있는 100여 년 전의 사화였다.

모세는 상념 속에서 먼지와 폭풍을 일으키면서 힘차게 달려오고 있는 1세기 전 역사의 말발굽 소리를 들었다. 그것은 '알라라크 왕, 이드리미 전설'The Story of Idrimi, King of Alalakh의 힘이었다. 이것은 모세의 소명 의식의 발판모판이 되었다.

이드리미 사화는 모세의 생에 그 내용과 방향에 결정적인 변화를 가져왔다. 그 사화는 혁명을 일으켰다가 실패하고 도주하여 시리아 땅으로 망명하여 살아갔던 비운의 왕자에 대한 것이었다. 그러나 그 왕자는 와신상담하고 절치부심하여 마침내 권토중래한 영걸이었다.

이드리미 사화를 통하여 모세는 우연히 자기 자신을 발견하게 되었다. 그 사화를 통하여 과거에 있었던 그의 실패는 아직 그 가치가 실현되지 못한 미래의 자산이며 식량이 되었음을 깨닫게 되었다. 참으로 오랜 세월 동안 세상사의 소음과 단절한 채 그 적막강산에서 소외된 생을 보내고 있었던 바로 그 시기에 어떤 경로로 정말 우연히 듣게 된 전설 속의 영걸은 모세에게는 하늘의 복음이었다. 이것은 우리의 귀납적인 추론인데, 모세가 이드리미의 전승을 듣고 분기탱천하여 노예들은 이끌고 애굽 탈출의 꿈을 키웠을 것이라는 가정하에 이야기를 전개해 나갈 수밖에 없다. 모세는 자신보다 1세기 전에 사라진 별이 다시 떠오름을 느끼게 되었다.

우리에게 이러한 추론이 필요한 이유는 모세가 히브리 노예들을 이끌고 애굽을 탈출하여 광야 여정을 거쳐 가나안 진입과 정착의 착상에는 여러 불리한 악조건들 속에서도 진행 시킬 수 있었던 운명적으로 작동해 온 그 어떤 내적인 힘과 경험을 망명지 미디안에서 얻었을 것이라는 증거를 찾아내야만 하기 때문이다.

1) 알라라크의 왕, 이드리미 이야기

The story of Idrimi, King of Alalakh

'알라라크'Alalakh는 지중해와 유프라테스강을 이어주는 요로인 아무크AmQ 평원에 위치한 왕국이었다. 터어키의 오른테스강 옆을 끼고 안디옥에서 Aleppo로 가는 도로 가까이에 Tell-el-Atshana를 중심으로 해서 발흥했던 고대도시 왕국이었다. 오늘날 그곳에 유적지가 있다.[182]

'이드리미'는 알렙포의 '일리밀림미 I세'Ilimilimi I의 막내아들로 태어나 당대의 정치적 상황에 충격을 받고 반란을 일으켰다. 그는 갖은 박해에 시달리면서도 동족의 자유와 해방을 위해 싸웠다. 그러나 그는 'Aleppo 전쟁'에 패하여 자기 친족이 다스리는 '에말'Emar성으로 도피하면서 망명 생활을 했다. 얼마간 시일이 경과한 후 그의 외가 쪽 친척과 함께 길을 떠나 사막을 가로질러 가나안 땅 '키나님'ki-na'nim'으로 건너가서 수리아시리아의 다른 망명객들과 합세하여 '하비루'와 함께 살았다.[183]

이드리미는 '에말'에 오래 머물지 않고, 곧 자기의 군대를 거느리고 사막을 지나 가나안 땅에 들어왔다. 그리하여 마침내 이드리미는 '암미야'Ammiya에 있는 가나안 도시에 도착했다. 그는 여기에서, 그가 추방되었던 바로 그곳에서, 그 땅 점유자들로부터 그 나라의 시민권을 얻었다. 그 도성은 바로 "하비루의 전사들"이 다스리는 곳이었다. 이드리미는 그들과 함께 7년간을 지내면서 많은 유익을 얻었다. 이드리미는 바다를 건너 안전하게 자기의 고국으로 돌아왔다. 그의 인척들이 그를 환영했다.[184] 이드리미는 절치부심하면서 게릴라 전사들을 모았다. 그들은 황막한 사막이나 험준한 산악길을 걸어서 다니면서 오랜기간 동안 싸웠다.

이드리미는 '힛타이트족'헷족을 원정했다. 그는 바라타나와 동맹을 하여 근접국가를 쳤는데. 자기와 자기의 군대가 일곱 성읍을 탈취했다. 그는 전리품으로 새로운 궁전과 신전을 세웠다.

이드리미는 자기의 공적을 기록한 비문에 이렇게 썼다.

> "나는 궁을 건축했다. 나는 다른 나라의 왕들과 같은 나의 보좌를 만들고, 그들의 종들과 같은 종들을 두고, 그들의 자손들과 같은 자손들을, 그들의 친구와 같은 친구들을 두었다. 나는 내 땅 중앙에서 행복하게 살게 되었고, 나는 집이 없는 백성을 위하여 거처를 마련해 주었다. 나는 우리 조상들의 '알라라크 신'의 신전에 제사 드리기를 게을리하지 않았다."

그 왕국의 옛터는 타원형 17층으로 되어있는데, 이 성읍의 기원은 BC. 3100년경 청동기 시대로 추정되는데, B.C. 1200년경 바다 민족의 침입으로 멸망하였다. 옛터에서 466개의 토판이 발견되었다. 그의 비문은 모두 설형문자로 씌여져 있으며, 아카드어가 국제 공용어였다. 그 비문의 마지막에는 그 조각상을 훔치는 자에게는 하늘과 땅의 신들에 의해 저주를 받을 것과 순종하는 자에게는 축복과 보호를 약속했다. 알렙포 사본The Aleppo Codex은 Aleppo 회당에서 나온 것으로 성서연구에 귀중한 자료가 되고 있다.

알레포의 알라라크 왕국의 동조자들과 지도자들은 때때로 차명이나 익명을 사용하여 황당한 계획을 발표하고 거사 자금을 모으기 위해 도성의 창고와 부자들의 가옥을 약탈하기를 서슴지 않았다. 이드리미가 동족의 자유와 해방을 위해 싸우다가 패하여 망명 생활을 하고 있었다는 면에서 모세는 동병상련을 느꼈다.

인간의 생에 있어서 중요한 것은 호기심과 욕구를 갖는 것도 중요하지만, 더 중요한 것은 가능한 한 많은 것을 경험하면서 실패를 두려워하지 않는 태도이다. 인간은 누구나 많은 패배를 맛본 후에야 언젠가는 승리하게 되어있다. 다만 시간의 문제일 뿐이다.

모세는 이드리미가 깊은 절망 속에서도 포기하지 않고 분투하여 마침내 권토중래捲土重來 하는 모습에서 어떤 희망 같은 것을 보았다. 그의 광복운동에서 '하비루 전술'은 전술 교과서로 정평이 나 있었지만, 고대사에서의 언급은 수 페이지에 불과하다. 한 마디로 거의 망각 되어왔다. 그러나 그의 천재성은 근년에 서서히 재평가되고 있다.

히브리성서 본문에는 출애굽기 4:18의 모세의 장인의 이름이 '이드로'Jethro, יִתְרוֹ가 아닌 '이데르'예델. Jether, יֶתֶר로 되어있다. 여기에는 오경 편찬자들의 어떤 비밀이 숨겨져 있다. 이것은 성서기록에 완벽을 기했던 편찬자들의 실수에 기인할 수는 없다. 이것은 장인의 전승에 혼선을 가져왔거나 아니면 '이드리미'가 '이데르'로 와전된 것이 아닌가 의심해 본다.

이와같이 인간의 기억이란 신뢰하기 어렵다. 그 회상이 세월의 풍상에 바래지고 옅어져 그 빛깔을 확신할 수 없게 되었다. 오늘의 판독은 부정확하거나 부분적으로 지어낸 것으로 보아야 한다.

2) 무기가 없이 싸운 이스라엘

'아낫의 아들 삼갈의 날'에 또는 '야엘의 날'에는 대로가 비었고 길의 행인들은 오솔길로 다녔도다. 이스라엘에는 마을 사람들이 그쳤으니, 나 드보라가 일어나 이스라엘의 어머니가 되었도다. 무리가 새 신을 택하였으므로 그때에 전쟁이 성문에 이르렀으나 이스라엘의 사만 명 중에 방패와 창이 보였던가? 삿 5:6-8

블레셋 사람이 이스라엘과 싸우려 하여 모였는데 병거가 삼만이요, 마병이 육천이요, 백성은 해변의 모래 같이 많더라. 그들이 올라와서 벧 아웬 동편 믹마스에 진 치매삼상 13:5

그 때에 이스라엘 온 땅에 철공이 없었으니, 이는 블래셋 사람들이 말하기를 히브리 사람이 칼이나 창을 만들까 두렵다 하였음이라. 온 이스라엘 사람들이 각기 보습이나 삽이나 도끼나 괭이를 벼리려면 블레셋 사람에게로 내려갔었는데, 곧 그들이 괭이나 삽이나 쇠스랑이나 도끼나 쇠 채찍이 무딜 때에 그리하였으므로 싸우는 날에 사울과 요나단과 함께한 백성의 손에는 칼이나 창이 없고 오직 사울과 요나단에게만 있었더라. 블레셋 사람들의 부대가 나와서 믹마스 어귀에 이르렀더라. 삼상 13:19-23

그 마병 일천 칠백과 보병 이만을 사로잡고, 병거 일백 승의 말만 남기고, 그 외의 병거의 말은 다 발의 힘줄을 끊었더니. 삼하 8:4

그러나 내가 유다 족속을 긍휼히 여겨 저희 하나님 야훼로 구원하겠고 활과 칼이나 전쟁이나 말과 마병으로 구원하지 아니하리라 하시니라. 호 1:7

도움은 구하려 애굽으로 내려가는 자들은 화있을진저, 그들은 말을 의뢰하며, 병거의 많음과 마병이 심히 강함을 의지하고. 이스라엘의 거룩하신 자를 앙모치 아니하며 야훼를 구하지 아니하였거니와사 31:1

무력이라곤 전혀 없었던 노예들의 무리들, 정규전이 불가능했던 이스라엘은 어떻게 광야를 유랑하고 가나안에 진입하여 정착할 수 있었을까? 그것은 하비루의 게릴라전을 습득한 결과였다. 그리고 그것을 모세는 일찍이 이드리미의 전술에서 지혜를 얻었음을 우리는 귀납적인 추론으로 확인할 수 있다.

3) 이드리미와 하비루 전술

팔레스타인과 시리아의 땅이 게릴라들의 진원지가 된 이유는 지정학적 요인이 공헌했다. 그 지형과 지세가 요새要塞 건축에 유리하였고, 위치상으로 유럽과 아시아 그리고 아프리카 사이에 끼어있어 애굽과 바빌로니아 그리고 로마 등의 대제국의 교차로 역할을 하고 있었기 때문이었다.

이드리미의 국권회복운동에 일등공신 동지들인 하비루Habiru, Apiru들은 항상 불리한 환경에서 게릴라guerrilla전을 구사하고 있었다. 그들은 일정한 진지도 없이 산악을 근거로 하여 평지의 사람들과 전투를 벌이고 있었다. 소수의 비정규군으로 대규모의 정규군과 싸우는 데는 그 방법밖에는 없었다. 갑자기 치고는 빠지고, 파괴하고 불을 지르고 달아났다. 무장유격대를 만들어 기습공격을 감행하고 항상 소규모 전투에서 승리를 거두었다. 무기도 병력도 없는 사람들이 전차부대와 기마병을 상대하는 전술은 이러한 변칙적인 전술밖에는 없었다. 평지에는 불리하지만 산악에서는 전차와 말이 소용이 없었다. 적은 인원으로 자신들의 정체를 감추고 신출귀몰하는 전술을 구사하여 병력을 키워 적들을 궁지로 몰아넣어 땅을 차지하며 삶의 터전을 마련했다. 그들은 동지의식이 강하고, 항전의식이 강하고, 전후방이 따로 없이 어디서든지 전투의 장으로 만들어나갔다. 그들은 때로는 지하운동으로 기습공격을 감행했다.

'이드리미'는 절치부심하며 사상적으로 무장하여 동지를 규합하고 개인적으로 주민을 군사 훈련 시키고 때로는 밤에 배로 원정하여 7년간의 전투 끝에 조금씩 힛타이트족을 몰아내고 '무키쉬'Mukish를 비롯하여 7개의 성읍을 탈환하였다. 사상전의 승리였다. 그들의 '하비루 전술'은 산악유격전으로 전후방이 구별없이 안개처럼 스며들어 전장으로 만들고는 종적을 감추는 신출귀몰하는 산악전투를 벌였다. 그들은 전선 없이 후방을 교란시켜 그 땅 정권을 몰아내고 점차 본토를 장악해 나갔다.

> 우리가 그 만날만한 곳에서 저희들을 엄습하기를 이슬이 땅에 내림과 같이 저희 위에 덮쳐 그냥 두지 아니할 것이요. 삼하 17:12

모세는 '이드르미'와 '하비루 전사'들이 의지와 집념으로 역경을 이겨내고 불리한 조건들을 극복해 나가는 모습을 보면서 자신도 동족들과 뜻을 모으면 위기를 도전의 기회로 바꿀 수 있다는 확신을 얻게 되었다. 그는 용기와 희망을 발견했다. 모세는 이드리미의 애국심과 사명 의식, 그리고 인내력에서 많은 것을 배우고 깨닫게 되었다. 그리고 그의 후계자 여호수아와 갈렙 등은 나중에 동족을 이끌고 광야를 통과할 때와 모압 땅과 가나안 땅에서 이드리미의 전술을 그대로 모방하고 답습한 결과를 실전에 응용하였다. 이것이 이스라엘의 광야유랑과 가나안 정착에 대한 역사적인 뿌리이다.

구약성서에서 이스라엘 백성이 때와 장소와 상황에 따라 전술을 바꾼 유격 게릴라전과 퇴각할 때 불을 지르고 물러난 것은 현대의 저항 전술인 '레지스탕스resistance'와 '별동대 빨치산Partizen' 유격전의 원형이자 전형이 되었다.

가나안 정착가설 중에 농민혁명설사회혁명설은 이러한 상황에서 나온 것이었다. 그러나 하비루들의 전철은 승리와 영광의 보장이 없는 고난과 형극의 줄달음질일 뿐이었다. 하비루들의 중지衆智는 예지를 낳지 못하고, 실마리도 던져 주지 못했다. 모세에게는 체념과 허탈이 교차할 뿐이었다.

이드리미는 중국의 모택동1893-1976이나 쿠바의 체 게바라Che Guevara, 1928-1967, 베트남의 호치민1890-1969 처럼 '주의와 이념'으로 농민들을 무장시키고 게릴라로 훈련시켜 성공한 혁명가였다.[185]

4) 광야 사막에서 이스라엘을 부르는 야훼 하나님

내 연인은 광야에서 산다오, 야훼 하나님은 이스라엘의 남편

"의식意識이 존재存在를 결정한다."

모세는 신화와 전설의 세계에나 있을 듯한 그 광야의 하나님을 사모하고 있었다. 사막에서 '이드리미의 넋'이 자신을 부르고 있는 것 같았다.

내 연인야훼 하나님은 광야 사막에서 거하고 있다오!
광야로 나아오라! 그곳에서 하나님이 부르시나니, 우리 첫사랑을 회복하자구나!
신혼기에 품었던 불타는 사랑. 그 신뢰와 믿음을 다시 회복하자구나!
세상이 그대를 유혹해도, 고난과 역경이 송두리째 흔들어도
우리를 기다리는 광야로 나가서 그분은 만나리라!
우리는 봄비에 젖은 새싹처럼 새파랗게 살아날 것이다.

우리 광야로 나가자! 뤼시앵 레뇨

모세는 미디안 광야에서 자기의 생을 신의 뜻으로 이해하고자 무한히 노력했으리라. 예언자들에서 의하면, 이스라엘이 광야에 유랑하던 시절은 백성들 편에서는 결핍과 불평과 원망과 반발의 시기였으나 하나님 편에서는 '첫사랑의 계절, 사춘기의 사랑, 연애하던 시절, 신혼기로서 결코 잊을 수 없는 세월이었다.

"내가 어찌 너를 잊겠느냐?"

에브라임이여, 내가 어찌 너를 놓겠느냐?
이스라엘이여, 내가 어찌 너를 버리겠느냐?
내가 어찌 너를 너를 아드마 같이 놓겠느냐?
어찌 너를 스보임 같이 두겠느냐?
내 마음이 내 속에서 돌아서 나의 긍휼이 온전히 불 일 듯 하도다! 호 11:8
그러므로 보라! 내가 그를 타일러 거친 들광야, 빈들로 데리고 가서 말로 위로하고, 거기서 비로소 그의 포도원을 그에게 주고, 아골 골짜기환난로 소망의 문을 삼아 주리니, 거기서 응대하기를 어렸을 때와 애굽 땅에서 올라오던 날과 같게 하리라. 호 3:14-15
야훼께서 이르시되, 그날에 네가 나를 남편이라 일렀고 다시는 '내 바알이라 하지 않으리라. 호 3:16
네가 이제부터는 내게 부르짖기를 나의 아버지여, 아버지는 나의 소시적의 애호자시오니 렘 3:4

그들은 산 위에서 살았다. 평지와 골짜기에는 정착민들 때문에 어쩔 수가 없었다. 그래서 자신들의 거주를 위해 산에 토굴과 움막과 토성을 만들었으며 전리품이 된 산 위의 도성은 불태우지 않고 그곳을 거점 거주지로 삼았다.

> 미디안의 손이 이스라엘을 이긴지라. 이스라엘 자손이 미디안으로 말미암아 산에 구멍과 웅덩이와 굴과 산성을 자기들을 위하여 만들었으며삿 6:2
> 여호수아가 하솔만 불살랐고, 산 위에 건축된 성읍들은 불사르지 아니하였으며수 11:13

이스라엘은 항상 비정규군으로 무기도 없는데, 평지의 가나안 도성들의 정규군 전차를 당해낼 수 없었다. 그러나 산악에서는 전차가 소용이 없었다. 그들은 무기도 없이 산악전, 유격전을 벌이다가 평지의 성읍에 불을 지르고 약탈하고는 달아났다. 이리하여 아람인들은 히브리인들의 신은 '산악의 신'이므로 전투를 해도 산에서는 이길 수 없다고 믿었다.

> 그 때에 전쟁이 성문에 이르렀으나 이스라엘의 사만명 중에 방패와 창이 보였던가!삿 5:8
> 아람 왕의 신하들이 왕께 이르되, 그들의 신은 산악의 신이므로 그들이 우리보다 강하였거니와 우리가 만일 평지에서 그들과 싸우면 반드시 그들보다 강할찌라. 왕상 20:23
> 내가 눈을 들어 산을 보리라! 나의 도움이 어디서 올까? 천지를 지으신 야훼로부터로다. 시 121:1, 렘 3:23

히브리인들의 이러한 가나안 정착은 사회혁명이나 농민혁명 이론에 가깝다. '야훼의 전쟁'은 본질적으로 공격전이 아니라 방어전이었다.

> 이 백성이 암사자같이 일어나고, 수사자같이 일어나서 움킨 것을 먹으며 죽인 피를 마시기 전에는 눕지 아니 하는도다. 민 23:24

그들은 이처럼 거칠고 잔인하게 약탈하고 습격했다. 그들의 영광이란 이런 잔인성 속에 있었다.

이스라엘이 가나안에 진입한 것은 무력으로 그 땅을 정복한 것이 아니었다. 서울 왕 때까지 이스라엘의 무기는 사울과 그의 아들 요나단이 가진 갑옷과 투구와 창밖에는 없었다. 그 무기 두 벌은 다곤의 신전에 보관하고 있었다.

> 다윗이 이같이 물매와 돌로 블레셋 사람을 이기고 그들을 쳐 죽였으나 자기 손에 칼이 없었더라. 삼상 19:5
>
> 야훼의 구원하심이 칼과 창에 있지 아니함은 이 무리로 알게 하리라. 전쟁은 야훼께 속한 것인즉 그가 너희로 우리 손에 붙이시리라. 삼상, 17:47
>
> 그들이 하나님 야훼로 구원하셨고 활이나 칼이나 전쟁이나 말과 마병으로 구원하지 아니하니라. 호1:3
>
> 이는 힘으로도 되지 아니하고 능으로도 되지 아니하고 오직 나의 영으로 되느니라. 스 4:6

통일 왕국의 첫 왕 사울이 왕이 되고, 블레셋과 싸울 때도 이스라엘에는 무기가 없었다. 무기로는 몽둥이나 연장이나 물맷돌이 전부였다. 그들은 철을 제련하지 못했다. 블레셋은 철병기를 사용하고 있었다.

> 그때에 이스라엘 온 땅에 철공이 없었으니, 이는 블레셋 사람들이 말하기를 히브리 사람이 칼이나 창을 만들까 두렵다하였음이라. 온 이스라엘 사람들이 각기 보습이나 삽이나 도끼나 괭이를 벼리려면 블레셋 사람들의 대장간에게로 내려갔었는데 곧 그들의 괭이나 삽이나 쇠스랑이나 도끼나 쇠채찍이 무딜 때에 그리하였으므로 이스라엘이 싸우는 날에 사울과 요나단과 함께한 백성의 손에는 칼이나 창이 없고, 오직 사울과 그의 아들 요나단에게만 있었더라. 삼상 13:19-23

따라서 그들은 게릴라 전법, 하비루의 전술을 쓸 수밖에 없었다. 모세는 애굽 전차부대의 대규모 정규전이나 광야 호전족들이나 가나안 제국들의 막강한 권력들에 악용당하는 것을 버리고 현실적으로 게릴라 전술 외에는 해결책이 없다는 결론에 다달았다.

'이드리미 이야기'는 모세에게는 마치 '저승에서 이승으로 보낸 하나님의 편지 메시지'처럼 여겨졌다. 모세는 "님이시여, 나도 그 전선에서 싸우겠습니다. 도우소서!"라고 했다.

학자들은 '미디안 제사장의 이름'이 히브리 원문에서 혼선을 일으키고, 또 생략되고 한 것은 후기의 편찬자들이 모세 장인의 이름을 르우엘, 이드로, 호밥, 이데르, 그리고 가인 등으로 불린 것 같다고 했으며 미디안 종족들에 따라서 각기 다른 이름으로 불리워져 온 전승들을 기록한 것이라고도 한다.[186]

따라서 '이데르'Jether, 혹은 '이드란'Ithran으로 불려온 인물혹은 동일 인물?은 '여델' 혹은 '예델' 등으로 표기된 '이드리미'의 이름이 전승 과정에서 와전된 것이 아닌가 의심해 본다. 이것은 필사자의 실수일 수는 없는 본문이다.

모세가 애굽으로 귀환하고자 할 때 자신의 사명을 이데르Jether, יֶתֶר에게는 밝히지 않고 있다. 그냥 '자신의 친인척 방문'이라고 했다.출 4:18 모세는 다시 장인 이드로Jethro, יִתְרוֹ의 허락을 받고 있다. 모세는 하나님으로부터 받은 그의 뜻을 이루기 전에는 그 누구에게도 말을 해서는 안 된다는 것을 보여준다.

모세가 '이드로'나 '이데르'에게 자신이 애굽으로 가는 하나님의 사명을 밝히지 않는 것은 모세가 그들로 말미암아 개종되었다거나 사명을 갖기 시작했다는 추측이나 이론에는 치명상을 주는 것으로 오경의 편찬자들이 '이드로 전승'에 혼선을 일으켰거나 아니면 어떤 비밀을 감추려 했던 것일지도 모른다. 혹은 모세의 갑작스런 애굽 귀환에 대한 하나님의 직접 개입에 대해 독자들의 호소력을 높이려고 이같은 언급을 피하면서 익명의 인물로서 대체시킴으로써 편찬자들은 속마음을 숨기고 있는 비밀스러운 기록이다.

> 모세가 '이데르'에게 이르되 "내가 애굽에 있는 내 형제들에게로 돌아가서 그들이 아직도 살아있는지 알아보려 하오니, 나로 가게 하소서!" 장인 '이드로'가 모세에게 이르되 "평안히 가라" 하니라.출 4:18

이렇게 이드로는 모세의 애굽 귀환의 이유와 그 목적을 모르고 있었다. 모세의 아내와 그의 어린 자식들은 모세의 속뜻을 알 리가 없었다. 모세는 큰 사명을 품고 먼 길을 떠나는데 그를 배웅하는 사람은 하나도 없었다.

이드리미의 생애는 여러 면에서 창세기의 기사들과 일부는 병행되기도 하지만 특히 '다윗 설화'와도 많이 유사하다. 다윗은 어머니의 일가가 있는 모압으로 가서 삼상 22:3 이드리미처럼 돌아오기 전에 하나님의 뜻을 구했다. 삼하 2:1-41 비교. 5:1-3

'이드리미'가 알라라크의 왕으로 오른 시기는 기원전 1470년 경이었다. 모세는 '이드리미'와는 일세기에 가까운 시대의 격차와 애굽과 소아시아라는 물리적 거리가 있음에도 불구하고 동지의식을 갖게 되었다. 모세는 '이드리미'가 의거와 혁명에 동조하였다가 실패하고 절망과 수치심을 안고, 구사일생으로 고국을 탈출하여 망명하게 된 것에 동병상련을 느꼈다. 상호 간에 강한 '라포르'가 형성되었다. 모세는 '이드리미'의 영혼 속에서 자신과 똑같은 상처와 아픔을 발견하고 운명적으로 연결되어 있음을 깨달아 가게 되었다. 모세는 '이드리미'가 수구초심, 와신상담, 칠전팔기, 권토중래하는 강한 의지와 삶의 태도에 크게 감화되고 고무되었다. 그는 막연하나마 그러한 생의 길을 신의 섭리로 인식하기 시작했다.

4. 장년 생의 세 번째 변곡점 : 시내산의 하나님

모세의 장년기의 세 번째 생의 변곡점은 어느 날 새벽 시내산 기슭에서 일어났다. 그것은 결단의 순간이었다. 이제는 더 이상 머뭇거리고만 있을 수 없었다. 소아시아 광야 사막을 무대로 미지의 세계를 개척한 알라라크 왕 이드리미의 투지와 굳센 저항력이 역동적으로 묘사된 전승은 모세로 하여금 다시 의기탱천케 했다. 그러나 그는 실천에 옮길만한 용기를 갖지는 못했다. '시내산 사건!' 그것은 40여 년을 '양몰이꾼'으로 보낸 모세를 '불타는 혁명아'로 거듭나게 한 '부란의식'孵卵儀式과 같은 것이었고, 모세로 하여금 '인간의 머슴'에서 '하나님의 마름'으로 환골탈태케 하였다. 그의 미디안에서의 삶은 하나님께서 검으로 벼루려는 담금질이었다.

'이드리미 전승'은 그 후 오래지 않아 이른 새벽에 시내산 기슭에서 불타는 가시나무의 경험을 하게 한 '부싯돌'이며, '불쏘시개'가 되었다. 그것은 어둠 속에서 타오르는 '불티'였고 하나님의 '예시' 였다. 모세의 40여 년이라는 그 긴 세월의 막막했던 망명 생활은 허송세월이 아니라 하나님의 치밀한 훈련의 계획과 예비하심을 깨닫게 된 것은 거의 그 생활이 끝나갈 무렵이었다.

이제 모세가 갖게 된 검은 번개와 벼락으로 단련된 심령의 검이었다.

제12장 • 모세가 만난 조상의 하나님

모세의 과거지향적인 인간상

옛날을 기억하라. 역대의 연대를 생각하라. 네 아비에게 물으라, 그가 네게 설명할 것이요, 네 어른들에게 물으라, 그들이 네게 말하리로다. 야훼께서 그를 황무지에서, 짐승이 부르짖는 광야에서 만나시고, 호위하시며, 보호하시며. 자기 눈동자 같이 지키셨도다.신 32:7, 10

과거를 기억할 수 없는 사람은 결국 과거의 운명을 반복하게 될 것이다.G. Santayana

과거를 의지하는 것 밖에는 미래를 예측할 방법이 없다. P. Henry

과거의 큰 성취는 과거의 모험이었다. 모험자들만이 과거의 위대함을 이해할 수 있다. White Head

확실한 것은 과거에 관한 것이고, 미래에 관해서는 죽음만이 확실할 뿐이다. Erich Fromm

I. 신화의 세계에서의 족장들

모세가 자기 백성을 위하여 할 수 있는 일이란 아무것도 없었다. 그에게는 꿈을 잃은 노예들을 결집시킬 그 무엇도, 그리고 자신의 운명을 개척할 힘도, 그리고 애곱을 압도할 무력도 갖고 있지 못했다. 그는 불가항력적인 운명 앞에서 복종할 수밖에 없는 무기력한 존재에 불과했다. 모세가 갖고있는 것이란 아득한 옛날 선조들이 믿고 있었다는 신화와 전설에 대한 희미한 기억밖에는 없었다. 그것들은 조상들이 자신들의 과거를 회상하면서 기억을 토대로 해서 만들어낸 일종의 회고적 자서전이었다. 그것들은 버거운 환경 속에서도 신의 인도하심으로 그렇게 힘들지 않았다고 고백하는 그들의 삶의 태도를 전해주는 증언이었다.

그러한 선조들의 사담들은 모세가 미디안 광야에서 그니스족Kenizzites, 민 32:12, 갈렙족Calebites, 민 32:12, 여라므엘족Jerahmeelites, 삼상 27:10 등으로부터 들은 신화와 전설의 조각들과 모압인, 암몬인, 그리고 에돔인들로부터 얻은 조상들에 대한 전승들과 유랑하던 아람인들Arameans, 창 28:5, 신 26:5과 시므온 부족들Simeonites, 창 29:33, 34:25로부터 얻은 기억과 회상들을 종합한 것이었다. 그리하여 모세느 점차 과거지향적인 인간이 되어갔다.

이리하여 모세는 시공간적으로 그들 선조들과 연결되어 있어. 그 신화와 전설을 이어가고 싶었다. 그는 그것들에 대한 기억과 회상을 구축하여 조상들과의 연결고리를 만들어서 장대한 서사를 만들고 싶었다.

'조상의 하나님'이란 족장 사화Patriachal Saga에 나오는 4대 족장들 즉 아브라함과 이삭과 야곱과 요셉의 하나님이었다.

> 하나님이 떨기나무 가운데서 그를 불러 이르시되, 모세야 모세야.... 나는 네 조상 하나님이니, 아브라함의 하나님, 이삭의 하나님, 야곱의 하나님이니라. 출 3:4-6
>
> 40년이 차매 천사가 시내산 광야 가시나무 떨기 불꽃 가운데서 그에게 보이

거늘 모세가 그 광경은 보고 놀랍게 여겨 가까이 가니 주의 소리가 있어 나는 네 조상의 하나님 즉 아브라함과 이삭과 야곱의 하나님이라 하신대 모세가 무서워 감히 바라보지 못하더라. 행 7:30-32

신화의 세계에서 4대 족장들은 원래는 각각의 부족 신들의 이름이었다. 아브라함은 '아버지 신', 이삭은 '이삭 신', 야곱은 '야곱 신'의 이름에서 '신'이란 낱말은 떨어지고 이름만 남아 있게 된 것이다. 이들 4대 족장들은 원래는 각각의 신화를 지닌 영웅 전설들로서 독립적이고 개별적으로 전해 오던 것들이었다. 'Abram-el'은 '아버지의 신' 또는 '아버지 신'의 뜻이고, 'yakob-el'은 '야곱의 신' 또는 '야곱 신'이란 뜻이고, 'Yitschag-el'은 '이삭의 신' 또는 '이삭 신'이란 뜻이다.

H. 궁켈H. Gunkel의 주장에 의하면 :

"처음에 이 사화들은 아무런 상호관계가 없었으나 점차 아브라함과 야곱과 같은 유능한 인물들과 연결시키게 되었으며, 선지시대 직전까지 이야기들은 작은 수집품으로 모아졌는데, 아브람을 중심한 것들이었다." 이러한 연구방법은 상당한 가치를 지니고 있는 지식을 내포한 참된 해석적 통찰을 거친 것들로서 비교종교학적 연구였다.[187]

이 족장들은 그 개인보다는 부족이나 종족 등 집단을 나타내는 표상들이며, 장구한 세월을 거쳐 자연스럽게 보존되어온 살아남은 민중의 기억을 문학적으로 각색한 것이었다. 역사적 핵심을 내포하고 있는 이들 설화들신화 혹은 사담은 후대의 민간전승과 결합되는 장구한 과정들을 반영하고 있다.

J. 벨하우젠Julius Wellhausen은 아브라함은 역사적 인물이 아니라 창세기의 저자가 만들어낸 가공적인 인물이라고 주장했다. T. 넬데케Neldeke는 아브라함은 신神이었는데 단순한 사람으로 좌천되어 창세기에 나타났다고 주장하였다.[188] 파이퍼Pfeiffer는 '야곱의 계보'창 37:2-50:26는 주전 960년경에 생존한 시인으로 말미암아 초기 부족전설을 재료로 만든 작품이라고 주장했다. 원래 조상숭배는 '백성의 아버지'로 생각한 위대한 지도자들, 곧 아브라함, 이삭, 야곱 같은 인물들로서 그들이 살았던 벧엘, 헤브론, 세겜 같은 성소를 중심으로 경배 되고 전승되어왔다.

아브라함은 '무리들의 아버지'란 뜻이었다. 'Ab' 혹은 'Abu'는 'Father'란 뜻으로 일부다처 시대의 산물이었다. '야곱 신'대신자, supplanter은 아주 고대의 종교제식에서 사용되었다.

'벧엘'Beth-el은 이스라엘 이전 그 주민들의 성소에서 '벧엘 신'으로 섬겼다.[189] 구약성서에서 야곱을 벧엘 성소의 기원으로 돌리고 있는데, 나중에 '야훼'의 지위가 올라가자 지금까지 히브리인들에 의해 숭배되던 '거룩한 돌'의 옛 '누멘' 야곱은 조상의 계열 수준으로 낮추어진 듯하다. 'Beth-el'의 신 즉 'Yakob-el'은 바벨론 인명록에도 나타나는 것으로서, 바벨론인의 'Ya-ah-gu-ub-el'혹은 Ja-k-ub-ilu는 히브리인들의 'Jacob-el'로서 기원전 18세기 북부 메소포타미아의 'chagar baza'에서 발굴된 석판에도 나타나고 있다. 그곳에는 'Ya-ah-gu-il'로 나타나고 있다.[190]

'벧엘'의 신 'Yakob-el'은 바벨론과 애굽과 가나안인들에 의해 잘 알려진 신이었다. 'Yakob-el'이란 '야곱의 신' 혹은 '야곱은 신'이란 뜻이다. 바벨론의 함무라비Hammurabi의 통치 시에 그의 아버지 이름을 'Ja-ku-bi'라고 불렀다.[191] 애굽왕 텃트모세 3세Thutmoses Ⅲ의 지명록에는 'Yakob-el'이란 곳이 있다. 히브리어의 'Jacob-el'은 애굽어로 'J-c-k-b-1- r'과 같은 것으로서, 그는 이런 이름을 가진 한

도성을 점령했었음을 보여준다.[192]

이와같이 '야곱'의 이름은 이스라엘 이전 고대 가나안전설에서 온 것은 확실하다 하겠다.

M. F. 엉거Merrill F. Unger에 의하면 이삭과 야곱은 그들의 완전한 이름은 신의 현현을 보이는 형태인 'Yitshag-el'과 'Yagub-el'이었는데, 'el'의 생략형이 '이삭'yitshag이고, '야곱'Yagub이라고 하였다.

따라서 아브라함, 이삭, 야곱은 원래 부족의 신이었던 것들이 조상의 계열 수준으로 좌천되었다.[193] 그리고 '야곱-엘'은 아브라함의 '아부-엘'보다 더 오래된 것이지만 오경 편찬자들에 의하여 연대가 조정되었다. 4대 족장 사화들은 원래 신들의 신화가 인간들의 전설로 강등된 것이었다. 인간들은 때때로 이런 신화의 힘을 빌려 위기의 삶을 견딜만한 인내와 용기의 재료로 사용했다. 그래서 고통은 영광의 면류관이 되었다. 이것이 신화가 존재하는 이유 중 하나이다.

오경을 편찬한 후기의 기자들은 전승되어 온 상상 속의 선조들을 '족장사화'라는 연작으로, 문학적 재능을 더하여 이데올로기적 작품으로 만들어냈다. 따라서 그것들은 오랜 세월에 걸쳐 증식되고 발전된 안개 자욱한 대중의 신화가 오늘의 '족장사화'란 서사로 나타나기까지는 수백 년의 세월이 흘렀을 것이다.[194]

'지몬 두브노프'는 '유대 민중의 세계사'에서 아브라함과 이삭과 야곱은 집단을 나타내는 표상이며 서술된 사건들은 곧이곧대로 사실이라기보다는 실제 있었던 대규모 과정들을 반영한다고 했다. 성서는 사실상 상상의 이야기들로 가득 차 있지만, 그 역사적 핵심은 신뢰할 수 있다. 어째서 그러한가? 그것이 설화의 성격을 가지게 된 것은 후대의 민간 전승과 문학적 수정 때문인데, 이것은 역시 오래 보존되어 온 살아있는 민중의 기억을 각색한 것이고, 장구하고 자연스러운 역사적 추이를 증

명해 준다는 이유에서였다.[195]

족장 사화들은 유다왕국 멸망 후 오경의 기자들이 전승자료에 놀라운 창의력을 가하여 근동지역의 일신교 탄생에 가장 큰 영향을 준 문헌을 작성했을 것이다. 그들은 전승된 연대기에다가 당대의 지식층 사이에 돌던 그 지역의 우화와 전설, 그리고 신화들을 추가했을 것이다.[196]

II. 유랑하던 족장들의 하나님 호칭

모세가 만난 조상의 하나님은 유랑민들의 하나님이었다

> 내 조상은 방랑하는 아람 사람으로서 애굽에 내려가 거기에서 소수로 거하였더니, 거기에서 크고 강하고 번성한 민족이 되었는데. 애굽 사람이 우리를 학대하며 괴롭혀 우리에게 중노동을 시키므로 우리가 '조상의 하나님 야훼'께 부르짖었더니, 야훼께서 우리 음성은 들으시고, 우리의 고통과 신고와 압제를 보시고... 신 26:5

이것은 매년 절기의 축제에서 한 고백과 증언에서 나온 것이었다.

기원전 2천 년 중엽에 고대 근동세계의 울타리 역할을 하던 동서 양 진영의 문명이 무너지기 시작하였으니, 그것은 곧 동부의 인더스 강 유역의 '하라파'Harappa 문명과 서부의 에게해the Aegean Sea 연안의 미노아Minoa 문명이었다. 둑이 무너지면 물이 쏟아져 나오듯, 양 진영의 문명 붕괴는 근동세계 전 민족의 이동을 촉진 시켰고, 여기에 근동세계의 기후가 그것을 부채질하였다. 한 종족이 이동하면 연쇄적으로 다른 종족도 움직이게 되어 도미노 현상이 일어난다. 이렇게 하여 고대 근동세계에 전 민족의 대이동이 시작되었다. 고대세계에서는 자기 동족이 생존의 울타리였다. 자기 동족을 떠나 이방인의 세계로 들어간다는 것은 죽음에 도전한다는 의미였다.

아브라함의 가문의 '하나님의 부르심'이란 역사적으로 고대 근동의 제 종족들의 이동의 결과였다. 유랑민들의 정착지는 어디일까? 아브라함의 가문은 이주의 물결에 떠밀려 갈대아 우르에서 하란으로, 하란에서 다시 가나안으로 흘러 들어가게 되었다. 그들은 마치 범람하는 홍수에 떠내려가던 한 개의 포말, 거품에 불과했다. 아브라함의 가문은 오랜 세월에 걸쳐 머나먼 길을 유랑하면서 생명의 위험을 늘 겪었었다.

> 데라는 그 아들 아브람과 하란의 아들인 그의 손자 롯과 그의 며느리 아브람의 아내 사래를 데리고 갈대아인의 우르를 떠나 가나안 땅으로 가고자 하더니, 하란에 이르러 거류하였으며... 창 11:31
>
> 야훼께서 아브람에게 이르시되, 너는 너의 고향과 친척과 아비의 집을 떠나 내가 네게 보여줄 땅으로 가라. 이에 아브람이 야훼의 말씀을 따라갔고, 롯도 그와 함께 갔으며, 아브람이 하란을 떠날 때에 75세였더라. 창 12:1, 4

히브리 조상들은 평생 고향을 등지고, 유랑하는 삶을 살았다. 그들은 범람하는 세상의 격랑 속에서 물결치는 대로, 바람 부는 대로, 양과 염소와 나귀를 몰고 떠돌아다녔다. 이것은 언젠가는 인간은 '돌아가야 할 고향'이 있음을 상징적으로 보여주고 있다.

다시 말하면 :

> 이러한 족장 신화는 히브리 민족의 기원이 어디인지를 알려주며 민족의 '목적인' telos, 目的因을 분명히 담고 있는 보관소였다. 그 '목적인'이란 바로 이방으로 유랑유배을 떠난 이 선택받은 백성이 언젠가는 그들을 낳은 따뜻한 태중본향으로 돌아가야 한다는 것이었다. 그 땅에 대한 소유권은 궁극적으로 성서가 보증하고 있었었다.[197]

그들은 자기들이 어디로 가야 하는지도 알지 못하면서 그리고 어디로 가고 있는지도 모르면서, 그리고 가고 있는 곳이 어떤 곳인지도 모르면서 떠나왔다.

이스라엘의 초대 총리인1950년대 벤 구리온David Ben Gurion은 "아브라함이 가나안 땅에 오기 전부터 히브리인들은 이미 유일신을 믿고 있었으며, 오랫동안 그 땅에서 살고 있었다, 바로 그들의 존재가 민족의 조상 아브라함을 그들의 땅으로 이끌게 되었다"고 말했다.[198]

> 야훼께서 그를 황무지에서, 짐승이 부르짖은 황야에서 만나시고 호위하시며, 보호하시며, 자기 눈동자 같이 지키셨도다. 신 32:10

그들은 밤이면 짐승들이 울부짖는 그 적막강산에서, 그 황야에서 유리 방황하면서, 굶주림과 기근 속에서 산전수전 헤매면서, 만고풍상을 겪으면서. 고달픈 목자요, 나그네의 삶을 살아왔다.

나는 당신들 중에 나그네요, 우거한 자니…창23:4

야곱이 바로에게 고하여 내 나그네 길의 세월이… 우리 조상의 나그네 길의 세월에 미치지 못하나…창47:9

족장들은 스스로 '나그네'라고 자칭했다. 그 결과로 하나님은 아브라함의 방패 창 15:1, 이삭의 경외敬畏창 31:42. 53, 야곱의 전능자창 49:24, 그리고 요셉에게는 '우리 조상의 하나님'창 48:21 으로 불리워졌다.

왜 이렇게 불리워졌을까?

선조들, 즉 아브라함. 이삭 야곱. 요셉의 생애에는 낯선 땅, 이방 종족들의 틈바구니에서 항상 공포에 짓눌리면서, 때때로 머리끝이 쭈뼛쭈뼛 치솟고 전신이 오들오들 떨려오는 세월들, 너무도 억울해서 말문이 막히고 벙어리 행세를 해야 하는 세월이 너무도 길었기 때문이었다.창 42-44장 그들은 이런 증세가 불안과 공포심에서 온 것인지, 영의 움직임 때문인지 구별이 되지 않았었다.

1. 아브라함의 방패인 하나님

아브라함 전승에 의하면 조상의 하나님은 아브라함의 방패였다. 아브라함의 가문은 밀려드는 이주 난민들의 물결에 휩쓸린 채 갈대아 우르에서 하란으로, 하란에서 가나안으로, 가나안에서 애굽으로, 애굽에서 다시 가나안으로 돌아오는 끝없이 이동하는 삶을 살았다. 그러나 레반트의 뜨거운 기후는 그들에게 맞지 않았고, 옛 본토 고향에 대한 그리움만 짙어갔다.

믿음으로 아브라함은 부르심을 받았을 때에 순종하여 장래의 유업으로 받을

땅에 나아갈 새, 갈 바를 알지 못하고 나아갔으며... 히 11:8

그들은 종족의 울타리를 넘고, 나라들의 국경을 넘고 또 넘었으나 자신들은 나라 없는 사람이 될 수밖에 없었다. 아브라함은 '약속의 땅'에 나아갈새 갈 바를 알지 못하고 나아갔다. 아브라함. 이삭, 야곱, 요셉은 모두 한 번도 가보지 못한 길을, '평생 보이지 않는 땅'을 향해 '알 수 없는 길'을 걸어갔다. 그들은 믿음 하나만 갖고, 장님이 지팡이 하나만 들고 더듬으면서 가듯이 보이지 않는 길을 걸어갔다. 그들은 내일을 예측할 수 없는 상황에서, 끝없는 유랑길을 불안과 공포 속에서 걸어가면서, 밤하늘의 별들을 보면서 '어떻게 살아남을지'를 고민했다. 방향을 알 수 없는 사막길과, 끝없는 광야 길을 걸어가던 아브라함! 그들은 하늘의 별들을 세어보면서 누가 저 별들은 관리하시는가? 하면서 지난날의 꿈을 묵상해 보았다.

야훼의 말씀이 환상 중에 아브라함에게 임하여 이르시되, 아브라함아 두려워하지 말라. 나는 네 방패요, 너의 지극히 큰 상급이니라. 창 15:1

내가 네게 큰 복을 주고, 네 씨로 크게 성하게 하여, 하늘의 별과 같고, 사막의 모래같이 하리니, 네 씨가 대적의 성문을 차지하리라. 창 22:17

이러한 역사적 이주를 아브라함은 영적으로 '하나님의 부르심'으로 보았다. 그는 이 역사적 우연의 유랑을 '하나님의 소명'으로 보았다.

믿음을 바라는 것들의 실상이요, 보이지 않는 것들의 증거니, 선진들이 이로써 증거를 얻었느니라. 믿음으로 아브라함은 장차 유업으로 받은 땅에 나아

갈새 갈 바를 알지 못하고 나아갔으며...히 11:1-2, 8

아브라함에게 있어 야훼 하나님은 그의 불안한 삶과 위험했던 생명을 지키고 보호해 주신 방패였다. 그는 늘 이렇게 기도했다. '나의 유랑생활의 방패시여!'라고….

2. 이삭의 '경외'이신 하나님

이삭이 인식한 하나님은 '경외' 즉 놀라우신 분, 두렵고 떨리시는 분이셨다. '이삭의 하나님'은 '죽은 자를 살리시는 분'이었다.

> 내가 시내산 불타는 가시나무 떨기에서 야훼의 음성을 들었소! 그가 이르기를 나는 네 조상의 하나님이니, 아브라함의 하나님, 이삭의 하나님, 야곱의 하나님이로다 하였소!출 3:6

모세는 '이 말을 하나님이 하신 말씀이니 백성들에게 그대로 믿으라'고 했다. 그러나 '복음서의 기자 누가'는 이것은 '모세가 한 말'이라고 토를 달았다. 그런데 그것이 진짜 '야훼 하나님'의 음성이었을까? 아니면 신의 자리에 오른, 신의 대리자인 신을 가장한 '인간 모세의 목소리'였을까? 아니면 그저 문학적 장식일까?

모세는 가시나무 떨기에 관한 글에서

> 주는 아브라함의 하나님이요, 이삭의 하나님이요, 야곱의 하나님이라 칭하였나니, 하나님은 죽은 자의 하나님이 아니요, 살아있는 자의 하나님이시라.

하나님에게는 모든 사람이 살아있느니라. 눅 20:37-38

이것은 우리가 겪고 있는 일상적이고 보편적인 자연의 경험이 아니라, 보다 수준 높은 '문학적 접근'을 요하는 진술이다.

야훼께서 이르시되, 네 아들, 네 사랑하는 독자 이삭을 데리고 모리아 땅으로 가서 내가 네게 알려준 한 산, 거기서 그를 번제로 드려라! 하나님이 그에게 일러주신 곳에 이른지라, 이에 아브라함이 그곳에 제단을 쌓고, 나무를 벌려 놓고, 그의 아들 이삭은 결박하여 제단 나무 위에 놓고 손을 내밀어 칼을 잡고, 그의 아들을 잡으려 하니... 사자가 이르시되 그 아이에게서 손을 대지 말라. 그에게 아무 일도 하지 말라. 아브라함이 눈은 들어 살펴본즉 한 숫양이 뒤에 있는데 뿔이 수풀에 걸려 잇는지라. 아브라함이 가서 그 숫양을 가져다가 아들을 대신하여 번제로 드리니라. 창 22:1-14

이러한 신화의 진실성을 의심해서는 안된다. 그러나 실제로 그것을 글자 그대로 믿고 삶에 적용한 자들은 많지 않았다.

아브라함은 우리 믿는 모든 사람의 조상이라. 기록된바, 내가 너를 많은 민족의 조상으로 세웠다 하심과 같으니, 그가 믿은바 신은 죽은 자를 살리시며 없는 것을 있는 것으로 부르시는 이시니라. 아브라함이 바랄 수 없는 중에 바라고 믿었으니 이는 네 후손이 이 같으리라 하신 말씀대로 많은 민족의 조상이 되게 하려 하심이라. 롬 4:16-18

그들은 그 말씀을 끈질기게 불신했다. 그 말씀을 삶에서 지키는 자들은 얼마 안 되는 제사장 그룹과 예언자 집안뿐 이었다. '죽은 자를 살리시며, 없는 것을 있게 하시는 하나님'이란 말은 현상에 대한 파괴적인 몽상이 아니라, 그 말씀에 대한 심신 깊은 자들에게는 곧 응답이 왔다. 이런 설화들은 모두 사실상 상상의 이야기들로 작성된 것들이지만 그 역사적 핵심들은 신뢰할 수 있는 것들이었다.

> 그가 하나님은 능히 이삭을 죽은 자 가운데서 다시 살리실 줄로 생각한지라. 비유컨대 그를 죽은 자 가운데서 도로 받은 것이니라.히 11:19
>
> 믿음으로 모든 세계가 하나님의 말씀으로 지어진 줄을 우리가 아나니, 보이는 것은 나타난 것으로 말미암아 된 것이 아니니라.히 11:3
>
> 아버지께서 죽은 자들을 일으켜 살리심 같이 아들도 자기가 원하는 자들을 살리느니라.요 5:21
>
> 하나님께서는 세상의 미련한 것들을 택하사 지혜 있는 자들은 부끄럽게 하시고, 세상의 약한 것들을 택하사 강한 것들은 부끄럽게 하시며, 하나님께서는 세상의 천한 것들과 멸시받는 것들과 없는 것들은 택하사 있는 것들은 폐하게 하시나니...고전 1:29-28
>
> 우리 아버지의 하나님, 아브라함의 하나님 곧 '이삭의 경외하는 이'가 나와 함께 계시지 아니하셨더라면 외삼촌께서 이제 나를 빈손으로 돌려보내셨으리이다마는, 하나님이 내 고난과 내 손의 수고를 보시고 어제 밤에 외삼촌을 책망하셨나이다.창 31:42
>
> 아브라함의 하나님, 나홀의 하나님, 그들의 조상의 하나님은 우리 사이에 판단하옵소서! 하매 야곱이 그의 아비 '이삭이 경외하는 이'를 가리켜 맹세하

고창31:53

3. 야곱의 '전능자'이신 하나님

야곱 전설이 증언하는 조상의 하나님은 '전능자'이다. 그 하나님은 참으로 놀라우신 분이시다.

> 내 나그네길의 세월이 130년으로 내 조상의 나그네길의 세월에 미치지 못하나 험악한 세월을 보내었나이다.창47:9

야곱은 밧단 아람의 외삼촌 라반의 집에서 20년간 머슴살이했다. 그는 늘 고민했다.

> "나는 언제나 내 집을 세우리이까?" 라반이 야곱에게 이르러 "내가 무엇으로 네게 주랴?" 야곱이 이르되 "외삼촌께서 내게 아무것도 주시지 않아도... 내가 외삼촌의 양 떼를 먹이고 지키리이다" 하고창30:30b-31

여기에는 야곱의 막급한 사정이 나타나 있다. 그가 늘 불안한 삶을 살았던 관계로 돌이켜 볼 때 그가 용감해서 '용기 있는 제안'은 한 것이 아니라 그의 막급한 상황이 그로 용기 있는 말을 하게 했다. 그때마다 하나님이 그를 도와주셨다. 그리하여 막힌 길을 뚫어 주셨다.

> 하나님이 나와 함께 계시지 아니하였으면 나는 빈손으로 떠나야만 했다.창

31:42

야곱에게 있어 '벧엘의 신화'는 그의 밧단 아람 낭인의 삶에 큰 성공을 이루게 했다. 야곱의 밧단 아람의 삶은 황야에서 이룬 그의 전설적인 삶이었다. 돌을 베개 삼고 잠을 자도 신화를 꿈꾸라. 밧단 아람의 기적과 경이가 일어난다.

> 고향에서 쫓겨난 야곱이 브엘세바를 떠나 하란으로 향하여 가더니, 한 곳에 이르러는 해가 진지라, 거기서 유숙하려고 그곳의 한 돌을 가져다가 베개로 삼고 거기 누웠더니, 꿈에 본즉 '사닥다리'가 땅 위에 서 있는데 그 꼭대기가 하늘에 닿았고, 또 본즉 하나님의 사자들이 그 위에서 오르락내리락하고, 또 본즉 너의 조부 아브라함의 하나님이요, 너의 아비 이삭의 하나님이라. 네가 누워 있는 땅은 내가 너와 네 자손에게 주리라. 네 자손이 땅의 티끌같이 번성하여 동서남북으로 퍼져나갈 것이며, 땅의 모든 족속이 너와 네 자손으로 말미암아 복을 받으리라. 내가 너와 함께 있어 네가 어디든 가든지 너를 지키며 너를 이끌어 이 땅으로 돌아보게 할지라. 내가 네게 허락한 것을 다 이루기까지 너를 떠나지 아니하리라 하신지라. 창28: 10-15

야곱은 평생, 이 '벧엘신화'의 환상과 꿈에 사로잡혀 살았다. 그 결과는 그 버거운 밧단 아람에서 두 무리의 추장이 되는 거대한, 빛나는 전설적인 생은 이루었다. 그것은 믿음의 선물이었다.

폰 라드는 이러한 신화는 우리들의 삶의 현장에서도 주문 같이 늘 끊임없이 낭송되어야만 한다고 했다

4. 요셉의 우리 '조상의 하나님'

요셉 전승이 전한 하나님은 '우리 조상의 하나님'이었다. 야곱의 유언과 축복기도에서 :

> 요셉의 화살은 도리어 굳세며 그의 팔은 힘이 있으니, 이는 야곱의 전능자 이스라엘의 반석인 목자의 손을 힘입음이라. 창 49:24

요셉은 그의 생애에서 많은 시행착오를 겪었다. 그는 항상 근면하고 성실하고 정직하려고 노력했다. 그러나 세상은 그것만으로 다 되는 것은 아니었다. 그는 부지런하고 정직했기 때문에 형들로부터 미움을 받게 되었다. 요셉은 아비의 분부대로 형들의 양식을 지고 세겜으로 찾아갔다. 거기서 다시 도단까지 갔다. 형들은 먼 길까지 찾아 왔다고 반길 줄 알았으나 도리어 땅굴 속에 던져 넣었다. 뜻밖이었다. 그래서 그는 마치 지옥 밑창에까지 떨어졌다고 느꼈다. 우연이었고 예상 밖이었다.

> 그의 형들이 요셉의 입은 채색옷은 벗기고. 그를 잡아 구덩에 던지니, 그 구덩이는 빈 것이라. 그 속에는 물이 없었더라. 그들이 앉아 음식은 먹다가 눈을 들어 본 즉, 한 무리의 이스마엘 사람들이 길르앗에서 오는데 그 낙타들에 향품과 유향과 몰약을 싣고 애굽으로 내려가는지라. 창 37:23-25

요셉이 도단의 땅굴 속에서 절망하고 있을 때 하나님께서는 저 지평선 너머에서 미디안의 대상떼를 충동질하여 급히 애굽으로 내려가도록 서두르고 있었다. 요셉은 절망 중에 땅굴 속에서 끌려 올려져서 미디안 대상 떼에 노예로 팔려 애굽으로 끌려갔다. 그것 또한 예상 밖의 우연이었다.

> 하나님은 보이지 않지만, 그에게서 만물이 창조되었으니, 하늘과 땅에서 보이는 것들과 보이지 않은 것들과 만물이 다 그로 말미암았고 그를 위하여 창조되었느니라. 골 1:5-6

인간의 생은 신비의 세계이다. 요셉의 생애에는 인간 생의 비밀을 푸는 열쇠가 있다. 요셉의 투옥은 죄가 있어서 들어간 것이 아니었다.

> 내가 어찌 이 큰 악을 행하여 하나님께 죄를 지으리까? 창39:9
> 나는 억울하게 히브리 사람의 땅에서 유괴되어온 사람이요, 여기서도 감옥에 갇힌 일은 한 적이 없나이라. 창 40:15

감옥의 재소자들은 사회구조악의 희생자들이거나 생활환경의 영향이 크다. 그들은 가정과 학교 및 친구 관계에서 건강하지 못한 상황이 만들어낸 결과물이었다. 따라서 그들은 한결같이 자신들의 수감생활은 억울하다고 실토하고 있다.

요셉의 생애는 '억울함'의 연속이었다. 명시적이지는 않지만 요셉설화의 행간에는 '하나님의 보이지 않는 손'을 보여주고 있다. 요셉은 정직했기 때문에 감옥에 들어갔고, 죽음의 날이 다가오고 있었다.

"요셉과 보디발의 아내 이야기"의 문학적 출처source는 애굽 신화 "두 형제 이야기"이다. '두 형제의 이야기'에서 형의 처는 함께 살고 있는 미혼의 시동생을 유혹하려고 하나 그가 그 유혹을 뿌리치자 그녀는 시동생이 자기를 범하려 했다고 비난한다. 이리하여 시동생은 어쩔 수 없이 도망하게 되고 격노한 형은 그를 뒤 쫓는다.Ⓐ 이후 동생은 '라' 태양신에게 도움을 청하고서 자신의 결백을 호소한다. '라'는 그와 그의 형 사이에 커다란 호수를 놓고 한바탕 신성한 입김을 뿜어 그 호수를 악어로 가득 채운다.Ⓑ

Ⓐ는 이 세상에 일어날 수 있는 사실 즉 실제existential를 보여주고 있고, Ⓑ는 허구적인 신화 신화적인 삽입이다.[199]

이 설화는 신화의 도움 없이는 전설의 성공적인 해결은 없다는 것이고, 신화가 없으면 '인간 생의 비밀'은 영원히 풀 수 없는 미로이고 한의 세계로 남게 된다는 것이다.

요셉은 어려서부터 꿈을 꾸었다. 그것은 그의 불운했던 가정환경 때문이었다. 하나님이 꿈을 주신다. 그의 꿈은 생활환경의 반영이었다.

> 하나님은 심지 않은 데서 거두고 헤치지 않은 데서 모으시는 분이시라.마 25:24, 26

그는 불가능이 없으신 분이시다.

신화는 암흑 세상의 등불이다.

> 욥이 풍자하여 이르되 나는 지난 세월과 하나님이 나를 보호하시던 때가 다시 오기를 원하노라. 그때에는 그의 등불이 내 머리에 비치었고, 내가 그의 빛을 힘입어 암흑에서도 걸어 다녔느니라.욥 29:1-2

옛사람들은 신화로 세계에 대한 그들의 인식을 표현했을 뿐만 아니라 세계는 신화를 통해 사건화되었다. 그래서 신화는 계속 낭송되어야만 했다. 오직 그렇게 함으로써 사방에서 침해되는 질서가 보존되었다.[200]

네가 눈으로 본 그 일을 잊어버리지 말라. 네가 생존하는 날 동안에 그 일들이 네 마음에서 떠나지 않도록 조심하라. 너는 그 일들을 네 아들들과 네 손자들에게 알게 하라! 신 4:9

요셉은 늘 이렇게 기도하면서 감사하는 마음으로 살았다.

나는 주와 함께 있는 나그네이며, 나의 모든 조상들처럼 떠도나이다. 야훼여, 나의 기도를 들으시며 나의 부르짖음에 귀를 기울이소서! 시 39:12
내가 기다리고 기다렸더니, 귀를 기울이사 나의 부르짖음을 들으셨도다. 나를 기가 막힐 웅덩이와 수렁에서 끌어올리시고, 내 발을 반석 위에 두사 내 걸음을 견고케 하셨도다. 시 40:1-2

Ⅲ. 족장 전승의 교훈

1. 광야에 계신 유랑민의 하나님

사람은 먹어야 살 수 있다. 먹지 못하면 죽는다. 먹지 않으면 생존할 수 없고, 생존하려면 먹어야 한다. 그런데 황야와 사막에서는 무엇을 먹고 살아갈까?

모세가 만난 조상의 하나님은 유랑민의 광야 삶을 보호하시는 분이시다 세상에서 가장 불쌍한 사람은 고향을 빼앗기고, 고향을 잃어버리고 유랑하는 사람들이다. 그들에게는 돌아갈 고향이 없다. 고향을 등진 사람들은 항상 불안하다. 항상 너무 궁핍하고, 냉소와 비웃음과 농짓거리를 당하고, 들개 같은 취급을 당한다. 돌아갈 따뜻한 방이 있을 리 없는 떠돌이들에게는 항상 외롭고 배가 고팠다.

그대는 들개의 삶을 아는가? 항상 배가 고파서 주워 먹을 만한 것이라도 있는가? 하여 주둥이를 땅바닥에 대고, 냄새를 맡으면서, 혓바닥으로 흙을 핥으면서 살아간다. 그들은 항상 춥고 배고프다. '비 오는 날, 개 떨 듯이' 세상을 떨면서 비굴하게 살아간다. 배가 고파 남이 토해 놓은 것을 핥아먹는 개, 가시덤불 속에서 숨어 사는 개, 몽둥이로 수시로 얻어맞기만 하는 개, 비굴한 개, 비를 맞고 떨고 있는 개를 그대는 아는가?

돌아갈 고향이 없는 그들은 바위틈이나 토굴에서 잠을 잤다. 고향을 잃고 유랑하는 사람은 항상 배가 고프다. 굶주림을 참지 못해 풀을 뜯어 먹고 나무껍질을 벗겨 먹고 연명한다. 매일 먹는 생각만 하면서 기아 선상에서 풀뿌리라도 캐 먹으면서 절박한 상황을 견디어 나간다.

참혹한 유랑민流浪民의 생활상은 성서의 여러 곳에 실려 있다. 인간 이하의 빈곤 속에서 허덕이며 살지 않으면 안 되는 유랑민들의 캄캄한 삶의 모습을 기술하고 있다.

'의인 욥'은 가난과 굴욕으로 살아온 과거의 자신의 삶은 오직 서러움과 아픔과 고뇌와 체념뿐이었음을 고백하고 그런 삶 가운데서 '하나님이 돌봐주심'을 다시 마지막으로 회상한다.

> 나는 지난 세월과 하나님이 나를 보호하시던 때가 다시 오기를 원하노라.욥

29:1

계속되는 그의 고백 속에는 한과 울분과 고뇌로 점철된 유랑민의 애환이 그려져 있다. '유랑민의 삶은 황야의 들개 같아 고향을 잃어버린 생'이다.

> 그들은 양떼를 지키는 개만도 못한 취급을 받는 자들이다. 그들은 기력이 쇠잔하고, 생이 다 시들었다. 그들은 궁핍과 기근으로 인하여, 먹지 못해 굶주려 피골이 상접하고, 앞날이 캄캄하고, 메마른 땅에서 마른 흙을 씹으며, 가시덤불 속에서 자라는 짠 나물을 꺾어 먹고, 대싸리 뿌리로 겨우 연명하며, 급류에 패인 골짜기 벼랑에나 몸을 붙이고, 땅굴이나 바위틈에 숨어서 살아간다. 그들은 가시덤불 속에서 울부짖으며, 가시나무떨기나무 아래에 모여 웅크리고 지낸다. 그들은 이름 없는 바보 같은 사람들의 자식들로서 자기의 고향에서 쫓겨난 자들이다.욥 30:1-8

고향에서 쫓겨난 사람들은 '양몰이 개'에도 미치지 못하는 인생이다. 항상 아이들의 조롱거리가 되었는데, 먹지 못해 굶주려 말라비틀어지고, 흙이나 씹으며 가시덤불 속의 연한 풀대나 꺾어 먹고, 대싸리 뿌리로 연명하며 산골짜기 벼랑 끝 땅굴이나 바위틈에 웅크리고 살아간다. 회초리에 몰려 제 고향에서 쫓겨난 자들은 바보들의 자식이라고 조롱받으며 살아가는 인간들이다. 광야를 유랑하는 사람들은 발붙일 곳이 없어 전과자처럼 항상 멸시하는 눈과 냉대를 받고 살아간다. 그리고 내일 먹을 양식도 없다. 피골이 상접하다.

그러나 개중에는 밤에 누우면 코를 골며 단잠을 자고 몸이 불어나고 얼굴에 윤택이 나기도 한다. 왜 그런가? 먹고 마시는 것이란 보잘 것이 없는데, 그것은 의학적 이나 과학적 설명이 불가능하다. 이런 결과가 온 것을 기적과 경이이다. 신앙의 위대함이 여기에 있다. 옛날의 야훼신앙은 오는 날의 과학만능과 물질숭배에 빠진 이 위기의 세계를 정복하고도 남을 것이다. 옛 선조들의 높은 영성 속에 흐르는 영혼의 생명수는 오늘날도 그대로 유전되고 계승된다.

광야를 유랑하는 백성들은 들나귀와 같은 생활은 하고 있다. 그대는 들나귀의 삶은 아는가? 항상 힘들고 버거운 삶은 살아간다. 그들은 별로 소득이 없어도 눈만 벌어지면 부지런히 뛰어다녀야 한다.

> 그들은 거친 광야의 들 나귀 같아서, 나가서 일하며, 먹을 것을 부지런히 구하니, 빈들이 그들의 자식을 위하여 그에게 먹을 음식을 내는구나! 추수가 끝난 밭에서 남의 꼴을 베며, 악인이 남겨 둔 포도를 따며, 의복이 없어 벗은 몸으로 밤을 지내며, 추워도 덮을 것이 없으며, 산중에서 만난 소나기에 젖으며, 가릴 것이 없어 바위를 안고 있느니라. 욥24:5-8

> 들 나귀처럼 일거리를 찾아 나가는 모습을 보게,
> 행여나 자식들에게 줄 양식이라도 있을까 하여,
> 광야에서 먹이를 찾아 해매는 저 모습은 보게,
> 악당들의 밭에서 무엇을 좀 거두어 보고
> 악인들의 포도밭에서 남은 것은 줍는 가련한 신세.
> 걸칠 옷도 없어 알몸으로 밤을 새우고,
> 덮을 것이 없어 오들오들 떨어야 하는 몸.

산에서 쏟아지는 폭우에 흠뻑 젖었어도,

피할 곳이 없어 바위에나 매달리는 저 불쌍한 모습을 보게.

아브라함의 가정에서 쫓겨난 하갈과 이스마엘은 브엘세바 광야에서 방황하였다. 며칠이 안 되어 곧바로 집에서 갖고 나온 물과 빵은 다 떨어지고, 어린 이스마엘은 목이 마르고 배가 고파서 가시덤불 아래서 울고 있었다. 아이가 죽는 것을 차마 볼 수 없어서 엄마 하갈은 화살 한 바탕 거리만큼 멀리 떨어져 마주 앉아서 바라보기만 하고 있었다.

그 아이는 크게 울기 시작했다. 그때, 하나님이 그 어린 아이의 울음소리를 들으셨다. 창21:14-17

광야를 유랑하는 사람들이 거쳐하는 곳이란 '골짜기의 벼랑이나 땅굴이나 바위틈이나 가시덤불' 욥30:6-7 속은 초옥이나 오두막과 같은 곳으로써 불어로 '라브리'L' Abri라고 부른다. 불어로 '아브리'Abri는 피난처, 보호처, 몸을 피하는 곳, 배 위의 선원의 숙박소, 군인들의 참호, 방공호, 대피소 등에 주로 붙여지는 단어이다. 광야의 유랑민들에게는 임시로 더위나 추위, 비나 바람을 피할 수 있으면 족한 것이다.

내 자리를 음부에 펼지라도 거기 하나님이 계신다. 시139:8

인간의 주거지란 세상의 풍파와 비바람을 피하여 잠간 머물며 인생의 근본적인 문제들을 생각해 볼 수 있는 영적 피난처면 족한 것이다.

인간의 생에 있어, 자식들을 먹여 살리고, 생계를 유지하려고 애쓰면서 일을 하는 것보다 더 중요한 일은 없다.

> 그 누구도 생계를 유지하는 일에 매달려 있는 자에게 토라율법: 성서를 공부하는데 시간을 바치지 않는다고 비웃거나 책망을 해서는 안 된다. 일반적으로 열심히 일하고 있는 동료에게 꾸짖어서는 안된다.[201]

'노동'이라는 것은 하나님께 예물을 드리는 것만큼이나 귀중한 것이다. '일한다'는 것은 하나님께 예배하는 만큼 소중한 것이다.

광야의 삶은 항상 양식을 위해 늘 무진 애를 쓰는 생활이다. 그들은 이런 환경 속에서도 신화와 전설을 암기하면서 희망은 발견하고 견디어 나간다. 그들은 서로의 고통을 위로하면서 역경에 쓰러지지 않고 하루하루를 살아간다.

니체는 짜라투스트라의 입을 빌려 이렇게 말했다 " '평화가 아니라 승리를 갈망하라!', '춤추는 별이 되기 위해서는 그대의 내면에 혼돈을 가지고 있어야 한다.' 자기의식으로서의 거울, 내면적 삶이 시작되는 지점으로서의 거울을 들여다보기를 포기하지 말라. 사람은 그의 길이 어디로 데려갈지 모를 때 가장 높은 분기奮起, 분발하여 일어남를 한다. 그는 운명에 대한 사랑 즉 고통, 상실, 행복 등 모든 운명을 받아들이고 사랑하라"고 했다.

무위도식無爲徒食의 인간의 삶이 얼마나 그 개인을 무기력한 존재로 만드는가를 우리는 실업자의 모습에서 발견할 수 있다. 공동체 속에서 살아가야 하는 개인이 자신이 사회에서 무엇인가 기여하고 있다고 느낄 수 있다는 것은 매우 바람직한 일이다.

광야를 유랑하는 마지막 종착역은 '갈 곳도 잃고, 조상의 유전과 신앙도 잃게' 된다. 부모들이 물려준 신앙도 병들고 가난해지면 버리게 된다. 이웃들로부터도 외면당하게 된다. 물질자산이 줄어들면 거의 언제나 상징자본도 급격히 줄어든다. 같은 공동체로부터도 백안시당하게 된다. 고아와 과부들이 특히 그러했다. 이것이 바로 생의 비극이다. 모세는 이스라엘의 그것을 극복하려고 백방으로 노력했다. 인간의 생명은 기름진 음식, 부드럽고 달콤한 음식을 먹는다고 건강하거나 장수하는 것은 아니다. 노화의 속도를 줄이고 장수하는 데는 무엇인가를 자꾸 더 하는 것이 아니라 줄이고 빼내는 것이다. 음식의 양을 줄이고 번뇌와 스트레스, 영양제를 줄여야 한다. 많이 먹으면 몸에 득이 될 가능성이 줄어든다. 노화와 동반되는 만성 염증이나 대사이상과 연관이 있고, 노화가 가속화된다. 단순 당과 정제 곡물로만 식사하면 체내에 당도가 올라간다. 그러면 여러 가지 합병증의 원인이 될 수 있다.

이것이 이스라엘 백성의 광야 여정 40년이 낳은 '율'律이요, 오늘날까지 전해지고 있는 '식양법食養法'이다.

그러므로 우리는 '이 세상에서 왜 악惡과 고苦가 있는가?'를 염두에 두어야 한다.

"이 세계는 온통 조화롭고 완전한 상태로 있다. 따라서 우리가 생각하는 모든 악도, 이 조화로운 세계를 위해서는 없어서는 안 될 요소이다. 모든 존재와 사건은 반드시 충분한 이유를 가진 필연적인 것이다. 즉 이 세상의 모든 것은 항상 최선의 상태에 있도록 신이 만들어 놓았다."[202]

유랑민들은 '버러지' 취급을 받으면서 살아간다.

나는 벌레요 사람이 아니라 사람의 비방거리요, 백성의 조롱거리이니이다.

> 나를 보는 자가 다 나를 비웃으며 입술을 빗쭉거리고 머리를 흔들며, 그가 야훼를 의탁하니 구원하실 걸, 그가 기뻐하시니 건지실 걸 하나이다. 개들이 나를 에워쌌으며 악한 무리가 나를 둘러 내 수족을 찔렀나이다. 내 생명을 칼에서 건지시며 내 생명을 개의 세력에서 구하소서!시 22:6-8, 16, 20

유랑민들은 거친 황야와 사막과 초원과 설산과 고원과 산악을 끊임없이 넘나든다. 그들의 삶은 고달프다.

하나님은 황야와 사막에서도 꽃을 피우신다. 황야에서도 장미꽃이 피고, 사막에서도 용설란 꽃이 핀다. 우스 땅의 욥과 밧단 아람의 야곱과 보디발 집의 요셉과 베들레헴의 이새의 아들 다윗은 황야와 사막에서 피어난 꽃이다.

우스 땅의 어떤 부자가 늙은 나이에, 생의 황혼에서 힘들고 궁핍했던 어린 시절을 떠올렸다. 젊은 시절에 참 어렵게 살았으며. 근검절약해서 간신히 돈은 좀 모았다. 그래서 꽤 큰 부자가 되었는데, 생각해 보니 물론 자신이 노력을 다했지만 자신의 힘만으로는 절대 얻을 수 없는 재물임을 깨닫게 되었다. 하나님의 보살핌으로 부유해졌다는 것을 깨달았다.

동방의인 욥의 이야기이다. 욥의 모든 것의 상실과 와병은 우연이었다. 그는 큰 거부였지만 다 망하고 "인생은 고생을 위하여 태어났나니 불티가 위로 날아오름 같구나!"욥 5:3라고 하면서 탄식했다. 병든 몸이 되어 신음했다.

> 나는 음식 앞에서도 탄식이 나며, 한숨을 쉬고, 병이 깊어 내가 앓는 소리는 물이 쏟아지는 소리 같구나! 아이고. 아이고! 내가 그토록 두려워하던 것이 내게 임하고, 불운이 닥쳤구나! 내가 무서워하는 죽음이 내 몸에 미쳤구나!

내게는 평온도 없고, 안일도 없고, 휴식도 없고 다만 불안만 있구나! 슬픔뿐이라. 욥 3:24-26

욥은 이제 엄청난 재벌이 되었으나 가장 가난한 극빈자도 입에 대지 않은 듯한 식사를 하지않으면 안되었다. 이것이 의사가 허락한 식단의 전부였다. 그가 살아있는 것은 오르지 돈을 아끼지 않은 의료 덕분이었다.

길르앗에는 유향이 있지 아니한가? 그곳에는 의사가 있지 아니한가? 딸, 내 백성이 치료를 받지 못함은 어찜인고? 렘 8:22

많은 사람들이 부러워하는 부자들도 엄청난 고난을 겪고 있다. 그들은 부단한 업무, 끝이 없는 번민, 수많은 비난 공격, 불면의 밤, 운동 부족과 휴식의 부족이 그들에게 벌이 되어 그들의 생을 굴복시킨다.

욥도, 야곱도, 요셉도, 다윗도!

그들은 참으로 부지런히 일했다. '눈붙일 겨를도 없이 일 했다' 창 31:40 일은 인간의 생명과 행복 그 자체이다. 일이 없으면 살아갈 힘도 약해진다. 항상 움직여야 한다. 그래야 몸의 신진대사가 원활해진다. 일이 없으면 돈이 아무리 많아도 행복할 수 없다. 일이 끝나면 인생도 끝난다. 가족에 대한 사랑과 책임이 있기에 역경의 극복도 가능하고 새로운 삶을 누리게 된다.

사막의 선인장처럼 '자연과의 조화로운 삶'이 가장 이상적인 생이다. '이제마'의 '동의수세보원'에 기록한 것처럼 '음식은 배고픔을 견딜 수 있을 정도로만 먹고, 의복은 추위를 견딜 수 있을 만큼만 입고, 부지런히 활동하는 것이 양생의 원칙이다.

음식은 배부르도록 욕심내지 말고, 옷은 따뜻함을 욕심내지 말고, 편안함을 추구하여 움직이기 싫어하면 안 된다. 가난과 배고픔과 추위와 활동은 행복과 장수의 비결이다.

노동은 단순히 생계를 위한 방편에 그치지 않고 사람은 겸허하게 만드는 힘이 있다. 열심히 일하는 사람이 가장 아름답다. 그래서 '일하기 싫어하는 자는 먹지도 말라'고 성서는 가르치고 있다. 가난하고 소식해야 오래 산다. 그리고 일해야 오래 산다. 부하고 대식하면 일찍 죽는다. 일이 없어도 그렇게 된다.

꽃을 보고 싶으면 '용설난'龍舌蘭을 사막에서 찾으라! 선인장은 수명이 길어 '백년초'라고도 한다. 선인장의 가시는 잎이 변할 것이다. 바늘 같은 가시는 생존을 위해 재무장한 것이다. 생존경쟁에서 챔피온이 된 것이다. 나약하고 소극적인 생각은 버려야 한다.

광야의 여정은 결핍과 역경의 시절이었다. 그러나 인내를 배운다. 노예의 삶은 소망이 없지만 가난과 결핍의 삶은 소망이 있다. 약속의 땅을 향해 가는 길에는 최소한의 삶만 유지하면 뭔가 소망이 있기에 참을 수 있다. 인간에게 꿈이 있으면 먹고 입는 것이 문제가 되지 않는다. 광야생활의 연단은 앞으로 풍요가 주어졌을 때도 흥청대지 않게 될 것이다.

항상 많이 먹어도 배부르지 않게, 적게 먹어도 배고프지 않게 그냥그냥 견디는 삶이었다. 최소한의 허기만 면하면 된다. 최소한 삶만 유지하면 된다. 최소한의 먹거리만 있으면 된다.

그러나

주께서 너희에게 환난의 떡과 고생의 물을 주시나 네 스승을 다시 숨기지 아니하시리니, 네 눈이 스승을 볼 것이며, 너희 오른쪽으로 치우치든지, 왼쪽으로 치우치든지, 네 뒤에서 말소리가 네 귀에 들려 이르기를 이것이 바른 길이니... 너희는 이리로 가라 할 것이며사 30:20-21

주께서 너희에게 겨우 연명할 빵과 가까스로 목을 축일 물밖에 주지 않으셨지만, 그는 너희 스승이 되어, 다시는 너희를 외면하지 아니하시리니, 너희가 그를 스승으로서 눈앞에 모시게 되리라. 그리하여 너희가 오른편이나 왼편으로나 빗나가려 하면, 뒤에서 너희 귀에 속삭여 주시리라. 이것이 네가 가야 할 길이다! 이 길을 따라가거라!

보라! 내가 그를 타일러 거친들광야로 데리고 가서 말로 위로하고, 거기서 비로소 그의 포도원을 그에게 주고, '아골 골짜기'로 '소망의 문'을 삼아주리니, 그가 거기서 응대하기를 어렸을 때와 애굽에서 올라오면 날과 같게 하리라.호 2:14-15

아브라함, 이삭, 야곱은 평생을 목자로서 유랑하면서 참으로 많은 고생을 하였다.

네 아비에게 물으라. 그가 네게 설명할 것이요, 네 어른들에게 물으라. 그들이 네게 말하리로다.
야훼께서 그를 황무지에서, 짐승이 부르짖는 황야에서 만나시고 호위하시며 보호하시며 자기 눈동자같이 지키셨도다. 마치 독수리가 자기의 보금자리로 어지럽게 하며. 자기의 새끼 위에 너풀거리며 그의 날개를 펴서 새끼를 받으며, 그의 날개 위에 그것을 업는 것같이 야훼께서 홀로 그를 인도하셨고 그와 함께한 다른 신이 없었도다. 신 32:7-12

조상들은 황야에서 하나님을 새롭게 발견하였다. 두렵고 음산한 광야에서, 굶주린 늑대와 이리 떼들이 울부짖는 소리를 들으면서, 사자와 독수리와 맹수들과 맹금류들의 사냥터에서, 자신들을 눈동자같이 아껴 주시고 보호해 주시는 하나님의 손길을 발견했다.

야훼께서 백성의 고통을 분명히 보고, 부르짖음을 듣고, 그들의 근심을 알고, 그들을 건져내고, 그 땅에서 인도하며, 젖과 꿀이 흐르는 땅으로 데려가려 한다. '이제 가라'고 명령하시고, 그 자손들의 부르짖음을 듣고, 그들은 괴롭히는 학대를 보았다. 내가 이 자손을 애굽에서 인도하여 내리라. 출 3:7-10

너를 인도하여 그 광대하고 위험한 땅. 광야 곧 전갈이 있고, 물이 없는 건조한 땅을 지나게 하셨으며 또 너를 위하여 물을 굳은 반석에서 내셨으니... 신 8:15

'조상의 하나님'은 황야와 사막에서도 조상들을 입히시고 먹이신 분이셨다. 조상들은 부지런하고 근면했다. 그들은 근검하고 절약했다. 가난을 두려워 말라. 오늘의 가난은 내일을 위한 저축이다. 가난과 고난을 이긴 사람만이 삶에 감동을 가질 수 있다. 인생 여정을 너무 쉽게 가려고 하지 말라. 스스로 어려운 길을 선택하여 고난을 묵묵히 견디어 냈을 때만 그 끝이 창대하다. 욥 8:7, '네 시작은 미약하였으나 그 끝은 창대하리라'고 한 그 의미가 바로 그것이다. 인간은 항상 움직여야 한다. 그래야 신진대사가 잘 된다. 이것은 살아있는 생물의 특징이다.

현대인들은 가난에 대한 두려움이 만든 고질병을 모른다. 자신의 내면의 삶을 순수하게 하기 위해 가난하게 살기로 결심한 사람은 경멸을 당한다. 물질의 사슬로부터 해방된 삶, 뇌물에 넘어가지 않는 정신, 그 무엇에도 얽매이지 않고 떠날 수 있는 자유로운 생을 잃었다.

스산한 울음소리만 들려오는 빈 들에서, 밤이면 배고픈 늑대가 울부짖는 황야에서 날마다 사냥감을 쫓고 있는 독수리가 끽끽거리는 곳, 그 황야에서 만나 감싸주시고 키워주시고, 눈동자 같이 아껴 주셨다. 독수리가 보금자리를 흔들어 놓고 파닥거리며 떨어지는 새끼를 향해 날아 내려와 날개를 펴서 받아 올리고 그 죽지로 업어 나르듯 훈련을 시키셨다.

이 광야의 역경 후에는 항상 인격의 성장과 창조적 변화를 가져온다. 사람을 성숙시키는 것은 고난이 아니지만 고난없이 인간은 성장할 수 없다. 모든 상실과 고난은 자신의 생에서 새로운 창조와 변화를 가져오는 '특별한 기회'가 된다.

유목민은 항상 떠날 준비가 되어있어야 한다. 따라서 유목민의 가치관은 그들 생활상의 필요와 관계가 깊다. 이동의 필요로 인해 소유물은 간단한 선에 그쳐야 한다. 대개 집단의 부는 가축에 한정된다. 부족 성원들은 상호의존과 한 핏줄이라는 의식을 통해 연대성을 느끼며 그에 따라 피의 복수 등의 관계가 생긴다. 이들은 필요할 때는 언제나 달팽이처럼 집을 간단한 천막으로 갖고 다니므로 '주거의 자유'를 누릴 수 있다. 그리고 따스한 염소가죽 한 조각에도 큰 고마움을 느낀다. 또 달콤한 양의 젖 한 모금에도 남기지 않고 싹 쓸어 먹을 수 있는 식욕과 아끼는 마음이 있으므로 무엇을 먹든지 언제나 맛이 있고 만족스럽다. 적은 음식이라도 모닥불 주위에 둘러앉아 나누어 먹을 때 사랑과 행복감을 확인할 수 있다.

그러나 오늘의 인간들은 너무 바쁘고 지나치게 복잡하고, 피곤한 생활을 도모하여 생이 병들고 있다. 쾌적한 생활환경과 단순한 행복을 위해 너무 분주하고 번잡하게 살아가야 한다. 그러나 행복감은 언제나 저 산너머에 있고, 나누지 못하며, 사랑하지 못하며 옆에 사람이 있어도 모르고 살며 무관심하다. 이러한 병든 가치관을 가진 현대인들은 구약성서를 낳은 유목민의 가치관을 배워야 한다.

야훼 하나님은 유목민의 하나님이었다. 유목민들은 항상 떠날 준비가 되어있는 유랑민이었다.

유목민의 재산은 동산일 뿐이라 부동산은 참 재산이 아니다. 언제나 움직일 수 있는 것만이 참 재산이다. 가축은 스스로 움직인다. 이동에 편리하다. 이동에 자유로운 것만이 재산이다. 인간의 재물욕은 끝이 없다. 그러나 인간의 삶이란 제한된 자원 안에서의 노력이다. 모두가 모든 것을 가질 수 없기에 적절하게 자신을 통제하지 않으면 불행해진다. 인간의 삶에는 필요 이상으로 많아지면 짐이된다. 가볍고 손이 덜 가는 게 최선이다.

2. 사랑의 '내 아버지' 하나님

모세가 만난 조상의 하나님은 우리를 돌봐주시는
사랑의 아버지 하나님이시다

어리석고 지혜 없는 백성아! 야훼께 이같이 보답하느냐? 그는 너의 아버지시오, 너를 지으신 이가 아니시냐? 그가 너를 만드시고 너를 세우셨느니라. 신 32:6

하나님을 '아버지'라고 부른 것은 구약성서에서는 모세가 첫 번째 사람이다. 모세보다 훨씬 이전 시대에 살았던 수메르인과 아카드인의 찬미가와 기도문에도, 달신을 향해 '온 세계의 생명을 당신의 손안에 잡으시는 자비와 긍휼의 아버지'라고 불렀다.

그 '아버지 하나님'은 인간을 용서하시고, 그의 허물과 부족을 선용하신다.

> 당신들이 나를 이곳에 팔았다고 해서 근심하지 마소서! 한탄하지 마소서! 하나님이 당신들의 생명을 구원하시려고 나를 당신들보다 먼저 보셨나이다. 창 45:5
>
> 당신들은 나를 해하려 하였으나 하나님은 그것을 선으로 바꾸사 오늘과 같이 많은 백성의 생명을 구원하시려 하셨나니, 당신들은 두려워하지 마소서! 내가 당신들과 당신들의 자녀들을 기르리이다. 하고, 그들을 간곡한 말로 위로 하였더라. 창 50:20-21

하나님의 구원사는 인간이 저지른 악한 행위를 구원을 위한 선한 자료로 사용하신다. 하나님께서는 그것을 위하여 준비하시며, 인간의 악행을 선으로 바꾸어 놓으신다. 이것이 주님의 '십자가의 도리'이며, 하나님의 역사편집의 방법이다.

우리 '아버지 하나님'께서는 자녀들의 허물과 죄를 그대로 갚지 않으신다.

> 야훼께서 사람의 죄악이 세상에 가득함과 그의 마음으로 생각하는 모든 계획이 항상 악할 뿐임을 보시고 창 6:5
>
> 야훼께서 그 향기를 받으시고, 그 중심에 이르시되 내가 다시는 사람으로 말미암아 땅을 저주하지 아니하리니, 이는 사람의 마음이 계획하는 바가 어려

서부터 악함이라. 내가 전에 행한 것 같이 모든 생물을 다시 멸하지 아니하리니 창 8:21

아버지가 자식을 긍휼히 여김같이 야훼께서 자기를 경외하는 자를 긍휼히 여기시나니, 이는 그가 우리의 체질을 아시며 우리가 단지 먼지뿐 임을 기억하심이로다. 시 103:13-14

주는 우리 아버지시라. 아브라함은 우리를 모르고, 이스라엘은 우리를 인정하지 아니할지라도 야훼여, 주는 우리 아버지시라. 옛날부터 주의 이름은 우리의 구속자라! 사 63:16

그 하나님은 우리를 "그의 어깨 사이"에 무등 태우시고, 목마 태우시고, 용마 태우신다. 그 하나님은 우리를 아기처럼 귀여워하시고, 태양의 복과 태음의 복을 주신다.

야훼의 사랑을 입은 자는 그 곁에 안전히 살리로다. 야훼께서 그를 날이 마치도록 보존하시고, 그를 자기 어깨 사이에 있게 하시리로다. 밤에 이슬을 내리는 태음달의 능력과 낮에 성장과 결실을 가져다 주는 태양해의 능력은 하나님의 선물이라. 신 33: 12-14

우리는 자신의 생이 해결할 수 없는 문제로 가득 차 있다고 한탄하지 말라. 세상은 신비로 가득 차 있다. 주께서 전화위복이 되게 하신다. 그러므로 그를 신뢰하고 그에게 청종해야 한다.

주님 외에는 이런 일을 행하신 신을 옛부터 들은 자도 없고 귀로 들은 자도 없고, 눈으로 본 자도 없다. 그분은 자기를 사랑하고 앙망하는 자를 위하여 행하신다. 사 64:4; 고전 2:9

그러나 네가 거기서 네 하나님 야훼를 찾게 되리니 만일 마음을 다하고 뜻을 다하여 그는 찾으면 이 모든 일이 네게 임하여 환난을 당하다가 끝날에 네가 네 하나님 야훼께로 돌아와서 그의 말씀을 청종하리라. 신 4:29-30

이스라엘 이여! 너는 행복한 사람이로다. 야훼의 구원을 너같이 얻은 백성이 누구냐? 그는 너를 돕는 방패시오, 네 영광의 칼이시로다. 신 33:29a

하나님은 자기를 사랑하는 자들을 위하여 예비하신 모든 것은 눈으로 보지 못하고 귀로 듣지 못하고 사람의 마음으로 생각지도 못한 것들이라. 고전 2:9, 사 64:4, 마 25:34

얍복 나루에서 씨름할 때 야곱에게 져 주신 하나님 창 32:24-26, 집 나간 아들을 매일 기다리시는 탕자의 아버지이신 하나님!

성서는, 세상은 하나님의 사랑과 인간의 자유로 엮어져 있다. 하나님은 인간의 자유를 위하여 끝없이 사랑의 눈물을 흘리고 계신다. 그것이 세상의 역사이다. 그분은 고난의 종이 되어 질고를 지고 슬픔을 당할지언정 우리의 자유를 속박하지 않으신다. 사 53:3-5

오늘도 내게는 반항하는 마음과 근심이 있나니 내가 받는 재앙이 탄식보다 무거우니라!

그가 큰 권능을 가지시고 나와 더불어 다투시겠느냐! 아니로다, 도리어 내 말을 들으시리라. 내가 가는 길을 그가 아시나니, 그가 나를 단련하신 후에는 내가 순금같이 되어 나오리라.욥 23:2, 6, 10

우리는 단순히 고급 음식을 먹고, 좋은 옷을 입고, 화려한 집에서 산다고 행복해 지는 것은 아니다. 많은 사람들이 물질적으로 부족함이 없고, 사람들의 부러움을 산다고 행복해 지는 것은 아니다. 우리에게는 그 이상의 것이 필요하다. 부모을 잃은 부잣집 자녀들이 행복해 하는 것을 본 적이 있는가? 우리에게는 아버지와 어머니가 있어야 행복하다.

3. 스스로 계신 '자존자' 하나님

모세가 만난 조상의 하나님은 '절대 타자', '스스로 계신 자'이시다

하나님은 모든 인간들의 마음 속에 '스스로 들어와 계신 자'이시다.

영혼의 만족을 얻으려면 마음의 문을 열어 놓고 성서를 읽고 깨달아야 한다.눅 24:45

우리 인간은 매일의 묵상을 통하여 따뜻한 마음을 갖고 하나님과 대화하고 노력해야 한다. 인간은 그의 양심을 통하여 말씀하시는 하나님의 음성을 들으려고 노력해야 한다. 이것이 그의 삶과 인격의 근본요소가 된다. 그리스철학에서는 항상 '신의 존재'가 기본적인 문제였다. 그래서 출애굽기 3장 14절의 번역자는 거기에 맞추어서 신을 존재론적으로 진술하게 했다. 그리고 애굽에서도 비슷한 진술이 있기는 하다.

애굽어 'Nuk pu Nuk' I am who I am.에서 '나는 스스로 있는 자다'출 3:14, I am that I am. 즉 "나는 나다"가 왔다.

에흐예	아셰르	에흐예
אֶהְיֶה	אֲשֶׁר	אֶהְיֶה

'아셰르' 앞의 '에흐예'는 '나는 이다'라는 뜻의 동사가 아니라 하나님의 이름으로 고유명사로 보아야 한다.

הָיָה하야 동사 '일어나다. 있다. -이 되다. 존재하다. 만들어지다' 즉, "그는 항상 함께 계시는 분이다."란 뜻이다.

정확한 번역은 "The one who is called I AM.", "I AM has sent me to you." 이다. "나다라고 하신 분" 또는 "너에게 나를 보내신 분"이다.

그러므로, 다음은 출 3:14의 정확한 번역이다.

> 내가 (그들과) 함께 있겠다. 왜냐하면 내가 (그들과 함께) 있을 그 (하나님)이기 때문이다. 너는 이스라엘 자손에게 이렇게 말하라. '내가 (너희들과 함께) 있겠다'고 (말씀하신 하나님)께서 나를 너희들에게 보내셨다.

내가 항상 너희와 함께 하리라! 어렵고 힘들 때마다 이 말씀을 기억하라! 낙심될 때마다 함께 할 나를 기억하라. 나는 영원히 너희와 함께 하리라.

> 이것을 네게 나타내심은 야훼는 하나님이시요, 그 외에는 다른 신이 없음을 네게 알게 하려 하심이라! 그런즉 너는 오늘 상천하지에 오직 야훼는 하나님이시오, 다른 신이 없는 줄을 명심하라!시 35:35, 39

모세는 자신이 이 미디안 광야로 오게된 것은 자신 스스로의 결정에 의한 것이 아니라 오직 하나님께서 자신을 하나의 목적으로 연단시키기 위해서 광야 사막의 삶을 배우게 하시고 생활을 익히기 위해서 하나님이 친히 자신을 이끌고 들어왔다는 것을 깨닫고 확신하게 되었다.

4. 점진적 계시의 '유일하신 하나님'

모세가 만난 조상의 하나님은 점진적 계시로 나타난 유일하신 하나님

야훼신앙Yahwism은 단일신론Henotheism에서 출발하여 유일신론Momotheism 개념으로 점진적 계시Progressive revelation의 결과로 나타나신 하나님이었다. 이것은 하나님께서 당대의 사회-문화적 환경을 계시의 수단으로 사용한 것이다. 이것은 통계와 확률상으로는 가능성이 대단히 낮은 상황에서 히브리 유목민들이 타산지석으로 누리게 된 값진 유산이었다.[203]

우리의 신은 오직 한 분 뿐이시니.... 신 6:4

히브리인들은 자신들의 하나님은 '오직 단 한 분뿐'only one / alone God이시니, 그는 '조상의 신'이시며 '가문의 신'이라고 했다. 그러나 그들은 결코 모든 신들 가운데서 자기들의 신이 첫째first라고는 말하지 않았다.

너는 나 외에는 다른 신들을 네게 두지 말지니라. 출 20:3

히브리 신앙의 특징들-무엇보다도 제1, 제2 계명과 그것의 독특한 역사적 관련성- 은 '이스라엘의 종교는 점진적으로 이교주의로부터 구별되어 나갔음을 보여준다. 이것이 바로 이스라엘 역사의 실제 내용이기도 하다.

고대 근동세계에서 종족의 이동은 곧 그들이 거주하는 땅의 신들 간에는 전쟁에 돌입하게 된다고 생각했다. 그들은 거주지나 영토의 확장은 곧바로 신들의 세력 판도의 변화로 보았다. 따라서 힘이 우세한 신들이 보다 넓은 지역을 차지하고, 전쟁의 승리는 곧바로 그 신들의 승리로 돌려졌고, 피정복 종족의 신들은 정복민들의 신들에 예속되는 것으로 믿었다. 그리하여 그 땅에 편입된 새 종족들은 바로 지배종족의 신들의 전리품으로 여겨졌었다.

그러나 히브리인은 결코 자신들이 우거하던 땅의 백성을 지배하려고 했던 일은 없었다. 이러한 현실 상황에서 이들 히브리인은 가장 간단하고, 가장 세련되며, 가장 완벽한 유목민적 해결 방법을 찾아냈다. 즉, 그것은 그들은 자기들이 통과하는 지역의 신들을 자신들의 신이 공격하지 않도록 하기 위해서 자신들의 신은 "오직 단 한 분 뿐"이라는 사실을 공포하게 되었다. 그리고 그들은 그 신은 자신들을 받아들여 주는 모든 종족들을 위해 애쓰는 '박애' loving, love의 신이며, 모든 인간들의 아버지 같은 신이라고 설명했다. 그리고 그것은 자신들을 맞아주는 사람들에게 어떤 봉현물burnt offering이나 제물sacrifice도 요구하지 않으며, 역병이나 죽음이나 공포나 갈증이나 가뭄이나 기근도 내리지 않는다고 설득했다. 그들은 자신들의 신은 주변 종족의 신들과는 다투지도 않고, 경쟁하지 않으며 불편하게 만들지도 않고, 압박하지도, 공격하지도 않으며 놀라게 하지도 않으니, 조금도 염려하지 말라고 설득하였다.

히브리 조상들은 양치기들로서 '목가적인 평화'를 추구하였다. 그들은 이르는 곳마다 주변의 종족들에게 '평화의 대가'代價, gifts for obtaining peace를 지불하였다. 그 예로 아브라함은 애굽의 파라오창 12:10-20와 가나안 땅의 아비멜렉창 20:1-16에게 호의를 베풀었다. 그들은 자신들이 다다른 곳마다 제단을 쌓고 '화목제물'peace-offerings을 드렸다. 그들은 주변의 모든 사람들이 진정으로 친구가 되어주기를 원했다. 고대 근동세계의 제 종족들은 해, 달, 별을 비롯하여 수많은 여신goddess과 귀신demon과 정령spirit의 세계에 살면서 크고 작은 우상을 섬기고 있었다.

그러나 데라와 아브라함은 처음부터 유랑지의 신들에 대항하여 싸우지는 않았다. 사실은 그럴 형편이 못되었다. 그들은 거류하는 주민들에게 폐를 끼치지도 않고 그들을 방해하지도 않으려고 노력하면서 유랑을 계속했다. 그들은 주변의 종족들의 염려를 해소 시키고 안심시키기 위해 위기에 몰리면 "자신들의 집단 속에 어떤 신의 형상이 있는지 찾아보라"고 증언했다.

그들은 자기들은 신은 보이는 어떤 신의 형상으로 만들지도 않으며 또 그러한 것은 절대 용납할 수 없다고도 했다. 그리고 그들 스스로, 자기들의 안전을 위해 어떤 신의 형상도, 그리고 어디에도 만들어 놓아서는 안 된다고 다짐했다. 이것을 어쩔 수 없는 그들의 위급한 상황과 타고난 숙명이 반영이었다.

> 너를 위하여 새긴 우상은 만들지 말라! 위로 하늘에 있는 것이나 아래로 땅에 있는 것이나 땅 아래 물속에 있는 것의 어떤 형상도 만들지 말며, 그것에게 절하지도 말고, 그것들을 섬기지도 말라!출 20:4

세월이 흘러가자, 히브리인은 그들의 바람과는 반대로 자신들은 다른 모든 대적들enemy에게는 참을 수 없는 존재가 되어감을 느끼기 시작하였다. 그들은 점차 그들이 거하는 주변의 제 종족들에게는 용납될 수 없는, 함께 섞여 살 수 없는 존재가 되어가고 있음을 깨닫기 시작했다. 그들의 유일신에 대한 주장은 결과적으로 주변의 모든 종족의 신들을 부정하는 사태를 낳았으며, 결코 다른 신들의 존재를 인정할 수 없는 지경에 도달하고 말았다는 것을 인식하기 시작하였다. 드디어 그들의 독불의 신앙splendor은 다른 신들의 형상을 참 하나님에 대한 신성모독으로 여기게까지 되었고, 따라서 그것들에는 신이라는 이름마저 부여하기를 단호히 거부하기에 이르렀다.

나 네 하나님 야훼는 질투하는 하나님인즉 나를 미워하는 자의 죄를 갚되 아비로부터 아들에게로 삼사대까지 이르게 하거니와 나를 사랑하고 내 계명을 지키는 자에게는 천대까지 은혜를 베푸느니라. 너는 네 하나님 야훼의 이름을 망령되게 부르지 말라! 야훼의 이름은 망령되게 부르는 자는 죄 없다 하지 아니하니라.출 20: 5-6

이렇게 하여 히브리인은 그들의 주변 세계에서 여전히 "낯선 존재"Strange, enemy로 남아 있게 되었다. 마침내 그들은 이 세상에는 '야훼 하나님 한 분' 밖에는 '참 하나님'이 없다는 확신에 도달했다.신 4:35.39-40 우리는 이것을 구약성서에 기술된 야훼신앙의 점진적 계시progressive revelation라고 칭한다.

그들은 주변의 종족들에게 결코 어떤 반역이나 폭동은 원하지 않음을 입증해 보여주어야만 했다. 그래서 유랑의 과정에서 제단을 쌓는 일과 이방 신상은 땅에 묻는 일을 진술하고 있다. 예로서 '창세기 35:2-5'은 불행했던 세겜의 폭력 사건의 후유증이었다.창 34:1-31 히브리 족장들은 결코 일정한 지방이나 성읍에는 정주하지 못하고 겨우 성 밖이나 지역의 변두리에서만 우거하였다. 그럼에도 불구하고 그들에게는 주변의 종족으로부터 비방과 욕설과 위협이 그치지 않았다.

히브리 조상들은 자신들의 신은 인간이 만들어 낼 수 없는, 눈으로 볼 수도 없으며 만일 인간들이 보았다면 그는 죽을 수밖에 없다고도 했다. 그들은 자신들은 '결코 신을 볼 수도 없으며, 신의 이름을 부를 수도 없다'는 주장으로 주변 종족들의 불평을 잠재우려고 노력했다.

> 야훼께서 이르시기를 네가 내 얼굴을 보지 못하리니, 나를 보고 살 자가 없음이니라! 출 33:20
>
> 네 하나님 야훼의 이름을 망령되게 부르지 말라. 출 20:6

이러한 주장은 세월이 흘러가면서 점차 자신들의 신은 가장 '선하시고, 고상하시고 아름다우신 분으로서의 하나님이시라는 이해로 바꾸어갔다. 이렇게 하여 초창기에는 입으로 증언하여 고백하고, 다음에는 머리가 바뀌고. 생각이 변하고 나중에는 행동이 따라갔고, 최후로 뜻하지 않는 결과만을 낳았다. 그 결과는 그들에게 엄청난 고난을 요구했다. 그들은 영원한 유랑민으로 다시 돌아올 수 없는 나그네로서의 삶을 낳게 하였다. 그들은 '단 한 분이신 그'가 '유일하신 그분'이 될 줄은 아무도 몰랐다. 이것을 다시 환언하면 그들은 야훼 외에는 다 거짓 신이라는 결론에 도달했다. 그들은 자신들이 만나는 주변의 종족들의 용납과 환대를 기대했었다. 그러나 결과는 정반대였다. 그들은 타 종족들의 신을 거짓 신으로 확신했다.

결과적으로 그들은 다른 종족들로부터 따돌림을 당하고 미움의 대상이 되어갔다. 그들 주변의 종족들은 그들을 용납할 수 없었고, 용서할 수도 없었다. 그들은 배타적이 되어 정신적인, 신앙적인 싸움은 계속되었다. 그 후유증이 세월이 많이 흐른 후에도 그대로 나타났다. 그들은 풀지 못한 증오와 미음의 대상이 되어갔다. 그들은 거주하는 나라마다 원주민들과는 적이 되었고, 원수가 되었다. 농사지을 땅이 없는 그들은 타고난 상술을 이용하여 생계를 이어갔다. 그들은 상업에 재주가 있었다. 따라서 유대인의 특징을 수전노守錢奴로 그려놓은 '베니스의 상인'의 저자는 영국인 세익스피어였고, 게토ghetto라고 불려온 유대인 집단격리거주지를 만들어 놓은 것은 폴란드 사람들이었으며, 포그롬pogrom이라는 유대인 살해 및 재산 약탈 행위를 법률적으로 용인했던 것은 재정 러시아인들이었다. 드뤠 퓨스 사건을 조작하여 유대인을 군국정신배양의 제물로 삼은 것은 문화민족임을 뽐내는 프랑스 사람들이었다. 그리고 아우슈비츠의 가스실室에서 6백만 명의 유대인들은 살륙한 것은 백인종 가운데서도 순수함은 자랑하던 '아리안족' 독일 사람이었다.[204]

결과적으로 야훼 종교를 다른 종교로부터 구별시켜 주었고 그것을 드러내는 특징들은 시간이 흐름과 더불어 점차 분명해지기 시작했다. 종교사학자들의 입을 빌리면 야훼 신은 원시 민족 신에서 지방 부족신 단계를 거쳐 만유유일주제万有唯一主帝의 인격신人格神으로 이해되었고 이것을 일컬어 '점진적 계시'라고 부른다.

5. 만유(万有)를 '환산(換算)하시는 하나님'

모세가 만난 조상의 하나님은

인간의 생生을 계산하는 전통카발라의 하나님이시다

이것은 현실의 세계와 신비한 상상의 세계가 다르지 않고, 이 땅의 삶과 사후의 삶이 다르지 않음을 보여준다. 모든 것이 하나님의 디자인 안에 있다.

> 하늘의 황새는 그의 정해진 시기를 알고, 멧비둘기와 제비와 두루미는 그의 때를 지킨다. 렘 8:7

산 염소가 새끼 칠 때가 있고, 암사슴이 새끼 낳을 기한이 있다. 욥 39:1-2

천하 범사에 기한이 있고, 모든 목적이 이룰 때가 있나니 날 때가 있고, 죽을 때가 있으며 심을 때가 있고, 뽑을 때가 있으며… 전 3:1-2

이 땅의 인간은 자연계의 풀이나 나무와 같으며, 곤충이나 새나 짐승과 같다. 하나님은 '별의 수효를 계수하시며' 렘 25:8, 시 147:4, '인간들의 걸음을 세시고' 욥 14:16, 31:4, 인간의 '머리털까지도 세시며' 마 10:30, 눅 12:7, '예루살렘의 가옥을 계수하시며' 사 22:10, '참새 한 마리의 값도 팔려가는 그 값에 관여하시는' 마 10:29 분이시다.

그 하나님은 모세의 생애를 디자인하셨다. 그리하여 모세는 애굽에서 40년, 미디안에서 40년, 광야 유랑에서 40년을 살았으며 도합 120년으로 제한하셨다.

"40년이 차매, 천사가 시내산 가시떨기나무 불꽃 가운데 나타나셨다" 행 7:30 고 했는데 '기한이 찼다'는 말은 창 15:24, 29:21, 욥 42:17, 렘 25:34 그리고 '날이 차기까지' 민 6:13, 6:5, 행 28:2와 '수한이 차서' 삼 7:12, 대상 17:11, '연한이 찼다' 겔 22:4, 29:10 등과 같은 의미이다."

야훼 하나님이 '세상의 기한과 때를 미리 정해두고 기다린다'는 뜻이다.

오경의 편찬자들은 족장들의 향수 연한을 야훼 하나님이 환산하고 있다는 카발라 신학자들의 견해를 적극적으로 따랐다.

카발라 신학Cabalism은 히브리어 '망가 קבלה'에서 나온 말로서, 전통傳統, 전승傳承 전수傳受 등을 의미하는 말로서 '이어받은 교리教理'를 뜻한다. 환언하면 유대교의 신비 사상으로서, 그 학파의 지도자들이 사용했던 비밀학문the secret lore 으로서 '참지식, 신비한 지식, 감춘 지혜'를 가리켰다. 그것은 기본적으로 구전 전승이었는데, 비의적秘儀的 하나님이 모세와 아담에게 전해주었으나 성문화되지 않은 토라하나님의 계시에 대한 비밀 지식이었다. 그것은 모세의 율법을 지키는 것이 기본교리였지만, 카발라는 인간이 하나님께 직접 다가가는 방법을 가르쳐 주었다. 구약성서에 나타난 사건들과 사물들에 대한 숫자풀이를 통한 상징적 해석 방법은 그 기원이 자못 오래되었으니 고대의 카발라 문학에까지 거슬러 올라간다.

그들의 성서해석 방법은 하나님의 작품세상, 우주 만물과 하나님의 말씀에는 수數가 사용됨으로써 하나님의 초자연적 설계supernatural design를 보여주며, 이러한 숫자들은 자체가 영적 의미spiritual significance를 내포하고 있다는 것이다. 이러한 카발라 신학은 유대교의 미쉬나Mishnah에 표현된 구전을 내포하고 있으며, 그 배종胚種은 탈무드Talmud에 언급된 교훈과 신앙까지 추적되며, 그와 유사한 사상은 영지주의Gnostics와 피타고라스학파Pytha- gorean에게서도 존재하였다.

히브리어로 '진리眞理'를 '에메드אמת'라고 불러왔다. '에메드'란 히브리어 알파벳 첫 글자 '알레프א'와 중간 글자 '맴מ'과 끝 글자 '타우ת'의 합성어이다. 따라서 히브리어 철자 알파벳은 모두 진리를 나타내고 있다.

히브리어는 인류 역사상 유일하게 보상법the Law of compensation을 보유하고 있다. 그것을 요약 설명하면 히브리어 '뻬가드 케파트'בגד כפת의 여섯 문자들은 그 가슴에 점点, 을 찍을 수 있는데 이 점을 '다게시 레네Dāghēŝ lene, דגשקל라고 부른다. 그리고 이 점이 있으면 강하게 발음이 되어 제 발음이 나고, 없으면 그 음가音價에 'h음'을 더하여 마찰음을 내준다.

이것을 도표로 표시하면

בּ(b) — ב (bh)	גּ(g) — ג (gh)	דּ(d) — בּ(dh)

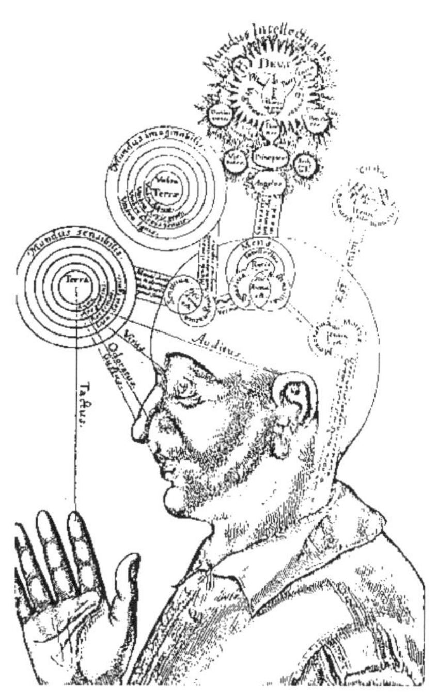

그림 6 「카발라의 세계」
카발라에서는 우주를 계산하고 인생을 환산했다.

כּ(k) — כ(kh)	פּ (p) — פ(ph)	תּ(t) — ת(th)

이와같이 점이 가슴에 없으면 대시에 숨소리 'h음가'를 첨가하는 것을 '보상법補償法'이라 부른다. 따라서 히브리어 알파벳 자체가 보상법으로서 속죄와 구속의 교리의 핵심을 내포하고 있다. 이러한 신령한 진리를 전달하고 있는 이 영원한 언어는 성전시대와 그 후 약 2세기 동안에 종교적 언어로 잔존 해 왔었다.

구약성서의 창세기에 나오는 족장들 즉, 아담, 셋, 에노스, 게난, 야렛, 에녹, 므두셀라, 라멕, 노아, 셈, 아르박 삿, 셀라, 에벨, 베렉, 르무우, 스룩, 나홀, 데라 등의 향수 연한을 주의 깊게 관찰해 보면 그것들은 모두 한결같이 '5'의 배수거나 또는 '5'의 배수 더하기 '7'이다. 이것을 공식화하면 '족장연령=5n 혹은 5n+7'이다.[205]

예를 들면

족장 이름	장자 출산 연령	장자 출산 후 생존	총 향수연한
아담	130세 (=60x2+5x2) (=5x25)	800세 (=60x13+5x4) (=5x160)	930세 (60x15+5x6) (=5x186)
에녹	65세 (=60x1+5 (=5x13	300세 (=60x5) (=5x60)	365세 (=60x6+5) (=5x73)
므두셀라	187세 (=60x3+7) (=5x36+7)	782세 (=60x13+2) (=5x155+7)	969세 (=60x16+5+4) (=5x193+4)
노아	500세 (=60x8+5x4) (=5x100)	450세 (=60x7+5x6) (=5x90)	950세 (=60x15+5x10) (=5x190)

그 밖의 족장들도 그와 같다.

카발라신학Cabalism에서는 주후 13세기경에 '야훼'의 자음에다가 '아도나이'의 모음을 결합하여 '야훼'란 용어를 만들어냈다. 신성 4문자Telegram '야훼'יהוה의 문자의 지수의 합은 26=5+6+5+10이며 그것의 수치들의 합은 17=5+6+5+1+00은 없음이다. 따라서 카발라 신학에서는 26과 17을 만유와 인간의 생의 신비를 푸는 열쇠가 되는 암부호 숫자이다.

예수께서 베드로에게 명하여 잡은 물고기는 153마리였다. 요 21:11 그 '153=1+2+3+4+5... 17'까지의 숫자의 합이다. 따라서 17은 가장 중요한 핵심 요소이다.

따라서 4대 족장들의 생애를 다음과 같이 풀어냈다.

먼저 4족장들의 수명을 확인해 보자

아브라함의 향년이 175 세라. 그가 죽어 자기 열조에게로 돌아가매창25:7-8

이삭의 나이 180세라 이삭이 .... 죽어 열조에게로 돌아가니창35:28

야곱이 그의 수가 147세라. 그가 죽을 기한이 이르매... 애굽에서 장사하지 않기로 하고창47:28-29

요셉이 110세에 죽으매 .... 애굽에서 입관하였더라.창50:26

이상과 같은 족장들의 향수 연한들은 다음과 같이 재정리 되고, 분해될 수 있다.

아브라함	175세 = 7 x (5 x 5)
이삭	180세 = 5 x (6 x 6)
야곱	147세 = 3 x (7 x 7)
요셉	110세를 살았다

이들 4대 족장들의 수명에 대한 인수因數, factors들은 다음과 같다.

인명	수명	인수
아브라함	175년	7×5^2
이삭	180년	5×6^2
야곱	147년	3×7^2

이상의 표기는 다시 아래와 같이 정리될 수 있다.

아브라함	175=7x5x5과 7+5+5=17
이삭	180=5x6x6과 5+6+6=17
야곱	147=3x7x7과 3+7+7=17
요셉	110=1x25+36+49와 1+17+17+17=52=2x26

위의 수치표에는 깊이 고려된 수의 일정한 체계와 상징적 의미를 찾아볼 수 있

다. 즉

- 둘씩 줄어든 숫자 : 7, 5, 3,

- 하나씩 불어난 숫자: 5, 6, 7,

- 횡으로 더하기를 해보면 똑같이 모두 17이 된다.

- 요셉의 향수 연한은 7x5x5, 이삭 5x6x6, 야곱 3x7x7의 인수의 합 1x25+36+49과 같으며, 이것들의 인수를 합하면 52(1+17+17+17=52)가 되는데, 이것은 26의 배수(26x2=52)가 된다.

이들 족장들의 향수 년한은 모두 신비의 수 17에서 산출되었고, 더욱 이들 족장들의 이름들은 그 글자의 수치가 모두 26의 배수이다. 위의 수치표에서 대각선으로 합하면 17이 되고, 다시 세로로 합하면 17이 되고, 또 합은 20+18+14=52=26x2가 된다.

7 + 6 + 7 = 20

5 + 6 + 7 = 18

5 + 6 + 3 = 14

한편, 이들 족장들의 이름들은 한결같이 26의 배수들이다. 족장들의 히브리어 글자를 수치로 살펴보자.

이삭	ק ח צ י 100 + 8 + 90 + 10 = 208은 8 x 26
야곱	ב ק ע י 2 + 100 + 70 + 10 = 182는 7 x 26
요셉	ף ס ו י 80 + 60 + 6 + 10 = 156은 6 x 26

위의 수리표들에서 17과 26은 대단히 중요한 숫자이다. '17' 숫자는 아라랏산의

비장수이기도 한데 특히 26은 성聖 4문자들의 합이며, 17은 그 숫자들의 합이다.

야훼 4문자

ה ו ה י	:문자
5 + 6 + 5 + 10 = 26	:숫치 (letter value)
5 + 6 + 5 + 1 + 0 = 17	:숫자 (Alphaber value)

이상과 같이 4대 족장들은 내적으로 굳게 연결되어 있고, 연합되어 있어 개별적으로 그리고 독립적으로 나뉠 수 없다. 이 중요한 '감춰진 일'the thing being hidden은 '비밀스런'the secret things이고 또한 '나타낸 일'the things being revealed은 우리가 행해야 할 일이다.

> '오묘한 일'הנסתרת 은 하나님 야훼께 속하였거니와 '나타난 일'והנגלת은 영구히 우리와 우리 자손에게 속하였나니, 이는 우리로 이 율법의 모든 말씀을 행하게 하려 하심이라. 신 29:29

여기에서 '오묘한 일'은 직역하면 '감춰진 일'the thing being hidden로서 '비밀스런 일들'the secret things이고 '나타난 일'은 '계시된 일들'the things being revealed이다.

두 단어의 수치를 살펴보면 아래와 같다:

(ת ר ת ס נ ה
400 + 200 + 400 + 60 + 50 + 5) 로서 글자 수치의 합은

4 + 2 + 4 + 6 + 5 + 5 = 26이다.

(ו ה נ ג ל ת)
400 + 30 + 3 + 50 + 5 + 6 로서 글자 수치의 합은

4 + 3 + 3 + 5 + 5 + 6 = 26이다.

이러한 17과 26은 신성수로서 하나님의 이름과 영광을 위하여 사용되는 비밀 숫자이다. 성서에 감춰놓으신 것은 하나님의 영광을 위하여 사용해야 한다. 하나님께서 친히 관여하시고 운산하시는 숫자로서 성서 본문 속에 감추어져 있다. 하나님께서 비의적泌儀的으로 감춰놓은 것은 성서에 가득하다. 그러나 그런 것들을 공개하면 신성모독에 해당된다. 그러므로 매우 조심해야 하고 이러한 비의적인 것들은 기록으로 전승된 것이 아니고, 카발라신학의 학자들 즉 '짜딕들'에 의하여 구전으로 전승되어 온 것들이었다.

모세가 만난 조상의 하나님은 바로 카발라전통의 하나님으로서 인간과 세상의 만사를 계산하고 다시 환산하고 계시는 분이시다.

모세가 만난 하나님은 '카발라' '전통'이라는 뜻의 하나님이시다.

성서는 종교적 메시지를 담고 있고, 그 메시지는 신화나 설화 등이 가지는 표면적인 의미에서 즉각적으로 추론될 수 있는 것 이상의 그 무엇을 담고 있다. 즉 성서는 신비를 담고 있고, 신비는 성서에 어떻게든 코드화code되어 있으며, 그 코드는 해독될 수 있다.[206]

그러나 '코드화'란 말은 마이클 드로스닌Michael Drosnin의 '바이블 코드'The Bible Code란 책을 의미하는 것은 아니다. 그 책은 한때 베스트 셀러에 오르기도 했으나 사실은 우매한 독자들을 현혹하는 허황된 내용에 불과 한 것들이다.[207]

그러나 진정한 유대교의 전통 카발라는 인간이 율법과 일체를 이루는 방법이며,

하나님에게로 나아가는 방법이고 영성 세계로 들어가는 길이다.

6. 어느 방랑자의 수기

유대인 학자로서. 랍비 교의의 유대교를 창시한 힐렐Hillel, BC. 60-AD 25은 헤롯왕 치세 시에 산헤드린Sanhedrin의 최고 의장이었다. 전설에 의하면

그는 바벨론 태생으로 소년 시절에 예루살렘에서 유명한 교사로부터 토라를 공부하는 것이 최대의 소원이요 소망이었다. 그는 예루살렘으로 갔지만, 극도로 궁색했기 때문에 학비를 감당할 수 없었다. 그는 교실에 들어갈 자격을 얻지 못하여 창문에 걸터앉아서 박식한 교사 스마야Shemaiah와 압탈리온Abtalion의 강의를 들었다. 어느 안식일 저녁, 그가 창문에 걸터앉아 있었을 때 눈이 내려 그를 3큐빗약 150cm이나 깊이 덮었다. 아침에 스마야는 압탈리온에게 집이 왜 이렇게 캄캄하냐고 물었다. 그는 창문에서 힐렐를 발견하고 그를 교실 안으로 데리고 들어갔다.[208]

그것은 우연의 기적이었다.

자신이 너무 가난해서 공부할 수 없다고 생각하는 사람은 누구든지 종종 힐렐의 경우를 생각해 보면서 "과연 나는 힐렐보다 더 가난할까?Wast thou poorer than Hillel?" 하고 자문자답해 보라는 속담이 생겼다.

여기 힐렐처럼 가난했던 사람이 있다. 그 가난했던 소년의 중, 고등학교 6년간은 말이 학생이었지 학교에 가는 날보다 집에서 일해야 하는 날이 더 많았다. 그는 밤마다 언덕 위에 올라가 그 적막강산에서 이처럼 처참한 삶을 주신 하늘을 원망하면서 울부짖는 굶주린 늑대처럼 하나님께 부르짖었다. 그것이 그의 기도였다. 그는 많은 날을 마을 뒤편 놓은 산 깊은 계곡에서 나뭇짐을 고여 놓고 그 옆에 엎드려 이 무거운 짐을 벗어나게 해 달라고 하나님께 기도를 했다. 그는 겨울에도 저녁마다 찬

바람 불어오는 눈 덮인 앞 냇가로 나가 얼음판 위에 엎드려 계속 공부할 수 있게 학고에 다시 보내 달라고 기도햇다. 소년은 비 내리는 밤에도 늘 혼자서 동리 언덕 위에 외따로 떨어져 있는 토담 교회당에 들어가 나를 이 고장에서 떠나게 해 달라고 하나님께 눈물로 기도했다. 그는 너무나 공부를 계속하고 싶었고, 대학을 다니고 싶었기 때문이었다. 하나님은 인간의 기도를 외면치 않으신다. 하나님은 종종 마지막 순간까지 기다리신다.

이리하여 마침내 산골 벽촌에서 자란 바보, 우물 안 개구리 소년은 고향을 탈출해나왔다.

너는 비록 더딜지라도 기다리라. 지체되지 않고 정령 응하리라. 합 2:3

하나님은 결코, 포기하지 않으신다. 일단 그분께서 일을 시작하면 그 일을 일사천리로 진행하신다. 변화의 기회는 어쩌면 생각하는 것보다 더 빠르게 찾아올 수도 있다.

하룻강아지 범 무서워 할 줄 모르듯이 바보 소년은 불확실한 미래에 희망을 걸고 언제 끝날지도 모르는 대학에서의 각 과정을 시작하였다.

오직 바보들만이 천사들도 두려워하는 그 길에 뛰어든다.

그것은 마치 '아가의 꿈'을 위한 '나비의 여행'으로서, 때때로 그 길은 '아득한 절벽'과 '캄캄한 미로'였다.

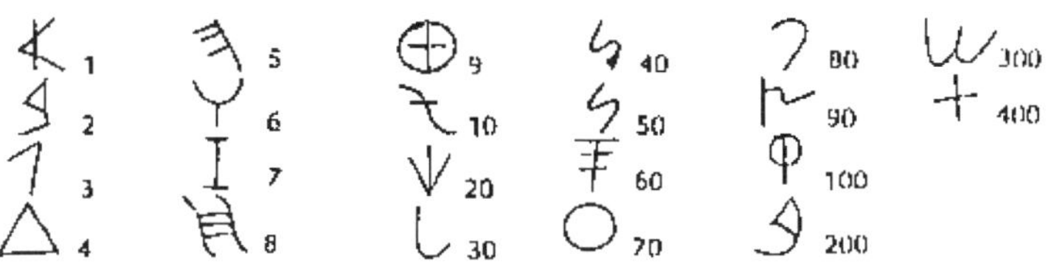

그림 7 「히브리 숫자와 문자의 숫치표」

도표 Ⅱ. 히브리 문자들의 숫치표

Aleph	א	=	1	Yod	י	=	10	Koph	ק	=	100
Beth	ב	=	2	Kaph	כ	=	20	Resh	ר	=	200
Gimel	ג	=	3	Lamed	ל	=	30	Shin	שׁ	=	300
Daleth	ד	=	4	Mem	מ	=	40	Tau	ת	=	400
He	ה	=	5	Nun	נ	=	50	Koph	ך	=	500
Vau	ו	=	6	Samech	ס	=	60	MeM	ם	=	600
Zayin	ז	=	7	Ayin	ע	=	70	Nun	ן	=	700
Cheth	ח	=	8	Pe	פ	=	80	Pe	ף	=	800
Teth	ט	=	9	Tsaddi	צ	=	90	Tsaddi	ץ	=	900

보라! 내가 새 일을 행하리니, 이제 나타낼 것이라. 너희가 그것을 알지 못하겠느냐? 정녕히 내가 광야에 길을 내고, 사막에 강을 내리니…사 43:19

빈털터리로 고향을 떠나온 소년이 가난과 궁핍 가운데서 학업을 이루어가는 일은 여간 힘든 과정이 아니었다. 그러나 결과적으로 무일푼의 유사 거지로 한국과 미국에서 평생에 도합 16년의 대학의 각 과정을 공부하고 졸업하였다. 그것이 그에게는 영광이거나 자랑이라기보다는

그 연수의 자랑은 수고와 슬픔뿐이요, 신속히 가니 우리 생이 다 날아갔도다! 시 90:10

그가 대학에 적을 두고 공부하여 졸업한 각 과정은 자기의 노력만으로는 불가능했을 '우연과 기적과 경이'의 연속이었지만, 그 긴 세월은 성공의 신화도, 승리의 전설도 아니었고, 다만, 그것들은

주의 노여움 속에서 그가 겪은 '괴로움의 날 수' 였으며, 그가 당한 '화의 연수'였다. 그의 생의 모든 날이 '주의 분노' 중에 지나갔으며 그의 평생이 순식간에 다 하였다. 시 90:15, 9

이것은 모세의 인생시의 고백이었다. 그리하여 지금의 그에게는 비애와 눈물과 회한밖에는 없다. 짧은 생애에 고생을 너무 많이 했다.

내가 걸어온 길을 오직 그가 아시나니… 욥 23:19
저가 돼지를 치며, 돼지 먹는 쥐엄열매로 배를 채우고자 하되 주는 자가 없더라. 눅 15:15-16

지금의 그는 머나먼 강산을 돌고 온 탕자의 기분이다. 우리의 평생이 순식간에 다하고, 모두 지나간 일로서 지금은 눈물과 회한뿐이다.

그는 오랫동안 울지 못했다. 그는 너무 바쁘고 분주하여 울 수 있는 마음의 여유가 없었다. 그는 살아가면서 울음을 안으로만 삼키다 보니 자주 심장 복판에 얼음장

이 금가는 소리가 난다. 그래서 그는 이제 걸핏하면 잘 운다. 그는 예레미야처럼 울고 싶어진다. 그는 그렇게라도 해야만 살 것 같았다.

그가 이처럼 부끄러운 생을 이처럼 아주 조금 폭로하는 데도 그에게는 꽤 큰 용기가 필요하였다. 그는 지나간 30여 년의 교수 생활을 늘 '돌아온 탕자'의 회개하는 심정으로 연구하고 또 가르쳤다.

지나온 과거를 솔직하게 회상해보면 그는 참으로 험악한 생을 살아왔다. 그는 때때로 현실의 벽에 부딪혀 생의 막다른 골목처럼 느껴졌던 수많은 고비와 절망했던 순간들이 있었다. 때로는 하나님의 존재에 회의를 품기도 하였고 기도의 응답이 더딜 때는 사랑의 하나님에 대한 의구심을 가질 때도 있었다. 그는 참으로 험악한 세월을 보냈다. 그러나 그는 고립무원의 그 상황에서 때때로 거짓말 같은 수많은 우연과 기적과 경이들을 경험하였다.

> 내 아버지, 하나님께서 나와 함께 계시지 아니하셨더라면 나는 눈물을 흘리면서 빈 손으로. 고향으로 다시 돌아갈 수밖에 없었겠지만, 하나님께서 나의 고생과 내 손의 수고를 보시고 나를 도와주셔서… 창 31:42

우연은 하나님이 보내신 기적들이었다. 인간이 산다는 것은 평생을 두고 배우는 것이다.

지나온 과거를 되돌아보면, 분명한 것은 어떤 난관도 닥치고 보면 생각보다는 평탄하다. 우리에게는 불운을 견디는 노력만큼 호운도 따라온다. 고난 가운데도 소소한 기쁨이 있고, 그때마다 감사하는 마음을 키우다 보면 어떤 역경과 난관에도 마주할 용기와 자신감을 갖게 된다.

우리는 때때로 눈물을 흘리면서 하나님께 기도한다. 그러나 그 결과는 우리가 간구했던 것과는 다른 방향으로 나타나곤 했다. 그러면 그 당시에는 실망스러웠지만, 얼마의 시간이 흐른 후에 돌이켜보면 그 결과는 우리가 기원했던 것보다 훨씬 더 자신에게 유익하게 된 것을 발견하게 된다. 그러므로 우리의 기도는 "내 욕심이 아닌 주님의 뜻대로 이루소서"가 되어야 한다. 그러나 그것이 그렇게 쉽게 되는 것은 아니었다. 내 욕심이 심술을 부리고 있기 때문이다. 우리가 기도로 주님께 부탁드린 것을 받지 못할 때도 있지만. 우리에게 필요한 모든 것은 선물로 받았다. 우리는 복 받은 자들이다. 불행이나 행복이란 말 자체가 얼마나 모호한가? 가령 땀 흘려 일하다가 배가 고파서 먹는 우거지 국밥 한 술에도 황홀한 행복감을 느끼지만 기름진 음식도 자갈이요 모래 같을 수도 있다. 행 불행의 척도는 남에게 보여지는 것이 기준이 될 수 없다. 사실 남에게 보여 주고, 보여지는 것에 기준을 세운다면 삶은 낭비이며 허영이다. 남과 비교하는 것은 지옥을 부른다. 인간이 행복한 삶을 사는 데는 사회적 지위가 중요한 건 아니다. 자신이 하고 싶은 일을 하면 행복해진다. 행복한 삶은 재미있는 일을 하는 것이다. 동시에 자신이 하는 일이 사회적으로 의미가 있어야한다.

우연은 복이 될 수도 있고, 화가 될 수도 있다. 지나치게 좋은 환경은 언제나 위험을 내포하고 있다. 그러나 위대한 사상은 대개 역경의 산물이다. 고난이 크면 기쁨 또한 크다. 인간은 늙어갈수록 이성은 감성으로, 지성은 영성으로, 신화는 실화로 그리고 일상은 전설로 바뀌어 간다. 우리는 최선을 다하여 노력하고 나머지는 하나님께 맡겨 두어야 한다. 아브라함, 이삭, 야곱, 요셉은 하나님의 도우심으로 엄청난 부를 쌓게 되었다. 정말 우연처럼 아브라함은 그의 종이 318명이나 되었고창 14:14 야곱은 두 무리의 추장이 되었으며창 32:10, 요셉은 애국 총리까지 되었다.창 41:43

그러나 그것이 그들을 행복하게 하지는 못했다. 그들이 보낸 나그네의 길의 세월은 험악한 세월이었다.창 47:9

모세의 생애는 험악했다.

이스라엘 자손을 대하여 하나님이 저희 형제 가운데서 나와 같은 선지자를 세우리라 하던 자가 곧 이 모세라.행 7:37

모세가 율법에 곡식을 밟아 떠는 소에게. 망을 씌우지 말라 기록하였으니 하나님께서 어찌 소들을 위하여 염려하심이냐?고전 9:9

내일 일을 위하여 염려하지 말라. 내일 일은 내일 염려할 것이요. 한 날 괴로움은 그 날에 족하리라.마 6:34

아침에 주의 인자하심이 우리를 만족케 하사 우리들 일생 동안 즐겁고 기쁘게 하소서! 우리를 '괴롭게 한 날 수 대로'와 '우리가 화를 당한 연수대로' 우리를 기쁘게 하소서!시 90:14-15

7. 결초보은의 삶

네가 네 손이 수고한 대로 먹을 것이라. 네가 복되고 형통하리로다

이런 하나님에 대하여 우리는 결초보은結草報恩 해야 한다

'고대 근동세계에는 예로부터 전승해온 '가장 게으르고 나태한 사람'을 상징하는 두 개의 풍경화가 있다.

하나는 길가의 수박밭 옆에 원두막을 지어놓고, 오고 가는 길손들에게 외와 수

박을 팔면서 낮잠을 즐기는 남자에 대한 그림이다. 다른 하나는 길섶의 장막에 유곽을 차리고 오고 가는 길손들에게 몸을 팔고 있는 여자에 관한 그림이다. 그들은 남자든 여자든 하루종일 태양볕 아래 땀을 흘리면서 일하고 있는 농부를 비웃으면서 길손이 찾아들기만을 기다린다.

황야와 사막에서는 이런 남자나 여자처럼 살 수는 없다. 그러면 거지가 된다. 원두막의 낭군과 유곽의 낭자는 날로 허약해져 가지만 들판의 농부와 아낙네는 건강하고 장수한다. 시원한 나무 그늘 밑에서 매일 쉬고 있는 사람과 편하게 즐기면서 생업을 해결하는 사람은 몸에 병이 찾아오고 가난이 찾아온다. 이것은 광야 여정이 우리에게 가르쳐준 교훈이다.

그대는 무일푼에 파산선고를 당하고, 원수나 채권자들로부터 내쫓김을 당하고, 열등감과 고립감에 공포감까지 느끼면서 어두운 밤거리를 방황해 본 적이 있는가? 가난과 궁핍에 대한 걱정과 번민과 긴장으로 심장에 통증을 느껴본 적이 있는가?

우리는 산과 들에 나가서 풀뿌리를 캐 먹고, 나무껍질을 벗겨 창자를 달랠지라도, 바위 밑에서 잠을 자고, 헐벗고 지낼지라도 하나님의 은혜를 잊어서는 안 된다. 좁은 텃밭이라도 가꿀 땅이 있으면 감사하게 생각하며 열심히 일해야 한다.

모세는 나귀 타고 광야를 통과하지 않았다. 그는 노구를 오직 지팡이 하나에만 의지했다.출 4:20 만나는 하루 치면 족했다.출 16:25 우리에게는 '일용할 양식'이 필요할 뿐, 저축할 양식은 필요치 않다.

이것은 하나님의 백성들의 행복을 그림 그리고 있는 것이다. 인간에게 필요한 것은 그날의 쓸 것이다. 내일의 분分은 아직 그날이 오지 않았으니, 필요도 없는 것이다. 6월에 목마를 것을 2월에 채울 필요는 없다. 우리는 만일 날마다 필요에 결핍이 없다면 아무런 부족도 없을 것이다. 한날에 충분한 것만이 우리가 실제로 쓸 전부이다. 남으면 그것을 저축해 둘 시끄러움과 도적을 지켜야 하는 근심이 따라온다.

지팡이는 한 개일 때만 길손의 도움이 되지만, 그것은 한 아름 안고 가는 것은 괴로운 짐이다. 맛 좋은 음식은 배부르기까지만 좋은 것, 그 이상 욕심을 부린다는 것은 그 은혜를 모르는 것이다. 이것이 '조상의 하나님'이 가르쳐 준 교훈이자 지혜이다.

광야 여정에서 인간은 자연히 생존을 위해 창의적인 삶의 방식을 모색하게 된다. 창의력은 지능보다 환경의 영향을 더 받는다. 그들은 스스로 단련하고 창조하지 않으면 안 되었다. 역사적 배경환경의 영향이었다.

출애굽 한 이스라엘은 가나안 땅에 정착한 후에도 침략을 당하였고, 그로 인해서 팔레스타인 땅의 히브리인들은 고향을 잃고 유랑하기를 수천 년이었다. 그들은 기원전 721년에 앗시리아에 정복당했고, 기원전 586년에 바빌로니아가 침입했으며, 기원전 530년 3월에는 페르시아가, 기원전 500년경에는 마케도냐의 알렉산더 대왕이, 그리고 기원전 63년에는 로마가 그 땅을 정복했다.

고대에 있어서 전쟁은 민족의 수난과 이동을 가르켰다. 그래서 이민의 역사는 계속된다. 이것이 '디아스포라'이다. 그들은 종교적 편견과 인종적 멸시를 받아 왔다. 정치적 탄압을 받았다. 그들은 자신들에게 주어진 생활조건 즉 농토 없는 민족의 상인적 기능을 현실에 적응시킬 수 있는 장소를 찾기 위해서 이동했다.

그리하여 오늘날 유대인이라고 하면 오늘날의 이스라엘 사람들 두고 말하는 것은 아니다. 그들의 원래 국적은 다양하다. 미국인, 소련인, 독일인, 폴란드나 스웨덴인도 있고 에티오피아인, 시리아인도 있다. 유대인들은 대체로 날카로운 매부리코에 가지각색의 피부를 갖고 있다. 유럽에서 온 사람은 백색, 아프리카에서 온 사람은 흑색, 시리아에서 온 사람은 갈색, 그리고 동남아시아에서 온 이들은 황색이다. 이것은 지난 2천여년 동안 온갖 박해와 수난으로 물들인 역사를 지닌 유랑민의 특징이다.

그들이 세계 각지로 흩어져 이동하면서 유랑하게 된 것은 그들의 종교적 공동체를 유지하기 위해서라기보다는 그들에게 주어진 생활조건농토 없는 민족의 상인적 기능을 현실에 적응할 장소를 찾기 위해 이동한 것이었다. 토지를 갖지 못한 유대민족이 상업이나 금전대여업에 종사하게 된 것은 지극히 당연한 생계유지 방편이었고, 이에 대한 지배층의 멸시도 자연 발생 현상이었다. 그리고 세계 각 지역, 각 분야로 나가서 크게 노력하게 된 것은 당연한 결과이다.

그러면서도 세계 각지로 흩어져 살아가던 히브리인들이 후손들은 전설적인 특출한 인물을 낳았다. 대충 열거해 보면 다음과 같다.

'필로 주대우스'Philo Judaeus. BC. 20-40경: 성경과 그리스 철학을 접목시킨 최초의 철학자.

'스피노자'Spinoza와 '마르틴 부버'Martin Buber: 철학자.

'프로이트'S. Freud와 '아인슈타인'R. Einstein, '오펜하이머'J. R. Oppenheimer: 과학자.

'멘델스존'F. Mendelssohn과 '루빈슈타인'A. G. Rubinstein: 음악가

'카를 마르크스'K. Marx와 '트로츠키'Leon Trotsky: 사회사상가, 공산주의자

'샤갈'Marc Chagall과 '모딜리디아니'A. Modigliani: 예술가.

'하인리히 하이네'Heinrish Heine: 독일 시인.

'로드 차일드'Rothschild: 부호, 세계 최초 국제 은행망 구축자.

'이삭 루리아' Isaac Luria: 신비철학, 카발라신학의 대가

'피카소' Picaaso: 화가

'루즈벨트' D. Roosevelt: 정치가 최초의 4선 미국 대통령

'키신저' H. A. Kissinger: 외교협상가

'빌 게이츠' Bill Gates: 마이크로소프트 설립자

'스티븐 잡스' Steve Jobs: 애플 설립자

'마커스 골드만' Marcus Goldman: 골드만 삭스 설립자

'존 록펠러' John Rockefeller: 석유왕

이 외에도 신화를 일구고 전설을 남긴 수많은 기라성같은 인물들이 많이 있다. 지금도 신화는 창조되고 있다.

오늘날 미국 인구의 2%도 안 되는 유대인들이 미국의 정치와 경제를 주무르고 있으며, 전 세계 유대인을 다 끓어 모으더라도 1,300만 명 정도로서 일본 도쿄시 인구 정도밖에 안 된다. 그럼에도 불구하고 노벨 수상자의 30%가 유대인이다. 그들은 그렇게 영적으로 복 받은 민족이다.

이스라엘이 오른손을 펴서 차남의 머리에 얹고, 왼손을 펴서 장남의 머리에 얹고 축복하여 이르되 내 조부 아브라함과 아버지 이삭이 섬기던 하나님, 나의 출생으로부터 지금까지 나를 기르신 하나님, 나를 모든 환난에서 건지신 야훼께서 이 아이들에게 복을 주시오며, 이들로 내 이름과 내 조상 아브라함과 이삭의 이름으로 칭하게 하시오며 이들이 세상에서 번성되게 하시기를 원하나이다. 창 48:14-16

야훼께서는 백성에게 '무서워 말라. 두려워 말라'고 격려하시고. 그 백성을 위하여 '싸우겠다'고 하시고 '사람이 자기의 아들을 안는 것 같이 하나님은 그들을 안고 걸어가겠다'고 하시고, '길을 갈 때도 그들을 안고 먼저 길을 가시고, 장막 칠 곳을 찾으시고, 갈 길을 지시한다'고 했다. 신 1:29-33

역경에 부딪혀도 기필코 극복하리라는 집념으로 노력하면 길이 열린다. 자식들을 먹여 살려야겠다고 작심한 부모는 산을 넘고 강을 건너고 사막을 통과한다. 보다 적극적인 자세로 현실을 타개하려고 노력하면 방법이 생긴다. 아무리 어렵더라도 가장으로서 가족을 부양해야 하는 책임을 포기하지 말라. 그것이 하나님의 부르심에 부응하는 것이다.

어려움이 클수록 하나님께 더 가까이 나아가고, 하나님을 더 사랑해야 한다. 그것이 인간에게 최고의 즐거운 행위이고 행복한 삶이며 그것이 없이는 숨이 막히고 자기 자신에게는 짐이 된다.[209] 가난한 사람은 적게 가진 사람이 아니라 많은 것을 필요로 하는 사람이다.

모든 생물은 생존하기 위해 노력한다. 자기 개선의 노력을 끊임없이 한다. 살아남기 위한 노력은 자기발전과 성장의 원동력이 된다. 계속 노력해야 힘들게 얻은 몸의 기능과 형질을 잃지 않는다. 광야의 삶은 요철의 생으로 변화무쌍하다. 스스로 노력 없이 운이 좋아서 성공한 사람은 노력하다가 실패한 사람보다 나을 것이 없다. 그리고 매년 계속해서 운이 좋으리라는 보장도 없다. 이것은 '조상의 하나님'이 보여준 광야 여정이었다.

우리가 자신의 삶에 계획을 세우지 않을 수 없다. 계획을 세우려면 계산을 할 수밖에 없다.

> 너희 중에 누가 망대를 세우고자 할진대, 자기의 가진 것이 준공하기까지 족할는지 먼저 앉아 그 비용을 계산하지 아니하겠느냐? 그렇게 아니하여 그 기초만 쌓고 능히 이루지 못하면 보는자가 비웃어 이르되, 이 사람이 공사를 시작하고 능히 이루지 못하였다 하리라.눅 14:28-30

우리의 '삶의 계획'은 망대를 세우는 작업과 같다.

미국 뉴욕 맨해튼에 10층짜리 허름한 건물이 있다. 하지만 100층까지 증축이 가능하다. 건물주가 더 높이 올릴 계획이 없다면 90층에 대한 공중 지분을 옆 건물에 팔 수 있다. 매입한 건물주는 자신의 건물 위에 90층을 더 올릴 수 있다. 이를 공중권Air right이라 한다. 이를 가장 잘 사용한 사람은 '도널드 트럼프' 전 미국 대통령이다. 부동산 개발업자 시절, 그는 모두 외면했던 빈민가의 공중권을 사용해 재개발했다. 그 결과 그는 부동산 재벌이 되었을 뿐 아니라 대통령에 당선되기도 했다. 그러자 범죄자들이 떠나고 우범지역이 모범지역으로 바뀌고 사람들이 살 수 있는 새로운 공간으로 거듭나 관광명소가 되었다.

오늘날 유대인들은 많은 부자와 재벌과 금융가들을 낳고 있다. 뉴욕 금융가는 유대인들의 '게토'에서 시작되었고, 과거 최대의 부호 '로드차일드'는 그 대표적인 예이다. 금융가가 되려면 여러 사람으로부터 저축을 모아야 하고, 저축은 언제나 모자란 상태에서 쪼개야 한다. 필요가 있으면 지금 그만큼 덜 쓰면 된다. 그렇지 않고 흥청망청 쓰고 남은 돈을 저축한다는 자세를 가진다면 목돈 마련은커녕 거지 신세도 면하지 못한다.

풀을 뜯어 먹더라도 하나님의 은혜를 잊어서는 안 된다. 결초보은하라. 그 은혜를 갚는 길은 어떤 어려움과 난관에서도 살아남는 것이다. 하나님의 은혜에 감사를 모르는 사람이 가장 가난한 사람이다. 작은 일에도 감사할 줄 아는 사람이 가장 행복한 사람이다.

참된 감사를 하려면 진정으로 받은 바에 대해 감사하는 마음을 가져야 한다. 진정한 감사에는 기쁨이 동반되기 때문이다.

산이 높아야 골이 깊다. 고생을 많이 할수록 감사는 더 커진다. 인간의 행복이란 항상 모든 것이 순탄하고, 넉넉하며, 휴식과 취미를 마음껏 가질 수 있는 상황에서 얻어질 수 있는 것이 아니다. 역경에 도전하면서 자신의 생업에 전력투구하고, 몰두하는 그 순간이 가장 행복하다. 열심히 일하고 있는 벌과 개미에게는 기쁨과 즐거움 외에 근심이나 우울은 없다.

제13장 • 모세의 소명의식 과정

악하고 게으른 종아! 너는 하나님은 심지 않은데서 거두고, 헤치지 않은데서 모으고, 두지 않은데서 취하는 줄로 생각하느냐?마 25:24, 눅 19:22

모든 것은 때가 되어야 하느니라. 우리는 선을 행호되 낙심하지 말지니, 피곤치 아니하면 때가 되면 거두리라.갈 4:4, 6:9

Ⅰ. 모세의 소명의식의 발단

모세 자신이 히브리인으로서 노예들을 이끌고 광야로 나가겠다는 결심과 자의식自意識은 결코 돌발적인 것이거나 우연한 것은 아니었다. 그것은 그의 오랫동안의 내적인 갈등과의 투쟁 끝에 내린 결단의 실행이었다

모세가 자신을 부르고 있는 '야훼 하나님의 음성'을 들었다는 것은 '청각'이 동원되기 전에 먼저 '생각이나 사유思惟'라는 것이 작용했을 것이다. '생각'이란 이성理性이니, 오성五性이니, 직관直觀이니, 의식意識이니, 인식認識이니 하는 것이 작용했을 것이란 뜻이다. 우리가 보고, 듣고, 느끼고, 깨닫고, 판단하고, 추리하는 일련의 정신 활동을 우리는 '의식'consciousness이라고 부른다. 여기에 먼저 보고 듣고 느끼는 '감각'感覺이란 게 있고 판단하기 이전에 순간적으로 깨닫는 것을 '직관'이라 부른다. 그리고 '직관'하는 주체가 우리 내부에 있다고 보고 이를 서양철학에서는

'오성'五性이라고 한다. 또 이것을 잘 정리하여 판단하고 추리하는 정신적 주체를 '이성'이라 부른다.

칸트나 헤겔의 이성주의적 인식론을 비판하면서 오성에 의한 직관을 중시한 사람들이 바로 쇼펜하워1788-1860와 니체1844-1900와 베르그송1857-1941 같은 '생 철학'生 哲學, Philosophy of life 자들이다. 그러나 모세의 소명의식 과정에 대한 연구방법론은 철학적이 아니라 심리학적인 것이 되어야 하며, 「신의 존재를 입증하기 위한 노력」으로 볼 것이 아니라 「인생의 의미를 탐구하는 과정」으로 보아야 할 것이다.

모세가 시내산 기슭에서 야훼 하나님을 만나게 된 신현현神顯現의 모습은 그 기술이 너무나 개략적이라서 부득이 우리는 상상을 동원할 수밖에 없다. 따라서 다음 상황을 그의 소명의식의 발단으로 상정하고자 한다. 이것은 그의 오성의 판단이며, 순수이성의 작용이었다. 그의 소명의식은 암울한 암흑과 적막한 고독 속에서 그의 '영혼의 깨어남'이었다.

미디안 광야에는 해가 떨어지면 반짝반짝 크고 작은 별들이 헤아릴 수 없이 많이 떠서 낮은 하늘을 총총히 수를 놓는다. 초원의 들판에서 쏟아지는 별들은 가까이하면서 살아가는 유목민들은 평지에 사는 농부들보다 '별나라'에 대한 관심이 더 크다. 그래서 '모든 목동은 점성가들이다'는 격언이 있다.

모세는 매일 별을 이고 일어나서 산을 오르고, 그 별을 지고 다시 내려와서 집으로 돌아갔다. 그는 신의 품을 닮은 대자연 속에서 그 별들을 묵상하면서 애굽을 탈출해 나올 때의 그 허무적인 생각을 뉘우치고 점차 새로운 사람이 되어갔다. 그는 별들과의 속삭임 속에서 기쁨과 평안을 찾아가고 있었다.

그런데 그날 새벽에는 이상하게도 북동쪽 하늘 끝에서 떠오른 구름 한 조각이 점차 커지더니, 세상을 어둠으로 덮어가고 있었다. "폭풍이 몰려오려나! 비바람이 치겠구나!" 양과 염소들이 길을 잃고 어둠 속에서 허둥대고 있었다. 모세도 정신이 스산해지고 있었다. 갑자기 불어나는 먹구름 속에 수많은 작은 별들이 길을 잃고 흐르다가 그의 어깨 위에 내려앉아 잠이 들었다. 바로 그때, 그의 머리 위에서 아름다운 유성流星 하나가 한 줄기 광선을 이끌고 멀리 서남쪽을 향하여 스쳐 지나가고 있었다. 저것은 무슨 뜻일까? 그 별의 고향은 저 먼 서남국 애굽 땅인가? 그 별은 그가 새벽마다 양떼를 몰고 산을 오를 때, 그리고 다시 저녁이 되어 집으로 돌아올 때 그의 발길을 밝혀주던 그 '목자의 별'이라는 유난히 크고 밝은 별이었다.

모세는 어둡고 암울한 그 적막강산에서 철저하게 단독자가 되어갔다. 그의 소명의식은 고독 속에서의 자기 발견이었고, 잠자던 영혼의 소스라침이었다.

> 백성은 멀리 서 있고, 모세는 하나님이 계신 암흑 속으로 가까이 가니라.출 20:21

이것은 모세가 하나님과 대면하기 위해 극도로 소외疏外되어 있는 모습이다. 그는 자연과 사물과 타자他者와 인간 군상들로부터 철저히 소외되어 하나님을 만나기 위해 그는 단독자로서 홀로 암흑 속으로 들어갔다.

카를 마르크스가 말하는 '소외' 또는 '소원'疏遠이란 무엇인가? 처음에 헤겔에 의해 제기된 이 개념은 '원래 세계'자연, 사물, 타자, 인간 자신가 인간에게 서먹서먹한 존재로 되어가는 것을 의미했다. 헤겔은 신을 역사의 주체로 보았고, 인간 속에서 신을 보고 자기소외의 상태와 역사과정 속에서 신의 자기내귀환自己內歸還을 보았다.

포이엘바하Feuerbach, Ludwig Andress, 1804-1872는 헤겔을 거꾸로 세웠다. 그에

의하면 "인간은 신을 믿음으로써 비로소 자기의 힘을 발견하게 된다. 즉 신이 강대해질수록 인간은 빈약한 존재가 된다"[210]고 하였다.

> 나는 아버지 안에 있고, 아버지는 내 안에 계신 것을 네가 믿지 아니하느냐? 내가 너희에게 이르는 말이 스스로 하는 것이 아니라 아버지께서 내 안에 계셔 그의 일을 하시는 것이다. 그날에 내가 아버지 안에, 너희가 내 안에, 내가 너희 안에 있는 것을 너희가 알리라. 요 14:10, 11, 20

모세 소명의 실제성과 그 생생함을 살리기 위해 우리는 상상력을 가미해 보자. 모세의 소명의식은 여러 갈래로 나누어 생각해 볼 수 있다. 즉 그는 자연현상에 대한 관찰과 인간 본연의 직관과 신학적 환상에서 얻은 영감으로 점차 소명을 의식하게 되었다.

1. 자연 현상에서 인지한 소명

모세는 오랜 세월을 거친 황야에서 목양생활로 몸은 늙었고, 얼굴은 주름이 져서 이제 그를 알아보는 사람도 없게 되었다. 불운한 그의 미디안 망명생활은 한 치 앞도 볼 수 없는 낭인 생활이었다. 그는 어둡고 긴 터널 같은 세월을 지나면서 버거운 현실에 천착할 수밖에 없었다. 어느덧 양과 염소들이 그의 가족이 되었고, 산새와 들짐승들이 그의 벗이 되었다. 그의 지난날 혁명가의 넋은 비와 바람과 구름 속에 실려 가 흩어졌고, 혁명 고취의 구호들은 침묵과 정적 속에 잠긴지 오래되었다. 그는 자신의 영혼이 방황하고 있음을 느끼고 있었다.

모세는 그날 새벽에도 앞이 보이지 않는 안개 속에서 땅을 적신 이슬을 차면서 양과 염소들을 몰면서 산을 오르고 있었다. 그는 새소리, 바람 소리, 구름이 부딪치는 천둥소리, 그리고 멀리서 들려오는 지축이 흔들리는 지진 소리를 들으면서 세상사를 잊으려 했다.

공기는 맑고 산 위에는 시원한 바람이 불어오고, 구름이 흘러가고 있었다. 그는 비와 바람과 구름의 자유스러움을 부러워하고 있었다.

"왜 나의 백성은 저 산 위의 바람처럼, 저 바위 위의 양과 염소처럼, 천혜의 자유를 누리면서 계곡을 뛰어다닐 수 없는가? 내 백성은 너무 오랜 세월을 조롱 속의 새처럼, 우리 속의 짐승처럼 억압당하고 짓눌려 왔기에 그런 권리마저 상상할 수 없게 되었다. 내 백성은 너무 오랜 세월을 마소처럼 회유당하고 길들여져 왔기에 자신들이 그 누구의 소유가 아닌 '자기 자신의 것'이라는 정체성을 잊고 살아왔다. 그들은 그 누군가를 주인으로서 등에 태우지 않고도 잘 살아왔던, 그 옛날 조상들의 '산 위의 삶'을 잊어버렸다. 그들은 천혜의 '자유로운 생'을, 그 '산 위의 세상'을 상상조차 못 하고 있으며 자기 자신들을 잃어버렸다."고 탄식하며 안타까워했다.

소명의식의 발단은 이러한 문제의식의 자각이다. 문제의식이 없이는 소명을 느낄 수 없다. 무슨 일이든지 자신이 문제의식을 갖고 있지 않으면 비록 기회가 눈 앞을 통과할지라도 그것을 그냥 지나쳐 버리고 만다. 모세는 분명히 문제의식을 자각하였다.

따라서 자연을 통한 '신의 부르심'이란 것은 결국 자연의 현상에 대한 뛰어난 통찰력에서 나온 것으로서 당대의 '예언자 자신의 발언'이었다.

모세는 양 떼를 몰고 산을 오르내리면서, 그 광대무변의 공간에서 세상을 지배하는 초자연의 세력이 존재함을 깨닫게 되었다. 그는 계곡과 바위 언덕과 가시덤불과 잡목들 사이를 누비면서 그 척박한 환경에서 자유롭게 살아가고 있는 새들과 짐승들을 보면서 깊은 사색에 잠기곤 했다.

어디선가 가수 양희은의 노래가 들려온다:

꽃잎 끝에 달려있는 작은 이슬방울들!
　무엇이 이들을 찾아와서 으음, 어디로 데려갈까?
바람아, 너는 알고 있나? 비야, 네가 알고 있나?
　무엇이 이 숲속에서 으음, 이들을 데려갈까?
엄마 잃고 다리도 없는 가엾은 작은 새들은
　바람이 거세게 불어오면 으음, 어디로 가야 할까?

바람아! 너는 알고 있니? 비야! 네가 알고 있니?
저 바다 건너, 고센 땅의 소식을 알고 있느냐?
무엇이 그들을 찾아가서 고향으로 데려다줄까?

모세는 동족에 대한 그리움으로 가슴앓이를 하고 있었다.

"하나님이 살아계신다면 왜 내겐 말씀이 없으신가?
하나님이 살아계신다면 왜 내겐 나타나지 않으신가?
어떻게 인간은 하나님의 뜻을 깨달아 알 수 있을까?"

이제 모든 짐승에게 물어보라. 그것들이 네게 가르치리라.
공중의 새에게 물어보라! 그것들이 네게 말하리라.
땅에게 말하라. 네게 가르치리라.
바다의 고기도 네게 설명하리라.

이것들 중에 어느 것이 야훼의 손이 이를 행하신 줄을 알지 못하랴?
모든 생물의 생명과 모든 사람의 육신의 목숨이 다 그의 손에 있느니라. 욥 12:7-10

하나님은 인간에게 3가지 방법으로 말씀하신다.
첫째로 자연을 통해서 상징과 비유로 말씀하시고,
둘째로 직관과 영감을 통해서 은밀히 이성과 양심에 말씀하시고,
셋째로 신화와 역사를 통해서 영으로 말씀하신다.

그러므로 인간은 자연의 품에 안겨 자연의 법칙에 따라 살아가야 한다. 세상살이 사회생활에서 망가진 인간성은 자연과 호흡을 같이 하면서 재생하고 부활한다. 버거운 삶 속에서 파괴되고 상실되어 가는 인간 본래의 모습은 자연의 치유능력으로 회복된다.

2. 숨어 계신 하나님(The hidden God)

하나님은 자연과 역사 속에, 그리고 성서와 인간의 양심 속에 숨어계신다. 하나님이 숨어계시는 동안은 인간의 생에 겨울이 온다.

모세의 생애에 가장 힘든 시기는 미디안 망명생활이었다. 의인 욥에게도 생의 겨울은 있었다.

내가 어찌하면 하나님을 발견하고 그의 처소로 나아가랴? 내가 앞으로 가도 그가 아니 계시고, 뒤로 가도 보이지 아니하며 그가 왼쪽에서 일하시나 내가

만날 수 없고, 그가 오른쪽으로 돌이키시나 내가 뵈올 수 없구나! 욥 23:3, 8-9

하나님은 항상 그의 동산에서 숨어계신다. 왜냐하면 하나님의 얼굴을 보고 살 자가 없기 때문이다. 특히 사람은 하나님을 반역하고 있을 때나 시련과 역경의 시기에는 하나님이 숨어 계신 것 같다. 인간은 환난과 재앙의 시기에는 하나님이 감춰 계신 것처럼 느껴진다.

그들이 모세에게 이르되 당신이 우리에게 말씀하소서! 우리가 들으리이다. 하나님이 우리에게 말씀하지 말게 하소서. 우리가 죽을까 하나이다. 출 20:19

모세에게 이르되 너는 나를 떠나고 스스로 삼가 다시 내 얼굴을 보지 말라! 내 얼굴을 보는 날에는 죽으리라. 모세가 가로되 당신의 말씀은 옳으니이다. 내가 다시는 당신의 얼굴을 보지 아니 하리리다. 출 10:28-29

또 가라사대 네가 내 얼굴을 보지 못하리니, 나를 보고 살 자가 없음이니라. 내 영광이 지나갈 때에 내가 너를 반석 틈에 두고 내가 지나도록 내 손으로 너를 덮었다가 손을 거두리니, 네가 내 등을 볼 것이요, 얼굴은 보지 못하리라. 출 33:20-23

그때에 내가 그들에게 '내 얼굴을 숨겨 보이지 않게 할 것' 인즉, 그때에 그들이 말하기를 이는 '우리 하나님이 우리 중에 계시지 않은 까닭이 아니요' 할 것이요, 내가 그때에 반드시 내 얼굴을 숨기리라. 신31:17-18

내 말을 들어라. 너희 중에 선지자가 있으면 나 야훼가 환상으로 나를 그에게 알리기도 하고, 꿈으로 그와 말하기도 하거니와 내 종 모세와는 그렇지 아니하니 그는 내 온 집에 충성함이다. 그와는 내가 대면하여 명백히 말하고 은

밀한 말로 하지 아니하며, 그는 또 야훼의 형상을 보거늘 너희가 어찌하여 내 종 모세를 비방하기를 두려워하지 아니하느냐? 민 12:5-8

옛사람들은 산천과 들판의 미물들을 보고 교훈을 얻었다.

게으른 자여 개미에게 가서 그가 하는 것을 보고 지혜를 얻으라. 개미는 두령도 없고, 감독자도 없고, 통치자도 없으되… 잠 6:6-7

곧 힘이 없는 종류로되 먹을 것을 여름에 준비하는 개미와 약한 종류로되 집을 바위 사이에 짓는 사반과, …. 잠 30:25-26

새와 짐승과 인간, 모든 생물의 삶이 우리에게 가르침을 준다.

개미와 벌과 메뚜기와 뱀과 독수리와 까치와 까마귀와 거머리와 도마뱀과 오소리와 너구리와 수탉과 수염소와 이리와 늑대와 들개와 딸들과 여종들에게서 삶의 지혜를 배우고 깨달으라! 잠 30장

모세는 자연계의 현상에서 신의 소명을 의식하기 시작했다. 그것은 아주 기본적인 민족에 대한 소명이었다.

내가 왕벌을 네 앞에 보내리니, 그 벌이 히위 족속과 가나안 족속과 헷 족속을 네 앞에서 쫓아내리라. 그러나 그 땅이 황폐하게 됨으로 들짐승이 번성하여 너희를 해칠까 하여 일 년 안에는 그들을 네 앞에서 쫓아내지 아니하고

네가 번성하여 그 땅을 기업으로 얻을 때까지 내가 그들을 조금씩 쫓아내리라. 출 23:28-30

모세는 자연의 현상에서 하나님의 음성을 들었다. 하나님이 이르시되;

"저 가시덤불 속에 집을 짓고 사는 벌들과 개미들에게서 배우라. 가시덤불에 불이 붙으면 벌들이 집을 버리고 도망가더냐? 개미들이 소굴을 버리고 도망치더냐? 아니다. 자기들의 집을 지키기 위해 벌집이 다 타서 없어질 때까지 그들은 벌집을 에워싸고 죽어가면서 싸우지 않더냐? 개미들도 집이 무너지면 가만히 있더냐? 아니다. 달려들어 싸운다. 개미집에 불이 붙으면 불에 갇힌 동료들을 구하기 위해 일제히 죽음의 길로 모여드는 그들의 행동을 보고 배우거라!"

하나님께서는 그를 계속 꾸짖으셨다.

"자연의 현상을 살펴보라!"
"너희들도 그렇게 영토를 만들고, 나라를 지켜나가야 하지 않겠느냐? 개미와 벌이 무엇 때문에 불구덩이 속으로 희생의 길로 들어가더냐? 자기들의 집을 방어하고, 동료들을 구하기 위함이 아니더냐?"
그날에 야훼께서 애굽 하수에서 먼 지경의 파리와 앗수르 땅의 벌을 부르시리니 다 와서 거친 골짜기와 바위틈과 가시나무 울타리와 모든 초장에 앉으리라. 사 7:18-19

하나님께서 애굽 나일강 하류 개천에서 파리 떼를 불러오시고, 앗시리아 땅에서 벌 떼를 불러오시리라. 모두 몰려와서 험한 계곡에, 바위 틈바구니에, 온갖 가시덤불에, 물 있는 모든 목장에 내려앉으리라.

> 그들이 벌들처럼 나를 에워쌌으나 가시덤불의 불같이 타 없어졌나니, 내가 야훼의 이름으로 그들을 끊으리로다. 시 118:12

저 조롱 속에 갇힌 새는 누가 어떻게 구출하여 해방시킬 것이며, 지금도 곡식창고 앞에서 굶어 죽어가는 개미들은 그 누가 살려낼 것인가? 모세는 자연 속의 미물들을 보면서 소명을 의식하기 시작했다.

윌리암 블레이크는 이렇게 설파했다.[211]

한알의 모래에서 세계를 보고
한 송이 들꽃에서 천국을 본다.
너의 손바닥에 무한을 쥐고
한 순간에 영원을 담아라.

새장에 갇힌 한 마리의 로빈새는
세상을 온통 분노케 한다.
주인집 문전에 굶주림으로 쓰러진 개는
한 나라의 멸망을 예고한다.

이 짧은 시詩에는 우주의 생성원리와 생명의 숨결이 들어있다. 인간과 동식물과 자연물에는 서로의 연관성과 그것의 전체와 부분이 또 하나의 우주이자 더 큰 우주의 일부이고 또 서로 연결되어 있음을 보여준다.

인간의 몸 안에선 우주가 들어와 있고,

인간의 몸은 자연과 통합되어 있다.

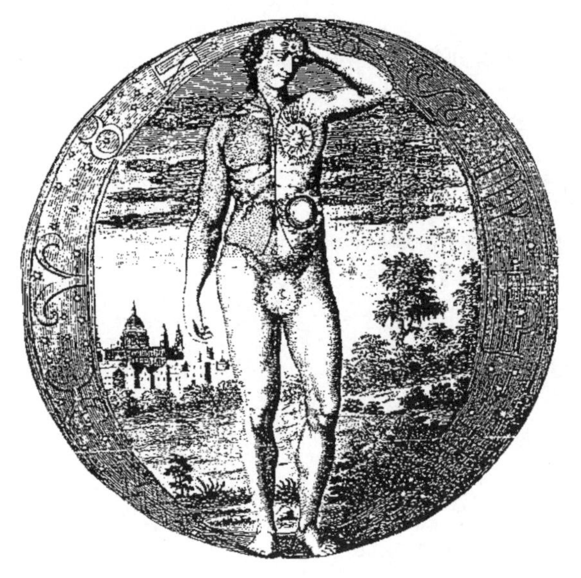

그림 8 「우주의 축소판 인간」

Jacob Boehme는 16세기 독일 신비가로 인간은 하나님과 우주의 축소형 복사품(a miniature copy)이란 옛 신앙을 받아들였다. 그리하여 18세기에 편찬된 그의 작품들에 의하면 그는 유성들의 상징들을 가지고 인간의 몸에서 극히 중요한 부분들을 그림과 같이 설명하였다. 그는 가장 위대했고 가장 전형적이었던 개신교 신비가들 중 한사람으로서 그의 이러한 사상은 그가 루터의 성서 번역에 대한 집중적인 연구와 평생을 루터교에 헌신했던 그의 깊은 신앙심과 경건생활에서 나온 것이다.

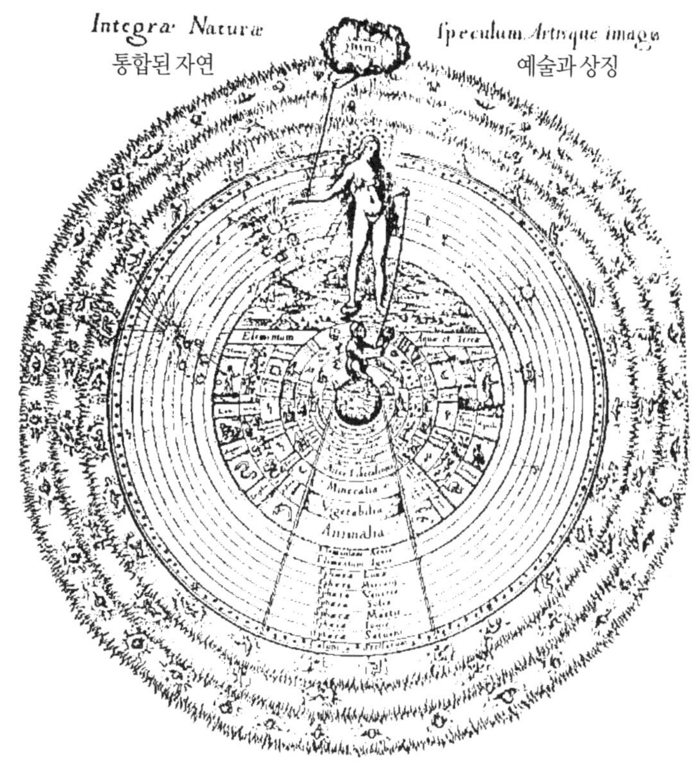

그림 9　　　　「자연과 통합된 인간」

이 diagram은 감추어진 하나님과 세상 사이를 연결 짓는 우주의 도식으로서 17세기에 Robert Fludd가 그린 것이다. 카발라의 중심 교리는 감추어진 것들을 펼쳐 들어내고 알 수 없는 하나님을 그의 작품들에 나타난 바로서 이해한다.

영성의 세계에 들아가려면 영혼이 깨어 있어야 한다. 우리의 영혼이 깨어있으려면 계속 사유하고 우주와 소통해야 한다. 구름 한 조각, 바람 한 가닥, 풀 한 포기, 나무 한 그루, 벌레 한 마리, 모래 한 웅큼, 돌덩이 하나와도 소통해야 한다.

우주와 자연에는 부분은 전체를 상징하고, 전체는 부분 속에 응축되어 있다. 즉 A라는 원인은 B라는 결론을 가져오고, B라는 필연성은 거꾸로 뒤집으면 A라는 원인을 찾아볼 수 있다.

농부들과 시인들과 예언자들은 자연계의 풀과 나무, 곡식의 자라는 현상에서 신의 손길을 보았다. 농부들은 밭에 씨를 뿌리는 것이 아니라 믿음 위에 뿌린다. 그들은 새와 짐승들의 활동과 삶에서 신의 부르심을 체험했다.

우리는 밭을 간다.

- J. 몽고메리 캄벨 -

우리는 밭을 갈고 / 대지 위에 좋은 씨를 뿌린다.
그러나 그것은 전능의 신神의 손으로, / 거름이 주어지고
급수給水 된다. / 신은 겨울에는 눈을 내리게 하고
데워서 이삭을 부풀리고, / 산들바람과 햇볕을 주고,
부드러운 소생의 비를 내리게 한다.[212]

지극히 작은 씨앗 하나도 곡식으로 자라자면 삼라만상이 함께 해야 한다. 땅과 물과 하늘과 바람이 서로 돕지 않으면 그냥 썩어지고 만다. 땅은 씨앗을 흙으로 품어주고, 물은 이슬과 비로 적셔주고, 햇볕은 햇살로 씨앗을 따뜻하게 해 주고, 바람은 시원하게 새로운 공기를 공급해주어야 한다. 하늘이 보살펴주고, 돕지 않으면 이 모든 것 중 어느 한 가지도 제대로 될 수 없다. 씨앗은 주변의 보살핌을 통해 새싹이 트고, 성장하고 꽃이 피고 열매를 맺는다. 그리하여 새들도 찾아와 먹게 되고 사람은 추수할 것이 있게 된다.

인간의 소명도 그러하다. 모세라고 다르지 않다.

예수께서도 종종 농부의 심정으로 말씀을 하셨다. 농부는 땅에 씨를 뿌리되 하

나님의 약속에 대한 믿음과 신뢰 위에 뿌리는 것이다.

> 하나님의 나라는 사람이 씨를 땅에 뿌림과 같으니, 그가 밤낮 자고 깨고 하는 중에 씨가 나서 자라되 어떻게 그리 되는지를 알지 못하느니라. 땅이 스스로 열매를 맺되 처음에는 싹이요, 다음에는 이삭이요, 그 다음에는 이삭에 충실한 곡식이라. 열매가 익으면 낫을 대나니 이는 추수 때가 이르렀음이라. 하나님의 나라를 어떻게 비교하여 또 무슨 비유로 나타낼까? 겨자씨 한 알과 같으니, 땅에 심길 때에는 땅위의 모든 씨보다 작은 것이로되 심긴 후에는 자라서 모든 풀보다 커지며, 큰 가지를 내나니, 공중의 새들이 그 그늘에 깃들일 만큼 되느니라. 막 4:26-32

예언자들과 시인들은 산과 계곡에서, 강변과 들판에서, 시장과 거리에서도 하나님의 음성을 들었다. 우주와 만물에는 하나님의 위엄과 하나님의 뜻이 나타나 있고, 그 목적으로 충만해 있다.

영성이 밝은 사람들은 들판에서 자라는 풀 한 포기, 나무 한 그루의 흔들림에서도 신의 음성을 들을 수 있고, 불어오는 바람과 꽃 한 송이의 향기 속에서도 신의 향기를 맛보며, 아침 햇살과 저녁노을 한 자락에서도 신의 움직임을 감지하게 된다. 피곤하던 어제의 몸이 새 힘으로 솟아난 오늘 아침의 기분에서도 신이 주신 힘과 기쁨을 느낀다.

> 나는 참 포도나무요, 내 아버지는 농부라. 요 15:1

인간의 소명의식과정은 부지런한 농부의 영농작업과 같다. 농부가 척박한 황무지를 개간하여 농토를 만들고자 할 때에는 먼저 길이 없는 곳에 길을 내고, 장애가 되는 가시덤불은 거두어 불사르고, 돌과 자갈을 골라내고, 그리고 사방에 도랑을 파서 강물이 흘러 들어가게 하고, 굳은 땅을 갈아엎어 부드럽게 만들고, 그리고 적정한 시기에 때를 맞추어 각종 씨앗을 파종하고 그리고 또 일정한 시일을 기다려 싹이 틀 때까지 기다려야 한다. 그리하여 싹이 나서 자라면 땀을 흘리면서 물을 주고 거름을 준다. 그리하여 마침내 꽃이 피고, 열매를 수확하여 거두게 된다. 그러면 마지막으로 곡식을 창고에 들인다. 아무리 부지런한 농부일지라도 농사는 단기간에 완성할 수 있는 것이 아니다. 때와 시기와 과정이 필요하다.

모세와 예수, 사무엘과 아모스, 예레미야에게 있어서 그들의 소명은 서서히 자라났다. 성서에는 그들의 소명 과정이 축약되어 있을 뿐이다. 때로는 가을에 씨앗을 뿌리고 긴 겨울을 지난 다음 해 봄에야 싹이 트기도 한다.

하나님이 숨어계시면 인간 생의 계절에는 겨울이 온다. 그러나 인간 생의 겨울은 때가 오면 화려한 꽃을 피우기 위한 과정이다.

> 그때에 내가 그들에게 '내 얼굴을 숨겨 보이지 않게 할 것인즉' 그들이 삼킴을 당하여 허다한 재앙과 환난이 그들에게 임할 그때에 그들이 말하기를 '이 재앙이 우리에게 임함은 우리 하나님이 우리 중에 계시지 않은 까닭이 아니뇨? 할 것이다. 그들이 돌이켜 다른 신을 좇는 모든 악행을 인하여 내가 그 때에 반드시 내 얼굴을 숨기리라. 신 31:17-18
>
> 주의 작품, 손수 만드신 저 하늘과 달아놓으신 달과 별들을 우러러보면
> 사람이 무엇이기에 이토록 생각해 주시며

사람이 무엇이기에 이토록 보살펴 주시나이까? 시 8:3-4

나는 은혜를 베풀 자에게 은혜를 베풀고 긍휼히 여길 자에게 긍휼을 베푸느니라. 출 33:19

숨어계신 하나님은 인간 생의 겨울에도 인간 생의 봄을 위하여 준비하신다. 인간 생의 계절에는 겨울도 있고 봄도 있고, 여름도, 가을도 있다. 고난은 영광을 위한 선물이다. 겨울이 없으면 봄이 오지 않는다. 겨울을 거쳐야 생의 꽃은 더 아름답고 더 풍성한 가을의 수확을 거둘 수 있다. 겨울이 없으면 봄꽃spring-flower도 적다. 겨울이 없으면 봄이 와도 아예 꽃을 피우지 않는 식물도 있다. 철쭉, 진달래, 매화, 백합, 라일락, 튤립, 히아신스 등은 겨울을 겪어야 꽃이 핀다.

봄에 파종하는 봄보리를 보라. 가을에 파종한 가을보리가 겨울을 견디어 냈기 때문에 수확량은 더 많고, 밥맛도 더 좋다. 인간의 생도 춘화와 같아서 혹독한 겨울의 추위를 거치면서 풍성해지고, 견실해진다. 인생의 열매는 가을보리 같아서 고생을 많이 하고 헤쳐나온 사람이 더 강하고 깊다. 겨울은 춥고 배고픈 계절이다. 굴곡 없는 인생은 없다.

모세의 생의 겨울은 미디안 땅 40여 년의 망명 생활이었다. 모세에게는 춥고 배고프고 외로운 시절이었다. 그는 그 시기에 하나님을 발견했다. 하나님을 발견했다는 말은 소명을 발견했다는 말이다. 소명을 찾았다는 말은 자신을 발견했다는 말이다. 그는 시내산에서 하나님을 만나기 전에 준비과정이 있었다. 하나님을 만날 역량을 키우기 위해, 하나님을 뵙는 단계로 올라설 준비를 위해 하나님이 마련하신 과정이 알라라크 왕 이드리미의 전설을 듣고 새롭게 태어난 것이었다. 그는 비로소 하나님을 뵈올 존재로 성장한 것이었다. 그것은 직관의 역할이었다.

3. 직관을 통해 말씀하시는 하나님

우리는 성서를 공부하는 것이 하나님께 나아가는 바른길이다. 그러나 아주 가끔은 성서를 제쳐놓아야만 할 때도 있다.

> 나는 주의 종이오니, 나를 깨닫게 하사 주의 증거를 알게 하소서!
> 그들이 주의 법을 폐하였사오니, 지금은 야훼께서 일하실 때니이다. 시 119:125-126

이 말씀은 "하나님! 이제는 친히 나서실 때가 되었습니다. 이 몸은 당신의 종이오니, 나를 깨우쳐 주소서. 당신의 언약을 알아차리리이다. 야훼여, 당신의 법을 사람들이 짓밟았사오니, 주께서 친히 나서실 때가 되었습니다."란 뜻이다.

우리가 바이러스에 걸렸다고 성찬식에서 받았던 떡과 포도주의 일부를 남겨 두었다가 먹는다고 치유될 수 있는가? 아니다! 약을 먹어야 할까? 아니면 그냥 견디면 나을 수 있을까? 그때는 '직관'intuition이 답한다. 우리가 성서를 공부해도 풀지 못할 문제가 한둘이 아니다. 그런 문제들에 결단을 내리려면 직관이 필요하다. 만일 어떤 사람이 자신을 영적으로 아브라함, 이삭, 야곱의 후손이라고 믿는다면, 그리고 모세의 율법이 그것을 바르게 안내하지 못한다고 판단되면 자신의 직관에 의지할 수밖에 없다.

성서에서 흔히 '이것은 하나님의 말씀이다'고 할 때의 그 설화자는 '자신이 서 있는 자리에서 자신의 눈으로 보고 귀로 들은 것'에 대한 관점을 얘기한 것이다. 모세의 예언자로서의 영력은 영적 호기심이 발동하던 때까지 거슬러 올라갈 수 있고, 그의 흥미는 영감의 본질을 가장 절실하게 그려 보여주고 있다. 모세는 신비적인 감성의 사람이기보다는 냉정하고 현실적인 이성의 사람이었다.

엘리야의 고요하고 세미한 음성은 틀림없이 그 자신의 명상의 결과였고, 예레미야가 그 자신의 영감받은 바의 표현방식은 자기의 영감을 고상하게 승화시키는 예언자들의 일반적인 관습이었다. 그러므로 '예언자가 하늘의 소명을 받았다'고 하는 주장은 하나의 '문학적 장식'으로 보아야 한다. 그가 받은 '언설'言說은 하늘의 소명의 결과라고 말하기보다는 그의 '자유롭고 자발적인 결단의 산물'이었다. 요즘 말로 고친다면 '이러 이러한 것이 나는 하나님의 뜻이라고 확신한다'는 뜻이다. 따라서 그들이 자주 사용한 '하나님의 말씀'이라는 것은 하나의 은유요, 열렬한 종교 윤리적 감정의 소산이며, 가장 고상하고 대담한 시적 표현이다. 따라서 예언자들의 언설은 그 자신의 마음으로부터 나온 것이다. 다시 말하면 예언자들이 받은 하나님의 음성이란 자신이 처한 상황에 대한 '통찰력과 직관'에 의한 것이다. 그들은 자신의 직관을 언급한 것이다. "나는 하나님께서 내게 하시는 말씀을 들었다. 너는 외치라! 소리 높여 말하라! 너는 그것을 기록하라!"는 예언자들의 신탁은 결국은 그들이 들었다는 음성은 자유롭게 그 뜻을 펼치고 싶었던 자신들의 바람과 희망 사항들이었다.

모세는 광인도 아니었고, 신비에 몰두한 사람도 아니었고, 매우 이성적인 냉정한 사람이었다.

> 모세가 야훼께 여짜오되, 어찌하여 주께서 종을 괴롭게 하시나이까? 이 모든 백성을 내가 낳았나이까? 나 혼자 이 모든 백성을 감당할 수 없나이다. 주께서 이같이 행하실진대 구하옵나니, 내게 은혜를 베푸사 즉시 나를 죽여 내가 고난당함을 내가 보지 않게 하옵소서. 민 11:11-15

모세는 신비한 경험을 거부했다. 그는 이성으로 살았고 행동했다. 그는 이성으로 사태를 해결하려고 했고 직관으로 행동했다.

침묵 속에서 만나는 하나님!

갈멜산 상의 대결에서 엘리야는 정력을 다 태웠다. 그리하여 일단 승리한 그에게는 맥빠진 허탈 상태가 스며들었다. 겁을 먹은 엘리야는 목숨을 위해 도망쳤다. 기진맥진한 그는 죽음을 원했다. 하나님께 버림받은 느낌이었다.

> 한 로뎀나무 아래 앉아서 자기가 죽기를 원하여 이르되 야훼여, 넉넉하오니 지금 내 생명을 거두시옵소서! 나는 내 조상들보다 낫지 못하니이다. 왕상 19:4
>
> 네가 어찌하여 여기 있느냐? 그가 대답하되 내가 만군의 하나님 야훼께 열심이 유별하오나 이스라엘 자손이 주의 언약을 버리고 주의 제단을 헐며, 칼로 주의 선지자들을 죽였음이오며 오직 나만 남았거늘 그들이 내 생명을 찾아 빼앗으려 하나이다. 왕상 19:9-10

엘리야에게는 어제의 갈멜산 승리는 하나의 지나간 연극에 불과했다. 그는 용기를 잃었다. 그는 하나님을 찾아 호렙산에 들어가 동굴의 사람이 되었다. 이제 그의 정신상태는 동굴 심리의 포로가 되었다. 그는 자기 폐색증閉塞症에 걸렸다. 사회로부터의 추방감에 사로잡혔다. 하나님으로부터 소격疏隔당한 심정으로 인간소외로 동굴의 사람이 되어 이제 그는 사색의 포로가 되었다.

> 야훼께서 지나가시는데 야훼 앞에 크고 강한 바람이 산을 가르고 바위를 부수나 바람 가운데에 야훼께서 계시지 않고 바람 후에 지진이 있으나 지진 가

운데도 야훼께서 계시지 아니하며 또 지진 후에 불이 있으나 불 가운데도 야훼께서 계시지 아니하더니 불 후에 세미한 소리가 있는지라. 왕상 19:11-12

엘리야는 저 휘몰아치는 광풍 속에서도, 그 두려운 지진의 진동 상태와 같은 상황에서도, 불붙은 열정 상태에서도 하나님을 만날 수 없었다. 진리는 오직 은밀한 밀실에서 세미하게 작용한다고 말한다. 다만 '귀가 있는 자에게만' 들릴 뿐이다. 엘리야에게 나타나신 하나님은 '혁명을 부르는 신'이었다.

> 야훼께서 그에게 이르시되, 너는 광야를 통과하여 다메섹에 가서 하사엘에게 기름을 부어 아람 왕이 되게 하고, 예후에게 기름을 부어 이스라엘의 왕이 되게 하고, 엘리사에게 기름을 부어 선지자가 되게 하라. 하사엘의 칼을 피하는 자를 예후가 죽일 것이요, 예후의 칼을 피하는 자를 엘리사가 죽이리라. 왕상 19:15-17

이것은 그의 신비체험이라기보다는 명상의 결과였다. 깊은 명상의 세계에서 얻은 결론이었다. 그는 자연의 신비한 경험을 모두 거부했다. 그는 내밀한 음성, 하나님의 세미한 음성에 귀를 기울였다. 양심과 이성에 의한 결론이었다. 왕상 19:1-14

예레미야는 자기의 영감을 고상하게 승화시켰다

> 야훼의 말씀이 내게 임하니라 이르시되, 내가 너를 모태에 짓기 전에 너를 알았고, 네가 배에서 나오기 전에 너를 성별하였고, 너를 여러나라의 선지자로 세웠노라. 렘 1:4-5

보라 내가 오늘 너를 여러나라와 여러 왕국 위에 세워 네가 그것들을 뽑고 파괴하며 파멸하고 넘어뜨리며 건설하고 심게 하였느니라. 렘 1:10

보라 내가 오늘 너를 그 온 땅과 유다 왕들과 그 지도자들과 그 제사장들과 그 땅 백성 앞에 견고한 성읍, 쇠기둥, 놋 성벽이 되게 하였은즉... 렘 1:18

이것은 예레미야의 자기 소명에 대한 감상에서 나온 시적 표현이다. 이것은 그의 소명의식을 표현한 지적 증유물이다. 이것은 '신-인의 만남'divine-human encounter을 나타내고 있다. 그 만남의 중심점은 그에게 임한 '주의 말씀'이었다. 그는 말씀으로 부르심을 받았고, 위임을 받았고 보내심을 받아 파수군이 되었다. 예레미야는 신비적이지 않았다. '주의 말씀을 찾아 먹을 때 나에게 기쁨이요 내 마음의 즐거움이 되었나이다' 하였다.

오늘날 용어로 말한다면 '자기최면' 즉 광희ecstacy로 흘러 꿈이나 혼수상태로 끝난 사울, 사무엘, 에스겔 등과는 달리 예레미야는 그것을 반대하였다. 그는 자기 마음대로 말하는 소위 '묵시를 말하는 자들' 렘23:16을 모욕하였고, 따라서 "내가 몽사를 얻었다"고 하는 예언자들을 비난하였다. 그는 전적으로 하나님의 말씀의 수령자였다.

하나님 말씀의 설화자는 자기가 하나님의 영감을 받았고, 그리하여 하나님의 이름으로 말하고 있는 것이며, 하나님에 의하여 백성에게 보내심을 받았다고 확신한다. 이것은 예언자 의식의 근본이고 핵심이다.[213] 모세도 그러했다. 예언자들이 한 국가를 상대로 말하는 데는 내면의 힘이 필요하였다. 하늘과 땅을 향해 말할 때도 내면의신의 힘이 필요했다. 옛사람들은 인간과 자연의 활동 속에는 신비스러운 생명의 힘이 작용하고 있다고 믿었다.

일반적으로 사람들은 어려움에 봉착하면, 초자연적인 능력을 동경하여 꿈이나 어떤 환상 가운데 신으로부터 오는 어떤 안내나 도움을 바란다. 그러나 모세는 자연의 신비한 경험을 바라지 않았다. 그는 오히려 자신은 부르는 그러한 자연의 신비스러운 경험에 저항했다. 그는 하늘의 영광 보다 땅의 혼란상을 보았다. 모세는 초자연적 경험을 거부했다.

모세는 지상의 혼란 상황을 천상의 비상사태로 감지感知했다. 그에게 하나님의 음성이 시내산 위에서 내밀하게 들려올 때 "나는 하늘과 땅을 지은 너희 하나님 야훼니라"는 말로 시작되지 않았다. 그 음성은 "나는 너희를 애굽 땅 그 속박으로부터 데리고 나올 너희 하나님 야훼니라."고 했다. 그때 모세는 신비한 경험을 거부했다. 모세는 잠시 머리를 굴려서 생각해 보았다. 그는 빨리 계산해 보았다. 애굽 바로의 군사에 대항할 병사들도 없거니와 어려움이 한, 두 가지가 아니었다. 계산이 서지 않았다.

자기 종족들이 모세를 믿으려 하지 않았고, 그들은 고생과 전투를 싫어했다. 그들은 오랜 노예 생활로 용기를 잃었다. 그리고 광야 여정이 반드시 성공하리라는 보장도 없었다. 뿐만 아니라 성미가 급한 모세는 그들을 설득할 구변도 없었다.출 6:12

다윗은 때로는 직관을 통하여 국가 대사를 집행하였다. 다윗은 모병을 위해 직관으로 장군 요압에 명하여 군사들을 동원하여 전 국토에 인구조사인구 센서스를 실시했다. 일 년여에 걸쳐 전국 방방곡곡에 가가호호를 방문하였다. 결과는 전염병이 퍼져서 7만여 명이 죽었다. 사무엘서와 역대기의 기자에 의하면 야훼 하나님은 다윗의 인구조사에 대하여 아주 큰 반감을 갖고 계신다.[214]

다윗왕의 직관은 야훼의 감동은 받아서삼하 24:1 또는 사탄의 격동을 받아서대상 21:1 자기 백성의 인구를 계산하는 불행한 생각을 품게 되었다고 기록하고 있다.

이와같이 다윗이 행사한 직감혹은 영감은 성서의 저자들이 서로 다른 의견을 말하고 있기 때문에 진짜 그 원인이 무엇인지는 우리가 알 수 없지만, 그 결과와 귀착점은 비참한 재난이었다.

이와같이 직감은 하나님의 요구일 수도 있고, 그의 뜻에 반할 수도 있지만 아무것도 뜻하지 않을 수도 있고, 정확하게 보면 아무 의미도 없을 수도 있다. 그때도 직관은 하나님의 뜻의 판별 도구였다. 거듭 말하거니와 직관, 그것은 하나님의 요구일 수도 있고, 그의 뜻일 수도 있고, 그것은 아무것도 뜻하지 않을 수도 있고, 정확하게 보면 그것은 아무 말도 아닐 수도 있다. 그러나 의미는 있다.

> 예수께서 이르시기를 "너희가 구름이 서쪽에서 이는 것을 보면 곧 소나기가 오리라 하나니 과연 그러하고, 남풍이 부는 것은 보면 심히 더우리라 하나니 과연 그러하니라. 너희는 천지의 기상은 분간할 줄 알면서 어찌하여 시대는 분간할 줄 모르느냐?" 눅 12:54-56
>
> 예수께서 이르시되 "저녁에 하늘이 붉으면 날이 좋겠다 하고 아침에 하늘이 붉고 흐리면 오늘은 궂겠다 하나니, 너희는 날씨는 분별할 줄 알면서 사태의 표적은 분별할 수 없느냐?" 마 16:2-3

이와 같이 모세의 시대는 천둥소리를 들으면서 그날의 일기를 점치던 시절이었다. 이 시대는 하나님께서 번개와 벼락으로 온 우주를 다스리며 계시던 시대였다. 마치 하나님을 우주 공간을 떠돌아다니는 일종의 유령처럼 생각하던 시절이었다. 이는 사람들이 번갯불의 정체를 몰랐던 옛날에는 불가피하게 필요했던 세월이었다.

누구나 직관을 사용한다. 확실한 직관은 결심을 유도한다. 결심만 한다면 안될 이유가 없다. 누구나 직관할 수 있다. 하지만 제일 먼저 자신이 진짜 원하는 것이 무엇인지를 알아내야 하는데, 이 일은 생각만큼 쉽지는 않다. 당신 속에는 어떤 강력한 힘이 존재한다. 이 강력한 힘은 당신이 정말 원하는 것이 있다면 그것이 무엇이든 얻게 만드는데 능력을 지니고 있으며, 이 강력한 힘은 당신을 적극적으로 도와주고 싶어 한다. 모두 한결같이 동의하는 사실은 이 힘의 전능함이다. 그 힘은 곧 직관의 힘이다. 나는 이 힘을 '임마누엘'이라 부른다. '하나님이 우리와 함께 하신다'는 뜻이다 215

하나님이 가라사대

> 내가 정녕 너와 함께 있으리라! 네가 백성을 애굽에서 인도하여 낸 후에 너희가 이 산에서 하나님을 섬기리니, 이것이 내가 너를 보낸 증거니라. 출 3:12

하신 이 시내산의 소명 신화에 사로잡혀 모세는 마침내 출애굽의 기적을 이루어냈다.

모세의 애굽 귀환은 인간적인 면에서 보면 아마르나 혁명의 실패가 파급 효과를 내어 출애굽의 도화선이 되었으며, 영적으로 보면 모든 것이 하나님의 섭리였다.

II. 인간의 보는 눈과 듣는 귀

우리는 무엇을 보고 무엇을 듣는가?

만일 신이 계신다면 왜 말씀이 없으신가? 하나님은 왜 내게 나타나지 않을까?

그 하나님은 어떻게 말씀하실까? 어떻게 보일까? 하나님은 입이 없으시니, 인간과는 전혀 다르게 말씀하시지 않으실까? "예수는 입이 있으나 하나님은 입이 없으시다." 그러므로 "예수께서 가라사대"와 "하나님이 이르시되"는 서로 같을 수는 없다.

우리는 이 세상의 모든 소리를 다 들을 수 있는 것도 아니고 이 세상의 모든 것을 다 볼 수 있는 것도 아니다. 파장이 너무 크거나 작아도 들을 수 없다. 입자가 너무 크거나 작아도 보이지 않는다. 인간의 귀는 일정 영역에서만 들을 수 있다. 대개 20Hz에서 2만Hz 사이다. 이보다 낮거나 높은 소리는 듣지 못한다. 인간은 진화과정에서 우리에게 주로 필요한 소리에 적응해 왔기 때문이다.

동물학에 의하면 우리 인간은 코끼리나 고래나 박쥐의 청각을 갖지 못했다. 인간은 그들의 초저주파 울음을 듣지 못한다. 인간은 토끼나 쥐, 벌과 새의 초음속 외침을 듣지 못한다. 인간은 방울뱀이 탐지하는 적외선도 보지 못하며, 새와 벌들이 감지하는 자외선도 보지 못한다. 바다표범은 빛 속의 자외선이나 적외선을 알고 있고, 모래밭이나 지하에 들어있는 먹이를 알고 있으며 인간이 들을 수 없는 많은 소리를 듣는다. 돌고래는 참치 안에 들어있는 낚싯바늘도 알아낼 수 있다. 돌고래는 목표물의 외형은 물론 그 내부까지 들여다보고 있다.

그들은 수십 km 떨어져 있어도 소통이 가능하고 20만 Hz나 되는 소리도 들을 수 있다. 이렇게 입자와 파장이 다른 이런 짐승들의 시각과 청각, 그리고 영적인 사람의 시각과 청각이 보통 사람에게 다 나타난다면 우리는 살아남을 수 없다. 출 23:20. 신 4:32-33, 창 15:12, 사 6:5, 출 19: 9,18, 신 4:11, 출 20:16-21, 민 12:4, 창 25:12

인간이 이 영적인 진화에 몰입하면 영적인 소리에 귀가 열리게 된다. 눈으로 보는 것도 마찬가지다. 우리의 확신이나 믿음이 보고 싶은 것만 보게 되고, 듣고 싶은 것만 듣게 되는 것이 분명하다. 우리가 좁은 육신의 시야를 벗어나기 위해서는 영안이 열려야 하고, 영성의 귀도 열려야 한다, 보는 눈이 있어야 볼 수 있고, 들을 귀가 있어야 듣게 된다. 인간은 주파수가 맞아야 들을 수 있고, 볼 수도 있다.

> 들을 귀가 있는 자는 들으라! 마 11:15, 막 4:9, 눅 14:35
>
> 너희는 눈이 있어도 보지 못하며, 귀가 있어도 듣지 못하느냐? 또 기억지 못하느냐? 막 8:18

모세가 시내산에서 "가시 떨기나무의 불꽃"을 보았다는 그 불꽃은 그의 시신경의 작용이요, "네가 선 땅은 거룩하니 신을 벗으라"는 음성은 그의 청신경의 작용이었다. 인간의 눈에 보이는 것과 귀에 들리는 것은 '에테르' ether의 파동이 인간의 시신경과 청신경을 자극한 감각이다.

물리학에 의하면 진동수가 극히 적을 때에는 소리의 감각을 일으키지 못하고, 진동수가 1초 동안에 16회 이상이 되면 한낱 소리의 곡조가 된다. 그 수가 더하여 갈수록 곡조가 더욱 높아 간다. 다시 썩 올라가서 1초에 4만 이상의 수가 진동하면 소리가 너무 높아진 까닭에 귀에 들리지 않고 이번에는 촉관에 열로 느껴지고, 다시 더 올라가서 1초 동안에 몇억의 진동수가 되면 이번에는 눈에 빛으로 느껴지며, 1초 동안에 4백 40억의 진동은 적색, 4백 73여회 이상은 등황색. 5백 89억회 이상은 청색이 되어 우리 눈에 비친다. 요컨데, 음音, 광光, 열熱, 색色은 공기의 진동수의 차가 우리의 감각을 자극함이며, 정도의 차에 불과하다.

적색빨간불 → 등황색오렌지, 귤과 비슷한 색 → 청색파란불 → 하얀 불. '붉은 꽃', '푸른 잎', '검은 밤', '하얀 낮'은 모두 에테르의 작용이다.[216]

해태양를 한국인은 빨강게. 미국인은 노랗게, 서남아시아는 하얗게 색을 칠한다. 태양 광선은 빛이 없으며, 그것이 프레즘Prism에 통과시켜 분석하면 아름다운 7가지 빛을 나타낸다.프리즘: 광선의 굴절, 분산 등을 일으킬 때 쓰는 유리, 또는 수정의 삼각기둥, 망원경에 이용됨

우리가 눈으로 보고, 귀로 듣고 하는 것은 모두 정신작용에 의한 것이다. 인간의 정신은 다만 뇌수 조직의 작용이다. 뇌수 조직과 정신작용의 관계는 마치 북과 그 소리, 장작과 그 불의 관계와 같은 것이라. 북이 깨지면 북소리는 그치고, 장작이 다 하면 불은 꺼진다. 북이 깨진 뒤에 소리는 없어질지라도 그 북을 치던 사람인 북잡이는 의연히 존재하고 있고, 장작이 불탈 때는 사람인 부엌데기가 없이는 불이 붙을 리는 없다. 장작은 다 타서 불이 꺼지고, 불탈 때는 사람조차 없어질 리는 없다. 정신과 뇌수와의 관계는 장작과 불, 북과 소리와의 관계요, 장작과 부엌데기, 북과 북잡이의 관계가 아니라고 말하지는 못할 것이다. 북과 소리는 공기의 파동이요, 불꽃은 가연물 분자의 발산이다.

모세가 시내산에서 보았다는 '가시 떨기나무의 불꽃'과 하나님께서 그 가시 떨기나무 가운데서 "모세야! 이리로 오지 말라! 네가 선 곳은 거룩한 땅이니, 네 발에 신을 벗으라!"출3:1-6는 음성은, 그 소리는 공기의 파동이요, 그 불꽃은 '가연물인 떨기나무 분자의 발산'이었다. 그 불꽃의 배후에 부엌데기로서 하나님이, 그 소리의 배후에 북잡이로서 하나님의 역할이 있었음이 확실하다. 그날 모세에게는 하나님의 주파수에 맞는 시청각을 갖고 있었다. 그 불꽃과 그 음성은 볼 수 있는 눈이 없는 장애인도 볼 수 있고, 들을 수 있는 귀가 없는 장애인도 들을 수 있다. 그들은 다른 방법으로 시각과 청각이 전이되고, 확장되기 때문이다. 그들은 다른 감각으로 보고 듣게 된다. 내 눈이 보이고 귀가 들린다는 것으로 항상 우월하지만은 않다. 내가 가

진 다른 시각과 청각을 약화시키기 때문이다.

"아! 오늘도 님들이 오시는가?"

모세는 점차 늘어나는 환상과 환청에 시달렸다. 시공을 초월하여 하루에도 몇 번씩 떠오르는 거울 속의 인간처럼 나타나는 시누헤와 아케나톤, 그리고 이드리미의 모습은 허상인가? 실상인가? 수시로 들려오는 꿈결에 들은 증언과 고백 같은 소리는 영의 음성인가? 혼의 음성인가? 아니면 넋의 소리인가! 그의 눈과 귀에는 환상과 환청이 계속 오버랩overlap이 되어왔다.

"하나님이 계신다면 왜 말씀이 없으신가?"

'영'이신 하나님이 말씀하셔도 인간의 언어로 채색되고 굴절되어 들려오게 되고, 설화자의 인격과 사건과 경험을 통하여 다르게 들려온다. 농부에게는 농부의 언어로, 과학자에게는 과학의 언어로, 철학자에게는 철학의 용어로 말씀하시고, 어른에게는 어른의 언어로, 어린아이에게는 어린이의 말투로 말씀하신다. 그리고 또한 사람의 눈에는 물체가 너무 커도 보이지 않고, 입자가 너무 작아도 보이지 않는다. 그리고 사람은 눈으로 만 보고 귀로만 들을 수 있는 것은 아니다. 사람의 눈에는 물체만 보이고, 귀에는 물리적 소리만을 들리는 것은 아니라, 사람의 시신경과 청신경에는 비물질적인 것도 와서 닿는다. 모세가 시내산에서 보고 들었다고 하는 것을 영적spiritual 시각과 청각이었다. 다른 사람은 알아차릴 수 없는 것이 그의 정신에는 와 닿았다.

하나님의 영적인 음성은 우주에 가득 차 있다. 그 하나님의 말씀은 소리도 소문도 없이 온 세상에 가득하다.

하늘은 하나님의 영광을 선포하고 궁창은 그의 손으로 하신 일은 나타내는도다. 날은 낮에게 말하고 밤은 밤에게 지식을 전하니, 언어도 없고, 말씀도 없으며, 들리는 소리는 없으나 그의 소리가 온 땅에 통하고 그의 말씀이 세상 끝까지 이르도다. 시 19:1-4

하늘은 하나님의 영광을 속삭이고 창공은 그 훌륭한 솜씨를 알려 준다. 낮은 낮에게 그 말을 전하고 밤은 밤에게 그 일은 알려준다. 그 이야기, 그 말소리, 비록 들리지 않아도 그 소리 구석구석 울려 퍼지고 온 세상 땅끝까지 번져 간다.

구약성서의 예언자들이나 지혜자들이나 시인들은 어떻게 하나님의 말씀을 들을 수 있었을까요?

그들은 사물을 은유와 비유와 상징과 환상으로 보았다.

그들은 모든 것을 비유와 상상과 암시로 보았다
그래서 그들은 보통 사람이 보지 못하는 것을 보았고
듣지 못하는 것을 들었다.

"야훼 하나님께서 말씀하신다"는 표현은 "예수께서 입을 열어 가라사대"와는 다른 의미이다. 하나님께서 실제로 입을 열어 소리를 내신다는 것과는 다른 의미이다. 하나님이 말씀하신다는 말은 비유와 상징이며 암시요, 은유이다.

어떤 사람이 '물망초 한송이'와 겨자후추씨를 속달로 보내 왔다면 그것을 받은 사람은 "나를 잊지 말아 주세요.' not-forget-me라고 말한 것으로 물망초勿忘草가 그런 뜻이다. 연인이 상대방에게 마음의 메시지를 물망초와 겨자씨에 담은 것이었다. 그들은 서로 입을 열지는 않았으나 분명하게 '말한 것'이고 또 '알아들은 것'이었다.[217]

우리는 어떻게 하나님의 음성을 듣고 그의 뜻을 따를 수 있을까요?

> 하늘이여, 귀를 기울이라. 내가 말하리라.
> 땅이여 내 입의 말을 들은 지어다.
> 내 교훈은 비처럼 내리고 내 말은 이슬처럼 맺히나니
> 연한 풀 위의 가는 비 같고, 채소 위의 단비 같도다. 신 32:1-2
> "하늘아, 귀를 기울여라. 내가 말하리라!
> 땅아, 들어라! 내가 입을 열리라
> 내가 전해주는 말을 떨어지는 빗방울이요
> 나의 말은 함초롬히 내리는 이슬이다.
> 소나기가 되어 풀밭은 적시고, 가랑비가 되어 푸성귀에 내린다."

그 누가 해와 달과 별들이 가득한 하늘 아래 살면서 그 신비에 동요되지 않으랴! 그 누가 강과 산과 들판의 아름다움과 그 위엄을 보면서 그것을 무시할 수 있으랴! 우리는 우주와 삼라만상의 신성神性에 대한 암시에서 하나님의 실재를 부인할 수 없다. 하나님의 실재에 대한 확신은 그의 초월하심과 내재하심의 신비에 대하여 전인격적으로 응답함as a response으로써 온다.[218]

> 하늘은 기뻐하고 땅은 즐거워하며 바다와 거기 충만한 것들은 외치며... 시 96:11
> 야훼 앞에서 큰물이 박수하며 산악이 함께 즐거이 노래하고 시 98:8
> 레바논의 백향목과 샤론 향나무들이 송아지 같이 뛰고 기뻐한다. 시 29:6, 사

14:8

모세는 40년을 미디안 광야에서 시내산을 오를 때, 앞은 새벽 안개에 싸이고 몸은 이슬에 젖어서 하나님께 부르짖었다. 그러나 모세는 광야에서 울부짖는 소리만이 아니었다.Moses was not just a voice crying in the wilderness 광야는 빈 들이 아니라 하늘과 땅이 서로 응하고, 그 사이의 만물이 되울림이 되어 인간에게 나타나는 곳이었다.

> 그날에 내가 응하거라. 나는 하늘에 응하고 하늘은 땅에 응하고 땅은 곡식과 포도주와 기름에 응하고, 또 이것들은 이스르엘에 응하리라. 호 2:21-22

광야는 하늘과 땅이 맞붙어 있어 서로 말을 주고받고, 만물이 서로 반응하며 되울림하는 곳이다.

모세가 시내산에서 '신현현神顯現'theophany을 경험하게 되기까지는 그 당대의 문화와 사회적 배경과 토양이 큰 역할을 담당하고 있었다.

Ⅲ. 신화의 역사화

모세의 출애굽 의지는 어디서 생겨났는가? 무엇이 그를 움직여 갔는가? 히브리 유목민의 신화와 선조 목자들의 전설이 고갈되지 않고 아직 살아있는 땅 미디안에서 '해방과 구원의 하나님'을 만나게 된 것은 실로 경이였다. 한 민족이 남의 나라의 노예가 되어 있더라도 조상들의 신화와 전승만 간직하고 있다면 그것은 '감옥의 열쇠를 쥐고' 있는 것과 마찬가지이다. 그러나 애굽 땅의 히브리 노예들은 그것을 잊고 살아온 지 오래다. 그러나 모세에게는 조상들의 신화와 전설을 지니고 있었던, 그의 도플갱어들 즉 시누헤와 아케나톤, 그리고 이드로와 이드리미 등은 '새 땅을 찾아 나서야겠다'는 그의 의지의 '표상'表象 symbol이 되었다.

'표상'이란 기억에 기초하여 마음에 떠올려 재생되는 상象, 즉 의식 중의 과거의 인상이 재현된 것, 어떤 대상을 지향하는 의식 내용, 즉 심상心像이다. 이 '세상과 우주'는 온통 '살려는 의지' Will to Living로 이루어져 있다. 나자아를 포함하여 동물, 식물도 마찬가지이고, 모세와 히브리 노예들도 마찬가지다. '살려는 의지'는 우주에 충만해 있고, 세계는 그 의지의 힘이 지배하고 있다. 그런 의지는 원래부터 이 우주에 주어져 있었다. 모세는 지금 이 근본 원리에 따라 움직이고 있는 것이다.[219]

야훼 하나님은 우주에 충만한 생명의 힘으로서, 새로운 창조의 원동력이 되어 끊임없이 비약하고 약진할 것이다. 야훼 하나님의 생명은 모든 존재의 기반이 된다.

고대인들은 모든 자연에는 신비롭고 알 수 없는 활동으로 가득 차 있다고 생각했다. 하늘과 땅. 강과 산과 바다, 들판에서 강물이 흐르고, 산불이 타오르고, 식물이 자라고, 샘이 솟아나고, 낮과 밤이 바뀌는 모든 것에는 신성이 접해 있다고 믿었다. 인간의 상상력에 호소하며, 두려움과 존경의 감정을 일으키는 자연의 사건들은 쉽게 '신적 혹은 영적인 생명의 현현'으로 생각되었다. 삼라만상의 경이는 모두 신의 능력의 표명으로 '신의 현현'으로 생각했다.

시리아-팔레스틴 지방에는 '가시덤불의 사라지지 않는 불꽃 이야기'가 많이 있었다. 예를 들면;

두로Tyre에 있는 암브로시안 Ambrosian의 바위틈에 있는 거룩한 감람나무의 가지에서 불꽃이 잎을 사르지 않고 날아다닌다는 이야기가 전해지고 있다. 불꽃은 신의 나타나심으로 이해되었다.출 19:10, 겔 1:17, 딤전 6:16

애굽의 호루스Horus 본문에는 '에드푸Edfu 신전에서 하늘의 신이 특별한 떨기나무에 붙은 불꽃으로 마음 속에 나타난다.[220]

각설하고, 모세가 시내산 기슭을 오르내리며, 양과 염소와 더불어 짐승처럼 살아온 지 벌써 수십 년이 흘러갔다.

> 40년이 차매 천사가 시내산 광야 가시나무 떨기 불꽃 가운데서 그에게 보이거늘, 모세가 그 광경은 보려고, 가까이 가니 주의 소리가 있어, "나는 네 조상의 하나님 즉 아브라함과 이삭과 야곱의 하나님이라" 하신대 모세가 무서워 감히 바라보지 못하니라. 주께서 이르시되 "네 발의 신을 벗으라. 네가 서 있는 곳은 거룩한 땅이니라."행 7:30-35

"40년이 차매"는 하나님의 정하신 '시각과 때'이다. 그것은 "하나님의 약속하신 때요"행 7:17, 하나님의 시간이 되었다는 말이다. 하나님의 시간에는 '물리적 시간'과 '역사적 시간'이 있다. 역사적 시간은 물리적 시간보다 실제적으로는 더 짧을 수도 있고 길 수도 있다. 성서에서는 이것을 '크로노스'χρ νο , 마2:7, 행 3:21와 '카이로스'καιρ , 갈 6:9, 딛 1:3로 구별하고 있다. 크로노스는 일반적인 시간의 과정으로써 연대기의 시간을 나타내고 카이로스는 적절한 시간 즉 시기에 알맞거나 전략적인 시간을 나타낸다.

그리고 모세의 생애를 120년으로 기술한 것은신 31:2, 34:7, 인간 영웅의 최장

수 향수 연한을 120년으로 설정했던 당대의 관습 때문이었다.창 16:30, 221 '120은 40×3'에서 나온 환산이다.

시간의 역사는 서양에서는 직선적인 시간관이고, 동양의 시간은 곡선적이고 순환적 시간관이다. 모세의 생애는 무한히 긴 직선으로 이루어진 것이 아니라 수레바퀴와 같은 모습으로 되돌아온다는 것을 의미하며, 이것을 '시간 폐곡선'time like closed loop이라고 한다.

그날 새벽, 안갯 속에서 모세가 산 위에 오르고 있을 때 갑자기 구름이 몰려들더니. 어두워지기 시작했다. 폭풍이 일고, 천둥이 울리고, 한파가 몰아쳤다. 그는 급히 양과 염소들을 골짜기로 대피시켜 놓았다.

이런 전설이나 신화의 배경에는 물활론物活論, animism의 잔영the metaphor of the vision bush이 남아 있다.222 불꽃Flame은 하나님의 나타나심을 뜻했다. 물활론은 범신론汎神論 한 형태이다. 물환론은 정령신앙, 즉 사물의 활동은 '영성의 힘'에 의한다는 설이다. 원소생활론 즉 모든 원소는 살아 움직인다. 만물에는 '생명, 영혼, 마음'이 있다고 주장한다, 나무도, 돌도 생물과 마찬가지로 영성이 있다고 믿었다.

그날 새벽! 모세는 하나님이 창조하신 원초적 세상을 경험했다.

> 야훼 하나님이 하늘과 땅을 만드시던 날에 땅에는 비를 내리지 아니하셨고,
> 안개만 땅에서 올라와 온 지면은 적셨더라.창 2:46

그날 새벽! 모세는 땅을 적신 짙은 안개와 이슬 속에서 신화와 자연이 통전 되어 산 역사를 이루는 경험을 하였다.

모세가 하나님이 불같은 유성운석의 형태로 나타나 시내산 꼭대기에서 내려와

날아다니다가 성스럽고 조그만 숲grove의 가시나무 덤불에 내려앉아 있다고 하는 생각은 아마도 전기적 현상electrical phenomenon이라는 신념이 그의 마음 밑바닥에 깔려 있었음에 틀림없다.[223]

그가 언덕 위에 오르자 갑자기 하늘이 갈라지고 번개가 작렬하더니, 벼락이 떨어졌다. 가시덤불이 불타올랐다. 천둥소리에 지축이 흔들렸다. 서쪽 하늘에서부터 '불타고 있는 별'이 남녘 땅끝에 있는 시내산 떨기나무 숲에 떨어져 불타고 있는데 모세는 두려웠다. 그는 엎드렸다. 나무는 타지 않고 사라지지 않았다. 모세는 야훼의 환영이 불꽃 가운데 나타나신 것으로 인식했다. 이것은 모세의 생애에 결정적인 변화와 전환점의 순간이 되었다.

> 그가 보니, 떨기나무에 불이 붙었으나 그 떨기나무가 사라지지 아니하는지라. 이에 모세가 이르러 '내가 돌이켜가서, 이 광경을 보리라 어찌하여 떨기나무가 타지 아니하는고' 하니, 그때에 하나님이 이르시되 이리로 가까이 오지 말라.출 3:2-4

모세는 뛰어가서 보려고 했다. 그에게는 탐구심과 호기심과 열정이 넘쳤다. 그러나 하나님께서는 통제했다. '네 발에 신을 벗으라! 네가 지금 서 있는 땅은 성소니라.'

그날 새벽, 모세가 양과 염소를 몰고 산을 오르고 있을 때. 어둠 속에서 무슨 일이 벌여졌는 지는 아무도 모른다. 다만 오랜 세월이 흐른 후에야 그때 그곳에서 어떤 일이 일어났는지 짐작하게 되었다.

그날 새벽! 모세는 하나님께서 자신을 이 세상에서 떼어내어 짙은 안개에 파묻힌 또 다른 세상으로 끌고 들어감을 느꼈다. 그는 지금까지 자기가 보지 못했던 영롱한 이슬로 가득 찬 신비스러운 세상으로 들어감을 경험했다. 그는 번갯불 속에서 하늘이 갈라지고, 하늘 위의 세상이 열리고, 새로운 세상으로 들어감을 경험했다. 그는 현존하는 물질세계가 암흑에 잠길 때, 신령한 세계가 더 선명하게 보였다.

계속 타오르는 저 불길! 그 다양한 형상의 불길 속에서 춤추고 있는 천사들의 모습을 보았다. 저 자유로운 천사들의 향연! 그날 산 위의 세상은 완전히 다른 세상이었다. 모세는 그 불꽃 잔치 속에서 그의 이성과 지성이 마비되고 영성이 깨어나는 순간을 경험했다.

모세를 '불타는 떨기나무'에서 야훼께서 나타나신 '신 현현theophany'을 경험한 것이다.

그는 갑자기 엎드려 얼굴을 땅에 대고 깊이 참회하고 한 참 후에 일어나 보니, 하늘에는 천둥과 번개가 그치고, 무수한 철새들이 놀라서 구름 속으로 달아나면서, 서남쪽 애굽 땅을 향하여 달려가고 있었다. 단두대로 달려가는 전사들처럼... 모세에게 그것은 '야훼의 전쟁'에 도우려 달려가는 천군 천사들의 모습으로 보였다. 그 광경은 마치 애굽의 파라오에게 징벌을 내리려고 달려가는 천사들의 출동하는 모습 같았다.

그 광경은 마치 모세 하나를 설득시키려고 온 우주와 삼라만상이 총동원되고 있는 모습이었다. 그는 세상을 새롭게 바라보게 되었다. 그 순간은 신화가 역사로 바뀌는 찰나였다. 모세에게는 그것이 그의 생애에 전환점을 가져온 산 경험이 되었다. 신화에는 소원과 기도와 주문과 타부가 들어가 있어 신뢰자의 생각에 영감으로 작용한다.

텔아비브 이스라엘 국립대학교의 역사학과 교수인 석학 슐로모 산드Shlomo

Sand는 "역사가의 연구 주제는 개인적인 경험에 좌우된다. 그는 먼저 집단기억을 층층이, 가지런히 축적한다. 이데올로기적 갈등을 거치면서 형성된 다층적 이야기들을 쌓아둔다. 그리하여 기억의 다양한 영역들은 과거를 대표하는 하나의 상상된 세계가 되어 역사가의 마음 속에 자리를 잡게 된다. 그러므로 '역사가'라는 존재는 개인적인 경험뿐 아니라 주입된 기억들이 만들어낸 심리적이고 문화적인 산물이다. 그는 이것을 '신화로 역사 만들기'이다"라고 했다.[224]

그날 새벽 시내산의 신현현 경험은 40여 년을 양몰이꾼으로 살아온 모세를 짐승들의 종에서 하나님의 마름으로 거듭나는 순간이었다. 그를 혁명아로 거듭나게 한 환골탈태의 순간이었다. 이것은 알에서 병아리로 깨어나는 순간의 일종의 부란의식과도 같은 것이었다. 그는 마침내 노예해방과 새 나라 건설에 대한 전망을 갖게 되었다.

모세는 그 후 상당한 세월이 흐른 후에야 비로소 그날, 그 새벽, 그 시내산 가시덤불에서 '불춤 추던 천사들'과 '야훼 하나님의 현현'Sinai theophany은 저 멀리 비쳐지고 있었던 화산 작용에 의한 현상Volcanic Phenomena을 배경으로 하고 있었음을 알게 되었다.[225]

> 셋째 날 아침에 우레와 번개와 빽빽한 구름이 산 위에 있고, 나팔 소리가 매우 크게 들리니 진중에 있는 모든 백성이 다 떨더라. 시내산에 연기가 자욱하니, 야훼께서 불 가운데서 강림하심이라. 그 연기가 옹기가마 연기같이 떠오르고 온 산이 크게 진동하여... 야훼께서 시내산 곧 그 산꼭대기에 강림하시고 모세를 그리로 부르시니, 모세가 올라가매, 너는 내려가서 백성에게 경고하라. 백성이 밀고 들어와서 보려고 하다가 많이 죽을까 하노라. 산 주위에

경계를 세워 산을 거룩하게 하라. 백성이 산에 오르지 못하리라. ..... 내가 그들을 칠까 하노라. 출 19:16-24

뭇 백성이 우레와 번개와 나팔 소리와 산의 연기를 본지라. 그들이 볼 때에 떨며 멀리 서서.... 우리가 죽을까 하나이다. .... 백성은 멀리 서 있고, 모세는 하나님이 계신 흑암으로 가까이 가니라. 출 20:18-21

땅이 진동하고 산들의 터도 요동하였으니, 그의 코에서 연기가 오르고 입에서 불이 나와 사름이여! 시 18:7-8

그가 땅을 만지신즉 연기가 나오는도다. 시 104:32

산들에 접촉하사 연기를 내게 하소서! 시 144:5

불이 붙었으나 불타 사라지지 않은 떨기나무의 불꽃!

떨기나무가 어찌하여 타지 아니하는고? 출 3:2-4

그날 새벽, 그는 가시덤불 가까이에 있었고, 춤추는 불꽃은 저 멀리 타오르고 있었는데, 그 맹렬했던 불길은 화산의 폭발이었음을 오랜 세월이 흐른 후에야 알게 되었다. 그때 그 땅에는 저 미디안의 먹구름과 그 땅 지진의 진동과 그 시내산의 화산 폭발과 연기와 갈라지는 바위들과 저 멀리 지평선 위의 춤추는 번개들의 번쩍임과 부수어 나가는 벼락과 뇌성들의 작열 속에서 모세는 깨달았다. 출 19:2, 20:18-20

그가 보니 떨기나무에 불이 붙었으나 그 떨기나무가 사라지지 아니하는지라. 이에 모세가 이르되, 내가 돌이켜 가서 이 큰 광경을 보리라. 떨기나무가 어찌하여 타지 아니하는고 하며 가까이 가보려고 하니....이리로 오지 말라! 네가 선 곳은 거룩한 땅이니, 네 발에서 신을 벗으라! 나는 네 조상의 하나님

이니...출 3:2-6

너희의 조상의 하나님이 나를 너희에게 보내셨다 하면 그들이 내게 묻기를 그의 이름이 무엇이냐 하리니...하나님이 모세에게 이르시되 나는 스스로 있는자이니라 또 이르시되 너는 이스라엘 자손에게 이같이 이르기를 스스로 있는자가 나를 너희에게 보내셨다 하라.출 3:13-14

하나님의 이름 -אֶהְיֶה אֲשֶׁר אֶהְיֶה Ehyeh asher ehyeh, 에흐예 아셰르 에흐예 - '나는 스스로 있는 자'이다. 혹은 '나는 나다'라고 번역되기도 하지만 히브리 원문은 '나를 너희에게 보냈다'로 되어있다. '에흐예'는 히브리어 동사 〈to be〉의 미완료형imperfect 제1인칭이다. 히브리어에는 현재형이 없고 완료형과 미완료형뿐이다. 현재형은 분사로 표현된다.

'야훼 제의'祭儀의 등장은 이스라엘이 팔레스틴 땅에 정착하기 이전의 민족형성과정과 관련되어있다. 출애굽기 3장 14-15절에 처음의 이름 ahjah asar ahjah나는 곧 나다의 줄인 말 ahjah가 jahwah로 옮겨간 것이다. 여기서 ahjah의 j 대신에 w 가 쓰인 것은 말 첫머리에 j 가 온 다음에 나타나는 동음이화同音異化 현상이다. 그리하여 ahjah '그'이다라는 의미로 이해되곤 했다. 15절에서는 ahjah 대신에 jahwah 라는 이름이 쓰이고 있다.[226]

여호와란 하나님의 이름은 AD. 13세기경에 유대교 카발라 학파에서 야훼יהוה의 자음에 아도나이 אֲדֹנָי 의 모음을 합쳐서 만들어 낸 것이다. 왜냐하면 하나님의 이름을 그냥 부르면 신성모독이고 불경죄에 해당되기 때문이다.

하나님께서는 왜 가시떨기나무에 나타나셨을까? 그 이유는 하나님이 계시지 않는 곳은 어디에도 없다는 것을 가르쳐주기 위함이었다. '하나님께서는 모든 이의

가슴 속에 스스로 있는자'이시다.[227]

모세는 이슬에 젖은 신을 벗고 섰다. 그때 그의 마음 속에는 하나님의 뜻을 깨달을 수 있었다. 너는 나의 동역자가 되어야 한다.

> 내가 애굽에 있는 내 '백성의 고통을 분명히 보고', '그들의 부르짖음을 듣고', '그 근심을 알고', 내가 내려가서 그들을 애굽인의 손에서 건져내고, 그들을 아름답고 광대한 땅, 젖과 꿀이 흐르는 땅, 곧 가나안으로 데려가려 하노라. 내가 너를 바로에게 보내어 내 백성 이스라엘 자손을 애굽에서 인도하여 내게 하리라. 출 3:7-10

그러나 모세는 신비한 경험을 받아들이지 않았다. 그는 그것을 완곡히 거절했다. 그것은 분명하다. 그는 감성이 아닌 이성으로, 직관으로 대답했다. 모세는 대자연의 경이와 신비의 황홀경 속에서 하나님의 음성을 들었다. 그는 자기 자신을 잘 알고 있기에 끊임없이 구실과 변명을 찾았다. 그는 하나님의 부르심을 거절하며 부인하며 핑개를 댔다.

> 내가 누구이기에 바로에게 가며, 이스라엘 자손을 애굽에서 인도하여 내리이까? 오 주여! 나는 본래 말을 잘하지 못하는 자니이다.... 나는 입술이 뻣뻣하고 혀가 둔한 자니이다. 주여, 보낼만한 자를 보내소서! 출 3:11-13

모세는 매우 냉정한 이성으로 대답했다.

이스라엘 자손도 내 말을 듣지 아니하였거든, 바로가 어찌 내 말을 들으리이까? 나는 입이 둔하 자니이다.출 6:12

모세는 온갖 구실과 변명으로 하나님의 소명에 응할 수 없음을 일관해서 말했다. 그러나 드디어 그의 가슴은 화살을 맞은 것처럼 아파왔고, 도끼를 든 정신분열증 환자처럼 변해가고 있었다. 왜냐하면 바로 그날 이후, 항상 모세의 귓가에는 "내가 너와 함께 하리라"는 하나님의 말씀이 계속 메아리치고 있었기 때문이었다. 그는 확신을 얻었다. 그의 생은 일변했다.

하나님이 이르시되, 내가 반드시 너와함께 있으리라. 네가 그 백성을 애굽에서 인도하여 낸 후에 너희가 이 산에서 하나님을 섬기리니, 이것이 내가 너를 보낸 증거니라.출 3:1

그는 이 '약속의 보증' 말씀과 함께 걸었고, 그 가운데서 평안과 용기를 얻게 되었다.

우리는 나를 보내신 이가 나와 함께 계신다. 주께서는 나를 홀로 두지 않으신다.요 8:16, 29; 16:32

이 말씀이 신앙의 진수이다. 이 말씀은 우리가 하는 모든 일의 기초가 된다. 이 약속의 보증 말씀은 우리 삶의 금과옥조金科玉條이다. 하나님께서는 이 약속을 깨트린 적이 없다. 이 약속의 말씀은 모세의 광야유랑 생활에도, 그리고 우리들의 생존 싸

움에도 중요한 병참선兵站線이 되었다.출 4:12, 15

그날 이후, 모세는 혼자의 몸으로 바알 선지자 450명과 아세라 선지자 400명을 한칼에 쳐 죽인 엘리야의 광기에 사로잡혀갔다.왕상 18:19, 40

> 야훼께서 구름 가운데 강림하사 물으셨다. 내 손이 짧아 구원하지 못하는 줄 아느냐? 모세가 물었다. '당신은 누구십니까?'민 11:23, 수 5:13-14
>
> 누가 사람의 입을 지었느냐? 누가 말 못 하는 자나, 못 듣는 자나 눈 밝은 자나 맹인이 되게 하였느냐? 나 야훼가 아니냐? 이제 가라! 내가 네 입과 함께 있어서 할 말을 가르치리라. 오 주여! 보낼 만한 자를 보내소서! 말 잘하는 네 형, 아론이 있지 아니하냐? 그가 너로 대신하리라. 그리고 너는 그에게 하나님같이 되리라.출 4:11-16
>
> 시내산에 연기가 자욱하니, 야훼께서 불 가운데서 거기 강림하심이라. 그 연기가 옹기점 가마 연기 같이 떠오르고 온 산이 크게 진동하매, 모세가 말한즉 하나님이 음성으로 대답하시니라. 야훼께서 시내산 곧 그 산꼭대기에 강림하시고, 모세를 그리로 부르시니, 모세가 올라가매 야훼께서 모세에게 이르시되, '내려가서 백성에게 경고하라. 백성이 밀고 들어와 나 야훼께 와서 보려고 하다가 많이 죽을까 하노라' 야훼께서 모세에게 이르시되 산 주위에 경계를 세워 … 백성이 시내산에 오르지 못하게 하라.야훼께서 돌격할까 하노라 너는 내려가서 백성에게 경계를 넘어 나 야훼께로 올라오지 못하게 하라. 내가 칠까 하노라.내가 돌격할까 하노라.출 19:16-25. 개정개역
>
> 셋째 날 아침, 천둥소리와 함께 번개가 치고 시내산 위에 짙은 구름이 덮이며 나팔 소리가 크게 울려 퍼지자 진지에 있던 백성이 모두 떨었다. 시내산에 연

기가 자욱하여 야훼께서 불 가운데 내려오셨다. 가마에서 뿜어 나오듯 연기가 치솟으며 산이 송두리째 뒤흔들렸다. 하나님께서 천둥소리로 대답하셨다. 너는 내려가서 이 백성에게, 야훼를 보려고 마구 넘어 들어오다가 많은 사람이 죽는 일이 생기지 않도록 단단히 일러두어라. 그렇게 하지 않으면 야훼가 내려가 그들을 마구 칠 것이다. 모세가 대답하였다. 이 백성은 시내산으로 올라오지 못합니다. 이 산 둘레에 표시를 해서 아무도 침범하지 못하게 하라고 경고해 주시지 않으셨습니까? 출 19:16-25, 공동역

하나님께서는 자연과 역사와 양심과 직관을 통해서 말씀하신다. 그리고 성서를 통해서 말씀하신다. 자연과 역사와 양심은 성서를 깨닫게 하는 연습장이다. 자연과 역사와 양심은 호기심과 탐구심을 갖게 한다. 자연의 신비함과 장엄함, 아름다움에서 신의 능력을 발견한다. 모세는 하늘을 가르는 번개 불도 보았다. 지축을 흔드는 천둥소리, 뇌성도 들었다. 그의 시각과 청각의 작용이었다. 그러나 들릴락 말락 하는 양심의 소리, 내밀한 하나님의 음성. 아주 세미한 하나님의 소리도 들을 수 있었다. 그의 영성이 깨어나기 시작했다.

그날 새벽 시내산 언덕 위에서 모세는 '불타는 가시덤불'을 보았고. '천둥소리'를 들었고 그는 두려움에 싸였으나 그 신비스러운 광경에 감응되었다. 그는 다가갔다. 도대체 어찌 된 일인가? 그는 이상히 여겨 가까이 가서 보려고 했다. 호기심의 발동이었다. 그는 탐구자요. 발견자이다.[228] 그는 영안靈眼이 열리고 영의 귀가 열렸다. 그 이상하고 신비함에서 모든 철학과 과학과 예술이 나온다. 경탄과 존경과 경외의 념念에서 그의 영성이 깨어났다. 여기에서 도덕과 종교가 구별된다.

그날 새벽, 시내산 위의 경험은 '마른하늘의 벼락' 같았다. 그의 지성과 이성뿐만

아니라 지금까지 그가 일찍부터 경험했던 시누헤, 아케나톤, 이드로, 이드리미 등에 의한 역사적 경험이 그날 새벽 시내산 '부싯돌 발화'의 불똥을 받는 부싯깃tinder, 즉 '마른 쑥잎이나 수릿치' 따위의 역할을 해주었다.

그의 영성은 오랜 세월 축적된 집단의 의식 덕분에 하나님의 영음도 알아차리게 되었던 것이다. 그는 남들이 보지 못하고 듣지 못하는 세상의 사소한 모든 것들을 통해서 영음을 듣고 영성의 세계를 보았다.

모세는 이제 그 거부할 수 없는 명령 앞에, 그 변형할 수 없는 소명 앞에 '진인사대천명'盡人事待天命 하기로 했다. 그는 이제 덤으로 생을 얻었으니, 남은 생애는 노예였던 백성들을 위해 모든 것을 함께 하기로 했다. 그는 이제 완전히 하나님의 사람이 되어있었다. 'every body'를 위해 'every thing'을 하기로 했다. 모든 이를 위해 모든 것을 하기로 했다. 그는 누구든지를 위해 무엇이든지 '다' 하기로 작심했다.

그는 이제는 자동기계 같은 골렘golem도 아니오, 누구의 꼭두각시도 아니다. 그 누구의 앵무새도 아니고, 대리자일 수도 없었다. 그는 이제는 시누헤의 후예도, 아케나톤의 계승자도, 그리고 이드리미의 상속자도 될 수 없었다. 그는 이제 야훼의 입이 되었다. 모세는 죽었고, 이제는 그가 산 것이 아니라 오직 그 안에 있는 '야훼의 영'께서 사신 것이라. 이제 그는 "하나님의 영을 따르는 믿음 안에서 사는 것이었다"갈 2:20

모세는 하나님의 명령을 준행하기 위해 애굽으로 돌아가려고 결심하고 장인의 허락을 청한다. 그러나 그는 자신이 애굽으로 돌아가야 하는 진짜 이유를 장인에게 숨기고 있었다.

모세가 그의 장인 이드로이데르에게로 돌아가서 그에게 이르되 내가 애굽에

> 있는 내 형제들에게로 돌아가서 그들이 아직 살아있는지 알아보려고 하오니 나로 가게 하소서. 이드로가 모세에게 평안히 가라 하니라. 출 4:18

모세는 받은바 묵시를 장인에게 솔직하게 알리지 않는다. 그는 하나님의 뜻이 실행되기 전에는 발설하지 않으려고 엉뚱한 말을 둘러댄 것이다. 인간은 때로는 자신의 마음을 숨기기 위해 언어를 사용한다.

그렇다. 내일이면 다시 해가 뜰 것이다. 돌이켜 보면 모세의 지난 80년 생애는 남은 40년을 위한 준비과정이었다. 그는 지나온 세월을 망각 속에 묻어버리고 다시 애굽으로 돌아가 싸우기로 작심했다. 다음날은 구름 한 점 없이 맑았다.

제14장 • 모세의 야훼혁명과 그의 노년 시절-전편

많고 많은 젊은이들의 순수한 열정으로도 감당할 수 없는 그 일을

산전수전, 만고풍상을 다 겪은 늙은이 모세가 그 일을 떠맡고 나섰다

그때에 이스라엘이 노래하여 이르되

샘물아 솟아라! 샘물아 솟아라!

이 샘은 족장들이 팠고,

우리 조상들이 홀과 지팡이로 판 것이로다! 민 21:17-18

하였더라.

원래 먹고 살 양식이 없어 배고픔이 선조들을 애굽으로 내려오게 하였다. 이굽으로 온 선조들은 전통의 목양생활을 버리고 점차 애굽의 노예로 되어갔다.

자본은 인간을 노예화한다. 카를 마르크스

이제 옛적 선조들이 살았던 땅을 찾아서 그들이 떠나왔던 곳으로 이제 되돌아가고 있는 것이다. 선조들이 살았던 그곳에 장막을 치고, 그들이 쌓았던 곳에 다시 제단을 쌓고, 조상들이 사용했던 우물터를 다시 파고, 그들이 즐기던 음식들을 먹으

면서 전승되어 온 노래들을 다시 부른다.

양과 염소를 치면서 옛날의 자연스런 생활방식을 회복했다. 무너진 성벽을 다시 쌓고, 자유로운 삶을 되살려 나갔다.

I. 모세의 야훼 혁명이란?

세속화와 인간화 작업

유명한 현대 신학자로서, 하바드대학 신학부 교수였던 하비 콕스Harvey Cox는 1963년 8월에 미국 '그린 레이크'Green Lake에서 열린 '침례교 대학생 연차대회'에서 "하나님의 혁명과 인간의 책임'God's Revolution and Man's Responsibility이라는 유명한 강연을 하였다. 그때의 강연을 출판한 것이 '세속도시'The Secular City, 1965와 '바보들의 잔치'The Feast of the Fools, 1969 라는 두 권의 책이다.[229]

모세의 '야훼 혁명'Yahweh Revolution이란 : 이방 애굽 땅에서 수백 년 동안 가난과 굴욕으로 살아온 노예들을 이끌고 광야로 나가서 어떻게 나라를 세우겠는가? 발붙일 땅도 없고 무기도 없는 노예들을 이끌고 어떻게 민족으로 뭉치게 할까?

그들에게 남아있는 것이라고는 서러움과 아픔과 고뇌와 체념뿐인데, 그들의 한과 울분을 어떻게 해소시키고 그들의 필요를 공급하여 주어 인간의 존엄성과 자유정신은 갖게 할 수 있을까?를 해결하려는 것이었다.

그것은 하나님의 혁명밖에는 없다. 그것은 하나님께서 '종교'보다는 이 세상에 더 많은 관심을 갖고 계신다는 사실에 기인한다. 따라서 하나님께서는 이 세상도, 종교도 세속화世俗化, secularization하기를 원하신다.

여기서 '세속화'라는 말은 우리가 오해하지 말아야 할 것은 17세기 이후 지식인

사회에서 표면상으로는 종교적 관계를 존중하지만, 내면적으로 회의주의에 물든 세속적 삶의 유희를 즐기는 것, 즉 다시 말하면 르네상스 이후 확대되어간 세속적 사상의 흐름, 즉 신神 없이 사는 법을 말하는 것이 아니다. 1960년대 중간부터 나타나기 시작한 세속화란 말은 이 현대세계 안에서 그리스도교가 생존해야 하는 방식을 서술하는데 사용한 방법으로서의 세속성이다.

고가르텐Friedrich Gogarten이 이해하는 바에 의하면 세속성은 근본적으로 신앙에만 의한 '의인론'義認論으로 부터 나온 역사적 작업이다. 세속화는 창조론과 구원론을 동시에 함축하고 있다.[230] 이러한 고가르텐의 영향은 '하비 콕스'의 '세속도시'와 같은 다양한 해석을 통해서 미국신학에 들어오게 되었다.[231]

'세속화'란 Harvey Cox가 그의 작품 '세속도시'에서 사용한 용어로서, 그는 이렇게 정의 했다.

> 종교 자체에 대한 종교적 또는 유사 종교적 이해로부터 세상을 자유롭게 하는 것, 또는 모든 폐쇄된 세계관을 헤쳐 없애며 모든 초자연적 신화와 거룩한 상징들을 타파해 버리는 것이다.[232]

하비 콕스는 세속화 과정을 절대시하는 '세속주의'secularism는 하나의 이데올로기로서 위험한 것이지만 '세속화과정'secularization 자체는 성서에 근거를 둔 것으로서 우리에게 성장의 가능성을 부여하는 것이다. 따라서 세속화 과정을 걱정하고 배척하는 대신 더 적극적으로 평가하고, 그 과정 안에서 인간의 존엄성과 자유를 신장하기 위하여 노력해야 한다고 주장했다.[233]

보라! 내가 오늘날 너를 열방 만국 위에 세우고, 너로 뽑으며, 파괴하며, 파멸하며, 넘어뜨리며, 건설하며, 심게하였느니라. 렘1:10

아훼혁명은 폐쇄적이고 억압적인 과거의 모든 것을 파괴하는 것으로부터 새 땅에서의 개척開拓까지이다. 파괴의 목적은 건설하려는 것이다. 인간을 노예화하는 모든 문화를 파괴하고 새 나라, 새 민족을 심어나가는 것이다.

'야훼혁명'이란 모세의 세속화 작업으로서 그 근거를 오경의 '천지창조설화'와 '출애굽설화', 그리고 '시내산계약설화'에서 찾았다. '파괴적 정신'이 곧 건설적, 창조적 개척정신이다. 과거의 청산과 미래의 창조이다.

모세는 Atonism의 실패한 아마르나혁명에서 Mosaism에 의한 야훼혁명의 실마리와 경륜을 얻었다. 모세의 혁명은 정치뿐만 아니라 마음의 변혁이고 영적인 것이었다.

하비 콕스의 세속화란 성서에 근거한 이론으로서,

첫째로 천지창조설화로 더불어 '자연에서 각성'the disenchantment of nature begins with creation이 시작된다. 하나님이 만물을 지으시고, 그 관리권을 인간에게 주셨다는 이야기는 신神과 자연은 분리하고, 자연에 대한 인간의 주권을 확보하여, 자연과학이 발전할 수 있는 길은 터놓았다. 고대근동세계는 자연을 신격화 신성화했다. 인간의 운명이 자연에 매여있었다. 인간은 자연의 일부였다. 인간은 자연에 대한 미몽에서 깨어나고 각성 되어야 한다. 인간은 자연의 술수마법에서 풀려나야 한다. 자연은 하나님의 피조물일 뿐이다. 그 작업은 하나님의 천지창조설화로 시작되었다. 참조 : disenchantment란 사람을 마법에서 풀다, 미몽에서 깨우다. 깨어나게 하다. 각성하게 하다란 뜻이다

둘째로 출애굽설화와 더불어 '정치 권력의 비신성화'the desacralizatiom of politics with the Exodus가 시작된다. 비신성화 시킴으로써 권력의 상대화와 따라서 정치적 반항의 가능성을 마련하였다. 위정자들은 하나님이 위임한 권력을 위임받은 기간 동안만 제한적으로 사용할 수 있고, 거부와 반항할 수 있는 권리가 백성들에게도 있다. 참조 : desacralization란 상대화, 세속화시킴을 뜻한다

셋째로 시내산에서의 계약 설화는 야훼 하나님 외에는 아무것도 절대적이 될 수 없다는 뜻으로서 모든 가치를 상대화 시켜버렸다.the deconsecration of values with the Sinai Covenant, especially with its prohibition of idols 특히 우상의 금지로 모든 가치를 상대화 비신성화시켰다. 참조 : deconsecration란 분리 시키다, 비신성화시키다란 뜻이다

이와같이 과학의 가능성과 '정치권력의 비신성화'와 '가치의 상대화'를 통해서 성서는 세속화의 씨를 심어주었다.[234] 이것을 위해 인간은 하나님의 세계에서 하나님과 함께 고통 하고 하나님과 함께 일해야 한다. 이렇게 함으로써 그 세속화 과정 안에서 인간의 존엄성과 자유가 신장된다. 그런데 이러한 '세속화 작업'은 해도 되고, 안 해도 되는 그런 명제는 아니다. 이러한 작업을 하지 않으면 교리와 율법이 하나님에 앞서고, 신전과 젯상이 인간에 앞서게 된다. 그리고 인간이 인간 위에 선다. 인간은 노예나 짐승으로 변한다. 이것은 우상화 작업이 된다.

이상의 주장이 하비 콕스의 세속화 이론이었다.

R. 류터R. R. Ruether는 "결국 구원은 실존적으로 우상을 파괴함으로써 특별히 체험된다. 구원은 그런 신성불가침의 질서와 체계를 파괴시킴으로써 가능해 진다. 성서는 인간의 우상 숭배에 대한 하나님의 분노의 역사로서 이런 우상 파괴는 동시에 하나님의 은혜의 역사이기도 하다. 인간은 단순한 신적 우주의 산물이 아니라 역사의 창조에 책임이 있다는 의미이다. 진정으로 인간이 된다는 것은 폐쇄된 세계관의

모든 예속으로부터 자유롭게 된다는 것을 의미하며 개방되고 결정되지 않은 미래 앞에서 새로운 삶은 준비하는 자로서 서 있는 것을 의미한다. 이것이 그리스도교 신앙이 인간을 해방시키는 상황이기도 하다. 자유로운 인간으로서 어떤 새로운 보호 체계에 굴복함이 없이 이 세계를 걸어간다는 것은 신앙만으로 걷는 것을 의미한다"고 했다.[235]

그렇다면 세속화 작업이란 결론적으로 개인의 삶이나 이스라엘의 역사에서 즉 출애굽 사건과 광야 유랑 및 가나안 진입은 "모든 예속으로부터 자유롭게 된 세계관 안에서 열려져 있고, 변화시킬 수 있는 미래 앞에서 새로운 삶은 준비하는 자로서, 야훼의 하나님을 향한 믿음으로 살아가는 것이다."

그러므로 야훼 신앙은 미신적 종교가 되어서는 안된다. 결국 '생의 의미'와 가치관 문제이고, 생활 양식과 사고방식 문제이다. 여기에는 '의식의 변화'가 필요하고 그것은 깨닫고 실천하는 문제이다. 인간답게 사는 길은 하나님 없이는 불가능하다. 하나님이 없는 세상은 우상에 종노릇하게 되고 자기를 상실하게 된다. '땅에서 넘어진 자, 땅을 디디고 일어나야지 땅을 떠나서는 일어날 수 없다.'라는 말과 같이 '인간의 자아'를 떠나서는 불가능한 인간화가 이루어져야 한다. 결국 '세속화란 인간화'이다.

야훼 하나님의 혁명이란 광야 사막으로 탈출해 나온 노예 군중들이 그 혁명의 소용돌이 속에서 오직 자유를 위해 목숨을 바친 그 수 많은 이름 없는 민중들의 영웅적이고 비극적인 모습을 상기시키는 것이다. 비장한 결의로 황야로 탈출해 나온 군상들의 주검 위에 드리워진 어둠과 이 어둠 속에서 생생히 빛나는 여호수아와 갈렙의 두드러짐은 신앙믿음의 용기와 자유의 고귀함과 자유를 향한 인간의 쉼 없는 진행을 생각케 한다.

야훼 신앙이란 관념적인 신앙에서 행동과 실천, 삶과 생활 속의 신앙으로 살아 있게 해야 한다. 하나님 없는 인간은 비참하고 하나님이 있어야 행복하다. 타락한 인간에게는 구세주가 필요하다. 아무리 작은 존재도 그 속에 하나의 우주를 갖고 있다. 여기에 놀라움과 신비가 나타나 있다.

Ⅱ. 모세의 애굽귀환

모세가 애굽으로 귀국할 무렵에 애굽에서 그를 알아보는 자는 아무도 없었다. 그는 애굽 공주의 아들도 아니었고, 황태자도 아니었다. 다만 미디안 땅에서 오랜 세월을 양치기 생활로 보낸 늙고 초췌한 노인 목자에 불과했다. 그가 애굽으로 돌아올 때는 거의 팔십 노인이었다.

그러나 그는 양치기 목자로서의 단단한 피부와 근력과 내재적인 강건함이 그 어떤 위기에서도 침착할 수 있는 힘을 제공하고 있었다.

> 모세는 그의 아내와 아이들을 나귀에 태우고 애굽으로 돌아가는데 모세가 하나님의 지팡이를 손에 잡았더라. 출 4:20

인생의 노년기老年期는 신체조직의 탄성彈性이 감퇴되고 퇴화, 위축된다. 이 시기의 인격의 특성은 정서적으로 불안정하고, 자기중심적, 자기 폐쇄적이라고 할 수 있다. 노년 시기에는 개인적 자주성과 독립성을 지지하고 싶은 욕구가 강해진다. 모세의 애굽귀환은 노년의 특성을 그대로 나타낸 노파심이 아닐까? 노인의 비극은 자기는 아직 젊어서 무슨 일이든 할 수 있다고 생각하는 것이다.

모세의 애굽 귀환은 매우 희극적이다. 그런데 그 멀고 험한 여정을 건강한 가족들은 나귀에 태우고, 노쇠한 모세는 지팡이에 의지해 걷고 있었다면 그것은 슬픈 비극이다. 여기에는 역사가 숨겨 놓은 비밀이 있다. "모세가 본문과 같이 아내와 아들들을 한 마리의 당나귀에 태우고 애굽으로 떠났다고 한 것으로 보아 아직 두 아들은 나이가 어리다는 것과 그중 차남은 아기여서 엄마가 팔에 안고 갔다는 사실을 알 수 있다.

"상기上記 한 대로 본문은 또한 모세가 80세가 거의 다 될 때까지 십보라와 더불어 동침하지 않았다는 것이 되며, 혹은 십보라가 모세와 결혼한 후 오랫동안 잉태하지 못하였다는 사실도 상정할 수 있다."[236]

우리는 고대 최고의 문명사회에서 학문의 최고봉에 오른 모세행 7:22가 광야에서 양몰이 처녀와 결혼 하였으니 얼마나 그들 사이에 생의 뜻과 의미가 소통되었을까! 자신들의 생을 불타는 열정으로 깨끗이 정화해 줄 수 있었던 영혼의 동반자였을까? 문명의 밖에 있었던 목녀牧女가 모세의 황폐해진 마음 밭을 갈아엎어 줄 수 있었을까? 의심해 본다.

위의 본문은 미디안 광야의 생활은 모세에게는 개인과 시대의 불화不和와 어긋남을 보여주고 있다. 즉 모세의 삶의 내재적 모순이 나타나고 있었다. 초기의 목양생활의 부적응과 부부의 과거 경험의 격차에서 오는 부조화로 모세가 겪어야만 했던 고통이 암시되어 있다. 인식의 차이에서 오는 아내 십보라의 원망하는 자세가 엿보인다. 그럴수록 모세는 천년의 사랑을 다 하지 못하고 떠나온 달비스와의 사랑의 부산물은 그에게 혼란과 고통을 함께 맛보게 했다. 백마 탄 왕자가 마술처럼 나타나 천년의 사랑을 얻었다는 그녀의 환상은 깨어지고 다시는 이루지 못할 인연이 된 달비스에 대한 그리움에 영일이 없었을 것이다.

모세는 애굽 땅에 도착하자마자 곧바로 며칠이 안 되어 먼 여정을 함께 해 온 아내와 자식들을 나귀에 태워 다시 떠나온 그들의 고향 미디안으로 되돌려 보냈다. 과업을 시작하기도 전에 가족보다 민족을 앞에 두고 전부 환고향 시키는 결단에서 칭찬보다는 끝없는 서글픔이 앞선다. 그의 책임감은 어디로 갔는가? 험한 생의 여정에서 길동무가 되어줄 사람은 십보라인가 아니면 달비스인가? 성서가 증언하고 있다. '인간의 사랑'이란 꼭 육체적 접촉이 필요한 것은 아니다. 뜻이 통하고 마음이 합해져야 한다.

애굽에서 수백 년 동안 종살이하던 노예들을 이끌고 탈출하려는 모세의 애굽 귀환 모습은 한편의 목가풍의 동화같아 보인다. 제 땅에 살지 못하고 정든 고향, 사랑하는 부모형제들을 두고 떠나야 하는 십보라의 처절한 서글픔과 눈물겨운 참상이 형상화되어있다. 거듭 말하거니와

> 모세는 그의 아내와 아들들을 나귀에 태우고 애굽으로 돌아가는데, 모세가 '하나님의 지팡이'를 손에 잡았더라. 출 4:20

이 모습은 암담한 현실에서 느끼는 답답함과 어디론가 떠나지 않을 수 없는 절박한 심정이 깃들어 있다. 남부여대하는 피난민의 모습을 연상시켜 주는 이 광경은 어디론가 떠나야 하는 운명, 무엇엔가 쫓기는 강박관념에 눌린 모세 가족의 원한과 비애를 반영해 주고 있다. 그의 나이 벌써 80을 넘었다. 소중한 젊은 시절을 다 허비하고 "이제 더 늙기 전에 이 일만은 꼭 해내야겠다"는 결심으로 단호한 의지가 나타나 있다. 어린 것들을 안고 업고 떠나야만 한다는 모세의 이성적 판단과 고향과 정든 부모 형제들을 두고 차마 떠날 수 없다는 십보라의 감정적 행동 사이에서 당나귀가 등장하여 고뇌와 갈등을 진압하고 있었다. 미디안 머슴 생활 40여 년에 그가 얻

은 것이라고는 가족이라는 짐과 가축을 돌보는데 필요했던 막대기지팡이 하나가 전부였다.

이제 어디 가서 무엇을 먹으며 잠은 또 어디 가서 잘 것인가? 이 어린것들이 광야 여정을 무사히 견뎌낼 것인지? 뿐만 아니라 꿈을 잃은 백성을 이끌고 황야로 나와 새 나라를 이룩한다는 것은 젊은이가 감당할 수 있는 일이 아니었다. 그것을 모세처럼 세상의 만고풍상을 다 겪으면서, 산전수전 세상의 온갖 고생과 어려움을 다 겪어온 노익장老益壯만이 해낼 수 있는 일이었다. 우리는 언제든 마음만 먹으면 오랫동안 짓눌려온 삶의 무게를 덜어낼 수 있다. 그럼, 이제 다시 꾸린 가방을 가볍게 들고 일어나 눈 앞에 펼쳐진 삶을 보자. 그러면 자신이 원하는 곳으로 데려다줄 새로운 길이 별자리처럼 환하게 펼쳐질 것이다. "늙으면 메뚜기도 짐이 될 것이니..."잠 12:5 모세가 가진 것이라고는 지팡이 하나밖엔 없었다. 인간의 생에는 지팡이 하나면 족하다. 그 이상의 소유는 짐만 될 뿐이다.

성서의 이러한 기록이 믿겨 지지 않을 만큼 연로한 노인인 모세가 결심의 동력을 삼을 만큼 기운을 낼 수 있었던 지팡이는 과연 무엇으로 만들었기에 '하나님의 지팡이'라고 칭했을까? 여기에는 영성세계의 일면을 보여주고 있다. 그 지팡이는 모세가 미디안 땅에서 40여 년간 양을 치면서 들고 다녔던 목자의 지팡이요,[237] 구불구불하고 울퉁불퉁한 넝쿨나무 지팡이였다. 모세는 그 지팡이로 뱀을 시연을 해 보이기도 했다.

모세는 그 지팡이로 애굽에 열 재앙을 내렸고, 다시 광야유랑 중에 40년간 기적과 이적을 행했던 지팡이였다. 그 지팡이는 성소의 거룩한 나무가지로 만든 지팡이로서 생물학적으로는 죽어있으나 기적과 능력이 나타나는 영성을 지니고 있었다.

모세는 애굽으로 돌아올 때, 노예를 설득시키는 작업은 유창한 말솜씨와 풍부한 상상력을 가진 형 아론이 맡고출 4:10-12, 우직한 자신은 완고한 파라오을 설득시키는 직무를 담당하기로 했다. 그러나 그의 호소와 요청에 파라오는 단번에 거절했다. 파라오는 도리어 새로운 노동 규정을 만들어 노예들을 혹사시켰다.골5:1-21

백성들은 모세와 아론을 원망했다. 그러나 모세는 그렇게 말한 것은 자신이 한 것이 아니고 '야훼 하나님'이 하신 것을 믿게 하려고 애썼다. 모세는 그들에게 지금 당장 그들이 해야 할 일들을 몇 번이나 한 번도 성공하지 못했지만 일러주었다. 그러나 노예들은 조금도 움직이지 않았다. 그들에게는 자유에 대한 열망이나 옛 고향 땅으로 귀환하려는 꿈을 잃어버려진 지 오래였다. 모세는 그 현실에 대하여 다시 한번 크게 실망하였다. 모세는 사태의 심각성을 인식하고 자신의 지도력에 위기를 느꼈다. 그리하여 그는 가족들은 미디안으로 되돌려 보내고 훗날의 일을 본격적으로 시작하였다.

Ⅲ. 신화와 역사의 결합

신화는 역사를 잉태하고 전설을 낳는다.

출애굽 사건과 광야 유랑전승은 신화와 역사의 결합이다

베스터만Claus Westermann에 의하면 성서에 나타난 모세에 대한 전승은 다윗의 전승과는 전혀 다른 성격을 가졌음을 간과해서는 안 된다. 이 말은 모세의 전승으로부터 우리는 역사적 진술들을 구성해 낼 수 없다는 말이다. 그러므로 이 문서들에 대해서는 좀 거리를 두면서 판단을 내리는 것이 정직한 태도라고 생각한다고 했다.[238] 환언하면 태고의 모세전승은 왕국기의 다윗 전승과 같은 역사적 문헌으로 결코 전활 시킬 수 없다는 말이다.

마르틴 노트Martin Noth에 의하면 : "출애굽-시나이 전승의 배후에는 역사적 핵이 존재한다. 그러나 출애굽을 경험한 집단과 시나이 전승을 경험한 집단은 서로 다르지만 오경의 편찬자들은 두 전승을 모세라는 주인공에 연결시켰다. 성서고고학자이며 역사학자인 W. F. 올브라이트willian F. Albright의 입장을 따르고 있는 마르틴 노트는 "성서에 기록된 이야기" 출 1:8-신 34:12의 골자를 수용하면서도 수 세기 동안 구전 전승과 문서 전승을 거치면서 본래의 이야기에는 여러 가지의 이야기들이 첨가되어 층을 이루게 되었다."고 하였다.[239]

광야에서의 유랑길은 가장 어렵고 고통스럽고 또 손실이 컸던 시절이었다. 그러나 나중의 예언자들은 이스라엘이 하나님께 유일하게 충성했던 시기라고 본다.[240]

폰 라드G. vom Rad는 "오경의 역사적 기사들은 모두 신화적인 사건들과 전설적인 전승들의 종합짜집기이다. 그 각각의 전승들은 원래 모두 개별적이고 독립적인 것들로서, 재해석하는 과정에서 신학적 반성을 함으로써 이스라엘의 고유한 자기 신학을 형성한 결과였다."고 하였다.[241]

이스라엘 국립 텔아비브대학 역사학 교수 슐로모 산드Shlomo Sand는 19세기 유대 역사학자들의 계보를 정리하면서 이들이 구약성서에 나오는 신화들을 역사로 탈바꿈시키는 과정을 기술했다. 이스라엘 백성이 본토에서 추방당한 히브리 민족사를 상징하는 기원전 13세기경의 출애굽 사건에 대해서는 어떤 증거도 없다고 주장했다. 그는 유대인의 민족적 배경은 창작된 신화이며 조작된 정체성이라고 했다.[242] 다시 말하면 궁극적으로 허구인 신화가 '이스라엘'이라는 민족과 국가를 창조해 냈다는 것이다.

히브리 노예들의 애환은 탈출과 광야에서의 유랑생활 종교적으로는 야훼의 혁명이었지만 정치적으로는 실패한 아케나톤의 아마르나 혁명의 대리전 성격이 강했다. 아마르나 종교개혁이 성공했더라면 출애굽사건은 애초부터 없었을지도 모른다. 이스라엘의 건국역사는 신화와 전설이 결합하여 하나의 '새 서사'를 창조해 낸 것이다. 그렇게 산출된 서사는 해마다 절기마다 국가적인 제의나 민족적인 축제로, 혹은 가정적인 행사로 드라마화하여 반복적으로 회상하고 기억함으로써 지배자들의 폭정을 끝내고 새로운 질서를 생산하는 역사적 사건으로 재창조된 것이라는 것이다.

Ⅳ. 떠나온 고향에 대한 그리움

모세는 소년 시절부터 고향으로 돌아온 시누헤를 흠모해 왔고, 고향에서 쫓겨난 전설 속의 야곱을 동정해 왔다. 그의 소년의 뜰에는 그들의 생애에 붙어있는 신화와 전설을 잊은 적이 없었고, 그것에서 파생한 기적과 경이를 자신의 생에도 나타나기를 염원해 왔다.

모세는 고국과 고향을 상실한 사람이었다. 고향을 등진 사람에게는 항상 향수병 같은 울렁병이 따른다. 고향에서 쫓겨나 멀리 떨어져 있는 사람에게는 답답한 가슴이 있다.

1. 조상들의 신화 : 야곱의 꿈

고향에서 추방당하여 광야를 방황하던 야곱은 불안에 싸여 잠을 청할 수 없었다. 정처없는 길에서 피곤에 지쳐 돌을 베개 삼고 누웠으나 정신은 오락가락했다. 비몽사몽 간에 꿈을 꾸었다.

야곱이 잠이 깨어 이르되 야훼께서 과연 여기 계시거늘 내가 알지 못하였도다. 두렵도다! 이곳이여! 이곳은 다름 아닌 '하나님의 집'이요 이는 '하늘의 문이로다'하고 이름을 벧엘이라 하였더라. 야곱이 서원하여 이르되 '하나님이 나와 함께 계셔서 내가 가는 이 길에서 나를 지키시고 먹을 떡과 입을 옷을 주시어 내가 평안히 아버지 집으로 돌아가게 하시오면 야훼께서 나의 하나님이 되실 것이요 내가 세운 이 돌이 하나님의 집이 될 것이요 하나님께서 내게 주신 모든 것에서 십분의 일을 내가 반드시 하나님께 드리겠나이다.창 28:16-22

외삼촌 라반이 그를 속여 품삯을 열 번이나 변경했으나 그는 낮의 더위와 밤의 추위를 무릅쓰고 눈붙일 겨를도 없이 20여 년을 일했다. 그 결과 하나님게서 그의 수고와 고난을 보시고 빈손으로 보내지 않으셨다. 그는 거부가 되어 두 무리의 추장이 돼서, 이제 환고향 하고 있다.창 31:7, 40-42

2. 망명열사 시누헤의 기도

망명열사 시누헤는 망명지 가나안 땅에서 신을 대면하고 불타는 염원의 기도를 드렸다.

신께서 그의 운명을 정하지 않았습니까?
신은 잘못을 저지르고 다른 나라로 헤매는 사람에게도 자비를 베풀어 주십니다.
한때는 자기 집에서 도망을 쳤으나 이제는 명성이 대궐에 미치고,
한때는 배가 고파 온 땅을 헤맸으나 이제는 이웃에게 빵을 나눠주고,

한때는 벌거벗고 자기 나라를 떠났으나 이제는 눈부신 옷감으로 몸을 휘감고
한때는 심부름시킬 사람도 없었으나 이제는 나의 노예들이 수두룩 하구나!
나의 집은 아담하고 나의 거처는 넓으며
나는 대궐에서도 안부를 물어옵니다.
오 신이시여.... 이제 나에게 자비를 베푸사
애굽의 대궐로 나를 인도해 주소서!
나의 시체가 내가 태어난 곳에 다시 묻히는 것보다
더 중요한 일이 어디 또 있겠습니까?
운이 트여 신이 내게 자비를 베풀면.....
그가 고생시킨 이에게 끝을 가져오며,
그가 외국에서 살도록 강요한 이에게 자비를 베풀어 준다면....
그렇다면 지금 멀리 떨어져 있는 자의 기도를 들어 주소서!
호루스 생명의 기원, 대왕의 대주제여![243]

이러한 조상들의 신화 즉 시누헤의 기도와 야곱의 기도는 한결같이 "내가 평안히 내 아버지의 집으로 돌아오게 하신다면 야훼께서 나의 하나님이 되실 것이요...." 였다.

모세는 조상 전래의 야곱의 꿈과 망명열사 시누헤의 꿈을 이루기 위해 애굽귀환을 서두르고 있었다. 그의 자주정신과 독립심은 타의 추종을 불허했고, 자기 확신에는 절대적으로 고집불통이었다. 그는 장인 이드로에게조차 그가 애굽으로 가야만 했던 목적을 숨기고 허락을 얻었다.출4:18 가족을 나귀에 태우고, 지팡이를 집고 나선 그의 발걸음은 가벼워 보였다. 그는 자신의 생의 황혼기를 사실은 진정한 생의

황금기로 장식하고 싶었다. 모세는 지금까지의 삶의 방식이 그의 발목을 잡는 걸림돌이나 족쇄가 되지 않기를 바랐다.

V. 마술과 기적과 경이의 세계

모세는 때때로 점쟁이나 마술사처럼 행동했다. 그는 때때로 하나님혹은 자신의 뜻을 관철시키기 위해 마술과 기적에 의존했다. 그리하여 그는 애굽의 마술사들 보다 항상 먼저 마술적 기적을 행하였다.출 7:8-13,

점술과 마술이 가장 발달한 곳은 바빌로니아와 애굽이었다. 바빌로니아가 점술의 본고장이라면 애굽은 마술의 본고장이었다. 고대 애굽의 마술사들은 날랜 손재주만 갖고 있는 것이 아니라 신비학의 대가들이었다.[244] 모세는 일찌기 애굽 사제들이 '영기'靈氣, aura를 유지하는 방법을 배웠다. 애굽의 우상 종교에는 순수한 종교적 교리와 더불어 의약처방법이 마술적 수단과 혼합되어 있었고, 모세도 그것을 습득하고 있었다.[245]

그리고 한편 히브리인들의 고유한 마술도 있었을 것이다. 따라서 모세는 보통 40-50세였던 중년기에 벌써 '능력 있는 마법사'powerful magician로서 명성을 얻고 있었다. 그리하여 멀리 고대 그리스인들 사이에서도 모세는 유명한 마술사로 정평이 나 있었다.

모세는 위대한 마법사였다. 애굽 궁정에 받아들여졌던 그는 높은 수준의 마법에 입문하였다가 신神의 편을 듦으로써 상대보다 더 큰 기적을 보여주려는 시합이 벌어졌는데, 바로 여기서 모세는 자기 민족이 건너 갈 수 있도록 홍해의 물길을 열어놓기도 하고, 쳐다 보기만 하면 누구나 병이 낫는 구리청동뱀을 만들기도 했다.[246]

모세는 어떤 위력을 발휘하지 않으면 안 되겠다고 판단되면 긴급조치로 마술과 기적을 행하였다. 우리는 어떤 주문이나 기도의 형식으로 자연의 질서에 반대되는 어떤 물리적 결과를 얻어내려는 행동은 '마술'magic로 정의하고 또한 그와는 반대로 사건의 자연적 질서를 방해함 없이 그 질서 혹은 결과가 어떻게 전개될 것인지 사전에 미리 알아서 그것에 대처하려는 태도가 점술이다.

인간들은 사람으로서는 이해가 거의 불가능한 것처럼 보이는 능력있고 변덕스런 신들의 손안에서 거의 무력한 존재였다. 그러나 미래를 예지하고 싶은 갈망을 가진 인간은 바로 그 신들의 밀실을 들여다보도록 창조되었다. 자연의 모든 신비스럽고 불확실한 현상들은 그것을 전조로 해석할 수 있는 신과 인간 사이의 중재자를 필요로 하게 되었고 따라서 신탁이론의 발전은 가져왔다.

점술divination이 고도로 발달하면 선견자나 예언자의 활동에 가까워진다. 고대의 제관들은 마법사들이자 점술가들이었고 병을 치유하는 의사들이었다.

영성의 세계에는 마술과 기적과 점술과 신탁과 계시가 한 덩어리로 엉겨 있어 그것을 외관상으로 서민들이 분별하기란 쉽지 않았다.

애굽에 내린 열 재앙

열 재앙은 자연이 베푼 우연이었고 필연이었다. 하나님께서는 자연을 통해서 기적을 베푸신다. 원래 자연과 기적은 서로 충돌하지도 않고 다투지도 않는다. 각기 분별할 뿐이며, 서로 협력한다. 왜냐하면 이성과 계시가 동일한 근원에서 나오기 때문이다. 따라서 자연현상이 기적으로 이해되고 믿어지기는 마법처럼 순간적이며 순조롭다.

모세는 애굽 땅에 '10 재앙'을 내렸다. 애굽의 술사들도 그것을 모방하여 그렇게 하였다. 모세의 기적은 애굽의 기후와 자연환경의 현상을 그 배경으로 하고 있었다.

그 모든 재앙의 발생은 일 년여에 걸쳐 계절의 순서를 따르고 있었다. 그러나 그 모든 것이 하나님께서 애굽을 치면서 이스라엘을 돕는 수단으로 인식되고 있었다. 기후와 자연과 계절의 현상이 기적으로 믿어졌고, 그 표현은 전승되는 세월 속에서 계속 과장되어 갔다.

'열 재앙'의 발생 과정을 살펴보면!

나일강은 해마다 6-10월경까지 상류 지역의 강우로 인하여 홍수가 범람하고, 초기에는 녹색을 드리고, 점차 적색을 띠게 되어 피같이 보인다. 이것이 첫째 재앙 "강물이 피로 변함"출 7:14-24이다.

나일강의 감수기 9월경은 하반의 흙탕물에 개구리가 번성한다. 상형문자는 개구리는 거만巨萬을 의미한다. 이것이 둘째 재앙 "개구리 재앙"출 8:1-15이다.

이蝨는 원어로 'Kinnim'인데, 10월경 갯벌에 발생하는 모기일 것이다. 모기나 진드기일 가능성이 크다.배경주석 이것이 셋째 재앙 "이의 피해"출 8:16-19이다.

10월로부터 11월경에는 홍수의 감수기로 뒤이어 오는 해충과 잡다한 병균의 번식이었다. 이것이 넷째 "등애 재앙"출 8:20-31이고, 그 해충과 박테리아를 통해 감염시키는 탄저병인 "온역 피해"가 다섯째 재앙이었다.출 9:1-1

여름부터 가을에 걸쳐, 더위와 온기로서 번식하는 세균의 작용에 여섯째 "동종 재앙"동종은 악성 종기이다.출 9:8-12

1월 중순경에 보리 이삭이 나오고 삼의 꽃이 한창일 무렵에 내리는 우박과 낙뢰이다. 이것이 일곱째 "우박재앙"이다.출 9:13-35

매년 2월경에는 'Sirocco'라는 계절풍이 불어오는데, 메뚜기떼가 극성을 부린다. 이것이 여덟째 "메뚜기 재앙"이다.출 10:1-20

춘 3월에는 짙은 모래바람이 내습한다. 그래서 모래 황사로 낮에도 어둡고 캄캄해진다. 3-5월 사이에 일어난다.배경주석 이것이 아홉째 재앙 "흑암의 피해"이다.출 10:1-29

흑암의 피해 후에는 흉악한 병균이 애굽 전토를 휩쓸어 사람이 대량으로 죽어나간다. 이것이 열 번째 재앙, "장자의 죽음"이다.출 10:29-30

이와같이 모세가 일으킨 10 재앙은 일 년에 걸쳐 계절과 기후와 자연의 변화에 따라 발생한 재앙이었다. 출애굽 무렵의 재앙은 평소보다 더욱 심하였기 때문에 하나님의 징벌 행위로 인정되었다.[247]

Ⅵ. 노예들의 애굽 탈출

역사적으로 보아 히브리 민족은 출애굽에서 시작되었고, 거기에 참가했던 종족들은 야곱의 자손들에게만 국한된 것은 아니었다. 거기에는 '수많은 잡종의 무리들'출 12:38, 중다.衆多한 잡족들과 함께 있었고, 히브리인들 가운데 '섞여 살았던 다른 인종들'민 11:4 즉 하비루가 아닌 다른 사람들도 있었다.[248] 따라서 '이스라엘'이란 복합부족들의 혈통으로서 단일 혈통이 아니었다. 그들은 혼합된 민족이고, 복합적인 기원을 갖고있는 사회적으로 형성된 민족으로서[249] '민족'nation이란 용어보다 '민중'people이란 말이 더 어울린다.

노예들은 강 유역의 들판이나 도시의 성벽 너머 토막이나 강변 뚝의 움막에서 살았다. 그들은 난민들로서 빈민굴에 거하면서 생활의 편이나 안락만을 탐하면서 살아온 무리로서 여러 분파와 종족들로 갈라져 있었다.

그들은 지금까지 애굽의 주인들과 상사들에게만 충성하도록 길들여진 자들로서 꿈과 환상을 잃었고, 육체적 고통과 정신적 학대를 받아오면서 그것을 당연하게 받아들이고 있었다.

역사가 존 브라이트John Bright는 그들을 가리며 'mixed multitude & rabble'출 12:38. 민 11:4이라고 했다. 그 수數도 성서 본문에 의하면 상당히 많았던 것 같다고 했다.[250]

'rabble'이란 '어중이떠중이, 오합지졸, 폭도들, 천민들'을 가리키는 것으로 농노들, 유목민, 행악자. 무법자, 범법자, 범죄자, 살인자. 난민, 탈영병. 무뢰한, 약탈자, 폭력배, 파괴자. 상해자. 강도떼, 산적, 불량배. 불한당. 채무자. 납치자, 도주자, 탈주자. 방랑자, 유랑민, 비적 떼, 유격대, 용병. 노예, 노동자, 피난민, 이주민, 반역자, 반체제주의자. 국외자, 침입자, 공격자, 방화자, 천민, 인간쓰레기, 떠돌이, 소요자 등 질서 밖의 모든 자들을 지칭한다.

그들은 애굽 땅에서 극심한 신분상의 차별과 학대 속에서 힘겹게 살아온 자들로서 언어도, 종교도, 사고방식도 서로 다르고, 습관과 도덕도 서로 달랐으며, 훈련도 통일성도 없는 오합지졸烏合之卒의 무리였다.[251]

그들은 민족적인 소명의식이나 공동체로서의 자기조절 기능이 없었다. 그들은 오랫동안 사회적 갈등을 일으키면서 히브리 노예들과 더불어 섞여 살아가고 있었다.

그러나 그들의 속에서 끓어오르고 있는 '마그마'는 한결같이 동일했다. 그들은 오래전에 아케나톤의 아마르나 혁명의 성공에 기대를 걸었던 자들로서 그것이 실패로 돌아간 데 대한 분노가 있었다. 이러한 상황에서 모세의 메시지는 호소력이 있었다. 특히 모세 자신의 가정에서도 소중히 간직해 온 부조전래父祖傳來의 제의전승祭儀傳承들을 갖고 있었을 것이다.

야훼신앙Yahwism은 이와같이 도망해온 노예들과 그 밖의 아무런 사회적 기반도 없는 부랑족浮浪族들에게는 강한 매력이 있었음에 틀림없다. 이 신앙은 그들이 이전에는 가져 보지 못했던 공동체의 유대와 동질성을 그들에게 안겨 주었을 뿐 아니라 또한 야훼야 말로 그들의 조상들에게 주기로 약속했었던 그 땅으로 그들을 인도하기 위해 애굽에서 구출할 하나님이라고 선언하였다.

이미 모세 이전 훨씬 오래전부터 애굽에서 탈출하여 황야로 이동해 간 이주민 무리가 있어 해를 거듭할수록 늘어가고 있었다.

> 자, 우리가 그들에게 대하여 지혜롭게 하자, 두렵건대 그들이 더 많게 되면 전쟁이 일어날 때에 우리 대적과 합하며 우리와 싸우고, 이 땅에서 나갈까 하노라 하고... 출 1:10

사실 '이스라엘 백성'이란 몇 차례의 출애굽탈출 사건이 있었느냐 하는 것과, 히브리 12 혹은 13 부족 전부가 애굽으로 이주해 갔느냐, 혹은 일부분의 부족은 가나안에 잔류하고 있었느냐? 하는 문제와, 그리고 히브리 부족들이 함께 출애굽하였느냐 혹은 출애굽 하기 전에 일부의 부족은 가나안에 이미 돌아갔었느냐 하는 문제와 결부되어 있다.

이러한 역사적 상황에서 올브라이트Albright는 2회의 출애굽을 생각했다. 머셔Mercer는 애굽에서 가나안으로 몇 번의 이주가 있었다고 생각했는데 그것은 장기간에 걸쳐 이루어진 것으로 보고 있다. 즉 시므온 부족은 1937 B,C, 이전에, 그리고 아셀 부족은 1213 B.C. 이전에 가나안 땅에 진입하였다고 보며, 스블론, 납달리, 잇사갈 그리고 레위와 르우벤 부족은 메르넵타 Mernephta 통치 시에 떠난 유다와 요셉 부족 이전에 애굽을 떠났으나 이들은 가데스 Kadeah에서 서로 갈라졌다고 생각했다. 이것은 역사적 진실이다.

토프틴Toffteen은 2중의 애굽 진입과 2중의 출애굽을 입증했는데, 첫 번째 애굽 체류는 1877-1447 B.C.으로, 그리고 두 번째 애굽 체류는 약 134-1144 B.C.으로 연대를 잡았다.[252] 토프틴은 첫 번째 출애굽은 J와 E에, 그리고 D에만 알려져 있고, 두번째는 P에만 알려졌는데, 놀랍게도 각 출애굽은 유사한 압박이 있었고, 유사한 이름을 가진 지도자들도 산출하였다고 했다.

1. 떼강도로 변한 노예를

모세는 그들이 계속 노예로 머물러 있어서는 안되고 새로운 소망의 땅에 가서 살아야 한다는 애족심에 호소했다. 모세와 아론은 궁핍과 학대에 지친 노예들을 규합해 세를 불리고 있었다. 그러나 그들은 서로 정세를 살펴면서도 요동치 않았다.

드디어, 모세는 그들의 인간적인 본능과 탐심에 호소했다.

> 자! 이제부터 애굽인들의 집에 들어가 금과 은과 각종 패물과 의복과 가축과 음식을 취하라! 내일 새벽 해뜨기 전에 출발한다!출 12:34-36

"취하라!"는 말은 '약탈'의 의미이다. 냉담했던 노예들은 움직이기 시작했다. 그들은 모두 '탐심의 노예들'이었다.

그날 밤 수도 테베는 노예들의 '광란의 도가니'로 변했다. 떼강도들의 약탈이 밤이 새도록 계속되었다. '얼마나 부러웠던 주인댁의 것들인가!' 그들은 갑자기 너도나도 폭도로, 강도로 돌변하여 습격과 약탈을 감행했다. 그날밤 시간이 지날수록 탈출하려는 군중은 점차 커져 갔고, 그리하여 예상외로 큰 무리를 이루었다. 애굽인들은 그들을 강도 떼의 준동으로 인식하고 안절부절못했다.

모세와 아론은 정말 글자 그대로 우여곡절을 겪으면서, 고군분투, 악전고투 끝에, 천신만고로 마침내 일부의 노예들이나마 이끌고 광야로 탈출해 나오는 데 성공하였다.

그들이 엉겁결에 모세를 따라 광야로 뛰쳐나온 것은 호랑이 등에 업혀 달려 나온 격이었다. 그러므로 몇 개의 부족이 출애굽에 참여하였느냐고 하는 문제는 '이스라엘'이라는 것이 원래 민족의 명칭이었느냐 혹은 여러 부족이 모세의 영도아래 결합하여 '신성한 계약'beiligen bunds을 체결한 사람들의 명칭 즉 그들의 '거룩한 소명'Sakralen rufe에 의해서 '이스라엘'이라고 부르게 되었느냐 하는 문제와 연결된다. 역사적 연구는 '이스라엘'이란 팔레스틴 입주入住 후에 비로소 구성된 제의적 부족동맹의 명칭이었음을 보여주고 있다.[253]

폰 라드에 의하면 야훼 신의 숭배가 이주집단들 중에 제일 마지막 집단 즉 '요셉의 집'과 함께 비로소 팔레스틴에 들어 왔고, 그곳에서 그 땅에 정착한 레위 집단과 다른 부족들에 의해 받아들여졌다고 한다.[254]

모세의 인도를 받고 출애굽한 부족은 요셉지파를 비롯하여 한두 부족에 불과한 소수였으나, 출애굽과 홍해도강의 경험이 세월이 흐르면서 전승이 확대되었고, 점차 다른 부족들도 같은 신앙고백을 하게 되면서 점점 열두 지파 전체의 경험으로 고백하기에 이르렀다.

이와같이 "만일 가나안에 진입한 이스라엘이 두 집단으로서, 2차의 출애굽이 있었다면 모세의 인도를 받은 한 집단을 야훼의 이름 하에 하나님 예배로 인도하였고, 반면 그가 인도하지 않은 또 다른 집단은 모세와는 독립적으로 야훼 종교에 도달하였을 것이라."[255]는 결론을 얻게한다.

최근까지의 구약성서 학자들의 연구 결과에 의하면 출애굽 사건을 실제로 경험한 부족은 불과 한두 부족에 불과하고 그 나머지 부족의 대부분이 가나안 각지에 흩어져서 각각 자기들의 부족신을 가지고 서로 상관없이 살고 있었다.[256]

2. 출애굽 후의 인구조사

모세가 이스라엘을 애굽에서 가나안까지 행진해 가는 동안 이스라엘이 인구조사를 한 것이 두 번이었다. 첫 번째는 시내광야에서 4월 15일에 실시되었고민 1-2장, 두번째는 약 38년 후에 모압 평지에서 실시되었다.민 26장, 이곳에서의 인구조사는 20세 이상의 남자들만 계수했는데, 총인원은 603,550명이었다. 603,550명 가운데에 603,458명이 그 후 광야에서 죽었다는 것은 슬픈 일이 아닐수 없다.민 14:29-30 후에 가나안에 들어간 사람은 두 사람 여호수아와 갈렙 뿐이었다

이 인구조사에 대하여 많은 논란이 있다. 만약 본문은 사실 그대로 받아들인다면 이스라엘의 인구는 여인과 노인 그리고 어린아이를 까지 합한다면 인구는 200만 명이 넘었을 것이 확실하다.[257]

이러한 비평 방법과 계산은 성서 본문을 해석하는 학자들에 의하여 정당한 것으로 인정되 있으며, 따라서 당시의 출애굽 노예들의 수효는 약 1만5천 명 정도 되었을 것으로 보고 있다.[258]

3. 유월절과 가나안의 농경 봄 축제

애굽의 열 번째 재앙인 '장자들의 죽음'은 히브리 노예들의 핵심 동인이 되었다.출 11:4-8, 12:29-36 열 번째 재앙인 '장자 희생'은 원래 유목민의 신화 '장자 희생제의'the Sacrifice of the first born였다.[259] 유목민의 농경 봄 축제는 그들의 신화를 드

라마화한 것으로서 봄철 주야평분춘분의 만월 밤에 거행되었다. 유목민들은 해마다 봄이 돌아오면 초원의 새 땅을 찾아서 겨울 동안 살아온 거주지에서 갑자기 떠나가는 절기행사를 행였다. 그리하여 모세와 아론이 애굽 왕 파라오 앞에 나타나 처음 요구한 것은 바로 이 농경 봄 축제를 지키게 해 달라는 것이었다.

> 이스라엘의 야훼 하나님께서 말씀하시기를 내 백성을 보내라. 그러면 그들이 광야에서 내 앞에 절기를 지킬 것이니라 하셨나이다. 히브리인의 하나님이 우리에게 나타나셨은즉 우리가 광야로 사흘 길쯤 가서 우리 하나님 야훼께 제사를 드리려 하오니 가도록 허락하소서! 야훼께서 전염병이나 칼로 우리를 치실까 두려워하나이다.출 5:1-3

모세는 전통적인 농경 봄 축제를 핑개로 히브리인들의 광야여행을 요구하였다. 유목민의 봄 축제Spring Feast는 가나안 땅에서 일곱 번째 달에 보름달이 뜰 때 행하여졌다. 이때 예배자들은 비옥의 여신에게 드릴 계절의 선물을 성소로 가지고 갔다.

원래 유목민들은 신에게 자신들의 장남이나 가축의 첫 새끼를 바쳤다. 이 축제는 사춘기성년, 발정기에 이른 젊은이들이 신에게 예배하는 때로서 남자는 할례, 여자는 정조를 희생하므로 행해졌다. 그들의 사람을 희생시키는 관습은 후에 속죄양으로 대치되면서 점차 누그러졌다.출 34:19-20

그때 의식의 한 가지로 쓴 나물을 먹고, 허리에 띠를 띠고, 신발을 신고, 손에 지팡이를 들고, 급히 출발하는 태세로 희생의 식사를 하였다. 그들은 너무 급해서 누룩을 넣지 않은 빵으로 식사를 하였다. 이것들은 모두 급박한 상황임을 반영한 것이

다.출 12:8-11, 15-20

애굽 탈출 사건을 기념하는 유월절 축제는 유목민의 농경 봄 축제를 재연한 것이었다. 유월절은 농경 봄 축제를 모방하고 흉내 내면서 재연한 것이었다. 이스라엘의 유월절은 고대 유목민의 옛 풍습을 빌려 이스라엘에게 '새 의미'를 갖게 한 것이라. 이러한 성례전聖禮典은 하나님의 세상에서 하나님과 함께 고통한다는 의미가 있었다.[260] 이스라엘의 유월절은 옛 신화를 품고 있는 유목민의 축제가 출애굽의 역사적 사건으로 변형된 것이다.

유월절 제도는 이스라엘이 애굽의 속박으로부터 구원받은 사실을 기념하는 축제이다. 후대에 와서 유월절 자체가 '주님의 성만찬'으로 변형된 것처럼 모세 이전 시대부터 이미 있었던 유목민의 '농경 봄 축제'Pasakh가 이스라엘의 유월절Passover로 변역된 것이다.

출애굽 사건은 분명히 민족적 대역사였지만, 이스라엘 백성이 유월절 축제를 수행할 때의 제의 형식을 민족적 축제인 국경일의 차원이 아닌 가족들의 차원에서. 가정들의 축제로서 지키도록 한 것은출 12:3-12 분명히 유목 시대로부터 유래된 축제 형식에서 유래 되었음을 나타낸다.

빵의 발효는 인간이 자신의 쾌락적 욕망에 사로잡혀 노예 상태가 되는 것을 상징한다. 음식의 맛을 찾는 일로부터 자유로워야 한다. 그들은 야훼의 명령 앞에 바로 떠나야 했기 때문이었다. 지체할 시간의 여유가 없다. 빵이 누룩으로 발효되기까지 며칠이고, 몇 시간이고 기다릴 수는 없다. 하나님께서 갑자기 떠나라고 하시면 언제든지 곧바로 떠나야 한다. 이뿐만 아니라 광야의 삶에는 맛에 기준을 두고 음식을 먹을 수는 없다.

유대교의 '미쉬나'에 의하면 이스라엘이 애굽에서 고생한 것을 기념하는 것으로 ① 상추 ② 치커리양상추 ③ 박하 ④ 뱀에 물렸을 때 호전되게 하는 각종 식물의 뿌리 ⑤ 민들레 같은 것에 ⑥ 식초를 쳐서 ⑦ 간장에 찍어 먹었다.[261]

이스라엘 백성의 이러한 유월절 풍습은 인간의 생이 무기력해지거나 너무 버거워지면, 애굽의 낙타들이 연자 방아간 맷돌을 빙빙 돌면서 계속 끌고 가듯이 번뇌가 떠나고 새 마음이 돋아날 때까지 몸을 부려야 한다는 것이었다.

인간의 생이란 위기의 연속이다. 누구나 위기에서 실패할 수 있다. 생의 위기에서 재기와 반전의 기회가 없다면 인생은 절망 그 자체이다. 그러나 인간 생의 위기는 새로운 기회이다. 인간의 생에는 제2, 제3의 찬스가 있다.

> ... 승리와 재물과 은총을 입는 것에 대한 시기와 기회는 모든 사람에게 우연히 온다. 전도서 9:11

4. 유월절과 바벨론의 아키투 축제

유월절은 애굽의 전제군주의 주권이 야훼 하나님의 주권으로 바뀌는 날이었다. 바벨론의 아키투 축제는 창조신화의 제의로서 그날에 세상을 지배하던 정권이 바뀔 수도 있는 날이었다. 잔치로 시작하여 무혈정변이 일어날 수도 있었다.

이것은 바벨론의 아키투Akitu 축제가 유월절 축제로 변형된 사실을 설명한다. 유월절은 바빌로니아 역으로 '아비브Abib' 월로 알려져 있는데출 13:4, 23:15, 34:18, 신 16:1, 이것은 '이삭'을 뜻이며, 더 구체적으로는 '보리이삭'이란 뜻이다. 출 9:31 이스라엘의 한 해는 본래 가을에 시작되었다.

후에는 바빌로니아 역으로 유월절을 '니산Nisan' 월보다 '첫날', '정월'이라고 불렀다.

유월절은 달의 시작 곧 해의 '첫 달'이 되게 하고출 12:2, 유월절 제사를 행했다.출 12:27

이것은 바빌로니아의 '봄 축제'가 '니산월' 첫 11일간에 진행된 행사와 연관되어 있다. 그들의 '에누마 엘리쉬'라는 신화를 드라마화한 것으로 아키투 축제는 전제군주인 왕이 통치권을 잠시동안 마르둑 신에게 반납하고물러나고 제사장이 신권을 행사하는 날이다. 신이 지배하는 세상이었다. 에누마 엘리쉬는 창조신화이다. 이 창조 신화를 대서사시로 11일 동안 드라마로 재연한다.

바빌로니아에서 니산월 봄축제는 그것이 진행되는 동안 '창조의 서사시'Epic of Creation, Enuma Elish가 두 번 낭송되었는데, 이 의식은 신비적인 방법으로 신화가 역사로 이루어지도록 의식을 집행하였다. 이 제의극은 '마르둑Marduk'과 '혼돈의 용, 티아맛Tiamat'과의 사이에 경쟁이 이루어지고, 마침내 마르둑이 승리하게 된다. '창조의 서사시'의 두 번째 영창에 의하면 축제 다섯째 날은 왕이 제사장에게 불려가고, 마르둑의 상 앞에 혼자 앉아있게 된다. 그 다음 대제사장이 들어가서 왕의 의복에 붙어있는 그의 권력의 상징인 왕의 휘장을 떼어 신 앞의 단상 위에 갖다 놓는다.

이렇게 하여 신화의 드라마화는 역사적 현실이 된다. 지상세계를 다스리는 왕권이 바뀌는 사건이 일어난다. 권선징악勸善懲惡, 방벌放伐이 실현된다. 방벌이란 덕을 잃은 군주는 토벌해 쫓아내야 한다. 이것은 옛 중국의 역세易世 혁명관이란 것과 비슷하다. 악정惡政을 행한 임금을 쳐내는 역성혁명易性革命을 인정한 사상revolution thought과 반대되는 상황을 선양禪讓이라 했다.

그 다음 대제사장이 왕의 귀를 잡아당기고, 뺨을 세차게 후려치고 난 다음, 마르둑 앞에 무릎을 꿇게 만든다. 이러한 자세에서 왕은 바빌로니아를 해롭게 한 여하한 행동을 하지 않았음을 고백하는 일종의 '고백 선언문'을 낭송한다. 그러면 대제사장은 신으로부터 오는 축복과 성공과 번영의 약속으로 응답한다. 그러면 왕은 일어서고, 그를 호되게 뺨을 친 제사장으로부터, 그의 손에서 '왕권의 휘장홀'을 다시 돌려받게 된다.

이러한 이상한 의식의 절차의 목적은 하나의 전조예언를 얻는 데 있으니, 만일 그 뺨을 친 타격에 왕이 눈물은 흘리게 되었다면 왕은 신이 금지한 통치행위를 한 것이 되며, 만일 그렇지 않다면 마르둑은 왕에게 화가 나 있고, 따라서 앞으로의 바빌로니아에는 재앙이 있게 될 것이라는 뜻이다.

이 의식은 왕이 죽임을 당하고 젊고 원기 왕성한 후계자의 설정인 계절적인 사건이 보다 빨리 오기를 기원하는 것이다. 다시 말하면 정권교체의 조기실현을 촉구하는 의식이다. 신화가 제의로, 다시 역사로 재현된다. 이러한 신화나 제의가 잉태하는 상징체계는 '역성혁명'이다.

이것을 옛 중국에서는 '역성혁명'이라고 했다. 패덕悖德, 덕을 잃음한 왕을 끌어 내리고, 덕이 있는 사람이 천명을 받들어 새로 왕이 될 수 있다는 사상이었다. 패덕한 '은'의 주왕을 징벌하고 역성혁명으로 '주'를 세운 이가 바로 '무왕武王'이었다. 역성易姓이란 왕의 성을 바꾼다. 덕을 잃게 되면 덕있는 자가가 새로운 통치자가 된다. 이런 정권교체는 하늘의 명으로 받아들여 당연시 되는데, 이를 '천명사상天命思想'이라 했다.

바빌론의 아키투 축제에서 신전 '에사길라Esagila'에서 '비트 아키투bite-akitu' 혹은 그 도성의 외곽에 있는 '축제의 집Festival House'까지 '성스러운 길sacred way'을 따라 긴 행렬이 있었고, 마르둑의 '손을 잡은 왕'이 그 행렬 앞에 서고 그 뒤를 방문한 모든 신들과 제사장들과 민중들이 따라갔다. 축제 기간 중 혼돈의 용과 마르둑과의 사이의 싸움을 극적으로 연출하였다.[262]

신화의 연극화가 역사적 현실의 사건으로 화하다

이스라엘의 유월절 축제는 애굽의 파라오의 전제 군주적 왕권을 부정하고, '야훼 하나님'으로 왕권이 바뀌는 순간이었다. 아키투 축제에서 이 의식의 남은 특징은 '운명의 결정'이라고 불리는 의식이다. 신년의 번영을 결정해주는 성스러운 결혼sacred marriage은 매우 중요한 의식인데, 지구랏 꼭대기의 예배당 같은 곳에서 행하여졌다. 높은 계급의 여승들이 여신의 역할을 감당하는 동안, 왕은 남신을 대신한다. 이 의식에서 이 부분은 본질적으로 땅의 풍요와 비옥을 위한 행사로서 주목된다

신화적인 옛 시대에 산 인간들은 그 주변의 세계를 전체로서 보았다. 그들은 정신적인 것을 물질적인 것에서 나누지 않았다. 이 둘은 서로 긴밀하고 안전하게 서로 합쳐 있었고, 그 때문에 본래 말과 사물. 표상된 것과 현실적인 것 사이를 나눌 수도 없었다. 그러므로 이념적인 것과 현상적인 것. 또는 말과 사물 사이는 마치 한 존재 차원에서처럼 결합 된 것이었다![263]

오늘날에도 이러한 신화와 전설들은 계속 낭송되어져야 한다. 그렇게 함으로써 "신화는 사건화 되고" 신의 질서는 바로 서고, 바른 세상이 유지될 수 있기 때문이다. 옛 신화를 제의로 표현하고 그것의 결과에 따라 정권교체의 계기를 마련한 옛사람들이 지혜와 슬기가 재미있다.

Ⅶ. 홍해 도강

1. 불기둥과 구름기둥

이스라엘 백성들의 광야 유랑길은 끝없는 황야와 사막의 불모지였다. 그들은 여정의 방향을 시내산 쪽으로 정하고 나아갔다. 시내광야. 신광야, 진광야, 수르광야.

바란광야 등 계속되는 황야의 불모지뿐이었다. 천신만고의 향야길! 때로는 방향을 잃었다. 때마침 저 멀리 시내산 방향에서 시커먼 먹구름이 떠오르고 있었다. 그것이 밤이면 불기둥으로 변했다. 백성들은 그것을 하나님의 임재로 생각했다. 세월이 많이 흐른 후에야 그것이 시내산 분화구에서 분출하는 화염이라는 사실을 알게 되었다. 그것은 낮에는 구름기둥, 밤에는 불기둥, 하나님의 손에 들려있는 두 개의 기둥이 아니라, 화산활동의 결과로 나타난 화염이 낮에는 구름으로, 밤에는 불꽃으로 보였던 것이다.[264]

그들은 애굽을 탈출하여 자유와 해방을 얻었으나 끝없는 광야와 사막이 계속되자 불평과 원망이 터져 나왔다.

그들은 다시 애굽으로 돌아가자고 했다.

"우리가 사생결단하고 찾아온 곳이 고작 이곳이야?"

"너무도 실망스럽다!"

애굽 병사들이 그들을 추격해와서 그들을 '갈대 늪' 방향으로 몰아갔다.

그들이 모세에게 이르되, 애굽에는 매장지가 없어서 당신이 우리를 이끌어 내어 이 광야에서 죽게 하느냐? 어찌하여 당신이 우리는 애굽에서 이끌어내어 이같이 하느냐? 차라리 애굽으로 돌아가는 것이 이 광야에서 죽는 것보다 낫겠도다. 출 14:11-12

이제 광야로 몰려나온 그들에게는 다시 애굽으로 돌아갈 다리는 없었다.

> 바로가 백성을 보낸 후에 블레셋 사람의 땅의 길은 가까울찌라도 하나님이 그들은 그길로 인도하지 아니하셨으니, 이는 하나님이 말씀하시기를 이 백성이 전쟁을 보면 뉘우쳐 애굽으로 돌아갈까 하셨음이라. 그러므로 하나님이 홍해의 광야 길로 돌려 백성을 인도하시매... 출 13:17-18

광야 유랑길은 가다가 멈추고, 멈추었다가 다시 진행하고, 진행하다가 뒤돌아보고, 그러다가 넘어지고, 그리곤 다시 일어서서 걸어가는 천신만고의 황야길 여정이었다. 그 여정에는 모든 사람이 각각 자기 크기의 땀과 고통, 눈물과 헌신의 발자국을 남겼다.

애굽을 떠나오지 않았더라면 생각조차 할 수 없는 환경이었다. 갖은 고생 끝에 갈증과 배고픔을 스스로 해결하는 방법을 찾아 나서야만 했다. 그들은 밤마다 하늘을 원망하면서 자신들의 무력감을 탓하면서도 때때로 애굽 땅에서 느껴보지 못한 자유와 행복을 누리고 있었다.

2. 홍해 도강과 민요

홍해 도강은 가나안의 '바알과 아낫트 신화'와 바빌론의 '에누마 엘리쉬 신화'의 드라마화였다. 홍해도강설화는 민요 속에 전승, 보존되어 왔다.

일반적으로 전설legend이나 전승tradition은 역사적 사실의 핵심the core of historical facts을 그 속에 내포하고 있다.

그것이 민요의 형태로 전승되었을 때는 거기에는 비록 여러 세대에 걸쳐 다소의 개작이나 착색이 있었다고 하더라도, 그 속에는 과거의 기억recollections을 다분히 보존하고 있다고 본다.[265]

구약성서에는 '야훼의 전쟁기' The Book of the War of Yahweh, 민 21:14나 '야살의 책' The Book of Yashar, 수 10:12-14 등과 같이 이스라엘 민족의 역사상 큰 사건들을 노래한 고대의 종교 및 세속의 민요를 모은 것으로서 크게는 민족적 그리고 작게는 향토적인 시가집이 있었다. 예를 들면: 모세의 노래 출 15:1-18, 미리암의 노래출 15:19-21, 발람의 신탁민 23-24, 우물 파기 노래민 21:16-18, 아론의 축복민 6:22-27 등의 시는 그런 민요집에 있던 것들이었다.

홍해 도강의 노래 핵심은

> 야훼는 용사시니 야훼는 그의 이름이로다. 그가 바로의 병거와 그의 군대를 바다에 던지시니 최고의 지휘관들이 홍해에 잠겼고 깊은 물이 그들을 덮으니, 그들이 돌처럼 깊음 속에 가라앉았도다. 출 15:3-5

미리암의 노래

> 너희는 야훼를 찬송하라
> 그는 높고 영화로우심이요,
> 말과 그 탄 자를 바다에 던지셨음이로다. 출 15:21

이것들은 민요의 고갱이이자 역사의 핵심이다. 이것은 기원전 14세기경의 가나안의 시문학의 문체와 흡사하다. 그것의 본래 형태는

> 야훼를 향해 노래하라.

그는 영광스러운 승리를 거두신 분.
말과 병거를 바다에 처넣으셨도다.

이것은 민요의 후렴구였다.[266]

'가나안의 시문학'이란 바로 가나안의 '바알과 아낫트'Baal and Anat 신화를 노래한 서사시를 말한다. 여기에 나오는 '얌-나하르'는 바다와 강의 신이고, '이스탈'은 샘과 우물의 신이다. 이들 세 경쟁자들이 최고의 신 엘을 대신하여 왕의 자리를 차지하기 위해 서로 싸우는 것이다. '바알과 아나트 신화'는 성서의 태풍의 신 바알의 이미지가 이스라엘의 신 야훼에게 적용된 것이다.

물 위에 궁궐을 높이 지으시고
구름으로 병거를 삼으시고
바람 날개를 타시며
바람을 시켜 명령을 전하시고
번개 불에게 심부름은 시키시는도다.시 104:3-4

그리고 바알이 얌바다을 정복한 것처럼, 야훼는 바다를 이기셨다.시 89:9-10, 사 27:1, 시 114:1,3

그의 힘은 바다를 잠잠케 하셨고
그의 슬기는 라합을 쳐부셨고
그의 콧김으로 하늘을 개고

레비아단은 도망치다가 그의 손에 찔려 죽었도다. 욥 26:12-13

'홍해도강사건' 출 14:15-22은 이스라엘이 바다를 건넌 사건으로 자연과 역사의 상호관계를 하나님의 때요 요 7:3, 계시적 사건으로 믿어, 이스라엘 백성은 그 자연과 역사의 뜻을 초자연적으로 해석했다. 이스라엘이 야훼의 인도와 능력으로 홍해를 건넜다는 신앙의 정신화. 초자연화가 그때부터 구약정경의 형성 이후까지 진전되었다.[267]

홍해 도강기사를 전하는 '모세의 노래' 출 15:1-18는 가나안 신화 속의 괴물 '리워야단' Leviathan, 레비아단 즉 용, 바다. 큰 물결, 라합과 싸우는 것으로서 에누마 엘리쉬에는 '티아맛'과 싸우는 전쟁 즉 창조행위를 아름답게 문학적으로 수 놓은 것이다.

가나안 신화 '바알과 아낫트' Baal and Anath에서는 바다, 큰 물결, 혼돈, 깊음, 괴물 용. 리워야단. 라합, 창조 등은 모두 같은 의미와 상징으로 사용되었다.

바빌로니아의 '창조 서사시' Enuma Elish에서는 '바다'라는 괴물 '티아맛' Tiamat이 창조의 적수로 묘사되어 있다. 성서에는 바다에서 육지가 드러나는 것이 창조의 시작이었다. 창 1:6-9

모세의 노래에서

홍해가 신화의 '큰 물결'로 변하고 출15:4-5, 바로의 군대란 바다와 병거에 탄 자들이다. 출15:4-5 '큰물이 바다 가운데 엉기나이다' 출8-10는 옛사람이 생각한 신화 속의 '바다' 창조시와 연결된 '신화적 깊음'을 뜻한다. 이것은 이러한 창세신화에서 이스라엘이 탄생했음을 가리킨다. 연례 축제의 종교적 예식에서 사용된 옛 노래는 세월이 흐르는 대로 증보되고 윤색되어 하나님의 신화적 승리에서 홍해의 역사적 승리의 노래로 승화되었다.[268]

이러한 사실을 민요 속에 보존하고 전승해 왔다. 원초적 바다인 흑암이 깊음 위에 있고, 하나님의 신이 수면에 운행하시니라"창 1:1는 모태어머니의 자궁를 재현한 것인데, 궁국의 양수羊水 속에서 태어난 태아는 바다의 심연에서 탄생 된 생명체와 같다. 이것은 고대 그리스에서 이 세상을 둘러싸고 있는 대양에서 모든 신과 생물이 생겼다는 것과 함께 세상의 근원을 바다에서 찾은 신화들이다.

3. 홍해 도강의 기적

모세가 백성에게 이르되 '너희는 두려워하지 말고 가만히 서서 야훼께서 오늘 너희를 위하여 행하시는 구원을 보라. 너희가 오늘 본 애굽 사람을 영원히 다시 보지 아니하리라출 14:13

밤새워 기다리던 모세는 무엇인가 이미 보고 있는 듯 아침이 되자 한 손으로는 하늘을 향해 지팡이를 높이 쳐들고, 다른 손으로는 바다를 가리켰다.출 14:21-22

"너희는 두려워 말고 가만히 서서 기다리라. 야훼께서 구원하시리라."

그는 보이지 않는 것을 마치 보고 있는 것처럼 기다리고 있었다. 백성들은 바다에 길을 내시는 '하나님의 손길'에 온 시선을 고정하고 있었다. 모세는 마치 세상 끝 낭떠러지 위에서 눈을 감고 걸어가는 것처럼 보였다.

그는 마치 '갈대 바다'가 '열리고 닫히는 때'를 알고 있었던 것처럼 보인다.

너희는 가만히 있어 내가 하나님 됨을 알지어다!출 14:13-14

거센 동풍이 밤새도록 불어 바닷물이 물러가고 땅이 드러나자, 모세는 지팡이를 바다로 내밀어 "자! 이젠 건너가자. 다시는 애굽 사람을 보지 못하리라"출 14:16.21 고 했다. 이렇게 하여 모세는 새 시대의 길을 열었다.

애굽 전사들은 그 시각을 모르고 늪에 들어섰다가 갑자기 불어난 바닷물에 다 죽어갔다. 그리하여 '갈대숲', 얌 수프Yam Suph, יַם סוּף, reed sea는 홍해紅海, red sea가 되어갔다. 히브리 원본에는 '갈대 바다'를 LXX 역에서 '홍해'로 번역한 것이다.

갈대가 전혀 없는 '홍해 바다'는 애굽 북동쪽에 있는 얕은 호수 지역으로서 '갈대 바다'를 홍해로 이해한 것은 LXX의 착오였다.출 10:19, 13:18, 15:4 22, 23:31, 269

홍해를 무사히 건너게 되자 모세의 권위는 거의 절대적이었다. 그의 광야의 지형에 대한 해박한 지식과 사막생활에 대한 백과사전적인 지식의 숙련됨에 백성들은 놀랐다. 그는 거의 신의 지위로 격상되었다. 그들이 보기에 모세는 모든 관습법, 모든 전통, 모든 신성을 벗어난 초인의 모습으로 비쳤고, 그의 카리스마는 인간이 갖지 못할 만큼의 권위가 있어 보여 백성들은 스스로 복종하고 자발적으로 따르게 되었다. 그동안의 극심했던 위기들이 그의 리더십을 강화시켜주었다.

모세는 자신만만하게 선언했다

"그동안 우리는 고통의 바다에서 헤엄쳐 왔다. 이제 야훼 하나님의 보살핌으로 우리 앞에는 발전과 영광의 내일을 바라보게 되었다." 할렐루야. 아멘.

백성은 무릎을 꿇고 하늘은 향하여 찬양했다. 모세는 이렇게 기회 있을 때마다 백성들에게 장미빛 꿈을 심어주려고 애썼다. 모세는 그때마다 백성들의 수효를 심히 과장되게 표현해 왔다. 오늘날 우리 사회에서 200명 시위대를 주최측은 항상

2000명이라고 주장하는 식이었다.

후대의 전승은 약 200만 명에 이르는 사람이 애굽을 떠났다고 주장하지만 비평 방법에 의거 해서 히브리어 본문을 해석하는 학자들은 그 수효를 약 1만5천 명 정도로 축소시키고 있다. 출 12:38에 '육십만 가량?' 이집트 군대는 히브리인들을 '갈대 바다' reed Sea로 몰았다. 히브리인들은 '갈대바다' 때문에 동쪽으로 탈출할 수 없었다.

'갈대 바다'를 건넌 부족은 아마 요셉지파였을 것이다. 소수였던 그들의 구원 경험이 나중에 전체 이스라엘의 경험으로 확장 인식되었다. 미침내 열두지파가 함께 '그때 그곳'에 있었던 것으로 인식되고, 고백 되어졌다. 그것은 구원과 선택에 대한 그들의 신앙고백의 산물이었다.

'갈대바다'에 대한 사건은 '출애굽에대한 이러한 '원原 신앙고백'에서 나온 것이다. 그 내용은 애굽인들에대한 방어와 그들의 진멸에대한 회상이었다. 거기에는 여러 종류의 전승들이 이스라엘에 유포되어 있었다. 이 모든 것이 수집되고 배열된 이유는 그것들이 각기 부분적으로 야훼의 위대한 구원행위를 분명하게 하고, 이해 시키는데 도움이 되었기 때문이다.[270]

그러므로 기적적인 홍해도강사건이 자연적이었느냐 아니면 초자연적이었느냐 하는 것은 하나님의 구원사건이 갖는 의미에 비하면 전혀 중요한 것이 못 된다. 본질적인 것은 하나님이 그곳에서 행동했고, 구원의 약속을 이루어 주었으며, 심각한 어려움에 처한 백성들을 위해 개입해 주었다는 것이다.[271]

4. 신약성서의 변형

이것은 유목민의 축제인 '장자희생제의'를 오경의 기자들은 '유월절 축제'로 변형시킨 것처럼, 신약의 기자들은 '유월절'과 '홍해 도강사건'을 신앙고백에 의한

'침례'와 '주의 성만찬' 상징으로 변형시켰다. 이것은 구약성서의 전승들에 신약 성서적 반성과 해석의 결과였다.

> 우리 조상들이 다 구름 아래에 있고, 바다 가운데로 지나며, 모세에게 속하여 다 구름과 바다에서 침례세례를 받고, 모두가 신령한 음식을 먹으며, 모두가 신령한 반석으로부터 마셨으니, 그 반석은 곧 그리스도시라. 그들의 다수를 하나님이 기뻐하지 아니하셨으므로 그들이 광야에서 멸망을 받았느니라. 이러한 일은 우리에게 본보기가 되어, 우리로 하여금 그들이 악을 즐겨한 것 같이 즐겨 하는 자가 되지 않게 하려 함이니... 고전 10:1-6
> 유월절의 피와 홍해 도강의 물은 상징과 의미를 지닌 것으로서 백성들의 죄와 악한 양심을 씻음으로 거듭나서 '야훼의 새 백성'이 되어 '온전한 믿음과 참마음'을 갖고 광야를 무사히 통과하게 된 것이다. 히 10:22

야훼 하나님과 동행하려면 깨끗한 양심과 진실된 마음이 필수이다. 믿음의 마음과 깨끗한 양심은 서로 의존한다. 애굽에 원수 갚는 것은 하나님의 하실 일이니 그가 심판하실 것이다. 신 32:36, 시 135:14

> 살아계신 하나님의 심판하시는 손에 빠져들어가는 것은 얼마나 두려운 일인가? 히 10:30-31

'갈대 바다'를 건넌 이스라엘 백성들은 3일 동안 바다에서 '수르광야'를 지나 모세를 따라갔다. 그리고 얼마 후 '마라'라고 하는 오아시스에 도착했다. 모세는 그 쓴

샘물을 마실 수 있는 물로 바꾸는 방법을 알고 있었다. 출 15:22-25

> 그 땅이 황무하게 되어 들짐승이 번성하여 너희를 해칠까 하여 일 년 안에는 그들을 너희 앞에서 쫓아내지 아니하시고, 네가 번성하여 그 땅을 기업으로 얻을 때까지 그들을 너희 앞에서 조금씩 쫓아내리라. 출 23:29-30

그들은 다시 여정을 계속하여 열두 개의 샘과 종려나무 70그루가 있는 '엘림'이라는 오아시스에 이르러 장막을 쳤다. 출 15:27 그들은 이곳의 풍성함에 기뻐하며 모세에게 이곳에 머물자고 간청했다. 그러나 모세는 단호하고 냉정하게 떠나야 한다고 다그쳤다. 그들은 엘림을 떠나 엘림과 시내산 사이에 있는 '신 광야'에 도착했다. 출애굽 한 지 한 달 반이 지났다. 출 16:1

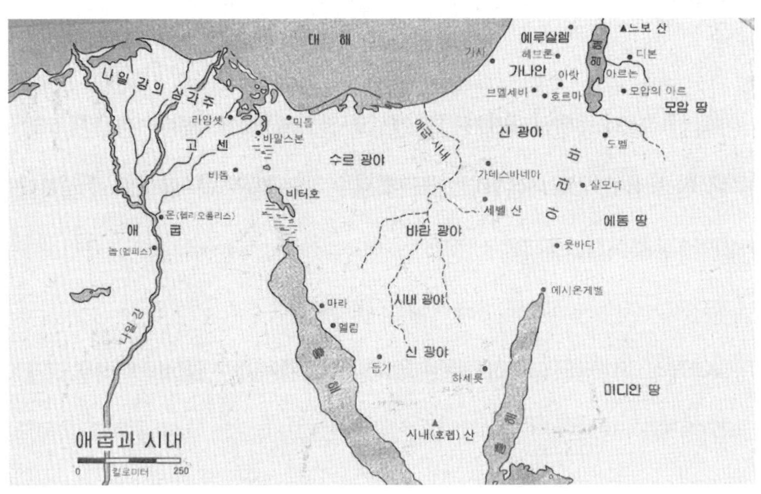

그림10. 「애굽과 시나이반도」

제15장 • 모세의 야훼 혁명과 그의 노년시절-후편

Ⅰ. 계속되는 모세의 야훼 혁명

야훼께서 그를 황무지에서, 짐승이 부르짖는 광야에서 만나시고, 호위하시며 보호하시며 자기 눈동자 같이 지키셨도다. 신 32:10

애굽을 탈출해 광야로 나온 노예들은 가나안 목적지를 눈앞에 두고, 영원히 돌이킬 수 없는 처절한 슬픔을 당해야 했다. 홍해를 건넌 이스라엘은 가나안 남방 에돔과 모압 땅을 지나가면 쉽게 가나안에 진입하리라고 기대했다. 그러나 에돔의 통치자들은 이스라엘 백성이 그 땅을 통과하는 것을 허락지 않았다. 자기들의 신이 노할 것이라는 이유에서였다. 민 20:14-21

모세의 기대는 빗나갔다. 그리하여 요단강 동편 넓고 험한 황야사막 길을 돌아갈 수밖에 없게 되었다. 이렇게 하여 버거운 광야의 삶이 시작된 것이다. 에돔과 모압과 암몬 족속들은 히브리인들이었고, 따라서 인종도 언어도 문화도 같았다. 다만 그들의 종교가 달랐다. 그들의 섬기는 하나님은 '야훼'가 아니었다.

시돈 사람은 '아스다롯'을, 모압 사람은 '그모스'를, 암몬 사람은 '밀곰'을 섬겼기 때문이었다. 왕하 23:13

그리하여 이스라엘 백성은 그 땅을 통과하지 못하고 가나안 땅을 우회하여 지나가다 보니 수십 년이 걸렸다. 따라서 이스라엘 백성은 그들에 대하여 원한이 맺혔다. 너무도 분하고 원통해서 한이 쌓였다.

> 백성이 홍해 길을 좇아 에돔 땅을 둘러 행하려 하였다가 길로 인하여 마음이 상하니라. 민 21:4

그들은 에돔 지방을 피해 가려고 호르산을 떠나 홍해바다 쪽으로 돌아갔다. 그곳에는 미디안 땅이 위치하고 있다.

> 암몬 사람과 모압 사람은 야훼의 총회에 들어오지 못하리니 신 23:3
> 그들에게 속한 자는 십대十代 뿐 아니라 영원히 야훼의 총회에 들어오지 못하리라. 느 13:1

그들은 가나안 땅을 눈앞에 두고도 내분과 오판으로 광야와 사막을 방황해야 했다. 일반적인 행로로 간다면 2주밖에 걸리지 아니할 거리를 가지 못하고 40여 년을 유랑하는 동안 갖은 혹독한 시련을 다 겪어야 했다. 영원히 잊지 못할 슬픈 이야기이다. 그러나 인간 생의 광야여정이란 일직선이 아니다. 그 길은 지그재그로 되어 있어 회전에 회전을 거듭하고 무수한 뒷걸음질과 방황을 할 수도 있다. 직선으로 뻗어 있는 길을 걸어온 자만이 성공한 것은 아니다. 한평생 굴곡 없는 생을 살다가 마감하는 것은 참으로 건조무미한 드라마일 뿐이다. 하나님께서 이스라엘이 에돔의 복병을 만나게 한 것은 깊은 뜻이 있음이 분명하다.

II. 광야생활과 사막의 양식

그는 네 아버지시요 너를 지으신 이가 아니시냐 그가 너를 만드시고 너를 세우셨도다. 옛날을 기억하라 역대의 연대를 생각하라. 야훼께서 그를 황무지에서, 짐승이 부르짖는 광야에서 만나시고 호위하시고 보호하시며 자기의 눈동자 같이 지키셨도다. 마치 독수리가 자기의 보금자리를 어지럽게 하며 자기의 새끼 위에 너풀거리며 그의 날개를 펴서 새끼를 받으며 그의 날개 위에 그것을 업는 것 같이 야훼께서 홀로 그를 인도하셨다. 신 32:6-12

만나와 메추라기

황량한 황야는 사람이 살기에는 너무도 척박한 땅이었다. 사방 어디를 둘러보아도 보이는 것을 모래와 바위뿐이었다. 광야의 유랑생활은 목마름과 배고픔의 세월이었다.

오경의 편찬자들은 황야와 사막은 하나님께서 이스라엘을 매섭게 정화시키는 장소로 생각했다. 겔 26:30-37 광야와 사막은 이스라엘이 하나님과 더불어 계약의 관계를 맺기 위해 거처야 하는 '필수 코스'라고 생각했다. 오경의 편찬자들은 자신들의 고단했던 삶의 여정이 그 어떤 풍파에도 지치거나 꺾이지 않고, 마침내 증오와 원망마저 뛰어넘은 정신적 절정에서 이룩한 작품이기 때문이었다. 호 13:4-5, 2:16-17 광야사막으로 이끌려 나온 노예들은 허기지고 목마름에 지난날 하나님의 기적과 은혜도 잊어버렸다.

그들은 지난날의 하나님의 도우심을 잊어버렸다. 그들은 목이 갈하고 허기졌다고 부르짖었다. 그들은 자유를 반납하더라도 빵과 물과 고기를 먹을 수가 있으면 더

났겠다고 주장하였다. 그들은 먹고 마시는 것에 노예가 되어있었다. 물이 없다는 불평에 대하여 모세는 평소 양과 염소를 위해 수원을 찾아 바위를 쳐서 물을 내던 방법으로 해결해 주었다. 물론 그들은 그것을 하나님의 기적으로 이해하고 있었다.

> 우리가 애굽 땅에서 고기 가마 곁에 앉아있던 때와 떡을 배불리 먹던 때에 야훼의 손에 죽었더라면 좋았을 것을 너희가 이 광야에로 우리를 인도해 내어 우리 온 회중이 주려 죽게 하는도다. 출 16:3
> 모세가 야훼께 부르짖어 이르되 내가 이 백성을 어떻게 하리이까? 그들이 조금 있으면 나를 돌로 치겠나이다. 출 17:4
> 나 혼자는 이 모든 백성을 감당할 수 없나이다. 주께 구하옵나니, 내게 은혜를 베푸사 즉시 나를 죽여 내가 고난 당함을 내가 보지 않게 하옵소서. 민 11:1-15

모세는 절망감에 사로잡혔다. 그는 세상을 등지고 싶었다. 그는 이제 광야의 유랑생활이 '죽은 꿈, 무너진 희망, 깨어진 환상'의 조각들이 흩어진 싸움터라는 것을 깨닫게 되었다. 그는 사람들이 알 수 없는 것까지도 알게 되었고, 그들에게는 보이지 않는 것까지도 보게 되었다. 이러한 배고팠던 지난날의 광야유랑 생활의 추억은 영원한 전설이 되었다.

모든 자연의 현상들은 각각 하나님의 기적에 의하여 변하지만, 인간의 본성은 기적에 의해 변화되지 않는다. 이 중요한 불문율不文律을 두고, 하나님께서는 '그들 가운데 나를 두려워하지 않는 마음이 있더라'고 하였다. 하나님께서 명령과 금지, 보상과 형벌을 그렇게 뚜렷하게 설명한 이유가 바로 여기에 있다.

광야 사막의 여정은 가면 갈수록 태산이었다. 우려했던 것이 현실이 되어갔다.

'반反 모세' 폭동이 일어날 조짐까지 보였다.출 17:4, 민 14장, 그들은 여정을 계속할수록 상황은 더 나빠질 것만 같았다. "아! 애굽의 '고기 가마솥'이 그립다" 그들의 마음은 애굽의 '고기 가마솥'에 빠져있었다.

> 모세가 야훼께 여짜오되, 어찌하여 내가 주의 목전에서 은혜를 입게 아니하시고. 이 모든 백성을 내게 맡기사 내가 그것을 지게 하시나이까? 이 모든 백성을 내가 잉태하였나이까? 내가 어찌 그들을 낳았나이까? 주께서 내게 양육하는 아버지가 젖먹는 아이를 품에 품듯 그들을 품에 품고 주께서 그들의 열조에게 주리라고 맹세하신 땅으로 가라 하시나이까? 이 모든 백성에게 줄 고기를 내가 어디 가서 얻으리이까? 그들이 나를 향하여 울며 이르되 우리에게 고기를 주어, 먹게 하라 하온즉 책임이 심히 중하여 나 혼자는 이 모든 백성을 감당할 수 없나이다. 주께서 내게 이같이 행하실진대 구하옵나니, 내게 은혜를 베푸사 즉시 나를 죽여 내가 고난 당함을 보지 않게 하옵소서! 민 11:11-15

모든 인간은 힘들고 고생스러워서 죽으려고 하는 것이 아니라 모세와 엘리야처럼 힘들 때, 위로받지 못해서, 세상에 나의 편은 하나도 없다는 생각에, 하나님마저 나를 버렸다는 생각에 죽으려고 한다. 모세도 엘리야도 하나님의 응답을 듣고 새 힘을 얻었다.

> 야훼께서 모세에게 이르시되, 야훼의 손이 짧아졌느냐? 네가 이제 내 말이 응하는 여부를 보리라! 민 11:23

너희는 배고픔의 슬픔을 아느냐?

백성이 하나님과 모세를 원망하여 이르되, 어찌하여 우리를 애굽에서 인도하여 내어 이렇게 황량한 사막으로 끌고 오다니! 이 광야에서 죽이려는 것인가? 아! 목마르고 배가 고프다. 이곳에는 먹을 것도 없고 마실 물도 없도다! 애굽으로 돌아가고 싶다. 이러다가 결국 우리는 다 죽게 되었다. 출 17:3, 민 21:5

그들 중에 섞여 사는 다른 인종들이 탐욕을 품으며 이스라엘 자손도 울며 이르되, 누가 우리에게 고기는 주어 먹게 하랴? 우리가 애굽에 있을 때에는 값없이 생선과 오이와 참외와 부추와 파와 마늘을 먹은 것이 생각나거늘 이제는 우리의 기력이 다하였으나 이 만나 외에는 보이는 것이 아무것도 없도다 하니 민 11:4-6

그들은 과거를 끊임없이 후회하고 원망했다. 그들은 현재를 끊임없이 과거와 비교하고 대조하고 불평했다. 그들은 끊임없이 미래를 염려하고 걱정하고 근심했다. 그들은 불확실한 미래를 염려하느라 현재를 놓치고 그래서 결국은 현재에도, 미래에도 살지 못하고 결코 죽지 않을 것처럼 살다가 결국은 살아 본 적이 없듯 모두 무의미하게 죽어가는 것이었다.

아! 고기 먹고 싶다. 애굽에서 고기를 배부르게 먹던 것이 지난날의 전설로만 남아있다.

애굽의 나일강에는 각종 어족이 풍부하여 맛이 좋은 물고기가 많았다. 그 물고기를 잡아 큰 가마솥에 잔뜩 넣고, 파와 부추와 마늘은 듬뿍 넣고 끓인 푸짐한 어죽은 천하일품이었다. 그들의 노예 생활은 힘들고 고달펐으나 식사시간만은 그래도 행복했었다. 뿐이랴? 땀 흘려 고된 일을 한 다음에, 쉬는 동안에 먹던 오이와 참외와 수박 맛을 잊을 수가 없었다.

그들은 하나님을 조롱했다:

> 그들은 그들의 탐욕대로 음식을 구하여 그들의 심중에 하나님을 시험하였으며, 그 뿐 아니라 하나님을 대적하여 말하기를 하나님이 광야에서 식탁을 베푸실 수 있으랴? 시 78:18-19

그들은 하나님을 짐짓 시험하여 실컷 먹을 음식을 요구하였고, 하나님을 비웃으며 한다는 소리 "아무리 하나님이지만 할 수 있겠느냐? 무슨 수로 이 사막에서 잔칫상을 차리랴?" 하였다.

> 하나님이 이 돌로 떡 덩이가 되게 하실 수 있느냐? 온 회중이 소리를 높여 부르짖으며 백성이 밤이 새도록 통곡하였더라. 이스라엘 자손이 다 모세와 아론은 원망하며 온 회중이 그들에게 이르되, 우리가 애굽 땅에서 죽었거나 광야에서 죽었으면 좋았을 것을... 민 14: 1-2

하면서 불평하면서 원망했다.

'만나'란 무엇인가? 그것은 일용한 양식이다. 가난한 자의 열악한 구급 식량이었다.

> 무리가 아침마다 각 사람이 먹을 만큼만 거두었고 햇볕이 뜨겁게 쬐면 그것

이 스러졌더라출 18:1

이스라엘 자손이 그리하였더니, 어떤 자는 많이 거두고, 어떤 자는 적게 거두었도다. 오멜로 되어본즉 많이 거둔 자도 남음이 없고, 적게 거둔 자도 부족함이 없이 각 사람이 먹을 만큼만 거두었더라.출 16:17-18

여기에서 모든 "모든 사람은 자기 역량껏 일하고, 각자는 자기의 필요에 따라 주어진다"는 카를 마르크스의 노동이론이 나왔으며, 처음으로 공식화되었다.

히브리어로 '만나의 문자적 의미'는 '그것이 무엇이냐?'는 것인데, 이는 백성들이 만나를 처음 보았을 때 한 말이며, 그 말이 만나의 이름이 되었다. 히브리어 '만'הו 헬라어 '만나'μαννα이며 '만나'라는 이름은 히브리어로는 '만후'man hu이다. "이것이 무엇이냐?"출 16:15이다.

מָן int, "what?, how?" הוא hu "that". m Demonsetive?

이스라엘 자손이 보고, '그것이 무엇인지' 알지 못하여 서로 이르되 '이것이 무엇이냐?' 하니, 모세가 그들에게 이르되 이는 야훼께서 너희에게 주어 먹게 하신 양식이다.출 16:15

이제는 우리의 기력이 다 하였으나 이 만나 외에는 보이는 것이 아무 것도 없도다 하니..민 11:6

슬픈 전설이 된 과거의 이야기는 결코 잊을 수 없다. 영양실조에 걸렸던 백성들, 고기가 아니고서는 배가 부르지 않은 비육불포非肉不飽 병에 걸린 굶주린 백성들,

쇠약한 몸의 백성들은 메추라기를 구워 먹고 다 죽었다. 연일 불평하던 그들은 밤사이에 다 죽었다. 그 철새들은 메추라기로서 뜨거운 사막을 지나가다가 더위를 먹고 병이 들어 떨어진 것들이었다.

그들은 생존과 삶의 방식이 애굽과는 크게 바뀐 광야의 자연환경에서 점차 자신감을 잃어가고 있었다. 그들은 날로 힘겨운 상황 속에서 갈피를 잡지 못하고 유랑을 계속했다. 끝없는 고난의 여정에서 고민과 방황을 반복하면서 좌절과 도전과 극복을 거듭하면서 절망 가운데서 야훼신앙은 희망의 길잡이가 되었다.

광야 여정에는 새로운 삶의 방식을 찾아야 한다. 광야의 삶에는 '하나님의 레시피'가 있다. '하나님의 요리법'을 따라야 한다. 광야의 삶은 '고차 방정식'으로 풀어야 한다.

히브리어로 '광야'사막를 가리키는 '미드바르'midbar, מִדְבָּר 는 역시 히브리어로 '말씀'dabar, דָּבָר과 '말하다'와 어원을 같이한다. '사막'은 소리 없이, 또 무언 가운데 '하나님의 말씀(דִּבֶּר vb, speak ⟨ussally PI형⟩과 דָּבָר, word, thing'을 숨기고 있다.

기적인간 성공 = 노력 + α

광야 생활은 머리로만 계산해서는 안되는, 직접 발로 뛰어야만 생존할 수 있는 곳이다. 노력하고, 계획을 행동으로 옮길 때 숨어있는 적성도, 나아갈 방향도 드러날 것이며 하나님의 도우심도 더 해진다. 그리하여 어쩌면 전혀 예상치도 못하였던 삶의 방식과 길이 나타날 수도 있다.

너를 낮추시며 너를 주리게 하시며 또 너도 알지 못하며 네 조상들도 알지 못하던 만나를 네게 먹이신 것은 사람이 떡으로만 사는 것이 아니요 야훼의 입 에서 나오는 모든 말씀으로 사는 줄을 네가 알게 하려 하심이니라. 신8:3

전설에 의하면

밤에 이슬이 내리면서 그들이 진을 친 곳에 만나도 함께 내리곤 하였다. 민 11:9

만나는 '작고 둥글며 서리 같이 세미한 것' 출 16:14,

'깟씨와 같이 희고, 맛은 꿀 섞은 과자 같으며 출 16:31,

'깟씨와 같고, 모양은 진주와 같은 것이다. ... 맷돌에 갈기도 하고, 절구에 찧기도 하고 가마에 삶기도 하며, 과자를 만들었으니, 그것이 기름 섞은 과자 맛 같았더라. 민 11: 7-8

이것은 '만나'를 좋게 표현한 것이다. 고생스러웠던 세월은 짧았어도 길게 기억되고, 배고플 때 먹은 것은 가장 맛이 좋은 먹거리로 회상된다. 좋은 음식이 따로 있는 것이 아니다. 배고플 때 먹었던 음식이 가장 별미다.

'요세푸스'는 자기 당대에도 만나가 내려오고 있었다고 말했다.

지금도 만나가 도처에서 비속에 내려오고 있다. Antig. Ⅲ. I. 7

'만나'란 무엇이었나? 만나란 광야 사막에 새벽마다 길섶의 풀잎 끝에 이슬과 함께 맺히는 곤충의 분비물이었다. 그 맛은 시큼시큼한, 곤충의 똥이었다.

만나는 꼭 필요한 만큼 유용하다. 음식은 생명만 유지하면 된다. 아무리 돈이 많아도 한꺼번에 두 켤레의 신을 신을 수는 없고 아무리 밥이 많아도 한 끼에 두 번 식사할 수는 없다. 아무리 지팡이가 많아도 한 손에 한 개만 잡을 수 있다. 그것이 만나였다. 만나는 그 날 만을 위하여 거둔다. 사람은 적게 먹어야 장수한다. 대식가는 오래 살 수 없다.

광야의 삶은 최소한의 먹거리만 있으면 된다. 기름진 음식이 필요치 않다. 초막에서 나물만 먹어도 행복해질 수 있다. 만나의 교훈은 만나는 '평등경제'이다. 모든 사람이 공평하다. 많은 사람들이 백만장자를 꿈꾼다. 그러나 백만장자들도 마음 놓고 돈을 쓰지는 못한다. 백만장자들은 부자라기보다는 조금 잘 사는 중산층에 불과하다. 그들의 진짜 재산은 생각보다 적은 편이다. 그들은 가난하지 않게 살 정도이다. 그들은 '짜다' 소리를 들을 정도로 생활을 유지하고 있다. 항상 현금에 쪼들리기는 우리와 마찬가지다. 우리는 그들을 부러워하지만, 그들도 쇼핑할 때는 할인 매장은 기웃거린다. 그들은 자신들을 부자라고 생각지 않는다. 그럭저럭 생활을 꾸려나가는 정도라고 죽는시늉을 한다.

부자의 창고를 부러워하지 말라. 그곳에는 동록이 녹슬고 도적이 노리고 있다.

백만장자들의 의식 속에는 재물에 대한 인간의 무한한 목마름이 있다. 일반인의 수준에서 보면 상당히 부를 축적하고 풍족한 삶을 영위하고 있지만, 자신들의 물질생활에 결코 만족하지 못한채 여전히 갈증 속에서 살아가고 있는 것이다. 그러므로 백만장자를 좇아 살기보다 정신과 내면의 백만장자를 꿈꾸며 살아가야 한다.

공중의 새를 보라! 심지도 않고 거두지도 않고 창고에 모아들이지도 아니하되, 너희 하늘 아버지께서 기르시나니, 너희는 이것을 보다 귀하지 아니하

냐? 마 6:26

광야 유랑에서 생존하려면 자연의 풍요에 의존할 것이 아니라 황량한 자연 저 너머에 계신 초월하신 분께 의존해야 한다. 그들은 광야에서 인간의 한계와 자연의 절대성을 경험하면서 하나님의 인도하심과 보살피심에 의존하는 영성을 지니게 되었다.

에스겔 16장 1-13절에서 '네가 날 때'란 애굽에서 탈출해 나오던 때요, '네가 사랑할만 한 때'란 광야 사막을 유랑하던 시절이요, 네가 벌거벗은 '알몸'이라는 말은 광야 생활에서 벌거벗은 몸과 같은 빈궁한 삶이란 말이다. '왕관을 씌워주고 왕후로 맞이했다'는 말은 그들은 이제 왕이신 하나님의 신부가 되었다는 말이다.

에리히 프롬Erich Fromm은 그의 저서 『소유냐? 존재냐?』*To Have or To Be*에서 구약성서의 주요 주제 가운데 하나는 "그대가 가지고 있는 것을 버리고, 모든 속박으로부터 그대 자신을 해방하라. 그리고 존재하라"는 것이다. 바로 그것을 위하여 모세는 히브리 민족을 애굽에서 인도하여 내었고, 그들의 의식을 해방시키기 위하여 황야荒野로 나가도록 명령을 받았다. 황야는 이 해방에 있어 중요한 상징이 된다고 했다.

이스라엘의 광야유랑 시절은 이스라엘 백성들에게는 원망과 불평의 시절이었으나 하나님 편에서는 '첫 사랑'의 계절이었다. 그때는 하나님은 이스라엘과 연애하던 시절이었다. 이스라엘은 하나님만 바라보고, 하나님은 이스라엘에 큰 관심을 기울이던 시절이었다. 마치 신혼기와 같아서, 이사가 계속되고, 가난하고 궁핍했어도 서로의 얼굴만 바라보면서 즐거워했던 사랑의 계절이었다! 하나님께서는 그들이 멀어질까 봐, 멀리 떠나갈까 봐 늘 노심초사하고 전전긍긍하던 시절이었다. 그러나 세월이 흐르고, 하나님께서는 그들에게 화려한 왕관을 씌우고 황후로 맞이했다.

> 그러므로 보라 내가 그를 타일러 거친 들로 데리고 가서 말로 위로하고 거기서 비로소 그의 포도원을 그에게 주고 아골 골짜기로 소망의 문을 삼아 주리니 그가 거기서 응대하기를 어렸을 때와 애굽 땅에서 올라오던 날과 같이 하리라.호 2:14-15

하나님께서는 독수리가 새끼를 날개로 업어 나르듯이 애굽땅에서 인도하여 내셨다.

모세의 이러한 모든 행위는 그가 초자연적, 초인간적인 능력을 지닌 신이 보낸 예언자로 평가를 받았다. 그는 늘 계시와 신탁과 영감에 의거해서 판단하고 이끌었다. 그의 인도는 늘 카리스마적이며 혁명적이었다. 모세는 야훼 하나님의 개념이 확립되어감과 더불어 그 하나님이 부여한 사명에 의거하여 수완을 발휘하고 지배력을 행사했다.

Ⅲ. 모세와 장인 이드로의 재회

> 모세의 장인이며 미디안의 제사장인 이드로Jethro가… 일찌기 모세가 친정으로 돌려보냈던 그의 아내 십보라와 그의 두 아들을 데리고 왔으니…출 18:1-2

여기에는 지금까지 미디안 땅에서 더부살이해 온 모세 아내의 생의 서글픔과 피곤함이 내비치고 있다. 이드로가 모세의 장막으로 찾아왔다. 겐족the Kenite clan의 제사장 이드로는 야훼께서 모세와 더불어 이스라엘에게 행하신 일을 듣고 감격했다.출 18:9

이드로가 모세에게 '야훼'라는 하나님의 이름과 제의cults에 대하여 많은 영향을 주었다는 주장이 지난 100년 동안 꾸준히 계속 되어왔다. 이러한 가설the Kerite hypothesis은 이드로가 이스라엘 장로들을 청하여 야훼께 제사를 드렸다는 기사에 근거하고 있다.출 18:10-12 이 가설은 길라니Ghillany에 의하여 처음 제기되었다.[272]

> 이드로가 이르되 야훼를 찬송하리로다. 너희를 애굽 사람의 손에서와 바로의 손에서 건져내시고 백성을 애굽 사람의 손 아래에서 건지셨도다. 이제 내가 알았도다. 야훼는 모든 신보다 크시므로 이스라엘에게 교만하게 행하는 그들을 이기셨도다 하고 모세의 장인 이드로가 번제물과 희생제물들을 하나님께 가져오매 아론과 이스라엘 모든 장로가 와서 모세의 장인과 함께 하나님 앞에서 떡을 먹으니라.출 18:10-12

이스라엘의 야훼 신앙Yahwism이 겐 족의 영향은 받았으리라는 중요 논거는

① 거기 관련된 자료는 시내산에 관계된 것보다 오랜 것이고

② 기자들이 민족적 감정 때문에 이스라엘이 미디안 족에게 빚졌다는 따위의 기사는 다 삭제 했을 것이며

③ 미디안은 이스라엘의 먼 사촌이라. 이스라엘이 모세의 지도 하에 공통된 옛 유전을 더러 회복했을 듯도 한 것 등이다.

이스라엘은 하나님의 이름 '야훼' YHWH 뿐만 아니라 '이스라엘 종교의 의례' cultus, '사회생활' social life 등 여러 가지로 미디안의 겐 족에게서 받은 영향이 많다.

그레스만Hugo Gressmann에 의하면 이스라엘의 제사, 제비, 법궤 등은 모두 겐 족에게서온 것이라고 한다.[273]

이드로는 모세의 신앙 정립에 큰 도움을 주었다. 모세는 이드로의 제안으로 국가조직을 최대한 단순화해서 조직을 정비했다. 그리고 법률은 누구나 쉽게 이해할 수 있도록 단순화했다. 10부장, 50부장, 100부장 제도와 '열마디 말씀십계명'이 그 증거이다.출 18:13-27

이것은 행정적인 제도이지만 '생의 짐'을 '포트폴리오' Port-folio 하라는 것이었다.

이와같이 이드로는 모세에게 겐 족의 제사장으로서 종교적 조언뿐만 아니라 행정자문 및 지리 안내역, 생활고문 역할까지 했다. 그는 야훼종교의 성장 발전에 크게 기여했다. 오합지졸의 탈출공동체가 부족사회에서 유사중앙집권정부 형태로 넘어가는 과도기에 맹아萌芽가 꽃을 피우고 열매를 맺게 하는데 함께 힘을 쏟아준 현인이자 지자智者였다. 그가 왕을 지칭하지 않는 것은 제사장 직책 때문이었다.[274]

이드로의 조언과 권면으로 모세의 주변에 통치권력이 탄생하고 신앙이 자리 잡으면서 이스라엘 민중사회에는 미약하지만 중요한 사회조직과 부류가 탄생하였다. 내부적으로 행정 기구로 자라나서 서로 통합되기도 하고 나중에는 서로 경쟁하기도 했다. 제사장 그룹. 서기관 그룹, 예언자 그룹이 등장하게 되고 나중에는 레위인과 율법 해설자들이 등장했다.

이드로는 모세에게 재판은 일반적인 측면과 종교적인 측면을 분리하도록 가르쳤다. 이러한 제도는 애굽의 제도와 다르지 않다. 애굽에서는 파라오가 '정의'를 보장했지만 그것은 '마아트'Ma'at의 선지자인 장관이 수반이 되어 재판하도록 하는 제도였다. 이드로는 이러한 제도를 설립하도록 자문함으로써 모세는 이스라엘이 단순한 '부족사회'에서 '유사중앙집권정부'가 되도록 이끌어 가게 함으로써 사회적인 역할을 공식적으로 인정받게 되었다.[275]

이렇게 하여 히브리 노예들의 '이스라엘 공동체'는 당시로는 현대적이고 잘 짜여진 상당히 효율적인 정부조직을 이루었다. 그리고 율법의 지배 아래 안정과 재산권의 바탕이 마련되었다. 애굽에서 탈출하여 미디안 땅 시내산까지는 비교적 수월하게 모세가 그 여정을 이끌었다. 그가 이 땅에서 오랜 세월을 보냈기에 지형과 지세를 잘 알고 있었다. 그러나 시내 산에서부터 가나안 땅을 향한 여정은 이드로의 아들, 호밥이 앞장을 서서 안내해 주었다.

> 모세가 미디안 사람, 장인의 아들 호밥에게 이르되 야훼께서 주마 하신 곳으로 우리가 행진하니. 우리와 동행하자. 그리하면 야훼께서 이스라엘에게 복을 내리리라 하셨느니라. 당신은 우리가 광야에서 어떻게 진 칠지를 아나니, 우리의 눈이 되리이다. 민 10:29, 31
>
> 모세는 그의 처남 호밥에게 미지의 땅에 대한 정찰과 안내의 임무를 맡기려고 했지만 그는 거절했다. 민 10:29-32

이스라엘 주변의 나라들은 확립된 오랜 전통의 왕정을 가진 나라들이었고, 그 틈바구니에서 전시에는 군사지도자인 사사들의 도움을 받던, 지극히 헐거운 민주적인 정치체제를 지녔던 이스라엘연맹은 그 후 200여 년을 버티다가 블레셋과의 아펙크 전투에서 크게 패한 이후 왕정 체제로 돌아갔다. 이것은 국가 이상의 좌절과 후퇴였다.

이스라엘은 통일왕국이 들어선 후에도 왕과 백성들은 주변 근동세계의 국가들의 정치 사회 체제에서 유래한 전제군주적, 반민중적 표상들과 끊임없이 대결하여 왔으며, 다른 한편 과거의 역사적 전통에 위반되지 않도록 끊임없이 자기비판의 길을 걸어오다가 비판의 소리가 자자들 때 예루살렘은 함락되고 말았다.[276]

실제로 모세가 선포한 율법은 시내산에서 발령한 '열 낱말'십계명이 전부였다. 그것은 가장 기본적인 규정이었다. 모세는 왕 없는 나라, 하나님이 왕노릇 하는 세상을 이루려 했다. 법이 많으면 많을수록 범죄자가 많아진다. 오경 속의 왕정제도신 17:14-20는 나중에 이스라엘에 군왕이 생긴 후에 법적 권위를 갖기 위하여 오경에 삽입한 것이다. 이스라엘의 왕들은 끝까지 새로운 법령을 제정할 권한이 없었으며 다만 모세의 율법을 시행할 임무만 있었다. 이스라엘의 왕들은 언제든지 폐할 수 있었다.

메소포타미아의 왕들은 신과 인간 사이를 연결하는 신관적 색체가 짙다. 그리스의 왕들은 부유하고 유력한 일족의 우두머리라는 느낌이 있다. 로마의 왕들은 공동체를 이끌어나가는 존재이다. 세습하지 않는다. 그러므로 군주라기보다는 종신 대통령에 가깝다. 애굽의 왕들은 왕이 곧 신인 파라오이다. 이스라엘의 왕들은 왕은 '하나님의 선택한 자'일 뿐이었다.신 17:15

Ⅳ. 시내산과 가데스 바네아

시내산은 모세가 십계명이 기록된 '돌비'를 받은 곳이며, 그 얼마 후 '가데스 바네아'Kadesh-Barnea는 율법을 양산한 곳이다. '가데스 바네아'는 '바네아의 성소Qadesh'란 뜻으로서 거기에는 간단한 성소와 제단이 있었고, 양 떼를 치는 자들은 정기적으로 여기에 모여서 종교예배를 행했다. 이곳은 그 이름이 가리키듯이 '시나이의 거룩한 땅'과 같이 '거룩한 땅'이며 이스라엘의 광야에서의 종교생활의 중심지였으며, 동시에 오랫동안 행정, 사법이 집행되던 장소였다. 여기에서 그들은 종교생활의 훈련을 받은 동시에 여러 부족들이 통일을 이루었다.

시내산에서 가데스 바네아까지의 거리는 약 320km 정도 되었다. 이스라엘 백성은 두 지점 사이에서 약 20번을 정지하여 진을 쳤다. 민 33:16-36 이것은 여러 해에 걸쳐 시내산 순례 여행이 있었음을 시사한 것이다. 시내산 지역은 산악과 험준한 계곡과 모래벌판으로 점철된 지역이었다. 그 순례의 여정을 성서는 '야훼의 구름이 그들을 덮었다'고 하였다.

시나이 전승들은 이스라엘 백성의 가데스Kadesh 정착 가사'에서 나왔는데, 가데스 바네아에서 '시내산 순례길'The Pilgoimage to Sinai에서 생산되고 성장하고 전승되었다. 출 15:22-18:21

1. 왜 시내산이 성스러운 산인가?

애굽을 탈출한 지 3개월 만에 시내산에 들어섰다. 그들은 '하나님의 산'이라고 불렀다. 히브리인들은 시내산을 거룩한 산聖山으로 생각했다. 산에 대한 신비감은 산 자체의 자연적 특성에 의하여 창조되었을 것이다. 톱니 모양의 산봉우리들은 뜨고 지는 태양으로 하여금 시시때때로 다양한 변화를 보여주는 그늘을 낳았고, 높은 산정은 흔히 갑자기 폭풍을 몰아오는 안개와 구름에 자신을 감추고 있으면서 사람의 접근을 어렵게 했고, 낮에는 자신을 감추었다가도 밤이면 안개가 걷혀 모습을 드러내기도 하였다. 높은 산골짜기는 번개와 천둥이 회전하는 되울림을 일으켰다. 이러한 현상들은 의심 없이 야훼종교에 위대한 역할을 하였으니, 마침내 그 산악에는 신의 거주지라는 신앙을 낳도록 고대인들을 이끌었을 것이다. 특히 불과 연기와 용암을 분출하며 굉음과 지진을 수반하는 화산은 모세로 하여금 죽음에 대한 초자연적 세력힘이 존재함을 깨닫도록 하는데 크게 공헌하였으며, 이스라엘 백성을 신앙으로 고무했으니 이런 두려운 현상은 그 산악에 내재하는 '야훼 하나님'의 자기표명이라고 생각했다. 이렇게 하여 시내산은 백성들로부터 평가를 받으면서 사랑을 받아 왔고, 그들의 순례지가 되었다. 그리고 연례순례가 계속될 때마다 신화와 전설은 늘어만 갔다.

오경이 보여주는 시내산의 경우는 '산악 신'의 기원을 시나이의 '화산 바알'처럼 묘사된 야훼가 산에서 그의 존재를 명시할 때의 광경을 이렇게 묘사하고 있다.

> 아침에 우레와 번개와 빽빽한 구름이 산 위에 있고, ... 모든 백성이 다 떨더라. ... 그들이 산기슭에 섰더니, 시내산에 연기가 자욱하니 야훼께서 불 가운데 거기 강림하심이라. 그 연기가 옹기점 연기 같이 떠오르고 온 산이 크게 진동하여... 출 19:16-18

이와같이 '산악 신, 야훼' 왕상 20:23는 호렙에 있었으며 이 산은 모세가 야훼의 첫 계시를 받은 곳이고, 뒤이어 이스라엘 백성들이 그의 율법으로 가르침을 받은 곳이었고, 엘리야가 야훼가 그의 땅을 버렸다고 생각했을 때 하나님을 뵈오려고 하나님 앞으로 돌아온 곳이었다.

폭발하는 화산의 불꽃과 연기 속에 강림하며, 불기둥과 연기기둥으로 상징되는 야훼는 원래 불타는 가시덤불로 나타나신 분이었다. 또 다른 예로서, 그리심산과 에발산은 히브리 역사의 지평에서 종교적으로 중요한 역할은 한 산들인데, 축복하고 또는 저주하는 '바알의 주거지'로 간주했다. 그것은 아마도 세겜의 '계약의 신'으로서 숭배되어온 '바알-브릿baal-berith'이었을 것이라. 신 34:1

아놀드 토인비Arnold Toynbee, ?-1975는 '전능하신 신'에 관하여 히브리인의 '질투하는 신'출 34:14, 야훼의 이력을 시초까지 추적해 갔다. 야훼는 원래 시나이반도의 어떤 화산의 신령이었으나 점차 순화純化되어 갔으며, 마침내 이스라엘에 의해서 숭배되어간 '유일하신 참 하나님'으로 정화, 고양된 개념으로 발전하게 되었다. '전능하신 신'이라고 하는 것은 우주에 편재하며, 우주를 지배하는 개념을 낳는다. 야훼가 모든 경쟁상대를 물리치고 승리해간 이유를 설명한다.277

구약 시편들에 보면 상당히 발전된 탁월한 야훼의 개념에도 불구하고 후대에까지 옛 개념 그대로 야훼는 시온산의 하나님이었다고 주장했으며, 그곳에 거주했고, 그곳으로부터 그의 예배자들에게 오신다고 믿었다.

이와 같이 허다한 경우에 산꼭대기는 신의 계시를 받는 일반적인 장소로 간주되었다.

2. 십계명과 금송아지

하나님의 계시를 받으려 시내산 꼭대기로 올라간 모세가 오랫동안 돌아오지 않자 백성들은 애굽 나일강 연안의 백성들이 숭배하던 '신성한 황소상'을 만들어 놓고, 숭배하며 춤추고 노래하며, 먹고 마시면서 앉아서 즐거워하고 서서 뛰어놀았다. 하산한 모세는 두 개의 석판으로 우상을 부수고 그들의 징계를 위하여 의용군을 모집했으나 오직 레위부족만이 그를 따랐다. 그날 밤 장막에 머무르던 '2000여명'의 우두머리들을 모두 숙청하였다. 그때 모세는 그들을 위해 '성문화된 율법'이 필요함을 절실히 깨닫고 십계명을 비롯한 율법의 뼈대를 확립하여 중앙집권적인 정치의 기강을 확립하였다.

모세가 시내산 기슭에서 선포한 율법은 '영원한 도道, Tao'라든가, '법法, Dharma'이라는 것과는 성질을 달리한다.[278] 모세의 율법은 실생활의 간단한 관습법이었다.

시내산에서 내려온 모세는 '열 마디 말'십계명 외에는 법을 더 설정하지 않았다. 다만 후대인들이 더 보태었을 뿐이었다. 법을 제정하는 것은 인간의 행위를 기계적인 행위로 전락시킨다. 그러한 위험에서 구하기 위해 법을 최소화하고, 믿음에 근거한 인간의 자발성을 양식 못지않게 중요하게 생각했다.

해방공동체에 무슨 규약이 필요한가? 모세는 자유와 해방, 그리고 진리만을 가르쳤다. 그러한 진리는 다만 철저한 '자유의 길'로서만 도달할 수 있다고 가르쳤다. 그 자유는 어떤 외부의 압력에도 굴복하지 않고, 그 무엇에도 동화되지 않는 자유를 의미했다.

우리 한반도에서 반포된 신라의 '율령律令'은 기원후 520년경에 제정되었으며, 일본의 율령 '타이 개신'大化 改新은 한국의 신라보다 80년 후인 645년경이었다. 중국은 수, 당 시대에 법전이 제정되었다. 그런데 모세의 율법은 기원전 12-13세기경이었으니 매우 아득한 태고시대였다.

> 그 때에 내가 돌판들 곧 야훼께서 너희와 세우신 언약의 돌판들을 받으려고 산에 올라가서 40 주야를 산에 거하며 떡도 먹지 아니하고 물도 마시지 아니하였더니신 9:9, 18
>
> 너도 알지 못하며 네 열조도 알지 못하던 만나를 네게 먹이신 것은 사람이 떡으로만 사는 것이 아니요, 야훼의 입에서 나오는 모든 말씀으로 사는 줄을 너로 알게 하려 하심이니라.신 8:3

이 세상에는 두 그룹의 사람들이 있다. 모세와 아론이 있듯이, 신자와 불신자가 있고, 무신론자와 유신론자가 있다. 철학적으로 말하면 무신론자들은 유물론 위에서 있고, 유신론자들은 관념론 위에 서 있다. 철학적 유물론의 토대를 이루고 있는 것은 물질존재, 자연은 영원하며, 무한하며, 근원적이다. 그리고 정신사고, 의식은 그로부터 파생된 것이다라고 생각한다. 그러나 철학적 관념론은 정신사고, 의식은 영원하고, 무한하며, 근원적이다. 그리고 물질존재, 자연은 그로부터 파생된 것이라고 생각한다.

신앙믿음은 관념론에 속한다. 믿음이 있으면 사막에서도 낙토를 이룰 수 있다. 그러나 신앙의 바탕이 유물론자들인 그들은 금송아지를 기를 생각만 한다. 이것이 모세와 아론이 당면한 현실이었다.

3. 왜 가데스 바네아가 성스러운 샘인가?

> 이스라엘 백성이 신 광야 가데스에 이르러 거기 물이 없으매, 회중이 모세와 아론에게로 모여들었다. 백성이 모세와 다투어 말하여 이르되 우리 형제들이 야훼 앞에서 죽을 때에 우리도 죽었더면 좋을 뻔하였다. 너희가 어찌하여 우리를 이 광야로 인도하여 우리와 우리 짐승이 다 여기서 죽게 하느냐? 너희가 어찌하여 우리를 애굽에서 나오게 하여 이 나쁜 곳으로 인도하였느냐? 이곳에는 파종할 곳도 없고, 무화과도 없고, 포도도 없고, 석류도 없고, 마실 물도 없도다. 민 20:1-5

이스라엘은 이곳 즉 고대의 특출한 야훼 성소인 가데스에서 오랫동안 체류하였고민 20:1 ff, 신 1:46, 이곳은 엔-미스팟이라고 불렸으며 여기서 레위부족제사장들은 신탁 결정에 대한 경험을 쌓았다. 이곳은 '므리바' 소송의 장소였으니 그 이름은 율법을 만들고 부여하였음을 보여주고 있다.[279]

이 지역은 4가지 이름으로 불리워졌다.

'가데스-바네아'란 '바네아의 성소'란 뜻이다.

'엔-미스팟' En-mishpat은 '심판의 샘'이란 뜻이다. 창 14:7

'므리바' Meribah는 '소송의 장소'란 뜻이다.

'맛사' Massah는 '다투다. 시험하다'의 뜻이다.

고대의 민요인 모세의 '축복시'에는

레위에게 당신의 둠밈을 주소서!
신실한 정신의 사람에게 우림을 주소서!
당신께서는 맛사에서 그를 시험해 보셨고
므리바 샘 가에서 시비是非를 가려 보셨나이다.
그는 제 아비와 어미를 모른체 하면서
제 동기도 외면하고 자식마저 모른 체하면서
하나님의 말씀만 따라 주신 계약을 지켰나이다.
그들은 주의 법도를 야곱에게
주의 율법을 이스라엘에게 가르치며
향기를 하나님 앞에 피워 올리고

제단에 번제를 바치는 자들입니다.

야훼여! 그의 기력을 북돋아주소서!

그가 손으로 하는 일에 은총을 내려주소서!

그와 맞서는 사람의 허리를 꺾으소서!

그를 미워하는 자를 다시 일어나지 못하게 하소서신 33:8-11

이와같이 레위부족은 그 어떤 부족보다도 하나님의 말씀에 더 충실하였으며, 그들은 율법의 교사요, 제단을 섬기는 제사장의 직책을 감당하고 있었다. Urim은 영어 to curse를 의미하는 어근에서 나온 것으로 '불길한 답'을 준 것으로 받아들인 것 같고, Thummim은 '성스런 추첨'이었던 것으로 해석된다.

4. 신탁을 해설하는 승려로서 모세

모세는 신탁을 해설하는 승려로서 율법을 제정하였을 뿐이지 왕은 아니었다. 이드로는 모세에게 희생제사 드리는 법과 거룩한 신탁을 사용하는 방법은 가르쳐주었다. 따라서 모세는 무사나 제의의 창설자이기보다는 신탁을 해설하는 승려의 모습을 보여주고 있다.

특히 이드로가 모세에게 재판 행정에 관한 교시instruction와 조언advice을 주었는데 출 18:13-22 그것은 일반적인 기능보다는 종교적인 기능으로 간주된다.[280] 이것은 이드로는 단순한 모세의 장인으로서 보다는 승려로서 행동하고 있음을 보여준다. 이드로는 제사장의 직무에 적합한 기술적 지식을 말해 준 것이다.[281] 제사장의 직무는 신탁해설이 주된 것이었다. 야훼가 모세에게 나타나고 신탁을 주는 것으로서 '계시의 장막'Tent of revelation을 야영 밖에 항상 두었다. 여기에서 모세는 하나님을 만났으며 그의 지시를 받았다. 그는 그 수단으로서 토라torah와 에봇ephod을 사용하였다. 삿 8:3-27, 17:5, 출 26: 6ff 그는 이것을 사용함으로서 어떤 특수한 사건처리에 하나님의 의사를 묻는데 사용하였다.

그러는 동안에 모세는 자신도 모르는 사이에 그들 노예들의 무관無冠의 왕이 되어있었다. 모세는 장로들을 임명하고 '사사'라고 불렀다. 레위 사람들은 '법궤'를 짊어지고 앞서가고 7000여명의 사람들이 그의 뒤를 따라갔다. 학자들의 생각

법이 창궐하면 세상은 자비와 진실이 서로 충돌하고 정의와 평화가 서로 갈등하고 맞부딪친다. 하나님의 은총에 합하는 감사는 마음속 진심의 감사이다.

당신을 경외하는 자에게는 구원이 정녕 가까우니
그의 영광이 우리 땅에 깃드시리라.
사랑과 진실이 눈을 맞추고
정의와 평화가 입을 맞추리라.
땅에서는 진실이 돋아나오고
하늘에서는 정의가 굽어보리라.
야훼께서 복을 내리시리니
우리 땅이 열매를 맺어 주리로다. 시 85:9-12

'야훼' 하나님은 항상 '구원과 약속'의 신이었다.[282]

그분에게는 사랑과 동정이 진실보다 우위에 있었고, 자비를 실현하기 위해서는 진실을 덮어 버릴 수도 있었다. 하나님이실지라도 인간을 재판하시는 데는 그 인간이 죽기까지 기다리신다. 전승에 의하면 모세는 시나이산에서 '만남의 장막'을 쳤

다.출 33:7-11, 민 11:16, 12:43 신21:14 백성들은 산 아래 기슭에 장막을 쳤다. 그들의 '주거지'shelter로는 동굴과 바위의 갈라진 틈과 바위의 사이와 비탈과 절벽 아래였고, '먹거리'로는 들판과 산기슭의 풀이었다

절벽과 낭떠러지와 동굴이나 바위의 갈라진 틈은 바로 그들의 주거지로서, 롯이 산에 올라 굴속에 거한 이야기와 엘리야가 거했던 동굴에도 나온다.

> 모세가 항상 장막을 취하여 진밖에 쳐서 진과 멀리 떠나게 하고 회막이라 이름하니 야훼를 앙모하는 자는 다 진 바깥 회막으로 나아가며... 출 33:7-11
> 보라 내 곁에 한 장소가 있으니 너는 그 반석 위에 서라. 내 영광이 지나갈 때에 내가 너를 반석 틈에 두고 내가 지나도록 내 손으로 너를 덮었다가 손을 거두리니...출 33:21-23
> 미디안 장로들에게 이르되 이제 이 무리가 소가 밭의 풀을 뜯어먹음 같이 우리 사면에 있는 것을 다 뜯어먹으리로다 하니 그때에 십볼의 아들 발락이 모압 왕이었더라.민 22:4

벧엘에서 야곱이 노숙한 숙박소는 나중에 예레미야에서는 임시 피난처와 숙박처와 관련되어 사용되었다.렘 14:8 압살롬의 신방은 유목생활에서 남은 풍습의 잔존이다.삼하 16:22 원시 모세 신앙을 상기케 하는 것으로서 기브온 산당이 있다.대하 1:3-13

V. 위대한 인물 됨을 거절한 모세

내가 하고 있는 사역은 '금송아지 기르기'가 아닌가? 내 눈은 멀어 있으면서 남

의 호구를 비난하고 있지 않는가? 자기 집 현관은 더러워져 있으면서 남의 집 지붕 위의 눈에 대해 잔소리를 할 수 있는가? 남을 비난하는 것은 위험한 불꽃놀이다. 남을 비난하는 것은 바보라도 할 수 있다. 그리고 어리석은 자만이 그것을 하고 싶어 한다. 이해와 관용은 넓은 품성과 극기심을 가진 자만이 가질 수 있는 덕이다. 모세는 하나님께서 위대한 인물로 만들어 주시겠다는 약속을 거부했다.

인간은 누구나 '위대하게' 되려는 욕망이 있다. 그러나 모세는 하나님이 그를 '위대하게' 만들어 주시겠다는 약속을 거절했다.출 32:10-32 모세는 자신의 명성이나 명예에는 아무런 흥미도 없었고 뿐만 아니라 오히려 싫어했다. 그는 자신에 대한 평가에 연연하지 않았다.

> 그러나 이제 그들의 죄를 사하시옵소서. 그렇지 아니하시오면 원컨대 주께서 기록하신 책에서 내 이름을 지워버려 주옵소서.출 32:32

백성을 위한 모세의 마음은 절절했다. 이스라엘을 향한 모세의 '희생정신'과 위대한 '아가페 사랑'이 여기에 나타나 있다.

> 저가 모든 사람을 대신하여 죽으심은 산 자들로 하여금 다시는 저희 자신을 위하여 살지 않고 오직 저희를 대신하여 죽었다가 다시 사신 자를 위하여 살게 하려 함이라.고후 5:15

이러한 신앙은 사도 바울의 마음과도 상통한다.

내가 그리스도 안에서 참말을 하노라. 내게 큰 근심이 있나니, 고통이 그치지 않고 있어 내 양심이 성령 안에서 증언하노니, 내가 나의 형제 곧 골육의 친척을 위하여 내 자신이 저주를 받아 그리스도에게서 끊어질지라도 원하는 바라. 롬 7:3

백성들은 항의하면서 시위를 계속했다.

네가 우리의 젖과 꿀이 흐르는 땅에서 이끌어내어 광야에서 죽이려 함이 어찌 작은 일이기에 오히려 스스로 왕이 되려 하느냐? 민 16:13

모세는 우쭐대지 않았다. "왕 됨"을 스스로 거절했다. 유목민 사회에서 특징은 사회적 계층이나 신분 사이에 큰 불균형은 보이지 않는 것이다. 거기에는 부족 내의 통치자들이나 복종을 강요하는 어떤 주체들Subjects의 사상이 없으니, 왜냐하면 인간은 자기 위에 인간-주인이 없음을 주장하려는 유목민의 자유 개념들이 확고했기 때문이다. 물론 거기에는 어떤 류의 지도자적 신분은 있어야 했으니, 특별히 외적들로부터 위험에 직면했을 때는 "들림받은 자nasi"가 아마 이런 위기 상황에서는 부족의 두령이 되었을 것이다. 그러나 모세는 유명 인사가 되기를 사양했다.

모세는 의식과 행동을 같이했다. 그는 사람에 대한 사랑과 민족에 대한 사랑을 함께 실천했다.

이 지도자가 다수의 장로들이나 씨족 지도자들로부터 의심 없이 선출되었거나 혹은 지도력의 우수한 자질로 인해서 자연히 두목의 위치로 "들리움 받은" 개인들이었다. 이러한 지도자까지도 어떤 중요한 단계에서는 장로들 회의에서 논의되어야 했으며, 거기에서 뽑힘을 받았었다. 이들 부족 지도자들은 이렇게 단순히 "상호 동등한 것들 중에서 수위"primi inter pares로서 명령할 권한은 없었고 다만 조언할 수 있었을 뿐이며, 오늘날의 베두인의 촌장Sheikh과 같았다.

> 이 사람 모세는 그 온유함이 지면의 모든 사람보다 승하더라. 민 12:3

이 말씀은 우리에게 많은 것을 생각케 한다. 참 지도자란 무엇이며 권위란 또 무엇인가? 명성이란 무엇이며, 권력이란 또 무엇인가? 성공이란 무엇이며 인생이란 또 무엇인가? 하고 묻고있는 것이다.

이러한 출애굽기와 민수기에 기술된 방대한 광야유랑기는 '모세'라는 한 개인이 일시에 완성했을 것 같지는 않다. 태고에는 짧고 단순하던 것이 장구한 세월을 두고 전승되어 오는 과정에서 수많은 사람들에 의하여 고쳐지고 다듬어지고 새로운 전승들이 추가되고 삽입되어져서 오늘날의 오경이 되었을 것이다.

> 하나님이 나와 같은 선지자를 세우리라 하던 자가 곧 모세라. 시내산에서 말하던 그 천사와 우리 조상들과 함게 광야교회에 있었고, 또 살아있는 말씀을 받아 우리에게 주던 자가 이 사람이다. 행 7:37-38

VI. 출애굽 이후의 일정

오경의 편찬자들이 작성한 출애굽 이후의 일정은 다음과 같다.

출애굽	정월 15일	출 12: 2,5; 민 33:3
시내산 도착	제3월 1일	출 19:1

야훼의 현현	제3월 3일	출 19:16
성막 완성	제2년 1월 1일	출 40:1
인구조사	제2년 2월 1일	민 1:1
시내산 출발	제2년 2월 20일	민 10:11
가데스 도착	제()년 1월	민 20:1
미리암의 죽음	제()년 1월	민 20:1
아론의 죽음	제40년 5월 1일(?)	민 20:29
모압을 향해 출발	제40년 6월 1일(?)	민 20:22, 21:4
모압에서 모세의 설교	제 40년 11월 1일	신 1:2-3.
모세의 죽음	?	신 34:8
여호수아와 이스라엘의 가나안 진입	제 41년 1월 10일	수 1:19.

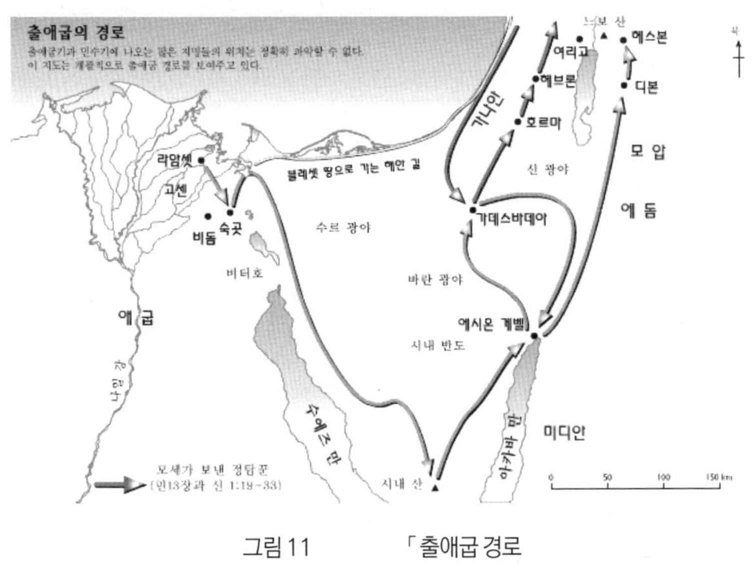

그림 11 「출애굽 경로

1. 모압 평원에서 거주

이스라엘 자손이 아르논 강 건너편에 진을 쳤으니, 아르논은 모압과 아모리 사이에서 모압의 경계가 된 곳이라.

> 이러므로 야훼의 전쟁기에 일렀으되: "수바의 와헙과 아르논 골짜기와 모든 골짜기의 비탈은 아르 고을을 향하여 기울어지고, 모압의 경계에 닿았도다. 민 21:14-15

이스라엘 백성들은 세렛 골짜기를 떠나 아르논 강에서 멀리 떨어진 곳에 진을 쳤다. 그곳을 떠나 브엘을 향해 계속 갔다. 그리고 그들은 그 광야를 떠나 맛디나로 갔고, 맛디나에서 나할리엘로, 나할리엘에서 떠나 바못에 이르렀고, 바못에서 모압 들에 있는 골짜기에 이르러 광야가 내려다 보이는 비스가 산 꼭대기 부근 모압 고원지대의 한 골짜기에 도착했다.

이스라엘 백성은 모압 평지에서 장기간 체류하였다. 광야생활의 상당 부분을 여기에서 보냈다. 그러나 모압평원의 생활은 이루지 못한 꿈의 슬픈 역사이다. 모세는 노예들은 이끌고 나와 모압의 황야에서 황무지를 개척하여 '이상촌락'을 건설하리라고 작심했었다. 그러나 그러한 꿈과 기대와는 달리 냉엄한 현실에 부딪혀 생존조차 위협받는 처지에 이르렀다. 그러나 모세는 속도감이 있고 과단성 있는 행동으로 대체했다.

이스라엘 백성은 모압 평원에 진을 치고 난 다음에는 더 진전할 의욕을 잃고 있었다. 그러는 사이에 그 땅은 그들의 제2의 고향이 되었다. 왜냐하면 모압의 국경지대는 전운이 감돌지만, 반면에 나라 안 평원에는 그러한 긴장이 전혀 없는, 그야말로 이상하리만큼 평화스러운 태평성대의 지역이었기 때문이었다.

모압평원은 넓은 초원이었다. 그 초원에는 늑대와 이리가 어슬렁거리고, 공중에는 독수리가 날고 있었다. 여름에는 너무 덥고 겨울에는 너무 추웠다. 그들은 이 평원에서 양과 염소를 치며, 흩어져서 살았다. 그러나 그들은 점차 협곡에 갇히게 되었고, 좁은 땅에 인구가 늘어나자 새로운 땅이 필요했다. 그들은 새로운 길을 마련해야 했다.

모압 평원은 봄철이 되면 수많은 꽃을 피워내던 초원이 3개월이 지난 후에는 황야가 된다. 이스라엘 백성은 모압의 허허벌판에서 필사적으로 농토를 일궈보려고 애썼으나 결과는 기대대로 되지 않았다. 그리고 가나안 땅에는 거인 호전족인 아낙 자손들이 살고 있다는 소문이 나돌아 민심이 어수선했다.

2. 백성의 반란과 모세의 진압

광야 여정에서 일어난 사건들 가운데 가장 불행한 사건은 고라Koran와 다단과 아비람이 일으킨 반란이었다. 여기에 250여명의 족장들까지 합세했다. 고라가 주동했고 다단과 아비람은 동조했다. 민 16:1-49

> 네가 우리를 젖과 꿀이 흐르는 땅에서 이끌어내어 광야에서 죽이려 함이 어찌 작은 일이기에 오히려 스스로 우리 위에 왕이 되려 하느냐? 이뿐 아니라 네가 우리를 젖과 꿀이 흐르는 땅으로 인도하여 들이지도 아니하고 밭도, 포도원도 우리에게 기업으로 주지 아니하니, 네가 이 사람들의 눈을 빼려느냐? 우리는 올라가지 아니하겠노라. 민 16:13-14

이 말은 온 이스라엘 백성들의 생각을 반영하고 있었다. 오늘날의 견지에서 볼 때 고라 일당의 요구는 그리 비난받을 일은 아니었다. 고라와 다단과 아비람은 모세의 행위를 민중민주주의에 반하는 전제군주의 행위로 보았다. 전제체제의 정부 수반首班은 가끔씩 국민투표로 자신의 지위에 대한 확증을 받는 국민투표독재 plebiscitarian dictatorship체제로 향하는 경향이 있는데, 모세가 항상 야훼 하나님을 빗대고 행하는 처사민 16:5-7는 바로 그런 행위로 보았다. 민주체제는 독재자의 핑계와 구실이 될 수 있다.

고라와 다단과 아비람은 모세의 전횡은 백성의 눈알을 빼려는 속임수로 보았다. "우리를 모두 장님으로 만들 작정이요? 우리를 끝까지 속일 작정이요? 우리 모두의 눈알을 뽑을 생각이요? 우리는 그 속셈을 다 알고 있소! 가나안 땅으로 우리는 절대로 올라가지 않겠소!" 그들은 민중민주주의를 요구하였다. 고라 일당은 이스라엘 백성은 다시 '노예화의 길'에 들어섰다고 본 것이다.

유명한 경제학자 프리드리히 A. 하이에크Friedrich A. Hayek는 그의 저서 "노예화의 길"The Road to Serfdom에서 민주주의는 본질적으로 수단이다. 즉 "민주주의는 내적 평화와 개인의 자유를 보호하기 위한 실용적 도구a utiltarian device이다. 민주주의 그 자체가 결코 오류에 빠지지 않거나 확실한 것은 아니다. 다만 궁극적 가치는 민주주의가 아니라 자유이다. 자유는 더 높은 시민사회와 사적 삶에서 최고로 가치있게 여기는 대상들을 추구할 수 있도록 보장하기 위해 자유가 필요하다"고 하였다.[283]

그들은 몸은 애굽을 떠났지만, 마음은 여전히 애굽에 머물고 있었다. 고라는 아론의 씨족들만 제사장이 되는 특권을 갖는 것에 질투와 시기를 느꼈다. 고라와 다단과 아비람은 똑같은 레위인이면서도 불평등하게 언제나 성막이나 쓸고 닦는 천한 일에만 종사하는 것에 불만이 생긴 것이다. 그들에게 있어 정작 어려움은 현실이 아니라 미래에 대한 불안이었다. 모세는 소문을 불식시키려고 12정탐꾼을 모집했다. 40여 일간 가나안을 정탐하고 돌아온 10명의 정탐꾼들은 절망적인 보고를 했다. 그러나 여호수아와 갈렙은 에스골 골짜기에서 거대한 포도송이 넝쿨을 매고 와서 그 땅은 젖과 꿀이 흐르는 땅이라고 보고했다. 가나안 정탐보고대회가 끝나자 백성들은 웅성거리기 시작했다. 고라와 다단과 아비람이 선두주자가 되었다. 민 16:1-2 그들은 당장 모세를 돌로 칠 기세였다.

이들의 반역의 시기와 장소는 언급되어 있지 않지만, 그들 일당의 거역은 37년 어간의 이스라엘 백성의 광야생활에 관련하여 기록된 유일의 중요사건이다. '고라당'으로 지칭된 이들은 음모와 폭동의 모본이 되었다. 민 16:5, 6, 9, 27: 3

이리하여 붙쳐Albert G. Butzer는 고라를 이스라엘 백성 중의 '첫 번째 혁명가'로 지칭했다.

> 너희가 분수에 지나도다. 회중이 다 각각 거룩하고 야훼께서도 그들 가운데 계시거늘 너희가 어찌하여 야훼의 총회 위에 스스로 높이느냐? 민 16:3

그들은 모세의 지도자직과 아론의 제사장직을 문제 삼았다. 그들은 신자마다 제사장이 될 수 있다는 주장의 선구자들이었다. 그들은 민중민주주의를 부르짖고, 전체주의, 독재주의에 반기를 들었다. 그들은 모세와 아론에게 정치적, 종교적으로 독재자가 되려는 야심을 갖고 있다고 비난했다. "네가 스스로 왕이 되려느냐?" 민 16:13

모세는 온 회중의 불평과 탄핵 앞에서 "얼굴을 땅에 대고 엎드렸다" 민 16:4 모세

는 제 정신을 잃은 듯이 보인다.[284]

그러나 세상의 모든 일에는 때와 시기가 있다. 이것을 아는 것이 지혜요, 능력이다. 고라 일당의 '이상'도 좋았으나 시기를 잘 못 택한 것이 과오였다. 이스라엘은 그런 혁명의 준비가 아직 되어있지 않았다. 그때 만일 고라의 반란이 구체화 되었다면, 큰 혼란을 일으켜 하나님의 이스라엘 건국계획은 수포로 돌아갔을 것이다.

> "제때 만난 '이상'처럼 강한 것은 없다. 반면에 때 못 만난 '이상'의 파괴적인 결과도 무서운 것이다."

무모함이란 시도 때도 없이 행동하는 것이다. 때를 알면 같은 노력으로도 더 큰 효과를 가져올 수 있다. 이것은 사막의 카멜레온도 아는 생존의 원리이다.

혁명 실패의 징벌은 가혹했다.

> 그들이 섰던 땅바닥이 갈라지니라. 땅이 입을 벌려 그들과 그들의 집과 고라에게 속한 모든 사람과 그들의 재물을 삼키매 그들이 산채로 스올에 빠지며 땅이 그 위에 덮이니 그들이 회중 가운데서 망하니라. 민 16:31-33

이러한 징벌의 표현은 어떤 역사적 사실을 숨기고 있는 문학적 장식이다.

> 땅이 입을 벌려서 그 무리와 고라를 삼키매 그들이 죽었고 당시에 불이 250명을 삼켜 징표가 되게 하였으나 고라의 아들들은 죽지 아니하였더라. 민 26:1-11

그들이 받은 벌이 너무 가혹하다고 생각되기는 하지만 고라의 자손들은 없어지지 않고 오늘까지 남아 내려온다. 고라의 아들들이 다 죽어 세상에서 혁명가들의 그림자가 사라지는 날은 인류를 위하여 가장 슬픈 날이 될 것이다.[285]

고라와 다단과 아비람은 우리나라로 말한다면 허균홍길동이나 전봉준이나 만적처럼 때를 잘못 진단한 죄로 처형당했다. 그들은 모두 너무 일찍 각성한 자들이었다.

열두 부족들 가운데 오직 레위 부족만이 모세를 따랐다. 모세에게 있어 이스라엘 신앙공동체의 평안을 유지하는 것이 여간 어려운 일이 아니었다. 모세는 수행해야 할 책임은 저버릴 수 없었다. 그는 위기를 해결하는데 큰 결단이 필요했다. 그리하여 그는 독자적으로 판단해서 결정을 내렸다. 그는 백성의 생사여탈권을 갖고 있었다. 그러므로 그는 이스라엘 공동체의 안전을 해치는 구성원들에 대하여는 가차없이 처벌하였다.

> 금송아지를 섬기는 자들은 방자하고 아론이 그들을 방자케하여 원수들의 조롱거리가 되었다. 출 32:25
> 방자히 행하는 선지자들은 가차없이 죽임을 당할 것이라 신 18:20,22

그날 밤에 진영 안에서 3천여 명이 죽었고, 다시 평화를 되찾았다.

> 모세가 레위 자손들에게 허리에 칼을 차고, 진 이문에서 저문까지 왕래하며, 각 사람이 자기 형제와 자기의 친구와 자기의 이웃을 죽이라고 했다. 이날에 백성 중에 3 천명 가량 죽임을 당하였다. 모세가 야훼께 나아가 "슬프도소이

다! 이 백성이 금신을 만들었으니, 큰 죄를 범하였나이다. 그러나 이제 그들의 죄를 용서하소서. 그렇지 않사오면, 원컨데 주께서 기록한 책에서 내 이름은 지워버려 주소서! 야훼께서 모세에게 이르시되 '누구든지 범죄 하면 내가 내 책에서 그를 지워버리리라!출 32:27-33

모세는 그들을 평화적으로 설득하여 안정시키기엔 역부족이란 사실을 깨달았다. 모세는 반란과 폭동에는 가차 없는 진압으로 질서를 회복하겠다는 이론과 논리의 근거를 확보했다.

혁명은 꽃다발로 징계의 채찍을 대신할 수는 없다.
혁명은 비단 장갑을 끼고 성취할 수는 없다.
피 묻지 않은 전투가 있을 수 없듯이
혁명에는 망나니들의 칼춤이 난무한다.

모세는 위기진압을 위하여 폭력으로라도 안정시켜야 한다는 생각이 압도했다. 그러자 어두운 밤에 광풍이 미친듯이 휘몰아치기 시작했다. 모세는 그 절체절명의 순간에 불같이 화를 냈다. 금송아지 사건 때 그러했고, 고라의 자손들이 반란을 일으켰을 때 그러했다. 그는 더 할 수 없는 궁지에 몰렸을 때 불을 썼다. 결과는 두 번 거론하고 싶지 않은 비극의 참상이었다. 그럴 때마다 죽음의 행렬은 마치 축제처럼 화려하고 떠들썩했다. 죽음의 굿판이 되어갔다.

3. 백성의 폭동과 극한 처방

모세는 반란과 폭동에 진저리가 났다. 그는 깨달았다. 그들에게는 이해나 논리가 먹히지 않는다는 것을. 그리하여 하릴없이 그는 중얼거렸다. “불로 확 살라버려야 해!”하고, 매우 짧고 단순한 메시지에 불과했지만 강력했고 효과는 확실했다. 백 마디 말보다 큰 울림이 있었다.

여기에서 이러한 현실을 영적으로 바라보면 모세의 지도력이 위기의 절정을 만났음을 알 수 있다. 히브리 신앙과 모세의 영혼이 그들의 광야 순례길에서 가장 힘들고 가파른 고비를 넘고 있는 것을 보게 된다. 그들은 야훼신앙의 위엄과 절대복종이란 정상을 향하여 천천히 올라가면서, 아슬아슬하게 도약을 시험하고, 기발한 착상들을 실천에 옮겨가면서, 무조건 사랑이란 그들의 확신을 깨뜨려 부수는것이었다. 그가 얼마나 불안했는가를 여실히 드러냈다.

젠스 주어겐스Jens Juergens는 ‘성서의 모세’란 책1928에서 ‘애굽의 성직자들은 6천여 년 전 화약을 만들어내서, 그것을 폭죽과 청색 불꽃신호로 사용했다’고 했다.

모세는 애굽의 사제들이 위기에서 민중을 통제하는 방법을 익히 알고 있었다. 그는 자신도 그 방법은 택할 수밖에 없다고 판단했다. 그것은 마술과 주문이었다. 백성은 그것을 기적과 천벌로 인식하고 있었다. 그들은 두려움과 공포에 떨었다. 그리하여 폭동과 소요는 진압되곤 했다.

야훼혁명이 마지막 절정에 다가오면서 ‘안티테제’反定立에 당면하게 된 것이다. 모세는 진리에 도달하기 위해 모든 것을 희생시킬 준비가 되어 있었다. 진리가 사라져간 세상에 어떤 덕목들이 소용이 있겠는가? ‘야훼혁명’이란 진리가 시작이며 끝이며 생명이다. 때로는 자비와 진실이 서로 충돌하고, 정의와 평화가 맞부딪친다. 그러므로 “인애와 진리가 함께 만나고 의와 화평이 서로 포옹하게 해야 한다.”시 85:10-11

영국 과학자 플린더스 페트리Flinders Petri의 '조사'1906에서 "모세는 애굽의 사원에서 상당한 세력이 있었을 뿐만 아니라 시나이반도에 위치한 왕가의 광산 즉 B.C. 5천여 년 전부터 채굴해왔던 '유황광산 그네프루'Gnefru에 대해서도 지배권을 갖고 있었음을 암시하고 있다." 또 모세는 애굽 성직자들의 '비밀기록'에서 '화약을 제조하는 방법'을 알아냈다. 화약성분유황, 초석, 숯을 기술적인 면에서 볼 때는 누구나 쉽게 추출할 수 있었다. 그리하여 화약제조가 가능했다. 모세보다 수백 년 앞서 살았던 조로아스터짜라투스트라 역시 성화聖火를 자유자재로 사용하여 가장 다양한 속임수를 구사할 수 있었던 것이다.

모세는 이렇게 권위를 강화해 나갔다. 그는 무관無冠의 왕이 되었다.

그러므로 아랫사람들이 그에게 복종하기를 거부할 때는 모세는 '지옥의 불'을 일으켰으며 그 효과는 언제나 확실했다.

불신, 화신火神의 권능을 부여받은 대리인으로서 모세는 그가 바라는 대로 신적 능력을 보여줌으로써 평화를 회복했다. 백성의 소요가 심상찮을 때는 방화진압. 불처리로 평온을 되찾았다. 고라와 다단과 아비람의 반역의 결과가 참혹하고 끔찍했다는 바로 그것이었다.민 16:1-50 이것은 인간 모세의 진면목을 보여주고 있다. 그러나 야훼의 사랑과 동정은 진리진실보다 항상 우위에 놓여 있었다. 당신의 간절한 기도가 하나님 앞에서 무효가 된 적이 있는가? 항상 더 좋은 것으로 응답하신다.

시내산의 광풍은 무서운 기세로 잠들어 있는 백성들의 영혼의 창문을 두들겨댔다. 번개와 거짓과 화산과 폭풍의 징조에 떨고 있는 백성들 앞에출 19:12-25 처방과 징치는 계속되었다. 코라Koran의 자손들의 반란 이후 땅불이 나와 250명이 처형되고민 16:1-35, 모세에게 반기를 들었다가 염병코로나으로 14,700명이 죽었다.민 16:36-50 아론의 아들들이 천막 안에서 금지된 '이상한 불'을 가지고 실험하다가 치

명적인 화상을 입었다. 레 10:1-7

모세는 40여 일 동안 시내산에 거하는 기간에 산 위에서 화약을 실험하다가 모세 자신도 심한 화상을 당한 적이 있는데 그것은 화약 폭발의 결과임이 분명하다. 모세는 그의 얼굴이 화상으로 끔찍하게 변하여 특별한 붕대로 감싸지 않으면 안 되었다. 출 34:29-35 백성들은 그 끔찍한 화상을 입은 모세의 얼굴 상처도 야훼 하나님의 얼굴을 대면한 영광의 상처로 인식하게 되었다. 모세에 대한 이러한 기억은 세월의 흐름과 더불어 민족의 아버지에 대한 집단적이고 공통된 착각으로 작용했다.

그 착각은 이러했다:

> "모세는 시내산 정상에서 여러날을 머물렀다. 시내산 꼭대기는 하나님의 임재를 상징하는 구름으로 덮여 있었다. 모세는 그곳에서 야훼 하나님과 대화하면서 오랜 시일을 함께했다. 그러는 동안에 모세의 얼굴에는 놀라운 변화가 일어났다. 모세의 얼굴에는 눈부신 광채가 발했다. 그 광채는 세상에서 경험할 수 없는 영화로운 빛으로 모세의 얼굴에서 '오로라'로 빛나고 있었다. 그러나 모세는 그 사실을 인식하지 못했다. 모세가 시내산 정상에서 하산하여 산 밑의 산기슭에 거하고 있던 백성들에게 나타났을 때, 백성들이 그 얼굴 광채에 눈이 부셔 바라보지 못함으로 모세는 수건으로 자기 얼굴을 가리고 나타났다. 출 34:27-35"

이런 현상은 그 진상이 무엇이었는가?

반란 민중들을 불로 처분한 모세의 무자비하고 비겁한 행위는 역사적 진실에 가깝다. 그러나 이러한 기사들은 모세가 어떤 고민과 갈등 속에 견디어 나갔는가를 보여준다. 오경은 그의 인간적인 감정의 결점을 숨김없이 드러내 보여주고 있다. 오경의 공식적인 기록에서 누락시키지 않고, 그의 삶의 애환을 진솔하게 드려낸 것이다. 모세의 생애에는 이스라엘 민족의 수난사가 나타나 있고, 우리의 역사가 겹쳐 있다. 민족의 역사적 상처가 그의 생의 아픔이요 또한 우리의 아픔으로서 그곳에 나타나 있다.

우리의 아픔은 '공산주의라는 유령'이 아직도 이 땅에 떠돌아다니고 있다는 사실 때문이다. 공산주의 이론의 기본적 골격은 이미 1848년에 카를 마르크스가 쓴 '공산당 선언'에 제시되어 있다. 공산주의 이론의 첫 번째 핵심적 요소는 폭력혁명에 의해서 사회 변혁을 실현하고자 하는 이른바 '폭력혁명론暴力革命論'이다.

그렇다면 야훼혁명의 위기의 순간에 거대한 폭력을 사용한 모세와는 어떻게 다른가? 우리의 고민은 여기에 있다. 야훼의 혁명가 모세! 세월이 흘러가면 그에 대한 평가가 달라질지도 모른다. 하지만 그의 과오와 업적은 모두 후세 인간들의 거울이 될 것이며, 역사의 교훈으로 남아 있게 될 것이다. 그러나 야훼 하나님의 나라 건설에 초석을 놓은 인물로서 그보다 더 큰 이는 없다. 모세는 세기적 존재로서 지상에 영원한 영성 세계를 확정해 놓은 거성이었다.

아직도 공산주의자들은 종래의 사회질서 전체를 폭력에 의해 무너뜨리지 않고는 자신들의 목적이 달성될 수 없다는 것을 공공연하게 표명하고 있다. "프롤레타리아가 이 혁명에서 잃을 것은 쇠사슬밖에는 없다. 그들이 얻을 것은 전 세계다. 모든 노동자여, 단결하라!" 이것이 '공산당 선언'의 끝맺음이다. 오늘날 우리는 이 땅에서 무엇을 보고 있는가? 핵이란 괴물이 이빨을 드러내고 있다.

4. 흐르는 세월, 가는 사람들

광음이 여류하는데 인생은 떠난다.

히브리 노예들이 애굽에서 나와서 시내광야에서 첫 번째 인구조사를 한 지 40년 후에 모압 평지에서 시도한 두 번째 인구조사에 들어간 사람은 갈렙과 여호수아 밖에는 한 사람도 들지 못했다. 노예근성에 젖은 낡은 백성들을 약속의 땅에 들어가기 전에 다시 만들어져야 한다.

> 갈렙과 여호수아 외에는 내가 너희에게 살게 하리라 한 땅에 결탄코 들어가지 못하리니, 너희 시체가 이 광야에 엎드려질 것이다. 너희 중에서 20세 이상으로서 계수된 자 곧 나를 원망한 자 전부라. 내가 너희에게 살게 하리라 한 땅에 결탄코 들어가지 못하리라. 너희의 시체가 광야에서 소멸되기까지 40년을 광야에서 방황하는 자가 되리라. 민 14:27-33

첫 번째 인구조사 때에 계수된 사람 중에는 갈렙과 여호수아 외에는 한 사람도 두 번째 인구조사 때에는 살아 남지 못했다. 이스라엘, 자유의 새 나라는 노예근성을 가진 백성들로는 이룩할 수 없다. 애굽의 생활을 모르는 자들만 새 땅에 들어갈 수 있었다.

> 모세와 제사장 아론이 시내광야에서 계수한 이스라엘 자손은 한 사람도 들지 못하였으니, 이는 야훼께서 그들에게 대하여 말씀하시기를 그들이 반드시 광야에서 죽으리라 하셨음이라. 이르므로 갈렙과 여호수아 외에는 한 사람도 남지 아니하였더라. 민 26:64-65

오경은 모세가 한 사람의 평범한 인간이자 신앙의 혁명투사로 성장해 가는 과정을 보여준다. 그는 경험과 본능에 의해 감성으로 심화되어 점차 혁명사상을 터득하여 혁명가로 성장했다.

애굽에서 살다가 광야로 나온 백성들은 애굽에서의 삶의 양식과 생활습관과 사고방식을 버릴 수 없었다. 광야에서 출생한 20세 미만의 백성들만 살아남아 가나안 땅에 들어갔다. 그들은 종착지 없는 황야의 유랑생활을 계속해야만 했다. 그들은 광야에서, 그 원시의 품속에서, 자연 그대로의 삶을 추구해 왔다. 그들은 황야에서 유목민의 단순한 삶을 배워왔다. 그들은 속박과 구속을 피해 스스로 뼈를 깎는 생활을 해 왔다. 그들은 안정되고 풍요한 평범에의 멍에를 꺾고 또 피해 왔다. 그들은 애굽의 낡은 제도, 병든 습관, 기계적인 사회 체제에 얼굴을 돌리고 새 세계를 찾아 나섰다. 그들은 다시 태어나야 했다. 자연 그대로의 삶을 추구해야 했다. 자연에로의 찬란한 복귀, 새 문화가 싹틀 수 있는 토양이 광야에서 구비 된 것이다. 그들에게는 물질적 풍요보다 정신적인 사색이 필요했다. 그들에겐 세속적인 의미의 소유욕을 떨쳐버리고, 속박 없는 영혼의 자유, 자신들의 영혼의 음성을 들어야 했다. 정신적인, 심리적인, 영적인 돌파구를 찾아야 했다. 이제 막 시작이다. 20세 미만의 새 세대는 자기 사상을 체계화하거나 논리적일 수는 없지만 내일을 향한 세대의 오소리티authority를 쥐고 있다는 사실에는 의심의 여지가 없다.

에리히 프롬Eric Fromm에 의하면 모세의 죽음은 혁명이 가능한지를 다루는 문제에 대한 성서의 해법에 종지부를 찍는다. 혁명은 때를 맞춰 단계를 밟아가면서 성공할 수 있다. 고통에 시달린 끝에 혁명에 착수한 사람들은 자신의 과거 때문에 정해진 한계를 뛰어넘을 수 없다. 노예제도 아래서 태어나지 않은 사람들만 성공적으로 약속의 땅을 차지할 수 있었다.[286]

Ⅶ. 노예에서 해방된 새 민족의 탄생

미국 남북전쟁을 통해서 흑인 노예들을 해방시킨 링컨 대통령은 1860년에 선거에서 당선되었다. 그 이전에 남부의 연방법원대법원은 "흑인 노예들은 미국 시민이 아니다"라는 판단으로 노예해방을 패소시켰다. 모세는 이보다 약 3000년 전에 벌써 '노예해방'에 대한 율법을 만들었다.

> 나는 너를 애굽 땅, 종노예 되었던 집에서 인도하여 낸 네 하나님 야훼니라출 20:2
>
> 나는 너희에게 가나안 땅을 주려고 너희를 애굽 땅에서 인도하여 낸 너희의 하나님 야훼니라. 너와 함께 있는 네 형제가 가난하게 되어 네게 몸이 팔리거든 너는 그를 종으로 부리지 말고 품꾼이나 동거인과 같이 함께 있게 하여 희년까지 너를 섬기게 하라. 〈희년이 되면〉 그 때에는 그와 그의 자녀가 함께 네게서 떠나 그의 가족과 그의 조상의 기업으로 돌아가게 하라.해방시켜라 그들은 내가 애굽 땅에서 인도하여 낸 내 종들이니 종으로 팔지 말 것이라. 너는 그를 엄하게 부리지 말고 네 하나님을 경외하라.레 25:38-43
>
> 종이 그의 주인을 피하여 네게로 도망하거든 너는 그의 주인에게 돌려주지 말고 그가 네 성읍 중에서 원하는 곳을 택하는 대로 너와 함께 네 가운데에 거주하게 하고 그를 압제하지 말지니라.신 23:15-16

바벨론 함무라비 법전에는 도망치는 노예를 보고도 붙들어 그 주인에게 돌려주지 않은 자들은 벌을 받게 되어있다.

모세는 노예들을 애굽에서 인도해 내어주었을 뿐 아니라 '자기희생'의 '아가페'

사랑으로 그들을 죄악으로 멸망할 수밖에 없는 상황에서 구원하여 새 민족으로 탄생시켜 놓았다.

1. 잡동사니 전승들의 부스러기들

냄새나고 감추고 싶은 쓰레기 산에서도 장미꽃은 핀다

너희 건축자들의 버린 돌이 〔가장 소중한〕 집의 모퉁이의 머릿돌이 되었느니라. 행 4:11, 마 21:42, 막 12:10, 눅 20:17

의학에서 가장 널리 사용되는 항생제 중의 하나인 페니실린penicillin은 1927년에 영국의 세균학자 알렉산더 플레밍이 포도상구균을 배양하고 있을 때 그 접시에 푸른곰팡이, 즉 페니룸이 있다는 것을 발견했다. 배양하던 균에 곰팡이가 피었다는 것은 균이 죽어 썩었다는 말이 된다. 이 죽은 곰팡이를 분리하여 액상 배지에 배양해서 인체에 감염을 일으키는 일반 세균을 죽일 수 있는 귀한 물질을 발견하였다. 그렇게 하여 여러 번의 실험을 통해 확증을 얻어 페니실린이라 이름을 붙였다. 이것을 1940년에 다른 연구자들이 치료용 주사제로 만들었다. 썩은 곰팡이에서 생명을 살리는 치료제를 발견하게 된 것은 정말 우연이었다. 이것은 버린 쓰레기 더미에서 장미꽃이 핀 것과 비교될 만하다. 잡동사니 전승들의 부스러기에서 모세의 하나님의 사랑, 아가페 사랑이 나타났다. '사랑'이란 우리 말로는 'ᄉᆞ량思量'이 변한 말이다. '얼마나 상대방을 생각하고 있는냐?'하는 그 마음의 깊이와 무게가 곧 사랑이다.

사랑하는 자는 모두 시인이 되고, 철학자가 된다. 그리스어로 '철학philosophia'이란 말은 '지혜sophia'에 대한 '사랑philia'이라는 말에서 왔다.

스크라테스는 '사랑이란 그 대상을 어떻게 하든지 자기 것으로 만들고자 추구하는 것'이라고 했다. 그가 말한 '지智, 앎, sophia'란 긍극적인 것, 절대적인 것, 영원한 것에 관한 지知였다.

구약성서에서는 '사랑'을 '헤세드'חֶסֶד라고 하는데, 이는 동양에서 말하는 '자비'사 54:8, 시 51:1와 '인애'호 6:4, 욜 2:13를 뜻하고, 신약성서에서는 '사랑'을 그리스어로 엘레오스 ἔλεος , 마 9:13, 눅 10:37와 아가페ἀγάπη, 요3:16, 21:15와 필리아φιλία, 요 5:20, 21:15를 뜻한다. 서양에서는 신약성서의 가르침을 따라 사랑을 에로스는 '이성 간의 육체적 사랑'으로 정애, 애정이라고 하고, 아가페는 '하나님의 자기 희생적인 사랑'이며, 필리아는 '형제, 친구, 동지 간의 우애'를 뜻한다. 선비나 학자들의 정신적인 사랑, 학문적인 사랑도 필리아에 속한다.

인간 영혼의 정수인 사랑, 정열을 쏟는 사랑! 그것이야말로 이 지상에서 가장 아름다운 것이다. 모든 영웅적인 행위와 감격 그리고 시와 음악과 예술, 그 모든 것의 원천이 되는 것은 인간의 사랑과 정열이다.

모세의 현모양처 '십보라'는 힘든 광야 여정과 척박한 사막의 환경에서 고된 노동과 노쇠로 세상을 떠나고, 공개된 여인, 숨겨진 달비스Tharbis는 다시 등장한다. 모세가 평소 그녀를 그리워했다는 사연은 가슴 아프다.

노인이 된 모세는 이제 대범해졌다. 그러나 어쩔 수 없이 헤어졌다가 수십 년 만에 다시 재회하게 된 모세와 여인은 옛정이 다시 살아나고 있었다. 그것은 '자비와 인애'에서 나온 '헤세드' 사랑이었다. 그리고 그 힘들었던 광야 유랑 중에 듣게 된 모세와 구스여인에 대한 일화는 사막에서 만나는 시원한 샘물 같은 오아시스였다.

모세와 구스 여인의 사랑 이야기가 처음으로 우리에게 전해졌을 때 우리에겐 실소를 금치 못하게 하는 어이없는 희극 같은 이야기였지만 그냥 웃어넘길 수만은 없게 되었다.

평소에 모세의 독점적 지위에 불만하고 비방해 왔던 형 아론과 누이 미리암은 '구스 아내'를 시기하고 질투했다. 그 여인을 핑계로 백성들이 모세를 불신케 했다.민 12:1 미리암과 아론은 시기와 질투의 화신이 되어있었다. 미리암은 피부 알레르기를 일으켰다. 성서에는 나병이 발병했다고 했다. 육체는 정신에 반응한다. 이상 정신은 이상 육체를 만든다. 모세는 누이를 용서하고 기도로 그 병을 고쳐주었다. 형 아론은 호르산 위로 데리고 올라가 거의 지위를 박탈해 버렸다.

'달비스'는 진실한 사랑과 숭고한 아름다움을 여전히 간직하고 있었다. 젊은 시절의 그들의 언약과 약속은 영원하며 힘든 고비마다 서로 격려와 위로를 주고 얻어 노년에도 서로의 감정을 숨기지 않았다. 그들의 삶은 못다 이룬 꿈으로 남아 있었다.

모든 인간은 못다 이룬 사랑 때문에 울고 또 웃고, 못다 이룬 사랑 때문에 살고 또 죽는다. 그런 사랑은 화살이 빗발치는 전장터에서도, 유랑하는 열사의 사막 가시덤블 속에서도 그리고 북극의 눈 덮인 얼음 굴속에서도 그리고 파선하는 배 위에서도 싹이 트고 꽃이 핀다.

만일 구스여인과 달비스와 미로에메로에가 동일 인물이라면 모세의 숨겨온 연인에 대한 전승이 여러 부족에게 각기 다른 이름으로 전파되어 있었다는 뜻이 된다.

그렇다면 이스라엘 백성들에게 모세와 구스여인의 관계는 한국 춘향전의 이몽룡과 성춘향이 정도로는 알려져 있었다는 것이 된다. 그리고 그와는 반대로 만일 그들이 각기 다른 인물이었다면 모세의 숨겨온 여인은 그렇게 여러 명 즉 2인 혹은 3인이었음을 뜻한다. 그리고 설령 그렇다 치더라도 고대사회에서 그것이 그리 놀라운 일은 아니었다.

인간은 사회적 지위가 높을수록 바람과 격랑이 더 심해진다. 따라서 모은 인간은 책임의식이 강할수록 거기에 비례하여 중압감이 커짐으로 그 해소방법을 본능에 의존하게 된다. 모세는 광야 여정에서 엄청난 '스트레스'stress란 distress고뇌, 고통, 고난의 두음소실에 시달렸다.출 16:3, 17:3; 민 11:15, 17:12, 20:3-4, 21:5

민수기에 의하면 시내산을 떠난 후 모세는 더 많은 저항과 좌절에 직면했다. 그 무렵에 구스에티오피아 여인을 두 번째 아내로 맞이했다고 한다. 그런데 그 여인이 바로 숨은 달비스가 아닌가 한다. 그녀는 모세의 숨은 내조자로 큰 역할을 한 것으로 보인다. 그런데 구스여인의 이름이 미로에라는 전승도 있다.

소설이나 노래 속의 사랑은 '에로스 사랑'이다. 에로스 사랑이란 이성간의 육체적 사랑, 애정에서 나온 정애情愛의 사랑이다.

판소리 "춘향가"에서,

도련님 말씀은 하날님이 깜짝 놀랠 거짓말이요!

네 이놈. 잔말 말고 천자문 들어오너라.

이리 오너라. 업고 놀자!

사랑, 사랑, 내 사랑이야!

어허둥둥 내 남군 도련님.

업고 보니 좋을시구!

갈까부다. 갈까부다 임따라 갈까부다.

천리길도 따라가고, 만리 길도 따라 갈까부다.

비단 보료 어데 두고, 헌 가마니짝 웬일이냐?

원앙금침 어데 두고, 짚단이 웬말이냐?

두리 둥둥, 두리 둥둥, 쾌갱매 쾌매쾡!

어럴럴 상사위요!

(비고 : 천자문(千字文)은 양나라 주흥사가 우주의 크고 작은 모든 것을 일천자로 적은 책)

형제나 친구나 벗이나 선비들이나 학자들 간의 사랑은 '필리아 사랑'이다. 필리아 사랑이란 철학자들의 사랑 즉 '우애'를 뜻한다. 흔히 옛 시조 속에 나오는 주인공들의 사랑이다.

이화우梨花雨 흣ㅅ부릴제배꽃이 떨어지던 날에

울며 잡고 이별 ᄒᆞᆫ님울며 붙잡고 이별한 님

추풍낙엽에 처도 날 생각ᄂᆞᆫ가가을바람 떨어지는 잎을 보며, 임도 나를 생각하고 계시는가?

천리에 외로운 ᄭᅮᆷ만 오락가락 ᄒᆞ노매천리 머나먼 곳에 외로운 꿈만 오락가락 하는구나!

조선 명종 때, 계량1523-1550의 시조

고려가요 만전춘에서

어름 우희 댓닙자리 보와 얼음 위에 댓닢자리 깔고

님과 나와 어러주글 만뎡 님과 내가 얼어 죽을망정

어름 우희 댓닙 자리보와 얼음 위에 댓닢자리 깔고

님과 나와 어러주글 만뎡 님과 내가 얼어 죽을망정

정둔 오ᄂᆞᆯ밤 더듸 새오시라! 정을 준 오늘 밤 더디 새어라!

더듸 새오시라! 더디 새어라!

경경耿耿 고침상孤枕上에 어느 ᄌᆞ미 오리오? 근심 있고 외로운 침상이니 어찌 잠이 오리오?

서창西窓을 얼어ᄒᆞ니 서쪽 창문을 열어보니

도화桃花 발發 ᄒᆞ두아. 복숭아꽃이 만발했구나!

도화桃花는 시름업서 소笑 춘풍春風 ᄒᆞᄂᆞ다! 복숭아꽃은 걱정 없어 봄바람에 웃는구나!

소笑 춘풍春風 ᄒᆞᄂᆞ다! 봄바람에 웃는구나!, (작자 미상)

춥디 추운 날씨에 사뭇 뼈가 저려오고, 사지四肢가 뒤틀려도 삼척 냉돌에 깔고 누울 이부자리는 아예 생각도 못하고, 동지 설상雪上에 대나무 숲에서 밤 가는 줄 모르지만 마음에 음사淫邪, 음란하고 간사함 하지 않고, 청렴개결淸廉介潔, 성품과 행실이 높고 맑으며 굳고 탐욕이 없음한 사랑을 하고 있다 따라서 이 가사는 밀회라고 평하기에는 너무나 고상하고 화려한 이성 간의 사랑이다. 기쁨과 행복이 가득한 그 밤은 달도 그 자취를 감추었다.

〈고대 애굽의 "사랑의 노래"에서〉

내 사랑 누이는 저 건너편에 있는데

우리 사이에는 깊은 강이 흐르고,
얕은 물가에는 악어가 기다리고 있다오.

그러나 나는 강으로 내려가
저 물결을 짓밟고 건너가리니
나는 그 강을 두려워하지 않는다오,
그 물결은 내 발에는 마른 땅과 같으니,
그녀의 사랑이 나를 든든하게 만든다오.
그것이 내게는 물마술을 만들기 때문이라오.
내 사랑 누이가 내게 오는 것이 보일 때
내 가슴은 기쁨으로 춤을 춘다오.

아가씨가 내게 오면
나는 그녀를 포옹하기 위해
팔을 활짝 벌리고.....[287]

고대 애굽의 사랑노래에 비하면 우리나라의 사랑 노래는 하루종일 비가 내린다. '견우와 직녀'는 그들의 해후를 까마귀들에 맡긴다. 해마다 애꿎은 까마귀들의 머리만 벗겨진다. 애굽의 사랑노래의 주인공들은 직접 행동으로 뛰어든다. 그리하여 자신들의 운명을 스스로 개척한다. 이렇게 사랑은 신비의 묘약이 되고 세상의 기적을 이룬다.

이와같이 사랑은 끝없는 모험이고, 신세계의 개척이다. 사랑은 말이 아니고 행동이다. 사랑은 인내이고 겸손이며, 용서이고 자기희생이다. 사랑은 치유를 주고, 구원을 가져다 준다. 사랑은 기적을 낳는다. 사랑은 문물의 번영에 기적을 이루는 것으로 우주에 가득한 비밀이며 그 열쇠이다. 사랑은 우주의 신비이다.

만고의 영걸 모세도 구스여인에티오피아 혹은 누비아의 달비스?, 메로에? 때문에 사랑의 열병을 앓은 적이 있었다. 그런 사랑이 없이 어떻게 광야 40년의 그 험한 고비들을 넘어갈 수 있었겠는가? 사랑은 고난과 역경을 견디게 하는 힘이 있다. 광야여정은 참으로 어려운 고비였다. 많은 사람들이 공공연히 애굽으로 다시 돌아가자고 주장했다. 여기저기서 소리를 지르며 시위를 계속했다. 모세와 갈렙과 용감한 여호수아는 이제와서 애굽으로 다시 돌아갈 수는 없다고 무리를 설득시키려 했으나 허사였다. 그들은 막무가내고 반대했다. 그들은 집단적으로 정신을 잃어가고 있었다. 그들은 끝없는 나그네의 여정에 지쳐 있었다. 애굽으로 돌아가 노예로서 평안히 살아갈 수만 있다면 그것이 차라리 더 좋겠다고 했다. 민 13:30-14:4

백성들은 물었다 :

하나님께서는 천지를 창조하시기 전에 무엇을 하고 있었습니까?
"태초에 하나님이 천지를 창조하실 때에 땅이 혼돈하고 공허하며 흑암이 깊음 위에 있고"라고 하셨는데 지난 세월의 그 어둡고 무서웠던 암흑 속에서 과연 하나님은 무엇을 하고 계셨을까요?" 창 1:1-2

모세는 대답했다 :

하나님께서는 고요한 아침을 만들고 있었다.

"하나님께서 빛이 있으라 하시매 빛이 있었고, 저녁이 되고 아침이 되니 이는 첫째 날이라. 하나님께서는 밤사이에 여자를 만드셨다." 창 1:3-5, 27

백성들이 다시 물었다:

"그렇다면 밤과 여자는 왜 만드셨을까요?"

모세는 다시 대답했다:

"야훼 하나님이 밤에 아담을 깊이 잠들게 하시고, 그에게서 갈빗대를 취하여 여자를 만드시고 그를 아담에게로 이끌어 오시니 아담이 이르되 이는 내 뼈 중에 뼈요, 살 중의 살이라. 이것을 남자에게서 취하셨은즉 여자라 부르리라 하니라. 이러므로 남자가 부모를 떠나 그의 아내와 합하여 둘이 한 몸을 이룰지로다. 아담과 그의 아내 두 사람이 벌거벗었으나 부끄러워하지 아니하니라." 창 2:21-25
예수께서 이르시되 사람을 지으신 이가 본래 그들을 남자와 여자로 지으시고, 그러므로 사람이 그 부모를 떠나서 아내와 합하여 그 둘이 한 몸이 될지니라. 하신 것을 읽지 못하였느냐? 그런즉 이제는 둘이 아니요 한 몸이니, 그러므로 하나님이 짝지어 주신 것을 사람이 나누지 못할지니라 하시니마 19:4-6

부부란 사랑과 믿음의 공동체인 가정의 기본단위이며 지상천국인 교회의 최소

구성요소이다. 사람은 혼자 사는 것이 좋지 아니하니 하나님께서 서로 돕는 배필로 주신 것이다.

부부란 사랑의 산물이며 자식들은 그것의 결정체이다. 가장 소박한 사랑은 두 사람이 하나가 되는 비결 속에 있다.

"당신은 내 몸속에 들어와 있고, 나는 당신 속에 들어가 있소.
이렇게 우리 둘이 한 몸이 되는 것이지요. 그리하여 당신은 나이고 나는 당신이요.
우리는 서로의 그림자요 또한 분신이라오.
우리는 자나 깨나 쌍둥이처럼 함께 생각하고 함께 행동한다오.
광야 같은 이 세상을 함께 손잡고, 같은 방향을 보면서 인생 여정을 함께 걸어가야 한다오.
이것이 사랑이고, 사랑의 힘이며, 보람이지요"

하나님으로부터 받은 복 가운데 가장 귀한 복은 좋은 배필을 만나는 것이다. 이것이 우주의 신비요, 신비를 이루는 묘약이다.

이런 사랑의 신비에서 더 나아가 외설스러운 교리가 등장하기까지 하였다.

재정 러시아 말기의 요승 라스푸틴Grigor Yefimovich Rasputin, 1871-1916은 "남녀가 육체적으로 결합하고 있을 때가 가장 경건한 예배시간이다."라고 하였다.

"인간은 '신성한 냉정함'을 느낄 때 신에게 가장 가까이 갈 수 있으며, 이 상태에 도달하는 가장 좋은 방법은 오랫동안의 방탕 뒤에 느끼는 성적 소진을 경험하는 것이다"고 하였다.[288]

이런 신학과 교리는 오늘날의 몇몇 섹트를 비롯하여 고대 이단들의 주장에도 있었다. 그렇지만 고대 근동세계의 우상종교의 제의에도 성이 깊숙이 침투되어 있었다.

고대 애굽의 창세신화는 창조주의 용두질masturbation로 세상 창조가 시작된다. 헬리오폴리스Heliopolis 신학에서는 대지는 원초적 물로부터 나타난 작은 언덕의 모습을 묘사되었고, 이 작은 언덕은 성스러운 존재로서 창조주 아툼Atum이 사는 시원始原의 지상 형태로 여겼다. 맴피스Memphis 신학에서는 하늘의 여신 누트Nut와 대지의 신인 갭Geb이 성적으로 결합함으로 우주가 탄생하였다고 한다.

고대 바빌로니아의 아키투Akitu 신년축제는 창세신화 '에누마 엘리쉬'Enuma Elish의 재연인데 그 절정은 축제집Festival House에서 벌어지는 왕과 여승의 '성스러운 결혼'Sacred Marriage이었다.

고대 가나안의 바알Baal 제의에서 풍요다산제豊饒多産祭는 바알과 아낫트 신화에서 비롯된 것으로 바알 산당의 여사제들과 남신의 역할을 하는 신봉자들과의 성교섭으로 진행된다.

A. 무어헤드Alan Moorehead는 "러시아 혁명"이란 그의 저서에서 제정 러시아의 몰락을 촉진시킨 괴승怪僧 라스푸틴의 활동과 권력 남용 및 황후와의 연계를 흥미롭게 서술하고 있다. 여기에서 최고통치자의 어리석음과 성직자들의 무지, 무능이 얼마나 큰 국가적 불행을 가져오는가를 적나라하게 기록했다.

라스푸틴의 타락한 사상의 배경에는 그의 생의 과정이 큰 역할을 하였다. 그는 농부로 태어나 살면서 18세기경에 개종하여 여러 지방을 방랑하였다. 그러다 베르호트레에 있는 수도원으로 가게 되었고, 그곳에서 'Holiest'고행자 종파Holy Synod를 알게 되어 자기도 'holy man'이 되고자 했다. 그러나 수도사가 되지 않고 귀향하여 19세에 결혼하여 4명의 자녀를 낳았다. 그러나 그는 다시 집을 떠나 그리스의 아토스산, 예루살렘 등지를 떠돌며 농민들의 헌금으로 생활하면서 병자를 고치고 미래를 예언하는 능력으로 영적 지도자Starests라는 명성을 얻었다.

그는 여러 지방을 떠돌다가 마침내 수도 상트페테르부르크로 갔고1903, 그곳의 신학교의 주교 헤르모겐의 영접을 받았다. 그는 치유와 예언의 능력을 발휘하고 다녔으며 때로 최면술을 쓴 것으로 생각된다. 당시 러시아 궁정 사교계에는 신비주의와 비술祕術이 유행하고 있었으므로 눈이 빛나고 비범한 치료 능력을 가졌다고 인정받는 이 지저분하고 단정치 못한 방랑자는 사교계의 따뜻한 환영을 받았다.

이로부터 10여년에 걸쳐 황제의 집안과 국정에 대해 막강한 영향력을 행사하였다. 그는 궁정 밖에서는 예전의 음탕하고 방탕한 행각을 일삼았다. 그는 자신과 육체적으로 접촉하면 정화淨化와 치유의 효과를 볼 수 있다고 하여, 정부情婦를 얻었고, 또 많은 여인들을 유혹하였다. 그는 이렇게 방탕한 생활을 탐닉하였다. 그는 또 국정에 관여하여 교회의 성직자 임명부터 정부 각료 선출에 이르기까지 두루 영향력을 행사하였으며 때로는 군사 문제에까지 개입하여 국가에 큰 해를 입히기도 하였다.

그는 1916년 12월 30일 체포되어 묶여서 네바강의 얼음구멍에 처넣는 죽임을 당했다. 그 후 몇 주일 뒤에 300년 전통의 러시아의 로마노프왕조Romanov dynasty, 1613-1917는 혁명에 휩쓸려 쓰러졌다.

라스푸틴은 왜 이런 실책을 범하게 되었는가? 그 이유는 무식하고 무지했기 때문이다. 그는 학교에 다녔으나 '기초교육의 결핍'his lack of elementary education으로 글을 읽을 줄 몰랐다. 그는 수도원에서 'holy books'를 공부했으나 경건한 홀리스트holiest, 고행자의 신앙을 왜곡하였다. 그는 무식하였으나 상식은 가졌었다. 그러나

이기적이고 탐욕스러웠으며 방종하였다.[289]

> 성직자가 무식하고 이기적이고 탐욕스럽고 방종하면 그와 교회와 나라가 함께 망한다.

라스푸틴은 치유하고 예언하는 능력은 있었으나 무식했다. 성직자가 무식하면 안된다. 성직자가 무식하면 성서와 하나님을 잘못 이해하고, 자신도 망하고 교회도 망하고, 나라도 망한다. 라스푸틴의 사랑은 사탄, 괴물과 악마들의 사랑이다. 배격해야 한다.

이 모든 것은 당시의 러시아 정교회의 무지와 무능을 보여주고 있다. 이 지상에 다시 일어나서는 안 될 큰 재앙인 공산주의 혁명이 일어날 때 당시의 교회는 아무런 능력을 발휘하지 못했다. 도리어 혁명의 협력자, 조력자가 되었다. 참으로 억울하고 분하고 원통한 일이다. 벙어리 교회였다. 적그리스도의 공산주의 혁명은 국교인 러시아정교회를 허수아비와 벙어리로 만들었다.

사랑의 예언자 호세아는 부르짖었다,.

이스라엘 자손들아. 야훼의 말씀을 들으라! 야훼께서 이 땅의 거민과 쟁변하시나니 이 땅에는 진실도 없고, 인애사랑도 없고, 하나님을 아는 지식도 없다.

> 내 백성이 지식이 없으므로 망하는도다! 네가 지식을 버렸으니, 나도 너를 버려 내 제사장이 되지 못하게 할 것이요, 네가 네 하나님의 율법을 잊었으니, 나도 제 자식들을 잊어버리리라호 4:1, 6
>
> 그러므로 우리가 야훼를 알자! 힘써 야훼를 알자! 에브라임아 내게 네게 어떻

게 하랴? 유다야 내가 네게 어떻게 하랴? 너희의 인애사랑가 아침 구름이나 쉬 없어지는 이슬 같도다. 나는 인애사랑를 원하고, 제사를 원치 아니하며 번제보다 하나님을 아는 것을 원하노라. 호 6:3-4, 6.

교부철학教父哲學의 대표적 사상가로 어거스틴Augustinus, 354-430은 '믿음'과 '앎' 즉 '신앙과 지식'의 관계를 중시했다. 신앙은 앎을 내포하고 있다. 지식은 신앙이 맹신이나 잘못된 믿음에 빠지지 않게 도와준다. 신앙이 완성되기 위해서는 참된 지식이 필요하다 하였다. 알게 될수록 드러나는 상대방의 결점에 대해서 확실히 알고 나서야 진정으로 사랑할 수 있다고 했다. 그에게는 사랑이 곧 신앙이었다. 그는 신앙은 사랑을 매개로 하여 참된 지식으로 연결되고, 참된 지식도 사랑을 통하여 믿음으로 가능해진다고 했다. 또 자신의 육체적 욕구에만 따랐던 방탕한 생활을 반성하고, 하나님을 찬미하고자 하는 의도에서 '고백'이라는 수상집을 썼다.

야훼께서 이르시되, 인자야 두 여인이 있었으니, 한 어미의 딸이라. 그 이름이 형은 오홀라요, 아우는 오홀리바라. 오홀라는 사마리아요, 오홀리바는 예루살렘이니라. 그들이 연애하며 음행하였다. 겔 23:1-21
그러므로 내가 에브라임에게는 좀 같으며, 유다족속에게는 썩이는 것cancer, 암과 같도다. 호5:12

출애굽기 32장에는 금송아지 사건이 기록되어 있다.

야훼께서 모세에게 이르시되, 내 백성이 부패하였도다. 그들이 금송아지를 예배하며 그것을 저희 신이라 하고 있다. 이 백성은 목이 뻣뻣한 백성이로다. 내가 그들을 전부 진멸하리라. 모세가 하나님 야훼께 구하여 이르되, 주의 맹렬한 노를 그치시고 뜻을 돌이키사 주의 백성에게 이 화를 내리지 마옵소서. 출 32:7-12

이것은 모세의 '큰 사랑', '하나님의 자기희생의 사랑'이었다. 이 '큰 사랑'에 비하면 '연인의 사랑'은 풋사랑일 뿐이다. 그는 조국과 민족을 위한 사랑의 화신이었다. 그는 민족을 위해 자신을 사랑의 제물로 내어주는 것을 영광으로 생각했다.

모세가 야훼께로 다시 나아가 여짜오되, 슬프도소이다. 이 백성이 자기들을 위하여 금신金神을 만들었사오니 큰 죄를 범하였나이다. 그러나 아제 그들의 죄를 사하시옵소서! 그렇지 아니 하시오면, 원컨대 주께서 기록하신 책에서 내 이름을 지워버려 주옵소서! 출 32:31-32

야훼께서 뜻을 돌이키사 말씀하신 화를 그 백성에게 내리지 아니하시니라 출 32:14

모세는 하늘과 땅 사이의 중재자仲裁者, intercessor요, 하나님과 사람 사이의 중보자中保者, mediator였다.

내가 사람의 줄, 곧 '사랑의 줄'로 그들을 이끌었고, 그들에 대하여 그 목에서 멍에를 벗기는 자같이 되었으며, 그들 앞에 먹을 것을 두었노라. 호 11:4

사랑은 죽음같이 강하고 질투는 음부같이 잔인하며 불같이 일어나니, 그 기

세가 야훼의 불과 같으니라. 아 8:6

내가 하나님의 열심히 너희를 위하여 열심을 내노니, 내가 너희를 정결한 처녀로 한 남편인 그리스도께 드리려고 중매中媒, betroth 함이로다. 고후 11:2

모세와 구스 여인의 사랑은 '헤세드 사랑' 인애와 자비이요, 춘향전과 고려가요 속의 사랑은 '에로스 사랑'이요, 시조 속의 사랑은 '필리아 사랑'이요, 라스푸틴의 사랑은 '사탄의 사랑'이며, 모세의 이스라엘 백성을 향한 사랑은 '아가페 사랑' 자기희생이었다.

하나님 야훼 사랑의 연습장이 가정이요, 그 시범이 부부의 사랑이다.

남편 된 자들아 이와같이 지식을 따라 너희 아내와 동거하고, 저는 더 연약한 그릇이요, 또 생명의 은혜를 유업으로 함께 받을 자로 알아 귀히여기라. 이는 너희 기도가 막히지 아니하게 하려 함이라. 벧전 3:7

이것은 우리가 알고 있는 어떤 비밀을 품고 있는 말씀이다. 이 말씀은 가정생활의 불화에서 아내에게 말이나 행위로 몹쓸 짓을 하고 나면 아내보다 자신의 가슴이 더 아픔을 느끼는 표현을 한 것이다. 홧김에 아내에게 한 행위는 자기의 마음을 자기 이발로 물어뜯는 것이나 다름 아니다. 아내에게는 항상 애처로움과 불쌍함으로 대하라는 것이다. 아내는 화풀이의 대상이 될 수 없다. 두 사람이 같이 베개를 나란히 베고 서로 꼭 끼고 잘 때에는 그렇게 고마울 수가 없고 감사와 위안을 느끼게 된다.

사랑은 우주의 근본이요, 본질이다.

그러므로 사람이 부모를 떠나 그의 아내와 합하여 그 둘이 한 몸이 될찌니, 이 비밀이 크도다 나는 그리스도와 교회에 대하여 말하노라. 엡 5:31-32

이리하여 인류는 죽음의 장송곡에서 부활의 노래를 듣게 되었다. 만가輓歌에서 소망과 꿈의 노래를 듣게 된 것이다. 우리는 질투와 죽음의 황야에서 사랑의 승전 소식을 듣게 되었다. 이는 예수 그리스도께서 신 포도주를 마신 후 '이제, 다 이루었다!' 고 하신 승리의 선언문이었다. 마 27:48, 요 19:30

쓰레기 더미에서도 장미꽃은 핀다. 겟세마네의 무덤 문이 열리는 큰 사랑의 교리가 여기에 나타났다. 마 28:1-10, 눅 24:1-12, 요 20:1-18, 막 16:1-8 이리하여 이스라엘은 전멸의 죽음에서 다시 살아난 새 백성이 되었다. 죄인들인 인간은 결국 하나님 야훼의 아가페 사랑으로 구원을 얻는다.

어떤 신이 와서 시험과 이적과 기사와 전쟁과 상한 손과 편 팔과 크게 두려운 일로 한 민족을 다른 민족에게서 인도하여 낸 일이 있느냐? 이는 다 하나님 야훼께서 애굽에서 너희를 위하여 너희의 목전에서 행하신 일이라. 신 4:34

2. 야훼의 전쟁과 사랑과 평화

요란한 세속이 성스러운 세상으로, 전쟁의 진앙지가 평화의 요람으로

전쟁은 지옥의 귀신이다.
전쟁이 시작되면 지옥의 문이 열린다.
전쟁은 죽음의 향연이다.

그림과 전쟁은 멀리 떨어져서 보아야한다.

이스라엘의 애굽 탈출과 광야 유랑과 가나안 진입은 수 세기에 걸쳐서 진행되었다. 이 기간에 그들은 피비린내 나는 전쟁을 치뤘다. 그리하여 '야훼의 전쟁' War of Yahweh과 '만군의 야훼' Yahweh Sabaoth이라는라는 별명이 생겼다.

> 야훼는 용사시니, 야훼는 그의 이름이시로다! 그가 바로의 병거와 그의 군대를 바다에 던지시니, 그들이 돌처럼 깊음 속에 가라 앉았도다! 출 15:4
>
> 내가 저희를 긍휼히 여겨 저희 하나님 야훼로 구원하겠고 활과 칼이나 전쟁이나 말과 마병으로 구원하지 아니하리라. 호 1:7

파괴와 살육이 공훈이 되는 전쟁, 그 전쟁은 왕들의 욕심의 산물이다. 증오와 보복이 교차하는 전쟁, 그 전쟁은 왕들의 욕심의 충돌이다. 국가의 흥망이 달린 전쟁, 그 전쟁은 백성에 대한 포학이다. 왕실의 복합성이 존재하는 한 전쟁은 영원히 그치지 않을 것이다. 그들은 전쟁으로 권력을 유지한다. 그러면서도 평화와 행복을 노래한다.

어지러이 오가는 화살들이 빗발치는 전투의 불길 속에서도, 전차들의 바퀴 소리가 요란한 죽음의 공포 속에서도, 봄바람은 불어오고 사랑은 꽃이 핀다. 죽은 병사들의 시신이 뒹굴고 군화와 군복이 불타오르는 전쟁의 참화 속에서도, 증오와 보복이 마주하고, 피와 죽음이 교차하는 전투의 장에서도, 사랑의 꽃은 피고, 평화의 비둘기는 날아든다. 온 국토가 처형장으로 변한 그 지옥의 아비규환 속에서도 사랑은 꽃이 피고 아기는 태어난다.

유대 역사가 요세푸스는 우리가 놓쳐서는 안 될 아름다운 한편의 전사戰史를 전하고 있다. 묘령의 에티오피아 공주는 밤중에 몰래 왕궁을 빠져나와 화살이 빗발치는 전선을 뚫고 적진으로 달려왔다. 용기 있는 지혜로운 젊은 적장 모세를 자신이 기다려온 백마 탄 왕자라고 생각하고 사모하였다.

> 사랑은 죽음 같이 강하고, 질투는 음부 같이 잔인하며, 불길 같이 일어나니, 그 기세가 야훼의 불과 같으니라. 아 8:6

그녀는 평화의 사신使信을 몰고 온 전선의 비둘기, 전서구傳書鳩였다. 사랑은 기적을 이룬다. 그리하여 갑자기 전투는 중단되고, 신속하게 평화조약이 체결되었다. 공주는 적장의 신부가 되었고, 신랑은 성읍을 전리품으로 얻었다. 그러나 그 사랑은 오래가지 못했다. 개선하여 귀국한 장군은 국사범으로 지명 수배되어 국외로 탈출해 망명했기 때문이었다. 이 일을 어쩌나? 그럼 어떻게 해야 할까?

> 사랑은 모든 것을 참으며, 모든 것을 믿으며, 모든 것을 바라며, 모든 것을 견디느니라. 고전 13:7

못다 이룬 사랑의 이 슬픈 이야기는 먼 훗날 광야 유랑 중에 되살아났다. 민 12:1-16

> 그런즉 믿음. 소망. 사랑은 항상 있을 것인데. 그중에 제일은 사랑이라. 고전 13:13

광야 유랑 중에 '모세와 구스 여인의 이야기'가 갑자기 등장하고, 그 가운데 '모세의 온유함 the meekness of Moses'은 불현듯 나타나서 이야기 속에 껴들어 온 것은 너무도 생뚱맞다. 따라서 민수기 12장 3절은 오경의 '모세 저작권'을 주장하는 사람들에게 많은 어려움을 주고 있다.

이 사람 모세는 그 온유함이 지면의 모든 사람보다 더하더라.민 12:3

이 글을 모세가 썼다고 가정할 때 자기가 자기를 이렇게까지 칭찬할 수 있느냐 하는 의심이 드는 것은 자연스럽기 때문이다. '모세의 온유함'에 대한 언급은 그의 사회적 지위나 지도에 관련한 언급이 아니다. 이것은 그의 연인과의 관계에서 언급된 내용이다. 사랑의 중요요소는 인종도, 미모도, 머리카락이나 피부의 색깔이 아니다. 그것은 오직 '온유한 성품'이다. '온유'란 '연약week'이 아니라. 강한 군센 성품이 길이 잘 들어서 농부의 말을 잘 순종하는 황소처럼 되었다는 말이다.

사랑은 온유하며...고전 13:4,

온유한 자가 땅을 기업으로 얻으리라.마 5:5

그렇게 함으로써 기쁨의 샘이 터지고, 장미와 찔레가 꽃 피고, 마음의 빗장이 풀리고, 환상의 노래가 들려오고, 아름다운 동화의 세계가 열릴 것이다. 또 온 세상이 동정貞을 되찾게 되고, 모든 사물에는 성聖스러움이 나타날 것이다. 우리는 속俗을 성聖으로 변화시켜야 한다.[290] 이것이 바로 모세가 너희는 야훼 하나님에 의하여 성별 된 백성이 될 것이라는 취지의 말씀이었다.

예언자 이사야는 처참한 전쟁의 참화 속에서 영원한 평화의 왕의 탄생에 대한 환상을 얻었다.

어지러이 싸우는 군인들의 군화와 피 묻은 갑옷이 불에 섶 같아 사라지리니 피비린내 나는 전쟁의 격전지에서 이는 한 아기가 우리에게 낳고, 한 아들을 우리에게 주신 바 되었는데 그의 어깨에는 정사를 매었고, 그의 이름은 기묘자라, 모사라, 전능하신 하나님이라, 영존하시는 아버지라, 평강의 왕이라 할 것임이라. 사 9:5-6

아프리카, 아세아, 유럽의 3대 대륙의 강대 세력이 각축전을 벌이는 가나안 땅에서 영원한 평화의 싹이 돋는다.

보라! 처녀가 잉태하여 아들을 낳으리니 그 이름을 임마누엘이라 하리라. 사 7:14

임마누엘의 아기가 세상의 왕 노릇 할 때 이 땅 위에는 영원한 평화가 온다.

그가 많은 민족들 사이의 일을 심판하시며, 먼 곳 강한 이방 사람을 판결하시리니. 무리가 그 칼을 쳐서 보습을 만들고 창을 쳐서 낫을 만들 것이며 이 나라와 저 나라가 다시는 칼을 들고 서로 치지 아니하며 다시는 전쟁을 연습지 아니하리라. 사 2:4, 미 4:3

각 사람이 자기 포도나무 아래와 자기 무화과나무 아래에 앉을 것이라. 그들

을 두렵게 할 자 없으리니 이는 야훼의 입이 이같이 말씀하셨음이라. 미 4:4

그 때에 이리가 어린양과 함께 살며, 표범이 어린 염소와 함께 누우며, 송아지와 어린 사자와 살진 짐승이 함께 있어 어린 아이에게 끌리며.... 젖 먹는 아이가 독사의 구멍에서 장난하며, 젖 먹는 아이가 독사의 구멍에 손을 넣을 것이라. 이는 물이 바다를 덮음같이 야훼를 아는 지식이 세상에 충만할 것임이니라. 사 11:6-9

에리히 프롬Erich Fromm은 그의 저서 '사랑의 기술'The Art of Loving, 1956에서 사랑에 대해 말할 때, 자애慈愛와 이기심利己心을 구별해야 한다고 했다. 이기심이란 참다운 사랑이 아니라 자기집착을 가져오는 것이며 소외감을 증대시킨다. 생산적인 사람은 항상 관심과 책임과 주의와 지식을 동반하기 때문에 사랑은 모든 인간에 대하여 즉 인간성 자체의 성장과 행복에 능동적으로 관계한다. 따라서 인간은 살아 있는 동안은 항상 어떻게 하면 참된 자유와 사랑은 이 세상에서 누릴 수 있는가를 모색해야 한다고 하였다.

내가 사람의 방언과 천사의 말을 할지라도, 내가 예언하는 능력이 있어 모든 비밀과 모든 지식을 알고, 또 산을 옮길 만한 믿음이 있을지라도, 내가 내게 있는 모든 것으로 구제하고 또 내 몸을 불사르게 내어줄지라도 사랑이 없으면 내가 아무것도 아니요, 내게 아무 유익이 없느니라고전 13:1-3

사랑이란 자기의 유익을 구하지 아니하며, 모든 것을 덮는 것이다.고전 13:5, 7

3. 미완성으로서 완성된 과업

때로는 인간의 실수와 실패가 하나님의 천작天作을 이룬다

예술에서도 때로는 미완성품이 완성품보다 더 심오하게 다가올 때가

있다. 특히 음악, 미술, 조각에서 그러하다.291

종교도 그렇다. 제도화되기 전까지의 모임이 참 교회답다

모세는 미완성의 과업으로 위대한 '과거 지향의 삶'을 회복시켰다

모세는 평생을 가상의 세계에서 살았다. 그는 현실을 확보하지 못했다. 그의 영성이 깨어났을 때 백성들은 늦잠에서 깨어나지 못했고 바람마저 잠들어 있었으며 태양은 조용히 떠오르기 시작했다. 백성들의 하나님에 대한 영안이 열려가기 시작했을 때 야훼의 사랑과 믿음에 대한 의혹의 그림자가 스쳐 지나가고 있었다. 그들은 새로운 미래가 오리라는 기대 속에서 고난과 역경을 견디며 나갔다. 살아남은 7천여 명의 남녀와 아이들이 길을 떠나왔다. 산을 넘고, 바다를 건너고, 사막을 지나는 동안 노예들은 생명을 모두 잃어야 했다. 모세는 이상주의자로 현실에서는 실패한 사람이었다.

하나님의 부르심을 받은 자는 많지만 선택을 받은 자는 적으니라. 마 22:14

인생길 100살 고개에 올라선 모세, 그동안 평생 해놓은 일들이 퍽 많은 것 같았지만 다시 돌아다보면 가나안 가는 실오라기만 한 오솔길이 보일 듯 말 듯, 줄거리 잡아 이것이라고 내 놓을만한 한 일들이 아무것도 없었다. 시편 90편은 그의 진솔

한 인생 고백이었다.

그는 인생의 허무와 무상을 느꼈다. 인간의 생이란 그 연수가 길어야 70이요, 강건하면 80이라고 하는데 120을 살았으니 이제는 만족할 것이 아닌가 하겠지만 그의 연수의 자랑은 수고와 슬픔뿐이었다.

"아! 누가, 주의 노여움의 능력을 알랴? 아! 누가, 주의 '진노의 두려움'을 알랴?" 그가 살아온 날들이란 하나님으로부터 '괴로움을 당한 날들뿐이었으며 그가 보내온 해들이란 하나님으로부터 '화를 당한 해들'뿐이었다. 이제는 그런 세월마저 신속하게 다 지나갔으며, 그의 생이 다 날아간 것 같았다. 시 90:9-15 이것은 그의 지나온 생에 대한 반성과 회한이었다.

그들은 광야 40여년의 생활 동안에 상당한 기간을 모압 평원에서 보냈다. 어떻게 해서라도 그 땅에 정착해 보려고 노력을 다 했다. 그러나 결과는 허망했다. 오랜 세월 극한 고통을 이기면서 얻은 것이 텅빈 들판이었다. 모세와 백성들에게는 이루지 못한 꿈에 아쉬움만 남았다. 낯선 환경에서 사투를 벌이면서 살아온 결과가 애달픔과 서글픔에 그들의 눈시울이 붉어져 갔다. 모압이 '약속의 땅'인 줄 알았는데, 그것이 끝이 아니었다.

모세는 성인도 광인도 아니었다. 그는 위대하고 소박했다. 모세는 현실적이면서도 이상적인 삶을 살았고, 때로는 한심하면서도 단순했고 아름다운 삶을 살았다. 그는 강한 리더십과 내적 성찰로 민족을 미래지향적으로 이끈 소명의식이 확고한 믿음의 신앙인이었다. 그는 최후까지 하나님과 민족에게 헌신했다.

1) 단순한 삶

> 수백억원의 재산을 가진 자들 때문에 불편해 하지 말라. 수천억원의 증권을 쌓아 놓은 저들을 보고 자제력을 잃지 말라. 억만장자들과 돈 잘 버는 연예인들을 보고 부러워 말라. 갖은 꾀를 써서 자리와 권력을 차지한 저들을 시기하지 말라. 그들은 다 초원의 풀과 같이 베임을 당하고, 채소같이 금방 쇠잔해 지리라. 시 37:1-2, 자유역

인간의 행복한 삶에는 그리 많은 재산이 필요한 것이 아니다. 집은 비와 추위를 피할 수 있고, 잠을 잘 수 있으면 족하고, 옷은 몸을 가리고 보호할 수 있으면 되는 것이고, 음식은 허기를 면할 수 있으면 훌륭한 것이다. 단순하고 간결한 삶이 필요하다.

가나안을 향한 여정은 멀고도 험했다. 원래 굶주림이 조상들을 애굽 땅으로 오게 했던 것이다. 히브리인들은 조상 전례로부터 그때까지 양치기로서 들판의 간편한 생활에 익숙해 있었으나 이제는 애굽의 정착 생활과 농경 생활. 그리고 도시생활의 편리함을 배웠고 길들어져 이윽고 그들은 조상들이 몇백 년 동안 만족하면서 살아온 간편하고 검소한 천막생활과 유목 생활을 버리게 되었다.

그것이 바로 히브리인들이 노예화의 길에 들어선 첫걸음이 되었다. 유목 생활은 어떤 형태의 억압자가 있으면 오늘 밤에라도 훌쩍 떠나가면 그만이다. 그러나 농경민, 도시민, 정착민은 그럴 수 있는 자유가 없다. 농경민과 도시민과 정착민이 유목민의 자유스러움과 자연스러움을 이해할 수 없듯이, 히브리인들도 애굽인들을 닮아가는 한 이제 자본의 노예가 되는 것을 심각하게 생각지 못했다. 그들은 자유를 반납하고 안정을 얻었다.

모세는 이제 그 조상들의 자손을 이끌고 옛 고향 땅으로 되돌아가고 있는 것이

다. 그러나 그들은 끝내 하나님을 배반했다. 애굽에서 탈출해 나온 노예들은 광야에서 다 죽고, 광야에서 태어난 자들만 결국은 살아남게 되었다. '믿음'을 갖지 못한 자들, 노예근성에 젖어 있는 자들은 그 벌로서 40년을 광야사막에서 유랑하게 되었다. 광야에서 출생한 자들 곧 애굽 생활을 모르는 자들만이, 종살이를 모르는 자들만이 약속의 땅을 밟을 수 있었다. 그들은 사막을 유랑하면서 옛 조상들의 양치기 생활을 하면서 유목민의 삶을 회복하게 되었다.

모세는 단순했던 조상들의 위대한 삶을 회복시켰다. 하나님께서는 인간 모세의 실수와 실패를 통하여 위대한 목적을 이루셨다. 이것이 '주의 십자가의 도리'이다.

광야에서 출생한 새 세대들은 점차 자신들의 부모가 애굽에서 살았던 생활을 모두 잊어버리고 순박한 옛 선조들의 삶으로 되돌아오게 되었다. 이것은 모세가 처음부터 바라던 바였다. 모세는 만족하고 당연하게 생각했다. 이제 그의 사명이 완수되었다고 생각했다. 다시 말하면 모세는 현재의 상태로 완성되었다고 본 것이다. 이러한 '미완의 완성'이라는 것은 '단순한 삶' voluntary simplicity을 지칭한 것이다.

일반적으로 사람들은 필요 이상의 쾌락과 필요 이상의 부돈와 불필요한 명예를 추구하고 있다. 모세가 위대한 인물이었던 것은 바로 여기에 있다. 그는 "어떤 사람도 정말로 필요한 것 이상으로 물건은 가져서는 안 된다고 믿고 있었다. 그리고 그는 어떤 사람도 많은 것을 필요로 하지 않는다"고 했다.

'지팡이'는 한 개만이 이것이 그의 삶이요, 신앙이었다. '넘치도록 많은 것' 그것은 짐이 될 뿐이다. 그런 것들이 결코 행복을 주지 못한다. 인간은 그것을 위해 너무 바쁘고 복잡한 삶을 살아가고 있다. 우리는 자신의 삶이 왜 복잡해졌는지 알고 있다. 그것은 필요 이상으로 욕망하고 있기 때문이다. 단순하게 산다는 것은 짐을 내려놓는 것이다. 현대인들은 모두들 시간에 쫓기며 살아가고 있다. 정말 피곤한 세상이다. 사람이 공허하고 무의미한 삶을 사는 것은 죽음을 부인하기 때문이다. 영원히 살 것처럼 살기에 그리하여 인간은 내일을 위한 준비와 어제의 기억 속에 갇혀 '오늘'은 언제나 잃어버린다. 그러므로 버리고 떠나야 한다.

이러한 야훼 신앙의 이상은 항상 떠날 준비가 되어 있는 유목민의 유산이었다.

히브리 민족은 본래 유목민이었고, 야훼는 유목민의 하나님이었다. 초기의 히브리인들의 이상ideal에 대한 기록은 문헌으로 남아있는 것이 별로 없다. 그러나 구약성서는 야훼종교가 고대 유목민의 이상과 풍습을 유지 보존하는 데 큰 역할을 했다는 사실을 알게 한다.

시대가 흐르면서 팔레스타인에서의 히브리인들의 생활을 가나안 문명에 반하는 반응을 보였으니, 야훼주의의 순수한 신앙을 아는 사람들은 사막에서의 단순한 삶에서 야훼만을 숭배하는 것이 더 쉽다는 것을 알게 되었다. 그리하여 유목민의 이념은 다시 이상적인 것으로 받아들여졌고 그리하여 과거가 미래로 이상화 되어지고 투영하게 되었다.

'유목민적 이상'이란 말은 '칼 부데'Karl Budde의 '신세계New world'라는 논문에서 '구약성서의 유목민적 이상Nomadic Ideal in the Old Teacament'이라고 제목을 붙여서 처음 쓰여졌는데[292] 그 이론의 출발점은 순수한 야훼주의의 옹호자로서 열왕기하 10:15 이하에 나오는 레갑의 아들 요나답Jonadab ben Rechab의 모습이었다. 렘 35장

또 유목생활의 언급은 '처음 이스라엘'로 복귀하려는 순수한 신앙인들의 영적인 면으로 이해할 수 있다. 우리가 명심해야 할 것은 유목민적 이상의 좁은 개념과 넓은 개념 사이의 차이는 '원초에로의 복귀a return to Primitiveness'와 '단순성에로의 복귀a return to simplicity' 사이의 차이에 있다. '이상'의 발전은 전자에서 후자의 개념

으로 향한 경향이 있다. 이스라엘에 황금시대는 여타의 다른 민족들과 마찬가지로 과거에 놓여 있는 것으로 인식되었다. 결과적으로 종교지도자들은 미래지향적인 시간 즉 '좋은 때가 오고 있다'는 사실은 묘사했으나 그럼에도 불구하고 역시 그들의 빛난 과거에로 시선을 던졌다.

이것은 기원전 7. 8세기의 예언서들에는 딱 들어맞으니, 그것은 자기 백성의 역사에 넓은 지식을 소유했었던 것이다. 예언자 나단은 다윗 왕에게 이르기를 야훼 하나님은 그의 백성을 애굽에서 인도해 낸 이래로 그들의 유목 생활 당시의 천막 안에 계시던 하나님이라고 했다. 그 하나님은 백향목 성전을 원치 않는다고 했다.삼하 7장 아모스의 나실인들Nazirites에 대한 암시는 좋은 예가 될 것이다.암 2:10-14

호세아는 출애굽의 시기를 가장 이상적인 신앙의 시기로 생각하였다.호 2:144 예레미야는 일관되게 초기의 광야 생활을 하나님께 충성스러운 것이었다고 믿었다.렘 5:33

이사야는 유목민적 이상은 보여준다.1장 이사야는 그 땅을 황야로 전환시키는 것은 하나님의 백성들로 개조할 필요가 있을 것이라고 다시 한번 일깨워준다.32장 여기에서 예언자는 실제의 사막을 묘사하고 있다. 정의는 광야에 거주하게 된다.

아모스는 사람들이 단순히 자기들이 좋아서 희생제물은 드리고 성회로 모이고 악기를 사용한다고 했다. 그들은 모두 이스라엘 역사의 황금기로서 선조들의 유목 생활의 사고를 습득해 왔다. 이러한 유목민적 이상의 개념은 새로운 방향으로 더 확대되었다.[293]

거의 대부분의 학자들은 목축 유목민으로서의 다윗을 시인하고 있다.[294] 통일 왕국의 왕 다윗은 목자로서 처음 나타났고삼상 16:11, 17:28f: 후에는 그와 다른 왕들에 의하여 짐승을 기르는 자로 언급되었다.

그들이 마음을 같이하여 도시인의 삶에서 탈출에 성공한 것은 큰 기적이었다. 그것은 역사에 나타난 가장 큰 사건이었다. 삼상 21:8, 삼하 13:23, 대상 27: 29f, 대하 26:10 etc

나발은 큰 양 떼의 소유주였으며 삼상 25:10, 예언자 아모스는 드고아에서 가축을 기르는 목자였다. 암 1:1, 7:14, 예레미야 시대에 나타난 레갑인들Regabites은 예후 시대에까지 유목민적 특성을 지니고 있었다. 왕하 10:154, 렘 35:6f

이들은 새로운 문화 문명에 저항하여 선조들의 영광스런 생업을 고수하려는 것이었다. 남부 유다에서 북부로 옮겨 간 겐 족속kenites도 이와같은 그들 선조의 관습과 그들의 유목민적 삶을 보존하려는 경향을 나타냈다. 대하 2:25 이스라엘 '나라'는 종종 한 '무리' flock 혹은 '양 가족' sheep으로서 관련 되어졌고 백성의 지도자들은 '목자들'로 불리워졌다. 유목민의 장막 가구와 용구는 필수적으로 적었고 간단하였으며 운반하기 간편한 것이어야 했음에 틀림없다. 그들은 하루의 일과가 끝나고 난 후 길고 긴 저녁 시간에 야영지의 모닥불 주변에 모이고, 그곳에서 장로들에 의하여 옛이야기들이 전해지고, 그들 영웅들의 찬양 노래들이 불리워졌으며, 오는 세대에 소중히 간직된 역사가 이야기 형식으로 전승되었다. 이리하여 구전은 기록된 서전보다도 더 오래전에 모아지고 보존된 자료들이 어렴풋한 과거에서부터 오늘의 우리들까지 내려왔다. 출 10:2, 13:8ff, 삿 5:11, etc.

2) 모세의 유언과 남은 과제

그들은 짧으면 수개월, 길어야 수년 안에 끝나리라던 모압 평원의 삶은 그 후 수십 년 계속될 줄 상상도 못 했다.

광야의 유랑생활은 모세의 장인 이드로가 데리고 온 그의 아내 십보라와 두 아들과의 재회로부터출 18:2-7, 그리고 구스여인달비스을 만날 때까지 모세와 구스여인과 십보라, 이들 가운데 누가 가장 고통스러웠을까? 아니면 누가 가장 행복했을까? 이것은 퀴즈이다. 지금 이들 셋의 만남과 이별은 서로 교차하고 있다. 그러나 그들에게 이제는 돌아갈 길이 없다. 지금 같으면 정신병원 환자감이다. 그러나 오경은 이들의 만남을 비난이나 비극의 시선으로 풀어내지 않는다. 당시의 고대근동 세계에서는 이러한 만남은 흔히 있었던 일로서 오경의 편찬자는 자랑도 회피도 하지 않는다.

광야 여정은 애굽으로 다시 돌아가자고 하는 민중들과 이제는 돌아갈 수 없다고 배수진背水陣을 치는 '모세와 야훼 하나님'의 대결이었다. 하나님은 항상 백성의 퇴로를 차단했다. 여정을 성취하기 위해서는 위험을 무릅써야 했다. 모세는 죽음을 각오하는 비장한 불퇴전不退轉을 요구했다.

가나안을 향한 여정은 아직 끝나지 않는 길이다.

> 또 그들이 나온바 본향을 생각하였더라면 돌아갈 기회가 있었으려니와 그들이 이제는 더 나은 본향을 사모하니 곧 하늘에 있는 것이라, 이러므로 하나님이 그들의 하나님이라 일컬음 받으심을 부끄러워 하지 아니 하시고 그들을 위하여 한 성을 예비하셨느니라.히 11:14-16

이스라엘이 애굽을 떠나온 지 40년째 되는 열 한 째 달, 그달 첫째 날에 모세가 백성을 불러 모았다.신 1:3 그는 누군가를 찾고 있었다. 그것은 눈의 아들 여호수아였다. 모세는 그를 앞에 세워 놓고 모든 백성 앞에 서서 일장의 명 유언을 했다.

네 하나님 야훼께서 이 40년 동안에 네게 광야 길을 걷게 하신 것을 기억하라. 이는 너를 낮추시며 너를 시험하사 네 마음이 어떠한지, 그 명령을 지키는지 지키지 않는지 알려 하심이라. 너를 낮추시며 너를 주리게 하시며 또 너도 알지 못하며 네 조상도 알지 못하던 만나를 네게 먹이신 것은 사람이 떡으로만 사는 것이 아니요 야훼의 입에서 나오는 모든 말씀으로 사는 줄을 알게 하려 하심이라.

지난 40년 동안 너희 몸에 걸칠 옷이 없었던 적이 없고, 신이 없어 발이 부르튼 적도 없었다. 너희 하나님 야훼께서는 사람이 자기 자식을 잘되라고 고생시키듯이 그렇게 너희를 잘 되라고 고생시킨 것이니 이를 마음에 새겨두어라. 너희는 네 하나님 야훼의 명령을 지켜 그의 길을 따라가며 그를 경외할찌니라. 신 8:1-20

너희는 너희 야훼 하나님의 거룩한 백성이다. 이 땅의 모든 민족 가운데서 너희를 택하사 하나님의 보배를 삼으셨다. 야훼께서 너희로 택하신 것은 너희의 수가 많거나 강하거나 또 올바른 민족이어서가 아니다, 너희는 정말 완고한 민족이었다. 그런데도 너희를 택하신 것은 야훼께서 너희를 사랑하셨기 때문이었다.

모세는 백성을 이끄는 일에 혼신의 힘을 기울여 절실하게 해야 했다. 그의 전 생애에 전력투구했다. 그러나 이제는 그동안 살아오면서 산더미처럼 쌓여있는 그 수많은 "해야 할 일들"과 또 "하고 싶었던 일들"을 모두 다 털어버리고, 혈혈단신 깃털같이 가벼운 몸으로 야훼 하나님 품으로 나아가야 하는 것이다.

모세는 여호수아와 갈렙에게 마지막 권고를 했다. "너희는 지금까지 그랬던 것처럼 힘들고 고통스럽더라도 야훼 하나님에 대한 신뢰와 믿음 위에 굳게 서서, 불가능을 가능으로 만들어 하나님의 약속을 이루어 달라"

미래는 이를 위해 준비한 자의 것이다.

그러나 보이지 않는 미래를 위해 준비한다는 것은 결코 쉬운 일이 아니다. 꿈과 환상이 있으면 그것이 현실이 될 내일을 위해 오늘은 부지런히 준비해야 한다.

오랜 세월을 모세 슬하에서 준비해온 여호수아와 갈렙이 그의 못다 한 사명을 이어받았다. 여호수아는 세겜을 중심으로 한 농민혁명군의 두목이 되어 모세의 사후 농민해방 전선의 선두에 서서 가나안에 쳐들어갔다.수 24장 갈렙은 사회적 멸시와 천대를 받으면서 자신들의 해방을 위해 물불을 가리지 않고 싸우는 하비루의 두목이 되었다. 드디어 여호수아와 갈렙이 가나안 진입과 정착에 성공하게 된 것은 오래동안 모세와 더불어 겪어온 수 많은 실패와 좌절과 시도와 도전 끝에 얻게 된 땀과 눈물의 결실이었다.

이렇게 하여 모세는 그의 신앙적 경건과 야훼혁명을 자신의 인격과 삶 속에서 통전統全시켰고, 체현하였으며, 그것을 혁명적으로 조국과 민족에 실천하였다. 그의 신앙적 경건은 타계화, 초월화 되지 않았고 사회적, 민족적 혁명이 체계화와 내재화에 머물지 않고 생활화 되는 삶으로 구체화 되었다.

모세의 연설은 점점 목소리가 작아져서 거의 속삭이고 있었다. 그러나 군중은 더 이상 그의 목소리를 들을 수 없었다. 그러나 그들은 그가 무슨 말은 하고 있는지 알고 있었다. 그날 오후 모세는 조금 떨어진 느보산을 향해서 혼자서 걸어서 갔다. 그는 쓰러질듯한 몸으로 지팡이에 의지한 채 조심스럽게 걸어가고 있었다.

이제 모세도 늙고 지쳐 있었다. 그는 자신의 임종이 가까이 오고 있음을 의식했다. 그는 사해 동쪽 연안에 있는 비스가 산마루로 올라갔다. 그는 거기서 요단강 건너편 계곡을 내려다보았다. 그의 마지막을 본 자는 없다. 그 누구도 그가 어디에서 쓰러졌는지는 아무도 모른다.

이렇게 하여 정말 '지루하고 불쾌한 이야기들'은 끝났다. 일찍이 에리히 프롬 Erich Fromm은 고백했다.

> 구약성서는 다른 어떤 책보다도 나를 감동시키고 용기를 북돋워 주었다. 그러나 히브리인에 의한 가나안 정복의 역사는 나를 지루하게 했을 뿐만 아니라 불쾌하기까지 했다.[295]

이제는 모든 것이 끝났다. 아니, 끝나지 않았다. 모세 이야기는 이것으로 절대 끝낼 수 없다.

모세는 보통 사람들의 경험이나 신념으로는 그가 이룩한 성업을 꿈도 꿀 수 없는 것들을 이룩했다. 그것은 그가 애굽과 특히 미디안 땅에서 닦은 수양과 노력의 결과였다. 종교에는 기적이 있고, 성서에도 기적을 말하고 있다.

> 이 사람이 백성을 인도하여 나오게 하고, 애굽과 홍해와 광야에서 40년간 기사와 표적을 행하였느니라. 행 7:36

그러나 그 기적들은 모세가 창출하였다. 그의 피와 땀과 눈물과 불굴의 의지와 신념의 추진이 그 모든 것들을 가능하게 했던 성공의 지렛대였다. 역사의 고비마다 신속하게 결단하고 대담한 실행의 발휘가 그 엄청난 일들을 해낸 것이다. 그것을 우리는 기적이라고 부르고 싶어 한다. 그래서 광야 40년의 여정이 끝나갈 무렵, 우리는 모세가 팔으로 매주를 쓴다고 하여도 믿게 되었다.

제16장 • 영원히 끝나지 않을 야훼의 혁명

과거는 현실을 조명해 주는 역사의 거울이다

성서의 거울에 비춰지는 오늘날 이 땅의 교회의 모습은 아론의 제단이요, 12살 소년 예수가 놀라게 된 예루살렘 성전의 유월절 모습이다.

오늘도 주여, 주여 하면서, 그 이름을 빙자한 기사와 이적을 표방하면서 상매화商賣化하고, 벽돌집에 뾰족탑을 성전이라고 하면서 각종 성직을 환금換金하고, 양두구육羊頭狗肉 하는 제도화된 기업주의, 형식주의, 율법주의, 외식주의, 세습주의 교회에서 하나님 은사의 특허품을 판매하는 곳, 군중들이 몰려드는 아론의 교회는 오늘도 그 인기가 자못 높다.

Ⅰ. 모세의 목회와 아론의 목회의 갈등

생각 밖의 생각

네가 백향목으로 집 짓기를 경쟁하므로 왕이 될 수 있겠느냐? 렘 22:15

내가 이 집을 실로 같이 되게 하고 이 성으로 세계 열방의 저주 거리가 되게 하리라 렘 26:6

시내산에서 말하던 그 천사와 우리 조상들과 함께 광야교회에 있었고 또 살아있는 말씀생명의 도을 받아 우리에게 주던 자가 이 사람이라. 목록의 장막과 신 레판의 별을 받들었음이며, 이것은 너희가 절하고자 하여 만든 형상이라. 내가 너희를 바벨론 밖으로 옮기리라. 행 7:38, 43

특히 청년들 가운데서는 주일날 교회가 설교하는 하나님의 존재는 그들의 일상생활에서 볼수 없는 것임을 예리하게 실감한다. 고민에 빠져있던 어떤 십대 청년은 말하기를 "나는 하나님을 사랑한다. 그러나 교회는 증오한다"라고 외쳤다.

우리 한국의 청년층 복음화율은 3%로 미전도 종족 수준이다. 그리고 연령대가 낮아질수록 믿는 종교가 없다는 응답이 높아지고 있다. 2022년 종교인구 현황조사 및 한국 리서치 조사 청소년 층의 이러한 반응과 경고는 우리의 상처에 소금을 뿌리는 것보다 더 따갑다. 이러한 꾸중은 우리의 가슴뼈를 후비고, 심장을 쪼개는 비수가 되고 있다.

어느 교회에서 집사가 신짝을 벗어 목사의 뺨을 쳤다는 것도, 어느 교회에서 불신자가 집사의 얼굴에 침을 뱉었다는 말을 들으면 괘씸하기도 하나 실상은 저들 자신들의 의지에서 하는 것이 아니라 하늘이 시켜서 하는 것이다.

하나님께서 우리에게 새끼를 빼앗긴 곰이 되어 달려들고, 사자가 되어 우리의 염통을 찢으며, 들개같이 우리의 가슴을 물어뜯고 있는 것이라. 호 13:8

우리는 그들에게 교양과 도덕을 요구할 양심과 권리가 없다. 우리는 성서의 왜곡된 가르침으로 그 우상들의 발에 짓밟히고 있는 영혼들 앞에 깊은 참회가 필요하다.

왜 이런 현상이 나타나게 되었는가?

아론의 목회와 모세의 목회는 하늘과 땅의 차이다. 겉으로 보기에는 모세의 목회는 '무無'이고, 아론의 목회는 굉장히 화려하고 대단했다. 아론과 모세는 야곱의 4대손이라, 야곱의 계통은 모세로 계속되지 않고 아론으로 이어간 것은 그 의미가 깊다. 그들의 연령은 나이라기보다는 어떤 상징인 듯하다. 출 6:14-27, 296

1. 스테반의 설교.

스테반은 왜 순교를 당했는가? 그가 어떤 설교를 했기에 돌에 맞아 죽었는가? 사도행전 7장에는 그의 설교가 실려 있다. 스테반은 아브라함으로부터 시작된 이스라엘의 역사를 길게 설명을 해나갔다. 그는 하나님이 이끄시는 거룩한 역사는 솔로몬이 성전 짓는 일로 끝이 났다고 보았다. 더 이상 이스라엘의 역사는 볼 필요가 없다고 생각했다.

만일 내가 설교했다면 통일왕국의 분열사와 BC, 722년 북 왕국 이스라엘의 앗수르에 의한 멸망사, BC, 586년의 남 왕국 유다의 바벨론 유수사, 그리고 70년 후의 예루살렘 환국사 등과 신구약 중간사까지 즉 예수께서 오실 때까지의 역사를 장황하게 설명했을 것이다.

그러나 스테반은 이스라엘 백성의 광야여정에 있었던 '모세의 목회'와 '아론의 목회'를 비교대조 했다. 그는 아론과 모세를 대비시키고, '광야교회' 행 2:38와' '솔로몬의 성전' 행 7:47을 대비시켰다. 광야교회는 옮겨 다니는 교회이고, 솔로몬의 성전은 한곳에 붙박혀 있다. 역동적인 교회와 정체된 교회의 대비였다. 겉으로 보기에는 초라하고 보잘것없는 교회와 화려하고 대단한 성전의 비교였다. 그는 광야교회는 외롭고 슬픈 교회 같으나 거기에는 '생명의 도, 살아있는 말씀' 7:38이 있었으나, 솔로몬의 성전은 우상숭배인 '목록의 장막'과 '레판의 별' 7:43이라고 했다.

스테반은 마치 교수대에 오른 사람처럼 치열하게 역설했다. 그의 설교에 분노한 청중들은 격분하여 귀를 막고, 이를 갈며 일심으로 달려들어, 스테반을 성 밖으로 끌고 나가서 돌로 쳐 죽였다. 이렇게 그의 설교는 자신의 죽음을 불러왔다. 그러나 스테반의 설교는 자신의 즉음으로만 끝나지 않았다. 예루살렘교회가 박살나고 드디어는 사마리아와 다메섹의 그리스도인들에게까지 핍박으로 확산되어 나갔다.

스테반은 솔로몬이 성전 짓는 일로 '하나님의 역사'는 종지부를 찍었다고 생각했다. 그 이유는 어디에 있는가? 그는 그 이후는 볼 것도 없이 하나님의 역사는 끝이 나고 '인간의 역사'가 시작되었다고 보았다. 이제는 역사의 주체가 하나님이 아니고 인간이 주체가 되었다.

모세의 제단은 증거의 장막으로 '하나님이 보여주신 양식'대로 만들었으나 아론의 제단은 '금송아지'가 하나님의 자리에 앉아있었다. '금송아지'가 제단에 자리잡은 교회, 금송아지 기르는 목회, 유다 사가들이 여로보암도 벧엘과 단의 성소에 금송아지를 만들어 놓았다고 비난한 우상, '풍요와 다산의 신'이었다. 야훼의 바알화였다. 백성들이 그 금송아지에 입을 맞추었다.

백성이 금송아지를 섬기는 것에 대한 징계와 별로 순교자 집사 스테반은 "하나님께서 그들을 바벨론 밖으로 옮기리라"행7:43 했고, 예언자 아모스는 "하나님께서 내가 너희를 다메섹 밖으로 옮기리라"암 5:29 고 했다.

스테반은 성전에 대하여 '솔로몬의 성전봉헌기도'를 인용했다.

> 솔로몬이 집을 지었느니라. 그러나 지극히 높으신 이는 인간이 손으로 지은 집에 계시지 아니하시나니 주께서 이르시되, 하늘은 나의 보좌요. 땅은 나의 발등상인데, 너희가 나를 위하여 무슨 집을 짓겠느냐? 나의 안식할 처소가

어디냐? 이 모든 세상은 내가 다 지은 것이 아니냐? 목이 곧고 마음과 귀에 할례를 받지 못한 사람들아, 너희도 너희 조상들처럼 항상 성령을 거스르는도다. 행 7:47-51

하나님이 참으로 땅에 거하시리이까? 하늘과 하늘들의 하늘이라도 주를 용납지 못하겠거든 하물며 내가 지은 이 성전이오리이까? 왕상 8:27

하나님이 참으로 사람과 함께 땅에 계시리이까? 보소서!... 하물며, 내가 지은 이 성전이오리이까? 대하 6:18

고대 애굽의 사원의 신전들은 대단했다. 예를 들면:

1) 하트 셉투트 여왕의 신전인 Tell-el-Bahari 신전 BC. 1470

2) 룩소르 계곡 왕가의 계곡에 있는 kharmak 신전 BC. 1700-1400

애굽 최대의 Amon 신전, 높이 23m, 15m된 큰 기둥 134개.

3) 람세스 2세가 절벽에 판 Abusimbel 신전 BC.1260 바위로 거상을 만들었다.

애굽의 파라오 왕들은 최고의 제사장으로서 신의 화신이거나 그의 아들이라고 했다. 신과 신전은 왕실을 위한 것이었다. 이런 거대한 신전들 건축에는 수많은 노예들의 강제 노역으로 인한 땀과 눈물이 들어있었고, 국고를 탕진했다.

아케나톤은 세기의 종교혁명가이면서도 유구한 왕실의 전통과 사회의 통념을 벗어나지 못하여 새 수도 아케타톤의 도성 안에 신전을 건립했었다. 그는 전통과 관습을 어쩌지 못했다. 그러나 노천극장식으로 만들었다.

그러나 모세는 그것의 위협과 폐해를 알고 있었기에 과감히 거부했다. 그는 고정된 신전 대신에 움직이는 '상자'를 택했다. 그 상자 안에는 '두 돌비'가 들어있었다. '증거의 궤' the ark of Testimony, the covenant이다. 그 법궤ark, 방주는 애굽에서 배웠다.

고대 애굽에는 여러 도시국가들이 있었다. 그 도시국가를 애굽에서는 '놈'Nom이라고 불렀다. 그들 '놈'은 각기 다른 이름의 '주신들'을 갖고 있었고, 도시국가 간의 전쟁은 신들의 전쟁이라고 생각했다. '수호신'은 전쟁을 통하여 합병되면 신들의 세력은 확장된다. 이리하여 신들의 이름은 연합되기도 하고, 나누어지기도 하고 사라지기도 했다. 애굽 델타지방, 삼각주 연안에는 수로가 발달 되어있어 신들은 수로를 통하여 작은 '아카시아 방주'를 타고 이 도시에서 저 도시로 이동하기도 했다. 이때 그 방주는 육지에서는 '가마 혹은 궤, 상자'가 된다. 나중에 모세는 여기에서 '법궤'를 창안해냈다.

2. 모세의 목회

모세는 애굽의 신전들과는 비교가 되지 않는 야훼의 제단으로 시내산에서 '토단'을 쌓았다. 흙으로 쌓은 '토단'은 최초의 '원시 야훼제단'이었다. 하나님께서는 "흙으로 단을 쌓고, 다듬은 돌로 제단을 쌓지 말라, 그러면 부정하게 된다"고 했다. 올라가는 계단도 층계로 만들지 말라고 하였다. 토단은 비바람이 치고 세월이 흐르면 나그네의 공동묘지처럼 보일 뿐이었다.

> 내가 하늘로부터 너희에게 말하는 것을 너희가 스스로 보았다. 너희는 나를 비겨서 은으로나 금으로나 너희를 위하여 신상을 만들지 말고, 내게 토단을 쌓고, 그 위에 양과 염소로 네 번제와 화목제를 드리라. 내 이름을 기념하는

> 모든 곳에서 네게 임하여 복을 주리라. 네가 내게 돌로 제단을 쌓거든 다듬은 돌로 쌓지 말라. 네가 정으로 그것을 쪼면 부정하게 되니라. 출 20:22-25

돌을 다듬으면 돌에 들어있는 영성이 파괴된다. 영성은 죽어버린다. 인간이 만든 것에는 영성이 거하지 않는다. 자연 속에 영성이 거한다. 자연물에 인공을 가하면 영성이 파괴되기 때문이다. 대리석이나 백향목으로 아무리 잘 지어놓아도 인공이 가하지면 거룩성이 손상된다. 인공물에는 영성이 존재하지 않는다.

십계명은 매우 독특한 문서로 이를 통해 우리는 당시 히브리인들의 상황이 어떠했는지 이해할 수 있다. 십계명에서 특히 중요한 것은 그 속에 성전이 한 마디도 언급되어 있지 않다는 사실이다. 이 십계명은 광야에서 작성되었으며 유목민에게 적합하도록 고안되었다.[297]

모세의 성막은 하늘의 모델의 대형으로서, 하나님께서 모세에게 보여준 모양대로, 그 식양式樣대로 따라서 지었다.

> 내가 그들 중에 거할 성소를 그들이 나를 위하여 짓되, 무릇 내가 네게 보이는 모양대로 장막을 짓고, 기구들도 그 모양을 따라 지을지니라. 출 25:9, P
>
> 너는 삼가 이 산에서 네게 보인 양식대로 할지니라. 출 25:40, P

3. 아론의 목회

금송아지는 최악의 배교행위로 간주 되었다. 이것은 애굽의 멤피스Memphis에 있던 황소 신 '아피스'의 재현이었다. 고센 땅의 히브리인들은 그것을 섬겼다.[298]

야훼께서 모세에게 이르시되 내 백성이 부패하였도다. 이 백성은 목이 뻣뻣한 백성이로다. 내가 그들에게 진노하여 그들을 진멸하고, 너로 큰 나라가 되게 하리라. 주의 맹렬한 노를 그치시고 뜻을 돌이키사 주의 백성에게 이 화를 내리지 마옵소서. 출 32:7, 12

모세는 '용서'를 구했다. 그는 야훼 하나님의 은혜와 복을 사양하였다. 그리고 그는 하나님께서 그를 '큰 나라의 지도자'로 만들어 주시겠다는 하나님의 약속을 거부했다. 출 32:12-13

모세가 여짜오되 슬프도소이다. 이 백성이 자기들을 위하여 금 신상을 만들었사오니 큰죄를 범하였나이다. 그러나 이제 그들의 죄를 사하시옵소서. 그렇지 아니하시오면 원컨대 주께서 기록하신 책에서 내 이름을 지워버려 주옵소서! 출 32:31-32

지도자로서의 모세의 위대성이 보인다. 모세는 하나님께서 자신을 '위대한 인물'로 만들어 주시겠다는 약속을 단호히 거절했다. 그러자 할 수 없이,

야훼께서는 뜻을 돌이키사 말씀하신 화를 그 백성에게 내리지 아니하시니라. 출 32:14

제사장 아론은 은으로 단을 쌓고, 금으로 송아지를 조각했다. 이것이 너희를 애굽에서 인도해낸 신이로다. '금을 불에 던졌더니, 송아지가 나왔나이다!' 아론은

'금신'을 만들었다. 출 32:4, 24, 31,

느밧의 아들 여로보암의 죄는 '페카토 모르탈레' pecato mortale 즉 '용서받지 못한 죄'란 뜻이다.

내일은 야훼의 절일節日이라. 은으로 만든 제단에 금으로 만든 금신, 제사장 아론은 세마포로 만든 옷을 입고 출 39:28, 성스럽고 영화롭고 아름다운 3중 관을 쓰고 출 28:40, 관 위에 금 패를 붙이고 레 8:9 가슴에 흉패를 달고, 각종 보석을 그 흉패에 붙이고, 손에는 제사장의 홀를 잡고 민17:5 번제와 화목제를 드렸다.

백성을 떼를 지어 제사하고 앉아서 먹고 마시고 일어나서 춤추고 뛰놀더라. 희희낙락하는 제사 예배였다.

Harvey Cox는 '바보들의 잔치' The Feast of the Fools라고 했다.

평민과 어린아이들로 하여금 아론을 애굽 황소숭배의 제사장으로 가면을 씌워 분장시키고 까불고 놀면서, 교회와 성직자들뿐만 아니라 기성의 사회질서 전체를 조롱하고 비꼬면서 풍자하는 것은 '바보제'祭란 제목이 어울린다. 이러한 바보제는 보이는 기성의 질서 외에 또 하나의 '질서 초월의 세계'가 존재하고 있음을 상기하고 체험케 하는 것이다.

구원의 도리와 신앙의 본질을 떠나면 우상만 남는다.

살아계신 사랑의 하나님을 대신하는 것은 무엇이든지 무지한 마음의 노예근성에서 나온 불길한 그림자이다. 하나님은 영이시므로 신령과 진정으로 드리는 예배를 원하신다. 우상은 본질적으로 하나님과 그의 본질에 대한 개념을 끌어내리고 인간을 높이 치켜올리는 것으로 우상이 된다.

환언하면 좋은 수단의 목적화와 인간의 신격화는 우상이 된다. 처음에는 하나님을 잘 나타내고, 또 하나님을 표현하기 위한 수단으로 사용되었을지라도 그것이 하

나의 목적이 되면 우상으로 변한다. 모세의 광야 놋뱀사건이 그러하다. 민21:4-9, 왕하 18:4

이런 오류를 범하지 않으려 침례교회는 전통적으로 강단 위에 어떤 유형의 '십자가'를 그리거나 부착하거나 만들거나 세우는 것을 거부해 왔다. 그것은 십자가가 우상이 되는 것을 미연에 방지하기 위함이었다.

> 네가 새집을 건축할 때에 지붕에 난간欄干을 만들어 사람으로 떨어지지 않게 하라. 그 피 흐른 죄가 네 집에 돌아갈까 하노라. 신 22:8

하나님에 대한 영적 예배를 훼손하는 모든 조각과 그림과 비문碑文, monuments도 여기에 포함된다. 그것들은 하나님의 영광을 자신들의 상상에 따라 회화화travesty 하려는 인간들의 무모함에서 나온 것으로서 삼가야 한다.

인간의 자유와 해방을 저해하는 것은 모두 배격, 타파해야 한다. 살아계신 하나님a living God을 하나의 사물a thing처럼 취급해서는 안 된다. 렘 10:10-11 구원은 본질과 근원과 원형 속에서만 존재한다. 따라서 인간은 자기를 위하여 우상을 만들어서도 안 되고출 20:4, 스스로 우상이 되어서도 안 된다. 신 16:21

하나님보다 더 사랑하는 것은 무엇이든 다 우상이다. 권력도, 부도, 명예도, 자식도 우상이 될 수 있다. 하나님과 관계없이 행복의 도움을 얻고자 의존하면 그것이 바로 우상이다. 성전이나 성직도, 제도나 의식이나 헌물도 우상이 될 수 있다. 인간의 마음속에 들어있는 이런 우상들을 제거하는 데는 큰 고통이 따른다.

4. 왕 다윗과 예언자 나단

대단한 목사가 웅장한 교회당의 높은 강단에서 예수 그리스도의 고난을 설교하는 것은 강대상 뒤편 벽에 걸어놓은 십자가에 달린 예수의 조각상과는 어울리지 않아 보인다. 우리는 무엇을 촉구해야 할까? 웅장한 건물과 눈에 보이는 축복인가? 무엇이 신앙이고 무엇이 믿음인가?

한 곳에 붙박혀 있는 고정되고 화려하고 웅장한 교회당 건물은 인간들의 영혼을 마비케 하여 그릇된 상상을 낳게 하고 생명력을 파괴하며 영성을 메마르게 하여 신음하게 만든다. 왜냐하면 십자가에 달려 죽은 예수 그리스도가 금송아지로 둔갑시켜 보이기 때문이다.

궁중 예언자 나단은 다윗 왕이 성전을 짓겠다는 계획을 보류시켰다. 왜냐하면 그것은 전통에 어긋나는 일로서 매우 위험한 일로 보았다.

> 네가 나를 위하여 내가 살 집을 건축하겠느냐? 내가 이스라엘 자손을 애굽에서 인도하여 내던 날부터 오늘까지 집에 살지 아니하고 장막과 성막 안에서 다녔나니, 내가…. 어느 지파들 가운데 하나에게 너희가 어찌하여 나를 위하여 백향목 집을 건축하지 아니하였느냐 말한 적이 있느냐? 삼하 7:4-7

광야교회는 장막성전, 법궤 교회로 천막텐트만으로 족했다. 하나님의 이름을 기념하기 위하여 법궤ark만으로 족하다고 보았다. 따라서 옮겨갈 수 있었고 항상 움직여서 역동성이 있었다.

> 모세가 애굽 사람의 모든 지혜를 배워 그 말과 하는 일들이 능하더라! 행 7:22

법궤는 '방주'이다. 작은 '배'이다. 육지에서는 움직이는 '가마'이고 강이나 바다에서는 떠다닌다. 그러한 특성과 개념들은 백성의 삶에 영향을 미친다. 자발성과 역동성이다. 솔로몬의 성전은 세습되는 것으로서 붙박혀있다. 이것이 교회 세습의 원인이다.

모세는 애굽에서 살아오면서 애굽인들의 문화와 종교에서 많은 지식과 지혜를 얻었다. 애굽의 제도와 사상을 반면교사와 타산지석으로 삼아 때로는 그것을 모방하고 때로 그것을 개혁하고 혁신했다.

솔로몬의 성전은 움직이지 못한다. 모세의 토단은 원시 야훼 제단으로서 옮겨다니는 장막이면 족하다. 인공의 건조물은 거창하고 화려하며 권위와 부와 명성의 상징일 뿐 하나님의 역동성에 반하고 불필요한 것이다. 토단은 자연히 무너지고 없어진다.

> 그 때에 솔로몬이 이르되, 야훼께서 캄캄한데 계시겠다 말씀하셨사오나 내가 참으로 주를 위하여 계실 성전을 건축하였사오니, 주께서 영원히 계실 처소로소이다 하고왕상 8:12-13

솔로몬은 성전의 지성소를 캄캄하게 만들었다. 불빛 한 줄기는 들어 갈 수 없도록 어둡고 캄캄하게 만들었다. 빛이신 하나님을 암흑 속에 감금했다.

> 그 우상은 장색이 만든 것이어늘 저희가 그것에 대하여 말하기를 제사를 드리는 자는 그 송아지에 입을 맞출 것이라.호 13:2

벧엘과 단 성소들의 금송아지는 처음에는 제단의 네 귀퉁이의 네 개의 짐승들 중 하나로 장식으로 '송아지 형상'을 조각해 놓았던 것인데, 세월이 흐르면서 우상으로 변하였다. 결국 참 교회란 제도화되기까지의 모임이며, 제도화가 되면서 우상으로 변했다.

5. 예언자들의 경고.

모세의 예언자 전통과 아론의 제사장 전통은 서로 씨름을 벌이면서 이스라엘과 유다의 역사에 계속 전승되었다.

예후의 혁명은 '바알화 된 야훼의 송아지' 예배를 일소하지 못했다. 왕하 10:29, 호 8:5-6, 13:2 그런 우상숭배의 종말을 예언하고 있다.

> 내가 이스라엘의 모든 죄를 보응하는 날에 벧엘의 제단들을 벌하여 그 제단의 뿔들을 꺾어 땅에 떨어뜨리고 겨울 궁과 여름 궁을 치리니 상아 궁들이 파괴되어 큰 궁들이 무너지리라. 암 3:14-15

거짓 예언자들과 제사장들은 성전의 번제단에 제물이 드려지고 불타고 있는 한 하나님은 백성에게 복을 내리고 나라를 지켜주실 것이라고 가르쳤다. 하나님께서는 공평과 정의가 시행되기를 바라셨다. 그러나 그렇지 못한 책임을 물을 것이다.

> 슬프다. 아리엘이여, 아리엘이여, 다윗이 진 친 성읍이여. 해마다 절기가 돌아오려니와 내가 아리엘을 괴롭게 하리니 그가 슬퍼하고 애곡하며, 내게 아리엘과 같이 되리라. 내가 너를 사면으로 둘러 진을 치며 너를 에워 대를 쌓

아 너를 치리니 네가 낮아져서 땅에서 말하며 네 말소리가 나직이 티끌에서 날 것이라 네 목소리가 신접한 자의 목소리같이 땅에서 나며 네 말소리가 티끌에서 지껄이리라. 사 29:1-4

아리엘은 원래 예루살렘 성전의 번제단의 이름이었다. 그러나 그 이름이 성전의 이름으로, 그리고 예루살렘 성의 이름으로 점차 확대되었다. 다윗이 그 성을 함락시킨 것처럼 이제는 하나님께서 함락시킨 것이다.

딸 군대여 너는 떼를 모을지어다. 그들이 우리를 에워쌌으니 막대기로 이스라엘 재판자의 뺨을 치리로다. 미 5:1

하나님은 공평과 정의를 세우지 못한 제사장들과 재판관들을 징벌할 것이다.

강도 떼가 사람을 기다림 같이 제사장의 무리가 세겜 길에서 살인하니 저희가 사악을 행하였느니라. 호 6:9

예수는 열네 살 때 처음으로 예루살렘 유월절 축제에 가서 일주일간 참여하고 크게 실망했다. 그곳은 "돈벌이하는 곳이요 시장바닥이라, 강도들의 소굴 같았다." 그래서 다시는 예루살렘 성전에 가지 않았다. 마지막 '십자가 죽으심'을 앞두고 성전을 대청소하려 예루살렘에 올라갔다.

내 집은 만민이 기도하는 집이라 칭함을 받으리라고 하지 아니하였느냐 너

희는 강도의 소굴을 만들었도다. 막 11:17

예수께서 성전에서 나가실 때에 제자 중 하나가 이르되, 선생님이여 보소서! 이 돌들이 어떠하며 이 건물들이 어떠하니이까? 예수께서 이르시되 네가 이 큰 건물들을 보느냐? 돌 하나도 돌 위에 남지 않고 다 무너뜨려 지리라 하시니라. 막 13:1-2

이르되 이 사람의 말이 네가 하나님의 성전을 헐고 사흘 동안에 지을 수 있다 하더라 하니…. 마 26:61

지나가는 자들은 자기 머리를 흔들며 예수를 모욕하여 이르되 아하, 성전을 헐고 사흘에 짓는다는 자여! 막 15:29

예수는 성전 모독죄로 십자가에 달려 죽었다. 하나님을 욕하고 성전을 비난했다는 '신성모독죄'로 처형당했다.

대제사장들과 공회가 예수를 심문할 때 우리가 그의 말을 들으니 손으로 지은 이 성전을 네가 헐고 손으로 짓지 아니한 다른 성전을 사흘 동안에 지으리라 하더라 하되 그 증언도 서로 일치하지 않더라. 대제사장이 가운데 일어서서 예수에게 물어 이르되 너는 왜 아무 대답도 없느냐? 이 사람들이 너를 치는 증거가 어떠하냐? 하되 침묵하고 아무 대답도 아니하시거늘 대제사장이 다시 물어 이르되 네가 찬송 받을 이의 아들 그리스도냐? 막 14:58-61

예수는 묵비권을 행사했다.

예레미야는 주장했다: 너희들은 하나님의 집을 크고 아름답게 짓기로 경쟁한

다.

네가 백향목으로 집짓기를 경쟁하므로 왕이 될 수 있겠느냐? 렘 22:15.

내가 이 집을 실로같이 되게 하고, 이 성으로 열방의 저줏거리가 되게 하리라 하셨다. 렘 26:9

너희는 이것이 야훼의 성전이라, 이것이 야훼의 성전이라. 이것이 야훼의 성전이라 하는 거짓말을 믿지 말라. 보라! 너희가 무익한 거짓말을 의존하는도다. 내 이름으로 일컬음을 받는 이 집에 들어와서, 내 앞에 서서 말하기를 '우리가 구원을 얻었나이다' 하느냐? 내 이름으로 일컬음을 받는 이 집이 너희 눈에는 도둑의 소굴로 보이느냐? 보라! 나 곧 내가 그것을 보았느니라. 야훼의 말씀이라. 렘 7:4, 8, 10-11

실로는 하나님의 성소가 있던 곳이다. 실로가 무너지고 비웃음거리 저주 거리가 되었다. 렘 7:12-14

예언자 말라기는 말했다.

만군의 야훼가 이르노라! 너희가 내 제단에 헛되이 불사르지 못하게 하기 위하여 너희 중에 성전 문을 닫을 자 있었으면 좋겠도다. 내가 너희 손으로 드리는 것을 기뻐하지 아니하니, 받지도 아니하리라. 말 1:10

이 때에 예수와 함께 강도 둘이 십자가에 못 박히니 하나는 우편에 하나는 좌편에 있더라 마 27:38, 막 15:27

다른 두 행악자도 사형을 받게 되어 예수와 함께 끌려가니라. 눅 23:32

달린 행악자 중 하나가 비방하며, 이르되 네가 그리스도가 아니냐 너와 우리를 구원하라 하되, 다른 하나는 그 사람을 꾸짖어 이르되, "네가 동일한 정죄를 받고 하나님을 두려워하지 아니하느냐? 우리는 우리가 행한 일에 상당한 보응을 받는 것이니 이에 당연하거니와 이 사람이 행한 것은 옳지 않은 것이 없느니라" 하고 이르되 당신의 나라가 임하실 때에 나를 기억하소서 하니 예수께서 이르시되 내가 진실로 네게 이르노니 오늘 네가 나와 함께 낙원에 있으리라 하시니라. 눅 23:39-43

6. 지옥과 낙원의 갈림길에서

네가 그리스도가 아니냐? 너와 우리를 구원하라! 네가 하나님을 두려워하지 아니하느냐? 예수여 당신의 나라에 임하실 때에 나를 기억하소서! 내가 진실로 네게 이르노니 오늘 네가 나와 함께 낙원에 이르리라. 눅 23:39-43

다시 객론이 되겠지만, 여기서 꼭 한마디 하고 싶은 말은 오늘날의 금송아지 Mammon, 富 기르는 교회와 카를 마르크스 Karl Marx, 1818-1883를 신으로 섬기는 공산주의는 초록이 동색이다.

교회와 공산주의는 '일하기 싫어하는 자는 먹지도 말라' 계 20:4는 노동관이나 미래의 '천년왕국사상'이 같다. 그리고 그 외에도 수 많은 유사점들이 있다. 카를 마르크스는 감당해야 할 사회적 편견과 차별은 그로 하여금 종교의 역할에 대한 의구심과 사회 개혁의 열망을 불러일으켰다.

카를 마르크스는 그의 필생의 역작 '자본론'을 완성하기 위해 엄청난 양의 독서와 연구에 시간을 투자하였다. 그리하여 '자본론'Das Kapital, 1867을 쓴 마르크스는 공산주의의 신이 되었다. '자본론'은 그가 청장년기에 가졌던 생각 즉 소외론疏外論을 중심으로 한 인간 해방사상이었다. 자본주의는 모든 인간을 돈으로 노예화한다. 그리고 인간을 극도로 소외시킨다. 자본론은 그의 이 생각들을 자본주의에 대한 보다 구체적인 분석과 과학적이고 논리적인 체계 속에 위치시키려고 한 책이다. 오늘날 교회도 자본주의의 종이 되었다.

오늘날 국가와 사회의 모든 성장의 척도는 경제 발전이 되었고, 사람들의 가치관도 물질주의로 흘러가고 있는 것이 오늘의 상황이다. 이러한 사회 전반적인 흐름에 교회 역시 편승하고 있음은 부인할 수 없는 사실이 되었다. 마르크스는 대영 박물관의 풍부한 자료를 이용하여 영국 노동운동법칙을 밝힌 것이 '경제학 비판'과 '자본론'이다. 그는 한 마디로 경제적 토대가 정치적 및 문화적 상부구조를 결정한다고 주장했다.

그는 자본론에서 자본의 축적은 노동 착취에 의해서 비로소 가능하며, 자본의 이윤은 노동에 의해서 창조된 잉여가치의 착취에 불과하다고 규정하고, 그 이윤의 극대화를 위해서는 자본이 기계생산에 의존할 수밖에 없고, 기계생산이 확대됨에 따라 노동자는 기계에 의해서 축출되어 실업과 빈곤에 허덕이게 된다고 하였다.

카를 마르크스의 자본론은 총 3권으로 제1권은 그의 생전에 출간하였으나1867, 제2권1885과 제3권1894은 그의 사후, 엥겔스가 출간하였다. 엥겔스Friedrich Engels, 1820-1895는 가장 가까운 동료, 카를 마르크스와 함께 공산주의를 세웠다. 두 사람은 '공산당 선언'1848을 공동 집필하였다. 엥겔스는 기독교의 역사적 배경과 사회적 기초를 과학적으로 연구한 결과는 '초기 기독교는 노예계급과 억눌린 자들의 종교였다'는 것이다. "노예와 같이 억압받고, 빈곤에 시달리는 사람들의 구원은 어디에 있었는가? 그들은 탈출구를 발견했다. 그러나 그것은 이 세상에 있지 않았다. 그들은 이 땅에서 억압으로부터의 구원과 자유를 찾았으나 찾지 못했기 때문에 어쩔 수 없이 하늘에서 구원과 자유를 구해야 했다"[299] 고 하였다.

마르크스와 엥겔스가 공동 집필한 '공산당 선언Manifest der Kommunistischen Partei'은 자본주의의 붕괴와 프롤레타리아 혁명의 승리가 필연적이며, 혁명 승리의 제1의 필요조건이 노동자 계급에 의한 국가 권력의 장악에 있음을 혁명 운동의 당면과제와 궁극적 목표로 규정하고 있다. 마르크스의 묵시 철학은 계급 투쟁이 프롤레타리아 독재체재에서 종말을 고하고, 그 뒤에 새로운 사회질서가 등장한다고 선언하고 있다.

그러면 그 후에는 영원한 행복이 오는가?

경제학자이며 역사학자인 아놀드 토인비Arnold Toynbee, 1889-1875는 그의 저서 '역사의 연구'A Study of History에서 "인류가 전쟁과 계급투쟁을 우선 제거하고, 나아가서 인구 문제를 해결할 수 있는 세계 사회의 도래를 우리가 상상할 수 있다고 하면, 그 다음 인류가 직면하게 될 문제는 기계화된 사회생활에서 생기는 여가餘暇가 어떤 역할을 하게 될 것인가? 오락이 여가 시간의 많은 부분을 차지하게 되고, 그러면 노동자의 생활이 물질적 중산층의 수준까지 올라가게 되고, 그러면 분명히 정신적인 면에서는 프롤레타리아화의 현상을 수반하게 된다. 그러면 인류는 키르케Circe의 잔치에 초대받은 손님처럼 돼지가 되어서 돼지우리에 들어가 있는 자신을 곧 발견하게 될 것이다"[300]라고 하였다.

따라서 오늘날의 교회는 예수의 영감을 훔친 오른편 강도가 되었고, 오늘날의 공산주의는 예수의 사상을 훔친 왼편 강도가 되었다. 오늘날의 교회는 예수의 혼을 자본주의의 시녀侍女로 전락시켰고, 공산주의자들은 예수의 사상을 훔쳐 하나님의 나라를 변질시켰다. 전통적으로 그들의 마르크스주의는 예수를 한 혁명적인 영웅으로 숭배해 왔으나 그리스도의 가르침은 결코 받아들이지 않았다. 다 함께 하나님의 심판을 받아야 할 역사적인 강도들이 되었다.

우리는 이러한 변설가辨說家들의 험담을 객담이나 객설로만 치부하지 말고, 광야에서 들려오는 회개를 촉구하는 하나님의 엄중한 경고의 말씀으로 들어야 한다.

다시 묻노니 특별한 교리와 교파를 앞세우는 각 교단의 하나님은 어떻게 다르며, 자신의 이성을 앞세우는 신학자들의 하나님은 어떻게 다르며, 수많은 도서관에 산적한 서적들 속의 하나님은 또 어떻게 다르며, 소위 인기 있는 부흥사들의 하나님과 적그리스도는 또 어떻게 다른가? 오늘의 교회는 예수의 가르침과 너무 멀리 떨어져 있는 것이 아닌가? 오늘의 교회는 선량한 신도들을 너무 교리적으로 율법적으로 얽어매는 것이 아닌가? 교리가 우상이 되어서는 안 되고, 교파나 교단이 우상이 되어서도 안 된다. 또 그 누구의 신학이 우상이 되어서도 안 되고, 성전이 우상이 되어서도 안 된다. 오늘날의 교회는 배금주의, 황금만능주의 시녀가 되었다.

성서를 마음대로 할인해서 가르치고, 하나님을 해부하며, 주님의 얼굴을 마음대로 화장을 시키고, 예수의 귀에 코에 별별 시시한 노리개를 다 채워서 끌고 다니면서 사람들을 미혹하고 돈을 벌어먹는 거룩한 착취자들을 경계해야 한다. 성서란 책이 우상이 되어서도 안 되고, 율법이 우상이 되어서도 안 되고, 규약이 우상이 되어서도 안 된다. 오늘날의 교회는 mammonism이 Yahwism과 Christianism을 압도하고 있다.

역사의 종말이 가까이 오고 있다. 요한계시록의 총결론은:

내가 새 하늘, 새 땅의 새 예루살렘 성 안에서 성전을 보지 못하였으니, 이는 주 하나님은 전능하심이라. 그 성에는 해Aton나 달의 비침이 쓸데 없으니 이는 하나님의 영광이 비치고 어린양이 그 등불이 되심이라.계 21:22-23

오늘날의 교회목회의 친자상속문제의 원인은 나변那邊에 있는가? 야훼의 혁명은 영원히 끝날 수 없는 것인가? 교회의 주인은 예수 그리스도이다. 주님 외에 교회에 대한 그 누구의 공로가 우상이 되어서는 안 된다.

사랑하는 자들아 우리가 서로 사랑하자. 사랑은 하나님께 속하나니, 사랑하는 자마다 하나님으로부터 나서 하나님을 알고 사랑하지 아니하는 자는 하나님을 알지 못하나니, 이는 하나님은 사랑이심이라. 어느 때나 하나님을 본 사람이 없으되 만일 우리가 서로 사랑하면 하나님이 우리 안에 거하시고, 그의 사랑이 우리 안에 온전히 이루어지느니라!1요 4:7-8, 12

II. 영원히 끝나지 않을 야훼의 혁명

성서에 대한 무지가 우상을 만들어 냈다. 신학도, 교리도, 교파도, 우상이 되어서는 안 된다. 그것들은 하나의 교시教示, instruction로서 방향을 가리키고 있을 뿐, 그것이 통제의 수단이 되어서는 안 된다. 자본돈이 중요하다. 그러나 자본주의 사회의 소비체제가 불안과 금송아지 우상을 만들어 냈다. 기독교 신앙과 교회는 이러한 우상을 만들어서도 안 되고, 우상이 되어서도 안 된다. 인간 영혼의 구원은 예수 그리스도의 복음의 근본 즉 그 근원과 원형과 본질 속에서만 존재한다. 형해形骸만 남아 있는 의식과 제도는 우상만이 남는다. 신앙과 종교의 의식화, 습관화, 정형화, 화석화는 종교와 신앙의 껍데기로 영성을 소멸시키고 우상이 되어 간다. 따라서 복음의 환원 운동이 필요하다. 성전과 교회, 성직과 신도의 삶 속에 파생된 우상들은 타파되어야 한다. 새로운 건설을 위한 창조적인 파괴가 계속되어야 한다. 그렇지 않으면 계속 굳어지고, 경화되고, 낡아지고 부패해 간다. 끊임없는 혁신, 끝나지 않는 혁명이 필요하다. 물론 거기에는 언제나 고통이 따른다. 지금까지 그러했고, 또 앞으로도 영원히 그러할 것이다. 그러한 고통과 괴로움 없이는 복음의 생생한 영성을 되살릴 수 없다.

모든 믿는 자가 각기 제사장이 된 상황에서 목회자가 스스로 신도들의 제사장이라고 착각하는 한 그는 우상으로 변한다. 교회 안에서 자본주의가 우상이 된 상황에서 그것을 타파하려면 성도들의 순교가 요구된다.

모세의 목회와 아론의 목회 간의 갈등은 세상 끝날까지 계속될 것이다. 나사렛 예수는 엘리야의 전통에 서 있었지만, 제사장 전통은 끝까지 예언자 전통을 압박하고 공격할 것이다. 그러므로 그 싸움이 끝날 때까지 순교자는 끊이지 않을 것이며 야훼의 혁명은 계속될 것이다.

> 그러므로 의인 아벨의 피로부터 성전과 제단 사이에서 너희가 죽인 바라갸의 아들 사가랴의 피까지 땅 위에서 흘린 의로운 피가 다 너희에게로 돌아가리라. 마 23:35

구약성서는 야훼혁명에 가담한 의인들의 순교의 역사이다. 신약성서가 생기기 전까지의 구약성서의 원래 명칭은 "아벨로부터 사가랴까지"였다. 즉 순교자의 책이란 말이다.

1. 순교의 역사

최초의 순교자 아벨로부터 구약의 마지막 순교자인 신구약 중간시대의 순교자 사가랴까지의 이야기가 구약성서이다. 모세도 민 11:15, 엘리야도 왕상 19:4, 순교의 사선을 넘었다. 침례 세례 요한도, 나사렛 예수도 그 선상에 있었다. 그들의 이러한 절망적인 순간들은 우리가 숨어 들어갈 수 있는 마지막 피난처이다.

니체는 인간존재의 위대함을 그의 '운명애' amor fati에서 보았다.

> 우리가 진리를 위하여 죽을 수 있을 때 비로소 그 진리가 살아난다. 유다인의 전통은 인간의 위대함이란 하나님을 위하여, 그분의 이름을 위하여 죽을 수 있는 kiddush hashem 그의 능력에서 찾았다.[301]

"인간은 살기 위하여 하나님의 법을 배워야 하고, 하나님의 법을 받아들일 준비를 갖추기 위하여 에덴동산에서 추방되어야 하고, 홍수의 대파멸을 겪어야 하고, 애굽에서의 종살이와 탈출의 기적도 몸소 경험해야만 했다."[302]

내가 세상에 불을 던지러 왔으니, 이 불이 이미 붙었다면 내가 무엇을 더 원하리요?

> 아비가 아들과, 아들이 아비와, 어미가 딸과, 딸이 어미와, 시어머니가 며느리와, 며느리가 시어머니와 분쟁하리라. 눅 12:49, 53
>
> 만일 이 사람들이 침묵하면 저 돌들이 소리 지르리라. 눅 19:40
>
> 내가 온 것은 사람이 그 아비와, 딸이 어미와, 시어머니와 며느리가, 며느리가 시어미와 불화하게 하려 함이니 미 7:6

새로운 시대 패러다임을 만들기 위해서는 부실한 과거의 것은 무너뜨리고 새로 건축하는 것이 필요하다.

카를 마르크스와 엥겔스Marx & Engels, 1957는 19세기 자본주의의 상황에서는 종교적 신념이란 마약과 같은 것으로서, 노동자 계급이 계급의식을 갖는 것을 억제하고 부르주아 계급을 기만하여 그들의 이익이 지배계급의 이익과 다르지 않다고 생각하게 만든 것이라고 했다.

그러나 엥겔스는 초기 기독교가 급속하게 확산되어 간 역사적 사실로 미루어 볼 때, 노예제 사회에서는 종교가 전혀 다른 기능을 수행할 수도 있다는 것이다. 엥겔스는 "초기 기독교의 역사에 관하여"1895년에서 2세기 기독교의 급속한 확산과 19세기 혁명적 사회주의의 급속한 확산 간에는 직접적인 동류 관계가 있다고 언명하였다.[303]

그는 기독교가 처음으로 세상에 태어난 후 300년이 채 못 되어 로마제국의 국교로 된 사실은 '사회주의도 절대적으로 승리할 것이라는 사실을 입증'하는 것이라고 한다. 요컨데 엥겔스의 마르크스주의도 일종의 천년왕국 사상인 것이다. 엥겔스는 요한계시록을 카발라Cabala 식으로 해석하기 위해 노력했다. 특히 적 그리스도의 표시인 숫자 '666'을 네로 황제의 이름에 대한 암호라고 해석했다. 그리고 19세기 사회주의의 파벌주의와 초기 기독교의 파벌주의에는 직접적인 동류 관계가 있음을 지적했다.[304]

야훼의 혁명은 내일의 건설을 위하여 오늘의 파괴를 요구한다. 하나님께서는 자신을 파괴하며 전복시키는 일에 투입시키며 다시 재건하고 창조하는 작업을 필요로 한다. 인간은 신의 이러한 혁명계획에 동참하며 협력하는 자가 되어야 한다. 그리하여 구약의 예언자들은 한결같이 '파괴는 건설의 어머니'라고 했다.

보라. 내가 오늘날 너로 열방 만국 위에 세우고 너로 뽑으며 파괴하며 파멸하며 넘어뜨리며 심게 하였느니라. 렘 1:10

보아라! 나는 오늘 세계만방을 너의 손에 맡긴다. 뽑기도 하고, 무너뜨리기도 하고, 멸하기도 하고, 헐어버리기도 하고, 세우기도 하고 심기도 하느니라.

너희 묵은 땅을 갈고 가시덤불에 파종하지 말라. 렘 4:3
너희를 향한 나의 생각은 평안이요, 재앙이 아니라. 너희에게 미래와 희망을 주는 것이니라. 렘 29:11

동양에서는 혁명革命이란 천명을 바꾸는 것이다. 혁명이란 용어는 역경易經에서 "천명을 새롭게 한다"는 뜻에서 비롯했다. 역사의 방향은 바꾸는 것이다.

이것은 지금으로부터 약 2900여 년 전에 벌써 이스라엘과 유다에서는 절대 왕의 권력에 반대하여 민중의 힘을 과시한 주권재민의 사상이 싹트고 있었음을 보여준다.

예언자 엘리야는 '살아있는 하나님의 영' 곧 '불타는 혁명가의 혼'에 사로잡혀 있었다. 왕하 2:21 2:6, 4:30 엘리야는 배후에서 예후의 무력혁명을 사주하였다.

엘리야가 호렙산 동굴 속에서 머물고 있었는데, 야훼께서 지나가시는데, 크고 강한 바람이 산을 가르고 바위를 부수나 바람 가운데 야훼께서 계시지 않고 바람 후에 지친이 있으나 지진 가운데도 계시지 않고, 지진 후에 불이 있으나 불 가운데도 야훼께서 계시지 않고, 불 후에 세미한 소리가 있어 이르시되, 너는 네 길을 돌이켜 광야를 통하여 다메섹에 가서 하사엘을 기름 부어 아람 왕이 되게 하고, 예후를 기름 부어 이스라엘 왕이 되게 하고 엘리사를 기름부터 너의 후계자로 삼으라. 하사엘의 칼을 피하는 자는 예후가 죽일 것이요. 예후의 칼을 피하는 하는 엘리사가 죽이리라.왕상 19:9-17

엘리사는 늘 "야훼의 살아계심과 당신의 혼의 삶을 가리켜 맹세하노니 내가 당신엘리야을 떠나 어디로 가겠습니까?"왕하 2:2, 4, 6고 했다.

북왕국 이스라엘에서 일어난 무력혁명BC. 842-815, 대하 22-23장은 군사령관 예후의 전무후무한 피의 대숙청으로 시작되었다. 그는 '군사 정변'쿠데타을 통하여 스스로 왕위에 올랐다. 그 혁명의 직접적인 동기는 '미혹의 영'에 사로잡힌 이세벨이 나봇의 포도원을 빼앗은 사건이었지만, 바알과 아세라 우상숭배 정책을 시행한 아합왕과 왕비 이세벨이 쌓아온 적폐를 청산한다는 대의에서 행해졌다. 그 혁명의 배후에는 예언자 엘리야와 레갑인 요나답이 있었다.

북 왕국 이스라엘의 예후의 무력혁명은 그 여파가 남 왕국유다에도 미쳐 유다왕 '아하시야'B.C. 842가 피살되자 미혹의 영에 사로잡힌 태후 아달랴B.C. 842-837가 모든 왕자들을 죽이고 스스로 왕위에 올라 이스라엘과 유다 역사에 유일무이한 여왕이 되었다. 아달랴 여왕의 반혁명 후에 이제는 왕권이 안정되었다고 안심하고 있을 때도 혁명의 씨앗 '7세의 어린 아기 요아스'는 성전 안의 대제사장 거실 벽장 속에서 자라고 있었다. 진리의 영을 따르고자 한 대제사장 여호야다는 어린 요아스B.C. 837-800를 왕으로 옹립하는 반혁명을 일으켰다.

막스 베버Von Max Weber는 "정치적 사회적 혁명은 신이 하고자 하는 상태대로 행하며 진화하는 것을 보여준다. 현세는 하나의 역사적 소산에 지나지 않은 것이며, 신이 하고자 하는 상태대로 정해진다. 혁명은 역사에서 하나의 방향을 잡아 정해진 것이다"고 했다.[305]

역대하 23:12-15의 내용을 풀어 쓰면:

여왕 '아달랴'가 백성들이 기뻐 뛰며, 찬양하는 소리를 듣고 백성들이 모인 야훼의 성전에 나가보니 새로 옹립한 7살의 어린 왕 요아스가 군지휘관들과 나팔수들의 호위를 받으며 문 어귀의 기둥에 서 있었고, 지방민들이 기뻐하는 가운데 섹소폰 나팔이 울려 퍼지며, 동시에 오케스트라 합창단은 악기에 맞추어 노래를 부르고 있지않는가! 여왕 아달랴가 옷을 찢으며 "반역이다! 반역이다!"라고 외치자 대제사장 '여호야다'가 "폐하 마마! 반란이 아니라 의거요, 혁명입니다."라고 외쳤다.

대제사장 여호야다가 다시 군대를 거느린 백부장들에게 명령하였다. "저 계집을 밖으로 끌어내다가 칼로 쳐 죽여라!", "그리고 따르는 자가 있거든 함께 쳐 죽여라!", "그들은 성전 안에서 죽일 수는 없다!"고 하였다. 사람들은 그 여왕을 왕궁에서 끌어내어 군마 출입문 부근에서 죽였다.

우리는 여기에서 분명히 보고 있다. 축제인지, 전쟁인지를 분간할 수가 없다. 혁명의 와중에 피에 굶주린 병사들, 미친 듯이 날뛰는 군중들! 섹소폰을 불며, 오케스트라 합창단의 찬양 속에 피 흘림이 진행되고 있다. 모두가 자기들이 섬기는 신으로 인해 피를 흘리고 있다. 그들의 사랑에는 증오심의 독이 퍼지고 있었고, 그들의 광기는 더욱 심해지고 있었다.

예후는 그가 사랑했던 '야훼 하나님'을 위해 열심이 특심하여 많은 피를 흘렸다. 그러나 후에 예언자 호세아는 예후의 이런 혁명에 동의하지 않았다.

야훼께서 호세아에게 이르시되, 그의 이름을 이스르엘이라 하라. 조금 후에

내가 이스르엘의 피를 예후의 집에 갚으며 이스라엘 족속의 나라를 폐할 것 임이니라. 호 1:4

2. 나사렛 예수의 혁명과 그 토양

모세와 엘리야의 야훼 혁명정신은 침례세례 요한을 거쳐 나사렛 사람 예수에게서 꽃이 피었다. 예수의 혁명은 사랑의 혁명이었으나 세속의 위정자들에게는 언제나 위험한 것으로 인정되었다.

예수의 십자가 처형 죄목은 명목상으로는 하나님과 성전에 대한 신성 모독이었다. 그러나 오늘날의 용어로 표현한다면 반체제주의자, 사회질서 교란죄, 반란 선동과 폭동 교사죄, 유언비어 유포죄, 주거 부정, 무전취식 등이었다.

나사렛의 목수 예수가 야훼혁명을 일으킨 그 배후에는 당시의 사회적 풍토와 배경이 그 토양이 되었다. 사도행전의 보고에 의하면:

이전에 드다듀다스, Theudas라는 자가 일어나 스스로 자기를 위대한 인물이라고 선전하니, 약 400명이나 되는 사람들이 그를 따르더니, 그가 사형을 당하자 그를 따르던 사람들은 모두 흩어지고 말았다. 그 후에 인구 조사할 때에 갈릴리 사람 유다유다스, Judas라는 자가 일어나서 백성을 꾀어서 자기 뒤를 따라 반란을 일으키게 한 일이 있었으나 그가 죽으니 그를 따르면 사람들은 모두 흩어지고 말았다. 행 5:36-39

그 당시의 백성들은 일반적으로 실패한 계획과 게릴라 운동은 죄악으로, 그리하여 천벌을 받은 것으로 보았고, 성공한 게릴라 운동은 하나님의 역사하심으로 인정하였다. 행 5:38-39

요세퍼스의 '유대 고대사'는 이러한 상황을 좀 더 자세히 기술하고 있다.

1) 파두스Fadus가 유대 총독으로 있을 때 듀다스Theudas라는 자가 사람들에게

자기를 예언자로 자처하고 무리를 꾀어내어 요단강변으로 따라 나오도록 현혹하였다. 총독은 기병을 출동시켜 많은 사람을 살해해 참수하고 참수한 머리는 예루살렘으로 가져왔다. 통치자는 그를 영웅주의에 사로잡힌 폭도들의 두목으로 보았으며 역사가는 오랜 세기에 걸쳐 시리아와 팔레스타인 떼강도들의 준동에 시달렸다고 기록하였다.[306]

2) 기원 6년에 로마제국의 원로원의 구레노Quirinius가 시리아에서 인구조사를 실시하자 갈릴리 사람 유다Judas는 '인구조사는 철저하게 백성을 노예화하기 위한 음모'라고 단정하고 반란과 폭동을 선동했다. 그는 '유대인에게는 야훼 외에는 다른 왕은 없다'고 선언했다. 그의 아들들도 투쟁을 계속하여 기원 68-73년에는 유대혁명을 있으키고 스스로 메시야로 자칭했다. 그의 아들 야고보James와 시몬Simon은 알렉산더에 의해 십자가형에 처해졌다.[307]

유대전쟁의 최후의 저항이었던 마사다Masada 요새의 옥쇄玉碎 역시 갈릴리 사람인 이 유다의 자손 중의 한 사람이 이끌었다.[308]

3) 갈릴리 유다와 때를 같이하여 요단강 건너편 페레아Peraea에서 시몬이라는 노예가 여리고 궁전을 불태우고 페레아 출신들로 구성된 오합지졸의 무리를 이끌고 요단강변의 아마타Amatha 왕궁을 불태우고 장기간에 걸쳐 싸웠으나 그라투스Gratus 군에 패배하여 시몬은 목 베임을 당하였다.[309]

4) 헤롯 왕 때, 게릴라 지도자 헤제키아Hezekiah는 동굴 속에 살면서 떼강도의 두목으로, 헤롯왕과 전투를 벌여 헤롯왕을 살인 죄목으로 재판에 회부 됐다. 요세푸

스는 그를 아주 '영리한 랍비'라고 묘사했다.[310]

5) 양치기 목자 아트론가에우스Athrongaeus는 손목의 힘이 대단한 것 외에는 평범한 양치기 목자였다. 그는 주변에 몰려든 많은 사람들을 주축으로 사병을 조직하여 운영했다. 그의 4명의 형제들은 그에게 복종하고 그를 위해 싸웠다. 그는 스스로 왕이 되어 부하로부터 '메시야'라고 지칭되었다. 그의 형제들은 톨레미Ptolemy에게 패하여 비참한 최후를 맞았다.[311]

이상과 같이 시리아와 팔레스틴 땅에는 무리를 이끈 수령들이 종종 있었다. 그들 중 여러명은 스스로 혹은 주위의 추대로 왕이나 메시야로 칭해졌으며 그 땅의 통치자들에게는 큰 위협이 되었다.[312] 이러한 역사적 상황과 혁명아들의 행태는 다윗이나 모세의 행적을 추론하는데 좋은 단서가 된다.

하비 콕스Harvey Cox는 『뱀에게 맡기지 않기』*On not leaving It to the Snake*, 1967라는 저서에서 '인간이 자기의 결단을 포기하고 뱀의 결정유혹에 따라서 행동한 것이 죄의 기원이라'고 보았다. 따라서 죄는 하나님께 대한 불복종이 아니라 책임회피, 즉 세상에 대한 무관심이다. 그러므로 '교회는 희망의 산 상징이 되어야 한다'고 했다.

종교 운동이 철저하게 전개될 때는 종교라고 하는 관념 공간에 머무르지 않고 역사적인 현실의 전체에 개입하게 된다. 이것은 종교가 실제로 그 임무를 급진적으로 수행하려고 하면 종교의 테두리를 근원적으로 넘어서게 된다는 것을 보여준다.

복음서에는 로마의 군병 '말고'Malchus의 귀를 단칼에 자른 제자를 꾸짖는 예수는 평화의 왕의 상징이 아니었다. 그는 마지막 때를 대비하여 '이제는 겉옷을 팔아

검을 사라'눅 22:36고 했으며, 로마의 무력에 맞서 '열두 진영도 더 되는 천군 천사들을 동원할 수 있음'을 시사했다.마 26:53

여기에는 원수에게 뺨을 맡기는 패배자의 윤리가 아니라 아람 군사의 포위망을 뚫기 위해 하늘의 불 말과 불 수레를 동원할 수도 있다는 엘리야의 패기와 서슬이 서려 있다.

> 너희는 내가 세상에 화평을 주러 온 줄로 생각하지 말라. 내가 화평을 주러 온 것이 아니요, 검을 주러 왔노라.마 10:34

이와같이 복음서에 그려진 메시아 상은 지극히 전투적이다. 고질화된 전통과 맞붙어 싸우는 것은 어떤 의미로는 아버지와 아들이, 서로 원수가 되게 하고, 시어머니와 며느리가 서로 원수가 되게 할지도 모른다. 따라서 진리의 길을 가고자 할 때는 전투가 불가피한 일이 되기도 한다. 교회 안의 우상을 타파하기 위해서는 교회는 예수 혁명가들의 아지트가 되어야 한다.

3. 사도행전에 나타난 혁명과 초대교회

순교자 스테반은 마지막으로 증언을 했다.

> 너희 조상들이 박해하지 않은 예언자가 한 사람이나 있었느냐? 그들은 의로운 분이 오시리라고 예언했는데 그 예언한 자들을 죽였다. 너희들도 그 의인을 잡아준 자요, 살인자가 되었다. 보라 하늘이 열리고 인자가 하나님 우편에 서신 것이 보인다.행 7:52, 56

복음전도는 혁명이다.

.... 회개하라. 공의로 심판할 날을 작정하시고, 이에 그를 죽은 자 가운데서 다시 살리신 것으로 모든 사람에게 믿을만한 증거를 주셨느니라. 행 14:30-31

야손과 몇 형제들을 끌고 읍장들 앞에 가서 소리 질러 이르되 천하를 어지럽게 하던 이 사람들이 여기도 이르며 행 17:6

사도행전에서 그리스도인들은 항상 어디를 가든지 '천하를 어지럽히는 자들'로 지칭되어 왔다." 행 17:6 '어지럽히다' upside down는 헬라어로 'σαντεϛ'로서 이 세상을 뒤집어엎는, 뒤죽박죽, 혼란, 엉망, 기존 질서를 파괴하는 반란, 가치를 전도시키는 혁명 등의 의미로 쓰인 단어이다. 사회 구조의 상하 관계를 뒤집어 놓는 것이다. 세상 사람들은 복음을 전했을 때 처음에는 '무지와 미신'에서 비롯된 반역이고 폭동으로 생각했다. 따라서 어느 정도까지 혁명가가 되지 않고는 그리스도인이 될 수는 없다.

'어지럽히다' upside down, '세상을 소란스럽게 하던'은 헬라어 'αναστατοω'의 분사인데 이는 '뒤엎다', '전복시키다'는 뜻으로 '세상을 뒤집어 놓는 것'이 혁명이다. 복음은 '혁명의 씨앗'이다. 복음은 세상을 갈아엎는 혁명이라는 말이다. 오늘날 우리 시대의 '혁명에 참여하지 않는 것은 중대한 죄를 범하는 것이다'는 것과 같다. 313

변호사 '더들로'가 벨릭스 총독 앞에 바울 사도를 고발하여 이르기를:

우리가 보니 이 사람은 전염병 같은 자다. 천하에 흩어진 유대인을 다 소요케

하는 자요, 나사렛 이단의 우두머리라. 그가 또 성전을 더럽게 하려 함으로 우리가 잡았나이다. 행 24:5-6

총독 베스도가 말하기로 .... 이 사람은 유대의 모든 무리가 크게 외치되 살려 두지 못할 사람이라고 청원하였다고... 행 25:24

바울이 이같이 변명하매 총독 베스도가 크게 소리 내어 이르되 바울아 네가 미쳤다. 네 많은 학문이 너로 미치게 한다 하매, 바울이 이르되, 베스도 각하여! 내가 미친 것이 아니라 참되고 정신 차린 말을 하나이다. 행 26:24-25

여러 형제가 어린양의 피와 자기의 증거하는 말로 인하여 저를 이기었으니, 그들은 죽기까지 자기 생명은 아끼지 아니하였도다. 계 12:11

더욱이 침례교도들의 지나온 자취에는 소위 그리스도인들로부터 박해를 받아 피를 흘린 종파들로 점철되어 있다. 혁명은 국경과 민족도 넘는다. 그 대표적인 교단들은 도나티스트Donatist, 페이터린, 카타르Katharos, 파울리시안Paulician, 바울파, 아나-밥티스트재침례파, 그 다음에는 베드로 부르시안Peter de Bruis, 아놀디스트Arnoldists, 헨리시안, 알비젠시스Albigensis, 왈덴시스Waldensis 등이다.

이것은

만물을 창조하신 하나님 안에 영원 전부터 감추어져 있던 비밀의 경륜이 어떠한지 모두에게 드러나게 하시려는 것이다. 이제 교회로 말미암아 하늘에 있는 통치자들과 권세들에게 하나님의 여러 가지 지혜를 알게 하시려는 것이니, 이것은 하나님께서 그리스도 예수 우리 주님 안에서 이루신 영원한 계획에 따른 것이다. 엡 3:9-11

필자는 과거 30여 년간 수많은 신학생들을 가르쳐오면서 고뇌한 적이 있었다. 많은 대부분의 학생은 졸업 후에 교회개척을 위한 건물 마련에 근심하고 있었다. 그들은 항상 솔로몬의 성전건축을 부러워하면서 아론의 금송아지 기르는 꿈에 젖어 있었다.

초대교회는 성전건물이 따로 없었으며 가정이든, 어디든 그리스도인들이 때로는 적게, 때로는 많이 모일 수 있는 곳이면 그곳이 기도하면서 예배드리는 교회가 되었다. 나는 저들에게 항상 '산 말씀, 생명의 도'가 전해졌던 모세의 광야교회로 눈길을 돌리라고 말하였다.

최근에는 '포스트 코로나19'를 경험하면서, 성전교회의 개념에 대한 변화와 혁신을 시도하도록 하나님께서 강압적으로 역사하고 계신다. 성전이란 공간적 제약이 사라진 목양이 가능하게 되었다. 한국교회 전체온 세계교회가 '코로나 19' 이후 '온, 오프라인'을 조화롭게 연결한 혁명적인 새로운 목회상을 개발해야 할 시점에 와 있다. 교회의 혁명은 계속되어야 한다. 그러기 위해서는 목회자들의 의식이 깨어나야 한다.

현대 신학자 하비 콕스Harvey Cox는 현대인들의 대화 속에는 신에 대한 낡은 의미가 부서지고, 벗어 버려지고 있는 새롭고 귀에 거슬리는 방법으로 사용될 때만 신神이라는 용어가 유효성을 다시 얻게 될 것이다. 이것이 바로 '신의 혁명'이라고 했다.[314]

성서는 하나님의 사회적 변화라고 하는 여러가지 사건을 통하여 인간을 부르시고, 교회는 신의 혁명적인 역사役事하심에 참여함으로써 교회가 된다. 따라서 하나님의 주도권에 대한 인간의 응답이 필요하다[315].

야훼혁명은 '가난과 서러움으로 찌든 민중들'에게 위안과 희망을 주고, '보다 나은 내일'을 약속하는 소망을 준다. 교회의 예배가 바보들의 잔치가 되어서는 안 된다.

에리히 프롬에 의하면 예언자는 진리의 계시자이다. 예언자는 정치 활동과 사회 정의에 관심이 많은 정치지도자이기도 하다. 예언자는 항상 정치 사회적 차원에서 영성을 체험한다. 하나님이 역사 안에서 계시하시기 때문에 예언자는 정치지도자가 될 수밖에 없다. 인간이 정치 활동에서 노선을 잘못 선택하는 한 예언자는 반대자이거나 혁명가가 될 수밖에 없다.[316]

우리가 모세의 야훼혁명을 통하여 배우게 된 것은 우리의 신앙이 초월만 지향하고, 타계로만 내 닫는 경건주의를 극복하고 그것을 내재적, 현세적으로 실천할 삶의 모델을 발견하게 되었고, 또 내재적으로만 지향하려는 혁명을 넘어 그것을 초월적으로 승화시키는 삶의 태도를 가져야 함을 배우게 되었다. 동시에 혁명적 그리스도인은 신앙적 경건에 더욱 충실하고 경건한 그리스도인은 사회적 책임을 등한히 하지 않는 통전적 그리스도인으로 자기완성을 이루어 나가야 한다.

우리는 항상, 우리는 하나님을 사랑하지만, 교회는 미워한다는 말을 뼈아프게 들어야 한다. 우리는 예수 그리스도를 사랑하지만, 목사와 집사는 싫어한다는 말을 부끄럽게 생각해야 한다. 주님의 가르침대로 살지 못한 우리 자신을 늘 질책해야 한다. 가장 훌륭한 신앙인은 자기 자신을 사이비似而非라고 말하는 사람이다. 옳은 것을 위하여 흘린 눈물과 피는 그대로 썩는 일은 없다. 피는 반드시 제값을 하고야 만다. 역사는 흘린 피로 뻗어 간다.

제17장 • 이루지 못한 꿈의 슬픈 역사

모세의 임종과 그의 사후

1. 모세의 느보산 등정

모세는 그의 필생의 소원이 약속의 땅 가나안에 들어가 옛 선조들이 거주했던 지역을 순례하면서 복된 삶을 누리다가 야훼 하나님 앞으로 가는 것이었다. 그리하여 늘 그렇게 기도했다.:

> 구하옵나니, 나를 건너가게 하사 요단 저쪽에 있는 아름다운 땅, 아름다운 산과 레바논을 보게 하옵소서! 하되, 야훼께서 내 말을 듣지 아니하시고, 내게 이르시기를 이 일로 다시는 내게 말하지 말라. 그만해도 족하다. 너는 이 요단을 건너지 못하리라. 신 3:25-27

모세는 이제 자신의 생을 마무리해야 할 순간이 다가오고 있음을 알고 있었다. 하나님께서 "너는 하나님처럼 되리라"출 4:16고 하셨던 그도 이제는 '대자연의 법칙'이라는 하나님의 섭리에 순응할 수밖에 없었다. 모세는 자신의 삶이 저물어 가는 것을 의식했다.

인간은 자연의 일부로 남아 있는 한, 자연의 세력과 법칙의 지배를 받게 된다. 하나님께서는 그가 만드신 '자연의 법칙'으로 인간을 이끌고 계신다. 그래서 예수도 모든 일상적인 자연의 현상 속에서 눈으로는 보이지 않는 영적 현실을 찾고, 그것을 사람들에게 보여 주려고 했었다. 요 6:63, 행 2:17-18 싹트는 씨앗, 씨앗을 쪼아먹는 새들, 아름다운 저녁노을, 그리고 한 닢의 은전을 잃은 여인 등 일상적이고 구체적인 삶 속에서 하나님을 보여 주려고 했다.

> "너는 여리고 맞은편 모압 땅에 있는 아바림산에 올라가 느보산에 이르러 내가 이스라엘 자손에게 기업으로 주는 가나안 땅을 바라보라. 네 형 아론이 호르산에서 죽어 그의 조상에게로 돌아간 것같이 너도 올라가는 이 산에서 죽어 네 조상에게로 돌아가리니 네가 비록 내가 이스라엘 자손에게 주는 땅을 맞은 편에서 바라보기는 하려니와 그리로 들어가지는 못하리라. 신 32:49-52

모세는 요단강 건너편 '피안의 세계'를 멀리서 바라만 보고서 죽어갔다. 모세는 황량한 반 사막 지대를 통과하여 마른 풀로 덮힌 산허리를 굽이굽이 휘감으며 느보산을 향하여 갔다. 그는 참으로 먼 길을 지팡이에 의지한 채 힘겹게 걸어서 올라갔다. 오랜 세월을 거친 황야를 유랑하면서 살아온 그에게는 못다 이룬 꿈에 대한 아쉬움도 있었겠지만. 그는 이제 속세를 벗어난 슈퍼맨Superman의 모습으로 담담하게 산을 오르고 있었다. 전날 밤부터 몰아치기 시작했던 강풍은 날이 새면서 잠잠해져 갔고, 산 위의 바위마저 움직일 것 같던 그 바람들이 아직도 날카로운 여운을 남기고 있었다. 그러나 모세의 눈초리는 그런 바람 소리 따위에는 전혀 관심도 없는 모습이었다. 그는 다만 먼 과거의 추억들만을 되새기고 있는 것만 같았다. 그렇다. 그는 지금 죽음을 눈앞에 두고, 그가 살아온 지난 일들은 되새기고 있는 것이다. 그는 지금 쓸쓸한 비스가산 기슭에서 초라한 모습으로 마지막 숨을 모으고 있는 것이었다.

> 우리의 평생이 순식간에 다하였나이다. 우리의 연수가 70이요, 강건하면 80이라도 그 연수와 자랑은 수고와 슬픔뿐이요, 신속히 가니 우리가 날아가나이다. 우리에게 우리 날수 계산함을 가르치사 지혜로운 마음을 얻게 하소서!시 90:9-12

> 이제 내 나이 120세라. 내가 더 이상 출입하지 못하겠고 하나님께서도 내게 이르시기를 너는 요단을 건너지 못하리라 하셨느니라.신 31:1

인간은 누구나 늙으면 허리는 굽어지고, 눈은 어두워지고, 다리는 후들거리고. 팔은 힘을 잃고, 몸은 허약하여 바람에도 쓰러지게 마련이다. 따라서 모세는 이렇게 기도하면서 산을 올랐을 것이다.

> 내 피곤한 손과 연약한 무릎을 일으켜 세우시고 내 발을 위해 곧은 길을 만들어 저는 다리로 어그러지지 않게 하소서!히 12:12-13
> 모세는 그의 나이 120세라, 그의 눈이 흐리지 아니하였고 기력이 쇠하지 아니하셨느니라.신 34:7

이것은 오경 편찬자들의 상상의 세계 속에서 일어난 가공의 착상이었다. 신명기 사가는 모세의 생에 피날레finale를 장식하고 싶었을 것이다. 오경의 편찬자들은 자신의 가능성을 극한까지 실현해온 위대한 영웅, 민족의 어머니, 건국의 아버지 모세의 생애를 늙고 노쇠한 모습으로 그리기는 싫었다. 그리하여 노익장의 모습을 선택했다.

모세는 평생 초인超人의 생을 살아왔다. 그는 고난의 극한을 견디며, 자기 자신을 초극超克하였으며, 민중에 대한 명령자로서 신을 대신한 이상적인 인간의 전형典型이요. 니체가 말한 새로운 인간의 모델로서 초인이었다.

우리는 그의 마지막 말을 영원히 잊지 못할 것이다.

> 인간이 이 세상을 살면 천년이리요? 아니면 몇 백년이리요? 부평초 같고, 거품 같고, 안개 같은 인간의 생이로다.시 90:6-12

삶과 죽음의 문제는 모든 생명체가 그들의 생을 종결하는 방식으로 이해해보는 것이 중요하다. 식물은 잎과 줄기가 나면 씨앗이 썩어 없어지고, 꽃과 열매가 맺으면 줄기가 말라 죽는다. 모든 것이 자신의 임무가 다할 때 생명을 마감한다.

모세는 위대한 영웅의 삶을 살았다. 그는 평생을 풍차에 도전하는 삶을 살았다. 그러나 그의 마지막 뒷모습은 너무도 허전하고 쓸쓸하고 초라해 보였다.

모세의 120년 생애에 찾은 것은 무엇인가? 허망이라.

> "조심하세요! 주인님, 저기 있는 건 거인이 아니오라 풍차입니다요. 돈키호테님! 돌아가시자고 말씀드리지 않았어요? 주인님께서 공격하려고 하신 것은 군대가 아니오라 양떼들이었사와요!" 미가엘 세르반테스 돈 키호테, 317

모세의 생애를 요약하면: 그는 애굽의 히브리 노예들을 규합하여 애굽의 압제자들에게 대결하였고, 그들을 해방시켜 광야로 인도했으며, 애굽에서 탈출한 노예들과 광야에서 흩어져 살아온 종족들을 결합하여 하나의 민족으로 뭉쳐 놓았고, 그들에게 사회제도와 정치제도를 정해 주었으며, 그것들에 모세 자신의 천재적인 신앙의 도장을 각인해 놓았으며, 그들을 모압 땅으로 인도하였고, 자신은 들어가 보지 못한 약속의 땅을 바라만 보면서 죽어갔다. 모세는 영성의 세계로 들어갔다.

옛사람들에게는 신화와 역사가 구별되지 않은 것처럼 영성의 세계와 현실의 세계가 구별되지 않았다. 지금의 사람들도 믿음의 세계와 실제의 세계를 구별하지 않는다.

모세가 임종에 임하여 모압 평지에서 여리고 맞으편 비스가산 꼭대기에 이르매, 야훼께서 길르앗 온 땅을 단까지 보이시고, 또 납달리와 에브라임과 므낫세의 땅과 서해까지의 유다 온 땅과 네겝과 종려나무의 성읍 여리고 골짜기를 소말까지 보이시고 야훼께서 그에게 이르시되 '이는 네 조상들에게 맹세하여 그 후손에게 주리라 한 땅이다. 내가 네 눈으로 보게 하였거니와 너는 그리로 건너가지 못하리라' 하시매 이에 모세가 야훼의 말씀대로 모압 땅에서 죽어 벳 보올 맞은편 모압 땅에 있는 골짜기에 장사되었고 오늘까지 그의 묻힌 곳을 아는 자가 없느니라. 신 34:1-6

모세는 이렇게 영성세계로 들어갔다. 이것은 모세의 생애에서 가장 아름다운 장면 중 하나이다. 그러나 이것은 임종에 가까워진 모세가 느보산에 올라 가나안 땅 전토를 바라본 것은 아니다. 왜냐하면, 가나안 전토를 조망할 수 있는 요충지는 어디에도 없다. 그는 육안으로 본 것이 아니라 영안으로, 믿음으로, 심안으로 바라본 것이다. 정직하게 말하면 모세의 노안에 나타난 허상이나 신기루가 아니다. 이것은 오경 편찬자들의 믿음이며, 소망이며, 기대이자 염원의 소산이었다. 영성의 세계에서 요단강은 삶과 죽음의 경계였다. 이것은 '요단강 건너편 땅, 피안의 세계'를 동경하는 모세의 소망에 신명기 사가가 자신의 믿음을 실어 바라본 것이다.

거친 물결, 소용돌이 치는 저 편에
빛깔 짙은 아름다운 푸른 들판은 펼쳐지나니
요르단의 물결은 술렁거려도 그리운 가나안 보이고 있네.

우리가 백두산에 오르고 태백산에 오르고 또 한라산에 오른다고 한반도 팔도강산이 다 보이는 것은 아니다. 이것은 영안으로 본 것이고 심안으로 본 것이지 육안으로 본 것은 아니다.

그가 느보산에 올라 요단강 '건너편 땅, 피안의 세계' 그 '젖과 꿀이 흐르는 땅'은 풍요로운 산천과 윤택한 들판이 아니라 황량하기 그지없는 삭막한 황야의 불모지뿐이었다. 그것이 약속의 땅이었다. 그곳에서 생존하려면 자연의 풍요에 의존할 것이 아니라 하나님의 인도하심에 따라야만 한다.

모세의 120년 생애를 마치고 얻은 것이 무엇인가? 영성의 세계이다. 그에겐 지금 생의 장막이 걷히고 죽음의 그늘이 서서히 내려오고 있었다. 별들이 사라진 그의 동산의 밤하늘은 어둠이 깊고 검었다. 새벽이 깊어지고 있는데 밝은 태양을 맞이할 샛별은 어디론지 모두 사라졌는가? 이제 하늘과 땅도, 산천초목도, 삼라만상이 그를 떠나보낼 준비를 하고 있는데, 그는 '영원의 문' 앞에서 이렇게 머뭇거리고 있는 것이다.

그에게는 이제 젊은 날에 애창했던 '아톤 찬미가'의 한 구절이 떠 오르고 있었다.

"멀리 떨어져 있는 모든 다른 나라 사람들도
님께서는 그들에게 생명을 허락해 주셨습니다.
주께서 하늘에 나일강을 두시어
그것이 크고 푸른 바다 같이
산위에 내려와 물결치게 함으로써
그들 동네의 들판을 촉촉히 적셔주나이다." 아톤 찬미가 79-83

이것은 영성세계의 상징이다.

저 수평선 위의 찬란한 하늘같이, 짙푸른 바다 같이, 하늘의 나일강'이 요단강이 되어 내 앞을 가로막고 있구나! 생명의 기운이 넘치는 저 성스러운 나일강이 추억의 산, 시내산, 아바림 산, 느보산, 호르산, 비스가산 위에 푸른 바다같이 물결치고 있구나! 저 따뜻함과 충만함이 넘쳐나고 있다. 가나안 땅 모든 들판과 산천과 동리를 경계도 없이 옥토로 변화시키고 있다.

사가와 예술가들의 모세 미화 작업

이것은 신명기 사가가 민족의 영웅, 모세의 마지막 모습을 노익장으로 꾸며 위대한 용사의 모습을 끝까지 지켜주고 싶었기 때문이었다.

천재 예술가 미켈란젤로Michelangelo, 1475-1564는 '모세의 조각상'을 강인한 모습으로 만들어 놓았다. 머리에는 두 개의 뿔을 달고, 긴 구레나룻 수염을 붙이고, 힘이 넘치는 팔과 쏘는 듯한 안광으로 위대한 초인의 상을 바위에 새겨 놓았다.

천재 화가 램브란트Rembrand, 1606-1669는 두 개의 돌판을 깨뜨리는 분노한 모세의 초상화를 매우 초췌하고 노쇠한 모습으로 그려놓았다.

그러나 그것들은 모두 피사체가 없는 상황에서 조각가도, 화가도 자신들의 기대와 욕망을 표현한 것이다. 신명기 사가의 모세에 대한 기술도 마찬가지였다.

만고풍상을 겪으면서, 산전수전 헤매면서, 살아오는 동안 처절한 갖가지 슬픔을 겪으면서, 오매불망, 노심초사, 전전긍긍하면서 인간 군상들 속에서 따뜻한 정을 그리워했던 모세! 불굴의 의지로 살아오다가 천수를 다하고 떠난 모세! 세월이 흐르는 동안 미담이 쌓이고 더하여져서 과장이 되고 마침내 전설이 되어 시로 쓰고 노래로 불려졌다. 이렇게 하며 오랜 세파에 시달리고 찌든 전설 속의 영웅은 더욱 신격화되어 왔다. 그 어떤 황당무계한 것이라도 사가나 문학가나 화가나 조각가들에 의하여 화려하게 채색되어진다. 우리는 그러한 표현을 그대로 믿으면서 기뻐하고 살아가고 있는 것이다.

2. 죽은 자의 장례와 무덤.

모세가 120년을 살아온 이 세상에서 잃은 것은 무엇인가? 그의 무덤이다.

이스라엘 백성은 40여 년의 광야생활 가운데 상당 기간은 모압평지에서 살았다. 모압땅은 묘지와 석비를 중시하는 장례 문화를 갖고 있었다. 그 대표적인 기념물이 '모압 왕 메사의 석비'이다. 모압인과 애굽인들은 죽은 자의 묘지를 중요하게 생각했었다. 모세는 그것을 불필요한 것으로 보았다.

모세의 장례 전승은 확실히 모세의 죽음에 관련되어 있다. 이것은 애굽 문화와 모압 문화의 반작용이었다.

애굽은 유적의 국가였고, 그 유적은 대부분이 '무덤과 신전'으로 구성되어 있었다. 그 무덤의 대부분은 왕족이나 귀족들의 것이었다. 지금은 신전들은 거의 태양신이나 범신론적 토테미즘적 삶의 방식을 그대로 드러내고 있다. 이 무덤들과 그 앞에 솟아 있는 수호신 스핑크스가 그들의 영적 자산이다. 왕권 유지와 영생추구를 위한 필수적인 것으로서 파라오들은 그 통치 기간의 대부분을 자신의 무덤파라미드 축조와 신전 건축에 몰두했다, 무덤 축조와 신전 건축이 국가운영의 최대 목표였던 셈이다.

생애의 마감 시간에 쫓기던 모세는 그 산을 미처 내려오지 못하고, 그 땅 어느 산골짜기에 쓰러졌다. 모세의 매장지에 대하여 성서는 5곳을 지정하고 있는데 그것은 1) 모압 Moab 평야, 2) 아바림Abarim 산맥의 느보산Mt. Nebo, 3) 비스가Pisga 봉우리, 4) 벳 브올Beth-Peor, 5) 헤스본Hesbon이었다. 신 34장 참조

> 이는 만물이 다 주에게서 나오고, 주로 말미암고, 주에게로 돌아감이라. 그에게 영광이 세세에 있을지어다. 아멘. 롬 11:36
> 네가 장수하다가 무덤에 이르리니 곡식단이 그 기한이 차서 운반되어 올림 같으리라. 욥 5:26

모세는 하나님의 집에 마름으로서 그의 천수를 다하고 하나님께로 돌아갔다.

> 하나님께서 그의 날을 정하시고 그의 달수를 계산하여 넘어가지 못하게 하시고, 그가 품꾼같이 그의 날을 마칠 때가 되었으니 이제 좀 쉬게 하셨다. 욥 14:5-6

인간의 사후세계는 인간이 영향을 미칠 수 없는 하나님의 영역에 속한다. 그러므로 히브리인들은 사후의 세계에는 관심이 없었다. 오직 현실의 삶이 중요했다. 후대에 이르러서조차 유대인들은 사후에 관해서는 애매한 관념을 갖고 있었다. 인간은 다만 죄를 지은 자와 그의 자손들에게 사자의 영혼을 불러내서 그들과 말을 나눌 수도 있다고 믿었다. 죽은 자에 관한 영적 관념은 왕국 시대에 뚜렷이 나타난다. 가령, 사울 왕은 사무엘의 망령을 데려올 것을 무녀에게 명하기도 했다.

3. 신약성서에서 언급한 그의 사후

모압인들의 묘지와 애굽인들의 무덤 피라미드 속에는 무엇이 들어있는가? 지금은 미이라가 된 옛 왕들의 뼈다귀가 들어있고, 그들이 살아있을 당시에 사용했던 부장품들이 함께 들어있었다. 그 부장품들은 도굴꾼들에 의해 전부 도굴당했다. 도굴된 부장품들은 그들의 생존 시 부귀영화의 찌꺼기들이었으니 그들 생의 덧없음을 의미한다.

일반적으로 장례식과 묘지와 비석을 중시하는 자들은 바리새적인 사람들로서, 분리주의, 귀족주의에 사로잡혀 있어, 그들은 잔치에서 상석에 앉기를 즐기고, 자기들은 비루한 서민들과는 다르다고 스스로 위로한다. 그들의 행위와 사고방식은 인간차별과 불평등 구조를 고착화시킨다.

예수께서 말씀하셨다.

> 그들은 회칠한 무덤 같으니, 겉은 아름답게 보이나 그 속에는 죽은 사람의 뼈다귀와 온갖 더러운 것이 가득하도다. 화 있을진저 외식하는 서기관들과 바리새인들이여, 너희는 선지자의 무덤을 만들고 의인들의 비석을 꾸미는 자

들이다.마 23:27, 29

결국 모세는 필생의 과업이었던 가나안 약속의 땅에 들어가지 못하고 요단강 건너편을 바라만 보고 떠날 수밖에 없었던 것은 이루지 못한 꿈의 슬픈 역사이다. 그 결과로 '모세승천기'가 나왔다.

'지금 여기의 세계'는 '가짜의 세계'이다. 모든 진실의 알맹이가 거짓의 껍질로 싸여 있다. 너무도 많은 사람들이 거짓의 속임수에 사로 잡혀 죽어가고 있다. 그들은 자기기만과 정신착란과 환각 속에서 살아왔다.

120년의 생애를 살았던 모세가 얻은 것은 무엇인가?

모세의 무덤과 비문 하나마저도 알려지지 않은 것은 후대 사람들의 순례지가 되는 것을 막기 위함이었다. 모세의 생애는 이렇게 대단원의 막을 내렸다. 모세의 시신에 대하여 이러한 전승이 생겼다. 그리하여 영성의 세계가 등장한다.

> 천사장 미가엘이 모세의 시체에 관하여 마귀와 다투어 변론할 때에 감히 비방하는 판결을 내리지 못하고 다만 말하되 주께서 너를 꾸짖으시기를 원하노라 하였거늘유다 9절

"대천사 미가엘이 모세의 시체를 차지하려고 악마와 다투며 논쟁할 때에 차마 악마를 모욕적인 언사로 단죄하지 않고 다만 '주께서 너를 책망하실 것이라' 하고 말했을 뿐이다."

데살로니가전서 4:16에도 천사장이 나온다.

오리겐은 '미가엘이 모세의 시체에 대하여 마귀와 변론했다'는 것은 "모세의 승

천기"에서 온 것이라 한다. 하나님은 이 땅과 그 너머에서 우리의 생이 끝날 때 우리를 품어주신다. 그러나 미가엘이 마귀와의 변론을 이기고, 모세의 시체를 그 산에 묻고 그의 영혼을 하늘로 인도했다는 이야기다.

많은 사람들이 뒤죽박죽 난장판이 된 세상에서 정신을 잃고 밤낮으로 춤을 추고 있다. 그러나 사실은 그들의 심신은 마비되어 있어 멈출 수 없다. 당신이 지금은 보고 있는 것은 '고향본향'을 떠나온 자들이, 길 잃은 자들의 영토, 크고 넓은 연옥의 변방에서 떠돌아다니는 허깨비들, 요괴妖怪들, 유령들이 머물러 있을 곳을 찾지 못하고 없어질 세계에서 영원히 서성거리고 있는 것이다.

> 이 사람들은 다 믿음을 따라 죽었으니, ... 땅에서는 외국인과 나그네임을 증언하였으니 자기들이 본향 찾아가는 자임을 나타냄이라. 그들이 나왔던 고향은 생각하였더라면 돌아갈 기회가 있었겠지만. 이제는 더 나은 본향을 사모하니 곧 하늘에 있는 것이라. 하나님이 그들을 위하여 한 성을 예비하셨느니라. 히 11:13-16

모세가 믿음으로 바라본 본향은 우리가 돌아가야 할 영원한 '신세계', '새 하늘과 새 땅'이었다.

제3편 : 모세 전기傳記의 부산물, 새 하늘과 새 땅

미래는 영성 세계의 청사진이요, 인류의 영원한 소망

이것은 '죽었다가 다시 살아난 교회', 재창조되는 과정을 보여준다. 배로 하나님을 삼고 땅에 속한 자들은 얻을 수 없는 미래가 여기에 있다.

> 내가 여러 번 너희에게 말하였거니와 이제도 눈물을 흘리며 말하노니, 여러 사람들이 그리스도의 십자가의 원수로 행하였느니라. 그들의 마침은 멸망이요, 그들의 신은 배요, 그 영광은 부끄러움에 있고, 땅의 일을 생각하는 자라. 그러나 우리의 시민권은 하늘에 있는지라. 거기서부터 구원하는 자 곧 예수 그리스도를 기다리노니, 그는 만물을 자기에게 복종케 하실 수 있는 자의 역사로 우리의 낮은 몸을 자기 영광의 몸의 형체와 같이 변하게 하시리라. 빌 3:18-21

모사이즘Mosaism, The Religion of Moses의 토라Torah, 모세오경은 수많은 종파를 낳았다. 그 가운데 가장 대표적인 것은 유대교와 기독교와 이슬람교이며, 유대교의 구약성서와 탈무드경, 기독교의 신약성경 그리고 이슬람교의 코란경은 토라의 산물인 구약성서를 기반으로 하고 있다. 그것들은 모두 한결같이 '새 하늘과 새 땅'을 약속하고 있으며, 그 낙원에서의 '혼인잔치'를 예찬하고 있다.

오랜 세월을 고역과 학대에 시달리던 노예들은 애굽 땅을 탈출해 나오면 '그 광야가 바로 새 하늘과 새 땅'이 되는 것으로 생각하고 역사적으로 수 차례의 출애굽 사건이 있었다.

그러나 광야를 유랑하던 이스라엘 백성에게는 요단강 건너편 땅이 새 하늘과 새 땅으로 여겨졌었다. 왕국시대의 히브리 예언자들은 메시아 왕국이 오면 새 하늘과 새 땅이 이루어진다고 백성을 설득했다.

> 보라 내가 새 하늘과 새 땅을 창조하나니, 이전 것은 기억되거나 마음에 생각나지 아니할 것이라. 사 655:17

메시아 왕국이 오면 광야와 사막이 새 하늘과 새 땅으로 변한다.

> 그때에 맹인의 눈이 밝을 것이며 귀머거리의 귀가 열릴 것이며, 그때에 절름발이가 사슴같이 뛸 것이며, 벙어리의 혀가 노래할 것이며, 광야에서 물이 솟겠고, 사막에서 시내가 흐를 것임이라. 늑대가 눕던 곳에 풀과 갈대와 부들이 날 것이며, 거기 대로가 있어 거룩한 길이라 부를 것이며, 거기에는 사자가 없고 사나운 짐승이 그리로 올라가지 못하리라. 거기 깨끗지 못한 자는 지나가지 못하겠고, 오직 구속함을 받은 자만 그리로 행할 것이라. 사 35:5-9
> 율법이 시온에서부터 나올 것이요, 야훼의 말씀이 예루살렘에서부터 나올 것이다. 사 2:3a-4

무리가 칼을 쳐서 보습을 만들고, 그들의 창을 쳐서 낫을 만들 것이며, 이 나라와 저 나라가 다시는 칼을 들고 서로 치지 아니하며, 다시는 전쟁을 연습하지 아니하리라. 사 2:3-4, 미 4:2-3

그러나 절해의 고도 지중해의 밧모섬에 유배되어 있던 요한이 본 '새 하늘과 새 땅' 은 유리바다 가운데 있던 '새 예루살렘' 으로서 묵시문학의 종말론적 낙원Eschatological Paradise로 나타났다. 계 21:1 ff 그 낙원은 망망대해 가운데 떠 있는 환상의 섬으로서 이 천애의 고도 외딴섬은 '피안의 세계' as island-other world 같은 곳으로서 인간의 접근이 쉽지 않고, 발견되어지기도 어려운 곳이었다. 다만 신의 사랑을 받은 자들만이 험한 항해 끝에 닿을 수 있는 곳이었다. 그곳 '새 하늘과 새 땅', 그 섬에는 보석성곽이 있고, 열두 진주문이 있는데 그 문마다 천사들이 수직을 하고 있었다. 계 21:12 따라서 파사나 로마제국의 무력 따위로는 그 성곽에로의 침입이나 함락은 엄두도 낼 수 없는 곳이다. 그 성 가운데는 수정같이 맑은 생명수의 강이 흐르고, 그 강 좌우편에는 생명 나무가 있어 열두달 실과를 제공하고 있었다. 겔 47:5-12, 계 22:1-2

옛적 하나님의 동산 에덴에는 각종 보석 곧 홍옥수, 황옥, 백수정, 감람석, 얼룩 마노, 백옥, 청옥, 홍옥, 취옥과 황금으로 단장하였고, 그곳 성산에는 너를 위하여 소고와 비파가 준비되어 있다. 너는 기름 부음을 받고 지키는 그룹임이여! 내가 너를 세우며, 네가 하나님의 성산에 있어서 불타는 돌들 사이에 왕래하였도다. 겔 28:13-14

신화의 세계의 '거룩한 샘과 강' 이 흐르는 기쁨과 환희의 동산, '황야와 초원' 의 중심에 위치한 '에덴 낙원'은 영성세계의 본향, 영원한 '새 하늘과 새 땅'에 이룩된 '천성의 공원'의 상징이 되었다.

> 그 성곽의 기초석들은 벽옥, 남보석, 옥수, 녹보석, 홍마노, 홍보석, 황옥, 녹옥, 당황옥, 비취옥, 청옥, 자수정이며, 그 성에는 밤이 없고, 빛이 필요없는 곳이며, 그곳에는 눈물이 없고, 사망이 없고, 애통함이 없고, 질병이 없고, 만물이 다시 새로워지는 곳이다. 계 22:3, 21:1-5

그러한 새 하늘과 새 땅, 새 예루살렘 성, 그 낙원에서의 '혼인잔치'는 유대교와 기독교 그리고 이슬람교의 영원한 미래의 사모思慕함의 대상이 되었다.

이슬람교의 코란경에는 그 즐거움에 육체적 쾌락을 포함시켰다. 이것은 이슬람의 발생지인 아라비아의 열대지방의 기후와 자연환경의 산물이다. 그들이 그리워하는 그 환상의 섬에는 시원한 나무 그늘이 있고, 섬 주변은 '우유 바다'Milk Sea로 되어있고, 그곳에는 '쪽박'이 있어 마음껏 우유를 퍼마시면서, 아름다운 미소녀와 더불어 환락을 즐길 수 있다. 이러한 '동경憧憬'을 하게 된 것은 그곳의 자연환경의 영향이었다. 그런 열대지방의 여자들은 8, 9세 미만이 되어도 결혼을 서두를 만큼 성적 성장이 조기에 발달하기 때문에 그 지방 주민들의 기대에 맞춘 것이었다.

제18장 • 인간의 죽음과 부활과 영생

Ⅰ. 인간의 죽음은 슬프다

누구나 죽지만 나만은 예외일 거라고 믿는다

한번 죽는 것은 사람에게 정하신 것이요, 그 후에 심판이 있으리니… 히 9:27

신화의 세계와 영성의 세계에서는 시상時相이 중요하지 않다. 그것은 '태초로부터 영원까지'이다. 그래서 '성서 히브리어'에는 시제時制, Tenses가 없다. 다만 상태狀態, States가 있을 뿐이다. 따라서 현재, 과거, 미래가 없고 오직 동작의 완료와 미완료를 나타내는 완료태perfect와 미완료태Imperfect가 있고, 동작의 진행 상태를 나타내는 분사Participle가 있다. 하나님 편에서 볼 때 '인간은 청명에 죽으나 한식에 죽으나 마찬가지이다. 다만 그가 무엇을 위한, 누구를 위한, 어떤 삶을 살다가 죽었느냐'가 중요할 뿐이다.
〔성서의 시제는 문장을 보고 판단한다. 오늘날은 분사를 현재로, 완료태는 과거로, 미완료태는 미래로 대용하고 있다.〕

그 어떤 믿음이나 내세관으로도 우리 인간의 죽음의 슬픔을 달랠 수는 없다. 아직도 살아 있는 것이 기쁘고 감사할 따름이다.

구약시대의 히브리인들오늘날의 유대인들도은 사후의 세계를 믿고 있었다. 그러나 토라오경는 내세에 대하여는 침묵하고 있다. 그들은 초상집에 가서 '죽은 뒤의 세상'을 언급하면 입술에 손가락을 대고 '쉿' 하면서 제지한다. 천국과 지옥 얘기를 하지 못하게 한다. 왜 그럴까? '야훼의 이름' "יהוה"를 거꾸로 발음하면 히브리어로 '호이' "הוי"가 된다. '호이'란 '곡소리'이다. 그러므로 죽은 자를 위해서는 '호이!'라고 '곡소리'哭 울 곡, wailing를 낼 뿐이다.

모세와 히브리인들은 사후의 문제는 별로 거론하지 않았다. 그들에게는 항상 살고 있던 현실이 중요하였던 것이다. 우리에게는 삶이 문제가 된다. 죽은 뒤의 세상은 신의 영역에 속한다. 인간에게는 죽음 이후가 아닌 살아 있는 때가 중요하다. 모세의 야훼종교는 살아 있는 자들을 위한 종교이다.

그들은 왜 사후의 세계에 대해서 그리고 초상집 가서 침묵했는가? 그 대답은 이렇다:

애굽인들은 사후의 생을 위해 살았다. 모세는 그런 삶의 태도를 방관할 수 없었다. 고대의 애굽사회는 '죽음과 내세'라는 주제에 사로잡혀 있었다. 따라서 가장 성스러운 애굽의 고전문학 작품의 제목은 '사자의 서'死者의 書, The Book of the Dead였고, 모든 파라오들의 주된 업적은 피라미드라는 거대한 무덤을 세우는 것이었다.[318]

히브리인들은 그것을 부당하게 보았다. 인간의 죽음 후의 세계는 신의 영역에 속한다. 인간의 이 땅 위에서의 삶은 미래와는 고차원적으로 새로운 관계를 형성하고 있다. 죽음은 새로운 세상으로 들어가는 관문이다.

인간의 생에 대한 모세의 신앙은 욥의 견해와 크게 다르지 않았다.

주께서는 인생의 사는 날과 달 수를 미리 정하시고 아무도 그 이상은 더 살지 못하도록 수명의 한계를 정해 놓으셨도다. 그러므로 그에게서 주의 눈길을 돌이키시고, 그를 내버려두어 잠시라도 품꾼과 같은 고달픈 삶을 쉬게 하소서!

나무는 그래도 소망이 있나니, 찍힐지라도 다시 움이 돋아나고, 연한 가지가 끊어지지 아니하며, 그 뿌리가 땅 속에서 늙고 줄기가 흙 속에서 죽었다가도 물기만 있으면 움이 다시 돋고, 가지가 뻗어서 어린 새나무 같거니와, 사람은 제 아무리 장정일지라도 죽으면 별수 없고 숨을 거두면 인생은 그만이로다.

> 사람이 누우면 다시 일어나지 못하고 하늘이 없어지기까지 눈을 뜨지 못하며 잠을 깨지 못하는도다. 주는 나를 스올에 감추시며, 주의 진노를 돌이키실 때까지 나를 숨기시고, 나를 위하여 규례를 정하시고 나를 기억하소서! 장정이라도 죽으면 어찌 다시 살리이까? 나는 나의 모든 고난의 날 동안을 참으면서 풀려나기를 기다리겠나이다. 욥 14:5-14

우리는 사랑하던 사람을 잃고 슬픔에 빠진 사람 앞에서 분노와 저항의 표시로 하나님께 항의한다지만 더 안타깝기만 할 뿐이다.

> 네 백성이 담벽 곁에서와 집 문간에서, 너에 대하여 서로 이야기하면서 이르기를, 자! 가서 야훼께로부터 무슨 말씀이 나오는가 들어보자구나! 하고 모이지만, 그들에게 너는 기껏 고운 목소리로 사랑의 노래를 부르면서, 악기를 잘 다루는 사람 정도로밖에 보이지 않을 것이다. 겔 33:30-32

초상집에 가서는 침묵을 지키라! 조문 가면 애도슬픔를 표시하는 것이 예의이다. 위로한답시고, 사후의 세계를 지껄이는 것은 무례한 짓이다. 사랑하는 사람을 잃은 안타까운 사별의 슬픔 앞에서 무슨 말을 한들 위로가 될 수 있겠는가? 생명을 지켜 주지 못한 죄책감, 혼자 남았다는 미안함, 감당 못 할 상실감에 울컥울컥 가슴이 뒤집어진다. 예상치 못한 이별은 커다란 상처와 아픔만을 남기고 떠나갔다.

석가모니는 지금 살아있는 인간이 괴로움苦을 극복하고 행복하게 사는 길을 가르쳤다. 그는 죽은 뒤의 세계에 대해서는 특별히 관심이 없었던 것 같다. 바꾸어 말하면 사후의 세계에 관해서는 언급이 없었다. 그러나 불전의 기록에 선을 쌓으면 사후에 천계天界에 가게 된다고 설법한 부분이 있는데, 이런 설법은 석가모니가 사후 세계에 관한 언급은 안 했으나 듣는 이의 수준에 맞추어 천계天界라는 말을 써서 그 이해를 돕는 대기설법對機說法을 쓴 것이다.[319]

전통불교에서는 인간 존재의 영혼적 실체는 일체 인정하지 않고 있으며, 인간 존재는 무상無常이며, 무아無我인 것으로 보았다. '무상'이란, 인간의 '생'을 시간의 흐름 속에서 본 존재 방식이다. 따라서 석가모니의 '천계' 언급은 대화의 상대편의 상식에 맞추어 교설敎說을 펴는 한 방편方便으로 사용한 것이다.

인간의 죽음이란 들판의 곡식들의 가을 추수와 같다.

> 네가 장수하다가 무덤에 이르리니, 마치 곡식단을 제 때에 들어올림 같으니라. 보라! 우리가 연구한 바가 이와 같으니, 너는 귀담아듣고 유익을 얻으라. 욥 5:26-27

우리는 사랑하던 사람이 죽으면 울음소리에다가 슬픔의 표시를 더하여 '호이,

호이' 하면서 통곡한다.

> 슬프다! 내 자매여! hoy ahi, hoy ahot! 왕상 13:30, 렘 22:18
>
> 슬프다! 주여! hoy adon! 렘 22:18, 34:5
>
> 그러므로 주 만군의 하나님 야훼께서 이르시기를 사람이 모든 광장에서 울겠고, 모든 거리에서 오호라! 오호라! 슬프고도 슬프도다 하겠으며, 농부를 불러다가 애곡하게 하며, 울음꾼을 불러다가 울게 할 것이며... 암 5:16

속이지 말라. 아무리 사람들을 잘 웃기는 코미디안도 죽는다는 생각에 이르러서는 유머러스하게 말하지 못한다. 그도 죽음을 두려워하고 슬퍼하고 있다.

우리의 수명이 70이요, 강건하면 80이라도, 그 모든 날은 수고와 슬픔뿐이요, 신속히 지나가니 우리가 날아가는 것 같도다.

> 우리의 일생이 얼마나 짧은지 헤아릴 수 있게 하셔서, 우리가 지혜로운 마음을 얻게 하소서! 시 90:10, 12

이것이 모세의 기도였다.

그래서 아브라함도 아내 사라가 죽었을 때 그를 위해 슬퍼하며 애통해했다. 그도 애도하며 울기 시작했다. 창 23:2

야곱도 아들 요셉이 죽임을 당했다고 믿고 여러 날 슬퍼했다. 창 37:34 오랜 세월이 흘렀는데도 야곱은 요셉의 죽음을 결코 잊지 못했다. 창 42:36 다윗도 살해당한 아들 암논을 잃고서 심히 애통하고 통곡했다. 삼하 13:36 압살롬이 죽었을 때도 그러했다. 삼하 18:33 예수께서도 친구 나사로의 죽음에 눈물을 흘리셨다. 요 11:30-38 막달라 마리아도 예수의 무덤 가까이 오면서 눈물을 흘렸다. 요 20:11-16

그러므로 쓸데없이 함부로 지껄이지 말아라! 장례예배는 목회 차원에서 유가족을 위로하기 위함이지 죽은 자를 위해 기도하는 것은 아니다. 장례식장에서의 단골 메뉴인 '모세의 기도'를 읽어보라!

주의 목전에는 천년이 지나간 어제 같으며,
밤의 한순간 같을 뿐임이니이다.
풀은 아침에 꽃이 피어 자라다가
저녁에는 시들어 마르나이다.
우리의 모든 날이 주의 분노 중에 지나가며
우리의 평생이 순식간에 다하였나이다.
우리의 연수가 70이요, 강건하면 80이라도
그 연수의 자랑은 수고와 슬픔뿐이요,
신속하게 가니, 우리가 날아가나이다.
우리에게 우리의 날 계수함을 가르치사
지혜로운 마음을 얻게 하소서!
아침에 주의 인자하심이 우리를 만족케 하사
우리를 일생동안 즐겁고 기쁘게 하소서! 시 90:4-14

전통적으로 이 '인생 시詩'는 '모세의 기도'로 믿어 왔다.

인간의 죽음은 슬픔이고 그래서 울지만, 결코 어떤 말로도 위로가 될 수 없고, 다만 죽은 자는 저세상저승, 음부에 가서만 만날 수 있다. 인간은 죽으면 무덤지하, 스올, 구덩이으로 내려간다.창 37:34-35, 시 30:3, 삼하 3:32

고대의 히브리인들은 사후의 생에 대하여 관심을 기울이지 않았다. 항상 지상의 삶에 전적인 관심을 표명했다. 그들은 내세에 대한 갈구 대신에 '선택받은 백성'이라는 개념을 불어넣어 주었다. 그들의 선택 받음에는 책임이 동반한다. 순종하면 성공이고 복이요, 불순종하면 실패이고 벌이 주어진다는 것이다. 그들이 고통당한다면 그 책임은 바로 자신들에게 있다는 것이고 그것이 매우 강조되었다. 선택받은 자들의 사후의 문제는 야훼 하나님이 보상하실 것이라는 소망이다.

우리는 죽을 때는 아무 것도 갖고 가지 못하고 자신이 지은 업業만 따라갈 뿐이다.

죽은 자에게는 고통이 따르며, 무덤으로 내려가는 수모를 당한다.겔 32:24-27, 37:10 죽으면 백골이 자신의 죄악을 지고 그 죄가 뼈 위에 있게 된다.겔 32:27 우리는 인간의 생이 짧은 것을 한탄하면서도 자신은 한없이 살 것처럼 행동한다.

우리가 '모세의 기도'를 읽으면 상두꾼상여꾼의 선소리가 들려온다:

〈꽃 상여 떠나간다〉

어이하리야! 어이하리야!

이 가슴에 피나게 박힌 불칼화살 한 자락

보고지고, 보고지고,

꿈에나 다시 볼까?

저승에서나 다시 맺어질까?

어하 넘차, 어하넘!

어하 넘차, 어하넘!

〈무덤으로 집을 삼고〉

어허라 달회!

초로인생 길다해도 / 일장춘몽 못면하네

명사십리 해당화야 / 꽃진다고 설워마라!

명년 삼월 돌아오면 / 꽃은 다시 피련마는

우리 인생 어찌하여 / 불여귀를 일삼는고?

어헤라 달회!

우리 인생의 종말은 무엇인가? 죽음은 남은 자들의 슬픔인가? 죽은 자의 축제인가?

II. 영혼 불멸과 부활과 영생

우리는 어떤 인생관人生觀을 갖고 이 세상을 살아가야 할까? 미래가 없는 인간은 소망을 잃었다.

저승으로 가는 것은 형태를 달리한 새로운 삶의 탄생을 뜻한다. 거기에는 신과 인간과 자연이 간격 없이 결합 되는 세계이다. 거기에는 신과 인간, 또는 인간과 자연 사이의 분리, 대립에서 오는 모든 긴장으로부터 해방된다. 죽음의 본질이 추구하는 평안의 세계가 전개된다. 죽음은 시간이 정지되는 낙원에 이르게 되나니, 죽음으로서가 아니라 삶으로 다시 나타난다.

영혼불멸에 대한 사상은 고대 메소포타미아수메르, 아카드, 바빌로니아, 앗시리아의 종교에 있었다. 애굽과 페르시아와 그리스는 바빌로니아의 영향을 받아 영혼불멸 사상을 갖게 되었다. 페르시아의 조로아스터교는 미드라교Mithraism의 영향을 받았으며, 인도의 불교는 힌두교의 베다 경전의 영향을 받았다. 그리스는 소크라테스, 플라톤, 피타고라스, 탈레스Thales의 영향으로 영혼불멸 사상을 갖게 되었다.

따라서 영혼불멸 사상은 헬라철학의 영향으로 유대교와 기독교에 들어오게 되었으며 대부분 교파에서 그 가르침을 받아들이게 되었다. 그러나 그것은 엄밀한 의미에서 기독교의 부활 사상과 완전히 다른 것이다.

히브리 경전들구약성서은 기원전 13세기경에 기록되기 시작하여, 기원전 5세기경의 소크라테스Sokrates, 470-399, B.C.와 플라톤Platon, 427-347, B.C.이 영혼불멸설의 골격을 만들어 가고 있었을 무렵에 완성되었다. 이 경전들에서는 사람은 영혼과 육체가 뚜렷이 구별되지 않았었다. 초기 히브리인들은 죽은 자의 부활을 믿고 있었지만, 그것은 영혼불멸 신앙과는 구별되는 것이었다.

기원전 3세기 초에 히브리어 성서를 헬라어로 번역되기 시작하자칠십인 역, Septuagint 영혼불멸 신앙은 유대교와 그리스도교 신앙의 주춧돌 가운데 하나처럼 되었다. 그러나 성서 시대에는 사람은 영혼과 육체가 하나의 일체로 간주 되었고, 따라서 영혼과 육체는 따로 구분되지 않았다.

기원후 1세기에 알렉산드리아의 필로Philo는 유대인 철학자 중 한 사람으로서, 그는 플라톤을 숭상하였고, 유대교는 교리와 신학을 그리스철학 용어로 설명하려고 노력하였다. 그는 플라톤철학과 성서의 전승들을 독특하게 접합시킴으로써 후기 그리스도교 및 유대교 사상가들을 위한 길을 닦았다.

주후 2세기 중반부터 어느 정도 그리스 철학교육을 받은 그리스도인들은 자신들의 지적 만족을 위해, 자신들의 믿음을 그리스철학 용어로 표현할 필요를 느끼기 시작하였다. 그들에게 가장 적합한 철학이 플라톤주의였다.

그리스도교리에 가장 큰 영향을 끼친 사람은 동방교회에서는 알렉산드리아의 오리겐Origenes, AD. 185-254이요, 서방교회에서는 히포의 어거스틴Augustinus, AD. 354-430이었다.

오리겐은 클레멘스Clemens, AD. 150-215의 제자인데, 클레멘스는 영혼에 관한 그리스 전통을 공공연히 차용한 최초의 교부였다. 어거스틴은 신플라톤주의자로서 신약성서의 종교를 그리스철학의 플라톤 전통과 아주 완전히 융화시켰다. 그리하여 어거스틴은 플라톤의 사상에서 도피처를 찾았다. 따라서 그리스도교는 플라톤의 저술들에 기초를 둔 신플라톤주의의 영향을 많이 받았다.

플라톤의 철학은 국가로부터 많은 박해를 받고 있던 신생 교파들을 매혹 시켰는데, 그것은 그의 철학이 고난을 받는 일을 쉽게 감내할 수 있도록 도와주었기 때문이다. 플라톤의 철학은 단순한 믿음opinion과 지식knowledge뿐만 아니라 실재reality와 현상appearance도 구분해 설명했다. 일상의 감각 세계는 단순한 믿음의 산물로서 실재의 그림자에 불과하기 때문에 가치가 없는 것이다. 참된 지식은 정신 속에 있으며, 순수하고 이데아적인 형상, 즉 눈에 보이는 사물들의 '이데아idea'들로 구성되어 있다고 했다.

토마스 아퀴나스Thomas Aquinas, 225-74 AD는 아리스토텔레스Aristoteles, 384-322 BC의 사상에 깊은 감명을 받았다. 아리스토텔레스는 영혼이 육체와 불가분의 관계가 있다고 생각했다.

이제부터는 신플라톤주의적 성향으로 그리스도인들의 일상사에서는 모든 것들이 진실의 그림자에 불과했다. 이 세상의 모든 것들처럼 그들이 겪었던 고통이나 시련도 일시적인 것이었고 인간의 육체 역시 그림자에 불과했다. 오직 영혼만이 실재하는 것이었고, 죽음은 육신이라는 일시적이고 부적절한 감옥에서 탈출하여 영혼이 원래 생겨났던 곳인 하늘, 즉 이데아의 세계로 돌아가는 것이었다.[320]

> 주께서 사람의 호흡을 거두시면 그들은 죽어 먼지로 돌아가고, 주의 영을 보내시어 그들을 회복시키시면 사람은 다시 살아나는도다. 시 104:29-30
>
> 사람이 죽으며, 그때는 흙으로 된 몸은 땅으로 돌아가고, 영혼은 그것을 주신 하나님께로 돌아간다. 전 12:7, 창 3:19
>
> 그러나 야훼께서 새 영을 너희 속에 두고, 새 신이 너희 속에 들어가게 되면겔 36:26-27

야훼의 생기가 너희에게 들어가서, 너희가 살아나리니, 뼈들이 들어맞아 서로 연결되며 살아나게 되리라.

> 내 백성들아, 내가 너희 무덤을 열고, 너희로 거기에서 나오게 한 즉, 너희는 내가 야훼인 줄을 알리라. 내가 또 내 영을 너희 속에 두어 너희가 살아나게 하고... 겔 37:2-14

에스겔의 이 예언들은 이스라엘 민족 공동체의 부활을 의미했다. 그러한 공동체의 예언 속에 인간 개인의 부활을 간접으로 언급하게 된 것이다.

애굽인들의 부활 사상은 대중적 신앙이었기 때문에 그들의 부활 교리는 부활resurrection이 아니라 소생resuscitation의 교리였다.

히브리인들초기의 유대인들은 죽은 자의 부활과 영생을 믿었다. 그러나 이것은 영혼불멸 사상과는 완전히 구별된 것이었다. 그들은 약속된 언약의 땅가나안에 묻히지 않은 사람들은 다시 부활할 수 없지만 만일 하나님이 은총을 베풀어 그들에게 몇 개의 작은 틈을 열어준다면 그들은 하나님의 복을 받은 복자福者들이 살고 있는 모습을 엿볼 수도 있다고 생각했다.

> 주의 죽은 자들은 살아나고 그들의 시체들은 일어나리이다. 티끌에 누운 자들아! 너희는 깨어 노래하라. 주의 이슬은 빛난 이슬이니, 땅이 죽은 자들을 내놓으리로다.사 26:19

이러한 하나님의 영성령과 그의 능력이 예수 그리스도를 부활시켰다. 최초의 인간 아담에 의해 들어온 죽음은 인간 행위의 결말로서 그 모양에 있어서는 계속 남아 있고, 전혀 딴 것, 새로운 생명이 예수 그리스도로 말미암아 시작된다. 이로 인하여 낡은 몸을 버리고 새 몸으로 다시 이어져 유한한 인간의 생이 영원으로 이어 갈 수 있는 길이 되었다. 그러므로 죽음은 영원을 위한 여정의 시작이다. 그 여정에서 인간은 자신의 영생과 낙원에서의 부활을 꿈꾸어 왔다. 그것은 인간만의 특권이며 미래에 대한 소망이다. 여정은 죽음의 공포를 넘어선 미지의 세계에 대한 호기심과 갈망의 성취이다.

Ⅲ. 인간의 생(生)은 즐겁다

누구나 살아있는 동안은 날마다 축제여야 한다

항상 기뻐하라! 쉬지말고 기도하라! 범사에 감사하라! 이것이 그리스도 예

수 안에 있는 너희를 향하신 하나님의 뜻이니라살전 5:16-18

나도 언젠가는 죽을 것이라고 생각하면 지금의 살아있는 매 순간은 하나님의 선물로 여겨진다. 그리고 한 순간도 허비하지 않고 충실하게 살려고 한다. 나의 죽음을 생각하면 지금의 나는 모든 것이 너무 많고 풍요롭다. 나는 모든 것을 용서하게 되고, 모든 이에게 너그럽게 대하게 된다. 그리고 나의 지금의 삶은 축제가 된다. 그리하여 생의 의미를 다시 생각하게 된다.

현재의 삶에서 그 '의미'을 찾지 못하면 우리의 생은 무의미Meaningless해진다. 인간의 생이란 신비스러운 광야 여정과 같다. 그래서 우리는 그 여행에서 원하던 것을 얻지 못하고 예상치 못한 실패와 시련을 겪어도 그 속에서 기쁨을 찾아내고 행복을 누리며 깨달음을 얻을 수 있는 것이다. 인생의 뜰에 한 톨의 씨앗을 심는 것은 반드시 결실을 얻겠다는 목적에 이끌리지 않고 씨앗을 뿌리는 그 작업 자체에서 즐거움을 느끼는 것이 중요하다.

인간의 생이란 무엇인가? 우리가 어떻게 하면 '의미 있는 삶'meaningful life을 만들 수 있을까? 미래에 대한 소망이 없으면 현재의 삶은 무의미해 진다.

The Ministery of Meaning

— Ross Snyder —

Meanings create Human existence

"They see things I do not see

They understand things I do not understand

They live in a different world."

"This is my one life on earth

What is the truth I am meant to be?"

"Into what do I dive?

Be true to? What is the journey?"[321]

미래의 여정을 계획하는 자는 현실의 고단함을 잊게 된다.

눈물을 흘리면서 씨를 뿌리는 자는 반드시 기쁨으로 그 단을 거두리로다.시 126:5-6

우리는 생의 목표는 멀리 세우되 현재의 삶을 즐기는 것이 중요하다. 우리는 내일이 있기에 꿈이 있고, 행복도 있다. 그래서 우리는 산을 넘고 강을 건넌다. 그러나 미래는 항상 신의 영역에 속한다. 우리가 노력하는 것이 때로는 무지개를 잡으려는 작업과 같다. 우리는 기대를 안고 내일을 위해 씨앗을 뿌린다. 때로는 좋은 결실도 거두기도 하지만, 그것을 예단할 수는 없다. 그러므로 내일은 신의 섭리에 맡기고 우리는 오늘의 삶을 살아야 한다.

우리의 불안과 고통은 어쩌면 자신의 부족한 상태에서 무슨 일을 해보려고 애쓰기 때문에 생긴다. 그때에는 자신을 반성하고 이렇게 기도를 드리면서 사는 것이 지혜로운 삶이다. "하나님이시여! 주님이시여! 나에게 내 자신의 능력으로는 어찌할 수 없는 상황을 받아들일 만큼의 냉정함과 가능한 일을 바꾸어 놓을 만큼의 용기와 그러한 차이를 분별할 지혜를 주옵소서! 아멘." 이렇게 기도하면서 힘써 나가면 어둠의 장막이 걷히고, 새로운 문이 열리고, 자신의 주위에 있는 아름다운 세계를 보고 즐길 수 있게 된다. 이렇게 하여 우리는 하나님께 대하여, 자신의 생에 대하여, 그리고 이 아름답고 근사한 세계에서 살고 있음을 감사하고, 기뻐하며 지나게 될 것이다. 살전 5:21-24

우리는 아직도 살아있음에 늘 감사하고, 또한 항상 언젠가는 죽을 것이라는 준비를 하는 마음으로 살아가야 한다. 우리 인간의 이 세상에서의 육체의 죽음은 공간에 묶인 육체와 시간에 묶인 의식을 파멸시키지만 생명의 토대를 이루는 것 즉 세상에 대한 각자가 갖는 특수한 관계를 소멸시킬 수는 없다.[322]

우리 인간의 이 세상에서의 삶 즉 '눈에 보이는 인간의 생'은 생명의 무한한 활동의 일부분이다. 우리의 생명은 내가 출생하기 전 '내 눈에 보이지 않는 아득한 과거'에서부터 연결되어 있었으며, 또한 내 생명은 근본적으로 '눈으로 볼 수 없는 미래'와도 연결되어 있다. 우리의 '현재의 삶'은 생전生前과 사후死後라는 양극을 포함한 나의 전생활全生活의 일부분에 지나지 않는다. 우리의 생명은 내 육체가 태어나기 이전이나 육체가 사멸한 이후의 모든 순간에도 역시 살아있다.[323]

인간은 그의 영성이 깨어나지 못하면 이 세상에서의 그의 생애는 의미를 갖지 못하고, 그의 삶을 축제로 만들지 못한다. 성도가 '깨어났다'는 것은 '영성이 각성되었다'는 것이며, '구원받았다'는 것이며, '구원받았다'는 것은 '욕망과 공포와 과오와 제약으로부터 해방되었다'는 것을 의미한다. 아직도 그러한 것들에 사로잡혀 있으면 그의 영혼은 참 구원을 얻지 못했으며, 그의 '지상에서의 생'은 아무런 의미도 갖지 못하고 있다는 뜻이다. 이런 자들은 영성과 의식이 깨어나지 못한 짐승과 같은 사람들이다. 그들은 새 하늘과 새 땅에 들어가지 못한다.

> 사람이 비록 존귀하나 깨닫지 못하는 자는 멸망할 짐승과 같도다! 시 49:20

사람이 짐승이 되어서는 그의 생존이 아무런 의미가 없다. 그러면 생의 의미란 무엇이며 또 삶의 축제란 무엇인가?

로스 스니더Ross Snyder는 그의 명저 『의미 목회』*The ministry of Meaning*에서 의미를 이렇게 정의했다.

"의미意味, meaning란 무엇인가?"

◆ 의미란 그 어떤 것이 우리로 하여금 생생하게 살아있는 자기 자신을 만들어 줄 때, 우리가 좋아하는 명분名分, cause을 강화强化시켜 주고, 새로운 가능성을 싹트게 해 줄 때, 그리고 특수한 순간에 있는 우리의 유일한 실존상황을 해명해줄 때, 그리하여 새로운 지평地平으로 우리의 생을 둘러쌀 때, 그것은 우리에게 의미가 있다.

◆ 혹은 그것이 부정적으로 생생하게 반대를 정확하게 할 때도 의미가 있다.

◆ 그리고 마지막으로 우리가 우리의 삶을 가지고 그 어떤, 그 무엇을 의미하려고 할 때, 그것은 의미를 뜻한다고 본다.[324]

그러면 축제란 무엇인가? 로스 스니더에 의하면

"생의 축제祝祭, celebration, festival란 지금도 [하나님께서] 만들고 있는 인류의 창조와 구속 작업에 아무런 고려나 주저함 없이 전폭적으로 참여함으로써 뛰어드는 진입하는 것이다. 축제란 놀랍고도 매혹적인 신비를 보도해주는 감정의 바다로 함께 모으고 또 나누어주는 보급을 함으로써 살아가는 생에 대한 종교적 자세방법이다. 우리는 우리가 거룩하신 분 [예수 그리스도]과 사귀고 있음을 알고 있으며 또한 우리는 하나님과 동료 인간들과도 즐겁게 〔삶의〕 장단을 맞추고 있음을 아는 것이다."325

천하보다 귀한 것이 인간의 생이다. 인간의 생은 즐겁다. 우리 인간의 의미意味 없는 생은 살았다는 이름은 있으나 실상은 죽은 것이다.계 3:1 우리 인간의 생은 살아있다는 것 자체가 감사하고 귀한 것이다. 더욱이 사후세계에 대한 약속이 부록처럼 붙어있지 않는가?

생生, life이란 고정된 것이 아니라 항상 역동적으로 변하는 것이다. 그러므로 의지意志가 중요하다. 생 철학philosophy of life은 생명에 대해 탐구한다. 그 탐구의 방법은 판단이나 추리에 의하지 않고, 대상을 직접 깨달아 아는 직관intuition을 강조한다. 그리하여 생 철학은 계몽철학의 주지주의와 헤겔의 이성주의 관점을 비판한다. 따라서 그들은 직관적이고 비합리적인 방법을 통해 생의 의의, 가치, 본질 등을 파악하고자 한다.

인간이 살아있는 동안에는 즐겁게 사는 것이 가장 중요하다. 그것보다 더 귀중한 것은 아무 것도 없다. 그것 외의 모든 것은 다 허접쓰레기들이다. 그러기 위해서는 건강해야 한다. 건강이 제일이다. 건강을 잃으면 모든 것이 허사이다.

그의 어린 시절은 불운한 날들이었다. 하루도 가난과 궁핍을 느끼지 않는 날이 없었고, 걱정근심에서 벗어난 날이 없었다. 그는 아버지를 일찍 여위고, 형은 건강을 잃어서 가정은 우환과 질고에 시달렸다. 따라서 항상 슬픔과 탄식, 고통과 번민으로 잠을 이룰 수가 없었고, 항상 그 앞에는 불안과 공포가 밀려왔다. 그리하여 그는 항상 고아원의 원아들을 부러워했다. 그는 굶고 헐벗고, 무시당하고, 외로웠다. 그의 어린 시절은 그렇게 절박한 인생을 살아왔다. 그 소년의 뜰에는 하루종일 비가 내리고 바람이 불었다. 그러나 그는 견디어 냈다. 죽지 않았다.

그는 지금, 어린 시절의 그런 불운을 겪은 것에 대해 감사하고 있다. 그는 어떤 어려움에서도 살아갈 용기가 생겼다. 적어도 그가 태어난 고향에서 감사의 마음이 가장 큰 사람은 아마도 자기 자신이라고 생각한다. 지금의 그는 완벽하지는 않지만 건강한 편이고, 건강을 위해서 할 수 있는 대로 매일 걷고 뛴다. 많이 걷고 뛰면 밤에 잠이 잘 온다. 걷고 뛰니 소화가 잘 되고, 잠을 잘 자게 되어 건강하니 행복하고, 감사한 일이다.

우리가 자신의 생을 즐겁게 하기 위해서는 하나님께 늘 기도해야 한다. 기도하는 마음으로 일을 하고, 식사 전에 감사 기도하고, 매일 잠자리에 들기 전에 기도하고, 하나님과 다투지 않고, 하나님의 뜻대로 되기를 기도해야 한다. 그리고 다른 사람을 비난하거나 욕하지 말라! 번민, 실패, 염세, 불평이 다른 사람을 감염시키듯 건강, 성공, 행복, 칭찬도 전염된다.

> 네가 모든 것이 풍족하여도 기쁨과 즐거운 마음으로 네 하나님 야훼를 섬기지 아니함으로 말미암아, 네가 주리고 목마르고 헐벗고 모든 것이 부족한 중에... 신 28:47-48
>
> 형제들아, 사랑 안에서 가장 귀하게 여기며, 너희끼리 화목하라. 게으른 자를 권계하며, 마음이 약한 자들을 격려하고, 힘이 없는 자들을 붙들어 주며, 모든 사람에게 오래 참음으로 삼가 누가 누구에게든지 악으로 악을 갚지 말고, 항상 선을 따르라! 항상 기뻐하고 쉬지말고 기도하고, 범사에 감사하라! 이것이 예수 안에서 너희를 향하신 하나님의 뜻이니라. 살전 5:13-18

나는 지난밤 평소에 귀여워하던 강아지를 잃고 나서 섭섭하여 한없이 울고 있었다. 나는 오랫동안 어쩔 줄 모르고 슬퍼하면서 상심했었다. 그러다가 갑자기 깨어나니, 그것은 한바탕 꿈이었다. 나는 얼마나 다행으로 여기게 되었는지! 나는 잠에서 깨어나서 이 글을 쓰고 있다. 마치 내가 장자莊子가 된 기분이었다. 사후의 세계에서 인간의 지상의 삶을 바라볼 때는 꼭 그와 같지 않겠는가? 인간의 지나간 생은 한 토막의 꿈에 불과 한 것이다.

영생에 대하여 고대근동세계에서 가장 먼저 의식한 바빌로니아의 신화와 전설에 의하면 '길가메쉬 서사시'The Epic of Gilgamesh가 있는데 이 책의 주인공인 길가메쉬는 영생을 추구했다. 그러나 그가 얻게 된 것은 영생이 아니라 '장수회춘라는 식물'이었다. 그는 그 식물마저 뱀에게 도둑맞고 말았다.

길가메쉬는 동료 엔키두Enkidu의 죽음에 슬퍼서 온 땅을 헤매고 다니면서 애석해했다. 그는 어떻게 해서든지 죽음을 피해야 한다고 생각하고, 그의 선조 우트나피시팀Utmapishtim이 신이 되어 영생을 얻은 것을 기억하고 그가 있는 섬에 찾아가 그 비결을 알아보려 했다. 그는 고생 끝에 마슈산Mt. Mashu을 통과하고 마침내 해안가 여신의 궁전에 도착해서 여신 시두리Siduri를 만났다. 그 여신은 이렇게 말한다.

> 길가메쉬여! 당신은 어디로 방황하고 있소?
>
> 당신은 당신이 추구하는 영생을 찾지 못할 것이요.
>
> 신들이 인간을 창조했을 때 그들은 인간에게 죽음을 정해 놓으신 거요.
>
> 인간의 생명은 신들이 간직하고 있는 것이요.
>
> 길가메쉬여! 당신은 살아있는 동안 배를 채우고 즐기시오.
>
> 하루하루를 기쁜 축제로 만드시오.
>
> 밤낮으로 춤을 추고, 유쾌하게 지내시오.

깨끗한 옷을 입고, 머리를 감고, 목욕을 하고
당신 손안에 있는 자식들을 귀여워하고
당신의 아내를 행복하게 해 주시오.
이것이 인간의 길이요.[326]

이러한 시두리의 권면은 전도서의 코헬렛전도자의 교훈과 똑같다.

너는 가서 기쁨으로 네 음식물을 먹고, 즐거운 마음으로 네 포도주를 마실지어다.이는 하나님이 네가 하는 일들을 벌써 기쁘게 받으셨음이니라. 너는 의복을 항상 희게 하며, 네 머리에 향 기름을 그치지 않도록 하라. 네 헛된 평생의 모든 날 곧 하나님이 해 아래에서 네게 주신 모든 헛된 날에 네가 사랑하는 아내와 함께 즐겁게 살지어다. 그것이 네가 평생에 해 아래에서 수고하고 얻은 네 몫이니라. 전 9:7-9

길가메쉬는 결국 환고향 하는 과정에서 신들의 비밀인 '영생의 풀'a secret of the Gods, a plant apart을 뱀에게 도둑 맞고 말았다. 그 풀은 영생이 아니라 '인간이 늙어서 다시 젊어지는 것', 즉 '회춘과 장수의 풀'이었다. 그는 허망하게 되어 본향 우르크Uruk 성으로 돌아왔다.[327]

따라서 인간에게 죽음이란 불가피한 것이며, 불멸성에 대한 소망은 한낱 환상에 지나지 않으며, 영생이란 신들의 은혜에 전적으로 의존할 뿐이다. 인간은 현재의 생명을 최대한 활용하여 살아있는 동안을 즐기라는 것이다. 다시 말하거니와 우리는 오늘도 살아있음에 감사한 마음으로 저녁 잠자리에 들고, 아침에 일어날 때 또 하루를 주심에 감사한 마음으로 기상해야 한다. 감사는 우리 영혼에서 피어나는 가장 아름다운 꽃이다.

제19장 • 신화의 세계에서 영성의 세계로

영성의 세계와 신화의 세계는 서로 닮은 듯 다르다. 그것을 은유와 상징으로 표현하면 신화의 세계는 영성의 세계의 물소리, 바람 소리, 새소리, 신음소리, 천둥소리, 기적소리이다. 신화는 영성의 그림자요, 실루엣silhouette이다. 신화는 영성을 담는 불완전한 그릇이다. 그것은 찌그러지고, 깨어지고 구멍이 난 그릇이다. 그러나 그것을 담을 다른 그릇은 없다.

신화의 세계와 영성 세계의 상호관계는 여행자와 지도와의 관계에 비유할 수 있다. 여행자가 믿을만한 지도를 손에 들고 있으면 그것이 그에게 좋은 길잡이가 되어, 복잡한 지역도 헤매지 않고 쉽게 목적하는 장소에 갈 수 있다. 그러므로 지도는 신뢰할 수 있는 정확한 것이어야 한다. 지도가 정확하지 않거나 잘못된 지도라면 여행자는 방황하게 되고, 더 많은 고생을 하게 된다. 따라서 잘못된 신화는 우리를 악령의 세계로 인도한다.

Ⅰ. 에덴의 영성

영성의 세계 '새 하늘과 새 땅'에 대한 개념과 상징은 '낙원신화'에서 빌려왔다. 낙원신화들은 그것이 탄생한 땅의 역사와 자연환경의 영향을 받았다.

'낙원'을 상징하는 히브리어 에덴עֵדֶן은 황야wilderness land와 초원steppe을 의미하는 수메르어sumerian 'eden'에 근거한 아카드어Akkadian 'edinu'에서 왔다. 히브리어 에덴은 우가릿어ugaritic와 발음도 같고 뜻도 같다. 그 의미는 '환희', '기쁨'이다.

'Paradise'는 구약성서에 '파르데스'(פַּרְדֵּס)인데, 이는 페르샤제국의 '박트리아'Baktrien에서 사용된 '페리-디에자'Pairi-daeza에서 온 것으로서 '페리'는 그리스어 περι 즉 '둘러서'와 '디에자'는 '울타리', '벽', '담' 등을 의미한다. 따라서 헬라역에서는 "기쁨의 동산", "환희의 동산"으로 표현했다.[328] 이 모든 개념들은 '신화의 세계'에서 언급된 표현들이다.

모든 민족의 문화 속에 나타나는 전설이 보여주는 바와같이 낙원은 지난 과거의 황금시대이다. 그리고 〈메시아 때〉는 나타날 미래의 황금시대이다. 〈메시아 때〉는 인간이 완전히 다시 태어나는 때이다. 인간은 자기가 잃어버린 낙원에서 추방당했지만 〈메시아 때〉가 되면 그는 다시 이 세상 안에 있는 본향으로 돌아가 있게 된다.[329]

> 보라! 내가 새 하늘과 새 땅을 창조하나니, 이전 것은 기억되거나 마음에 생각나지 아니할 것이라. 사 65:17

에덴동산에는 생명나무, 지혜나무, 선악을 알게 하는 나무들이 있었다. 메소포타미아의 낙원설화에도 생명나무가 있으며, 길가메쉬 서사시의 우투나피시팀의 '환상의 섬'으로 가는 바다에는 인간에게 젊음을 주는 식물이 있었다.

게르만족의 신화에는 '이그드라 실과'라고 하는 '우주의 나무'가 있다. 스칸디나비아의 야끄드라실Yaggdrasil과 인도의 아스바타Asvatta, 그리고 페르샤의 하오마Haoma와 인도의 소마Soma 신화들은 모두 생명을 부여하는 '우주의 나무'들이다. 이러한 나무들의 이미지는 생명, 청춘젊음, 불멸성, 그리고 지혜들을 표현하기 위하여 선택되었다.

이런 나무들에는 신성을 지닌 인간들, 영웅들, 거의 반신반인半神半人 들이 드물게 접근할 수 있었다. 젊음과 불멸성을 추구하고 탐색해온 이 신화들은 그 나무들이 황금의 열매, 또는 기적의 잎을 가지고 있으며 '먼 나라' 사실은 '다른 세계'에서 자라고 있었으며, 용이나 뱀이나 리워야단 혹은 그리핀 같은 괴물들에 의하여 경호 되고 있었다. 그것들에 접근하려면 그러한 수호 괴물과 맞서서 싸워 그들을 죽여야 했다. 승리자는 영원한 젊음과 불패不敗의 능력과 초인적 거의 신적인 조건에 도달하는 폭력에 의해서 획득된다. 이러한 신화들은 그 자체로서 영웅적인 유형의 시련을 겪게 됨을 이야기하고 있다.[330]

노스틱γνῶσις 문헌에 의하면 "의로움정의이 해와 달의 운행 영역 밖에 있는 땅에 아름다운 낙원을 창조하였다. 그 땅에는 무화과나무와 석류나무를 비롯하여 각종 나무들의 자랐고, 그 가운데 '불멸의 생명나무'도 있었다. 그 나무는 의롭고 거룩한 자들에게 생명을 주기 위함이었으니, 그들이 빈궁한 지식 가운데 태어났을지라도 '에온'의 '완성 때'에는 불멸이 이루어진다"고 하였다.[331]

'에온'aeon, αἰών이란 신에게서 유출된 것으로서 '영원, 영겁'olam עֹלָם을 뜻하며, '완성'이란 플레로마를 형성하는 상태 즉 가득 채워서to fill up '충만한 상태', 또는 완성케 하여to complete '완전한 상태'가 되는 것을 의미한다. '그때'는 에온의 의미 있는소중한 특성이 나타나는 순간a period of time of significant character이 된다. 따라서 '에온의 완성'은 영혼이 영원한 생명으로 완전히 깨어나는 것을 일컫는다. 우리의 '영혼에서 에온이 깨어난다'는 말은 등걸 같은 우리의 영혼에서 '영원한 생명'의 씨앗이 움이 트고, 싹이 나고, 순이 돋는 것을 말한다.

이 '영원한 생명'αἰώνιος ζωή을 우리가 보았고 요 1:2

그가 우리에게 약속하신 것은 이것이니 곧 영원한 생명이니라. 요 2:25

그의 아들 예수 그리스도 안에 있는 것이니, 그는 참 하나님이시요 '영생'이 시라. | 요 5:20

'에온'과 엇비슷한 용어를 불교에서 찾는다면 '해탈'解脫과 '성불'成佛이란 낱말이 있다. 이것은 성서의 '완인'完人이나 '전인'全人과도 비슷한 것이다.

하늘에 계신 너희 아버지의 온전하심과 같이 너희도 온전하라. 마 5:48

노아는 의인이요, 당세에 완전한 자라. 창 7:9

하나님이 아브라함에게 이르시되, 나는 완전한 하나님이라. 너는 내 앞에서 행하여 완전하라. 창 17:1

신앙이란 무엇인가? 신의 존재를 믿는 것만을 신앙이라고 하지 않는다. 신앙이란 완성을 향해 끊임없이 자신의 작은 껍질들을 벗어가는 자각自覺, awareness, consciousness의 행위이다.

신앙의 신비는 영혼의 씨앗이 싹트는 희망과 신비한 자각의 개화開花, blooming가 믿음 속에 비밀스럽게 주어져 있다. 따라서 우리의 육체의 텃밭은 늙은 고목처럼 시들어가고 있지만, 그 등걸 속에서 영생immotality의 움이 트고, 영원eternity의 순이 자라나서, 영원한 생명eternal life의 꽃이 피어나야 한다.

영성의 세계, 새 하늘과 새 땅, 본향의 동산은 신화의 세계, 에덴동산과는 비교할 수 없을 정도로 아름답고 좋은 곳이다.

'너의 크기를 무엇에 비교할까! 보라, 앗수르 사람은 그 키가 우뚝 솟은 그 나무는 가지가 아름답고 우거져 그 그늘은 숲의 그늘 같으며, 그 꼭대기는 구름에 닿아 레바논의 백향목 같으니 깊은 물이 그를 자라게 하며 그 주위에 강물이 흐르고, 시냇물이 흘러 그 가지에는 공중의 새들이 깃들고, 그 가지 밑에는 들짐승이 새끼를 치고 그 그늘 밑에는 각 민족들이 자리를 잡았다. 하나님의 동산에 자란 어느 백향목이 이만하냐! 잣나무, 단풍나무도 그만큼 아름답지 못하니, 하나님의 동산 에덴의 나무들조차 그를 부러워한다. 겔 31:2-9

그곳 동산은 나의 누이, 나의 신부의 품 같은 곳! 울타리 두른 동산이요, 봉해 둔 샘이로다. 이 낙원에서는 석류 같은 맛있는 열매가 나고, 각종 아름다운 과수와 고벨화와 나도풀과 나르드와 사프란과 창포, 계수나무 같은 온갖 향나무도 나고 몰약과 침향 같은 온갖 그윽한 향로가 나는구나! 그대는 동산의 샘, 생수가 솟는 우물, 레바논에서부터 흐르는 시냇물, 북풍아! 일어나라. 광풍아! 오라. 나의 동산에 불어서 향기로 날거라. 나의 사랑하는 자가 그 동산에 들어가서 그 아름다운 열매 먹기를 원하노라. 아 4:12-16

그곳 하나님의 영성의 성산에는 '의의 나무들'이 숲을 이루고 있다. 그 '의의 나무'는 '상수리나무' oaks이다. '상수리나무'란 참나무, 갈참나무, 졸참나무, 상수리나무. 굴참나무, 밤나무, 도토리나무, 신갈나무, 떡갈나무, 산뽕나무 등 참나무과에 속하는 모든 상록 낙엽 교목들을 일컫는다. 이들 상수리나무들은 신성神性과 동일시되었다.

따라서 구약성서에서는 흔히 언급되고 있는 상수리나무들은 특별한 신성이 있는 것으로 생각되었고, 이 상수리나무들은 히브리어로 엘림'elim, 알라'allah, 엘라

'ellah, 알론'alon, 엘론'elon, 알론'allon 등의 여러 가지로 낱말로 지칭되었고, 이 낱말은 신에 대한 셈족의 일반적인 칭호인 '엘el'로부터 온 것이다. 이것은 '나무-뉴맨'tree-numen, 나무 신령을 보여주고 있다.[332]

새 하늘과 새 땅은 에덴동산의 영적인 복사품이다.

> 강 좌우에는 각종 먹을 과실나무가 자라서 그 잎이 시들지 아니하며, 열매가 끊이지 아니하고, 달마다 새 열매를 맺거나 그 물이 성소를 통하여 나옴이라. 그 열매는 먹을 만하고 그 잎사귀는 약재료가 되리라. 겔 47:12
>
> 수정같이 맑은 생명수의 강 좌우에는 생명나무가 있어 열두 가지 열매를 맺되 달마다 그 열매를 맺고 그 나무 잎사귀들은 만국을 치료하기 위하여 있더라. 계 22:1-2
>
> 그곳에는 해와 달의 비침이 쓸데없으니, 하나님의 영광이 비치고, 어린양이 그 등불이 되심이라. 그곳에는 성전이 없으니, 하나님의 전능하심과 어린양이 그 성전이 심이라. 계 20:22-23
>
> 다시는 해가 지지 아니하며 달이 물러가지 아니할 것이며 백성은 다 의롭게 되어 슬픔의 날이 끝날 것이다. 그들은 내가 심은 가지요, 내가 손으로 만든 것이라. 나의 영광을 나타낼 것이다. 사 60:20-22

새 하늘과 새 땅 '새 에덴'의 영상은 문인들의 시나 소설의 좋은 소재가 되기도 한다. 시성詩聖 William Lindsay Gresham은 그곳을 찾아가는 길은 '기가 막힌 오솔길'Nightmare Alley이라고 했다.[333] 그 길의 'nightmare'란 '악몽', '가위눌림'을 뜻하는 것으로서, 수면 중의 사람을 질식시킨다고 상상되는 마녀, 즉 몽마夢魔가 인도

하는 '오솔길'alley을 뜻한다. 그처럼 길이 좁고 험하나 너무나 절경이고 신비롭고 아름다운 정원 같은 곳으로서, 마치 옛 전설 속의 '청학동'이나 '도화촌'이나 '무릉도원' 가는 길 같은 곳임을 보여준다.

새 하늘과 새 땅은 많은 화가들의 천재적인 상상의 자료가 되기도 하였다. 그들의 화폭 속에 나타난 정경은 신비하고 경이롭기도 하다. 숲이 우거진 산간의 어느 샘가에 여행객이 쉬고 있다. 그곳에는 거친 나무들이 솟아 있고, 아래쪽으로 내려다보이는 골짜기에는 아름다운 들판이 펼쳐져 있다. 작은 천사들의 무리가 그들의 무릎 아래 모여있고 어떤 천사는 그들의 갈한 목을 축여주려고 조개껍질로 샘물을 받아내고 있다. 또 다른 천사들은 꿇어앉아 피리와 플룻을 불며 피로에 지친 여행객들의 마음을 위로해 주고 있다.

II. 별들의 고향을 찾아서

별들의 고향이란 나그네로 떠돌던 영혼들이 돌아가야 할 영원한 본향이다. 한평생 이방 땅에서 외롭고 쓸쓸하게 살아왔던 인간들이 피곤한 다리를 풀고 느긋하고 흐뭇하게 머무를 수 있는 땅! 고향은 아늑하고 푯푯한 정情이 넘치는 곳으로서 자신들의 소중한 추억과 그리움을 담아 엮어낸 희망적 공간이다.

1. 고향을 잃어버린 사람들

우리는 모두 정든 고향을 떠나온 사람들이다. 고향에서 추방되었고, 고향을 빼앗기고, 고향을 잃어버렸다. 그래서 고향을 등진 사람들이다. 그래서 우리는 늘 고향을 그리워한다.

아담과 하와가 에덴동산에서 쫓겨난 이후, 우리는 모두 땅에서 유리하는 자들이 되었다.창 4:12-14 아브라함은 아비 집과 친척들이 있던 갈데아 우르에서 떠나왔다.창 11:31-12:1 야곱은 고향 브엘세바에서 쫓겨났고창 28:10, 요셉은 고국에서 애굽으로 팔려갔다. 룻도 고국 모압에서 떠나왔다.룻 1:6, 엘리야는 고향 디셉에서 떠나왔고왕상 17:1, 사마리아 성에 와서 예언하던 아모스는 고향이 드고아였다.암 1:1 예레미야는 고향 아나돗에서 떠나왔고렘 29:27, 베드로는 갈릴리가 고향이었으며, 바울은 길리기아 다소에서 떠나왔다.행 9:11

> 총독 베스도가 이르되 바울아 네가 미쳤도다! 네 많은 학문이 너를 미치게 한다고 하니, 바울이 대답하되, 내가 미친 것이 아니라 참되고 정신 차린 말을 하나이다. 했다.행 26:24-25
>
> 나사렛 고향에서 떠나온 예수를 많은 사람들이 '저가 귀신들려 미쳤다' 고 했다.요 10:20
>
> 고향을 떠나온 예수를 보고, 나사렛 고향 사람들과 친척들은 모두 미쳤다고 하면서 붙들러 나섰다.막 3:21

우리 모두 정든 고향을 떠나온 이래 타향에서 정처 없이 떠돌면서 미친 듯이 살아왔다. 늘 불안과 초조에 쫓기면서 방황하는 영혼들이 되었다. 우리는 전례 없는 물질적 풍요 속에 살지만, 고향을 잃은 슬픔 속에서 방황과 갈등을 거듭하면서 끝없이 유랑하고 있다.

고향을 잃은 자에게는 항상 소외감과 고독감에 시달린다. 그에게는 실향민의 비애가 있고, 떠나온 고향에 대한 그리움이 있다. 꿈엔들 잊힐리야! 고향을 상실하고 유랑의 여로에서 가족에 대한 그리움과 고향의 공동체적 삶에 대한 향수가 떠나지 않는다. 어릴 적의 이웃집에 살던 소꿉친구는 더욱 그리워진다.

내 어릴 적 고향에 살던 순이는 지금은 어디에 가서 기다리고 있는가? 하늘인가? 땅인가?

〈그 심혼心魂의 귀향길〉

쪽박 같은 달이 먼 산마루에 걸려 못다한 한을 풀려는 듯,
남은 빛을 아낌없이 발하고 있구나!
이 밤이 저 별 만큼이나 멀다면 내킨 걸음에
내 고향 순이에게 달려가고 싶다만
뭇별이 사라지고 새벽어둠이 짙은데
오늘도 홀로 남아 있는 저 별은 무슨 한과 미련이 있길래
저렇게 머뭇거리고 있는가?
별 하나, 별 둘, 별 셋, 별 넷!
나의 별, 너의 별, 우리별, 그들의 별
푸른 별, 붉은 별, 노란 별, 하얀 별
무슨 말 못 할 곡절과 사연이 있는가?
밤새워 아우성치던 그 큰 별들,
그 소란을 떨며 소근대던 그 작은 별들,
다 어디로 갔는가?
인생이 본향 찾아가는 길은 해의 길처럼 넓은가?
아니면 달의 길처럼 좁은가?

이 세상의 고향은 영원한 본향의 모형이자 그림자이며, 모본이다.

그들이 섬기는 것은 하늘에 있는 것의 모형과 그림자라. 모세가 장막을 지으려 할 때에 지시하심을 얻음과 같으니, 이르시되 삼가 모든 것을 산에서 네게 보이던 본을 따라 지으라 하셨느니라. 히 8:5

만일 땅에 있는 우리 장막 집이 무너지면 하나님께서 지으신 집, 곧 손으로 지은 것이 아니요 하늘에 있는 영원한 집이 우리에게 있는 줄 아나니... 고후 5:1

2. 사라져간 별들의 소환

'해와 달과 더불어 하나님의 창조 솜씨를 찬송하는 별들' 시 148:3

'낮을 관장하는 해와 더불어 밤을 주관하는 별들' 창 1:16, 시 136:9

'꿈꾸는 자에게 절을 하는 별들' 창 37:9

'하늘 다니는 그 길에서 대적과 싸우는 일에 도와주던 별들' 삿 5:20

'동방박사들의 긴 여정을 안내하던 별들' 마 2:9

'그들 각각의 영광이 다르고 별들과 별들의 영광도 다른 별들' 고전 15:40

'세상 종말에 무저갱의 열쇠를 받을 별들' 계 9:1

이런 무수한 별들의 나라는 신화의 세계이다.

밤하늘의 별들을 보면 태초에 우주탄생의 신화가 생각난다. 머지않아 지평선 위로 붉은 태양이 떠오르고, 중천에 높이 떠올라 만물에게 빛과 생명을 주고, 저녁이면 서쪽 수평선 너머로 넘어가면서 노을빛을 던져 주는 저 태양은 어디로 가는 건가? 또 밤하늘의 달은 어디서 오는 건가? 천당은 어디며 지옥은 또 어디인가?

> 어느 것이 광명이 있는 곳으로 가는 길이며, 어느 것이 흑암이 있는 곳으로 가는 길이냐?욥 38:19
>
> 네가 모성을 한데 묶어 놓을 수 있으며, 삼성의 띠를 풀어 놓을 수 있겠느냐? 네가 계절마다 제 때에 별자리를 이끌어 낼 수 있으며, 북두성을 다른 별들에게로 이끌어 갈 수 있겠느냐? 네가 하늘의 궤도를 아느냐? 하늘로 하여금 그 법칙을 땅에 베풀게 하겠느냐?욥 38:31-33

아! 별들이 우리가 가야 할 길을 안내해 주던 시대! 그 별들을 보고 황야와 사막과 바다를 건너던 시대! 우리는 그때가 그립다! 별을 보고 가던 때가 행복했다. 우리의 여정에서 나침반의 침로針路는 새벽 별에 항상 맞추어 놓아야 한다. 우리는 항상 밤하늘의 별을 보고 '위성위치확인시스템'GPS을 통해 자신의 위치를 확인하고 침로를 조정해야 한다.

아! 우리는 별들이 보일 때까지 기다려야 하나니, 세상은 황야요 창파라. 옛날 사막을 여행하던 사람들은 사진沙塵, 모래 먼지, dust을 만나면 그 자리에 앉아서 사진이 사라지고 별이 보일 때까지 기다렸다. 별이 보이기를 기다리지 않고 당황해서 아무 방향으로 가면 정말 사막의 시체가 된다. 바다도 마찬가지였다. 별이 보이지 않는데도 계속 항해하면 폭풍과 풍랑을 피할 수 없고 마침내 파선하고 침몰하게 된다.

모세가 야훼 하나님의 마름으로 성장함에 있어 공헌한 인물들이 있었다. 그들은 모세의 생애에 결정적인 영향을 끼쳤다. 우리가 그들의 역사적 행적들을 그대로 흉려보내기에는 너무도 서운한 면들이 있다. 그들은 역사에 나타난 큰 별들이었다.

모세의 생애의 전환점들을 분석해보면 주요 변곡점들은 다음과 같다.

첫째로 아기 모세가 나일강 갈대 늪에서 애굽공주, 데르무디스Thermuthis를 만난 것은 죽음에서 다시 살아나는 순간이요, 노예의 자식에서 왕손세손으로 신분이 바뀌는 순간이었다. 그녀는 위대한 모성애의 여인이었다.

둘째로 소년 모세가 애굽의 고전문학 속에서 문필가 시누헤를 만난 것은 평범했던 소년이 꿈과 환상호기심을 가진 야망의 소년으로 거듭나는 순간이었다. 그는 '야땅'에 대한 환상을 품게 되었다.

셋째로 청년 모세가 선각자 애굽 왕 아멘호텝 Ⅳ세를 만난 것은 아마르나 혁명의 역사적 현장에서 나중의 야훼혁명의 실현 방법을 배우게 되었다. 모세는 무엇보다도 그의 유일신관과 종교적 환상을 정치적으로 실현하는 구체적인 지혜와 실전을 경험하게 되었다.

넷째로 장년 모세가 미디안 망명 생활 중에 이드로를 만난 것은 애굽의 귀족이 양치기 목자로 변해가는 과정이었다. 이드로는 그의 영적 스승이었다. 이때에 모세는 미디안 광야에서 자연계에서 나타나사 활동하시는 하나님의 역사를 경험했다. 그는 특히 광야 사막에서의 삶의 방식과 지형 지세를 익힘과 더불어 그의 영성이 깨어나는 경험을 했다.

다섯째로 미디안 망명 생활 중에 전승 속의 알라라크왕 이드리미를 만난 것은 역사적 위기의 순간에 절망과 좌절 에 빠져있던 모세에게 권토중래의 희망과 용기를 북돋아 줌으로써 혁명아로 거듭나게 했다. 그는 모세에게 하비루의 전술을 전수해 주었다

이들은 모두 실존 인물들이었다. 그들은 모두 생활인으로서, 신비의 구름 속에

싸여 있지 않았다.

구약성서는 인간적인 용어로, 인간적인 이해를 위하여, 인간 자신을 바로 알리려는 목적에서 기록되었다. 기독교에서 말하는 성육신成肉身, Incarnation의 정신은 구약성서문학에 나타나 있다. 그것은 하나님께서 인간을 통하지 않고서는 자신을 계시할 수 없음을 보여주고 있다. 구약성서는 신의 음성을 인간의 목소리를 통하여 들려주고 있다.[334]

모세는 이들 '역할 모델들'과 평생을 두고 서로 끊임없이 영교하고 영통하고 교령했다. 모세가 이들은 만난 것은 참으로 절박하던 시절, 아주 절묘한 순간에 만났다. 그가 현실의 벽을 넘지 못하고 허우적대고 있을 때, 그들과의 극적인 만남을 통해 그의 생애에 큰 변화를 가져왔다. 하나님의 치밀한 계획이요 섭리였다.

이들은 모두 모세에게 위대한 스승이자 '롤 모델'role-model이었고 '도플갱어'Doppel- ganger들이었다. 모세는 그들을 통하여 자신을 객관화시켰고 또 그들의 타자성을 경험하게 되었다. 그들은 가정법적이고 과거형이고 미완료 상태였지만 모세는 늘 현재 진행형이었다.

존경할 수 있는 영웅이 있는 사회는 희망이 있는 건강한 사회이다. 별들을 알아보고 존경할 줄 아는 시민의식이 존재할 때만 영웅과 천재가 탄생할 수 있다. 별들이 사라진 밤하늘은 미래로 나아갈 자원을 잃어버린 사회이다.

3. 모세의 영성 세계의 영매(靈媒)들

서구에는 '영국에서 교육받은 인도인보다 더 영국적인 사람은 없다'라는 속담이 있다. 모세의 첫 40여 년을 애굽인으로 교육을 받아왔다. 철저하게 애굽의 문화와 전통에 학습되어 있어 애굽의 모범 청년이었다. 그러나 미디안 망명 생활 40여

년간은 철저하게 '양치기'로서 미디안인이 되어있었다.

모세의 인간됨에는 양모養母의 공헌이 절대적이었다. 양모는 모세를 믿음과 환상으로 키웠다. '믿음'이란 농부가 보리밭에서 종달새의 알을 주웠을 때 그것에서 벌써 공중에서 들려오는 종달새의 노래를 듣는 것이다.

믿음은 바라는 것들의 실상이요 보이지 않는 것들의 증거이다. 히 11:1

모세는 유년 시절은 양모를 닮아갔고, 소년 시절은 '시누헤'를 그렸고, 청년 시절은 '아케나톤'을 닮아갔으며, 장년 시절은 '이드로'를 닮아갔다. 그들은 모두 역할 담당자들이었다. 모세는 그들과 더불어 교감交感하고 공감共感하였으며, 영교靈交하고 영감靈感하고 영통靈通하였다.

'서당 개 3년이면 풍월 읊는다'는 속담이 있다. 강아지도 서당에서 3년을 거하면 서생들은 닮아간다.
'삼밭의 쑥대'라는 격언이 있다. 제멋대로 자라는 연약한 쑥도 삼밭에서 자라면 곧은 삼대를 닮아 곧게 자란다는 뜻이다.
'세상만사 허사라. 나무아미타불'을 되풀이하면, 나중에는 그 사람도 '돌미륵'을 닮아간다.

모세는 양모와 시누헤와 아케나톤, 그리고 이드로와 이드리미를 자신의 분신처럼 생각했고. 직접 혹은 간접으로 늘 대면하면서 서로 공감하였으며 영교하였다. 모세는 그들의 또 다른 분신, 즉 도플갱어가 되었다. 영성 세계는 '도플갱어'들의 세상이다. '도플갱어'란 사무엘의 혼령이나삼상 28:11-19, 엘리야의 생령이나왕하 2:2, 라마의 유령같이마 2:18 어떤 사람의 망령이나 생령이 본인에게만 나타나는 현상을 일컬음이다.

모세는 영성세계spiritualistic world에서 믿음신앙, faith으로 자라 도플갱어Doppelgänger의 표상表象, Symbol이 되었다. 도플갱어가 되는 과정은 심령과학과 종교에서는 '강신'spiritualism으로, 문학에서는 '라포르'rapport로, 종교 심리학에서는 '뉴미노줌' numinosum으로 그리고 예술에서는 '에스프리'esprit로 이루어진다.

이러한 수단들은 신화의 세계와 영성의 세계를 연결하는 교량이며 가교이다. 이러한 방법들은 정신과 물질, 영성과 신화, 역사와 신화 그리고 인간과 인간 사이를 연결하는 '내적 접합'을 시키는 시냅시스synapsis가 된다. 다시 말하면 신령 세계와 현상세계의 접착제가 된다. 이 방법은 신화와 영성을 연결하는 사닥다리이니 하늘과 땅을 연결하는 야곱의 '벧엘의 사닥다리'이다.창 28:12 이렇게 '신령'과 더불어 자유로이 교제하는 원초적 신화적 세계 속에서 인간은 무제한의 창조와 상상의 가능성 앞에 서게 되는 것이다.

'에스프리'esprit란 영어의 '스피리트'영 혹은 영성, spirit와 라틴어의 '스피리투스'입김, spiritus에서 유래된 단어인데 철학에서는 일반적으로 '정령精靈'으로 번역된다. 예술에서의 에스프리는 생명력 즉 예술을 예술답게 하는 정신적인 본질을 의미하는 것으로서 어떤 대상들을 접했을 때 감정이입에 의하여 대상과 어울리면서 느끼는 리듬과 같은 것이다. 여기에서 도플갱어들 사이에 '에스프리'정신, 재치, 기지機智가 같은 양상으로 나타나게 되어, 이것을 일컬어 'espri de corps'단체정신이라 하는데 즉 병사들의 '군대 정신', 학생들의 '애교심', 당원들의 '애당심' 등의 단결심이 생겨나게 된다.

영성 세계는 공통 정신, 단체정신을 갖게 되고, 그것은 도플갱어들이 되게 한다. 어떤 면에서 군인들은 군대 정신을 가진 병사 도플갱어들이고, 학생들은 학원 도플갱어들이며, 정당원들은 정치 도플갱어들이다. 각종 예술단원들도 마찬가지이다.

현대의 심령과학은 '강신술'Spiritualism을 통하여 인간은 육신을 가진 채 우주와의 합일 및 일체를 이루어 선仙의 경지에 도달하게 되고, 신통神通과 영통靈通의 경지에 이르게 되면 우주의 실체와 신비를 깨닫게 된다고 한다. 성령의 역사도 이 부류에 속하는데 심령과학의 강신술은 신통과 영통을 주장한다. 이러한 주장은 사탄의 태고적 속임수로서, 영혼 불멸의 신앙을 진실인 것처럼 위장하고 사람의 영혼으로 위장한 거짓 영들과의 영교靈交를 이루려고 하는 것이다.

심리학자 칼 융Carl Jung, 1875-1961은 『종교심리학』에서 종교란 뉴미노줌numinosum 즉 '교령交靈'의 경험에 의하여 변화된 의식의 독특한 태도를 일컫는 용어라고 했다. '교령'이란 신비적이고 신령한 영적 소통이다.[335]

'라포르'란 문학작품 속에서 만나는 '영교靈交'로서 새싹을 큰 나무 그루터기에 접붙이는 '영적 교감'을 일컬음이다. 예를 들면 그 대표적인 것이 '여호와의 증인'을 낳은 '워치타워 성서책자협회'와 '새 교회'를 낳은 스베덴보리 인쇄출판회'이다.

'여호와의 증인'의 'Watchtower Bible and Tract Society'는 매월 수백 개의 각국 언어로 책을 출판하여 선교에 사용하고 있다.

'새 교회'의 British Museum Catalogue에 수록된 스베덴보리의 작품들과 그의 새 교회에 관련된 작품들의 제목 수는 500항목이 넘는다.

스베덴보리는 생전에 설교자로 활동하지 않았으며, 오직 방대한 라틴어 저서들만으로 큰 영향을 끼졌다. 그의 신학 저서들은 세계 각국어로 번역되었고, 지금도 계속 판을 거듭하고 있다. *Bibliography of Swedenborg* London, 1907는 그의 책 제목만 수록한 것으로 760페이지짜리 책이다.

도플갱어들 사이에는 믿음과 신뢰가 가장 중요한 기반이 된다.

영교와 교령은 이식移植이나 접종으로는 불가능한 '직관과 사랑'의 '매듭'이다. 그리하여 '도플갱어들'의 인격에는 서로 간에 일치와 조화를 특징으로 한 관계가 형성되고, 이심전심 동지 관계가 이루어진다. 때로는 영매를 통한 교신communication으로, 때로는 강령술降靈術에 의해 신의 영이 대상자의 몸에 강림함으로서, 화합과 일치가 이루어지기도 한다. 성서는 이러한 도리를 나무를 '접붙인다'는 이치로 설명하고 있다.

> 접붙여진 가지들은 원뿌리에서 진액을 함께 받게 된다. 원뿌리에서 자양분을 받는 방법은 '믿음'이다. 가지가 잘려나감은 우리가 믿지 않은 탓이라. 그에게 대한 '믿음'이 있으면 붙어 있게 된다. 하나님께는 접붙일 능력이 있으시다. 롬 11:17-22

그러므로 교령과 영교는 단순한 접합接合이나 결합結合이 아니라. 그것은 단번에 모두 획득되는 어떤 것이 아니라 얻었다가 잃을 수도 있는 태도이다.

> 야훼께서.... 행하신 모든 일을 너희가 보았나니, 곧 그 큰 시험과 이적과 큰 기사를 네 눈으로 보았느니라. 그러나 깨닫는 마음과 보는 눈과 듣는 귀는 오늘 야훼께서 너희에게 주지 아니하셨느니라. 신 29:2b-4

영성학에서 '뉴미노줌과 라포르'는 상대방의 인격체 안에 하나의 '포령'包領, Pomerium을 형성해 놓게 된다. 그것은 남의 땅 안에 자기의 영토를 만들어 놓은 것 즉 대사관을 설치하는 것과 같다.왕하 5:17 그렇게 되면 상대방 속에 다른 인격체가 공존하게 된다. 에스프리와 뉴미노줌과 라포르의 최종목표는 '닮은꼴 인생' 즉 두 사람이 시간과 공간의 격차를 떠나서, 그리고 그들의 정신세계가 언어나 육체적 인연을 떠나서 서로 소통하여 동무가 되고 친구가 된 것을 지향하게 된다.요 14:20, 17:26, 갈 2:20

자연과학에서 진화론과 적자생존을 주장한 '찰스 다윈'Charles Darwin은 과학적 무신론자이다, 그에 의하면 그것을 우리는 사람뿐만 아니라 식물도 동물도 다 그러하다. 모든 생명체는 환경과 주변의 영향은 받아 닮아가게 마련이라. 그것을 우리는 '적자생존의 법칙'이라고 부른다.

'DNA'는' 유전의 지휘자'라기 보다는 도서관과 같은 '정보의 보관소'이다. 환경이 유전자에 담긴 스위치를 켜거나 끔으로써 유전형질의 발현에 영향을 미칠 수도 있고, 이렇게 환경에 의해 발현된 형질은 심지어는 몇 세대 동안 후대에도 전해질 수 있다고 한다. 이러한 플랜을 충실히 응한 사람들은 한결같이 좋은 결과를 얻었고, 따라서 이것은 우리의 진실한 믿음이 되었으며, 이것은 우리가 더 많은 사람들에게 행복과 소유물을 가져다줄 플랜을 제공하고 있다는 주장이다.336 이러한 자녀 양육 방식은 수백 년을 지속해오면서 전통으로 확립되고 민족의 정신적 지주와 신앙의 핵심을 이루어, 그들은 오랜 세월 동안의 민족적 수난과 시련도 꿋꿋이 이겨내 올 수 있었다.

우리가 어떤 인물을 크게 흠모하여 배우고 닮아가려고 노력하면 자기 자신도 모르는 사이에 '넋을 빼앗기고' 자기의 정체성을 잃어버리고 그 사람을 닮아가게 된다. 우리는 그것을 생령에 사로잡혔다고 한다. 내 꿈의 씨앗은 내가 찾고 싶었던 그 사람이 바로 내 꿈나무의 씨앗이다. 우리의 '후루프 나무 가지'는 내가 닮아가고 싶은 '롤 모델'에게서 찾는다. 그를 사모하면서 점차 닮아간다. 시간이 흐르고 노력이 쌓이면, 그 어느 날은 자신도 그 사람 못지않게 완성되어 있을 것이다. 그리고 자기가 의도하고 소원했던 부문에서 일정 부분 가까워진 것을 느끼게 될 것이다.

우리는 '믿음과 신뢰' 안에서 무르익은 뉴미노숨과 라포르, 잦은 영혼의 소통과 깊은 교감은 흠모했던 인물이 지나갔던 방향으로 향해 자신도 조금씩 움직여온 것을 발견하게 될 것이다. 이러한 소통과 공감 후 만남meet in living encounter은 접붙임이며 구원이 된다. 우리는 항상 신화와 전설에 마음의 문을 열어놓고 상상력을 펼쳐 기대를 품고 귀 기울어야 한다. 그렇지 않으면 '들을 귀가 멀어' 우주에 가득한 '우연의 음성'을 들을 수도 볼 수도 없게 될 것이다.

> 나를 사랑하는 자들이 나의 사랑을 입으며 나를 간절히 찾는 자가 나를 만날 것이니라. 잠 8:13

'사랑하는 자'와 '사랑을 입은 자' 사이에는 뉴미노줌과 라포르가 일어나서 도플갱어가 탄생한다.

소년 시절의 모세는 영성의 세계에서 일어나서 이러한 도플갱어로 자랐다. 이들은 모두 모세에게 꿈과 환상을 심어주고, 신앙과 사명을 심어준 은인들이었다. 그들은 모두 하나님의 인류 구원 사역에 동원된 별들로서 모세에게 노예 구출 사업과 이스라엘 건국에 대한 소명의 씨앗을 심어준 친구이자 스승들이었다. 그러나 모세는 청출어람靑出於藍으로 그들과는 필적할 수 없는 인물이 되었다.

> 그런즉 [시누헤 = 아볼로]는 무엇이며, [아케나톤 바울]은 또 무엇이냐? [이드로는 누구며, 이드리미는 또 누구냐?] 그들은 주께서 각각 주신대로 너희로 하여금 믿게 한 사역자들이니라.
>
> 나[시누헤]는 심었고, 아볼로[아케나톤]은 물을 주었으되 오직 하나님께서 자라게 하셨나니, 그런즉 심는 이나 물을 주는 이는 아무것도 아니로되, 오직 자라게 하시는 이는 하나님뿐이니라. 심는 이와 물주는 이는 한 가지이나 각각 자기들이 한 일대로 자기의 상을 받으리라. 고전 3:5-8

도대체 '롤-모델'이란 무엇이며 '도플갱어'는 또 무엇인가? 그들은 하나님의 연장도구에 불과하다, 심은 자나 물을 주는 자가 중요하지 않고 자라게 하시는 하나님만이 중요한 것이다. 그들은 모두 인간인 고로 수고한 만큼 상을 받을 따름이다. 우리는 다 하나님을 위하여 함께 일하는 일꾼들이고, 또한 하나님의 밭이며, 하나님이 지으신 건물이다.고전 3:5-9

혹자들은 항의할지도 모른다. "왜 거룩한 성서에 하필 그런 세속사의 낯선 인물들을 개입시켜 성스러운 책을 흙투성이로 만드느냐?"고, 하지만 성서에는 이미 수많은 세속사의 인물들을 등장시키고 있다. 예를 들면: 라메세스출 1:11, 12:37 민 33:35, 사르곤 II세사 20:1, 아무라벨함무라비, 창 14:1, 느부갓네살왕하 24: -25:, 느부사라단왕하 25:8-20, 고래스대하 36:22-23, 스 1:1-11, 다리오단 5:31, 아하수에로단 9:1, 에살하돈왕하 19:36-37, 아닥사스느 5:4, 13:6, 티클랏필레셀왕하 16:5-6, 오스납발앗술바니팔, 스 4:10, 살만에셀왕하 19:36-37,아우구스도행 9:1, 아굴잠 30:1, 메사왕하 3-4 등 이외에도 수없이 많이 있다.

이들은 모두 왕이며, 장군이며 전사며, 현인이며, 지자智者이며, 학자이며, 명인들이고 특수한 인물들로서 등장하고 있다. 그들의 출신 지역은 애굽, 바빌로니아, 페르샤, 그리스, 로마, 아프리카, 소아시아, 팔레스타인, 아라비아, 지중해 연안, 에게해의 섬나라 등 실로 고대 근동세계 전역에서 끌어오고 있었다.

모세의 도플갱어들은 공주 데르무디스는 애굽에서, 사르곤은 메소포타미아에서, 시누헤와 아케나톤은 애굽에서, 이드리미는 소아시아에서, 그리고 이드로는 미디안에서 부르셨다. 이들은 모두 당대의 최고의 지성인이며, 인격자이고, 학자이며, 사상가이고 현인이며 위인들이었다. 모세는 그들의 도움으로 그의 지성과 영성은 최고의 경지에 도달하고 있었다. 물론 이들 외에도 모세에게 직접 혹은 간접으로, 성서의 기록 안에서 혹은 성서 기록 밖에서 도움을 준 자들도 많이 있었을 것이다.

모세의 생애와 사역에 일정 부분 공헌했던 그들은 모두 인류 역사의 여명기에 큰 빛을 던져 주고 어둠 속으로 사라져간 별들이었다. 그들은 머지않아 태양이 떠오를 것을 예고한 새벽하늘의 샛별과 같았다. 그들은 모두 잠시 세상에 나타나서 자신들의 사명을 다하고 떠나갔다. 그들은 요나의 '박넝쿨'과 같다. 잠시 탐스럽게 자라서 그늘을 제공해주고 하나님이 주신 사명을 다하고 세상에서 사라졌다. 그들의 생존과 활동은 모두 야훼 하나님의 영원하신 빛 우주적인 계획과 섭리의 일환으로 '야훼 이레'였으며창 22:164, 모세의 생애와 사업에 적잖은 영향을 끼쳤다. 물론 모세가 그들의 도움을 받았다고 하여도 그것은 사람에게서 배운 관습일 따름이며, 사람의 계명으로 가르침을 받았을 뿐이었다.사 29:13 그들은 시내산 위의 불타던 가시나무의 역할을 하였다.

4. 모세 변화의 핵심요인

모세는 점차 자신 개인보다는 공동체를 위한 삶에 끌려갔다

> 하나님의 나라는 사람이 씨를 땅에 뿌림과 같으니, 그가 밤낮 자고 깨고 하는 중에 씨가 자라나서 자라되 어떻게 그리되는지를 알지 못하느니라. 땅이 스스로 열매를 맺되, 처음에는 싹이요, 다음에는 이삭이요, 그 다음에는 이삭에 충실한 곡식이라. 막 4:26-28

예부터 "치료는 신이 하고 돈은 의원이 번다"는 속담이 있다. 가령 외과적인 수술에 있어서는 인간의 지식과 기술이 결정적이지만, 거기에는 자연 회복이라는 신의 치료가 곁들여지게 된다. 그 자연치유가 더 중요하다는 말이다.

예컨대 농부가 아무리 정성껏 곡식을 가꾸어도, 곡식이 꽃이 피고, 열매 맺고, 수확을 거두게 하는 것은 신의 역할이다. 원예가가 아무리 정성을 다해도 꽃을 만들어 내는 것은 아니다. 모든 것은 신이 조종하여 만들어 간다. 그 만들어 가는 과정에서 인간의 힘은 한낱 도구일 뿐이다.

모세의 생애에 결정적인 변화를 가져오게 된 것은 미디안 땅의 양치기 생활 중에 경험한 시내산 위의 '불타는 가시나무'였다. 그는 그때 거기에서 야훼 하나님을 만난 것이었다. 그는 이로써 소명은 받고 이스라엘의 구원자로 나서게 되었다. 그러나 그렇게 하기 전에 하나님께서는 인간들로 하여금 모세에게 씨를 심을 땅을 마련케 하고, 농사할 방법을 배우게 하여 농부의 마음을 기르게 하였다.

이드로는 모세의 영성 밭을 개간하였고, 시누헤는 '야' 땅과 '야-야훼'에 대한 씨앗을 뿌렸고, 아케나톤은 그 싹을 트게 하였으며, 이드르미는 그것이 잘 자라도록 물을 주었다.

그러나

> 심는 이나, 싹을 틔우는 이나, 물을 주는 이는 아무것도 아니로되 오직 자라게 하시는 이는 하나님이시니, 하나님만이 중요하다. 고전 3:7
>
> 이는 뿌리는 자와 거두는 자가 함께 즐거워하게 하려 함이라. 그런즉 한 사람은 심고, 다른 사람은 거둔다 하는 말이 옳도다. 내가 너희로 노력하지 아니한 것을 거두려 보내었노니 다른 사람은 노력하였고, 너희는 그들이 노력한 것에 참여하게 되었느니라. 요 4:36-38

별들이 사라진 밤하늘은 어둡고 암울했다. 그 하늘에 샛별들이 뜬 적이 있으니 그들은 역사의 선구자들이었다.

> 도대체 아볼로는 무엇이며, 바울은 또 무엇이냐? 그들은 주께서 각각 주신 대로 너희로 하여금 믿게한 사역자들이니라. 고전 3:5
>
> 한 알의 밀이 땅에 떨어져 죽지 아니하면 한 알 그대로 있고, 죽으면 많은 열매를 맺느니라. 요 12:24

이것은 인간 가치 체계의 완전 전도를 의미하는 구체적인 자기 혁명을 조건으로 한다. 죽어서 다시 사는 재창조의 과정이다. 이것은 기존 생의 완전한 청산이요 탈피다. 그래서 지금까지의 길과 정반대의 길로 전환하는 것, 그것이 하늘나라 복음 신앙의 시발始發이다. 어떻게 그 힘의 소원이 이루어지는지는 따지려들 필요는 없다. 그것은 마치 옥수수 한 알을 비옥한 땅에 심으면 그 씨앗은 곧 파란 줄기를 틔우고 꽃을 피운 다음, 이내 열매를 맺고, 이렇게 얻어진 옥수수는 각각 수백 개의 씨앗을 품고 있으며, 그 씨앗 하나하나가 다시 옥토에 떨어지면 수많은 열매를 맺는 이치를 이해하려는 것만큼이나 불필요하다.[337]

모든 농부는 믿음 위에 씨를 뿌린다. 농부는 밭에다가 씨를 뿌리는 것이 아니라 믿음 위에 믿음의 씨앗을 뿌린다.

> 믿음은 바라는 것들의 실상이요. 보이지 않는 것들의 증거니, 우리는 믿음으로 모든 세계가 하나님의 말씀으로 지어진 줄을 우리가 아나니, 보이는 것은 나타난 것으로 말미암아 된 것이 아니니라. 히 11:1, 3

모세는 아마르나 혁명의 실패를 통해 신의 뜻을 발견했다.

> 일을 도모하기는 사람에게 있어도 그것의 성공은 야훼께 있느니라. 잠 16:1, 9, 17

'모든 혁명의 성공은 하늘에 달렸다' 이것이 모세가 아마르나혁명의 실패에서 배운 경구aphorism이었다.

시누헤와 아케나톤. 그리고 이드리미와 이드로의 공헌은 역사상으로 상당하였지만, 오늘날 그들의 공헌이 공식적으로 높이 평가받지 못하고 있는 현실을 안타깝게 생각하면서 그 옛날 우리들이 함께 즐겼던 고향 잔치에 참여하면 어떨까 하면서, 우리 서로의 기억과 회상을 공유하면 좋겠다고 생각한다.

Ⅲ. 본향 찾아가는 길의 어려움

"생각컨대 '희망'이란 본시 있는 것이라고 할 수 있으며 없는 것이라고도 할 수 없는 것이다. 그것은 지상地上의 '길'과도 같은 것이다. 본시부터 이 지상에는 길이 없었다. 그러나 걷는 사람이 많아지면 그것이 길이 되는 것이다." - 루신魯迅의 '고향' 중에서

우리 인간이 본향 찾아가는 귀향길에는 산도 있고 강도 있다. 길섶에는 백합화도 피어있고 수선화도 피어있고, 장미꽃도 피어있고, 찔레와 엉겅퀴도 자라고 있다. 그 길가에는 가시덤불도 있고, 산딸기도 열려있다. 보기 좋고 먹기 좋고 탐스럽기도 한 그 열매는 따 먹으려면 예상치 못한 어려움도 있다. 장미꽃을 꺾거나 산딸기를 따 먹으려면 손은 가시에 찔리고 때로는 눈이 가시에 찔리는 아픔과 고통도 겪어야 한다. 그 산악에는 여우가 있고, 바다에는 상어가 있다. 산을 넘고 강을 건너고 바다를 통과하는 동안 꽃길도, 가시밭길도, 여우 골짜기도, 상어 바다도 있다. 그러나 "그 강은 공의와 정의가 범람하여 흐르고 있다"암 5:24

우리 '환고향還故鄕의 길'을 그 짙은 안개 속에서 가냘픈 촛불 하나를 들고 나아가는 것은 너무도 미약하다. 우리의 오랜 영혼의 상처와 두려움은 착해지려는 의지 하나로 치유될 수 없다. 착한 뜻을 품은 우리의 짧은 인내로는 마침내 허무의 강가에 닿게 될 것이다.

우리가 본향 찾아가는 그 길을 찾기가 얼마나 어려운지 안개 자욱한 소설 속의 무진기행無盡紀行과 같다. 안개에 둘러싸여 있는 고향 무진의 산들은 보이지 않고, 안개는 마치 이승에 한恨이 있어서 매일 밤 찾아오는 여귀厲鬼가 뿜어놓은 입김 같

았다. 해가 떠오르고 바람이 바다 쪽에서 불어오기 전에는 사람의 힘으로는 그것을 헤쳐버릴 수도 없으면서도 그것은 뚜렷이 존재 했고, 사람들을 둘러싸고 먼 곳에 있는 것으로부터 사람들을 떼어놓았다.

.... 달리는 버스 속에 앉아서 어디쯤에서인가 길가에 세워진 팻말을 보았다. 거기에는 검은 글씨로 '당신은 지금 무진을 떠나고 있습니다. 안녕히 가십시오'라고 써 있었다.

우리는 지리산 청학동青鶴洞 전설과 도연명의 도원의 전설을 알고 있다.

옛 전설에 지리산에 '청학동'이라는 곳이 있는데, 그곳으로 들어가는 옛길이 너무 좁아서 사람이 겨우 지나갈 정도라. 기어서 수십 리쯤 들어가면 비로소 넓은 곳이 나타나는데 주위는 모두 기름진 밭과 논으로 돼 있어 농사짓기에 알맞고, 우거진 숲속에는 푸른 학鶴이 살고 있어서 청학동이라 부른다. 청학동 찾아가는 길은 지나는 곳마다 절경이 아닌 곳이 없고, 온갖 바위가 다투어 솟고, 골짜기마다 맑은 물이 소리를 내며 흘렀다. 대나무 울타리를 한 집들은 복숭아꽃, 살구꽃에 정말 인간이 사는 곳이 아닌 듯했다. 그러나 청학동이라는 마을은 끝내 찾지 못했다.

옛날 진秦나라 사람들은 전쟁을 싫어했다. 그래서 그들은 깊은 산골짜기를 찾아갔다. 동네 사람들과 가족을 데리고 깊은 골짜기로 들어갔다. 절벽이 둘러있고, 물이 겹겹이 흐르는 깊숙한 곳, 나무꾼도 감히 찾아들지 못하는 그곳에서 살았다. 그 후 진晋나라 효무제 때, 한 어부가 배를 타고 어느 계곡으로 들어가게 되었는데 그곳은 마치 사람들이 서로 화목하고 모두 행복해 보여 마치 신선들처럼 보였다. 며칠을 융숭한 대접을 받은 후 자기 집으로 돌아왔다. 그 이야기를 태수에게 했더니 사람을 시켜 찾아보라고 했다. 그러나 어부가 말한 곳을 아무리 찾아도 찾을 수가 없었으며 아무도 더 이상 그곳을 찾아내지 못하였다.

좁은 문으로 들어가라! 생명으로 인도하는 문은 좁고 길이 협착하여 찾는 자가 적음이라. 마 7:13-14

William L. Gresham은 좁고 험하나 '기가 막힌 절경의 그 오솔길'을 'Nightmare Alley'라고 했다. '꿈속에서 마녀가 인도하는 길'이라는 뜻이다.

환고향 하는 오솔길은 혼자 걸어서 가야 한다. 누구나 혼자서 가야 하고, 짐을 지고 갈 수는 없다. 몸에 지닌 것이 있으면 짐이 될 뿐이다. 그 오솔길은 별들과 새소리, 바람 소리, 계곡 물소리에 몸을 맡겨야 한다.

멀치아 엘리아데Mircea Eliade는 그 길의 어려움을 이렇게 실토했다.

"이란 신화에서 죽은 사람은 사후post mortem의 여행 도중 '신바트의 다리'를 건너게 되어있다. 그 다리는 올바른 사람들에게는 창槍 아홉 개 만큼의 너비를 갖고 있지만, 사악한 자에게 있어서는 면도날만큼 좁은 다리가 된다. Din Kart, Ⅸ, 20,3 신바트의 다리 아래에는 지옥의 심연이 입을 벌리고 있다. Videvdat 3,7 신비가들은 하늘로 가는 그들의 망아적忘我的 여행에서 언제나 이 다리를 건너간다.

아라비아의 저술가들과 신비가들에게서는 그 다리는 '머리카락보다 더 좁으며, 지상을 별의 세계와 낙원에다 연결시킨다.

기독교 중세의 전설에는 '물밑의 다리'와 영웅란슬로트이 맨발과 맨손으로 건너야 하는 칼의 다리가 나온다. 그것은 '큰 낫보다 더 날카로우며', 그것을 건너는 데는 '아픔과 고통이 따른다.

핀란드 전승에는 바늘, 못, 면도날 등으로 뒤덮인 다리가 지옥 위에 걸려있다. 죽은 자 및 망아忘我 상태에 있는 샤먼들은 다른 세계로 가는 그들의 여행에서 이 다리를 사용한다.

실제로 전 세계에 걸쳐서 이와 유사한 묘사들이 발견되고 있다.

사도 바울의 환상은 우리의 세계와 낙원을 연결시키는 '머리카락만큼 좁은' 다리를 보여 준다."[338]

1. 자연 속으로 산책

인간은 갑자기 이 땅위에 던져진 유랑객이다.

그래서 늘 끝없이 망향가를 부르면서 떠돌고 있다.

초원이든, 사막이든, 광야든 고향 산천은 늘 그리움의 대상이다. 초원의 메마른 땅에서 피어나는 그 아름답고 화려한 수많은 꽃들과 그 뿌리 내리기 힘든 바위틈과 산비탈에서 달고도 탐스러운 열매를 내던 포도넝쿨과 수백년을 꿋꿋이 자라면서 식용과 세제용의 기름을 제공해주던 열매맺는 감람나무들과 풀도 나무도 자라지 못하는 산과 계곡에서 살고있던 양 떼와 염소 떼들이 그립구나! 고향 까마귀도 반갑지 않은가!

고향

정지용

고향에 고향에 돌아와도

그리던 고향은 아니러뇨.

산 꿩이 알을 품고

버꾹이 제철에 울건만,

마음은 제 고향 지나지 않고

머언 항구로 떠도는 구름

오늘도 메 끝에 홀로 오르니

흰 점 꽃이 인정人情스레 웃고,

어린 시절에 불던 풀피리 소리 아니라고

메마른 입술에 쓰디쓰다.

고향에 고향에 돌아와도

그리던 하늘만이 높푸르고나. 동방평론 1932

오늘의 이스라엘은 오랜 세월 이방나라를 유랑하다가 가나안 땅으로 돌아왔으나 옛날의 히브리인들이 아니었다. 그들은 모두 '현존 부재자'Present Absentee로 남아있게 되었다. '현존 부재'란 옛 선조들의 살던 땅으로 돌아왔지만 그리고 자신들이 태어난 고향처럼 생각하고 계속 살고 있지만, 이미 땅과 재산과 전통을 잃은 난민들이 되었다. 그리하여 영원한 신화의 세계를 더욱 그리워하게 되었다. 그들은 형제를 사랑하고 평화와 번영을 기원했지만 그들은 새로운 본향을 더 소중히 여기게 되었다.

저 먼바다에 사는 거북이도 그러하다. 망망대해를 헤엄쳐 살다가 때가 되면 자신이 태어난 고향으로 돌아온다. 사람이든 짐승이든 나이가 들면 들수록 자신이 태어난 고향을 더욱 그리워하게 된다. 수구초심首丘初心이란 말이 있다. 저 산에 사는 여우도 죽을 때는 머리를 자기가 살든 굴로 향한다는 말이다. 다시 말하면 짐승도 죽어도 고향을 잊지 못한다는 말이다.

모든 사람에게는 '마음의 고향'이 있다. 그래서 어려서부터 우리는 '고향의 봄'이라는 노래를 불러왔다.

나의 살던 고향은 꽃피는 산골
복숭아 꽃 살구꽃 아기 진달래
울긋불긋 꽃 대궐 차린 동네
그 속에서 놀던 때가 그립습니다.

꽃동네 새 동네 나의 옛 고향
파란들 남쪽에서 바람이 불면
냇가에 수양버들 춤추는 동네
그 속에서 놀던 때가 그립습니다.

요단강과 갈릴리호수는 생명수의 강과 바다에 대한 실물교과서로서 영감과 묵시를 심화시켜주었다. 그리고 벧엘 산간지의 참나무삼림은 '의의 나무숲'을 사모하고 그리워하게 해 주었으며, 강변의 갈대숲의 속삭임은 떠나온 본향에 대한 망향가가 되었다.

네게브 지방은 바위와 모래뿐인 황량한 사막지역과 깎아지른 바위산뿐이지만 파란 하늘을 배경으로 눈부시게 빛나던 그 험한 봉우리들과 으슥한 계곡들, 또 들과 '와디wadi'라고 부르는 물이 흐르지 않는 개울들의 황막한 풍경도 그리움의 대상이다. 세속인들의 침입을 거부하는 그 산천들은 오히려 은둔수사들을 끌어오고, 불러들이기에 좋았던 그 자연환경이 아니었던가?

가나안 땅의 이러한 자연환경은 영성의 세계에서 영원한 본향에 대한 청사진을 그려보게 하는데 그들의 상상력을 자극하고 정신력을 단련시켜 주었다.

고대 근동세계의 봄, 여름, 가을, 겨울 등의 계절이 오는 것은 신이 인간으로 하여금 들판에 나가서 파종하고, 곡식을 기르며, 또 추수하라는 신호를 보내준 것이며, 동시에 이 지역 주민들에게는 신이 부여한 계절마다 오는 절기의 축제잔치를 지키라는 명령으로 받아들여졌다. 그리하여 절기의 축제가 열리면 주민은 남녀노소 빈부귀천 구별이 없이 함께 어울려 먹고 마시면서 춤추고 즐겼다.

우리 땅에서도 봄이 오면 마을마다 작은 축제가 열렸다. 어린 시절의 추억이 떠오른다.

노들강변에 봄버들 휘휘 늘어진 가지에다가
무정세월 한 허리를 칭칭 동여서 매어나 볼까?
에헤요, 봄버들도 못 믿으리로다.
푸른 저기 저 물만 흘러서 가노라!,

이러한 타령의 노래가락 속에는 풍류風流를 섞은 운율적인 가사로서 낙천주의가 들어가 있다. 비록 샤머니즘Shamanism에서 나온 의식이지만, 그 속에는 신과 인간과 자연의 합일이 들어가 있다. 신들의 은혜에 감사하며, 그의 은혜를 찬양하고 그 신들과 더불어 즐기자는 것이었다. 이러한 축제를 통하여 이제 신성神聖과 세속世俗의 사이를 가로막은 장막이 무너진 것이다.

이러한 노래와 축제는 현존의 세상에서 원초적인 세계, 낙원으로 날아가는 사닥다리가 된 것이다. 우리 인간의 불행원인은 신과 인간과 자연이 장벽 없이 교제하던 신화적 세계를 떠난 데 있다.

자연이 자신을 자각했을 때 인간이 되었다. 원래 인간은 자연의 일부로 동물계에 속했었다. 동물은 처음부터 현재까지 자연과 잘 조화되어 살아가고 있음에 비하여 인간은 자연과 조화를 이루지 못하고 있다. 인간은 자기의식과 이성과 상상력을 갖고 있는 것이 그 특징이다. 이것이 바로 자연과의 조화를 깨뜨려 버렸고, 인간 본래의 거처인 자연을 상실하게 되었다. 그러므로 인간의 이성은 축복인 동시에 저주가 되었다. 동물은 생리적 욕구만 충족되면 만족하나 인간은 이성과 양심이 있어 그것만으로는 만족할 수 없는 존재이다.

인간과 자연과의 갈등은 서방Latin교회의 자연관에서 비롯되었다. 서방교회는 자연을 정복의 대상으로 보았다.

> 하나님이 그들에게 복을 주시며, 그들에게 이르시되, 생육하고 번성하여 땅에 충만하라. 땅을 정복하라. 모든 생물을 다스리라 하시니라.창 1:28

인간은 자연에 먹히느냐 아니면 먹느냐 하는 싸움을 계속해 왔다. 그 결과 인간은 자연을 정복하면서 과학을 발전시켜왔다. 그러나 자연과학의 산물은 인간을 위기로 몰아넣었다. 반면에 동방Greek교회는 인간은 자연을 보존하고 돌보아야 하는 대상으로 보았다.

> 야훼 하나님이 그 사람을 이끌어 에덴동산에 두어 그것을 경작하며 지키게 하시고창 2:15

인간은 모든 식물과 동물과 산천을 아끼고 잘 지키고, 보존해야 했다. 자연은 살아있어 산고産苦의 신음을 내고 있다.

> 만물의 피곤함을 사람이 말로 다 할 수 없나니 눈은 보아도 족함이 없고, 귀는 들어도 차지 아니하는도다.전 1:8
> 피조물이 다 이제까지 함께 탄식하며, 함께 고통을 겪고 있는 것을 우리가 아느니라.롬 8:22

인간은 자연과 화해해야 한다. 오늘날의 동방교회는 서방교회보다 영성이 더 깊고 풍성하다. 서방교회는 물질주의적이라면, 동방교회는 보다 정신적이고 영적이다.

영시인英詩人 제프리 초서Geoffrey Chaucer, 1342-1400는 '인간의 생이란 하나님께로 향하는 순례의 길'이라고 했다. 그는 런던의 타마라 여인숙을 떠나면서 생면부지의 사람들과 동행하며 캔터베리로 가는 순례길을 '하나님 나라로 가기 위한 준비라'고 했다.

우리의 귀향길이 현실 너머의 세상을 상상할 수 없는 무너진 존재들의 낙향이 될 수는 없다. 돌아갈 고향이 있다는 생각은 제2. 제3의 세상에 대한 상상력을 지닐 수 있어 지금의 이 세계가 무너지더라도 그 다음을 기약할 수 있는 '효능감'이 있다.

우리의 본향 찾아가는 길은 신화의 안개 속에 묻혀있다. 따라서 매우 어렵고 힘들며 또 한심하기도 하다.

2. 역사 속으로 산책

나라와 민족의 의를 위하여 환난을 겪은 별들이 역사의 폐허 속에 파묻혀있다. 우리는 그들의 증인들이다

보라빛 바다 위의 태양의 영광!
지는 태양 속의 도시들의 영광이 ....
안절 부절의 열망을 우리 가슴에 불렸었도다. P.C. 보오들레에르

바다 건너 저편 땅! 머나먼 나라! 앗수르 바니팔

앗수르바니팔Ashurbanipal은 성서에는 '오스납발Osnappal'로 나와 있다. 그는 기원전 663년에 애굽의 테베Thebes와 멤피스Memphis를 점령하고, 641년에는 엘람의 수도 수사Susa를 약탈했다. 그는 정복한 땅의 원주민들을 자기 영토의 다른 곳으로 이주시켰다. 그리하여 그들은 오매불망 떠나온 고향을 그리워하였다.

오스납발 황제 폐하께서 사마리아 성을 비롯하여 유브라테스 강 건너편 다른 땅에 이주시키신 디나인들, 아발사드가인들, 다르블라인들, 아바르사인들, 두룩인들, 바빌론인들, 엘람인들, 곧 수산인들 그 밖의 모든 민족들과 함께 [각자 고국으로 돌아갈 수 있도록 허락하여 주심을] 상소하나이다. 에스라 4:10, 공동역

너희는 내 백성을 위로하라. 예루살렘의 마음에 닿도록 말하라. 크게 외치라! '이제 복역의 기간노력의 때가 끝났다'고. 광야에서 야훼의 길을 예비하라. 사막에 길을 내고 평탄케 하라! 모든 골짜기는 메우고, 산과 언덕은 깎아내리

고, 절벽은 평지로 만들고, 비탈진 산골길은 넓혀라. 야훼의 영광이 나타나리니, 모든 사람이 그 영광을 보리라!사 40:1-5

그날 밤에 왕이 잠이 오지 아니하므로 명령하여 역대 일기를 가져다가 자기 앞에서 읽히더니, 왕이 이르되 이 일에 대하여 무슨 존귀와 관작을 모르드개에게 베풀었느냐 하니, 측근 신하들이 대답하되 아무것도 베풀지 아니하였나이다 하니라.에 6:1, 3

이것은 파사 나라 수산궁의 왕실 기록 연대기 이야기이다.에 2:23 아하수에로 왕은 불면증으로 잠이 오지 아니하여 '역사 일기'를 읽다가 우연히 '상 받지 못한 공훈 이야기'The Story of An Unrewarded Service, 에 6:1-5를 발견했다. 이것은 결정적인 우연의 일치였다. 그러나 탈굼에는 '왕의 잠을 빼앗아간 이'는 하나님이라고 첨가했다. 유대교 주석가들은 이를 '우연한 기회의 작용'으로 보지 않고 이스라엘을 구원하시려는 하나님의 간섭으로 보았다.339

옛날 중국에는 당대의 여론이 나빠서 세상에 악평이 나 있던 이릉李陵이란 장군을 변호하다가 왕 무제의 뜻을 거느리게 되고 황제를 비방했다는 혐의로 심문을 당하고 사형 선고를 받은 사가가 있다. 곧 사마천이다.BC, 145 사마천은 자기가 지금 쓰고 있는 '사기'를 완성할 수 있도록 처형을 연기해 달라고 간청했다. 무제는 그를 죽이기에는 너무 아까운 인재라고 생각하고 사형 대신 궁형거세형에 처하도록 감형했다. 그는 궁형을 당하면서 "내가 쓰는 역사서는 창작이 아니라 단순히 사건의 진실만을 전할 뿐이다"고 했다. 이렇게 하여 그가 쓴 사기史記는 정말 걸작이었고 훗날 중국 역사의 본보기가 되었다.

역사는 신의 경전이다.

위인偉人은 헛되이 살지 않는다.

세계는 위인의 전기傳記이고,

역사는 무수한 전기의 정수精髓이다.[340] 토마스 칼라일

옛날 영국에는 부관참시剖棺斬屍를 당한 장군을 변호하며 대영제국의 영웅으로 만든 문호가 있었다. 그는 토마스 칼라일Thomas Carlyle, 1975이다. 그는 위선자라는 악평 속에 무덤은 파헤쳐지고, 시체의 머리통을 떼어 장대 끝에 매달아 '웨스트민스터' 사원 꼭대기에 오랫동안 세워 놓았던 올리버 크롬웰Oliver Cromwell, 1579을 변호하고 옹호하였다. 그는 역사에서 크롬웰을 가장 이상적인 인물로 꼽았다. 그는 1845년에 "Oliver Cromwell's Letters and Speeches"라는 방대한 저서를 냈다. 이 책에서 크롬웰은 영국의 정치적 안정을 회복시키고 입헌주의 정부체제를 발전시키고 종교적 관용에 공헌한 위대한 애국자로 재평가되었다.

칼라일이 이러한 작업을 할 수 있었던 것은 스코트랜드 시골교회 목사이며 신비론자였던 '에드워드 어빙'의 역할이 컸다. 그는 "나는 어빙이 아니었더라면 인간의 '영적교감'이 무엇인지 끝내 알지 못했을 것이다"라고 고백했다.[341]

야훼의 혁명 수행에는 인간의 책임이 요청된다. 그러나 우리에게는 사마천의 붓도 없고, 칼라일의 펜도 없다. 하나님의 구원 사역에 동원된 인물들은 무수하고 그들의 족적足跡을 전부 기록할 수도 없고 또 그럴 필요도 없다. 그러나 그들의 행적이 모세의 구원 사역에 직간접적으로 역사성을 가질 때 그것이 아무리 미소한 것일지라도 소홀히 해서는 안 된다.

요셉은 의義를 위하여 환난을 당했다.창 37:18-28, 39:7-20 예언자 아모스는 이스

라엘이 '요셉의 환난'에 대하여 근심하지 않고 무관심함으로 나라가 망하게 되었다고 했다. 암6:6 요셉은 예수 그리스도의 모형이요 그림자이다.

이 묵시를 기록하여 판에 명백히 새기되 달려가면서도 읽을 수 있게 하라. 합 2:2

그들의 죄는 금강석 끝 철필로 기록하여 그들의 마음 판과 제단 뿔에 새겨져 있다. 렘 17:1

나는 이 말이 곧 기록되었으면, 책에 씌어 졌으면, 철필과 연으로 영원히 돌에 새겨졌으면 좋겠도라. 욥 19:23-24,

너는 마음을 금강석 같이 강하게 하고... 슥 7:12

네 얼굴을 화석보다 더 굳고 뻔뻔하게 하여야 한다. 겔 2:4

유대인으로서 비유신론자이며 신비주의자인 에리히 프롬Erich Fromm은 "구약성서는 한 사람의 손으로 쓴 것도, 하나님께로부터 의탁을 받아 쓴 책도 아니다. 수세대를 통하여 삶과 자유를 위해 투쟁해온 한 민족의 정신을 기록한 책이다. 구약성서는 실로 혁명적인 책이다. 그 중심 주제는 혈연과 지연으로 이어진 근친상간적 유대로부터 인간을 해방하고, 또 우상숭배, 노예제도, 권력 따위로부터 인간을 해방하여 개인과 국가와 온 인류에게 자유를 누리게 하는데 있다"[342]고 하였다.

이와같이 '자유'는 소중한 것이다. '자유'는 침례교회의 가장 큰 특징이다. 많은 사람들이 침례교회의 특징은 '침례'라고 생각하고 있다. 그러나 그것은 잘못 알고 있는 것이다. '침례'란 다른 교파, 다른 교회에서도 시행할 뿐만 아니라 외국의 경우 모든 침례교회가 다 침례를 행하는 것도 아니다. 침례교회의 근본원리는 '신자에 대한 독특한 교리'나 '성인 침례' 인정과 그의 거행 형식이 침례교회의 특이한 점이기도 하지만, 가장 중요한 특색은 '인간에게는 영혼의 능력이 있다'는 것을 주장하는 것이다. 그러므로 신학적으로는 '신학적 개인주의'라고 정의할 수 있는 이론이다. 여기에서 '개교회주의'도 나왔다. '신학적 개인주의'는 침례교 신자들은 인간적인 설립자교구 창립자도 인정하지 않으며, 인간의 권위나 인간이 제정한 어떤 교리도 인정하지 않는다. 모든 신자는 그리스도의 지체로서 스스로 그리스도의 뜻을 해석할 권리를 가지고 있다고 주장한다. 그런 결과로 침례교회의 신앙 체계만큼 다양한 갈래로 나뉘어진 것은 없다.

이러한 침례교회는 신교 가운데 가장 많은 신자 수를 갖고 있으며, '침례교 세계연맹'the Baptist World Alliance, 1905년 조직을 결성했다. 이러한 침례교도들은 전통적으로 '시민의 자유'와 '신앙의 자유'는 함께 서고 무너지는 것으로 믿어 왔기 때문에 '자유와 독립'을 강하게 지지한다. 침례교회 신자들은 각자가 하나님 앞에 서야 하고, 그들의 생애에 관한 '개인적 책임'을 져야하며, 그만큼 그들은 양심의 자유를 가진다.

3. 버려진 땅의 샛별들

밤하늘의 별들이 사라진 땅은 어둡고 암울했다. 우리가 가야 할 길을 밝혀주던 시대, 별자리를 보고 가야 할 길의 지도를 읽을 수 있던 시대, 그때가 새삼 그리워진다. 사라진 별들이 그립다.

인간의 운명은 별들과의 만남과 동행을 통해서 결정된다.[343]

우리 대한민국의 국권회복독립 운동은 오랜 역사의 뿌리를 갖고 있다. 기미년 3.1운동1919은 노비 만적이 '닦은 터'1198에, 허균이 뿌린 씨앗1618에, 전봉준이 물을 주었으며 1895, 활빈당1900-04이 항일의병으로 변신한 공훈들에 힘입은 바 크다.

만적萬積은 고려 무인 집권자의 최충헌의 사노비였다. 그는 1198년신종 1년 5월 개경 북산에서 몇 명의 노예들과 함께 나무를 하다가 공사노비들을 모아놓고 봉기를 계획했다. 만적은 '왕족, 장상將相의 씨가 따로 있나? 때가 오면 누구나 할 수 있다. 우리만 근골을 수고롭게 하며, 매질 밑에서 곤욕을 당해야만 하는가?' 모였던 노비들의 동조를 얻은 뒤 치밀한 거사 계획을 세웠다. 각기 자기들의 주인을 쳐 죽이고 천적賤籍은 불태워 천인賤人이 없게 하면 자신들이 공경하는 장상도 할 수 있는 것이라고 확신하면서 D-day를 정하고 거사를 도모했으나 밀고자가 생겨 봉기는 실패로 끝나고 100여 명이 체포되어 처형당하여 강물에 모두 집어 던져졌다.

'만적의 난'은 그것으로 끝난 것이 아니었다. 5년 후인 1203년에 개경의 가노家奴 50여 명이 제2의 만적의 봉기를 꾀하면서 전투 연습을 하다가 체포되어 모두 강물에 쳐넣어졌다. 그들이 던져진 강물은 아직도 울면서 흐르고 있다.

허균許筠, ?-1618의 넋은 그의 작품, '홍길동전洪吉童傳' 속에 살아있다. 홍길동전은 비판정신과 개혁사상을 반영한 것으로서 적서차별嫡庶差別로 인한 신분상의 부조리를 비판하면서 탐관오리貪官汚吏에 대한 징벌, 가난한 서민에 대한 구제, 새로운 세계의 건설 등을 제안했다. 홍길동은 차별과 천대를 견디지 못하여 고향을 등지고 전전하다가 산적의 소굴로 들어가 그들의 두목이 되어 '활빈당'이라는 의적단을 만들었다. 그러나 그의 활동은 실패하고 드디어 해외로 탈출하여 '율도국'을 세웠다.

홍경래洪景來는 농민반란을 주도하였다.1811 그의 난은 동학농민전쟁과 더불어 19세기에 일어난 대표적 농민항쟁이었다. 평안도 일대에서 사회변혁을 위해 여러 계층의 사람들을 끌어모아 난을 일으켰다. 6개월에 걸친 난은 관군으로 인해 진압되고 생포된 자들은 2,983명이었는데 모두 효수梟首되었고, 홍경래는 총에 맞아 죽고 주도자들은 난군에 섞여 도주하고 말았다. 이와같이 홍경래의 난은 실패했지만 세도정권안동 김씨의 부패와 무능을 폭로하고, 조세거부와 무력항쟁에 나서 조선 중세사회의 박차를 가하는 계기가 되었다.

녹두장군 전봉준全琫準, 1855~1895은 역사적 실존 인물로서 그가 주동한 '동학란'은 청일전쟁의 도화선이 되었다.1893 청나라 군사와 일본의 신식 무기였던 소총만 없었더라면 대나무 죽창으로 천하를 제패하여 조선을 동학의 세상으로 만들었을 것이라. 그랬다면 이 땅의 인권은 지금보다도 훨씬 더 발전, 성장했을 것이다. 전봉준은 동학의 세계가 그의 세상이었다. 그의 혁명가다운 힘과 능력은 동학의 근본이념인 '인내천人乃天사상'과 '수심경천'守心敬天의 '도道'에서 왔다. 동학의 '인내천사상'은 '사람이 하늘이다'는 것이었다. '사람을 섬기기를 하늘같이 하라'는 것이었다. 동학의 3대 교주 손병희는 3.1 독립운동의 민족대표였다.

활빈당活貧黨, 1900-04은 남한 각지에서 활동했던 무장 농민집단이었다. 조선 후기 이래 농민들은 봉건적 수탈이 심하되어 생활 터전을 빼앗기고 무리지어 다니면서 산간벽지에서 화전을 일구거나 양반 부호들을 습격하고 약탈하는 화적집단들이었다. 주로 빈농층이 주류를 이루었다. 확대된 화적집단은 점차 조직을 정비하며 의적義賊으로 변해갔다. 민중들로부터 큰 호응을 받았다. 그러나 1905년 을사조약 이후 일본군과 경찰의 무력탄압으로 지도부가 붕괴 되었다. 그 일부는 독자적인 의병부대를 만들거나 의병전쟁의 대열에 합류했다.

이러한 이야기들은 작품이나 전설로서의 가치보다는 옛부터 민중사회에서 보편적으로 전해지는 한恨과 혼魂과 분憤과 용勇과 의義를 수단으로 하여 사회변혁이란 목적달성을 하려고 했다는 점에서 그 의미가 크다 하겠다. 홍길동이나 전봉준이나 만적이나 홍경래의 거사는 모두 실패로 돌아갔다. 그러나 우리는 그들을 잊어서는 안 된다. 우리는 기필코 그들은 다시 살려내야만 한다.

이런 허균이나 홍경래나 전봉준을 위시한 그들의 행동과 사상 속에는 끊임없이 민중을 생각했다. 물론 그것들은 오늘날의 자유민주주의 사회의 민중 개념과는 상당한 거리가 있었다. 그러나 지배 세력과 피지배세력 사이에 일어나는 괴리와 모순에 관심을 기울인 것으로 보아 적어도 그들은 모두 시대의 전구자적인 사상가들이었음에 틀림없다. 이런 점에서 우리는 그들을 새롭게 평가하려는 것이다.

버려진 땅 조선에 최초로 천주교를 소개한 사람은 허균이었다. 그는 우리나라에 '서학'을 최초로 소개한 사람이다. 혹자는 임진왜란 때 왜군을 따라온 '세스페데스'가 처음으로 천주교를 전도했다고도 하나 이를 뒷받침해주는 확실한 증거는 없다.[344]

그들은 모두 이 땅의 별들이었고, 민족의 등대였다. 그래서 동학은 일찍이 백범이나 의암 같은 큰 별들을 낳았다. 김구 선생은 18세에 동학당에 가입하여 해주에서 동학군의 선봉에 서서 싸웠으며, 그때 그의 본명은 김창수였다. 손병희는 일찍이 동학에 입문하여 1919 기미년 3월 1일에 대한 독립운동의 민족대표자가 되었다.

서학은 천주교의 안중근 의사1879-1910나 기독교의 도산 안창호 선생1979-1938과 우남 이승만 박사 같은 기라성 같은 인물들을 낳았다.

서양에는 스페인 작가 세르반테스Cervantes, Miguel de, 1547-1616가 지은 '돈키호테 Don Quijote'가 인간 생의 교본이 되었으며, 아직도 여전히 그 인기를 누리고 있는데, 어찌하여 한국의 허균이 지은 '홍길동전'은 인기가 없는가? 기사도 이야기인 돈

키호테가 세상에 나타나자 신작의 기사도 이야기는 거의 끊어지고 말았다. 우리는 홍길동을 다시 살려내야 한다.

애굽의 절대 권력을 무너뜨리고 노예들을 광야를 끌고 나오려면 풍차에 달려든 돈키호테의 무모함과 홍길동의 용기가 있어야 한다. 모세의 인격과 과업 속에는 노비들에 대한 만적의 한恨과 해외로 나가 가상세계 율도국을 세운 홍길동의 넋魂과 홍경래의 분憤과 전봉준의 용勇과 활빈당의 의義가 있었다.

그들은 무모한 권력과 체면치레와 허위의식에 사로잡힌 이들과 전통종교의 채찍에 만신창이가 되어버린 인간성의 해방을 위하여 위선으로 가득한 세상을 조롱하고, 온몸과 마음을 던져 저항했던 것이다. 그들은 약자와 빈자를 업신여기고, 희생과 인내만을 강요해온 권력과 권위들을 대신하여 복수할 기회만을 노려왔던 것이다. 우리는 그들의 잃어버린 꿈을 되찾기 위해 고정관념의 틀을 깨고, 쓰러져 가는 생명력을 살려내야 한다.

별들이 사라진 밤하늘은 칠흑같이 어둡고 암울하다. 하늘나라 별들의 세계에 이르지 못하는 것이 부끄러운 것이 아니라 도달해야 할 별들의 세계가 없는 것이 부끄러운 일이다.

> 백성은 멀리 서 있고, 모세는 하나님이 계신 암흑 속으로 가까이 가니라.출 20:21

이것은 '신화의 세계'로 들어가는 모세의 뒷모습으로 한 편의 시詩이자 한 폭의 그림이다.

> 엘리야가 엘리사에게 이르되 '청컨대 너는 여기 머물라. 야훼께서 나를 벧엘로 보내시느니라' 하니 엘리사가 가로대 '살아계신 야훼의 사심과 당신의 영혼의 삶생, 살아있음을 가리켜 맹세하노니 내가 당신은 떠나지 아니하겠나이다.' 이에 두 사람이 벧엘로 떠나가니라. 왕하 2:2, 4, 6
>
> 아이의 어미가 이르되 '야훼의 살아계심과 당신의 영혼의 살아 있음을 가리켜 맹세하오니, 내가 당신을 떠나지 아니하리라' 하니, 엘리사가 이에 일하나 여인을 찾아 가니라. 왕하 4:30

'그 스승에 그 제자' 젊은 엘리사는 늙은 엘리야의 영에 접붙여졌다. 엘리사는 엘리야를 닮아갔을 뿐만 아니라, 스승의 능력을 갑절이나 받았다. 스승이 벗어던지고 남긴 겉옷 하나로 요단 강물이 끊어지고 죽은 자가 살아나는 기적을 베풀었었다. '사랑하는 사람이 죽으면 물건이 더 아프게 그를 기억한다.' 스승을 닮아 엘리사의 하나님은 살아계셨고 그의 영혼은 살아 있어 엘리사는 병든 자를 고치고, 죽은 자를 살려냈다.

우리는 자신이 꿈꿔온 분야가 무엇이건 선구자들이 지나간 자취를 따라가다 보면 자기 자신도 모르는 사이에 자기가 변해 있음을 보게 된다. 먼저 그 길을 밟은 선배들을 모델로 삼고 그의 발자국마다 스며있는 땀과 눈물의 의미를 그대로 흡수하고, 그들의 삶 속에 진하게 배어 있는 한숨과 절망의 의미까지, 있는 것 그대로 자신의 소유로 만든다면 때가 되면 꽃이 피고 열매를 맺게 된다.

모세는 인간과의 만남을 통해 생의 궤도가 바뀌었다. 만남에 의해 인생이 변해갔다. 어둠 속에서 살아가는 인간은 '만남이 없으면 인간 생의 닫힌 문을 열리지 않는다. 인간 생의 기회는 '만남'에서 온다. 만남에서 에너지의 교류가 일어나고 여기에 기회가 있다. 기회를 만들려면 만남을 사랑하면서 자신의 에너지를 쏟아부어야 한다. 그렇지 않으면 기회를 오지 않을 것이다. 그대의 일, 그대의 직장, 그대의 직장 동료, 길에서 우연히 만나는 모든 사람들 ... 세상의 모든 것이 그대가 사랑하기만 하면 그대에게 기회를 가져다줄 것이다. 사람은 어느 때 누구를 만나서 동행하느냐에 따라 삶과 운명이 바뀐다.

그러나 우리는 자신도 모르게 만남들을 쉽게 세월 속에 흘려보낸다. 우리는 조그마한 만남을 수없이 내버리면서 진정한 의미를 이루지 못했다고 투덜거리기만 한다. 이 세상에는 자신이 추구하는 크고 좋은 만남은 손을 내밀기만 하면 닿을 수 있는 곳에 기다리고 있지 않다. 그런 만남은 지나치게 추구하면 그런 만남을 살리지 못할 뿐만 아니라 지금은 작지만 장래에 크게 될 만남을 지나쳐 버리기 쉽다.

4. 하나님의 법정의 배심원들

민들레

〈꽃닢으로 관冠을 삼고〉

뭇 사람의 발길에 짓밟히기만 하던 민들레

어느새 홀씨되어 풍비박산 흔적 없고,

긴 겨울 눈보라에 모진 세월 이겨내고

무너진 담벼락에 화려하게 부활했다. W. S. Ohms

우리에게 '역사의 법정'에서 모세의 생애에 공헌한 그들을 변호하고 옹호해야 할 배심원으로서 책임과 의무가 있다.

거듭 말하거니와 우리에게 역사의 법정에서 모세의 생애에 공헌한 그들을 변호하고 옹호해야 할 배심원으로서 책임과 의무가 있다. 우리는 역사의 폐허 속에 묻힌 영걸들을 찾아내어 그들의 공훈을 칭송하고, 그들의 입장을 대신하여 변호해야 한다. 우리가 계속 침묵하면 그들의 비문의 조각들이 소리칠 것이다.

> 만일 이 사람들이 잠잠하면 저 돌들이 소리 지르리라! 눅 10:40

우리는 의를 위해 살았던 사람들이 전멸했다고 생각할 수도 있겠지만, 사실은 절대 그렇지 않다. 나는 그들이 안전하다는 생각만 들면 언제라도 잿더미 속에서 되살아 날 수 있다고 믿는다. 그들을 집어삼킨 강물이나 불타는 장작더미 위에서 죽어간 화형장을 지옥의 불빛이라고 생각하지 말라.

우리는 그 '의의 나무숲' 그늘에서 '생의 잔치'를 벌이면서 '축배의 잔'을 높이 들고 그들의 노고가 하나님의 인류 구원사역에 헛되지 않았음을 축하해 주려고 한다.

영성의 세계에서 온 전갈에 의하면 '큰 기쁨의 소식'이 들려오고 있다.

무릇 시온에서 슬퍼하는 자에게 화관을 주어 그 재를 대신하며, 기쁨의 기름으로 그 슬픔을 대신하며, 찬송의 옷으로 그 근심을 대신하시고, 그들의 '의의 나무' 곧 야훼께서 심으신 그 영광을 나타낼 자라 일컬음을 받게 하려 하심이라.

> 그들이 오래 황폐하였던 곳을 다시 쌓을 것이며, 옛부터 무너진 곳을 다시 일으킬 것이며, 황폐한 성읍 곧 대대로 무너져 있던 것들을 중수한 것이라. 사 61:3-4
>
> "슬퍼하는 자에게 재灰를 대신하여 화관花冠을 씌워주겠다."

하나님은 역사적 공훈을 인정받지 못하고 역사의 폐허 속에 잠들어버린 그들에게 '영광의 면류관'을 씌워주겠다는 것이다. '화관'이란 히브리어로 '파이르'로서 '아름다움'beauty, honour을 의미한다. '아름다운 화관'이란 야훼께서 자신의 영광을 위하여, 친히 심으시고 가꾸시는 '의의 나무숲'이다.[345]

그 화관은 쉽게 시드는 세상의 꽃이 아니요, 쉽게 녹이 스는 세상의 금으로 된 관이 아니다. 그것은 역사의 갈피에서 영원히 빛나는 영광의 면류관이다.

그 화관은 시인 윌리암 쉴드William Shield, 1748-1829가 일찍이 잘 일러주었다.[346]

볼지니라, 저 영광의 그 빛난 광채를
저 영광에 비교할 것 온전히 없도다.
세상의 임금들이 꽃으로 꾸며 쓴
그 황금의 면류관은 광채를 잃겠네!
모든 은혜 풍성하신 구세주 예수의
귀한 음성 듣는 대로 나가는 나의 몸
승전가를 부르는 날 주 앞에 설 때에
하나님의 크신 능력 찬미를 부르리!

할렐루야! 이것은 승리와 영광과 생명과 소망의 노래이다. 호산나!

우리는 슬픔에 빠졌던 자들에게 화관을 씌워주고, 성읍을 재건하려고 한다. 무너진 성벽을 다시 쌓으려 한다. 우리는 야훼께서 친히 심으신 나무. 그 영광을 나타내실 자를 찾아내려는 것이다. 그를 우리는 "의의 나무"라고 일컫는다.[347]

우리가 아득한 옛날 역사의 잿더미 속에서 망각의 세계로 사라져 버린 영걸들 -

사르곤, 데르무디스, 시누헤, 아케나톤 그리고 이드로와 이드리미 - 을 오늘에 와서 지금 소환하려고 하는 것은 그들의 머리에 화관花冠을 씌워주려는 것이다.

우리는 낙담했던 그들에게 환희와 기쁨과 찬송의 옷을 입혀주고, 축하와 위엄의 상징인 향기롭고 고귀한 향유를 그들의 머리 위에 부어드리고, 영광의 화관을 씌워 축하의 제전祭典을 벌이려고 한다. 우리가 사라져간 별들을 소환하려는 것은 재앙과 전쟁과 범죄로 폐허가 된 역사의 잿더미 속에서 소망의 꽃을 찾아 환희의 노래를 부르기 위함이다. 지금은 기억조차 희미한 옛 성터에서, 다 타버린 잿더미 위에서 슬픔의 상복을 입고 절망 가운데서, 애통해 하며 울고 있는 그들을 위해 영광의 관을 씌워 주려고 하는 것이다. 우리는 오래전에 폐허가 된 옛 성터를 다시 복원할 것이며, 선조들의 헐린 집들은 다시 수리하고, 무너져 내릴 옛 성읍들은 다시 재건할 것이다.

Ⅳ. 하나님의 나침반(GPS)과 귀향길의 통행증

우리의 귀향길은 탐색길이다. 이러한 탐색은 옛 신화들로부터 성서를 거쳐 현대 문학에 이르기까지 끊임없이 반복하고 있는 전통의 한 실마리를 찾을 수 있다. 우리가 정신없이 마음 내키는 대로 멋대로 달려가면 머지않아 "이곳은 막다른 골목이니, 돌아가라!"는 경고판을 보게 될 것이다. 우리의 본향 찾아가는 귀향길은 하나님의 GPS위성위치확인시스템를 따라야 한다. 본향길은 하나님께서 별로 우리의 앞길을 인도하셔야 한다.

> 내가 알거니와 사람의 길이 자신에게 있지 아니하며, 걸음을 지도함이 걷는 자에게 있지 아니하니라. 렘 10:23

하나님께서는 옛날 고향을 떠나가는 선조들에게 언젠가는 귀향하게 될 것이니, 가는 곳마다, 이르는 곳마다 '이정표'를 표시해 두라고 하셨다. 언젠가는 다시 돌아오게 될 날이 있을 것이라고 하셨다.

> 처녀 이스라엘아, 너의 이정표를 세우며, 너의 '길표, 푯말'을 만들고, 대로, 큰길 곧 네가 전에 가던 길에 착념하라. 마음을 두라, 돌아오라! 네 성읍들로 돌아오라! 렘 31:2
>
> 야훼께서 이르시되, 너는 길에 서서 보며, 옛적 길, 곧 선한 길이 어디인지 알아보고 그리고 그 길로 가거라! 그리하면 너희 심령이 평안을 얻으리라. 렘 6:16

옛사람들은 신화의 세계관을 갖고 살았다. 그러나 오늘날의 사람들은 과학의 세계관을 갖고 살아간다. 그리하여 현대인들은 기쁨과 행복을 잃어버리고, 불안과 암흑과 공포 속에서 헤매고 있다. 우리는 신화의 세계를 다시 회복해야 한다.

오늘날의 우리 모두는 '길 없는 도시' the roadless city에서 살고 있다.

> 오늘날의 너희는 큰길 곧 도시의 십자로 네거리에 서서 옛사람이 다니던 오솔길, 옛적 길을 찾으라! 너희는 선한 길이 어디에 있는지 알아보고 그리로 행하라. 그리하면 너희 심령이 평안과 기쁨을 얻으리라. 렘 6:16

성서의 말씀을 미개인들의 잠꼬대라고 생각하지 말라! '옛적 길을 찾아 그리로 가라'는 것은 우리의 관습적인 사고의 저 너머 있는 그 세계를 발견하여 태고적 기원과 다시 관계를 맺으라는 말이다. 옛 선조들이 표시해 놓은 귀향길의 표시판을 찾으라! 묵은 먼지가 덮인 성서를 뒤적여 아스라한 의식 저편에 있는 꿈의 문을 두드리고 인간 내면에 존재해 있는 껍질을 깨뜨리고 나오라는 말이다. '고향 찾아가는 그 길'은 '야훼의 길'이지 인간의 길이 아니다. '의의 나무 숲길'로 불리는 그 길은 '의롭게 된 자들'만이 걸어갈 수 있다. 따라서 우리는 매일의 선택에 임해야 한다.

현대 문물에 자아를 상실한 인간들이여! 오늘도 불안과 공포, 우울과 공황장애에 시달리는 심령들이여! 그리고 출세와 성공의 허상에 끌려가는 영혼들이여! 이제, 옛적 조상들의 지혜와 믿음을 흘려보내지 말고 돌아서야 한다. 과거지향적인 생을 구가하라! 그대의 생애를 헛되이 낭비하지 않으려면 지나간 생애를 후회하고 원망하는 소극적이고 부정적인 과거지향적인 인간이 되지 말고 믿음의 선조들의 삶을 추구하는 보다 적극적이고 긍정적인 인생을 세우라!

믿음의 의

> 너희는 나의 규례와 법도를 지키라. 사람이 이를 행하면 그로 인하여 살리라. 나는 야훼니라. 레 18:5
>
> 모세가 기록하되 율법으로 말미암는 의를 행하는 사람은 그 의로 살리라 하였거니와… 롬 10:5

하나님의 도성은 '의義, righteousness'로 이루어진다. 그 의는 야훼에 대한 '믿음신뢰'에서 나온다.

> 아브람이 야훼를 믿으니, 야훼께서 이것을 그의 의로 여기시고 또 그에게 이

르시되 나는 이 땅을 네게 주어 소유를 삼게 하려고 너를 갈대아인의 우르에서 이끌어낸 야훼니라. 창 15:6-7

네가 가서 그 땅을 얻음은 너의 의로움을 인함이 아니며 네 마음이 정직함을 인함도 아니요... 야훼께서 이같이 하심을 네 열조 아브라함과 이삭과 야곱에게 하실 언약을 이루려 하심이라. 신 9:5

성서가 무엇을 말하느뇨? 아브라함이 하나님을 믿으니 이것이 저에게 의로 여긴바 되었느니라! 롬 4:3

저에게 의로 여기셨다 기록된 것은 아브라함만 위한 것이 아니요, 의로 여기심을 받을 우리도 위함이니 곧 예수 우리 주를 죽은 자 가운데서 살리신 이를 믿는 자니라. 롬 4:23-24.

모세가 말하되 주 하나님이 너희를 위하여 너희 형제 가운데서 나 같은 선지자 하나를 세울 것이니, 너희가 무엇이든지 그 모든 말씀을 들을 것이라. 행 3:22

모세를 믿었더면 또 나를 믿었으리니, 이는 그가 내게 대하여 기록하였음이라. 요 5:46

믿음이 없이는 하나님을 기쁘시게 하지 못하나니, 하나님께 나아가는 자는 반드시 그가 계신 것과 또한 그가 자기를 찾는 자에게 상 주시는 이심을 믿어야 할지니라. 히 11:6

어떻게 사는 것이 '의'롭게 되는 것이고, 어떤 공동체가 '의로운 공동체'인가? 구약성서에서는 공의정의로, 신약 성서에서는 '의'로 나타난 그것은 무엇을 말하는가?

최근에 '정의'의 문제에 대하여 가장 주목할만한 학설을 제시한 사람은 '존 롤즈'John Rawls, 1921-이다. 그는 '정의론正義論'에서 '정의의 두 원칙'을 결론적으로 제시하였다. 첫째 원칙은 일단 모든 이에게 자유를 완벽하게 누릴 수 있도록 해야 하는 것이요, 둘째 원칙은 경제적인 문제를 고려한 것인데, 가장 빈곤한 사람들의 복지에 대해 우선적으로 배려해야 한다는 것이다.[348] 이것이 인간의 이 세상의 삶에서의 정의이다.

이러한 그의 주장은 '오늘날 도덕철학의 가장 중대한 성과'요, '현재 정의 개념의 가장 심오한 연구'이며 '철학에 있어서 '현대적 고전'이라는 찬사를 받고 있다. 그렇다면 과연 무엇이 이런 대단한 평가를 받게 했는가? 그 중 하나는 정의의 문제에 접근하는 그의 방법론이 탁월하고, 다른 하나는 그러한 방법을 통해 이끌어낸 실질적인 '정의관正義觀'의 설득력이다.[349]

따라서 '정의의 원칙'은 모든 사람이 기본적인 자유를 평등하게, 그리고 최대한 누려야 한다. 그리고 최소 수혜자 계층에게 유익한 결과를 가져오지 않는 한 부富의 차등적 분배는 정당화될 수 없다.[350]

인간이 정의를 문제 삼는 것과 도덕을 논한다는 것은 자연 그대로 사는 것이 아니라 자연을 인간적으로 변화, 조정하고자 하는데 뜻이 있다. 천부적으로나 사회적으로 혜택받지 못한 자들의 처지는 반드시 그들 자신의 책임만이 아니며, 어쩌면 우연적이고, 운명적인 요인에 의한 것이라 할 수 있다.

우리가 도덕 공동체를 이루고자 하는 만큼, 우리는 그들의 운명에 동참하고자 하는 의지를 공유해야 할 것이며, 이것이 바로 우리의 정의감이 공동체적 유대를 바탕으로 하고 있는 점이다.[351]

그러나 영성의 세계에서의 공의정의는 다른 기준이 있다.

우리는 믿음으로 살아온 의인이 된 성도들을 이 시원한 숲 그늘 밑으로 인도하여 쉬게 하고, 생명의 맑은 시내물가로 인도하여 평안히 즐기게 하려고 한다. 그리하여 '물같이 흐르는 정의, 마르지 않는 강같이 흐르는 공의'를 누리게 하려고 한다.암 5:24

> 천국은 마치 사람이 자기 밭에 갖다 심은 믿음의 겨자씨 한 알과 같으니, 이는 모든 씨보다 작은 것이로되 자란 후에는 풀보다 커서 나무가 되매 공중의 새들이 와서 그 가지에 깃들이느니라.마 13:31-32
>
> 야훼께서 이르시되, '가서 이 백성에게 이르라!' 너희가 듣기는 들어도 깨닫지 못할 것이요. 보기는 보아도 알지 못하리라. 이 백성의 마음을 둔하게 하여, 그들의 귀를 막히게 하고, 그들의 눈이 감기게 하라' 하시기로, 내가 이르러 '주여 어느 때까지니이까? 하였더니. '성읍이 황폐하여 주민이 없으며, 가옥에는 사람이 없고, 이 토지는 황폐하게 되며, 사람들은 멀리 옮기어져서 이 땅 가운데에 황폐한 곳이 많을 때까지니라. 그러나 밤나무와 상수리나무가 베임을 당하여도 그 그루터기는 남아 있는 것같이 거룩한 씨가 이 땅의 그루터기니라.사 6:9-13

그 그루터기의 씨앗은 어디 있느냐? '푸른 나무에도 이같이 하거든 마른 나무에는 어떻게 되리요'눅 23:31 하면서 고통 중에 돌아가신 분의 '의로우심'이었다.사 53:1-12

그 시원한 생명의 강가, 그 시원한 나무숲 그늘에는 만백성을 위한 잔치가 열리고 있다.

이러므로 [한 알의 씨앗같이] 죽은 자와 같은 한 사람으로 말미암아 하늘의 허다한 별과 또 해변의 무수한 모래와 같이 많은 후손이 생육하였느니라. 이 사람들은 다 믿음을 따라 죽었으며 약속을 받지 못하였으며, 그것들을 멀리서 보고 환영하였으며 또 땅에서는 외국인과 나그네로 살았으며, 그들이 이같이 말하는 것은 자기들이 본향 찾는 자임을 나타냄이라. 그들이 나온바 본향을 생각했더라면 돌아갈 기회가 있었으려니와 그들이 이제 하늘에 있는 본향을 사모하나니, 하나님이 그들을 위하여 한 성을 예비하였느니라. 히 11:12-16

그곳 하나님의 성산 '의의 나무숲'에서 '축제가 벌어지고 있는데, 그 잔치 자리에서는 맹인들은 보고, 벙어리들은 노래하며, 귀머거리들도 듣게 된다. 그곳에서는 절름발이는 뛰고 앉은뱅이도 춤춘다. 그곳에는 찬양 소리가 울려 퍼지고 맛있는 과일도 배부르게 먹게 된다. 그곳에는 모든 인간의 부족과 결핍이 완벽하게 회복되고 모두 복락을 누리게 된다.

주 야훼께서는 자기의 비밀을 그 종 선지자들에게 보이지 아니하시고는 결코 행하심이 없으시니라. 암 3:7

V. 본향 축제(The Celestial Feast)의 장(場)으로

주께서 나의 슬픔이 변하여 내게 춤이 되게 하시며, 나의 베옷을 벗기시고, 기쁨으로 띠 띠우셨나이다. 시 30:11

종교적 축제는 원초적인 사건 곧 거룩한 역사의 재연인데, 거기서 신들이나 반신적인 존재들이 배역을 맡는다. 따라서 축제에 참여하는 사람들은 신들과 반신적인 존재들의 동시대인이 되는 것이다. 그리하여 그들은 신들의 현존과 활동에 의하여 성화된 원초적 시간 속에서 살아가게 된다. 축제에서 신화는 신들의 행위를 이야기하며, 이들의 행위는 모든 인간 활동을 위한 모범적 모델을 구성한다.[352]

세계 만민을 위한 대로를 만들려고

그곳, 천국, 새 하늘과 새땅, 거룩한 그 본향에는 사시장철 축제가 열리고 있다. 그곳에는 시원한 의의 나무들이 숲을 이루고 있으며, 그곳 거룩한 샘과 강가에는 잔치를 축하하는 객들이 항상 성시를 이루고 있다. 그 구름같이 몰려드는 사람들에겐 그곳 축제의 장場으로 가는 길은 좁고 힘들다. 그 길을 보다 넓고 편한 '대로'로 만들려고 한다.

옛날에 주께서 다시 손을 펴사 그 남은 백성은 앗수르와 애굽과 바드로스와 구스와 엘람과 시날과 하맛과 바다 섬들에서 돌아오게 하실 것이라.

> 그의 남아있는 백성을 위하여 앗수르에서부터 돌아오는 대로가 있게 하시되
>
> 이스라엘이 애굽, 땅에서 나오던 날과 같게 하시리라. 사 16:11, 16

바드로스는 상上 애굽이고, 구스는 에티오피아이며, 엘람은 바벨론 동부에 있으며, 시날과 하맛은 시리아 북쪽 지방이다. '바다 섬들'이란 에게해 연안 지방의 도서들이다. 다시 말하면 당시 지중해 동해 연안 전부의 세계이다. 온 세상 사람들이 다 함께 모여 축제는 올리기 위함이다.

그곳 신성한 '의의 나무숲'에는 생명과 기쁨이 있고 평화와 안녕이 있다. 그곳에는 영원한 잔치가 열리고 있다. 하나님께서는 이스라엘 백성만 구원해 주신 것이 아니라 온 세상 만민을 구원하신 만민의 주이시다.

하나님께서 이스라엘만 애굽에서 불러낸 것이 아니다.

> 야훼께서 가라사대, 이스라엘 자손들아! 너희는 내게 구스 족속 같지 아니하냐? 내가 이스라엘을 애굽에서 블레셋 사람을 갑돌에서, 아람 사람을 기르에서 올라오게 하지 아니하였느냐? 암 9:7

유대민족만 하나님의 백성인가? 아니다! 온 세상 민족이 모두 하나님의 백성이 되어야 한다. 그들의 선민의식은 큰 약점이 되고 있다.

> 그날에 야훼께서 아브람과 더불어 언약을 세워 이르시되 내가 이 땅을 애굽 강에서부터 그 큰 강 유브라데까지 네 자손에게 주리니... 창 15:18

여기서 아브라함의 자손이란 가나안을 둘러싼 땅, 아시아, 지중해, 중동, 북아프리카 지역의 여러 민족 전부를 뜻한다. 하나님께서는 이스라엘만 구출한 것이 아니다.

> 우주와 그 가운데 있는 만유를 지으신 하나님께서는 천지의 주재시니, ... 만민에게 생명과 호흡과 만물을 친히 주시는 이심이라. 인류의 모든 족속을 한 혈통으로 만드사 온 땅에 살게 하시고, 그들의 연대를 정하시며, 거주의 경계

를 한정하셨도다.행 17:24-26

'하나님은 우주 조화의 총체'God as the totality of harmony in the universe로서 '만유의 아버지'이시다.

하나님은 만유의 아버지시라. 만유 위에 계시고 만유를 통일하시고 만유 가운데 계시도다.엡 4:6
이는 뭇 백성의 입술을 정케하여 모두 야훼 하나님의 이름을 부르며 한 가지로 그를 섬기게 하려 함이라.스 3:9
그날에 애굽에서 앗수르로 통하는 대로가 있어 앗수르 사람은 애굽으로 가겠고, 애굽 사람은 앗수르로 갈 것이며 애굽 사람이 앗수르 사람과 함께 경배하리라. 그날에 이스라엘이 애굽과 앗수르로 더불어 셋이 세계 중에 복이 되리니, 이는 만국의 야훼께서 복을 주어 이르시되, 나의 백성 애굽이여, 나의 손으로 지은 앗수르여, 나의 산업 이스라엘이여, 복이 있을지어다 하실 것 임이라.사 19:23-25

영성화의 세계에는:
"그날에 애굽인들은 예루살렘으로 올라가서 야훼 하나님께 예배하고 앗수르로 올라가며, 앗수르인들은 예루살렘으로 내려와서 야훼 하나님께 예배하고 애굽으로 내려갈 것이다. 그날에, 앗수르와 애굽에서 예루살렘으로 통하는 '대로큰길'가 나서 세 나라가 오고 가며 복된 삶을 누릴 것이다. 애굽과 앗수르, 그리고 이스라엘이 다같이 한 하나님 야훼로 말미암아 옛부터 쌓아온 서로의 원한을 일소하고, 화평

의 관계로 회복된다. 나라와 나라 사이에, 민족과 민족 사이에 막힌 담이 무너지고, 서로의 마음이 통하여 이해와 협조가 이루어진다. 한 분, 하나님 야훼를 경배하는 것이 화평과 복의 근원이 된다. 한 분 하나님 안에서 평화를 누림으로 이것이 온 세상의 복이 된다.

이제는 각국에서 예루살렘으로가는 '대로, 큰길'이 열려 서로 교통하게 된다. 이 '대로, 큰길'은 영혼의 통로이다.

> 그 마음에 시온의 대로가 있는 자는 복이 있도다. 그들이 눈물 골짜기로 지나갈 때에 그곳에 많은 샘이 있을 것이며, 이른 비가 복을 채워 주신다. 시 84:5-6

이사야가 예언한 사막을 꿰뚫고 있는 '신의 대로' 즉 '계시의 길'은 '사막의 미로'에서 방황하고 있는 백성들에게 생명의 길이며, 은혜의 길이다. 이 길을 통과하려면 바다의 괴물인 '리워야단Liviathan과 맞서 싸워나가야 한다. 이 괴물은 바빌로니아와 애굽의 사회적인 압제와도 동일시되고 있다.

우리는 예루살렘에서 살아왔던 형제들뿐 아니라, 애굽과 바벨론에서 온 형제들도 사랑하고 그들에게도 평화와 번영을 위해 기도해 주어야 한다. 그리고 이제 그들의 새로운 고향을 더 소중히 여겨야 한다. 우리는 그 '생명의 시냇가' 맑은 물가의 '푸른 그늘' 아래에 우리의 '그립던 이들'과 함께 모여 편히 쉬면서 '끝없는 정담'을 나누리라. 머지않은 곳에서 찬양의 함성이 들려오고 있다. 우리를 환영하는 환호성이 들려오고 있다.

영성의 세계, 새 하늘과 새 땅, 본향의 축제장을 신화의 세계에서 상징을 빌리면 광야와 메마른 땅이 기뻐하며 사막이 백합화같이 피어 즐거워하며 무성하게 피어 기쁜 노래로 즐거워하며 레바논의 영광과 갈멜과 사론의 아름다움을 얻을 것이라, 그것들이 야훼의 영광 곧 우리 하나님의 아름다움을 보리로다. 너희는 약한 손을 강하게 하며 떨리는 무릎을 굳게 하며 겁내는 자들에게 이르기를 굳세어라, 두려워하지 말라, 보라 너희 하나님이 오사 보복하시며 갚아 주실 것이라 하나님이 오사 너희를 구하시리라 하라, 그때에 맹인의 눈이 밝을 것이며 못 듣는 사람의 귀가 열릴 것이며 그때에 저는 자는 사슴 같이 뛸 것이며 말 못 하는 자의 혀는 노래하리니 이는 광야에서 물이 솟겠고 사막에서 시내가 흐를 것임이라. 뜨거운 사막이 변하여 못이 될 것이며 메마른 땅이 변하여 원천이 될 것이며 승냥이의 눕던 곳에 풀과 갈대와 부들이 날 것이며 거기에 대로가 있어 그 길을 거룩한 길이라 일컫는 바 되리라.사 35:1-8

우리는 모두 천국의 성스러운 축제Celebration, Festival에 초대받은 자들이다. 요단강이 보인다!

〈요단강 건너〉
요단강 건너
풍요로운 에덴 들판
생명나무가 꽃 피는 곳
그곳에 내 쉴 곳 있네.
피곤한 자 쉴 곳 있네.
피곤한 자 쉴 곳 있네.

요단강 건너

그곳에 쉴 곳 있네.

우리 모두 강가에 모이리.

아름다운, 아름다운 강가에...

그래, 우리 모두 강가에 모이리.

주님의 보좌 옆을 흐르는 강가에...[353], Nignemare Alley, William Lindsay Gresham

그곳, 영성의 뿔라 땅에는

슬퍼하는 자에게 화관을 주어, 기쁨의 기름으로 그 슬픔을 대신하며, 찬송의 옷으로 그 근심을 대신하게 하는 '의의 나무'가 자라 야훼의 영광을 나타낸다. 사61:3

〈뿔라 땅〉

저 좋은 낙원 이르니 내 기쁨 한이 없도다.

그 어둔 밤이 지나고 화창한 아침 되도다.

  영화롭다, 낙원이여.

  이 산 위에서 보니 먼바다 건너 있는 집

  주 예비하신 곳일새

  그 화려하게 지은 것, 영원한 내 집이로다.

이곳과 저곳 멀잖다. 주 예수 건너오셔서

내 손을 잡고 가는 것 내 평생소원이로다.
저 묘한 화초 향기는 바람에 불려오는데
생명수 강가의 초목은 언제나 청청하도다.
청아한 음악 소리는 풍편에 들려오는데
흰옷을 입은 무리들은 천사와 노래하도다.

오늘의 찬양시讚揚詩 '요단강 건너'와 '뿔라 땅'은 성스러운 시詩 가운데 가장 아름다운 영성 시詩이다.

이 시詩는 자칭 시인이랍시고 잔재주와 말장난으로 쓴 시가 아니다. 세속의 시들은 아무리 다듬고 꾸며도 영적인 분위기나 문학성이나 사상성은 도무지 찾을 수 없는 퇴폐한 의식의 분비물에 불과하다. 그러나 이 찬양의 시들은 우리의 영혼을 영원한 본향으로 인도한다.

제20장 • 야훼의 날과 어린양의 혼인 잔치

1. 파수꾼의 역할과 '그날 그때'

> 너희는 그를 칠 준비를 하라. 일어나라! 우리가 정오에 올라가자. 아하! 아깝다! 날이 기울어 저녁 그늘이 길었구나. 일어나라! 우리가 밤에 올라가서 그 요새를 헐자 하도다. 렘 6:4-5

고대 근동세계에는 "여우늑대가 밤에 성읍에서 울면 성이 망한다"는 속담이 있다. 그들은 성이 망한 원인을 여우가 성읍에 들어와 울었기 때문이라고 믿었다.

그들의 역사적 경험은 밤에 여우가 성안에 들어와서 울고 나면 며칠 후에는 반드시 성이 불에 탔던 것이다. 여우가 밤에 성안으로 들어오는 것은 적군이 성읍을 침공하려고 며칠 전부터 척후병을 보내어 성 밖에서 그 성을 정탐하였기 때문이었다. 성 밖의 여우 굴은 모두 정탐꾼들이 차지하여 참호로 사용하고 있었기 때문에 거처를 빼앗긴 여우들이 밤이면 위험한 성 밖에서 고요한 성안으로 들어와 성내에서 어슬렁거리고 다녔던 것이었다.

그러면 성읍이 망하지 않으려면 밤에 여우가 성안으로 들어와 울지 않도록 그들을 달래야 한다. 그 방법은 오직 파수꾼들이 졸지 않고 밤새워 성은 잘 지켜냄으로써 여우들이 적의 척후병들에게 성 밖에 있는 그들의 은신처동굴를 빼앗기지 않도록 해야 한다.

오늘의 교회와 성직자들은 '그날 그때' 즉 '오메가 포인트'의 개막을 눈앞에 두고 있는 21세기의 파수꾼으로서의 시대적 소명을 안고 있다.

그들은 예수 그리스도와 더불어 세상을 구원해야 할 책임을 공유하고 있다. 오늘의 교회와 성직자들은 하나님의 왕국 도성의 파수꾼으로서 항상 파수대에 올라가 하나님의 말씀을 기다려야 한다.

> 내가 내 파수하는 곳에 서며 성루에 서리다. 그가 내게 무엇이라 말씀하실는지 기다리고 바라보리라 하였더니, 야훼께서 이르시되 너는 이 묵시를 기록하여 판에 명백히 새기되 달려가면서도 읽을 수 있게 하라! 합 2:1-2

오늘 아침, 오늘의 교회와 성직자들에게 하나님이 하신 대답은 이렇다!

> 그들이 건축한 돌 성벽은 여우가 올라가도 곧 무너지리라! 느 4:3
>
> 예루살렘이여, 내가 너의 성벽 위에 파수꾼을 세우고. 그들로 하여금 주야로 계속 잠잠하지 않게 하였느니라. 너희 야훼를 기억하시게 하는 자들아. 너희는 쉬지 말며. 세상에서 찬송을 받게 하시기까지 그로 쉬지 못하게 하라. 사 62:6-7

하나님께서는 "오늘의 교회와 성직자들이여! 졸지 말고 잠에서 깨어나라!" 하신다.

시온이여! 깰지어다. 깰지어다! 네 힘을 낼지어다.

거룩한 성 예루살렘이여! 네 아름다운 옷을 입을지어다!사 52:1

우리가 사는 이 세상의 시작과 끝은 신화의 세계에 파묻혀있다. 창세신화와 종말신화가 성서의 처음과 마지막이다.

해리 슬로하우어Harry Slochower는 신화의 효용效用에 대하여 두 개의 기본적인 카테고리로 설명하고 있다. 하나는 사물의 형식形式, 원형 즉 처음과 끝에 관계되는 '창조'이며 또 다른 하나는 미래에의 전통을 향向해서 낡은 전통을 비판적으로 문제 삼는 '탐구'이다.[354]

태초부터 있는 생명의 말씀에 관하여는 우리가 들은 바요, 눈으로 본바요 자세히 보고 우리 손으로 만진 바라.1요 1:1

그가 태초에 하나님과 함께 계셨고, 만물이 그로 말미암아 지은 바 되었으며, 그 안에 생명이 있었으니, 이 생명은 사람들의 빛이라.요 1:2-4

나는 알파와 오메가요 처음과 나중이니, 이제도 있고, 전에도 있었고 장차 올 자요, 전능한 자라! 나는 처음이요, 마지막이니 곧 살아있는 자라! 내가 전에 죽었었노라 볼찌어다! 이제 내가 세세토록 살아있어 사망과 음부의 열쇠를 가졌노니 그러므로 네가 본 것과 지금 있는 일과 장차 될 일을 기록하라.계 1:8, 17-19

성서의 창세신화와 종말 신화에는 영성 세계가 담겨 있다.

신화란 비유컨데, 영성을 담보擔保, 맡아서 보관함하기 위해 만든 토기장의 질그릇이다.사 30:14, 애 4:2, 롬 9:21 질그릇은 보배를 담기도 하지만고후 4:7, 또 잘 깨어질 수도 있는 것이다.시 22:15 보다 정확하게 표현하면, 신화란 새나 물고기나 짐승 같은 영성을 포획捕獲, 사로잡음하려는 그물레 14:5, 50; 잠 1:17, 6:5, 7:23이요, 바람이나 공기나 숨이나 호흡 같은 영성을 담보하려는 물방울이다.욥 38:28

우리가 고정관념의 껍질은 깨고, 지성의 성벽을 부수고, 감성의 창을 통하여 밖을 내다보면 거기에는 잃어버렸던 꿈의 세계가 있다.

2. '그날 그때'와 Omega-Point

성서의 종말론 사상은 고대근동세계의 문화와 종교에서도 유사한 개념을 찾아볼 수 있다. 유대교는 종말론적 사건이 미래에 일어난다고 보지만 신약성서에 따르면 이 하나님의 미래는 그리스도와 더불어 이미 시작되었다고 본다.

우리는 우주세상와 예수 그리스도와의 관계에 대하여 과학적으로, 철학적으로 그리고 신학적으로 놀라운 정보를 제공해준 탁월한 분을 오래 전부터 만나고 있다. 우리는 그의 틀별한 혜안에 감사와 찬사를 아낄 수 없다. 오늘날 우리는 은혜롭게도 떼이야르 사르댕Teilhard de Chardin, 1881-1955의 신학적이고도 과학적인 상상력에 기댈 수밖에 없다.

그는 일찍이 프랑스 신부로서 중국 선교사로 파송을 받아 북경 원인猿人, 가장 원시적인 최고最古의 화석 인류의 총칭을 발견한 고고학자이며, 고생물학자이고, 방물학자이며 과학자였다. 그는 성서의 신학적 체계를 방추형으로 묘사하고 그 역사의 '고울'goul을 '오메가 포인드Omega-Point라고 하면서 인류의 미래에 대하여 놀라운 전망을 좌표로 제시하였다. 그의 사상의 가장 큰 특징은 그의 우주론과 그리스도론에 있어서의 통일統一을 이룬 것이었다. 우리가 떼이야르를 만나게 된 것은 하나님의 크신 축복이 아닐 수 없다.

그림 12 「종말에」
그래픽으로 표현한 오메가 포인트

떼이야르는 40여 년에 걸친 연구 생활에서 통산 250여 편의 논문을 냈다. 그는 과학, 철학, 신학 등의 다방면에 걸쳐 엄청난 업적을 남겼으나 너무나 대담한 학설들로 그의 생전에는 빛을 못 보고, 그의 사후, 그 사상에 대한 평가가 그에게 한없는 명성을 더 해 주었다. 1981년은 그의 탄생 1백 주년이어서 파리의 UNESCO 본부에서는 떼이야르 연구학술대회를 열고 "20세기의 과학과 철학에 있어 떼이야르보다 더 큰 업적을 남긴 사람은 없다"고 결론을 내렸고, 1983년 뉴욕에서는 UN 38차 전체회의 벽두에 학술적 의견교환의 테마로 "떼이야르의 학문과 사상과 생애"가 채택되었다. 떼이야르의 사상의 가장 큰 특징은 그의 우주론과 그리스도론에 있어서의 통일이었다. 즉 그는

> 이는 그가 모든 지혜와 총명으로 우리에게 넘치게 하사 그의 뜻의 비밀을 우리에게 알게 하셨으니, 곧 그의 기쁘심을 따라 그리스도 안에서 때가 찬 경륜을 위하여 예정하신 것이니, 하늘에 있는 것이나 땅에 있는 것이 다 그리스도 안에서 통일되게 하려 하심이라" 엡 1:8-10

에 근거하여 과학과 신앙, 우주와 신이 서로 통전 되는 웅대한 신학 체계를 구성하였는데, 그것을 요약하면 우주의 생성과 생명권의 전개, 유인원의 분리와 인간의 출현, 정신권의 성립과 성숙, 그리고 마침내 미래의 세계종말에서 인류의 인격공동체 건설을 오메가-포인트, 즉 수렴의 극적인 신인神人인 그리스도의 포괄적 신비체 안에서 성취가 이루어진다고 하였다. 이러한 사상과 작품들은 신학의 완성이나 종점이 아니라 하나의 출발점으로 제시하였다.[355]

'그날 그때' 곧 원래의 '야훼의 날'이 장차 올 그리스도의 날, '오메가 포인트'가 되었다.

'야훼의 날'에 대한 옛 전승이 미래의 '그리스도의 날'에 대한 새 묵시가 되었다.

> 대저 만군의 야훼의 한 날이 모든 교만한 자와 자고한 자에게 임하여... 교만한 자는 낮아지고... 사람들이 암혈과 토굴로 들어가서 야훼께서 일어나사

땅을 진동시키시는 그의 위엄과 그 광대하심의 영광을 피할 것이라.사 2:11-12

스바냐서에는 '야훼의 날'의 '우주적 특성과 임박함'the description of universal and oppressive이 자세히 묘사되어 있다.습 1:7 이하, 14 이하, 2:2-3, 3:8

예언자 요엘은 세상의 종말에 대하여 예언했다.

야훼의 크고 두려운 날이 이르기 전에 해가 어두워지고 달이 핏빛같이 변하리라.욜 2:31

해와 달이 캄캄하며 별들이 그 빛을 거두리로다.욜 3:15

구약성서의 예언문학에서는 '야훼의 날'을 18번이나 언급하고 있다. '7개의 본문은 미래의 역사적, 우주적 사건을 기대한 것'Seven anticipate future historical Cosmic events이다. - 암 5:18-20, 사 2:12-17, 34:15-17, 61:1-3, 63:1-6, 말 3:13-4:6, 슥 14:1-21

다른 6개의 본문은 '야훼의 날이 가까왔다'는 선언으로 '이것을 기대되는 사건이 곧 닥쳐올 것이라는 절박함'- a sense of urgency and the conviction을 표현하고 있다.습 1:1-2:3, 겔 7:1-27, 30:1-9, 욜 1-3장 이러한 구약성서의 '야훼의 날'에 대한 '우주적 특성'이 신약성서의 '그리스도의 날'의 우주적 특성이 되었다.

베드로 후서에는 '야훼의 날'의 '우주적 특성'the universal character이 잘 나타나 있다.

주의 날이 도둑같이 오리니, 그날에는 하늘이 큰 소리로 떠나가고, 물질이 뜨거운 불에 풀어지고 땅과 그중에 있는 모든 일이 드러나리로다.
이 모든 것이 이렇게 풀어지니, 너희가 어떤 사람이 되어야 마땅하냐? 거룩한 행실과 경건함으로 하나님의 날이 오기를 간절히 사모하라. 그날에 하늘이 불에 타서 풀어지고 물질이 뜨거운 불에 녹아지려니와 우리는 그의 약속대로 의가 있는 곳인 새 하늘과 새 땅을 바라보도다. 벧후 3:10-13

모든 피조물이 구원을 고대하고 있다.

하나님의 창조는 아직도 완성되지 않았고, 현재의 고통은 구원을 기다리며, 이 고통 중에 하나님은 우리와 함께 계시고, 지금도 하나님은 만물이 다 함께 우리를 위해 움직이도록 하신다.

이 예언의 말씀은 더욱 분명해졌으니 어둠은 비추는 등불과 같이 날이 새어 샛별이 너희 마음에 떠오르기까지 너희가 주의를 기울이는 것이 좋겠도다! 벧후 1:19

신화의 세계에 묻혀있는 '우주' 세상, 자연의 시작과 끝은 영성 세계의 '그날 그때' 즉 Omega-Point에 집중되어 있다. 세상의 종말은 과학과 종교의 풀지 못한 영원한 숙제였다. 오늘날의 과학이 갈피를 잡을 수 없을 정도로 급격히 변하고 있기 때문에 일부의 그리스도인들은 전통적 신앙을 고수함으로써 안식처를 구한다. 그러나 사실상 종교적 진리의 '표현'은 시대에 따라 항상 변하여 왔다. 그리하여 과학의 도전은 오늘날 새로운 형태의 신학적 서술을 요구한다.

중세시대의 승방僧房은 근대과학의 요람이었다. 그러나 종교와 과학이 갈라서기 시작한 이래로 그 둘을 화해시키려고 노력한 사람은 많았지만, 과학과 종교의 최종목표를 하나로 수렴收斂한 사람은 드물었다. 떼이야르는 과학의 세계관과 신화의 세계관을 하나로 통전統傳시켰다.

떼이야르는 그의 자서전적인 논문1955에서 '神의 사랑과 세계 신앙'이란 두 가지 요인을 통해서 '미래未來와 소망所望의 신학'을 표현하였다. 그의 사상은 우주 진화과정의 종극점終極點 곧 Omega Point와 우주적 그리스도Cosmic Christ로서 이 둘은 결국 하나라는 것이다. 우주적 그리스도와 오메가 포인트는 그의 신앙이 주장하는 확신이다. 오메가 포인트는 과학적 추구의 결론이요, 이것은 역사과정의 목적지인 동시에 또 거꾸로 모든 의미 창조의 시발점이라고 했다. 그는 이렇게 과학과 종교. 우주와 그리스도를 하나로 수렴함으로써 인류의 미래에 대한 비전vision을 제시하였다.

떼이야르가 바라본 미래의 비전은 '천년 왕국'이나 '황금시대' 사상과는 다르다. '복지'福祉, well-being가 아니라 '보다 충만한 삶'more-being에 대한 갈급이었다.[356] 이러한 떼이야르의 주장은 현대의 묵시문학인 과학 시대의 환상 문학에 큰 영향을 끼쳤다.

떼이야르의 '오메가 포인트'와 '우주적 그리스도'가 이 둘이 일치된 것을 'Omega-Christ'라고 한다. '그날 그때hora, ὥρα와 Ωωμεγα 포인트'는 '같은 날, 같은 시'로서 '야훼의 날'이며 '그리스도의 날'이다.

그런즉 깨어있으라! 너희는 '그날과 그때'를 알지 못하느니라.마 25:13

신약성서에서는 이 세상의 마지막을 '야훼의 날' 또는 '하나님의 날'로 불리워지고 있다. 계시록에서는 마지막 전쟁을 '하나님 곧 전능하신 이의 큰 날'로 불리워지고 있다.계 16:14

바울서신에서는 '주의 날'살전 5:2. 살후 2:2, '우리 주 예수 그리스도의 날'고전 1:8, 5:5, 고후 1:14, '예수 그리스도의 날'빌 1:6, 10, 빌 2:16이라고 언급하고 있다.

창조에 있어서 하나님의 의도는 그리스도 안에서 만물을 통일혹은 완성 시키는 것이다. 그리스도는 우주의 절정과 계발자로서, 인간생활의 목표와 원형原形으로, 창조의 알파와 오메가로 보는 것은 그 본래의 의미를 그대로 살리고, 심각한 위기에 처한 우리 세대의 깊은 요구에 응할 수 있는 구속의 해석이 될 것이다. 그 일이란 인생은, 이 광대한 우주와 진화과정 전체를 성육成肉에 비추어 생각하는 일을 말한다.[357]

> 우리는 그리스도 안에서 그의 은혜의 풍성함을 따라 그의 피로 말미암아 속량 곧 죄사함을 받았느니라. 이는 그가 모든 지혜와 총명을 우리에게 넘치게 하사 그의 뜻의 비밀을 우리에게 알리신 것이요. 그의 기뻐하심을 따라 그리스도 안에서 때가 찬 경륜을 위하여 예정하신 것이니, 하늘에 있는 것이나 땅에 있는 것이 다 그리스도 안에서 통일되게 하려 하심이라.엡 1:7-10
>
> 그는 보이지 아니하는 하나님의 형상이요. 모든 피조물 보다 먼저 나신 이시니, 만물이 그에게서 창조되어 하늘과 땅에서 보이는 것들과 보이지 않는 것들과 … 만물이 다 그로 말미암고, 그를 위하여 창조되었고, 또한 그가 만물보다 먼저 계시고, 만물이 그 안에 함께 섰느니라. 그는 몸인 교회의 머리시

라. 그가 근본이시요. 죽은 자들 가운데서 먼저 나신 이시니 이는 친히 만물의 으뜸이 되려 하심이요, 모든 충만으로 예수 안에 거하게 하시고, 그의 십자가의 피로 화평을 이루사 만물 곧 땅에 있는 것들이나 하늘에 있는 것들이 그로 말미암아 자기와 화목하게 되기를 기뻐 하심이라. 골 1:15-20

이러한 예수 그리스도의 '우주적 특성'을 '야훼의 날' 곧 '그리스도의 날'에 완성된다.

현재의 고난은 장차 우리에게 나타날 영광과 비교할 수 없도다. 피조물이 고대하는 바는 하나님의 아들들이 나타나는 것이니... 그 바라는 것은 피조물은 썩어짐의 종노릇 한데서 해방되어 하나님의 자녀들의 영광의 자유에 이르는 것이니라. 피조물이 다 이제까지 함께 탄식하며, 함께 고통을 겪고 있는 것을 우리가 아느니라... 만일 우리가 보지 못하는 것을 바라면 참음으로 기다릴지니라. 우리가 알거니와 사랑하는 자 곧 그의 뜻대로 부르심을 입은 자들에게는 모든 것이 협력하여 선을 이루느니라. 롬 8:18-28

Ⅲ. 뿔라 땅과 새 하늘과 새 땅에서

헵시바와 어린 양의 혼인잔치

기약이 이르면 하나님이 그의 나타나심을 보이시리니, 하나님은 복되시고 홀로 한 분이신 능하신 자이며 만왕의 왕이시며 만주의 주시요, 오직 그에게만 죽지 아니함이 있고, 가까이 가지 못할 빛에 거하시고, 어떤 사람도 보지

> 못하였고, 또 볼 수도 없는 이시니 그에게 존귀와 영원한 권능을 돌릴지어다. 아멘 딤전 6:15-16
>
> 우리가 즐거워하고 크게 기뻐하며, 그에게 영광을 돌리세. 어린 양의 혼인 기약이 이르렀고 그의 아내가 자신을 준비하였으므로 그에게 빛나고 깨끗한 세마포 옷을 입도록 허락하였으니, 이 세마포 옷은 성도들의 옳은 행실이로다. 계 19:7-8
>
> 너는 야훼의 입으로 정하실 새 이름으로 일컬음이 될 것이며, 너는 또 야훼의 손의 아름다운 관, 네 하나님의 손의 왕관이 될 것이라. 다시는 너를 버림받은 자라 부르지 아니하며, 다시는 네 땅을 황무지라 부르지 아니하고 오직 너를 '헵시바'라 하며, 네 땅을 '뿔라'라 하리니, 이는 야훼께서 너를 기뻐하실 것이며 네 땅이 결혼한 것처럼 될 것임이라. 마치 청년이 처녀와 결혼함 같이 네 아들들이 너를 취하겠고, 신랑이 신부를 기뻐함 같이 네 하나님이 너를 기뻐하시리라. 사 62:2-5

'너는 야훼의 손에 있는 아름다운 관, 곧 네 하나님의 손의 왕관'이란 말은 "옛날 신화시대에서 내려온 전승으로서 파수꾼들이 성벽을 둘러쌈으로써 그 성읍 신께 면류관을 씌운 것으로 생각했던" It is derived from the ancient costom of representing the tutelary deity of a city as crowned with the city walls 신화에서 나온 개념이다. 그리하여 옛 신화의 전승이 미래의 새 묵시의 자료가 되었다. 심판이 구원으로 바뀌었다.

그 성은 정의의 심판을 받아 무너졌다. 하나님은 정의를 행하며 진리를 구하는 자를 찾고 계신다.

너희는 예루살렘 거리로 빨리 다니며, 그 넓은 거리에서 찾아보고 알라. 너희가 만일 정의를 행하며, 진리를 구하는 자를 한 사람이라도 찾으면 내가 이 성읍을 용서하리라. 렘 5:1

이 땅을 위하여 성을 쌓으며, 성 무너진 데를 막아서서, 나로 하여금 멸하지 못하게 할 사람을 내가 그 가운데에서 찾다가 찾지 못하였으므로, 내가 분노를 그들 위에 쏟으며, 내 진노를 불로 멸하여 그들 행위대로 그들 머리 위에 보응하리라. 겔 22:30-31

야훼 하나님께서는 이 도성을 사랑으로 구원하셨다. 사마리아와 예루살렘은 '바알과 아세라' 우상을 숭배함으로써 음행하던 여인 '오홀라Oholah'와 '오홀리바Oholibah'였으나 겔 23:1, 4, 11 이제는 하나님의 사람으로 구원받아 '뿔라Beulah,가 되었다. 사62:4 '뿔라'란 '결혼한 부인'이란 뜻이다.

그 '버림받은 자, 황무지 같던' 뿔라 땅이 하나님의 '헵시바Hephzibah가 되었다. '헵시바'란 '나의 기쁨이 그녀에게 있다'란 뜻이다. 이리하여 '음란한 여인'은 새 이름 '하나님의 애인'으로 그 이름이 바뀌고, 그 땅은 새로운 관계가 맺어진다.

이것은 하나님과 그의 백성의 기쁜 재혼이다.

또 이것은 하늘과 땅의 결혼이다. 시인 윌리암 블레이크는 이렇게 썼다.

〈천국과 지옥의 결혼〉

윌리암 블레이크

공작孔雀의 자랑은 하나님의 영광이고

염소의 욕망은 하나님의 너그러움이라.

사자의 분노는 하나님의 지혜이고

여인의 나체는 하나님의 업業이다.[358]

음란하고 부정한 과부widow 같던 뿔라 땅이 재혼함으로써 한 남편과 자녀들을 갖는 '사랑받는 여인'이 되었다. 그리하여 이제부터는 '헵시바'라고 불려지게 되었다. 예언자 호세아가 그의 자전적인 예언에서 음란했던 아내 고멜을 통하여 '야훼의 사랑과 세계의 신앙'을 발견하게 되었다. 우상을 숭배하던 백성음란한 아내은

그것은 그를 벌거벗겨서, 그의 나던 날과 같게 된 것이요, 그로 광야같이 되게 하며, 마른 땅과 같이 되게 하여 목말라 죽게 할 것이며, 그는 버리운 자식이라 긍휼히 여길 자가 없을 것 임이라.호 2:3-4

그러한 생존의 한계상황에서 야훼 하나님의 '사랑의 밧줄'호 11:4, the bands of love이 내려와서 다 끊어져 간 '생명의 밧줄'을 대신하게 하였다. 우리는 이것을 하나님의 인애仁愛라고 부른다.

이스라엘이 어렸을 때에 내가 사랑하며 내 아들을 애굽에서 불러냈으며, 내가 '사랑의 줄'로 그를 이끌었고, 그 목에서 멍에를 벗기고, 그들 앞에 먹을 것을 두었노라. 이는 내가 하나님이요 사람이 아님이라호 11:1, 4, 9

성서에서 '야훼의 날'은 '종말론적 의미'the eschatological sense로 사용되고 있는데, 그날은 멸망의 예언에서 구원의 예언으로 초점이 바뀌어진다.

보라! 내가 그를 거친 들로 데리고 가서 말로 위로하고 거기서 비로소 그의 포도원은 그에게 주고, 아골 골짜기로 소망의 문을 삼아주리니, 그가 거기서 응대하기를 어렸을 때와 애굽 땅에서 올라오던 날과 같이하리라. 애굽에서 올라오던 그날에 너는 나를 내 낭군남편이라 일컫고, 나를 네 주인바알이라고 부르지는 않았다. 호 2:14-16

해마다 꽃피는 봄이 오면 우리의 옛고향에서는 축제가 열렸다. 화려하게 펼쳐지던 그 가짜 결혼식은 국경도 신분도 뛰어넘는 영원하고 숭고한 참사랑 이야기였다. 결혼식의 축가인 '아가'에는 이러한 낭군郎君과 낭자娘子의 혼례식은 말로는 설명하기 힘든 추상적인 개념을 구체적인 사물과 사건으로 표현한 상징symbol과 은유metaphor였다. 이러한 혼례의식은 형식은 단순하지만 그 의미는 엄청나게도 존재being와 우주론cosmology과 본체론ontology를 내포하고 있어서 그것을 기호sign와 표시mark와 증거token로 암시하고 투사하고 표상했다. 우리는 어떤 사실의 기술에서 말로서 나타낼 수 있는 차원을 넘었기 때문에 상징과 은유를 사용한다.

'노래 중의 노래'Song of Songs로 전승된 전설 속의 선한 목자는 영광과 존귀의 보좌를 버리고 이 땅에 와서 비천한 출신의 배필을 찾으셨다. 그리고 전설 속의 술람미 처녀는 믿음과 인내와 갈망과 뜨거운 사랑으로 화답한다.

〈목동 편〉

새벽 샛별처럼 반짝이는 눈!

　보름달 같이 둥글고 아름다운 얼굴

아침 해 같이 맑고,

깃발을 세운 군대같이 당당한 그 여자는 누구인가?

내가 골짜기의 푸른 초목을 보려고,

포도순이 돋았는가,

석류 꽃이 피었는가 보려고

호도 동산으로 내려갔을 그때에

나는 부지 중에 마음이 동하여

'남자답게' 백성의 수레병거 위에 올랐도다.아 6:10-12

〈목녀牧女 편〉

내 사랑하는 자야, 우리 함께 들로 나갑시다. 이 밤을 들판에서 보냅시다.

이른 아침 포도원으로 가서 포도 움이 돋았는지, 석류꽃이 피었는지 보자구요.

거기에서 내가 내 사랑을 네게 주리라아 7:11-12

거친들 황야의 초원에 갑자기 나타난 황금수레, 백마 탄 왕자가 나타났도다. 우연한 인연이다. 우연은 하나님의 익명이다. 하나님의 사랑은 우연한 인연을 영원에다가 붙들어 매어 고정시키셨다.

〈신랑 편〉

그날에 네가 나를 내 남편이라 일컫고, 다시는 내 주인바알이라 하지 아니하리라. 그날에 내가 네게 장가들어 영원히 살되, 공의와 정의와 은총과 긍휼히 여김으로 네게 장가들며, 진실함으로 장가들리니, 네가 야훼를 알리라.호

2:18-20

〈신부편〉

그대는 나를 도장같이 가슴마음에 품고, 인장같이 팔에 매고 다녀라. 사랑은 죽음 같이 강하고, 질투는 스올무덤 같이 잔인하며, 불같이 일어나니, 그 기세가 야훼의 불같으니라.아 8:6

할렐루야. 주 우리 하나님, 곧 전능하신 이가 통치하시도다. 우리가 즐거워하고 크게 기뻐하며 그에게 영광을 돌리세! 어린양의 혼인잔치 기약이 이르렀고, 그의 아내가 자신을 준비하였으므로, 그에게 빛나고 깨끗한 세마포 옷을 입도록 허락하셨으니, 이 세마포 옷은 성도들의 옳은 행실이로다!계 19:6-8 유리 바다 한가운데 있는 환상의 섬 '새 하늘과 새 땅'에서 하나님의 어린양의 혼인 잔치가 열린다.계 4:6, 15:2 혼인 축하의 찬가가 울려 퍼지고 있다.

하나님의 종 모세의 노래와 어린양의 노래를 불러 이르되 주 하나님 곧 전능하신 이시여! 하시는 일이 크고, 기이하시도다. 만국의 왕이시여! 주의 길이 의롭고 참되시도다!계 15:3

야훼께서 이르시되 '그날에' 네가 나를 내 남편이라 일컫고 다시는 내 바알주인이라 일컫지 아니하리라. '그날에는' 내가 그들을 위하여 들짐승과 공중의 새와 땅의 곤충과 더불어 언약을 맺으며 또 이땅에서 활과 칼을 꺾어 전쟁을 없이하고 그들은 평안히 눕게 하거라.

내가 네게 장가들어 영원히 살되 공의와 정의와 은총과 긍휼히 여김으로 네게 장가들며, 진실함으로 네게 장가들리니 네가 야훼를 알리라. '그날에' 내가 응하리라. 나는 하늘에 응하고 하늘은 땅에 응하고 땅은 곡식과 포도주와 기름에 응하고, 또 이것들은 이스르엘에 응하리라. 그날에 너는 내 백성이라 하리니, 그들이 이르기를 주는 내 하나님이시라 하리라. 호 2:16-23

'그날에' 우상바알숭배의 흔적은 없어지고, 하나님과의 언약의 사랑으로 돌아와 그의 백성은 물론 온 우주만물, 곧 하나님의 피조물 전체가 새 언약을 받들어 지키며 야훼의 백성의 재혼remariage이 이루어진다.

이리하여 인간은 우주와 더불어 합일이 이루어진다. 다시 말하면, 인간은 '무한과 영원과 전체'와 더불어 조화잠 8:22, 고후 6:15와 통일엡 1:10, 4:6과 합일창 2: 24, 마 19:15을 이루게 된다.

천사가 내게 말하기를 기록하라. 어린양의 혼인잔치에 청함을 입은 자들이 복이 있도다!하고 또 내게 말하되 이것은 하나님의 참된 말씀이라. 계 19:9
이제 다시 일곱 천사 중 하나가 나아와서 내게 말하여 이르되, 이리 오라! 내가 신부 곧 어린양의 아내를 네게 보이리라 하고계 21:9

그러나,

개들과 살인자들과 우상 숭배자들과 및 거짓말을 좋아하며 지어내는 자마다 성 밖에 있으리라. 계 22:15

'그날 그때'가 가까워질수록 인간의 영성은 '깨어나서' 각성覺醒하여 점차 신을 닮아가는 자들이 많아질 것이다. 각성함이란 마치 달걀이 병아리로 깨어날 때 처음에는 한두 마리에 불과하지만, 때가 차면 점차 많아져서 마침내 모든 정상적인 알이 깨어남과 같다. 물을 끓일 때 처음에는 어쩌다가 한두 방울이 끓기 시작하여 마침내 임계점에 이르면 모든 물이 끓어 기체로 변하는 것과 같다.

'그날'이 가까울수록 영성이 깨어나고, 영통하고, 영교하는 자도 점차 불어날 것이다. '그날' 이 다가올수록 사람들은 점차 유무 상통하고행 4:32, 방언하고, 예언하는 자는 늘어나고고전 14:26-31, 인간의 지식이 발달하고 빨리 왕래하며단 12:4, 투시하고 숨긴 것들이 드러나고마 10:27, 꿈을 꾸고 환상을 보고, 이상을 보는 자가 늘어나서행 2:17, 마침내 깨어난 영성인들이 무성하리라!

에리히 프롬은 적극적으로 피력했다.

"너희도 신처럼 되리라!"

"성서와 후기 유대교 사상이 주로 강조하는 점은 하나님에 관한 지식이 아니라 하나님처럼 되려는데 있다. 이러한 모방은 '할라카아'Halakhah라고 불리는 삶을 올바르게 살아가려는 시도 속에 나타난다."[359]

'그날'이 오면 영성이 밝아진 인간들은 신처럼 된다.

그날에

너희가 ....하는 날에는 너희 눈이 밝아져서 하나님과 같이 될 것을 하나님이 아심이라. 하나님이 이르시되 보라, 이 사람이 선악을 아는 일에 우리 중 하

나같이 되었으니...창 3:5, 22

내가 너로 파라오에게 신 같이 되게 하였은즉...출 7:1

너는 그에게 하나님같이 되리라.출 4:16

그러므로 하늘에 계신 너희 아버지의 온전하심 같이 너희도 온전하라.마 5:18

그날이 오면 영성이 깨어난 인간들은

우리가 지금은 거울을 보는 것 같이 희미하나, 그때에는 얼굴로 얼굴을 대하여 볼 것이요, 지금은 부분적으로 아나, 그때에는 주께서 나를 아신 것 같이 내가 온전히 알게 되리라.고전 13:12

그와는 내가 대면하여 명백히 말하고 은밀한 말로 아니하며, 그는 또 야훼의 형상을 보겠거늘민 12:8

볼지어다, 구름 타고 오시리라. 각인의 눈이 그를 보겠고, 그를 찌른 자도 볼 터이요, 땅에 있는 모든 족속이 그를 인하여 애곡하리니 그러하리라. 아멘계 1:7

옛 신화에서 유래된 전승이 새 묵시의 자료가 되었다. 그 새 하늘과 새 땅에는 누가 들어갈 수 있는가? 세상에는 두 부류의 사람들이 있다.사 65-66장 한 부류는 저들의 하나님 야훼 예배에 이방 신들의 숭배예식을 섞은 일종의 배교자들apostates이요, 다른 한 부류는 이스라엘의 충성된 남은 자들remnants이다.

배교자들은 사회 전반에 만연하고 있는 현상으로서 재물, 돈, 권력, 명예를 우상화하고 있는 자들이요, 교회 안에서 보면, 교단, 교회, 신학을 우상화하고 있는 자들이라, 이들은 거짓을 지어내는 사기꾼들이요. 세상과 간음하는 개 같은 자들이다. 이들은 새 하늘과 새 땅에는 들어가지 못한다.

> 개들과 점술가들과 우상 숭배자들과 및 거짓말을 좋아하며 지어내는 자는 다 성 밖에 있으리라.계 22:15
>
> 보라, 내가 새 하늘과 새 땅을 창조하나니, 이런 것은 기억되거나 마음에 생각나지 아니할 것이다.사 65:1, 계 21:1

이것은 새 창조, 새 시대, 새 공동체의 탄생을 의미한다. 새 언약, 새 사람, 새소망, 새 예루살렘을 가리킨다.

새 하늘과 새 땅에 들어가려면 새로운 교회로 거듭나야 한다. 그들은 실제로 죽고 다시 태어나야 한다. 제도나 교리가 지배하던 교회시대가 끝나고, 마침내 성령과 영성이 지배하는 새 시대가 열리고 있다. 그때는 인간성의 해방과 생의 의미를 추구하는 교회가 점점 '가상공간' Cyber Space의 사이버교회를 닮아가는 오늘의 교회를 대신 할 것이다. 오늘의 교회는 신랑을 맞이할 준비가 되어있지 않다. 그들은 계속 졸며 잠을 자고 있다.

> 신랑이 더디 오므로 다 졸며 잘새 밤 중에 소리가 나되 보라! 신랑이도다! 맞으러 나오라! 하니...마 25: 5-6

그러나 '그날'이 가까워질수록 주의 은혜로 영성의 각성이 무성해질 것이다.

내가 야훼를 항상 내 앞에 모심이여, 그가 나의 오른쪽에 계시므로 내가 흔들리지 아니하리로다. 이러므로 나의 마음이 기쁘고, 나의 영도 즐거워하며, 내 육체도 안전히 살리니, 이는 주께서 내 영혼을 스올에 버리지 아니하시며, 주의 성도를 멸망시키지 않으실 것임이라. 주께서 생명의 길을 내게 보이시리니, 주의 앞에는 충만한 기쁨이 있고, 주의 오른쪽에는 영원한 즐거움이 있나이다.시 16:8-11

또한 그가 만물보다 먼저 계시고, 만물이 그 안에 함께 섰느니라. 그는 몸인 교회의 머리시라. 그가 근본이시오, 죽은 자들 가운데서 먼저 나신이시니, 이는 천하 만물의 으뜸이 되려하심이요...골 1:17-18

그날이 가까워져 올수록 영성이 깨어나는 교회가 점점 많아지리니, 우후죽순처럼 점점 많아지리라! 여기서 들썩들썩, 저기서 들썩들썩 영성이 깨어나는 새로운 교회들이 와글와글 거듭날 것이다! 그러나 보다 많은 교회들이 깨어나지 못하고 도태될 것이다!

즉 살아있다는 이름은 있으나 실상은 죽은 교회계 3:1와 첫사랑을 잃은 교회계 2:4, 그리고 니골라당을 따르는 교회계 2:15 및 우상을 섬기며 음행을 하는 교회계 2:20 그리고 차지도 덥지도 않은 교회들계 3:15은 어린양의 신부가 될 수 없을 뿐만 아니라 그의 심판대 앞에 서게 될 것이다.

야수의 광기에 사로잡힌 집정자가 조국 국토의 절반을 차지하고 앉아서 인민을 노예화하고, 악마의 이빨인 핵을 개발하여 남반부의 백성을 위협하고 있는 상황에서도 깊은 잠에 빠져 백일몽白日夢에 적그리스도와 통정하고 있는 이 땅의 위정자들과 성직자들은 언제나 깨어날 것인가?

땅의 임금들도 그와 더불어 음행하였고, 땅에 사는 자들은 그 음행의 포도주에 취하였다. 계 17:2

이것들은 증언하신 이가 이르시되, '내가 진실로 속히 오리라 하시거늘' 계 22:20

아멘! 주 예수여. 어서 오시옵소서.!

할렐루야! 호산나!

미주

제1편 : 모세의 전기에 대한 전이해

제1장 오경과 모세

1) Erich Fromm, *You shall be as Gods*, 너희도 신처럼 되리라, 이종훈 역, p. 13.
2) J. Edgar Park, "Exposition", in *The Book of Exodus*, Vol. I of The Interpreter's Bible, ed. George A. Buterick(New York: Abingdon Press, 1982), pp. 861-20(이후로는 IB로 약칭함)
3) '모세'란 이름은 애굽인의 것임이 분명하다. 애굽 파라오들의 이름 가운데 '모세'란 이름이 많이 나온다. '아-모세'(Ar-moses), '카-모세'(Ka-moses), 텃트-모세(Thut-moses), '라-메세스' (Ra- meses) 등의 접두사 Ah, Ka, Thut, Ra 등은 모두 애굽 신의 이름이다. 아마 모세가 야훼주의자가 된 후에 접두사를 제거한 것으로 보인다. '모세'(Moses, משה)는 히브리어 동사 '마샤'(masha, 건져내다)에서 파생되었거나 애굽어 므스'(ms) '아이' 혹은 '모스'(mw-s) "물의 아들"(water-son) 또는 '메스'(mes) "끌어낸", "태어난"의 뜻에서 이끌어 내었을 것이다.
4) "legend"란 우리가 피해야 할 'question-begging term'이다. 이것을 대신하여 본래의 용어인 "tradition"을 사용한다.
5) J. E. Park, Ibid.,
6) F. James. *Personalities of the Old Testament* (New York, Charles Scribner's Sons, 1939), p. 2.
7) Spinoza는 에스라가 오경을 썼다고 주장했다.
8) IB. Ex. p. 839.
9) E. Sellin-G. Fohrer. *Introduction to the Old Testament*, trans by David Green (Abindon. Nashville, 1978), PP. 143-45.
10) Edmund Leach, *Structuralist Interpretations of Biblical Myth*, 신인철 역 (한길사, 1995), p. 95.
11) Frank W. Scofield, 구약신학개론 (1964) Edmund Leach, Ibid. p. 55.
12) M. Noth, *The History of Israel*, pp. 42-50. Pentateuch, pp. 141-145.
13) G. von Rad, *Theologie des Alten Testment*, p. 136.
14) 김정준, 폰라드의 구약신학 (1993) P. 52. G. 폰라드, 구약성서신학, 허혁 역. P. 29.

15) Sigmund Freud, *Der Mann Moses und die Monotheistische Religion* (1939)
M. Noth, *The History of Israe*l. p. 126.

16) H. Gressmann, *Moses und Seine Zeit*
Norman K. Gottwald, *The Hebrew Bible: A Socio-Literary Introduction Philadelphia* (Fortress, 1984)

17) Edmund Leach, P. 120.

18) Mika Waltari, Sinuhe, *The Egyptilainen*, 이순희 역 (동녘, 2007), pp. 6-7.

19) Sigmund Freud, *Der Mann Moses und die Monotheistische Religion: Drei. Abhandlungeon*, (Verlag Allen de Lange, 1939) 박노건, 프로이드의 종교이해와 그 관계, 기독교사상(1977. 10) pp. 124-142. 프로이드는 학창시절부터 하나님과 종교를 조롱하는 무신론자였다고 Gay는 말했다. Peter Gay, *Freud: A Life for Our Time*(New: W. W. Norton & company, 1988), p. 525. Hans Kung은 그의 책 *Freud and the Problem of God*, trans. Edward Quinn(New Haven: Yale University Press, 1979), pp. 6-16.에서 프로이드의 무신론의 배경을 상세히 밝혔다. S. Freud, The Future of an Illusion in the Standard Edition of the Complete Psychological Works of Freud, Vol 9. trans and ed. James strachy, London: Hograth Press and the Institutuon of Psycho-Analysis, 1953-74. (이후로는 SE로 표시한다)

20) 박노건, Ibid., pp. 132-133. S. Freud, *Totem and Taboo*, in SE. 23, p. 7.

21) 박노건 Ibid., p. 133. Freud. Ibid., p. 90.

22) J. Edgar Park, The Book of Exodus, in *The Royal Interpreter's Bible*, 2:10 The Royal Adoption in Exposition, P. 861.

23) 김정준, 폰라드의 구약신학, p. 52.

24) Yehezkel Kaufmann, *The Biblical Story About the Conquest of the Land*, (Jerusalem: Bialik, 1975 (in Hebrew)) Ben Gurion, Biblical Reflections, PP. 95-96.

25) Won shik Ohm, *A Comparative Analysis of the Literary Structure of Geneis 1-11 to Ancient Near Eastern Patterens*, Mid-America Baptist Theological Seminary, 1992.

26) Josh McDowell, *Historical Evidences for the Christian Faith*, 권명달 역 (보이스사, 1980), pp. 70-72(이하에 McDowell로 약칭함)

27) Shlomo Sand, *The Invention of the Jewish People*, 김승완 역 (사월의 책, 2021), pp. 176-77.

28) Northrop Frye, *Anatomy of Criticism*, 임철규 역, 비평의 해부 (한길사), p. 449.

29) Ibid., p. 448.

30) James G. Frazer, *Folk-Love in the Old Testament*, 이양구 역(강천, 1976), pp. 715-717.

31) Norman K. Gottwald, *The Hebrew Bible, A Socio-Literary Introduction*(Fortress Press, 1985), 김상기 역(한국 신학연구소, 1987), PP. 315-33.

제2장 우주의 신비와 수수께끼

32) John T. Elson, *Is God Dead*?, Time (1966. 4. 8),

33) 박문호, "지금 대덕에선....", 동아일보, 제 31495호(2022년 12월 5일), A 16면. 한국전자통신연구원(ETRI)의 학습커뮤니티 '프로젝트 #60'
34) 브리테니커, 스베덴보리, (제13권, p. 55.)
35) 기독교백과사전, 스베덴보리(기독교교문사, 1980),(제9권. p. 1000.)
36) 유물론(唯物論, materialism)이란 실체(實體)의 성질을 물질적이라고 보는 철학의 형이상학적 상황을 말하는데 그것은 정신적(Spiritual)이라고 보는 유심론(唯心論, Spiritualism)과 대립한다. K. Marx와 Angels의 변증법적 유물론의 입장에서는 유물론을 관념론(觀念論, Idealism)과 대립시키고 모든 철학을 유물론과 관념론이라는 두 진영으로 나눈다. 관념론은 인식론에 있어서는 관념론, 형이상학적 입장에서는 유심론, 인생관, 세계관에 있어서는 이상주의로 해석한다. 관념론자라는 말은 17세기 말에 라이프니츠(Leibniz)가 처음 사용하였다.
37) 이기진, 물리학자의 우주산책, 동아일보. 31198 호 (2021. 12. 11), 33면
38) 김익환, "과학탐구 30여 년 만에 '하나님 계시다' 답 얻어" 국민일보, (2022. 4. 30), 8면.
39) Abraham Joshua Heschel, *A Passion for Truth*, 이현주 역, 어둠 속에 갇힌 불꽃 (1980), pp. 26-27, 312.

제3장 보이는 세계

40) 김재준, 성서해설 (지문각, 1963), PP. 55-56.
41) 엄원식, 구약성서 배경학 (1991, 침례신학대학교 출판부), PP. 66-67.
42) '아피루'란 Habiru 혹은 Hebrews라는 말의 애굽어로서 B.C. 13-14세기의 아마르나 서판 (Tell-el-Amarna Tablets)에 의하면 '사가즈'(Sa Gaz) 또는 '사수'(Sasu)라고도 불리워지고 있었다. 그들은 '방랑자', '침입자' 또는 '유목민', '살해자' 등의 뜻을 지닌 말로서, 그들은 정착할 땅과 권리가 없어 항상 강요된 노동이나 군대에 종사했다. 그 단어는 원래 종족이나 인종과는 무관한 용어였다.
43) James B. Pritchard, *Ancient Near Eastern Texts* (이후로는 ANET라 약칭함), pp. 407-410.
44) William Neil, *The Plain Looks at the Bible*, (n.d., n.p.)

제4장 보이지 않는 세계

45) E. Dinkler, "Myth in The NT. of The Intepreter's Dictionary of the Bible", ed. George A. Buttrick (New York: Abingdon Press, 1982), PP. 481-89. (이후로는 IDB로 약칭함) "Morden historians of religion use the word as a technical term for that literary form which tells about other worldly things in this-worldly concepts. Thus myth expresses thruth in a hidden or indirect language, not in an open and direct way. Therefore, it cannat be objectified."
46) J. F. Bierlein, *Parallel Myth*, 한준만 역 (1996), P. 82.
47) Sergei Tokarev, *History of Religion*, 한국종교연구회 역 (1991), PP. 191, 199,
48) Hymns from The Rig-Veda, 최해훈 역, p. 44. J. F. Bierlein, *Paralle Myth*, op. cit., p.

64.
49) Ibid., p. 46.
50) 「莊子」(上), 이윤섭 역, p. 129.
51) 엄원식, 히브리 성서와 고대 근동문학의 비교연구(한들출판사: 2000), pp. 125-147
52) "Gilgamesh, Enkidu and the Nether World," in *Ancient Near Eastern Texts*, ed. by James B. Pritchard (Princeton, New Jersey, 1969. (이하는 ANET로 약칭 함)
53) Edmund Leach, P.95.
54) Erich Fromm, *On Disobedience and other essays*, 문국주 역, 불족종에 관하여(범문사, 1981) pp. 16-17.
55) C. H. Kang & E. R. Nelson, *The Discovery of Genesis*, 이강국 역, 漢字에 담긴 창세기의 발견, (미션하우스, 1990)
56) 박영수, 우리말 뉘앙스 사전 (북로드, 2007), "선악과", "천도복숭아"
57) James M. Robinson, trans. *Nag Hammadi Library*, 이규호 역, 나그 함마디 문서 (2022, 동연), pp. 249-250.
58) "Teilhard's Approach to Christology, *Theology Digest*, Vol. XV. No. 1 (1987), PP. 18-28. "우리가 현 우주를 정적인 우주(Cosmos) 대신, 동적인 우주 됨(Cosmogenesis)으로 정의한다면, 서로 각각 자율성을 가진 사람됨(Anthropogenesis)이라는 축(軸)과 그리스도 됨(christogensis)이라는 축을 조화시켜야 한다.
인간의 우주적 성숙(the planetary maturation of man)과 종말적 그리스도의 재림과 상응 관계를 맺어줄 수 있는 그리스도론이 요청된다."
59) Avery Dulles, S. J., "Recent Death of God Literature", *Theological Studies*, March, 1967 (Vol. 28, No. 1), pp. 111-118. 展望, 제2호, 대건신학대학 전망편집부, 1969, 394, pp. 82-91.
60) Ibid.,
61) Ibid.,
62) John, T. Elson, "*Is God Dead*?" in Time誌, (1965. 4. 8),
"God as a white-bearded father figure. God will get me out of this filth one day. He is a God of mercy, dressed all in White and Sitting on a golden throne."
At the very least The bearded God sitting in heaven, is dead, and God in the central task of religion today - they seek to imagine and define a God who can touch men's emotions and engage men's minds.
63) John T. Elson, *Is God Dead*?(1965. 4. 8),
"Christianity added an even more mystifying dimension to the belief that the infinitely distant was infinitely near: the doctrine that God came down to earth in the person of a Jewish carpenter named Jesus, who died at Jerusalem around 26 A. D."
64) Ibid.,
"It was not an easy faith to define defend, and the early church, struggling to rid itself of heresy, turned to an intellectual weapon already forged and near at hand: The metaphysical language of Greece. The alliance of Biblical faith and Hellenic reason

culminated in the Middle Ages."

65) Edmund Leach, pp. 23-24. 219.

66) A. E. J. Rawlinson. *St. Mark*(London: Methuen & Co., 1925), p. 118.

67) 신학사전, 한국개혁주의실행협회 편 (1981) "말씀", p. 156.

68) Edmund Leach, pp. 29-30.

69) John T. Elson. Ibid.,

70) James George Frazer, 구약시대의 인류민속학, 이양구 역, p. 34 '역자 이양구의 서문'

71) Theodor H. Gaster, *The Oldest Stories in the World*. 이용찬 역(평단문화사, 1985), pp. 19-21.

72) Rudolf Karl Bultmann, New Testament and Mythology, Kerugma and Myth (London, SPCK, 1953), p. 3. *The History of the Synoptic Tradition* (1921)

73) Edmund Leach, pp. 1-22, 58-59, 89.

74) Edwin M. Good., *The Meaning of Demythologization*, pp. 22-31-32.

75) Edmund Leach., Ibid.,

76) J. E. Bierlein, *Parallel Myth*, 현준만 역, 세계의 유사신화 (1994), p. 39.

77) Robert Tucker, *Philsopy and Nyth in Karl Marx*, 김학준, 한명화 역(한길사, 1982), p. 180. 세계 창조자로서의 노동하는 인간 pp. 168-182.

78) Shlomo Sand, *The Invention of the Jewish People*, 김승완 역 (사월의 책, 2021), pp. 152-154, 158-160, 172-173. K. Marx, *Preface to the Critique of political Economy*, *in Fromn*, p. 127.

79) Zarathustra는 기원전 700년경에 고대 페르시아에 살았던 예언자이다. 그는 당시의 페르시아 사람들의 빠져있던 미신을 타파하고, 보다 진화된 종교라고 할 수 있는 '조로아스터교'를 전파하려고 했던 종교개혁자였다.

80) *Also Sprach Zarathustra*. F. 니체 저 "자라투스트라는 이렇게 말했다" 고교세계사(동아) p. 180. "평설" 제4호, 고교독서평설 (제4호), p. 249.

81) 고등학교 교과서, 국민윤리, p. 74.

82) 김용준, 키에르케고르의 실존과 단독자, 고교독서평설(제5호) p. 99.

83) kierkegaard, 죽음에 이르는 병, 김환덕 역 (1991), p. 214.

84) Abraham Joshua Heschel, *A Passion for Truth*, 이현주 역, 어둠 속에 갇힌 불꽃 (1980) p. 27.

85) J. Wellhausen, *Resthe Arabischen Heidentums* (Berlin, 1897), P. 148.

86) 기독교대백과사전, 스베덴보리,(기독교교문사, 1980), (제9권, p. 1000.)

87) Ibid.,

88) Martine Noth, *The Old Testament World* (London : Adam and Charles Bloorack, 1962), pp. 281-282

89) *The Interpreter's Dictionary of the Bible*, eb. (1962), S. V. "Fountain" by W. L. Reed. (이하 IDB로 약칭함), 창 16:7, 24:42.

90) 'Baalath-beel'은 '우물의 여주인'의 뜻, 수 19:8.

91) 'Olam'은 영원, 영겁의 뜻으로서, 앞, 뒤로 시간 안의 영원을 가리켰고 내세의 의미는 없

었다.

92) 사독은 원래 히브리 제사장이 아니었고, 여부스족의 제사장이었다.

93) Mercia Eiade, *Patterns in Comparative Religion*, (New York : The world Publishing Company, 1958) p. 193.

94) William R. Smith, *Lectures on the Religion of the Semites*, (KTAV Publishing House, Inc., 1969), p. 187.

95) 엄원식, 구약성서 배경, op. cit., pp. 147-155.

96) William R. Smith, *Lectures on the Religion of the Semites*. op. cit., P. 290.

97) 펄벅은 '대지'로 노벨상을 받았다. 대지는 중국 빈농 왕룽이 지주가 되기까지의 파란을 그린 이야기이다. 현대의 고전이 되었다. 3부에는 아들은 현명시대 중국 왕가의 몰락을 다루고 있다.

한국의 농촌을 배경으로 한 '살아있는 갈대'(1962)는 1881년경부터 제2차세계대전이 끝날 때까지의 상류 가정의 변천을 다루고 있다.

98) A. J. Heschel, Ibid., p. 177.

99) A. J. Heschel, *A Passion for Truth*, 이현주 역 (1980), p. 22.

100) Ibid., pp. 11-22.

101) A. J. Heschel, *who is man?*, p. 45.

102) Ibid., p. 40.

103) Ibid., p. 31.

104) Ibid., p. 31.

'Israel ben Eliezer Baal Shem Tobh'란 '이스라엘 엘리에제르의 아들 좋은 이름의 주인'이란 뜻이며, 'Besht'은 그의 이름의 첫 글자만 모아서 부르는 약칭이다.

105) 'ascetical'이란 askesis에서 나온 말로서 육상경기자의 연습이나 훈련을 뜻한다. 그 강조점은 기독자가 하나님의 현존에 대해 스스로를 개방할 수 있는 행위에 두고 있다. 'mystical'이란 희랍어 'mus-terion'에서 온 말로서, 금욕주의라는 '저차원(低次元)의 길'(low road)을 걷는 자와 신비경험이라는 '고차원(高次元)의 길'을 걷는 자가 있다. - Urban T. Holmes, Spirituality for Ministry.

106) "I know that God exists because of my personal experience. I know that I know him. I've talked with him and walked with him. He cares about me and acts in my everyday life."

제2편 : 모세의 전기에 대한 비평과 분석

제5장 모세의 출생과 그의 유년시절

107) Edmund Leach, *Structuralist Interpretation of Biblical Myth*, 신인철 역(1996, 한길사), pp. 155-156.

108) IB. Ex. 2:1-10.

109) Martin Noth, *Das Zweite Buch Mose: Exodus*, (Gottingen: 1972), 한국신학연구소 역 (1981) 국제성서주석, 출애굽기, P. 32.

110) Edmund Leach, pp. 155-156.

111) Joshphus, *The Antiquities of Jew*, II, 9. 2.

112) 유대교 전승에는 공주는 'Thermuthis' 또는 'Merris' 라고도 했고, 유대 학자들은 ' '라고도 부른다.

제6장 신화와 우연의 세계

113) Stefan Klein, *Alles Zufall*, 우연의 법칙, 유영미 역 (웅진지식하우스, 2006), PP. 119-120, 124,

114) Ibid., pp. 19-20.

115) Ibid., p 341.

116) Ibid., p. 144.

117) Ibid., p. 84.

118) Ibid., p. 332.

119) A. J. Heschel, *A Passion for Truth*, p. 12.

120) Josephus, *The Antiquities of the Jew*. II. 9. 달산역. pp. 202-203

121) N. 마키아벨리, 군주론, 24장.

제7장 소년시절의 모세와 시누헤

122) Josephus, *The Antiquities of the Jew*, II. 9. (1991) p. 202.

123) '요게벳'이란 '야훼는 영광이시다'란 뜻. 모세의 생부모는 양친 모두 레위인이었다.(출 2:1)

124) E. Sellin and G. Fohrer. trans by David Green, I*ntroduction to the Old Testament* (Abingdon. Nahiville) p. 59.

125) 'The Story of Si-nuhe' in *ANET*. pp. 18-22.

126) 'Moses' in *IDB*.

127) *The Anchor Bible Dictionary*, 'Moses'
The Tale of Sinuhe that reflects the texture of Egyptian court Circles ca. 2000-1900 B. C. and also gives a glimpse of conditions in the area which would some centuries later become the Holy Land.
The now anonymous author's handing of the narrative elements of the Tale - characterization, plot, setting and atmosphere, etc, - is so skillfully accomplished that the piece (usually translated as prose but quite probably written in Vese) is one of the high points of pre - Homeric literature.

128) John H. Walton, Victor H. Matthews and Mark W. Chavals, *The Bible Background Commentary. Old Testamen*t (이하 BBC로 약칭함)

129) '시누헤' in 브리테니카 세계대백과사전 (브리태니커 동아일보 공동)
130) *ANET*. "Sinuhe", Mika waltari Egyptilainen. 이순화 역, 시누헤
131) Lucien Renault, L'Evangile v cu au d sert, 이순희 역 (바오로 딸, 1990)
132) John A. Wilson, 'The Story of Sinuhe' in *ANET*. pp. 236-241. "He married me the his eldest daughter. He let me choose for myself of his country, (80) of the choicest of that which was with him on his frontier with another country. It was a good land, named Yaa"

Then they came for this servant. .... I was permitted to spend a day in Yaa handing over my children, my eldest son being responsible for my tribe.(240) My tribe and all my property were in his charge, my serfs, all my cattle, my fruit, and every pleasant tree of mine.

-The Story of Sinuhe, in ANET-

'시누혜 이야기'에서 '신 Ya'a'와 그 땅 혹은 종족 '케뎸(Qedem)은 하나의 술어로서 항상 하나로 묶이어 나오고 있다.
133) Ibid., IX. pp. 478-844.
134) Wilson, Ibid.,
135) Ibid.,
136) Mika Waltari, *Egyptilainen*, 이순화 역. 시누헤 (동녘: 2007), 1권. p. 201.
137) M. Buber, 예언자의 신앙, 남정길 역. p. 47.
138) *An Illustrated Encyclopedia of the Supernatural*, *Man*, *Myth & Magic*., "Yahweh". "Hebrew was originally written in a consonantal script, the vowels being supplied by the reader. But the Signified by YHWH gradually became too sacred to be pronounced, with the result that the original vowels were forgotten. Instead of pronouncing the name where it occurred in the scriptures the Jews substituted Adonai (My Lord)"

Some Scholars think that another early form of the name 'Yahu' which could have been a primitive cultic invocation: ya-hu, "Oh HE"
139) 엄원식. 구약성서 배경학 (침례신학대학교출판부, 1991), p. 175.
140) M. Buber. 예언자의 신앙, 남청길 역. P. 47.
141) Schlomo Sand, p. 197.
142) Erich Fromm, *Beyond the Chains of Illusion: My Encounter with Marx and Frend* (1962)
143) 엄원식. 구약성서 배경학 (침례신학대학교 출판부, 1991), p. 115.
144) Heshel, *who is man?*. p. 147.
145) Erich Fromm, 너희도 신처럼 되리라, 최혁순 역, p.172.
146) Ibid.,

제8장 모세의 청년 시절과 아케나톤

147) Josephus, *Antig.*, lib. ii., chap. 9. *Adam Clarke's Commentary*, Vol. Ex. 2:1-10, p. 299.

148) Adam Clarke, *A Commentary and Notes*, (Abingdon Press, Nashville), p. 299. Jos. Antiq. lib. ii. chap. 9.

"Josephus says, The AEthiopians having made an irruption into Egypt, and subdued a great part of it, a Divine oracle adviced them to to employ Moses the Hebrew. On this the king of Egypt made him general of the Egyptian forces; with these he attacked the AEthiopians, defeated and drove them back into their own land, and forced them to take refuge in the city of Soba, where he besieged them. Tharbis, daughter of Aethiopian king, seeing him, tell desperately in love with him, and promised to give up the city him Condition that he would take her to wife, to which Moses agreed, and the city was but into the hands of the Egyptians."

149) Jos. *Atig*. Ⅱ. Ⅴ. 20, Ⅶ. 5. 6.

150) John Dayden, *Alexander's Feast*. (1631-1700) 영국시인, 극작가, 비평가.

151) *IBD* "Cushite Woman", Jos. Antig. Ⅴ. 2. 미로에(Meroe), 공주(Targum of Jonathan)

152) W. Max M ller의 주장이다. *Asien und Europa*, 113 n. 112.

153) 뻬아뜨리체는 단테의 '신곡', 헤르만 헤세의 '데미안'에 등장하는 여성. 천상의 세계, 의지의 세계로 이끄는 여성상으로 묘사된다. 채털리 부인은 D. H. 로렌스의 소설 '채털리 부인의 사랑'에 나오는 여주인공. 남편의 산지기인 멜러즈와 정열적인 사랑을 나눈다.

154) 브리태니커, '아케나톤'

155) John Bright, *A History of Israel*, 김윤주 역, 상권(분도출판사, 1978) p. 159.

156) "Much closer to the deity of modern monotheism the Egyptian Sun god Aten, which the Paraoh Amenophis Ⅳ forced on his polytheistic people as 'the only god, beside whom there is no other.'

But the Pharaoh's heresy died out after his death, and the message to the world that there was but one true God vame from Egypt's tiny neighbor, Israel. I

t was not a sudden revelation. Some scholars believe that Yahweh was originally a tribal deity a god whom the hebrews worshiped and considered Superior to the pagan gods adored by other nations.

It is even questionable to Some whether Moses understood Yahweh to be mankind's only God, the Supreme lord of all creation. Even after the emergence of Israel's fath, there is prenty of Biblcal evidence that the Hebrews were templed to abondon it: the prophets constantly excoriate the chosen people for whoring after strange gods. The God of Israel was so utterly beyond human comprehension that devout Jews neither uttered nor wrote his sacred name. At the same time, Judaism has a unique sense of God'w personal presence.

157) Sergei Tokarev, *History of Religion* (Moscow: Progress Publishers, 1986) 한국종교학회(1991. 8. 31) pp. 199, 203.

제9장 아멘호텝 Ⅳ와 아톤 찬미가

158) 그리스 역사가 헤로도토스의 '역사'에 의하면, 고대 그리스 시대 phrygia의 Midas 왕은 신화적인 인물인데, 그의 이름은 '탐욕'을 상징한다. 'Midas touch'는 새로운 신화를 창조한 인물을 일컬을 때 사용하는 용어이다.

159) Charles F. Pfeifer Tell-el-Amarna and the Bible, pp. 38-43에 나오는 "The Hymn of the Aton" 에는 Aton의 신성과 역할에 대하여 자세히 기록되어 있음.

160) Egyptian mythology begins with a god who creates the world by masturbation. - Northrop Frye, Anatomy of Criticism -

"Creator of seed in women. Thou who makest fluid into man. The countries of Syria and Nubia, the land of Egypt. Thou settest every man in his place. Thou suppliest their necessities. Everyone has his food, and his time of life is reckoned." - The Hymn to the Aton -

Pharaoh's own attitude to the god is expressed in the famous hymn which follows. Beyond doubt, the hymn shows the universality and beneficence of the creating and recreating sun disc. A similarity of spirit and wording to the 104th Psalm has often been noted, and a direct relation between the two has been argued. -The Hymn to the Aton-

161) 엄원식. 히브리 성서와 고대근동 문학의 비교연구, '마리의 예언 운동에서의 정치적 활동' (한돌출판사, 2000) pp. 770-771.

162) Northrop. Fryer, p. 156.

163) 브리테니커, '아마르나 유적'

164) Akhenaton by Virginea Lee Davis, The Encyclopedia ed, by Mircea Eliade, Macmillan Publishing Company, New York, 1987.

165) IB. '시 104편'

166) Heschel, A Passion for Truth. pp. 38-39. '원수'라는 말은 '거짓 꾸밈'을 가리키고, '너를 뒤에 남겨 둔다'라는 뜻이다.

167) Yahweh is Divine Warrior

The "Book of the Wars of Yahweh", which is quited briefly in Number 21:14-15 but has not Survived, and mention of other records of divine war(Exod. 17:14-16), suggest that these archaic hymns are a small sample of a larger literature which once existed in early Israel describing God at a warrior."

"Israel's earliest literature, a group of archaic poems, describes devine activity primarily in terms of War.

Most of these poems - Exodus 15, Deuteronomy 33, Judges 5, Habakkuk 3 (cf. Genesis 49, Psalm 68) - are hymns of victory recording Israel's early military successes. "Yahweh is a warrior, Yahweh is his name, Pharaoh chariots and army, he cast into the sea" (Exod 15:3-4)

168) God has revealed himself in unique events. These events are nevertheless condi-

tioned by the dimensions of time and space, they are organically related to the processes of nature and history.제10장 아케나톤의 아마르나 혁명과 모세

169) Ernst Sellin and Georg Fohrer, Introduction to the Old Testament, Trans, by David E. Green, (Abingdon, Nashville, 1918), p. 54.

170) The Pharaoh Amen-hotep Ⅳ broke with the established religion of Egypt and instituted the worship of the Aton, the sun disc as the source of life.

"The Amarna Revolution" attempted a distinct break with Egypt's traditional and static ways of life in religion, politics, art, and literature.

Pharaoh-changed his name Akh-en-Aton and move his capital from Thebes to Tell-el-Amarna. Because Akh-en-Aton was devoted to his god alone, the Amarna religion has been called monotheistic. This is a debatable question, and a reserved attitude would note that only Akh-en-Aton and his family worshiped the Aton, Akh-en-Aton's courtiers. his family worshiped Akh-en-Aton himself, and the great mojority of Egyptians was ignorant of or hostile to the new faith.

171) William Neil, The Plain Looks at the Bible, (n. d., n. p.)

172) Shlomo Sand. op. cit., p. 196.

173) Charles F. Kent and W. Jenks, The Testing of a Nation's Ideals (New York: Charles Scribner's Sons, 1985), Charles F. Kent. The Social Teachings of the Prophets and Jesus (New York: Charles Scribner's Sons, 1914), p. 3-4.

174) Karl Budde, "New World", in Preussische Jahrbucher(1895. Dec. Vol. 4), pp. 726-745.

175) Shlomo sand, p. 196.

제11장 모세의 망명 생활과 그의 장년 시절

176) 브리태니커 섹계대백과사전, "모세".

177) The Story of Sinuhe in ANET, pp. 18-19.

178) Ibid.,

179) F. James, Personalities of the Old Testament (New York, Charles Scribner's Sons, 1939), p. 2. H. I. Hestor, The Heart of Hebrew History (Missouri: William Jewell, 1960), pp. 112-113.

180) Von Max Weber, Das Antike Jud ntum und Pharisaer, 진영석 역 (서울: 백산출판사, 1989), pp. 10-11.

181) 엄원식. 구약성서배경학, pp. 30-32

182) B. Landsberger. Journal of Cuneiform Studies, Ⅷ (New York, 1907) pp. 54-55. A. Leo Oppenheim, "The Story of Idrimi"

Archaeology; C. L. Woolley, Alalakh(1955), A Forgotten Kingdom(1953), Idrimi: S. Smith, The Statue of Idrimi, (1949), ANET, (1969), pp. 557-558.

183) 원용국 편, 성서고고학 사전, "알라라크" (생명의 말씀사, 1984), p. 645.

184) IB., Ex. 2:15-22, 출 2:18, 민 10:29, 삿 4:11.
185) 하비루 전술의 후예들

- 게릴라전의 상속자들 -

농촌에서 태어난 모택동은 소년 시절을 서당에 다니면서 삼국지와 수호전 같은 농민 전쟁의 이야기를 담은 중국의 고전소설(古典小說)을 읽었다. 또 16살에 고등소학교에 입학한 후에는 중국의 민족주의를 강조하는 엄복(嚴復)의 사상과 손문에 의해 주도된 1911년의 무한 혁명에 영향을 받았다.

그의 장사에서의 학창시절은 민족정신에 기반한 서구사상의 수용을 강조한 양창제(楊昌濟)의 영향과 5 4 운동기의 모택동은 1917년 소련의 볼세비키 혁명의 충격을 받았는데, 북경 대학의 도서관장 이대검(李大劍)의 농민중시적 마크르스주의에 영향을 받았다. 모택동은 레닌의 도시 중심적 혁명전략 모형을 중국 현실에 맞지 않았기 때문에 농촌 중심적 전략을 개발하게 되었다. 이 과정에서 그의 농민적 그리고 민족주의적 배경이 독창적 모색을 하는데 긍정적으로 작용하게 된 것이다. 그의 독창성이란 농민 중심 유격전술의 창안이었다. 이러한 모택동의 모형은 체 게바라의 쿠바와 호치민의 베트남에서 적용되었다.

체 게바라(Che Guevara, 1928-1967)는 아르헨틴의 의과대학을 졸업한 후 라틴 아메리카의 여러 곳을 여행하면서 서민들의 가난한 생활을 몸소 체험하면서 빈곤에 대한 해결책은 폭력혁명밖에는 없다는 확신을 갖게 되었다. 그는 노동자와 농민으로부터 참된 인간상을 만들어 내는 데 주력하였다. '새로운 인간'과 '진정한 혁명'은 강력한 사랑에 의해서만 인도된다고 확신하였다. 그는 카스트로(Fidel Castro)와 함께 쿠바 혁명에 헌신하여 성공하였고, 후에 아프리카를 경유하여 볼리비아 전투에서 정부 토벌군에 의해 사살되었다.(1967. 10. 8)

호치민(胡志明, 1890-1969)은 어린 시절을 가난으로 비참하게 보냈다. 1919년 프랑스 파리에서 접시 닦기로 번 돈으로 베트남 독립에 대한 광고를 실었다. 그 사건이 베트남 국민의 마음에 각인되었다. 1920년 파리에서 정원사, 청소부, 웨이터, 사진수정사, 화부(火夫) 등으로 일하면서 'Paria(추방자)'라는 잡지를 발간하고, 프랑스와 영국의 식민정책의 해악을 고발했다. 1945년 봄에 하노이 '바딘' 광장에 모인 군중들에게 "모든 사람은 평등하게 태어났다. 창조주는 우리에게 불가침의 권리와 생명, 자유, 행복을 주었다" 고 역설하여 큰 호응을 얻었다. 세계 제2차대전 연합군의 협상 조항에 의하면 장개석 군대가 일본군을 대신하여 16 선 북쪽을 장악하게 되었는데, 17 선으로 남북을 나누고 1955년에 무지에서 나온 만행과 탄압으로 농업 개혁을 시행했다. 그는 마음만 먹으면 대단한 인기를 계속 유지할 수 있었으나 자신의 지금까지의 혁명 활동 등을 돋보이게 했던 자신의 모든 인간성은 포기했다. 월남을 공산화한 베트콩의 게릴라 전술은 지면 관계로 생략한다.

186) "르우엘"은 "하나님의 친구", "이드로"는 "뛰어나다, 우월하다"의 뜻.

제12장 모세가 만난 조상의 하나님

187) Edward J. Young, An Introduction to the Old Testament, 홍반식, 오병세 역(1972), p.

157.
188) Ibid., p. 57.
189) 암 5:4, 렘 48:13 등에 '벧엘'을 한 신으로 묘사하고 있다.
190) Merrill F. Unger. Archaeology and the Old Testament (Michigan: Zondervan publishing House), p. 127.
191) Maurice Price. The Monuments and the Old Testament (philadelphia: the Judson Press, 1925), p. 194.
192) Ibid.,
193) E. J. Young. p. 59. Theodor Noeldeke의 주장이다.
194) Shlomo Sand., p. 227.
195) Ibid., p. 184.
196) Ibid., p. 240.
197) Ibid., p. 203.
198) Ibid. p. 212.
199) Northrop Frye, Anatomy of Criticism (Princeton: N. J. Princeton Unitersity Press, 1957), p. 184.
200) Gerhard Von Rad, Theologie des Alten Testaments, Band Ⅱ. 허혁 역 (분도출판사, 1977), p. 88.
201) A. J. Heschel. Ibid., p. 34.
202) 이것은 독일 철학자 라이프니쯔(1646-1716)가 내세운 소위 '예정조화설'의 이론이다.
203) Julius Welhausen, Israelitische und Judische Gerchichte (Berlin, 1958), p. 32.
204) 임재경, '아랍과 이스라엘' 창작과 비평, 제9권. 제1호 (1974), pp. 206-216.
205) 엄원식, 구약성서의 수신학(數神學) (침례신학대학교, 1984), pp. 78-79. 엄원식, 구약성서의 수비학에 대한 탐구, 히브리 성서와 고대 근동문학의 비교연구 (한들출판사, 2000), pp. 323-362.
206) Edmund Reach, p. 45.
207) 엄원식 Ibid., p. 323. 마이클 드로스닌은 사본마다 철자가 다른 모세오경의 원문에서 30만 5천 여개에 달하는 히브리어 글자들을 일렬로 배열해 놓고 일정한 숫자 간격으로 건너뛰면서 글자를 모으는 '등거리 문자배열'(equidistant) 방법을 사용하여 원하는 단어를 만든 그 책의 학문적 가치란 기껏해야 초보적인 통계와 확률에 의존한 하나의 말장난에 불과할 뿐이다. 그러한 결과는 어떤 책을 때봇으로 삼아도 가능한 것이다. 그러한 결과는 어떤 책을 대본으로 삼아도 가능한 것이다.
208) W. B. Coker, "Hillel", The Zondervan Pictorial Encyclopedia of the Bible. Vol. 3. ed. by Merrill C. Tenney.
209) A. J. Heschel, Ibid., p. 45.

제13장 모세의 소명의식 과정

210) Beyond the chains of Illusion: My Encounter with Marx and Freud, 의혹과 행동

(Doubting and Doing), 최혁순 역 (범우사, 1980) p. 64.
211) William Blake(1753-1827)은 영국의 신비주의적 시인으로서 시인이기 이전에 화가였다. 그에게 그림과 시(詩)는 하나였다.
212) God: We plough the Fields. - Jane Montgomery Campbell -

We plough the fields and scatter
    The good seed on the land,
But it is fed and watered.
    By God's almighty hand
He sends the snow in winter,
    The warmth to swell the grain.
The breezes and sunshine,
    And soft refreshing rain.

213) Erich Fromm, 의혹과 행동, p. 234.
214) James George Frazer, 구약시대의 인류민속학. 이양구 역 (1996), pp. 626-627.
215) You can have it; but first of all you must know what you want and this is no easy task. You have within you a mighty power, anxious and willing to serve you, a power capable of giving you that which you earnestly desire. All agree that it is omnipotent. Therefore, I call this power "Emmanuel"(God in us)
216) 에테르(ether): 호이렌스에 의해 전 우주에 미만하여 빛(光)이나 전자파를 전하는 매질로 가상된 물질(그 존재는 부정되어 있음) '소리'는 에테르(精氣)의 파종이 우리의 시신경을 자극한 감각이다.
217) 성서 기행(1. 구약편), 이누카이, 미치코 저, 이원두 역 (한길사, 1995), p. 89.
218) IB., Ex., 3:1-6.
219) Abraham Joshua Heschel, The Prophets, 이현주 역, 예언자. 하권 (종로서적, 1987), p. 222.
220) Abraham Joshua Heschel, God in search of Man, 이현주 역, 사람을 찾는 하나님 (종로서적, 1987), p. 109. (이하 'Heschel, God in Search of Man'으로 약칭함)
221) John H, Walton, Victer, H. Matthews and Mark, W. chajalas, Bible Background Commentary, Ex., 3:2-4.
222) IB., Ex., 2:1-6.
223) Smith, W. R., Op. Cit., p. 175.
224) Shlomo Sand, pp. 45-46.
225) Othmar Keel, The Symbolism of the Biblical World (New York, The Seabulry Press, 1978), p. 218.
226) Martin Noth, Das zweite Buch Mose: Exodus (한국신학연구소 역, 1985), p. 51.
227) Joshep Telushkin, Jewish Literacy, 유대인의 상속 이야기, 김무겸 역 (2014), pp. 64-66.
228) IB., Ex., 3:1-6.

제14장 모세의 야훼혁명과 그의 노년시절(전편)

229) Harvey Cox, God's Revolution and Man's Responsibility, 마경일 역 (전망사, 1974), pp. 6-7.

230) Friedrich Gogarten, Der Mensch Zwischen Gott und Welt, 1956, Larry Shiner, The Secularization of History: An Introduction to the Theology of Friedrich Gogarten. 1966. Ronald Gregor Smith, Secular Christianity, 1966.

231) Rosemary Radford Reuther, The Radical Kingdom. 서남동 역 (한국신학연구소, 1981), p. 172

232) John T. Elson, 'Is God Dead?', Time紙 (1966. 4. 8)
The Secular City, Harvey Cox of the Harvard Divinity School defines therm as "the loosing of the world from religious and quasi-religious understandings of itself, the dispelling of all closed world views, the breaking of all supernatural myths and sacred symbols.

233) Harvey Cox, The Secular City (the Macmillan Co. 1966), pp. 18-24.

234) Ibid., p. 17.

235) R. R. Ruether, pp. 173-174.

236) 성서대백과사전. '모세' (기독지혜사편) p. 644.
The Wisdom Encyclopedia of the Bible, 'Cushite Woman'.

237) Francis A. Schaeffer, A Christian View of Spirituality, 전호진, 권혁봉 역 (생명의말씀사, 1994), pp. 13-17.

238) Claus Westermann, Tausend Tahr und ein Tag, 손규태, 김윤옥 공역, 천년과 하루 (한국신학연구소, 1983), p. 84.

239) D. M. Beegle, 브리타니커, "Moses", p. 569.

240) Claus Westermann, p. 67.

241) 김정준. 폰라드의 구약신학 (대한기독교서회, 1973), p. 54. G. von Rad., Theologie des Alts. Bd. I. 121f

242) Shlomo Sand. The Invention of the Jewish, People 김승완 역. "이스라엘, 유대인 단일 민족국가란 허구".

243) John A. Wilson, "The Story of Si-nuhe", ANET. pp. 18-22. 장일선, "시누해 이야기", 구약 세계의 문학 (대한기독교 출판사, 1980), PP. 35-47. F. Griffith, Fragments of Old Egyptian Stories in the Proceedings of the Society of Biblical Archaeology, 1891-1892. A, Erman, Aus den Papyrus des kontiglichen Museums zu Berlin, 1899.

244) BBC. 출 7:1-2.

245) Holger Kerstem, Jesus lived in India, 장성규 역 (고려원, 1993), pp. 68-69.

246) Man, Myth & magic, An Illustrated Encyclopedia of the Super Natural, ed. by Richard Cavendish, (New York, 1970), "The Biblical Moses". Katherine Quenot, Le Livre Secret Des Sorcieres, 이재형 역, 상대적이며 절대적인 마법의 백과사전(1997),

p. 59.

247) 黑崎幸吉 편, 출애굽기 주해, (박문출판사, 1928), pp. 354-376.

248) Habiru는 Nuzi text에 나타나는 것으로서 어디에서나 그들 자신의 나라가 없는 외국인들이었다.

Habiru란 애굽어로는 'apira', 설형문자로는 'habiru', 히브리어로는 'ibri'이다. 그러나 출애굽의 구원경험을 통하여 야곱을 제부족들의 조상으로 받들게 되었다.

249) T. J. Meek, Hebrew Origins (New York: Harper & brothers, 1926), p. 185.

250) John Bright, A History of Israel (the Westminster Press) p. 121., 김윤주 역, pp. 198-199.

251) Ibid., 210.

252) H. H. Rowley, From Joseph to Joshua (London: Oxford University, 1958), PP. 6-7.

253) G. 폰라드. 구약성서신학, 제1권. 허혁 역(분도출판사, 1976) P. 21.

254) Ibid., p. 31.

255) H. H. Rowley, op. cit., p. 149.

256) 김정준, 신학연구 (한국신학연구소, 1977), p. 18.

257) Leon Wood, A Survey of Israel's History, p. 133.

"그렇다면 문제는 40여년 가까운 세월 동안 광야사막에서 이 많은 인구를 어떻게 돌보며 먹여 살렸을까 하는 것이다. 매일 식수만 하여도 아마 3,170,000 가 족히 필요했을 것이며, 수용할 지면도 2,600km2가 넘었을 것이다."

그리고 "실제로 홍해의 물이 갈라져서 통로가 생겼다면, 통로의 폭은 1.5km 정도 되었을 것이다. 200만 명의 사람이 10열 종대로 그리고 행렬의 간격을 1.5m로 하여 걸어 나간다면 그 대열의 길이는 300km나 될 것이다. 만약 이 통로가 현대의 고속도로 정도의 폭밖에 안 되었다면 처음 통과한 이스라엘 사람들은 마지막 사람들이 출발하기도 전에 가나안에 도착했을 것이며, 홍해를 건너는 데는 며칠이 소요됐을 것이다."

그래서 어떤 이들은 '1,000'으로 번역된 엘렙(elep)을 '가족' 또는 '씨족'으로 보고, 총 '603 가구'라고도 하고, 혹은 통일 이스라엘 왕국의 인구가 200만 정도 되었을 것이라고 한다. 모든 이스라엘 백성이 그때, 그곳에 있었다는 표현이라고도 한다.

258) D. M. Beegle, "Moses," 브리테니커, p. 571.

259) F. James, op. cit., p. 18.

260) Harvey Cox, God's Revolution and Man's Responsibility, 마경일 역 (전망사, 1965), pp. 111-142.

261) IB., Ex., 12:8.

262) S. H. Hooke, *Babylonian and Assyrian Religion* (Norman: University of Oklahoma-Press, 1963), pp. 52-54.

263) G. 폰라드, 구약성서신학. 제2권, PP. 87-88. E. Cassirer, *Philosophia der Symbolischen Formen*, 제1권. 1956. S. 56, 21, 제2권, 1953 S. 47ff.

264) BBC. 출 13:21-23. (Grassmann)

265) M. Buber, *Der Glaude Der propheten*, 남정길 역 (서울, 기독문화사, 1977), P. 22.

266) 브리테니커. "모세," p. 571.

267) IB. Ex. 14:15-22.

268) Ibid., Ex. 15:1-18.

269) John Bright, 이스라엘 역사, 상권, P. 181. 브리타니커. '모세'.

270) Gerhard von Rad, 구약성서신학, 상권, 허혁 역 (분도출판사, 1976), pp. 183, 185.

271) Claus Westermann, *Tausend Jahre und ein Tag*, 손규태, 김윤옥 역, 천년과 하루 (한국신학연구소, 1983), op. cit., p. 92.

제15장 모세의 야훼혁명과 그의 노년시절(후편)

272) Coert Rylaarsdam, Ex. IB. P. 839.

273) Ibid.,

274) J. P. Lange, *Exodus*, 김진홍 역 (1979) (출 2:15), PP. 104-105.

275) IB., "Jethro" BBC. Ex. 18:13-27.

276) George E. Mendenhall, *The Tenth Generation* (Baltimore: The John Hopkins University Press, 1974), p. 137.
시 136편과 사사기 6장 8-10절에 이스라엘 역사에 대한 포괄적인 설명이 나타나 있다. 여기에는 '이스라엘 연맹(Israelite Tribal Confederacy or Yahwistic Amphictyony)'의 목적과 의미가 나타나 있다. 그것은 "모든 육체에 생명을 주신 야훼께 감사하고 그분만 섬기게 하려 함이었다" 따라서 이스라엘 연맹의 국가 이상(national ideal)은 '야훼 하나님만이 왕노릇'하고 인간 왕이 없는 나라를 이룩하려는 것이었다.
이스라엘은 주변의 국가들과는 달리 왕을 통해서 결정되는 법률이 나올 수가 없었다. 실제로 이스라엘의 역사서들은 왕의 입법적인 권한에 대한 일체의 시사하는 알이 없다는 것이다.(삼상 8:11-18)

277) Arnord Toynbee, *A Study of History*, 강기철 역, 역사의 연구II (1979) p. 445.

278) Von Max Weber. *Das Antike Judentum*. 진영석 역, 야훼의 사람들 (백산출판사, 19898), p. 147.

279) Ibid., p. 141. T. J. Meek, *Hebrew Origins* (New York: harper & Brothers, 1936), p. 37.

280) H. H. Rowley, *From Joseph to Joshua* (London: Oxford University, 1958), p. 151.

281) Ibid.,

282) Von Max Weber, op. cit., p. 141.

283) Friedrich A. Hayek, *The Road to Serfdom*, 김이석 역, 노예의 길 (2018), p. 117.

284) Joseph Telushkin, *Jewish Literacy*, 김무겸 역, 유대인의 상속 이야기 (2014) p. 63.

285) IB, numb, 16:1-35.

286) Erich Fromm, 너희도 신처럼 되리라. 이종훈 역, p. 131.

287) Egyptian Love Song, in ANET. p. 468.The love of my sister is on yonder side,A strem lies between us, And a crocodile waits in the shallows,But when I go down into the water,I wade the current,My heart is great upon the stream,And the waves are like land It is the love of her that makes me unto my feet,For it makes a water-charm

for me!When I see my sister coming.My heart dances,And my arms open wide to embrace her...when the mistress to me.

288) Rasputin, by Walther Kircher, in *World Book*. *Rasputin in Encyclopedia Britanica*.

289) 김학준, '러시아 혁명', 現代思潮의 理解(II) (1983, 대왕사) p. 132."Rasputin" in Encyclopedia Britanica.

290) Heschel, *A Passion for Truth*, pp. 39-40.

291) 미켈란젤로는 24세에 '바티칸 피에타'를 그렸다. 죽은 아들을 안고 있는 슬퍼하는 마리아의 모습은 평안함과 아름다움과 숭고함이 깃들어 있다. 그러나 77세에 시작해서 89세에도 완성하지 못한 '론다니니 피에타'는 도리어 죽은 아들이 슬퍼하는 어머니를 위로하는 모습이 되었다. 조각가의 의도일까? 우연의 결과일까? 아니면 그저 착시일까? 그는 노년의 나이가 되면서 예술에 회의를 느꼈다. 예술가로서의 세속적 성공도 허망한 것 같았고, 예술의 재현 능력에도 회의적이었다. 그것이 그가 10년 넘게 매달렸음에도 '론다니니 피에타'를 미완성한 이유이다.

292) Karl Budde, "New World," in *Preussische Jahrbűcher* (1895, Dec, Vol. 4), pp. 726-745.

293) Smith, W. R. op. cit., p. 406.

294) William, L. Gildea, "Paschale Grandium", *The Catholic World* (March, 1894), P. 809 P. in SDA Bible Students' Source Book, p. 970.

295) Erich Fromm, *Beyond the Chains of Illusion: My Encounter with Marx and Freud* (1962), 최혁순 역(범우사, 1980), p. 23.

제16장 영원히 끝나지 않을 야훼의 혁명

296) IB. EX. 6:14-27.

297) Shlomo Sand. p. 196.

298) D. J. Wiseman, Illustrations from Biblical Archalogy (1959), P. 39.

299) Karl Marx and Frederic Engels, Collected Works (Russian edition) Vol. 22. p. 483.

300) Arnold Toynbee, A Study of History, 강기철 역, 역사의 연구 II. (1979). pp. 407-409.

301) A. J. Heschel, Who is man?, p. 87.

302) A. J. Heschel, God in search of Man, p. 285.

303) Marx & Engels, 초기 기독교역사에 관하여 (1957), p. 313.

304) Edmund Leach, P. 221. Von Max Weber, Das Antike Judentum, 야훼의 사람들 (고대유대교), 진영석 역 (백산출판사 1989), p. 11.

305) Flavius Josephus, The Antiquities of the Jew, 유대고대사, 달산 역 (서울: 달산사, 1992), 20권, pp. 97-98.

306) Ibid., 18권 4-10.

307) Marvin Harris, Cow, Pigs, Wars and Witches, the Riddles of Culture, 박종렬 역, 문화의 수수께끼 (한길사, 1998), p. 160.

308) Josephus, 17권 273-277.

309) Ibid., 17권 271-272.
310) Ibid., 17권 278-284.
311) Ibid., 17권 285.
312) Ibid., p. 6.
313) 하비 콕스, 신의 혁명과 인간의 책임, P. 16.
314) Ibid., p. 6
315) Ibid.,
316)Erich Fromm, 너희도 신처럼 되리라, 이종훈 역, p. 136.

제17장 이루지 못한 꿈의 슬픈 역사

317) "Take care Your worship, those things over there are not giants but windmills. Didn't I tell you. Don Quixote, Sir, to turn back, for they were not armies you were going to attack, but flocks of sheep?" - Miguel Cervantes: Don Quixote -

제3편 : 모세 전기의 부산물 새 하늘과 새 땅

제19장 신화의 세계에서 영성의 세계로

318) Joseph Telushkin, *Jewish Literacy*. 김무겸 역, 유대인의 상속 이야기 (2014), pp. 601-602.
319)윤주억, 과학자가 본 불교의 세계, (밀알, 1996), p. 228.
'대기설법'이란 일본의 나까무라 하지매(中村元) 교수가 한 말이다.
320) James Burke, The Day, The Univberse Changed. 장석봉 역, 우주가 바뀌던 날 (지호, 2000), pp. 26-27.
321) Ross Snyder, The Ministry of Meaning (W. C. C., Geneva, Switzerland, 1965), p. 5.
322) Leo N. Tolstoi, 톨스토이 인생론, 박병덕 역 (육문사, 1995), p. 193.
323) Ibid., pp. 231-238. Ibid., pp. 231-238.
324) Ross Snyder, The Ministry of Meaning (W. C. C., Geneva, Switzerland, 1965), p. 16.
What is a meaning?
Something means to us when it makes alive the self, when it strengthens the causes and persons we care for, when it enables new possibility to burgeon forth, when it clarifies our unique existence situation as of this particular moment, when it surrounds our life with a new horizon.
Or - negatively - when it vividly does exactly tye oposite.
And finally, Meaning means we intend to mean something with our lives. We intend to mean.
325) Ibid., p. 190.

What is Celebration?

Celebration is entering into the Creation and Redeeming which is now making mankind. And Participating isn such transactions with a certain amount of reckless.

Celebration is the religious way of life. A mode of being in the World; pervaded and held together by an ocean of feeling which reports tremendous and fascinating mystery.

We know that we are dealing with the Holy. We are hilariously turned in to God and fellow man.

326) ANET., 'The Epic of Gilgamesh', Tablet X. iii. p. 90.

327) Ibid., Tablet XI . 266-289. p. 96.

제19장 신화의 세계에서 영성의 세계로

328) Samuel P. Tregells, *Hebrew-Chaldee Lexicon* (Michigan: W. B. F. Publishing Co. 1971), p. 50.

329) Erich Fromm, 너희도 신처럼 되리라. 최혁순 역, pp. 139-140.

330) Mircea Eliade, *The Sacred and the Profane*, *the Nature of Religion*, 이동하 역, 성(聖)과 속(俗), 종교의 본질. (학민사, 1982), p. 105.

331) James M. Robin, trans., Nag Hammadi Library, 이규호 역, 나그함마디 문서,(2022, 동연), pp. 249-259.

332) 이성호편, 성구대사전 (혜문사, 1975), p. 752.

333) Nightmare Alley, *William Lindsay Gresham*, 유소영 역 (2021), pp. 174-175.

334) J. G. Herder, *Von Geist der hebr ischen*, Poesie (1782-3), 김정준 역, "이스라엘의 민족형성과 정신문화", 창작과 비평 (제12권, 제1호, 1977), pp. 254-255.

335) "Religion, it might be said, is the term that designates the attitude pecular to a consciousness which has been altered by the experiences of the numinosum." - Carl Gustav Jung -

336) "From a scientific, psychological or theological view point, some of the following statements may be interpreted as incorrect, but nevertheless, the plan has brought the results desired to those who have followed the simple instructions, and it is my sincere belief that I am now presenting it in a way which will bring happiness and possessions to many more."

337) There is no need to analyze how this Power within you is going to accomplish your desires. Such a procedure is as unnecessary as trying no figure out why gain of corn placed in fertile soil shoots up a green stalk, blossoms and produces an ear of grains, each capable of doing what the one grain did.

338) Mircea Eliade, pp. 138-139.

339) W. Anderson, *The Book of Esther in IB. 6:1-5.*

340) "History is Divine Scripture. No great man lives vain. The history of the World is but

the History is essence of innumerable biography." - Thomas Carlyle (1975) -

341) Thomas Carlyle은 "역사상의 영웅과 영웅 숭배 및 영웅시에 관하여"를 1841년에 썼다.

342) Erich Fromm, *You shall be as Gods*, 최혁순 역, 너희도 신처럼 되리라 (범우사, 1987), pp. 22-23.

343) What is the real secret of obtaining desirable possession? Are some people born under a lucky star or other charm which enables them to have all that which seems so desirable, and if not, what is the cause of the difference in conditions under which men live?

344) 세스페데스(1551-1661)는 일본에 와서 포교하던 스페인 선교사로 임진왜란 때 왜군과 함께 조선에 왔다고 하나 증거는 없다. 그러나 유몽인의 '어유야담'과 이수광의 '지붕유설'에서는 허준이 천주교를 처음으로 소개했다고 기록하고 있다. 그리고 안정복의 '순안집'과 박지원의 '연안집'에서도 허윤이 천주교를 조선에 처음으로 소개했다고 전하고 있다. 이규경이 인용한 '택장집'에서는 혜윤과 그의 무리가 천주교를 맨 처음 소개하고 믿고 따랐다고 기록하고 있다. - 이 이화, '허균의 생각: 그 개혁과 저항이론'(뿌리 깊은 나무, 1980) pp. 137-139.

345) IB. 사 61:3-4.

346) 합동찬송가 384:4-5. '내 영혼 깨어라!'(Awake ye Saints, Show Forth thy Zeal) - William Shield -

347) '의'는 하나님의 거룩한 성품으로서, 히브리어로 '체데크'로서 구약성서에 500번 이상, 헬라어로 '디카이오수네'로서 신약성서에 200번 이상 나온다. 인간은 자신의 능력으로 의롭게 될 수 없다. 오직 예수 그리스도의 사역을 통해서만 인간에게 의가 주어질 수 있다.

348) 고등학교 "국민윤리" 교과서 P. 144에서 하버드대학교 철학 교수인 John Rawls는 1988년에 '공정(公正)으로서의 정의(正義)'라는 논문을 발표했다. 그의 2019년에 걸친 탐구의 결말로서 나타난 것이 그의 대저 '정의론(正義論), A Theory of Justice, 1971)'이다.

349) 황경식, 롤즈의 정의론, 고교독서평설. 24호, pp. 21-22.

350) Ibid., p. 29.

351) Ibid., PP. 32-33.

352) Mircea Eliade, pp. 81-82.

353) William Lindsay Gresham, Ibid.

제20장 야훼의 날과 어린 양의 혼인 잔치

354) Harry Slochower, '카프카와 토마스만에 있어서의 신학의 효용' in *Spiritual Problems Contemporary Literature*, ed. by Stonley Romaine Hopper, 김영옥 역 (신원출판사), pp. 157-168, 159.

355) 서남동, 전환시대의 신학 (한국신학연구소, 1976), pp. 311-348, 떼이야르 드 샤르댕의 오메가 포인트

356) Ibid.,
357) Charles E. Paven, *Christianity and Science*, 이환신 역(1959), p. 98.
358)
359) Erich Fromm, *You shall be as Gods*, 김혁순 역(1980), p. 194.